Der neue Opern-, Operetten- und Musicalführer

Gerhard Hellwig

Der neue Opern-, Operetten- und Musicalführer

mit Künstlerbiographien

Aktualisierte Neuauflage

Gondrom

Bei den Personen sind in Klammern die Stimmlagen angegeben. Die Abkürzungen bedeuten: S = Sopran, Mezzo-S = Mezzosopran, A = Alt, T = Tenor, CT = Counter-Tenor, Bar = Bariton, B = Baß.

Aktualisierte Neuauflage
Sonderausgabe für Gondrom Verlag GmbH & Co. KG, Bindlach 1994

ISBN 3-8112-1180-3

Inhalt

Zur Geschichte der Oper

Jede Geschichte hat ihre Vorgeschichte, nichts entsteht von heute auf morgen. Auch die Oper stellt sich nicht sogleich als fertige Kunstgattung vor. Ihre Wurzeln gehen bis auf jene im dunkeln liegenden Tage zurück, an denen Menschen plötzlich das Bedürfnis haben, die Wirkung ihrer rituellen Tänze, ihrer gesprochenen Hymnen durch Töne, Klänge oder rhythmische Schläge zu erhöhen. Der Ausgangspunkt für einen gemeinsamen Weg von Aktion und Musik ist damit gefunden. Er führt über die Chorlyrik in den Dionysos-Spielen des 5. vorchristlichen Jahrhunderts und über das antike Drama mit seinen Tragödien und Komödien von Aischylos, Sophokles, Euripides und Aristophanes, in denen Chorgesänge, Rezitative und Einzelgesänge, von der Flöte begleitet, bereits ihren festen Platz haben. Verwandte Vorläufer der Oper sind im Mittelalter die kirchlichen Mysterienspiele, die französischen Hofballette, die italienischen Madrigalkomödien und musikalische Zwischenspiele (Intermedien) zur Überbrückung von Umbaupausen.

Die eigentliche Geburtsstunde der Oper wird von der Wissenschaft des 15. Jahrhunderts eingeleitet. Italienische Freunde der Antike, die Humanisten, lenken das Interesse Mitteleuropas auf die literarischen und musikalischen Produkte Altgriechenlands (und Roms). Ein Mann namens Vincenzo Galilei legt Lobgesänge mit Noten vor. Dieser Fund wird für eine Gruppe von Dichtern, Komponisten und finanzkräftigen Förderern (Camerata Fiorentina) zum auslösenden Impuls, das antike Drama neu erstehen zu lassen. Später kommt es zwischen 1594 und 1597 – das genaue Datum hat sich bis heute nicht ermitteln lassen – im Hause des Florentiners Bardi zur ersten Aufführung einer Oper („Dafne"), in der der Komponist Peri (nach Texten von Rinuccini) an die Stelle des bis dahin gepflegten unbegleiteten und mehrstimmigen Chorgesangs (A-cappella-Polyphonie) den akkordisch begleiteten Einzelgesang (Monodie) rückt. Die Bemühungen der Camerata Fiorentina zur Wiederbelebung des antiken Vorbildes werden fortgesetzt. Auf eine „Euridice", wieder von Peri komponiert, und die gleichnamige Oper von Caccini folgt 1607 in Mantua mit Claudio Monteverdis „Orfeo" das erste Meisterwerk der neuen Gattung: die Trennung von Rezitativ und Arie ist so gut wie vollzogen. Und derselbe Komponist liefert rund 35 Jahre danach Opern, die in ihrer relativen Vollkommenheit zum schematischen und künstlerischen Muster der kommenden Jahrzehnte werden. Es sind die Opern „Il ritorno d'Ulisse in patria" (1641) und „L'incoronazione di Poppea" (1642). In ihnen wird zwischen lyrischen und dramatischen Abschnitten unterschieden. Die Ausdrucksfähigkeit des Orchesters ist dadurch erhöht, daß Monteverdi für die Streicher das Tremolo und Pizzicato einführt und Motive erfindet, um die jeweilige Situation der Handlung zu charakterisieren.

In Rom ist inzwischen als Gegenströmung zur weltlichen Oper von Florenz die geistliche Oper auf den Plan getreten. Eines der besten Beispiele dieser Richtung, die Oper „Rappresentazione di Anima e di Corpo" von Emilio del Cavalieri, ist seit der Salzburger Wiederentdeckung im Jahre 1968 hin und wieder bei besonderen Anlässen auf europäischen Bühnen zu sehen. Der römische Höhepunkt wird mit Stefano Landis „San Alessio" im Jahre 1634 erreicht: Für die Chöre ist wieder der wirkungsvollere vielstimmige Kompositionssatz eingesetzt, und der Einzelgesang hat hier und dort schon den Zuschnitt der später voll ausgebildeten Arie.

Was in Florenz und Rom nur höfischen Kreisen zugänglich gewesen ist, daran kann sich seit 1637 in Venedig auch das Volk erfreuen. Gegen Eintrittsgeld – zum erstenmal in der Geschichte der Oper erhoben – sieht es neben Werken von Monteverdi Opern aus der Venezianischen Schule. Ihre bedeutendsten Vertreter sind Francesco Cavalli und Marc Antonio Cesti, später Ziani und Giovanni Legrenzi. Aus finanziellen Gründen muß allerdings schon bald auf den Chor verzichtet werden; die Arie rückt in den Vordergund. Das Volk entdeckt sein Vergnügen an kehlfertigen Sängern, die Komponisten kommen dem Publikumsgeschmack nach und führen die Koloratur-Arie ein. Man will diesen kunstvoll gebauten Ziergesang nicht nur einmal am Abend hören, das Publikum erklatscht sich Wiederholungen, und die Da-capo-Arie ist geboren.

Die Neapolitanische Schule, von Francesco Provenzale gegründet, greift das Zufallsprodukt der Venezianer auf. Die mehrteilige Da-capo-Arie gehört ab sofort zum festen Bestandteil ihrer Opernform, das vom Orchester begleitete Rezitativ ist ihr vorangestellt, während die Handlung (vornehmlich die Darstellung starker Empfindungen unter gänzlichem Verzicht auf antike Stoffvorlagen) vom Sprechgesang (Recitativo secco) vorangetrieben wird. Federführend im Stil dieser ernsten Solooper (Opera seria) ist Alessandro Stradella.

Wo der Ernst zur Regel geworden ist, da stellt sich bald der Wunsch nach Entspannung ein. Die nach Nummern ablaufende neapolitani-

sche Opera seria muß es sich gefallen lassen, daß man sie mehrmals am Abend durch spaßige Szenen unterbricht. Damit ist der Grund zur lustigen Oper gelegt. Die burlesken Zwischenspiele fügen sich zu einem Ganzen mit durchgehender Handlung. Herausragender Meister dieser Opera buffa ist Giovanni Battista Pergolesi. Seine 1733 entstandene Oper „Die Herrin als Magd“, in der Personen erstmals im Charakter durchgezeichnet sind, hat sich bis auf den heutigen Tag auf den Spielplänen gehalten.
Unterdessen erfreuen sich auch andere Länder Europas der neuen Kunstgattung Oper, und zwar seit über 100 Jahren. Italienische Ensembles bereisen die Musikzentren nördlich der Alpen oder lassen sich dort für längere Zeit nieder.
Schon 1618 ist es so in Salzburg unter Erzbischof Marx Sittich von Hohenems zur ersten Opernaufführung auf deutschem Boden gekommen. 1645 lernt Paris die italienische Oper kennen, 1663 Wien und bald darauf die Städte Dresden, Braunschweig und München. Zu deutschen Eigenproduktionen, nach dem Vorbild der frühen italienischen Oper, kommt es ab 1627. Es ist das Jahr, in dem die verlorengegangene Heinrich-Schütz-Oper „Dafne“ nach Martin Opitz’ übersetztem und bearbeitetem Rinuccini-Libretto im Tafelssaal des Schlosses Hartenfels in Torgau aufgeführt wird. Acht Jahre später legt Opitz eine weitere Bearbeitung vor, und zwar Andrea Salvadoris „Giuditta“. Andreas Gryphius steuert das Libretto zum Singspiel „Mayuma“ bei, und Georg Philipp Harsdörfer läßt sein geistliches Waldgedicht „Seelewig“ von Sigmund Gottlieb Staden 1644 nach italienischer Art in Noten setzen.
Der Einfluß Italiens bleibt auch, nachdem in Hamburg das erste deutsche Opernhaus (1678) seine Türen geöffnet hat und dort so bedeutende Komponisten wie Johann Sigismund Kusser, Reinhard Keiser, Philipp Telemann und Händel ihre Opern aufführen lassen. Auch Henry Purcell in England kann sich ausländischen Einflüssen nicht entziehen. Sein stärkster Beitrag, die Oper „Dido und Aeneas“ (1689), verrät sowohl französische als auch italienische Merkmale.
Etwa zur gleichen Zeit hat sich in Frankreich, vor allem auf dem Weg über das Ballet de cour, ein eigenständiger Opernstil herausgebildet. Was Robert Cambert mit seiner Oper „Pomo“ einleitet, führt Jean-Baptiste Lully zur höchsten Blüte: das musikalische, in der Handlung (Texte von Racine, Molière und Corneille) von Balletten und Pantomimen durchsetzte große Spektakel. Der geborene Italiener wird damit zum Begründer der französischen Nationaloper.

Der Deutsche Christoph Willibald Gluck hält ab 1762 die Stunde für gekommen, die französische, aber auch die italienische Oper von ihrem starren Schema zu befreien. An die Stelle des verwickelten Intrigenspiels und der bombastischen Verherrlichung absolutistischer Macht setzt er das überschaubare Geschehen, in dessen Mittelpunkt die ethisch reine Wahrheitsfindung steht und pathetische Gefühlsausbrüche (der neapolitanischen Oper) keinen Platz mehr haben. Dem Chor wird eine handelnde Aufgabe zugewiesen, die Rezitative (der Solisten) werden vom Orchester begleitet und bilden mit der Arie eine Einheit. Der Prototyp dieser Reformopern ist Glucks „Iphigenie in Aulis" (1774).
Eine in Paris von Marie-Antoinette unterstützte Gegenbewegung erreicht ihr Ziel nicht. Der Italiener Piccini, unfreiwilliger Mitstreiter dieser Aktion, wartet zwar mit glänzenden, nach altem Stil gearbeiteten Opern auf, kann aber nicht verhindern, daß Glucks Reform die Oberhand behält. Sie wirkt bis ins 19. Jahrhundert nach, das in Frankreich u. a. von den Komponisten Spontini und Cherubini repräsentiert wird, der schon zuvor Beiträge zur Revolutions- und Schreckensoper geleistet hat. Ihre blutige Szenerie ist ebenso vom politischen Umbruch des ausgehenden 18. Jahrhunderts inspiriert wie die Oper „Fidelio", in der Beethoven, allerdings unter dem Einfluß des deutschen Idealismus und dadurch, daß er mit Jaquino und Marzelline Figuren des Singspiels aufs Theater bringt, sich vom Typ der französischen Oper distanziert und auf klassische Weise die romantische Oper Carl Maria v. Webers („Freischütz") vorbereitet.
Unterdessen haben in Deutschland Mozarts Singspiele „Die Entführung aus dem Serail" und „Die Zauberflöte" die italienische Oper in den Hintergrund treten lassen. Den bürgerlich-volkstümlichen Typ des Singspiels (mit gesprochenen Zwischendialogen) vertritt (mit „Zar und Zimmermann", „Waffenschmied" und „Wildschütz") Albert Lortzing. Er wie Otto Nicolai („Die lustigen Weiber von Windsor") und Flotow („Martha") treten bald in den Schatten von Richard Wagner, der nach Monteverdi und Gluck als dritter die totale Einheit von Wort, Musik und Darstellung anstrebt. Während seine „Feen" noch romantische Züge tragen, „Rienzi" die ehrgeizige Kopie der französischen Grand opéra Meyerbeers darstellt, im „Fliegenden Holländer" sich die Absage an die Nummernoper ankündigt, gelingt es ihm mit der Oper „Tristan und Isolde", die Idee der „unendlichen Melodie" zu verwirklichen. In seiner ebenfalls durchkomponierten „Ring"-Tetralogie, deren Stoff aus der germanischen Sagenwelt ge-

nommen ist, wird dagegen der musikdramatische Ablauf durch Leitmotive bestimmt.
Während in Deutschland Humperdinck („Hänsel und Gretel"), Pfitzner („Palestrina") und der frühe Richard Strauss im Sinne Wagners ihre Opern schreiben, führt Giuseppe Verdi in der unmittelbaren Nachfolge seiner Landsleute Rossini und Donizetti die italienische Oper zu neuem Ansehen. Starke Rhythmik, zündende Melodien – vom Volk auf der Straße gesungen – und Libretti, die Geschichtliches zur Vorlage haben, sind die wichtigsten Merkmale seiner Opern. Einzelschicksale dagegen werden in den naturalistisch-veristischen Opern „Bajazzo" (Leoncavallo), „Cavalleria rusticana" (Mascagni) und, lyrisch-dramatisch ausgeprägt, von Giacomo Puccini („Madame Butterfly", „Tosca") behandelt.
Im 19. Jahrhundert hat auch Osteuropa seinen gewichtigen Teil an der Operngeschichte: Borodin, Mussorgsky und Rimsky-Korssakow sind u. a. die Vertreter der von Michael Glinka begründeten russischen Nationaloper, die in der Tschechoslowakei auf Friedrich Smetana („Die verkaufte Braut", „Dalibor") und in Polen auf Stanislaw Moniuszko („Halka") zurückgeht. In ihren Opern ist das Volk Träger der Handlung, bevorzugte Stoffwahl Geschichte und Sage, der musikalische Stil realistisch.
An der Schwelle zur neuzeitlichen Oper steht der Impressionist Claude Debussy, der die „unendliche Melodie" Richard Wagners auf eine musikalisch zartere Formel bringt („Pelléas und Mélisande"). Überschritten wird sie durch Maurice Ravel mit seinem Rückgriff auf die französische Opéra comique („Die spanische Stunde"), durch Igor Strawinsky mit seiner im Stil der italienischen Opera byuffa geschriebenen Oper „Der Wüstling", durch den Neuromantiker Paul Hindemith mit seinen musikalisch schwergewichtigeren Opern „Cardillac" und „Mathis der Maler" sowie durch Ernst Křeneks berühmte Bühnenwerke („Jonny spielt auf", „Karl V.", „Das Leben des Orest"), der in „Jonny spielt auf" Elemente des Jazz in die Oper bringt.
Ausgangspunkt für das Opernschaffen der „Neuen Wiener Schule" ist die expressiv-polytonale Strauss-Oper „Salome". Arnold Schönberg schreibt nach seinen beiden atonalen „Traumprotokollen" „Erwartung" und „Die glückliche Hand" die auf dem Ordnungsprinzip der Zwölftontechnik beruhende, unvollendet gebliebene Oper „Moses und Aron". Der Expressionist Alban Berg dagegen bedient sich in seiner nach Büchners „Wozzeck" vertonten Literaturoper mehr

überkommener Instrumentalformen wie der Sinfonie, Sonate und Variation.
Auch in Deutschland erinnert man sich der Traditionen. Carl Orff, Werner Egk, aber auch Hans Werner Henze greifen alte Theatergattungen (Tanz, Ritual, Stegreifkomödie, klassisches Schauspiel) auf, um die Oper zu erneuern. In die gelungene Wiederbelebung platzt die 1953 geschriebene „Abstrakte Oper Nr. 1" von Boris Blacher. In diesem handlungslosen Gebilde, das „die Grundsituation des Menschen unserer Tage" zum Thema hat, ist vielfach das verschlüsselte Eingeständnis vermutet worden, die von Monteverdi ausgegangene Oper habe sich überlebt. Theoretisch ist sie sogar eine Zeitlang in Frage gestellt worden. Daß heute viele seit etwa 1925 geschriebene Opern unter der Bezeichnung „Musiktheater" geführt werden, ist nur ein äußeres Zeichen dafür. 1971 holt der Argentinier Mauricio Kagel gar zu einem herausfordernden Schlag gegen die Oper aus. Seine in Hamburg uraufgeführte szenische Komposition „Staatstheater", in welcher der musikalische Vorgang durch theatralische Aktion sichtbar gemacht wird, bleibt aber nur der prominente Einzelfall.
Vor allem europäische Komponisten haben Kagels Anti-Oper-Signal mit Werken beantwortet, die nicht auf ein Ende der Gattung schließen lassen. In den 70er Jahren: der Engländer Benjamin Britten („Der Tod in Venedig"), der Tschechoslowake Jan Cikker („Coriolanus"), der Schweizer Rudolf Kelterborn („Ein Engel kommt nach Babylon"), der gebürtige Ungar György Ligeti („Le Grand Macabre"), der Pole Krzysztof Penderecki („Das verlorene Paradies") sowie die Deutschen Paul Dessau („Einstein"), Hans Werner Henze („Wir erreichen den Fluß") und Aribert Reimann („Lear"). Das Bindeglied zu den 80er Jahren ist Wolfgang Rihm. Mit seiner Kammeroper „Jakob Lenz" hat er eine beispielgebende Richtung für ein Musiktheater zukunftsträchtiger Prägung aufgezeigt, die er allerdings in seiner 1987 in Mannheim uraufgeführten „Hamletmaschine" wieder in Frage stellt. Ähnlich verhält es sich mit dem Italiener Antonio Bibalo („Gespenster"), dem Österreicher Friedrich Cerha („Baal"), dem Deutschen Udo Zimmermann („Die wundersame Schustersfrau"), und dem Italiener Nono, der mit seinem 1984 in Venedig uraufgeführten „Prometheus" eine Tragödie des Hörens mit außergewöhnlichem Klangverfahren und ohne eine Handlung im üblichen Sinne zur Diskussion stellt.
Eine Chance für die Erweiterung des Repertoires besitzt die Kammeroper „Die Gespenstersonate" von Reimann. Das gleiche gilt für

die Opern von Giselher Klebe, wie „Die tödlichen Wünsche“, „Figaro läßt sich scheiden“, „Ein wahrer Held“ und „Der jüngste Tag“. Aufmerksamkeit verdient der ostpreußische Komponist Siegfried Matthus mit seinen in den 80er Jahren herausgekommenen Opern „Judith“ und „Graf Mirabeau“. Auf liebgewordene Operngewohnheiten muß man bei der 1991 in Hamburg uraufgeführten „Vergänglichkeit“ von Dieter Schnebel verzichten. Schnebel gehört zu jenen Neutönern, die sich in ihrem Fortschrittsglauben konzessionslos treu bleiben.

Jeder der hier genannten Komponisten der letzten rund 30 Jahre geht die Wiederbelebung der Oper zwar aus verschiedenen Richtungen und musikalischen Artikulierungen an – sie haben aber auf ihrem Weg zwischen Rückbesinnung und Reform eines gemeinsam: Wunsch, Wille und Vermögen, die bald 400 Jahre alte Gattung am schönen Leben zu erhalten, während parallel dazu die in den 50er Jahren einsetzende Wiederentdeckung älterer Opern anhält. So sind in jüngster Zeit wieder zu Ehren gekommen: „La Gioconda“ (Amilcare Ponchielli), „Der Goldene Hahn“ (Nikolai Rimskij Korssakow), „Fedora“ (Umberto Giordano), „Adriana Lecouvreur“ (Francesco Cilèa), „La Wally“ (Alfredo Catalani), „Anna Bolena“ sowie „Roberto Devereux“ (Domizetti), „Der Schatzgräber“ (Franz Schreker), „Massimilla Doni“ sowie „Venus“ (Othmar Schoeck) und Zemlinskys „Kleider machen Leute“. G.H.

Opernführer

Adolphe Adam (1801-1856): **Der Postillon von Lonjumeau**

Komische Oper in 2 Akten von Adolphe de Leuven und Léon Lévy Brunswick – Paris 1836; Neufassung von Günter Ebert (VVB)

Chapelou, Postillon (T) – Bijou, Schmied (B) – Marquis de Corcy, Generalintendant der Königlichen Hofoper (Bar) – Madeleine, Wirtin (S) – St. Boeuf, Sekretär des Marquis (Sprechrolle) – Ein Postillon (Sprechrolle) – Bourdon, Statist (B) – Suzette, Kammerzofe (Sprechrolle) – Sänger, Choristen, Nachbarn, Gäste, Polizisten, Bediente

IM DORF LONJUMEAU 1756 UND IN EINEM LANDHAUS BEI FONTAINEBLEAU 1766

1. Akt: Am Abend seines Hochzeitstages mit der Wirtin Madeleine wird der Postillon Chapelou vom Marquis de Corcy, dem Generalintendanten der Pariser Hofoper, als Tenor entdeckt. Der Marquis verheißt dem Postillon eine glanzvolle Laufbahn und nimmt ihn mit nach Paris, ohne daß sich Chapelou noch von seiner jungen Frau verabschieden kann. – *2. Akt:* Zehn Jahre später treffen sich Chapelou und Madeleine wieder: der gefeierte Sänger hat sich den Namen St. Phar zugelegt und soll auf Veranlassung des Intendanten mit anderen Sängern einer Frau von Latour ein Ständchen bringen. Hinter Frau von Latour verbirgt sich aber Madeleine, die inzwischen eine reiche Erbschaft gemacht hat. St. Phar verliebt sich in Frau von Latour, hält mit Erfolg um ihre Hand an und inszenierte, da er ja bereits verheiratet ist, eine Scheinheirat, bei der ein verkleideter Chorist als Priester fungieren soll. Aber auch der Marquis erfährt von der früheren Heirat St. Phars und droht, ihn wegen Bigamie dem Henker auszuliefern. Da gibt sich Frau von Latour als die ehemalige Madeleine zu erkennen und rettet so den zweimal mit ihr getrauten St. Phar alias Chapelou.

Freunde, vernehmet die Geschichte (Chapelou); Ich soll ihn wiederseh'n (Madeleine); Ich bin ein Chorherr erster Güte (Bijou); Gehenkt, gehenkt (Chapelou, Bijou, Bourdon).

Eugen d'Albert (1864-1932): **Tiefland**

Musikdrama in einem Vorspiel und 2 Akten nach Angel Guimera von Rudolf Lothar – Prag 1903 (B. & B.)

Sebastiano, ein reicher Gutsherr (Bar) – Tommaso, Gemeindeältester (B) – Moruccio, Mühlknecht (Bar) – Martha (Mezzo-S), Pepa (S), Antonia (S), Rosalia (A) und Nuri (S), Mägde Sebastianos – Pedro (T) und Nando (T), Hirten – Der Pfarrer (stumme Rolle) – Landleute

IN DEN PYRENÄEN UND KATALONIEN IM 19. JAHRHUNDERT

Vorspiel: Pedro, ein einfacher Hirte, wünscht sich eine Frau, mit der er seine Einsamkeit teilen kann. Da erscheint Sebastiano mit Martha, die er mit Pedro verheiraten will, obwohl sie weiterhin seine Geliebte bleiben soll. Martha will der Schande entfliehen; Pedro jedoch, der von ihrem Verhältnis zu Sebastiano nichts ahnt, eilt ihr ins Tiefland nach. – *1. Akt:* Pedro kommt in das Dorf, wo er von dem Gesinde mit Spott empfangen wird, und schließt mit Martha die Ehe. Empört über die Absichten des Gutsherrn, will Tommaso die Heirat verhindern, kommt aber zu spät. Sebastiano verlangt sogar, daß

ihn Martha in ihrer Hochzeitsnacht empfängt. Als Pedro bemerkt, daß sich in Marthas Kammer jemand eingeschlichen hat, kann sie ihn kaum von einem Mord zurückhalten. Das unschuldige Wesen, das Pedro bei einem Gespräch mit Martha an den Tag legt, erweckt in ihr Mitleid und sogar Liebe. – 2. *Akt:* Am nächsten Morgen wird Pedro von der kindlichen Magd Nuri über den schmählichen Handel, den man mit ihm getrieben hat, aufgeklärt, während Martha von Tommaso schwere Vorwürfe erhält. Als Pedro jedoch erkennt, daß Martha ihn wirklich liebt und mit ihm in die Berge ziehen will, versöhnt er sich mit ihr. Sebastiano, dessen Heirat mit einem reichen Mädchen Tommaso inzwischen hintertrieben hat, erhebt aber neue Ansprüche auf Martha. Pedro wehrt sich nun; es kommt zum Kampf zwischen den Rivalen, in dessen Verlauf Pedro den Gutsherrn erwürgt. Ungehindert können nun Pedro und Martha das Tiefland verlassen und in die Berge gehen.
Hast du's gehört (Pedro); Ich weiß nicht, wer mein Vater war (Martha); Hüll in die Mantille (Sebastiano); Sein bin ich (Martha).

Eugen d'Albert: Die toten Augen

Oper in einem Vorspiel und einem Akt von Hanns Heinz Ewers und Marc Henry – Dresden 1916 (B. & B.)
Arcesius, römischer Sondergesandter in Jerusalem (Bar) – Myrtocle, seine Frau (S) – Aurelius Galba, römischer Hauptmann (T) – Arsinoe, Myrtocles Sklavin (S) – Maria von Magdala (A) – Ktesiphar, ägyptischer Wunderarzt (T) – Rebekka (S), Ruth (A), Sarah (S) und Esther (S), jüdische Frauen – Eine kranke Frau (S) – Ein alter Jude (B) – Sklaven, Sklavinnen, Volk

IN JERUSALEM AM PALMSONNTAG ZUR ZEIT JESU CHRISTI

Die blinde Römerin Myrtocle wird von Maria von Magdala zu dem vorüberziehenden Rabbiner Jesus von Nazareth gebracht. Ein Wunder geschieht: Myrtocle kann wieder sehen. Glückstrahlend will sie ihren Mann, den Gesandten Arcesius, begrüßen, verwechselt ihn aber mit seinem Freund und Begleiter, dem heimlich in sie verliebten jugendlichen und schönen Aurelius Galba. In rasender Eifersucht stürzt sich der verkrüppelte und häßliche Arcesius auf Galba und erwürgt ihn. Myrtocle flüchtet sich mit dem Ausruf „Mörder – Tier!" zu Arsinoe, von der sie erfährt, wer ihr Gatte ist. Nun erkennt Myrtocle den Segen ihrer vorherigen Blindheit und blickt so lange in die untergehende Sonne, bis sie wieder erblindet und nur noch die geliebte Stimme ihres Mannes hören kann.

Daniel François Esprit Auber (1782-1871): **Die Stumme von Portici**

Große Oper in 5 Akten nach Eugène Scribe und Germain Delavigne – Paris 1828
Masaniello, neapolitanischer Fischer (T) – Fenella, seine Schwester (stumme Rolle) – Alfonso, Sohn des Vizekönigs von Neapel (T) – Elvira, spanische Prinzessin, seine Verlobte (S) – Pietro (B), Borella (T) und Morena (B), Fischer – Lorenzo, Alfonsos Vertrauter (T) – Selva, Offizier des Vizekönigs (B) – Eine Hofdame (A) – Hofstaat, Offiziere, Soldaten, Ratsherren, Marktleute, Fischer, Tänzer und Tänzerinnen

IN NEAPEL UND PORTICI 1647

1. *Akt:* Anläßlich der Hochzeit seines Sohnes Alfonso mit der spanischen Prinzessin Elvira hat der Tyrann von Neapel dessen Geliebte, das stumme Fischermädchen Fenella, einkerkern lassen. Fenella kann jedoch entkommen, taucht bei der Hochzeit

auf und wird nur durch die Empörung des Volkes vor der abermaligen Verhaftung gerettet. – *2. Akt:* Fenellas Bruder, der Fischer Masaniello, ist der Führer einer heimlichen Verschwörung gegen den Vizekönig. Fenellas Haft, Flucht und Verfolgung bewegen ihn zu neuen Racheschwüren. – *3. Akt:* Auf dem Marktplatz von Neapel kann Fenella der neuerlichen Verhaftung nur dadurch entgehen, daß ihr Bruder den Wachoffizier niederstößt, worauf ein allgemeiner Aufstand ausbricht. – *4. Akt:* Alfonso ist geschlagen worden und sucht mit Elvira bei seinem Gegner Masaniello Zuflucht. Dieser gewährt den Verfolgten Schutz, erregt aber dadurch den Unwillen seiner Kampfgenossen, die sich nun gegen ihren Anführer Masaniello verschwören. – *5. Akt:* Pietro hat seinem ehemaligen Gefährten Masaniello Gift gegeben, der nun, bereits vom Wahnsinn erfaßt, dem Vizekönig in eine letzte Schlacht entgegenzieht und während des Kampfes dem Gift erliegt. Die Schlacht geht verloren, Fenella stürzt sich ins Meer.

Daniel François Esprit Auber: Fra Diavolo

Komische Oper in 3 Akten von Eugène Scribe – Paris 1830
Fra Diavolo, unter dem Namen Marquis von San Marco (T) – Lord Kookburn, ein reisender Engländer (Bar) – Pamella, seine Frau (Mezzo-S) – Lorenzo, römischer Dragoneroffizier (T) – Matteo, Gastwirt (B) – Zerline, seine Tochter (S) – Giacomo (B) und Beppo (T), Banditen – Ein Müller (B) – Ein Bauer (B) – Ein Soldat (T) – Landleute, Dragoner

IN TERRACINA IN ITALIEN UM 1830

1. Akt: Lord Kookburn und seine Frau Pamella sind in der Nähe von Terracina von Banditen ausgeplündert worden. Während sich der junge Offizier Lorenzo sogleich zur Verfolgung der Räuber aufmacht, erscheint unter dem Namen eines Marquis von San Marco der Räuberhauptmann Fra Diavolo, der unverzüglich einen Flirt mit Lady Pamella beginnt und ihr dabei noch ein kostbares Medaillon abnimmt. Den übrigen Schmuck kann Lorenzo wieder beschaffen; er erhält dafür 10 000 Lire Belohnung und kann damit Zerline, die Tochter des Wirtes, heiraten. – *2. Akt:* Um wieder zu dem Schmuck und zu Geld zu kommen, will Fra Diavolo Zerline und die Engländer während der Nacht überfallen. Er muß sich dazu mit zwei Banditen in Zerlines Schlafzimmer verstecken, wird aber von Lorenzo entdeckt und kann sich vor der Entlarvung nur dadurch retten, daß er erklärt, er habe mit Zerline, aber auch mit Lady Pamella ein Stelldichein. Lorenzo und der Lord fordern Fra Diavolo zum Duell. – *3. Akt:* Die Räuber Beppo und Giacomo, die sich mit Fra Diavolo in Zerlines Zimmer versteckt hatten, aber gerade noch unerkannt entkommen waren, verraten sich durch ungeschickte Bemerkungen. Lorenzo nimmt sie gefangen und benutzt sie als Köder für ihren Hauptmann. Fra Diavolo geht in die Falle und wird auf der Flucht getötet.
Nur unbesorgt, Mylord (Zerline); Erblickt auf Felsenhöh'n (Zerline).

Béla Bartók (1881-1945): Herzog Blaubarts Burg

Oper in einem Akt von Béla Balász – Budapest 1918 (U. E.)
Herzog Blaubart (Bar) – Judith (Mezzo-S) – Herzog Blaubarts frühere Frauen (stumm) – Ein Barde

AUF BLAUBARTS BURG

Judith hat alles hinter sich gelassen und ist dem Herzog Blaubart auf seine Burg gefolgt, wo sie durch die Kraft ihrer Liebe Finsternis und Kälte, die dort herrschen, besiegen will. Entgegen Blaubarts eindringlichen Warnungen verlangt sie auch den Zutritt zu den Räumen, die durch sieben schwarze Türen verschlossen sind. Nach und nach gibt ihr Blaubart alle sieben Schlüssel, und nach und nach findet sie eine Folterkammer, ein blutstarrendes Waffenlager, eine Schatzkammer mit blutbefleckten Kleinodien, einen Garten, dessen Blumen im Blut gründen, eine weite Landschaft, in die eine Wolke einen blutigen Schatten wirft, einen See, der nur aus vergossenen Tränen besteht. Aus der siebenten Tür endlich schreiten Blaubarts frühere Frauen hervor, reich geschmückt und Morgen, Mittag und Abend verkörpernd. Blaubart hüllt Judith in ebenso prächtige Gewänder und reichen Schmuck und entläßt sie als Sinnbild seiner Nacht in die siebente Kammer. Nunmehr wird es finster bleiben in seinem Reich.

Ludwig van Beethoven (1770-1827): **Fidelio**

Oper in 2 Akten nach Jean Nicolas Bouilly von Joseph Sonnleithner und Georg Friedrich Treitschke – Wien 1805

Florestan, ein Gefangener (T) – Leonore, seine Gattin, unter dem Namen Fidelio (S) – Rocco, Kerkermeister (B) – Marzelline, seine Tochter (S) – Jaquino, Pförtner (T) – Don Pizarro, Gouverneur eines Staatsgefängisses (Bar) – Don Fernando, Minister (Bar) – Zwei Gefangene (T und B) – Wachen, Gefangene, Volk

IN EINEM SPANISCHEN STAATSGEFÄNGNIS BEI SEVILLA AM ENDE DES 18. JAHRHUNDERTS

1. Akt: Jaquino, der Pförtner des Gefängnisses, bewirbt sich um Marzelline, die Tochter des Kerkermeisters Rocco, die ihrerseits aber mit wohlwollender Billigung ihres Vaters Fidelio liebt. Unter diesem Namen und verkleidet als Jüngling dient Leonore als Gehilfe bei Rocco, da sie vermutet, ihr Mann würde von seinem Feind Pizarro in dem Gefängnis gefangengehalten. Als Pizarro erfährt, daß der Minister Don Fernando die Gefängnisse besichtigen will, beschließt er den Tod Florestans; Rocco, der sich weigert, den Mord auszuführen, soll in der Zelle Florestans sofort das Grab ausschachten. Leonore belauscht den Plan und entdeckt, als die übrigen Gefangenen kurze Zeit ans Tageslicht dürfen, daß es sich bei dem Todgeweihten nur um ihren Mann handeln kann; sie selbst soll Rocco beim Ausschachten helfen. – *2. Akt:* Im Fieberwahn glaubt Florestan, ihm würde ein Engel in Gestalt Leonores helfen. Tatsächlich bringt ihm Leonore, die ihren Mann an der Stimme erkannt hat, Brot und Wein. Da kommt jedoch Pizarro, um Florestan noch vor der Ankunft des Ministers zu beseitigen. Als der Gouverneur mit dem Dolch ausholt, wirft sich Leonore dazwischen und bedroht ihn mit einer Pistole. Da verkündet ein Trompetensignal die Ankunft des Ministers; Pizarro wird verhaftet, die Gefangenen werden amnestiert, Leonore und Florestan, in dem Don Fernando seinen längst totgeglaubten Freund erkennt, sinken sich in die Arme. Alle Anwesenden beugen sich vor der Gattentreue.
Jetzt, Schätzchen, jetzt sind wir allein (Marzelline, Jaquino); O wär' ich schon mit dir vereint (Marzelline); Mir ist so wunderbar (Leonore, Marzelline, Rocco, Jaquino); Ha, welch ein Augenblick (Pizarro); Abscheulicher, wo eilst du hin? (Leonore); O welche Lust (Gefangenenchor); Gott, welch' Dunkel hier (Florestan); Euch werde Lohn in beßren Welten (Leonore, Florestan, Rocco); O namenlose Freude (Leonore, Florestan); Wer ein holdes Weib errungen (Ensemble).

Vincenzo Bellini (1801-1835): **Norma**

Tragische Oper in 2 Akten von Felice Romani – Mailand 1831

Sever, römischer Prokonsul in Gallien (T) – Orovist, Haupt der Druiden (B) – Norma, Oberpriesterin, seine Tochter (S) – Adalgisa, eine junge Priesterin (A) – Klothilde, Normas Vertraute (S) – Flavius, Severs Freund (T) – Zwei Kinder Normas und Severs (stumme Rollen) – Druiden, Priesterinnen, römische und gallische Krieger

IN GALLIEN IM 1. JAHRHUNDERT

1. Akt: Die Oberpriesterin Norma liebt Sever, den römischen Statthalter in Gallien; sie hat ihm heimlich zwei Kinder geboren und verhindert immer wieder den Aufstand ihres Volkes gegen die verhaßten Römer. Nun hat sich Sever von ihr abgewendet und in die junge Priesterin Adalgisa verliebt, die er zur Flucht verleiten will. Adalgisa, die nichts von Normas Beziehungen zu Sever ahnt, beichtet dieser ihre Liebe. – *2. Akt:* Nachdem Norma ihre erste Verzweiflung und die Absicht, ihre und Severs Kinder zu töten, überwunden hat, schlägt sie vor, Adalgisa solle Severs Frau werden und die Kinder mit sich nehmen. Adalgisa will aber davon nichts wissen und bedrängt Sever, zu Norma zurückzukehren. Sever weigert sich und dringt in den Tempel ein, um Adalgisa zu rauben; er wird jedoch ergriffen und zu Norma geführt, die ihn und die sündige Priesterin zum Tod auf dem Scheiterhaufen verurteilt. Erst als alles zur Verbrennung vorbereitet ist, nennt Norma sich selber als die sündige Priesterin. Nun erkennt auch Sever die übergroße Liebe Normas, die mit ihm sterben will. Gefaßt schreiten sie zum Scheiterhaufen.

Keusche Göttin im silbernen Glanze (Norma); Diese Zarten jetzt beschütze (Norma, Adalgisa).

Vincenzo Bellini: Die Nachtwandlerin

Oper in 2 Akten von F. Romani nach E. Scribe – Mailand 1831

Graf Rudolf (Bar) – Therese, Müllerin (S) – Amina, ihre Pflegetochter (S) – Elvino, reicher junger Bauer (T) – Lisa, Wirtin (S) – Alexis, ihr Liebhaber (B) – Notar (T) – Landvolk

IN EINEM DORF IN DER SCHWEIZ/ANFANG 19. JAHRHUNDERT

1. und 2. Akt: Der junge Bauer Elvino ist verwirrt. Obwohl er mit Amina, der Pflegetochter der Mühlenbesitzerin, verlobt ist, will er die Gastwirtin Lisa heiraten. Der Grund: seine Verlobte wurde schlafend im Bett des gräflichen Schloßbesitzers Rudolf vorgefunden. Der Verdacht, Amina habe ehrlos gehandelt, macht Runde. Graf Rudolf hingegen ist der Meinung, daß Aminas Verhalten durch schlafwandlerische Veranlagung zu erklären ist. Während sich die Dorfbewohner noch genüßlich über das Vorkommnis amüsieren, liefert Amina selbst den Beweis, daß sie eine Nachtwandlerin ist: sie überquert schlafend die brüchige Mühlenbachbrücke. Elvino ist damit von der Unschuld seiner Verlobten überzeugt. Er kehrt zu ihr zurück, und sie werden ein Paar.

Ach nicht Worte (Amina/Elvino); In des Wäldchens kühlendem Schatten (Chor); Doch wer beweist mir (Ensemble).

Vincenzo Bellini: Die Puritaner

Oper in 3 Akten von Carlo Pepoli nach Walter Scotts „Old Mortality“ – Paris 1835

Lord Walton (B) – Königin Henriette (S) – Elvira, Tochter Waltons (S) – Lord Talbot (T) – George, Bruder Waltons (B) – Richard Forth, puritanischer Oberst (Bar) – Bruno Roberton (T)

IM ENGLISCHEN PLYMOUTH DES 17. JAHRHUNDERTS

Es ist Bürgerkrieg. Lord Walton, Vasall des puritanischen Oliver Cromwell, hält Königin Henriette, Witwe des hingerichteten Königs Karl I., in Gefangenschaft. Elvira, Tochter Waltons, liebt Lord Talbot. Die Erlaubnis zur Heirat ist gegeben. Für Talbot ist es eine Ehrenpflicht, die Königin zu befreien. Mit Hilfe von Elviras Brautschleier gelingt das Vorhaben. Doch Elvira fühlt sich hintergangen, zumal ihr Verlobter wie vom Erdboden verschwunden zu sein scheint. Elvira verfällt in geistige Umnachtung. Talbot ist erschrocken, kehrt zu Elvira zurück. Aus Freude über das plötzliche Wiedersehen wird sie wieder gesund. Talbot wird hingegen von den Puritanern verhaftet. Das Urteil: Hinrichtung. Cromwell erläßt jedoch einen Gnadenakt – der Vermählung von Elvira und Talbot steht nichts mehr im Wege.

Richard Rodney Bennett (* 1936): **Ballade im Moor** (Schwefelminen)

Oper in 3 Akten von Beverley Cross – London 1965 (U. E.)

Jenny, Schauspielerin (S) – Rosalind, Magd und Geliebte Braxtons (Mezzo-S) – Leda (A) – Boconnion, Deserteur (T) – Tovey, Landstreicher (Bar) – Tooley (Bar) – Braxton (Sherrin), Gutsbesitzer (Bar) – Trim, Tänzer – Fenny (T)

WINTERNACHT IN DEM SCHLOSS AM MOOR, VOR EINIGEN HUNDERT JAHREN

1. bis 3. Akt: Rosalind, die Magd und Geliebte Braxtons, stiftet Boconnion, einen mit Gott und der Welt zerfallenen Deserteur, und den Landstreicher Tovey zum Mord an dem reichen Gutsbesitzer an. Die Verbrecher nisten sich in der Halle von Braxtons Haus ein, finden in einer Truhe kostbare Schätze und beschließen, in die Neue Welt zu fliehen. Ein Hornruf aus nebliger Ferne läßt sie erstarren, in Windeseile nähert er sich. Es wird geklopft. Im Tor steht eine Schauspielertruppe und bittet um Obdach. Boconnion läßt die Gäste ein und fordert als Gegenleistung die Aufführung eines kleinen Schauspiels. In dem als Komödie angekündigten Theaterstück „Die Schwefelminen" spiegelt sich – scheinbar zufällig – im Schicksal eines reichen venezianischen Antiquitätensammlers die Mordtat wider. Die Darstellung führt zur Entlarvung der Verbrecher und rüttelt ihr Gewissen wach. Nur Boconnion bleibt unbeirrt, er sperrt die Schauspieler in den Keller, um sie mit dem Haus zu verbrennen. Nur Jenny, die junge Hauptdarstellerin der Truppe, behält er bei sich. Er küßt sie und droht ihr den Tod an. Jenny weiß von einem weit zurückliegenden Besuch einer wandernden Schauspielertruppe in einem Gutshaus, gleich dem Braxtons. Damals waren Schauspieler aus London vor der Pest geflohen, Jenny öffnet ihren Mantel. Sie trägt das Zeichen der Pest auf ihrer Brust. Aus der Ferne ertönt wieder das Horn. Die Schauspieler sind – gleich ihrem Erscheinen – durch Spuk verschwunden. Die Furcht vor Pest und Tod lehrt die Zurückgebliebenen um Gnade für ihr frevelhaftes Leben flehen.

Alban Berg (1885-1935): **Wozzeck**

Oper in 3 Akten nach Georg Büchner von Alban Berg – Berlin 1925 (U. E.)

Wozzeck (Bar) – Marie (S) – Tambourmajor (T) – Andres (T) – Hauptmann (T) – Doktor (B) – Margret (A) – Zwei Handwerksburschen (Bar und B) – Der Narr (T) – Ein Soldat (T) – Mariens Knabe (S) – Soldaten, Burschen, Mägde, Kinder

IN EINER DEUTSCHEN KLEINSTADT AM ANFANG DES 19. JAHRHUNDERTS

1. Akt: Wozzeck, Soldat und Urbild des geschundenen, mißbrauchten und verhöhnten Menschen, findet seinen letzten Halt in Marie, seiner Geliebten und der Mutter seines unehelichen Kindes. Marie jedoch, ein vollblütiges Frauenzimmer, ergibt sich der derben Werbung des Tambourmajors. – *2. Akt:* Wozzecks Reaktion auf Maries Untreue ist halb teilnahmslos, halb leidenschaftlich. Einerseits sieht er scheinbar unbeteiligt zu, wie Marie mit dem Tambourmajor tanzt, andererseits läßt er sich mit ihm in eine Rauferei ein, in der er dem kräftigeren Tambourmajor unterliegt. – *3. Akt:* Bei einem Abendspaziergang stößt Wozzeck Marie sein Messer in den Hals. Anschließend geht er in eine Schenke, tanzt dort mit Margret und flieht, als diese Blut an seiner Hand entdeckt. Bei dem Versuch, die Mordwaffe tief im Waldteich zu versenken, ertrinkt Wozzeck.

Alban Berg: Lulu

Oper in 3 Akten nach den Tragödien „Erdgeist" und „Die Büchse der Pandora" von Frank Wedekind – Zürich 1937, Paris 1979, vollst. Fassung (U. E.)

Lulu (S) – Gräfin Geschwitz (Mezzo-S) – Medizinalrat (Sprechrolle) – Maler (T) – Ein Gymnasiast (Mezzo-S) – Dr. Schön, Chefredakteur (Bar) – Alwa, sein Sohn, Schriftsteller (T) – Tierbändiger (Bar) – Rodrigo, ein Athlet (Bar) – Schigolch, ein Greis (B) – Der Prinz, Afrikareisender (Bar) – Theaterdirektor (B) – Der Kammerdiener (B) – Theatergarderobiere (A)

EINE DEUTSCHE GROSS-STADT, DANN PARIS, ZULETZT LONDON, AUSGANG DES 19. JAHRHUNDERTS

Prolog: Ein Tierbändiger stellt die Personen der Handlung vor, u. a. Lulu, und zwar in Gestalt einer Schlange, Urbild der Verführung und Sinnlichkeit. – *1. Akt, 1. Bild:* Lulu, mit einem Medizinalrat verheiratet, läßt sich von einem Maler porträtieren. Er und die beiden Besucher, Dr. Schön und sein Sohn Alwa, wetteifern in ihren Liebesbezeigungen, die Lulu gelten. Die Besucher verabschieden sich, und der Maler beginnt sein Modell zu liebkosen. Ein Klopfen beachten sie nicht, bis jemand die Tür eindrückt: der Medizinalrat steht im Zimmer. Beim Anblick der beiden trifft ihn der Schlag. Lulu bleibt ungerührt, während der Maler betroffen ist von Lulus Herzlosigkeit. – *2. Bild:* Lulu und der Maler sind verheiratet. Von Dr. Schön, der sich verlobt hat, wird Lulu gebeten, ihn nicht mehr zu besuchen. Ihrem Mann öffnet er die Augen über Lulus Verhalten. Das kann der Maler nicht ertragen und nimmt sich das Leben. Aber auch dieser Vorfall kann Lulu nicht rühren. Sie ist ganz sicher, daß Dr. Schön sie heiraten wird. – *3. Bild:* Durch die Vermittlung von Dr. Schön hat Lulu eine Aufgabe als Tänzerin bekommen. Von der Bühne aus sieht sie unter den Zuschauern Dr. Schön und seine Verlobte und fällt zum Schein in Ohnmacht. Nach einer Auseinandersetzung erreicht es Lulu, daß Dr. Schön seiner Braut den Laufpaß gibt. – *2. Akt, 4. Bild:* Lulu hat Dr. Schön geheiratet. In ihrem Haus versammelt sie fragwürdige Personen um sich: die extravagante Gräfin Geschwitz, den Kuppler Schigolch und den Athleten Rodrigo. Stiefsohn Alwa macht Lulu leidenschaftlich den Hof und bekommt von seinem Vater die Tür gewiesen, der selber gegen seine Leidenschaft und Selbstverachtung zu kämpfen hat. Als Lulu die Scheidung vorschlägt, verlangt Dr. Schön, daß sie sich selbst richten soll, aber statt dessen stirbt er durch die Hand Lulus. – *5. Bild:* Die Gräfin Geschwitz hat Lulu die Flucht aus dem Gefängnis ermöglicht. Lulus Geliebter wird jetzt Alwa. – *3. Akt, 6. Bild:* Alwa ist mit Lulu in Paris. Dort werden beide erpreßt und müssen fliehen. – *7. Bild:* Verarmt und heruntergekommen, wird Lulu in London von einem Mann namens Jack the Ripper ermordet.

Hector Berlioz (1803-1869): **Fausts Verdammung**

Dramatische Legende in 4 Teilen nach der dramatischen Fassung von Goethes „Faust" von Gérard de Nerval im Text des Komponisten – Paris 1846 (konzertante Uraufführung)

Margarethe (S) – Faust (T) – Mephistopheles (Bar) – Brander (B) – Stimme der Großmutter (A)

IN DER WELT DES 16. JAHRHUNDERTS

1. Teil: Faust ist seines Lebens überdrüssig, findet aber auch in der Einsamkeit der Natur keinen Frieden. Ihn überkommt eine Vision: Bauern feiern den nahenden Frühling, Soldaten ziehen vorüber. Doch mehr als zuvor wird Faust vom Zweifel an der Welt und von Gefühlen der Verzweiflung übermannt. – *2. Teil:* Faust setzt eine Schale mit Gift an seine Lippen. Beim Erklingen eines Osterhymnus läßt er vom Selbstmord ab, es überkommt ihn die Sehnsucht nach Jugend. Der plötzlich erscheinende Mephistopheles bietet Faust seine Dienste an, will ihn ins wahre Leben führen. Faust willigt ein. Einkehr in Auerbachs Keller. Doch die betrunkene Gesellschaft widert ihn an. Mephistopheles ändert seine Taktik. Er versenkt Faust in einen Schlaf mit Traumbildern von Jugend, Liebe und einem Mädchen namens Margarethe. – *3. Teil:* Faust ist erwacht. Mephistopheles führt ihn zu Margarethe, die, durch einen Traum verwirrt, in dem Fremden ihren Geliebten zu erkennen glaubt. Sie gestehen sich gegenseitig ihre Liebe. Faust will Margarethe bald wiedersehen. – *4. Teil:* Margarethe hofft auf die Rückkehr ihres Geliebten. Doch, so will es Mephistopheles wissen, sei sie zum Tode verurteilt – sie habe ihrer Mutter Gift gegeben. Faust beschwört Mephistopheles, Margarethe zu retten. Er verspricht, es zu tun, unter der Bedingung, daß Faust ihm weiterhin hörig ist. Der Pakt wird geschlossen. Doch Mephistopheles ist eben ein Teufel – nach einem wilden Ritt findet sich Faust in der Hölle wieder, und Margarethe ist verloren, sie stirbt. (In anderer Fassung wird die Macht des Satans gebrochen – es kommt zu einer Vision von Margarethens geretteter Seele.)

Hector Berlioz: Die Trojaner

Oper in 5 Akten (2 Teilen) nach Vergil von Hector Berlioz – Karlsruhe 1890

Priamos, König von Troja (B) – Hekuba, seine Gemahlin (A) – Kassandra, beider Tochter (Mezzo-S) – Polyxena, Kassandras Schwester (S) – Choroebus, asiatischer Fürst (Bar) – Aeneas, trojanischer Held (T) – Ascanius, sein Sohn (S) – Pantheus, Priester (B) – Der Schatten des Hektor (B) – Trojaner, Trojanerinnen, Griechen – Dido, Königin von Karthago (S) – Anna, ihre Schwester (A) – Narbal, Minister der Dido (B) – Iopas, Dichter aus Tyrus (T) – Hylas, phrygischer Matrose (T) – Merkur (Bar) – Karthager, Priester

TROJA UND KARTHAGO WÄHREND UND NACH DEM TROJANISCHEN KRIEG

1. und 2. Teil: Nach einer zehnjährigen vergeblichen Belagerung wollen die Griechen Troja jetzt durch eine List zu Fall bringen. Sie täuschen den Abzug ihrer Truppen vor und lassen ein hölzernes Pferd vor den Mauern zurück. Den Trojanern wird ihre Neugier zum Verhängnis. Sie ziehen das Pferd in die Stadt, die Warnungen der Seherin Kassandra in den Wind schlagend. Das trojanische Volk jubelt zu früh. In der Nacht entsteigen dem hölzernen Ungetüm griechische Elitesoldaten. Sie öffnen die Stadttore – die zurückkehrenden Griechen können mit ihrer Hauptmacht Troja besetzen und dem Erdboden gleichmachen. Allein Aeneas entgeht mit wenigen Getreuen dem Untergang. Er erreicht das nordafrikanische Karthago, wo er bei der verwitweten

Königin Dido Unterschlupf findet. Aeneas erliegt der verführerischen Schönheit Didos und vergißt darüber beinahe seinen Auftrag, in Italien Rom zu gründen. Endlich kann er sich zum Weiterzug durchringen, läßt aber eine Königin zurück, die sich aus gebrochenem Herzen das Leben nimmt. Bevor sich Dido den Tod gibt, hat sie eine Vision: Sie sieht den Karthager Hannibal, wie er Rom erobert.

•

Günter Bialas (* 1907): **Hero und Leander**

Oper in 7 Bildern nach Franz Grillparzer und Musaios von Eric Spiess – Mannheim 1966 (Bär)

Hero (S) – Leander (Bar) – Priester (Bar) – Naukleros (T) – Janthe (Mezzo-S) – Tempelhüter (B) – Priester, Bedienstete des Tempels, Mädchen, Knaben, Volk

SESTOS UND ABYDOS IN KLEINASIEN

1. bis 7. Bild: Der junge Leander und sein Freund Naukleros sind von Abydos über das Meer nach Sestos gekommen, um an einer Feier teilzunehmen, in der Hero zur Priesterin geweiht wird. Nach der heiligen Handlung dringt Leander in den Tempelhain ein und gesteht der schönen Priesterin seine Liebe. Doch treu ihrem Gelübde, weist sie ihn zurück. Sie ist aber bereit, ihn am Jahrestag ihrer Priesterweihe zu empfangen. Mit der Ermahnung, sich ihrer Pflichten und Aufgaben als Priesterin immer bewußt zu sein, entläßt der Priester Hero in ihre neue Unterkunft im Turm am Meer. Doch Heros Gedanken sind weiter bei Leander, der plötzlich vor ihr steht, um sie erneut seiner Liebe zu versichern. Wieder ist Hero stark genug, der irdischen Verlockung zu widerstehen. Als sich jedoch ein Tempelwächter nähert, bringt sie es nicht übers Herz, die Anwesenheit Leanders zu melden; sie versteckt ihn in ihrem Schlafgemach. Beim Abschied willigt sie im Zwiespalt ihrer Gefühle ein, Leander schon am nächsten Tag wiederzusehen. Der Tempelwächter hat beobachtet, wie ein Jüngling in der Nähe des Turmes in das Meer gesprungen ist. Er meldet den Vorfall dem Priester. Nachdem Hero ein Licht als Zeichen für Leander vor ihr Fenster gestellt hat, geht sie an den Strand. Der Priester löscht das Licht. Leander verliert die Orientierung und ertrinkt. Am nächsten Morgen findet Hero am Strand seine Leiche. Ihr Wunsch, Leander in der Nähe des Turmes begraben zu dürfen, wird nicht erfüllt. Während man Leanders Leiche fortträgt, bricht Hero tot zusammen.

Günter Bialas: Die Geschichte von Aucassin und Nicolette

Oper in 14 Bildern von Tankred Dorst nach einer Chantefable aus dem 13. Jahrhundert – München 1969 (Bär)

Anton 1, Spielmacher (T) – Anton 2, Spielmacher (Bar) – Anton 3, Spielmacher (B) – Aucassin (Bar) – Nicolette (S) – Garin von Beaucaire (B) – Vizgraf (Bar) – Cirage, eine schwarze Amme (A) – König Karthago (T)

FRANKREICH IM 13. JAHRHUNDERT

1. bis 14. Bild: Aucassin, der Sohn des Grafen Beaucaire, liebt Nicolette, eine kleine Mohrin. Aber der Graf will nichts von dieser Liebe wissen. Er schickt Aucassin in den Krieg. Zuvor schließen beide einen Vertrag: Wenn er, Aucassin, die Feinde besiegt, dann darf er Nicolette wiedersehen, die schon seit geraumer Zeit in einem Turm eingesperrt ist. Aucassin schlägt die Feinde und führt seinen Gegner, den Grafen Valence, als Gefangenen heim, doch der Graf Beaucaire hält sein Versprechen nicht; er wirft seinen Sohn ebenfalls in den Turm. Nicolette, die mit ihrer Amme die Kleider getauscht hat, kann dem Gefängnis entfliehen. Bald darauf ist auch Aucassin wieder frei. Beide verlassen gemeinsam das Land. Sie erreichen die phantastische Stadt Torelore, eine verkehrte Welt, in der alles auf dem Kopf steht, vor allem die Ordnung. Aucassin ist von der Seltsamkeit dieser Stadt so beeindruckt, daß er Nicolette vergißt. Inzwischen ist Graf Beaucaire gestorben und Aucassin selbst der Herr geworden. Da erinnert er sich der kleinen Nicolette, doch Nicolette ist von Sarazenen nach Karthago verschleppt worden. Dort hat sie der König als seine Tochter wiedererkannt. Eines Tages erfährt Nicolette, daß Aucassin heiraten will. Vom Wind, der ihr auch die Botschaft gebracht hat, läßt sie sich zu Aucassin fliegen. Verkleidet tritt sie vor ihn hin. Da stellt sich heraus, daß sie sich noch immer lieben; die Heirat ist damit eine beschlossene Sache.

Antonio Bibalo (* 1922): **Gespenster**

Oper in 3 Akten nach Henrik Ibsen von Hans Egon Gerlach – Kiel 1981 (Hansen)
Frau Helene Alving (Mezzo-S) – Oswald Alving (T) – Pastor Manders (Bar) – Regine Engstrand (S) – Tischler Engstrand (B)

LANDGUT AN EINEM FJORD IM WESTLICHEN NORWEGEN

1. bis 3. Akt: Zum Andenken an den vor zehn Jahren verstorbenen Kammerherrn Alving soll auf dessen Landgut ein Kinderheim eingeweiht werden, das von der Witwe erbaut worden ist. Dazu ist aus Paris der einzige Sohn, der junge Maler Oswald, nach vielen Jahren zurückgekehrt. Auch Pastor Manders, ein alter Freund der Familie, hat sich eingestellt. Die Gespräche am Tage vor dem Festakt enthüllen nach und nach eine furchtbare Vergangenheit, die alle Personen miteinander verstrickt hält: Die Ehe der Frau Alving, die nach außen hin in bester Ordnung schien, war in Wirklichkeit ein Martyrium für sie; der Kammerherr hat sein ausschweifend-rücksichtsloses Leben bis zu seinem Tode geführt. Die junge Ehefrau hatte zwar bald erkannt, daß ihr Mann ein Wüstling war, war zu Pastor Manders geflohen und hatte von ihm Hilfe erfleht. Manders aber, obwohl er der jungen Frau mehr als nur freundschaftliche Gefühle entgegengebracht hatte, war dem Konflikt ausgewichen und hatte sie an die Pflichten ihrer Ehe gemahnt. Regine, die junge Bediente, die wie eine Tochter im Hause aufgewachsen ist, ist in Wahrheit die leibliche Tochter des Kammerherrn aus seiner Beziehung zum damaligen Kammermädchen Johanna. Um den peinlichen Vorfall zu vertuschen, wurde Johanna an den Tischler Engstrand verheiratet, der an der Errichtung des Kinderheimes mitgearbeitet hat und sich nun nach Johannas Tod mit dem Gedanken trägt, in der Stadt ein Seemannsheim aufzumachen und Regine dort als Attraktion einzusetzen. Regine lehnt kategorisch ab. Oswald kehrt vom Spaziergang zurück, und Frau Alving wird Zeuge, wie er, sich unbeobachtet wähnend, mit Regine (von deren verwandtschaftlicher Beziehung zu ihm er nichts weiß) schäkert – ausgerechnet in jenem Zimmer, in dem Frau Alving damals ihren Mann mit Johanna überrascht hatte. Gespenster scheinen am hellichten Tag umzugehen. Nach dem Mittagessen setzt Frau Alving ihren Rechenschaftsbericht über ihr Leben fort. Pastor Manders erkennt die Zusammenhänge immer noch nicht, ist nach wie vor stolz darauf, Frau Alving damals zu ihrem Mann zurückgetrieben zu haben, und erregt sich über Engstrands Märchen, welches ihm jener vor der Hochzeit mit Johanna aufgetischt hatte – daß nämlich ein ausländischer Tourist der Vater des zu erwartenden Kindes sei. Engstrand, mit scheinheiliger Zerknirschung, gelingt es, den Pastor zu besänftigen und ihn sogar für sein „Seemannsheim“ zu begeistern, so daß Manders ihm finanzielle Unterstützung in Aussicht stellt. Oswald bekennt seiner Mutter, daß ihn nicht die

Feiern, sondern sein besorgniserregender Gesundheitszustand nach Hause getrieben habe; das unbeschwerte Künstlerleben in Paris fordere nun seinen Preis, und allein Regine mit ihrer frischen, herzhaften Art könne ihm helfen. Im Kinderheim bricht Feuer aus. Engstrand beschuldigt den Pfarrer. Beide fahren in die Stadt zurück. Oswald überfallen Angstzustände. Jetzt enthüllt Frau Alving vor ihm und Regine die wahren Zusammenhänge. Regine verläßt auf der Stelle das Haus und folgt ihrem Vater. Oswald gesteht seiner Mutter seine Krankheit – Gehirnparalyse –, ein Erbteil seines Vaters, und bedrängt sie in höchster Erregung, sein Leben mit Morphium zu beenden, wenn ihm der nächste Anfall den Wahnsinn bringen sollte.

Georges Bizet (1838-1875): **Die Perlenfischer**

Oper in 3 Akten von Michel Carré und Eugène Cormon – Paris 1863 (A. & S.)
Leila, Bajadere (S) – Zurga, Perlenfischer (Bar) – Nadir, Jäger (T) – Nurabad, Gemeindeältester (B) – Fischer

AUF CEYLON

1. Akt: Die beiden Freunde Nadir und Zurga sind, da sie sich auf ihren Fahrten in dieselbe Frau verliebt haben, nach Ceylon zurückgekehrt, wo keine Eifersucht ihre Freundschaft zerstören soll. Zurga wird zum König der Perlenfischer gewählt und muß einer verschleierten Priesterin, die sich die Perlenfischer von weit her geholt haben, das Gelöbnis der Keuschheit abnehmen. Nadir erkennt an ihrer Stimme, daß die Verschleierte die Bajadere Leila ist, der er und Zurga in der Ferne verfallen waren. Auch Leila erkennt Nadir wieder. – *2. Akt:* Leila und Nadir finden sich in verbotener Liebe, werden von den Fischern überrascht und nur durch das Dazwischentreten Zurgas vor der Volkswut gerettet. – *3. Akt:* Trotzdem sollen Leila und Nadir geopfert werden. Zurga aber überwindet alle Eifersucht; er zündet das Lager der Fischer an und befreit in der dadurch entstandenen Verwirrung die Gefangenen, an deren Stelle er dann zum Feuertode geführt wird.
Ich höre wie im Traum (Nadir); O Nadir, du Freund seit Jugend (Zurga).

Georges Bizet: Carmen

Oper in 4 Akten nach Prosper Mérimée von Henri Meilhac und Ludovic Halévy – Paris 1875 (A. & S.)
Carmen (Mezzo-S), Frasquita (S), Mercedes (A), Zigeunerinnen – Micaëla, ein Bauernmädchen (S) – José, Sergeant (T) – Escamillo, Stierkämpfer (Bar) – Zuniga, Leutnant (B) – Moralès, Sergeant (Bar) – Dancairo (T), Remendado (T), Schmuggler – Lillas Pastia, Schenkwirt (stumme Rolle) – Soldaten, Straßenjungen, Zigarettenarbeiterinnen, Zigeuner, Schmuggler, Volk

IN SEVILLA UND UMGEGEND UM 1820

1. Akt: Carmen, Zigeunerin und Arbeiterin in einer Zigarettenfabrik, wird wegen einer Messerstecherei abgeführt, verspricht aber dem Sergeanten José ihre Gunst, falls er sie freiläßt. José, der sich soeben noch durch den Besuch Micaëlas, eines einfachen Mädchens aus Josés Heimatdorf, gegen Carmens Reize gefeit glaubte, läßt sie entkommen. – *2. Akt:* Er folgt ihr in die Schenke des Lillas Pastia, kehrt – von Carmen verführt – beim Zapfenstreich nicht in die Kaserne zurück, gerät deswegen mit seinem Offizier Zuniga in Streit und schließt sich den Schmugglern an, die ihm gegen Zuniga zu Hilfe geeilt waren. – *3. Akt:* Als während einer Rast der Schmuggler im Gebirge

Carmen jedoch ihre Gunst dem Stierkämpfer Escamillo zuwendet und Micaëla José eine Botschaft seiner sterbenden Mutter bringt, verläßt dieser Carmen. – *4. Akt:* Vor Eifersucht blind, folgte er ihr dann aber doch in die Arena von Sevilla, wo Escamillo beim Stierkampf Triumphe feiert; er tötet Carmen, die ihm trotz aller Beschwörungen nicht mehr folgen will, durch einen Messerstich.
Wie, du kommst von der Mutter? (José, Micaëla); Ja, die Liebe hat bunte Flügel (Carmen); Draußen am Wall von Sevilla (Carmen); Was ist des Zigeuners höchste Lust? (Carmen, Frasquita, Mercedes, Dancairo, Remendado); Euren Toast kann ich wohl erwidern (Escamillo); He, holla! Halt, wer da? Mann von Alcalá (José); Hier an dem Herzen treu geborgen (José); Ich sprach, daß ich furchtlos mich fühle (Micaëla); Liebst du mich treu und innig (Escamillo); Ich war's, ich habe sie getötet. Ach, Carmen, meine angebetete Carmen (José).

Boris Blacher (1903-1975): **Die Flut**

Kammeroper in einem Akt nach Guy de Maupassant von Heinz v. Cramer – Dresden 1947 (B. & B.)
Der Fischer (Bar) – Das Mädchen (S) – Der alte Bankier (B) – Der junge Mann (T)

SCHIFFSWRACK AM STRAND, GEGENWART

Es ist Ebbe, und eine kleine Reisegesellschaft – ein alter Bankier, ein Mädchen und ein junger Mann – läßt sich an Ort und Stelle von einem Fischer die geheimnisvolle Geschichte eines Schiffswracks erzählen. Dem Mädchen gefällt der Fischer; es will noch nicht ans Land zurück, obwohl jeden Augenblick die Flut einsetzen kann. Der Bankier wird eifersüchtig, ist aber auch voller Angst, als das Wasser zu steigen beginnt. Da bietet er dem jungen Mann viel Geld, wenn er ein Rettungsboot beschaffen würde. Unterdessen haben sich das Mädchen und der Fischer ihre Liebe gestanden. Überraschenderweise geht die Flut zurück; für den Bankier kommt die Rettung aber zu spät. Der junge Mann hat ihn erstochen und ihm das viele Geld abgenommen, das er jetzt dem Mädchen anbietet. Nach anfänglichem Zögern nimmt sie das Geld an, dem Fischer bleibt das Nachsehen, wieder ist das Glück nur an ihm vorübergegangen.

Boris Blacher: Preußisches Märchen

Ballettoper in 5 Bildern von Heinz v. Cramer – Berlin 1952 (B. & B.)
Vater Fadenkreutz (B) – Mutter Fadenkreutz (S) – Wilhelm (Bar) – Birkhahn (T) – Bürgermeister (B) – Bürgermeisterin (A) – Adelaide (S) – Zitzewitz (T) – Auguste (S) – Der Trödler (Bar) – Der Leutnant von der Feuerwehr (T) – Der Versicherungsagent (B) – Der Soldat (Tänzer) – Der Wirt (B)

BERLIN UM DIE JAHRHUNDERTWENDE

1. Bild: Der Schreiber Wilhelm Fadenkreutz kommt verspätet ins Büro. Als ihm der Bürgermeister für die Aufdeckung einer Unterschlagung den Verdienstorden 8. Klasse verleiht, wächst sein Selbstbewußtsein, und er hat sogar den Mut, sich der Bürgermeisterstochter Adelaide unsittlich zu nähern. Dieses Verhalten trägt ihm allerdings die fristlose Entlassung ein. – *2. Bild:* Vater Fadenkreutz versucht, seine ältliche Tochter Auguste unter die Haube zu bringen, und feilscht mit dem Assessor Birkhahn um die Mitgift. Als Bruder Wilhelm eintritt und von seiner Entlassung berichtet, stellt die bestürzte Auguste ihren Bruder als Hauptmann in Zivil vor. Assessor Birkhahn lädt seine neuen Verwandten zu einem Ball ein, wo man ein Schauspiel von ihm aufführen wird. – *3. Bild:* Nur zögernd kann sich Wilhelm in einem Trödlerladen zum Kauf einer Hauptmannsuniform entschließen. Doch beim Ankleiden wachsen ihm Mut und Würde eines Hauptmanns, und er stellt befriedigt fest, daß der Laternenanzünder vor ihm strammsteht. – *4. Bild:* Im Ballsaal wird ein Stück von Birkhahn aufgeführt, und nur der Autorität des falschen Hauptmanns ist es zu verdanken, daß es nicht durchfällt. Alle klatschen Beifall und vergnügen sich bei Tanz und Alkohol. Man nimmt die Obrigkeit aufs Korn, da faßt Wilhelm einen großen Entschluß. – *5. Bild:* Vom Ball zurückkehrend, unterstellt Wilhelm vorbeikommende Soldaten seinem Kommando und marschiert zum Rathaus. Er stürmt hinein, beschlagnahmt die Stadtkasse und verhaftet den Bürgermeister. Die Ballgesellschaft findet sich ein, und im Gedränge verliert Wilhelm den Helm. Er wird erkannt und abgeführt. – *Epilog:* Alle Personen singen gemeinsam eine Kantate auf die Moral dieser Geschichte.

Boris Blacher: Abstrakte Oper Nr. 1

7 Szenen von Werner Egk – Mannheim 1953 (B. & B.)
Drei Solostimmen (S, T, Bar)

Dem Werk liegt die Idee zugrunde, eine Reihe von Grundsituationen, die für unsere Zeit und unser Erleben typisch sind, einzufangen und in einer abstrakten Form, d. h. ohne zusammenhängende Handlung, und mit Hilfe eines abstrakten Textes zu gestalten. Die komponierten Worte sind musikalisch-phonetisch erfunden und richten sich an das automatische Assoziationsvermögen des Zuhörers:
1. Szene (Angst): Ausdruck der Klage durch den Wechsel von Ganz- und Halbtonschritten. – *2. Szene* (Liebe I): Liebeswerben und Zärtlichkeit werden in schwellender Bewegung durch variable Metren (wechselnde Zeitmaße) verdeutlicht. – *3. Szene* (Schmerz): Sopranarie zwischen stiller Klage und Aufschrei. – *4. Szene* (Verhandlung): Zwei Personen, ein Amerikaner und ein Russe, stehen sich gegenüber, getrennt durch Sprache und Metrum (Zeitmaß). – *5. Szene* (Panik): Kunstworte voller Sprenglaute (z, tz) werden vom Pianissimo bis zum Fortissimo gesteigert, ins Chaos; variable Metrik kommt in verschiedenen Worttempi zum Ausdruck. – *6. Szene* (Liebe II): Imitation des Walzerliedes eines Startenors. – *7. Szene* (Angst): Wiederholung der 1. Szene.

Boris Blacher: Zwischenfälle bei einer Notlandung

Reportage in 2 Phasen und 14 Situationen von Heinz von Cramer – Hamburg 1966 (B. & B.)
Der Millionär (B) – Der Vergnügungsreisende (T) – Der Ingenieur (Bar) – Der Generalstäbler in Zivil (B) – Der Journalist (T) – Die Assistentin (Mezzo-S) – Der Professor (T) – Die Primadonna (S) – Zwei Beamte der Sicherheitspolizei (B) – Der Wahlredner (Bar) – Der Gastgeber (Professor und Gastgeber sind eine Doppelrolle, was aber bis zum Schluß möglichst nicht durchschaut werden sollte) – Die Nummern von Eins bis Unendlich

IMAGINÄRE URWALDINSEL MIT GEHEIMEM TECHNISCHEM VERSUCHSGELÄNDE IN DER GEGENWART

1. Szene (Notlandung): Reisende haben sich aus einem brennenden Flugzeug gerettet; sie befinden sich in der Wildnis. Der Professor geht noch einmal zurück, um seine Manuskripte in Sicherheit zu bringen, doch die Maschine explodiert. – *2. Szene* (Der Gastgeber): Die Notgelandeten sind Gäste eines Wissenschaftlers, der sie freundlich bewirtet, aber auch durchblicken läßt, daß sie sich alle als Gefangene zu betrachten hätten. – *3. Szene* (Fluchtversuch): Die Notgelandeten versuchen, sich aus ihrer Gefangenschaft zu befreien. – *4. Szene* (Eine Vorlesung): Der Gastgeber macht Experimente mit Maschinen und lebenden Wesen. Damit will er die Überlegenheit des Menschen über die Maschine demonstrieren. – *5. Szene* (Die Gefangenen): Die Angst der Notgelandeten wächst; sie können sich keinen Reim auf diese rätselhafte Haft machen. – *6. Szene* (Das Experiment): Der Gastgeber verhört einige Notgelandete. Aus ihren Aussagen soll die Gestalt des Professors rekonstruiert werden. – *7. Szene* (Delirium): Die Notgelandeten haben Träume und Halluzinationen. Erinnerungen verdichten sich zur vermeintlichen Wirklichkeit; die möglichen Ursachen des Flugzeugunglücks kristallisieren sich heraus; ein Schuldiger wird gefunden. – *8. Szene* (Eine Expedition): Der Ingenieur und der Generalstäbler untersuchen die technischen Anlagen, die ihrem Gastgeber unterstehen. Man entdeckt, daß die Nummern, eine Art lebende Wesen, sich vor dem Tod fürchten. – *9. Szene* (Erste Variation und Identität): Der vermeintliche Schuldige wird nach einer Gerichtsverhandlung zum Tode verurteilt. Das Urteil wird aber nicht vollstreckt, da keiner so recht weiß, woher die geheimnisvollen Anweisungen kommen. – *10. Szene* (Agitation): Die Notgelandeten rufen die Nummern zum Widerstand auf. – *11. Szene* (Maschinensturm): Die Nummern zerstören die technischen Anlagen. Es sieht so aus, als würde den Notgelandeten jetzt die Freiheit winken. – *12. Szene* (Zweite Variation und Identität): Die Notgelandeten glauben frei zu sein und geben sich als Beteiligte an einem Komplott zu erkennen: Es ging um die Entführung des Professors, um den Besitz seiner Aufzeichnungen. Es scheint, als sei das Flugzeugunglück geplant gewesen. Die Macht übernimmt jetzt der Generalstäbler. – *13. Szene* (Der X-Wert): Befreiung und Macht durch den Generalstäbler stellen sich aber als Illusion heraus. Die Notgelandeten sind wieder Gefangene. Es war falsch gewesen, die Maschinen zu zerstören: sie hätten sich als Verbündete erweisen können. Der Gastgeber hat für seine Gefangenen eine letzte Überraschung bereit. – *14. Szene* (Agonie): Die Notgelandeten befinden sich wieder in der Wildnis. Der Professor kommt unversehrt zurück; er verhindert, daß sich die Notgelandeten Suchflugzeugen bemerkbar machen können. Es gibt kein Entkommen mehr; der Professor hat seinen Plan ausgeführt.

Boris Blacher: 200 000 Taler

Oper in 3 Bildern und einem Epilog nach Scholem Alejchem – Berlin 1969 (B. & H.)
Schimele Soroker, Schneidermeister (Bar) – Ettie-Mennie, seine Frau (Mezzo-S) – Bailke, seine Tochter (S) – Motel (T) und Kopel (Bar), Schneidergesellen – Perl, Müllerin (S) – Solomon Fein, Hauswirt (B) – Koltun, Verwalter (Bar) – Soloveitchik, Heiratsvermittler (T) – Himmelfarb, Bankbuchhalter (T) – Mendel, Diener (B) – Reb Asher Fein, reicher Mann – Golda, seine Frau (Pantomime)

EINE JÜDISCHE GEMEINDE IN GALIZIEN

1. Bild: Die Schneidersfamilie Soroker hat Sorgen. Koltun, der Hausverwalter, mahnt die fällige Miete. Er belästigt auch Bailke, die Tochter Sorokers. Motel und Kopel, die Gesellen, wollen ihn hinauswerfen; auch sie werben um Bailke. Soroker besitzt ein Los und wartet seit 19 Jahren auf den Haupttreffer von 200 000 Talern. Heute ist Ziehung, er ist gut gelaunt, wenn auch seine Frau über die Schulden klagt. Der Hausbesitzer Solomon Fein erscheint, auch er gehört zu den Bewerbern um Bailke, er singt ein Loblied auf die Miete. Soroker schickt Bailke mit dem Los zur Lotterie. Koltun kommt und hält um Bailkes Hand an. Da stürmt Bailke herein mit der Nachricht, das Los habe gewonnen: 200 000 Taler. Alle gratulieren Soroker. – *2. Bild:* Solomon Fein hat seine beste Villa zur Verfügung gestellt, es fehlt an nichts, nur Bailke ist nicht glücklich. Sie kann nicht vergessen, wie die Menschen vor dem Gewinn zu ihnen waren. Bailke liest Bittbriefe vor, und Soroker verteilt Spenden. Koltun und Soloveitchik drängen zum Besuch bei der reichen Familie Fein, um Geschäftsverbindungen und die Verlobung vorzubereiten. Weinend bleibt Bailke zurück. – *3. Bild:* Perl deckt den Tisch für den Gegenbesuch der Feins. Motel und Kopel beraten mit Bailke eine Flucht. Mit Geschenken beladen, kehren die Sorokers von den Feins zurück, und schon erscheinen diese zum Gegenbesuch. Bailke wird den Gästen vorgestellt, und Solomon versucht, sich ihr zu nähern, doch sie kann ihm das Loblied auf die Miete nicht vergessen. Soroker teilt seinen Besuchern seine Auffassung vom Häusergeschäft mit, er will sie lehren, wie man sich armer Leute erbarmt. Da erscheint Himmelfarb, der Buchhalter, und verkündet, daß man sich in der Losnummer geirrt habe. Die Feins gehen und kündigen den Besuch des Hausverwalters an. Der Diener berichtet von Bailkes Flucht. – *Epilog:* Bailke, Kopel und Motel sind wieder in der Schneiderstube. Bailke gesteht Motel, daß sie seinetwegen die Eltern verlassen habe. Motel ist glücklich, und Kopel verzichtet. Auch die Sorokers kehren heim, wünschen Glück und fügen sich in ihr Geschick.

Karl-Birger Blomdahl (1916-1968): **Aniara**

Eine Revue vom Menschen in Zeit und Raum, Oper in 2 Akten (7 Bildern) nach Harry Martinsons Versepos „Aniara“ von Erik Lindegren – Stockholm 1959 (Schott)
Die blinde Poetin (S) – Daisi Doody (S) – Der Mimarobe (Bar) – Chefone (Bar) – Erster Cheftechniker (T) – Zweiter Cheftechniker (T) – Dritter Cheftechniker (Bar) – Sandon, ein „Hochkomiker“ (T) – Isagel, Weltraumpilotin (Solotänzerin) – Yaal, Libidel, Chebeba, Gena und ihre Spiegelbilder (8 Solotänzerinnen) – Der stockstumme Taube (Pantomimiker) – Der Blinde (T) – Raumkadetten, Passagiere der Aniara

IM RAUMSCHIFF „ANIARA“

1. bis 2. Akt: Das Raumschiff „Aniara“, das den Liniendienst zwischen der Erde, Doris genannt, und dem Planeten Mars versieht, ist seit zwei Tagen auf der Reise mit 8000 Menschen an Bord, die von der strahlenverseuchten Erde evakuiert werden sollen. Der Weltraumphysiker Mimarobe, der auch als Priester fungiert, überzeugt die Passagiere von der Notwendigkeit ihrer Evakuierung. Nach einer Woche Flugzeit wird die baldige Landung auf dem Mars gefeiert. Daisi Doody, beamteter Vamp, und Sandon, ein „Hochkomiker“, sorgen für Stimmung. Plötzlich wird das Raumschiff aus der Bahn geworfen, es entsteht eine Panik. Man wird den Mars nie erreichen. Auf unberechenbare Zeit wird die Fahrt in Richtung Sternbild Leier weitergehen. Im Kultraum der „Aniara“ wird Mima, ein Wundergerät, halb Maschine, halb Seele, angebetet. Sie spendet Trost, löst Rätsel und vermittelt den Passagieren Bilder von der völligen Vernichtung der Erde. Die Passagiere sind verzweifelt. Krampfhaft versucht man sich abzulenken. Die Phantasie treibt Auswüchse. Daisi Doody führt mit Yaal, Libidel, Chebeba und Gena lesbische Szenen vor. Doch von den Cheftechnikern gemahnt, winden sie sich alsbald in Reue. Die Passagiere sind um Jahre gealtert. Man begeht den 20. Jahrestag ihrer Weltraumfahrt und ehrt gleichzeitig den ersten Toten, den Ersten Ingenieur. Doch die Passagiere dämmern in teilnahmsloser Hoffnungslosigkeit dahin. Sie werden im All kreisen, bis der Tod sie erlöst.
Wir kamen von der Erde, Doris Land (Chor); Ich ahne Todesschatten (Poetin).

François-Adrien Boieldieu (1775-1834): **Die Weiße Dame**

Komische Oper in 3 Akten von Eugène Scribe – Paris 1825
George Brown, ein junger englischer Offizier (T) – Dikson, Pächter des Grafen d'Avenel (T) – Jenny, seine Frau (S) – Gaveston, Schloßverwalter des Grafen d'Avenel (B) – Anna, sein Mündel (S) – Margarethe, eine alte Dienerin (A) – MacIrton, Friedensrichter (B) – Gabriel, Knecht Diksons (T) – Gerichtsbeamte, Gerichtsdiener, Pächter und Pächterinnen, Bauern und Bäuerinnen

IN SCHOTTLAND 1759

1. Akt: Der junge Offizier George Brown, der von seiner Herkunft nur weiß, daß er als Knabe mit einem Mädchen auf ein Schiff gebracht worden und im übrigen schon lange Soldat sei, kommt zu dem Pächtersehepaar Dikson ins Quartier. Hilfsbereit erbietet sich George, sich an Diksons Stelle nachts mit der „Weißen Dame“ zu treffen, dem Schloßgespenst, das Dikson zu sich bestellt hat. – *2. Akt:* Hinter der „Weißen Dame“ verbirgt sich die junge Anna, die versuchen will, das Schloß für die Familie des verstorbenen Grafen d'Avenel zu erhalten, während ihr Vormund, der Schloßverwalter Gaveston, den Besitz an sich bringen will. Gaveston überbietet bei der Versteigerung des Besitztums alle Pächter, muß aber vor George weichen, der im Auftrag der „Weißen Dame“, die in ihm den Soldaten erkennt, den sie einst nach einer Verwundung gesund gepflegt hat, das Schloß erwirbt. – *3. Akt:* Immer noch verkleidet als „Weiße Dame“ übergibt Anna George mit dem Familienschatz den Kaufpreis, wobei sich herausstellt, daß George der bisher verschollene Sohn des letzten Grafen und somit der rechtmäßige Erbe ist. Wütend entschleiert der Schloßverwalter Gaveston das Gesicht der „Weißen Dame“, in der George die geliebte Anna wiedererkennt.
Ach, welche Lust, Soldat zu sein (George); Komm, o holde Dame (George); Mir ahnt, hier liegt ein Geheimnis vor (Gaveston); Seht jenes Schloß mit seinen Zinnen (Jenny); Spinne, arme Margarethe (Margarethe).

Alexander Borodin (1833-1887): **Fürst Igor**

Oper in einem Vorspiel und 4 Akten von Alexander Borodin – St. Petersburg 1890
Igor, Fürst von Sewersk (Bar) – Jaroslawna, seine zweite Frau (S) – Wladimir Igorewitsch, sein Sohn aus erster Ehe (T) – Wladimir Jaroslawitsch, Fürst Galizki, Bruder der Jaroslawna (B) – Kontschak, Chan der Polowetzer (B) – Kontschakowna, seine Tochter (A) – Owlur, ein getaufter Polowetzer (T) – Jeroschka (T) und Skula (B), Gudokspieler – Amme der Fürstin Jaroslawna (S) – Ein Polowetzer Mädchen (S) – Gsak, Chan der Polowetzer (stumme Rolle) – Fürsten, Fürstinnen, Bojaren, Bojarenfrauen, Krieger, Chane, Mädchen, Sklaven, Wachen, Heer

IN DER STADT PUTIOL UND IM LAGER DER POLOWETZER UM 1185

Vorspiel: Trotz ungünstiger Vorzeichen zieht Fürst Igor mit seinem Sohn in den Kampf gegen die Polowetzer. Sein Land und seine junge Frau übergibt er dem Bruder seiner Frau, dem Fürsten Galizki. – *1. Akt:* Während Fürst Galizki das ihm geschenkte Vertrauen mißbraucht und eine Wüstlingsherrschaft errichtet, ergibt sich Jaroslawna der Trauer, vor allem nachdem sie erfahren hat, daß die Russen geschlagen und Igor und sein Sohn in Gefangenschaft geraten sind. – *2. Akt:* Igor läßt sich, da er dem Chan sein Wort verpfändet hat, eine Gelegenheit zur Flucht entgehen. Auch das Angebot des Chans, gegen die Zusicherung dauernden Friedens nach Hause zurückzukehren, schlägt er aus. – *3. Akt:* Als die Polowetzer jedoch erneut die Russen geschlagen haben, entschließt sich Igor zur Flucht; sein Sohn dagegen wird von der in ihn verliebten

Tochter des Chans zurückgehalten. Kontschak verzichtet auf die Verfolgung Igors und vermählt Wladimir Igorewitsch mit seiner Tochter Kontschakowna. – *4. Akt:* Fürst Igor kehrt nach Hause zurück und wird von seiner Frau und dem Volk begeistert begrüßt.
O gebt mir meine Freiheit wieder (Igor); Tageslicht langsam erlischt (Wladimir Igorewitsch); Polowetzer Tänze.

Walter Braunfels (1882-1954): **Die Vögel**

Lyrisch-phantastisches Spiel in einem Vorspiel und 2 Aufzügen nach Aristophanes von Walter Braunfels – München 1920 (U. E.)
Stimme des Zeus (B) – Prometheus (Bar) – Wiedehopf, ein Mensch, jetzt König der Vögel (Bar) – Nachtigall (S) – Zaunschlüpfer (S) – Adler (B) – Hoffegut, Bürger einer großen Stadt (T) – Ratefreund, Bürger einer großen Stadt (B)

IM VOGELREICH – MÄRCHEN

1. und 2. Aufzug: Hoffegut und Ratefreund, Bürger einer großen Stadt, haben keinen Spaß mehr an ihrer Welt. Sie wollen ihr Glück in einer anderen versuchen und wandern aus. Ihr Ziel ist das Reich der Vögel, die sich anschicken, eine eigene Stadt zu bauen, um der Herrschaft der Götter ein Ende zu bereiten. Die Vögel unterschätzen indes die Macht der Götter; sie müssen mit ansehen, wie ihre mühsam aufgebaute Stadt wieder zerfällt, ihnen selbst sind die Götter gnädig. Ratefreund hat nun auch genug von jener Welt. Enttäuscht beschließt er, in seine Stadt zurückzukehren. Hoffegut hingegen hat sich vom Gesang der Nachtigall verzaubern lassen. Ihn überkommt der Gedanke, möglichst viele schöne Vogelweisen in sich aufzunehmen, um sie den Menschen in seiner Stadt zu überbringen.

Cesar Bresgen (1913-1988): **Der Engel von Prag**

Oper in 3 Akten nach Leo Perutz' Roman „Nacht unter der steinernen Brücke" vom Komponisten – Salzburg 1978 (Br. & Hä.)
Kaiser Rudolf II. (Bar) – Esther, Frau des Mordechai Meisl (S) – Arcimboldo, Hofmaler des Kaisers (B) – Graf Nostiz, Oberstkämmerer (T) – Graf Palffy, Kammerherr (T) – Zdenko von Lobkowitz, Kanzler (B) – Graf Malaspina, Kammerherr (B) – Marschall (Bar) – Kaplan Bubna (Bar) – Philipp Lang, Vertrauter und Kammerdiener des Kaisers (T) – Rabbi Löw (B) – Mordechai Meisl (T) – Moises, alter Kontorist (stumme Rolle) – Veruna, böhmische Straßensängerin (A) – Engel Maggid (Mezzo-S) – Nonnen, böhmische Zecher, Domestikenvolk am Hofe Rudolfs II., Judenvolk im Prager Ghetto

PRAG UM 1600

1. Akt: Kaiser Rudolf II. glaubt, beim Ritt durch die Judenstadt einer überirdischen Erscheinung – einem Engel – begegnet zu sein. Philipp Lang, Kammerdiener und Vertrauter des Kaisers, empfiehlt seinem Herrn, die Hilfe des reichen Juden Meisl in Anspruch zu nehmen. – Meisl bringt in seinem Hause seiner schönen, jungen Frau Esther eine Morgengabe. Doch Esther ist mit ihren Gedanken bei Rudolf II. Denn sie war es, die dem Herrscher begegnete; in ihr brennt das Verlangen, ihn wiederzusehen. Inzwischen ist der Hohe Rabbi Löw, das geistige Oberhaupt der Prager Juden, zu einer Unterredung in die Kaiserburg gerufen worden. – In der Nacht hat Esther den Weg zu Rudolf gefunden. Sie gehen aufeinander zu. Da reißt sich Esther los und flieht in Verzweiflung. – *2. Akt:* Im Prager Ghetto erscheint Maggid, der Trostengel der Juden, und bestärkt Rabbi Löw, bei dem herannahenden Unheil fest auf Gott zu vertrauen. – Die Pest ist über die Judenstadt gekommen. Man sagt: als göttliche Strafe für einen Ehebruch, zu dem sich niemand bekennt. Der Rabbi verflucht die Sünderin. – In Meisls Haus gehen die Geldgeschäfte weiter. Seiner Frau übergibt der Hausherr eine geheime Essenz gegen die Pest. Doch Esther wagt nicht, die Medizin zu nehmen. Sie fühlt sich schuldig, kommt nicht von ihrer Liebe los. – Auf dem Hradschin schildert der Kaiser den entsetzten Räten eine Höllenvision. Es kommt wieder zu einer Begegnung zwischen dem Kaiser und Esther, die erneut voller Angst entflieht. – *3. Akt:* In einer Taverne sitzen böhmische Zecher, unter ihnen der Kammerdiener Lang. Um sich vor seinen Freunden prahlen, gibt er den Namen der heimlichen Geliebten des Kaisers preis. Als Lang die Taverne verlassen will, stellt sich ihm die Totenwärterin Veruna in den Weg. – Esther, bereits von der Pest gezeichnet, erscheint in der Kaiserburg, um Abschied zu nehmen. Sie hat nur noch einen Wunsch: Rudolf möge ihre Liebe als Zeichen des Friedens zwischen ihm und dem Volk verstehen. Höflinge stürmen herein. Sie klagen den Maler Arcimboldo an, das Elend des Kaisers verschuldet zu haben. Da erscheint Veruna und gebietet Ruhe angesichts der toten Esther. Der Engel Maggid spricht das erlösende Wort: Esther hat ihre Schuld getilgt und durch den Tod die Pest besiegt. Der Kaiser sei nun aufgerufen zu vollenden, was Esther nicht vergönnt war.

Benjamin Britten (1913-1976): **Peter Grimes**

Oper in einem Vorspiel und 3 Akten nach George Crabbe von Montague Slater – London 1945 (B. & H.)

Peter Grimes (T) – John, sein Lehrjunge (stumme Rolle) – Ellen Orford, Witwe und Lehrerin (S) – Balstrode, ehemaliger Kapitän (Bar) – Tantchen, Wirtin im Krug „Zum Hai“ (A) – Zwei Nichten, Bediente in der Schenke (S) – Boles, Fischer und Methodist (T) – Swallow, Rechtsanwalt und Bürgermeister (B) – Mrs. Sedley, Rentnerin (Mezzo-S) – Pastor Adams (T) – Ned Keene, Apotheker (Bar) – Hubson, Fuhrmann und Amtsdiener (B) – Stadtleute, Fischer

IN EINER KLEINEN FISCHERSTADT AN DER OSTKÜSTE ENGLANDS UM 1830

Vorspiel: Der Tod seines Lehrjungen John, der im Sturm ums Leben gekommen ist, wird dem Fischer Peter Grimes, der auch sonst wegen seiner Brutalität bei den Fischern verhaßt ist, zur Last gelegt; allein bei dem ehemaligen Kapitän Balstrode und der Lehrerin Ellen Orford findet er noch Unterstützung. – *1. Akt:* Grimes hat sich einen Lehrjungen aus dem Armenhaus verschrieben, wo ihn Ellen trotz eines aufkommenden Sturmes abholt. – *2. Akt:* Grimes mißhandelt den Lehrjungen, worauf ihm Ellen schwere Vorwürfe macht. Als zudem noch ein Protestzug der Fischer auftaucht, schlägt Grimes einen gefährlichen Weg über die Klippen ein, wobei sein Lehrjunge abstürzt. – *3. Akt:* Seit Tagen haben die Fischer nichts mehr von Grimes und seinem Lehrjungen gehört. Da findet Ellen den Sweater des Jungen am Strand, worauf der Bürgermeister einen Trupp Männer ausschickt, um Grimes zu verhaften. Grimes kann im Nebel entkommen und trifft noch einmal Ellen und Balstrode, der Grimes den Rat gibt, auf See hinauszufahren und nicht mehr zurückzukehren. Grimes sticht in See, sein Boot versinkt, ohne daß ihm jemand zu Hilfe eilt.

Benjamin Britten: Der Raub der Lukretia

Oper in 2 Akten nach André Obey von Ronald Duncan – Glyndebourne 1946 (B. & H.)

Lukretia, Gattin des Collatinus (A) – Lucia, ihre Dienerin (S) – Bianca, ihre Amme (Mezzo-S) – Tarquinius, etruskischer Prinz (Bar) – Collatinus, römischer General (B) – Junius, römischer General (Bar) – Ein weiblicher Chorus (S) – Ein männlicher Chorus (T)

IN ROM UM 510 VOR CHRISTI GEBURT

1. Akt: Im Heerlager Roms, das unter etruskischer Herrschaft steht, sitzen die römischen Generäle Collatinus und Junius mit dem jungen etruskischen Prinzen Tarquinius beim Trinkgelage. In der Nacht zuvor waren die Generäle unerwartet nach Rom geritten, um sich von der Treue ihrer Frauen zu überzeugen. Nur Collatinus' Gattin, die schöne Lukretia, erwies sich als tugendhaft. Tarquinius reitet daraufhin wieder nach Rom und erbittet bei Lukretia ein Nachquartier. Obwohl Lukretia Böses ahnt, wagt sie es nicht, den allmächtigen Prinzen von Rom abzuweisen. Sie läßt ihm ein Zimmer herrichten und wünscht gute Nachtruhe. – *2. Akt:* Während Lukretia schläft, betritt Tarquinius leise ihr Zimmer. Er weckt sie, löscht das Licht und tut ihr – trotz ihrer verzweifelten Gegenwehr – Gewalt an. Bevor Lukretia ihren Mann am nächsten Morgen durch einen Boten aus dem Lager herbeiholen kann, kommt Collatinus in Begleitung des Junius schon nach Rom. Lukretia tritt in einem purpurnen Trauergewand auf. Collatinus errät den Grund ihrer Trauer und versucht sie zu trösten; Lukretia aber kann die Schande nicht ertragen und erstickt sich. Ihr Opfertod wird zum Zeichen für den Aufstand gegen die Unterdrücker.

Benjamin Britten: Albert Herring

Komische Oper in 3 Akten nach Guy de Maupassant von Eric Crozier – Glyndebourne 1947 (B. & H.)

Lady Billows, eine ältere Dame (S) – Florence Pike, ihre Haushälterin (A) – Miss Wordsworth, Schulvorsteherin (S) – Mr. Gedge, Pfarrer (Bar) – Mr. Upfold, Bürgermeister (T) – Mr. Budd, Polizeichef (B) – Sid, Metzgerbursche (Bar) – Albert Herring (T) – Mrs. Herring, seine Mutter (Mezzo-S) – Nancy Waters, Bäckerstochter (Mezzo-S) – Emmy, Siss und Harry, Schulkinder (S)

IN LOXFORD, EINEM MARKTSTÄDTCHEN IN SUFFOLK, IM APRIL UND MAI 1900

1. Akt: Im Hause der Billows versammeln sich die Honoratioren des Städtchens zur Wahl der Maienkönigin. Leider vermag aber keines der vorgeschlagenen Mädchen den strengen Ansprüchen der Jury zu genügen. So verfällt man auf den Ausweg, den tugendhaften und schüchternen Albert Herring, Sohn und Gehilfe einer Gemüsehändlerin, zur Maienkönigin zu krönen. Unter Vorsitz der Lady begibt sich die Gesellschaft in den Laden und setzt Mutter und Sohn von der hohen Ehre, die Albert zugedacht ist, in Kenntnis. Obwohl es Albert bei der Täuschung nicht wohl ist, wagt er nicht zu widersprechen, zumal er 20 Pfund als Ehrengeschenk erhalten soll. – *2. Akt:* Bei dem Festakt, in dessen Mittelpunkt Albert als Mutter aller Tugenden steht, gibt es natürlich nur Limonade zu trinken. Sid hat jedoch in Alberts Glas einen kräftigen Schluck Rum gegossen, so daß Albert zwar nicht betrunken, aber doch recht lustig und mutig nach Hause kommt. Als er sieht, wie Sid und Nancy ineinander verliebt sind, beschließt er, auch einmal einen lustigen Abend zu verleben. – *3. Akt:* Albert ist seit einem Tag spurlos verschwunden. Da alle Nachforschungen ergebnislos verlaufen, fürchtet man, daß er einen Unfall erlitten hat oder einem Verbrechen zum Opfer gefallen ist. Gerade als Lady Billows Scotland Yard einschalten will, taucht Albert auf, verwahrlost und völlig verdreckt. Nachdem er gebeichtet hat, daß er einen über den Durst getrunken hat, ziehen sich alle – mit Ausnahme von Nancy, Sid und den Kindern – von Albert zurück. Er aber greift seinen Orangenblütenkranz und wirft ihn fröhlich ins Publikum.

Benjamin Britten: Billy Budd

Oper in 4 Akten nach Herman Melville von E. M. Forster und Eric Crozier – London 1951 (B. & H.)

Billy Budd, Vortopmatrose (Bar) – John Claggart, Schiffsprofoß (B) – Edward Fairfax Vere, Kapitän der Fregatte „Indomitable“ (T) – Redbourne, erster Leutnant (Bar) – Flint, Segelmeister (Bar) – Ratcliffe, Leutnant (B) – Red Whiskers (T) – Donald (Bar) – Dansker, ein alter Seemann (B) – Der Neuling (T) – Squeak (T) – Bosun (B-Bar)

AN DECK DER FREGATTE „INDOMITABLE“ UM 1797

1. Akt: Billy Budd, zum Dienst auf dem Kriegsschiff „Indomitable“ gepreßt, ist bei allen seinen Kameraden beliebt, obwohl er einen Fehler besitzt: in der Erregung verliert er die Sprache und kann nur noch stammeln. Nur von dem bösartigen Schiffsprofoß Claggart, der auch Squeak mit der Bespitzelung Billys beauftragt, wird er mit Haß verfolgt. – *2. Akt:* Billy wird von Squeak überrascht, wie er seinen Tornister durchsucht, und erhält dafür Prügel. Billy ist völlig verzweifelt, als ihn Claggart zur Meuterei zu überreden versucht; er gerät in Wut und kann nur noch stammeln. – *3. Akt:* Claggart verleumdet Billy wegen Meuterei. Sprachlos vor Wut, holt Billy zum Schlage aus und trifft Claggart tödlich. Ein sofort zusammentretendes Kriegsgericht erklärt Billy, der sich wegen seiner Sprachhemmung nicht verteidigen kann, des Mordes schuldig und verurteilt ihn zum Tode durch den Strang. Auch die Zweifel des Kapitäns an Billys tatsächlicher Schuld können ihn nicht retten. – *4. Akt:* Die Schiffsmannschaft versammelt sich, um an der Exekution teilzunehmen. Als Billy mit den Worten „Gott schütze Sie, Kapitän“ stirbt, droht eine Meuterei auszubrechen. Das energische Verhalten des Kapitäns erstickt den Aufruhr im Keime.

Benjamin Britten: Die sündigen Engel (The Turn of the Screw)

Oper in 2 Akten mit einem Prolog nach Henry James von Myfany Piper – Venedig 1954 (B. & H.)

Der Prolog (T) – Die Erzieherin (S) – Miles und Flora, Kinder unter ihrer Obhut (Kinderstimmen) – Mrs. Grose, Haushälterin (Mezzo-S) – Peter Quint, ehemaliger Diener (T) – Miss Jessel, frühere Erzieherin (S)

AUF EINEM ENGLISCHEN LANDSITZ UM DIE JAHRHUNDERTWENDE

Prolog: Unter der Bedingung, sie dürfe sich niemals an den Vormund wenden, hat die Erzieherin den Auftrag erhalten, die Waisenkinder Flora und Miles auf einem Landsitz zu betreuen. – *1. Akt:* Die anfänglichen Bedenken der Erzieherin wegen der Schwierigkeiten ihrer Aufgabe legen sich, als sie sich mit den wohlerzogenen Kindern anfreundet. Allerdings teilt die Leitung der Schule bald darauf mit, daß Miles wegen ungebührlichen Betragens ausgeschlossen werden müsse. Auch bemerkt sie verschiedene Male einen Mann, der nach der Beschreibung der Haushälterin nur der verstorbene Diener Peter Quint sein kann. Quint war ebenso wie die frühere Erzieherin Miß Jessel auf rätselhafte Weise ums Leben gekommen. Bei einem Spaziergang mit Flora erblickt die Erzieherin Miß Jessel. Da sich Flora den Anschein gibt, als bemerke sie nichts, vermutet die Erzieherin, daß die Kinder die Erscheinungen verheimlichen. – *2. Akt:* Als die Erzieherin erfährt, daß Miß Jessel und Quint die Kinder in ihrer

Abhängigkeit halten wollen, um selber im Grabe Ruhe zu finden, versucht sie die Kinder zu retten. Einen Brief, den sie trotz des Verbots an den Vormund schreibt, entwenden auf Geheiß Quints die Kinder, die ihr schon entfremdet sind. Die Haushälterin vermag Flora noch nach London zu bringen; Miles jedoch stirbt in dem Moment, als er – gezwungen von der Erzieherin – den Namen Quints ausspricht.

Benjamin Britten: Ein Sommernachtstraum

Oper in 3 Akten von Benjamin Britten und Peter Pears nach Shakespeare – Aldeburgh 1960 (B. & H.)

Oberon, König der Elfen (T) – Titania, seine Gattin (S) – Puck, ein Elf (Sprechrolle) – Theseus, Herzog von Athen (B) – Hippolyta, seine Braut (A) – Lysander (T) – Demetrius (Bar) – Hermia, in Lysander verliebt (Mezzo-S) – Helena, in Demetrius verliebt (S) – Zettel, Weber (B-Bar) – Squenz, Zimmermann (B) – Flaut, Bälgeflicker (T) – Schnock, Schreiner (B) – Schnauz, Kesselflicker (T) – Schlucker, Schneider (Bar) – Spinnweb, Bohnenblüte, Senfsamen, Motte (Knabenstimmen oder S)

ATHEN UND NAHER WALD ZUR ZEIT DES SAGENHAFTEN HERZOGS THESEUS

1. Akt: Elfenkönig Oberon und die Elfenkönigin Titania sind in einem Wald bei Athen in Streit geraten, und zwar wegen eines Edelknaben, den beide zum Diener haben möchten. Zur gleichen Stunde ist ein athenisches Liebespaar, Hermia und Lysander, auf der Flucht vor den Eltern, die einer Heirat der Liebenden nicht zustimmen wollen. Ihnen folgt Demetrius, der auch in Hermia verliebt ist, andererseits aber von Helena in Liebe verfolgt wird. Oberon hat seinen Diener Puck nach einer wunderkräftigen Blume ausgesandt. Deren Saft will er Titania in die Augen träufeln, damit sie sich in denjenigen verliebt, der ihr als erster begegnet. Puck hat aber auch den Auftrag, etwas von diesem Saft auf die Augen des Demetrius zu träufeln, damit er in Liebe zu Helena entbrennen soll. Unterdessen haben sich Handwerker darüber verständigt, in welcher Besetzung sie bei der Hochzeit des athenischen Herzogs ihr Theaterstück spielen wollen. Eine weitere Probe wird für den Abend vereinbart. Der Diener Puck fällt einer Täuschung zum Opfer: statt Demetrius träufelt er den Saft der Wunderblume in die Augen Lysanders; sogleich verliebt sich dieser in Helena. Damit nicht genug: Oberon spritzt auch der Titania noch etwas von dem Zaubersaft in die Augen. – *2. Akt:* Puck kommt gerade dazu, als die Handwerker ihre abendliche Probe abhalten. Er verwandelt den Meister Zettel in einen Esel. Das Entsetzen ist groß, alle fliehen, allein Zettel bleibt zurück und trifft in seiner Eselsgestalt auf Titania, die nun in Liebe zu ihm entbrennt. Bald darauf begegnen sich die Liebespaare. Es kommt zwischen ihnen zu Eifersuchtsszenen. Oberon macht gut, was sein Puck verdorben hat: er beträufelt jetzt auch die Augen des Demetrius mit Saft. – *3. Akt:* Titania schläft, derweil sich Oberon die Gefolgschaft des Edelknaben sichert, dann erlöst er die Paare von ihrem Zauber und gibt Zettel wieder seine menschliche Gestalt zurück. Zur Hochzeitsfeier am Hof des Herzogs treffen alle wieder zusammen und erfreuen sich am Spiel der braven Handwerker.

Benjamin Britten: Der Tod in Venedig

Oper in 2 Akten nach der gleichnamigen Novelle von Thomas Mann von Myfany Piper – Aldeburgh 1973 (Faber)

Gustav von Aschenbach, ein Schriftsteller (T) – Der Reisende, Ein älterer Geck, Der alte Gondoliere, Der Hotelmanager, Der Hotelfriseur, Der Vorspieler, Die Stimme des

Dionysos (B-Bar) – Die Stimme des Apoll (T) – Russische Mutter/Spitzenverkäuferin (S) – Dänische Frau/Straßenmusikantin (S) – Englische Frau/Zeitungsverkäuferin (S) – Französisches Mädchen/Erdbeerverkäuferin (S) – Französische Mutter/Bettlerin (A) – Deutsche Mutter (A) – Russisches Kindermädchen (A) – Amerikaner/Straßenmusikant (T) – Amerikaner/Glasbläser/Gondoliere (T) – Hotelportier/Gondoliere (T) – Bootsmann/Deutscher Vater/Ein Führer (Bar) – Polnischer Vater/Englischer Angestellter im Reisebüro (Bar) – Schiffssteward/Kellner (B) – Russischer Vater/Gondoliere/Priester in San Marco (B) – Hotelgäste, Bürger von Venedig, Gefolge des Dionysos

IN VENEDIG

1. Akt: Der Schriftsteller Gustav von Aschenbach, dessen Schaffenskraft erlahmt ist, wird durch das Erscheinen eines Fremden bewogen, seine Ferien in Venedig zu verbringen. Während der Überfahrt zur Serenissima (Venedig) wird Aschenbach von einem ältlichen Geck erschreckt, der wegen seines Gebarens von einer Schar junger Männer verspottet wird. Gegen seinen Willen wird Aschenbach von einem alten Gondoliere zum Lido übergesetzt. Als er bei der Ankunft bezahlen will, ist der Alte verschwunden. Aschenbach wird durch ihn an Charon, den Fährmann aus der Unterwelt, erinnert. Aschenbach beobachtet die Hotelgäste, die sich zum Abendessen einfinden. Dabei fällt sein Blick zum ersten Mal auf den polnischen Juden Tadzio, der mit seiner Mutter und zwei Schwestern im Hotel wohnt. Aschenbach ist von der Schönheit Tadzios fasziniert. Der erste Eindruck von Tadzio wird am nächsten Morgen am Strand bestärkt. Aschenbach leidet unter dem Schirokko. Bei einem Besuch Venedigs beginnt Aschenbach den schädlichen Einfluß des Schirokkos auf seine Gesundheit zu fühlen. So entschließt er sich, abzureisen. Aber sein Gepäck wird an einen falschen Bestimmungsort aufgegeben. Aschenbach weigert sich, ohne es abzureisen. Er kehrt, nach außen hin verärgert, aber innerlich froh, in das Hotel zurück. Der Wind hat sich gedreht, die Sonne scheint. Aschenbach spielt in seiner Phantasie mit der Welt der Griechen. Sein Interesse an Tadzio wächst. Er glaubt, daß dieser ihn zu neuen Werken inspirieren könne. Die Standspiele der Kinder verwandeln sich in mythische Vorstellungen. Er hört die Stimme Apollos. Als die Bilder verlöschen und Tadzio den Schriftsteller anlächelt, muß Aschenbach erkennen, daß er den Jungen liebt. – *2. Akt:* Die Freude Aschenbachs wird durch Ängste verdrängt. Der Schirokko weht wieder, das Wetter ist drückend. Der Hotelfriseur spricht von der Abreise einiger Gäste und einer Krankheit in Venedig. Auf Aschenbachs Fragen gibt er nur ausweichende Antwort. Aschenbach will erfahren, um welche Krankheit es sich handelt. Gleichzeitig aber will er verhindern, daß die Familie Tadzios die Wahrheit über die Krankheit erfährt. Aschenbach folgt Tadzios Familie bei der Besichtigung Venedigs. Eine Truppe herumziehender Schauspieler unterhält die Hotelgäste. Aschenbach erkundigt sich beim Anführer der Truppe nach der Krankheit und erhält eine rüde, nicht den Tatsachen entsprechende Antwort. Von den Beamten des Reisebüros erfährt Aschenbach die Wahrheit: Die Cholera ist in Venedig ausgebrochen. Aschenbach entschließt sich, Tadzios Mutter doch zu warnen. Aschenbach begegnet der Mutter, ist aber zu gehemmt, sie anzusprechen. Mythische Welten kämpfen in Aschenbachs Seele: die apollinische, die ihn bisher geleitet hat, und die dionysische. Die dionysische Lebensanschauung gewinnt die Oberhand. Aschenbach bekennt sich zu seiner Leidenschaft für Tadzio. Der Hotelfriseur legt Aschenbach die Maske der Jugend auf. Aschenbach verfolgt Tadzio durch die Stadt. Der Schriftsteller ist an der Cholera erkrankt. Seine Gedanken verwirren sich im Fieber. Ins Hotel zurückgekehrt, sieht Aschenbach, daß die Familie Tadzio abreist. Er fühlt das Ende nahen und geht ein letztes Mal zum Strand.

Francis Burt (* 1926): **Volpone**

Oper in 2 Akten nach dem gleichnamigen Schauspiel von Ben Jonson – Stuttgart 1960 (U. E.)
Volpone (B) – Mosca (T) – Voltore (Bar) – Corbaccio (T) – Corvino (B) – Bonario (Bar) – Celia (S) – Androgyno (Mezzo-S) – Nano (T) – Buffone (Bar)

VENETIEN, ANFANG DES 17. JAHRHUNDERTS
1. Akt, 1. Bild (Zimmer in Volpones Haus): Volpone, ein reicher Edelmann, treibt mit Hilfe seines Parasiten Mosca ein gefährliches Spiel: Er gibt vor, schwer krank und dem Tode nahe zu sein. Dies ist für seine geldgierigen „Freunde", den Advokaten Voltore, den alten Geizhals Corbaccio und den Kaufmann Corvino, Grund genug, immer wieder mit Geschenken bei Volpone zu erscheinen, um in dessen Testament bedacht zu werden. Corbaccio will sogar seinen Sohn Bonario zu Volpones Gunsten enterben, Corvino die erhoffte Erbschaft mit Mosca teilen, falls ihm dieser dazu verhilft. Als Mosca seinem Herrn von der berüchtigten Eifersucht Corvinos auf seine schöne Frau Celia berichtet, erklärt Volpone, er müsse Celia sehen. – *2. Bild* (Platz vor Corvinos Haus): Volpone erscheint, als Wunderdoktor verkleidet, mit Mosca, um Celia zu sehen. Da macht der heimkehrende Corvino seiner Frau eine Eifersuchtsszene. Volpone befiehlt Mosca, ihm Celia zu verschaffen. Corvino läßt sich schließlich von Mosca dazu überreden, seine Frau zu verkuppeln, um so zu dem Erbe zu kommen. – *3. Bild* (Eine Straße in Venedig): Mosca erzählt Bonario vom Plan seines Vaters, ihn zu enterben, und führt ihn in Volpones Haus, damit er sich überzeugen könne. – *4. Bild* (Zimmer in Volpones Haus): Volpone versucht mit Gewalt, Celia zu verführen; Bonario stürzt mit einem Degen hinzu und rettet Celia. Die Machenschaften Volpones und Moscas sind entdeckt. – *2. Akt, 5. Bild* (Gerichtssaal): Vor Gericht soll Volpone verklagt werden. Doch die Erbschleicher drehen den Spieß um und bezichtigen Celia und Bonario des Ehebruchs, der Geldgier und des Mordversuches. Als Volpone wieder „todkrank" und blaß vor Angst hereingebracht wird, lassen sich die verwirrten Richter von der Schuld der beiden überzeugen. – *6. Bild* (Zimmer in Volpones Haus): Durch den glücklichen Ausgang der Verhandlung übermütig geworden, treibt Volpone den Spaß auf die Spitze: Er setzt Mosca zum Alleinerben ein, läßt sich für tot erklären und weidet sich hinter einem Vorhang an dem Zorn der enttäuschten Erbschleicher. – *7. Bild* (Eine Straße): Der verkleidete Volpone reizt die Geprellten noch in ihrem Unglück; doch gleichzeitig plant Mosca, seinen Herrn seinerseits zu betrügen. – *8. Bild* (Gerichtssaal): Eine turbulente Gerichtsverhandlung, in der die Erbschleicher, Mosca und der totgeglaubte Volpone um ihr „Recht" kämpfen, bringt am Ende doch den wahren Sachverhalt ans Licht. Die Schuldigen werden verurteilt. – *Epilog:* Sämtliche Figuren treten noch einmal auf und freuen sich über die Entlarvung des Fuchses. Volpone aber bereut nichts, denn das Spiel mit dem Gold und den Menschen ist ihm Lebenszweck und Freude.

Ferrucio Busoni (1866-1924): **Doktor Faust**

Dichtung für Musik in 6 Bildern von Ferruccio Busoni – Dresden 1925 (Br. & Hä.)
Doktor Faust (Bar) – Mephistopheles (T) – Wagner, Fausts Famulus, später Rektor Magnifikus (Bar) – Des Mädchens Bruder, Soldat (Bar) – Ein Leutnant (T) – Herzog von Parma (T) – Herzogin von Parma (S) – Zeremonienmeister (B) – Drei Studenten aus Krakau (T und 2 B) – Ein Jurist (B), ein Theologe (B) und ein Naturgelehrter (Bar), Wittenberger Studenten – Kirchgänger, Soldaten, Hofleute, Erscheinungen

IN DEUTSCHLAND UND ITALIEN IM SPÄTEN MITTELALTER

1. Bild: Drei Krakauer Studenten erscheinen geheimnisvoll in Fausts Studierstube, überreichen ihm ein Zauberbuch und verschwinden wieder, nachdem sie einen späteren Besuch angekündigt haben. – *2. Bild:* Faust beschwört die Geister und verschreibt sich nach langem innerem Kampf dem 7. Geist, dem Mephistopheles, der „schnell wie ein Gedanke" zu sein verspricht. Als die Osterglocken läuten, ist der Pakt mit dem Bösen unterzeichnet. – *3. Bild:* Faust fürchtet die Rache eines Soldaten, dessen Schwester er geliebt und verlassen hat. Er verlangt von Mephisto die Beseitigung des Soldaten, der durch eine herbeigerufene Wache irrtümlich getötet wird. – *4. Bild:* Auf dem Hochzeitsfest des Herzogspaars in Parma tritt Faust als Magier auf und vollführt auf Wunsch der Herzogin Wunderbares: er ruft Salomo und die Königin von Saba, Samson und Dalila sowie Salome und Johannes ins Leben zurück. Dabei zieht er die Herzogin in seinen Bann; zusammen fliehen sie vom Hofe. – *5. Bild:* In einer Wittenberger Schenke sitzt Faust diskutierend mit betrunkenen Studenten, als Mephisto mit einem letzten Gruß der Geliebten erscheint: er überbringt ihr totgeborenes Kind, das Faust in ein Strohbündel verwandelt und dann verbrennt. Aus den Flammen tritt die Gestalt Helenas hervor, läßt sich jedoch nicht greifen. Plötzlich treten die Krakauer Studenten auf und verkünden, daß Faust um Mitternacht sterben müsse. – *6. Bild:* Faust wankt durch das nächtliche, verschneite Wittenberg und begegnet noch einmal der Herzogin, die ihm, als Bettlerin verkleidet, ein Kind reicht, und dem Soldaten, der ihm den Eintritt in das Münster verwehrt. Als er vor einem Kruzifix niedersinkt, verwandelt sich der Gekreuzigte in Helena. Doch Faust ist geläutert; durch die Kraft seines Willens verwandelt sich sein totes Kind, das er noch auf den Armen hält, in einen schönen Jüngling, der sich erhebt, als Faust um Mitternacht entseelt zu Boden sinkt.

Alfredo Catalani (1854-1893): **La Wally**

Oper in 4 Akten. Text von Luigi Illica nach dem Roman „Die Geierwally" von Wilhelmine von Hillern – Mailand 1892

Wally (S) – Stromminger, ihr Vater (Bar) – Afra (S) – Walter (Mezzo-S) – Hagenbach aus Söden (T) – Gellner aus Hochstoff (Bar) – Infanterist aus Schnals (B)

HOCHSTOFF UND SÖLDEN IN TIROL UM 1860

1. Akt: Beim 70. Geburtstag des alten Stromminger, Wallys Vater, gewinnt Gellner, der in Wally verliebt ist, ein Preisschießen. Mit Walter (Hosenrolle) erfindet Wally Lieder. Das jüngste Lied erzählt von einem Mädchen, das von einer Lawine begraben wird. Im Laufe des Tages kommt eine Schar von Jägern aus Sölden nach Hochstoff, angeführt von Hagenbach, der gerade einen Bären mit einem einzigen Schuß erlegt hat. Der alte Stromminger mag Hagenbach nicht, doch Gellner bleibt es nicht verborgen, daß Wally sich für Hagenbach interessiert. Stromminger indes will Gellner als Schwiegersohn haben. Er befiehlt Wally, ihn zu heiraten. Wally weigert sich, verläßt das Haus und geht mit Walter in die Berge. – *2. Akt:* Stromminger ist gestorben, und Wally verwaltet das Erbe. Gellner, Hagenbach und dessen Verlobte Afra treffen in Sölden ein. Es ist Fronleichnamstag. Von Gellner erfährt Wally, daß Hagenbach bald heiraten wird. Wally ist verzweifelt. Doch im Verlaufe des Kußtanzes läßt sie sich von Hagenbach in die Arme nehmen. Aber es war nur ein beleidigender Streich, den man Wally angetan hat. Sie bietet nun ihrerseits Gellner die Hand; im Gegenzug habe er Hagenbach zu töten. – *3. Akt:* Gellner hat erfahren, daß Hagenbach nach Hochstoff unterwegs ist, lauert ihm auf und stößt ihn vom Weg in den reißenden Fluß. Wally, ihren Entschluß bereuend, rettet Hagenbach vor dem Ertrinken, verläßt ihren Besitz und zieht in die Berge zurück. – *4. Akt:* Am Gletscher des Murzoll lebt Wally in Eiseskälte und zwischen immer wieder abgehenden Lawinen. Den Tod vor Augen, steht plötzlich Hagenbach vor ihr. Er verzeiht ihr, daß sie ihn umbringen wollte. Nach einem gegenseitigen Liebesgeständnis träumen sie von einem neuen Leben. Da erfaßt Hagenbach eine Lawine. Wally folgt ihm in den Tod, stürzt sich in die Tiefe.

Emilio del Cavalieri (1550-1602): **Rappresentazione di Anima e di Corpo**

Das Spiel von Seele und Körper, Melodramma spirituale, Dichtung von Agostino Manni – Rom 1600 (Alkor)

Corpo, Körper (Bar) – Anima, Seele (S) – Intelletto, Verstand (T) – Consiglio, Guter Rat (Bar) – Tempo, Zeit (B) – Piacere, Vergnügen (Mezzo-S) – Due Compagni del Piacere, Zwei Gefährten des Vergnügens (T, B) – Angelo custode, Schutzengel (T) – Mondo, Welt (B) – Vita mondana, Weltliches Leben (S) – Anima beata, Selige Seele - Anima damnata, Verdammte Seele – Engel im Himmel, selige Seelen im Himmel, verdammte Seelen in der Hölle

Der Mensch – hier vertreten durch die Personifizierung von Körper (Corpo), Seele (Anima), Verstand (Intelletto) und Gutem Rat (Consiglio) – hat den andauernden Wunsch, zu Gott zu kommen, aber das Vergnügen (Piacere), die Welt selbst (Mondo) und das Weltliche Leben (Vita mondana) stehen ihm im Wege. Sie lenken immer wieder von dem himmlischen Endzweck ab, indem sie mit den irdischen Gütern locken. Hilfe bringen die Gegenspieler der weltlichen Erscheinungen: der Schutzengel (Angelo custode), die Seligen Seelen (Anime beate) und die Engel im Himmel (Angeli nel Cielo). Ihnen gelingt es, den Menschen vor der Bestrafung seiner Sünden zu bewahren. Damit ist der Weg frei zu Gott.

Friedrich Cerha (* 1926): **Baal**

Bühnenwerk in 2 Teilen nach den 4 Fassungen von Bertolt Brechts „Baal" – Salzburg 1981 (U. E.)

Baal (Bar) – Ekart (B) – Johannes (T) – Emilie (Mezzo-S) – Johanna (S) – Sophie (S) – Jüngere Schwester (S) – Ältere Schwester (A) – Baals Mutter (A) – Mech (T) – Bettler (B) – Gougou (T) – Luise, Kellnerin (A) – mehrere kleine Gesangspartien und Sprechrollen

DEUTSCHLAND UM 1918

1. Teil, 1. Bild: Abendgesellschaft im Hause des Fabrikanten Mech. Es gibt viel Lob für Baal und seine Gedichte. Der Dichter interessiert sich aber nur für Mechs Frau Emilie. Auf Mechs Angebot, ihn zu fördern, reagiert er mit Hohn. Die allgemeine Begeisterung wandelt sich in Empörung. Am Ende prügelt sich Baal mit den Hausdienern. – *2. Bild:* Vor Baals Dachkammer. Johannes erzählt von seiner jungen, unschuldigen Geliebten. Baal äußert sich illusionslos über die Liebe und warnt den schwachen Johannes vor ihr. – *3. Bild:* In der Wirtsstube eines Vorstadtlokals. Zwei Chauffeure unterhalten sich über den angeblichen Wert der Kunst. Baal kommt; er erwartet Emilie, die aber über den unfeinen Ort empört ist. Johannes kommt mit seiner Geliebten hinzu. – *4. Bild:* In Baals Dachkammer. Johanna hat die Nacht mit Baal verbracht. Baal geht mit Johanna lieblos um, sie läuft davon. – *5. Bild:* Zwei Schwestern besuchen Baal. Aus ihrem Geflüster will er entnehmen, daß sich Johanna ins Wasser gestürzt hat. – *6. Bild:* Johannes erwartet Baal in dessen Wohnung. Baal kommt mit Sophie und wirft

Johannes aus der Wohnung. – *7. Bild:* Am Fronleichnam-Morgen vor einer Schenke. Baal gerät über die für die Prozession abgeschnittenen Birkenzweige in Zorn. Die Teilnehmer der Prozession sind über die anscheinende Gotteslästerung empört. Baal muß von einem Polizisten geschützt werden. – *8. Bild:* Baal und Sophie liegen in einer warmen Mainacht im Freien unter einem Baum. – *9. Bild:* Baal singt im Kabarett, um für sich und Sophie Geld zu verdienen. Nach seinem „Loblied auf den Abort" sieht sich Baal von dem Kabarettbesitzer um den vertraglich abgemachten allabendlichen Schnaps gebracht. Baal flieht. – *10. Bild:* Baal und Ekart in einem Nachtcafé. Während Sophie erscheint, wird Baal von einem Geheimpolizisten verhaftet – er habe seinen Kontrakt gebrochen. – *11. Bild:* Baal im Gefängnis. Ein Geistlicher versucht vergeblich, Baal zur Religion zu bekehren. – *12. Bild:* Die Mutter hat Baal im Gefängnis abgeholt. Baal verspricht, ein neues Leben zu beginnen. – *2. Teil, 1. Bild:* Baal ist unter die Holzfäller gegangen. Einer von ihnen, Teddy, wurde vom Baum erschlagen. Die Holzfäller wollen zu seinem Gedächtnis Teddys Schnapsfäßchen leeren. Baal ist dagegen, er hat den Schnaps längst getrunken. – *2. Bild:* Am Abend in freier Landschaft. Baal kann die hochschwangere Sophie nicht loswerden. Er gerät darüber in Streit mit Ekart, der für Sophie Mitleid und Liebe empfindet. Baal bekennt sich zu Ekart, beide ziehen ab und lassen Sophie allein zurück. – *3. Bild:* Baal und Ekart treffen in der Spitalschenke auf eine Gruppe von Ausgestoßenen. Gougou singt die Arie vom Nichts. Baal fühlt sich auf seltsame Weise bedroht. Er und Ekart verlassen die Schenke. – *4. Bild:* Baal will kein Weib mehr sehen, er liebt nur noch Ekart. – *5. Bild:* An der Landstraße trifft Baal auf Ekart. Sie sprechen über die Zukunft, die sie verbaut vor sich sehen: ohne Wald und mit Eisenbahnkonstruktionen. – *6. Bild:* Baal trifft auf ein junges Weib, das nach Ekart fragt. Er bringt sie um. – *7. Bild:* Baal singt das Lied „Der Tod im Wald". Ekart versteht, daß Baal die junge Frau umgebracht hat. – *8. Bild:* Baal besucht seine sterbende Mutter und gaukelt ihr vor, er lebe in guten Verhältnissen. – *9. Bild:* In der Branntweinschenke sind Ekart, Johannes, Horgauer, die Chauffeure und die Kellnerin Luise beisammen. Johannes ist seit dem Verschwinden von Johanna wahnsinnig. Baal tritt ein. Als er wahrnimmt, daß sich Luise und Ekart liebevoll nähern, sticht er auf seinen Freund ein. – *10. Bild:* Baal ist auf der Flucht. In einem Wirtshaus versucht er, ein Mädchen abzuschleppen. Er wird verprügelt und trollt sich davon. – *11. Bild:* Landjäger verfolgen Baal. Aus deren Gespräch erfährt er, daß Ekart tot ist. – *12. Bild:* Baal liegt bei den Holzfällern im Sterben. Er verreckt wie ein Tier. – *13. Bild:* Zwei Männer unterhalten sich über den Tod Baals.

Luigi Cherubini (1760-1842): **Medea**

Oper in 3 Akten, Text von François-Benoit Hoffmann nach Corneilles gleichnamiger Tragödie – Paris 1797

Medea (S) – Jason, Anführer der Argonauten (T) – Kreon, König von Korinth (B) – Kreusa, seine Tochter (S) – Neris, Medeas Dienerin (S)

IN DER MYTHISCHEN WELT GRIECHENLANDS – ORT: KORINTH

Die Zauberin Medea hatte vor vielen Jahren Jason beigestanden, in Kolchis das Goldene Vlies zu erringen. Aus dem Beistand wurde Liebe. Die beiden Kinder dieser leidenschaftlichen Verbindung nahm Jason mit in seine Heimat Korinth. Jetzt steht er vor der Hochzeit mit der Königstochter Kreusa – Medea hat er verlassen. Sie sinnt auf Rache. Sie kommt in den Palast und fordert Mann und Kinder. Jason hält zu Kreusa. Medea soll Korinth verlassen. Der Aufschub von einem Tag wird ihr zugestanden, für sie genügend Zeit, um sich zu rächen. Die Hochzeitsfestlichkeiten haben begonnen.

Medea schickt ein vergiftetes Gewand für die Braut – als Geschenk. Kreusa stirbt, und Medea tötet ihre eigenen Kinder.

Luigi Cherubini: Der Wasserträger

Oper in 3 Akten nach einem Text von Jean Nicolas Bouilly – Paris 1800

Graf Armand, Präsident des Parlaments (T) – Constanze, seine Frau (S) – Micheli, savoyardischer Wasserträger (Bar) – Daniel, sein Vater (B) – Antonio, sein Sohn (T) – Marzelline, seine Tochter (S) – Semos, ein reicher Pächter (T) – Rosette, seine Tochter (S) – Hauptmann der italienischen Truppen (Bar)

PARIS UND DAS NAHE GELEGENE DORF GONESSE IM JAHR 1617

1. bis 3. Akt: Der Wasserträger Micheli hält in seinem Haus den Grafen Armand und dessen Frau Constanze vor den Häschern des Kardinals Mazarin verborgen. Bei einer Durchsuchung gibt er beide als Angehörige der Familie an. Sohn Antonio, der am nächsten Tag heiraten will, erkennt in Armand jenen Grafen, der ihn einst aus gefährlicher Lage befreite. Um ihn und seine Frau zu retten, wird Constanze mit dem Paß von Michelis Tochter, Marzelline, zur Abreise nach Gonesse geschickt, und Micheli will Armand in einem Wasserfaß aus der Stadt schmuggeln. Der Plan gelingt – das gräfliche Paar erreicht das benachbarte Dorf. Dort wird es aber von Mazarins Häschern entdeckt. Inzwischen hat jedoch Micheli für Armand und Constanze bei der Königin eine Begnadigung erwirkt. Einen Dank will der Wasserträger nicht annehmen – er lebt nach dem Grundsatz, Menschen in Not uneigennützig zu helfen.

Ján Cikker (* 1911): **Auferstehung**

Oper in 3 Akten nach Tolstoi von Ján Cikker – Prag 1962 (LITA)

Fürst Dimitrij Iwanowitsch Nechludoff (Bar) – Katarina (Katjuscha) Maßlowowa, Pflegetochter bei seinen Tanten (S) – Simonson, ein politischer Gefangener (T), Sofia und Marja, Nechludoffs Tanten (Mezzo-S und A) – Ferapont Smelkoff, Kaufmann (T) – Euphemia Botschkowowa, Dirne (S) – Simon Kartinkin, Kellner im Bordell (Bar) – Madame Kitajewowa, Inhaberin eines Bordells (A) – Richter (B) – Staatsanwalt (Bar) – Verteidiger (T) – Gefängnisinspektor (B) – Pjotr, ein alter Bauer (B) – Marfa, seine Frau (A) – Junger Sträfling und Sänger hinter der Szene (T) – Obmann der Geschworenen (Bar) – Tichon, Nechludoffs Diener (B) – Dirne (S) – 2 Strafgefangene (S und Mezzo-S) – Leutnant (T) – Ein Kettensträfling (B) – Gefängnishauptmann, Gefängnisaufseherin und Sergej, ein alter Diener (Sprechrollen) – Klavierspieler, Gäste und Mädchen im Bordell, Richter, Geschworene, Zuhörer im Gericht, männliche und weibliche Gefangene, Wachen

RUSSLAND IN DER ZWEITEN HÄLFTE DES VORIGEN JAHRHUNDERTS

1. Bild (Halle eines russischen Herrengutes): Ein junger Gardeoffizier, der Fürst Nechludoff, hat seine Reise zur Front unterbrochen, um auf dem Gut seiner Tante das Hausmädchen Katjuscha wiederzusehen. Der Besuch endet mit Katjuschas Verführung. – *2. Bild* (Freudenhaus der Madame Kitajewowa, zehn Jahre danach): Die Tanten haben Katjuscha aus dem Haus gejagt, weil sie ein Kind von Nechludoff bekommen hatte. Das Kind ist tot, Nechludoff nicht zurückgekehrt. Katjuschas Not ist so groß, daß sie sich ihren Unterhalt in einem öffentlichen Haus verdienen muß. Dort wird eines Tages der reiche Smelkoff das Opfer eines Mordanschlags des Kellners Kartinkin und seiner Komplizin Botschkowowa. Als Werkzeug bedienten sie sich der unschuldigen Katjuscha. – *3. Bild* (Vor Gericht): Die Geschworenen – unter ihnen Fürst Nechludoff – verurteilen Katjuscha zur Verschickung nach Sibirien. Nechludoff hat nicht die Kraft, dem Gericht seine moralische Mitschuld zu gestehen, aber er will seine Schuld sühnen. – *4. Bild* (Gefängnis): Nechludoff bietet Katjuscha die Heirat an. – *5. Bild* (Gefängniskanzlei): Nechludoff setzt sich für die Freilassung von Katjuscha ein. Sie nimmt die Hilfe an, seine Hand schlägt sie aber aus; sie hat sich inzwischen Simonson, einem politischen Häftling und Angehörigen eines Gefangenentransports nach Sibirien, angeschlossen. – *6. Bild* (Sibirien): Nechludoff ist Katjuscha nach Sibirien gefolgt. Die Gefangenen sind auf dem Marsch, Katjuscha wird krank, fiebernd verzeiht sie Nechludoff, gesteht ihm ihre Liebe und stirbt.

Ján Cikker: Das Spiel von Liebe und Tod

Oper in einem Akt nach Romain Rollands gleichnamigem Schauspiel vom Komponisten – München 1969 (Bär)

Jérôme de Courvoisier, Mitglied des Konvents (Bar) – Sophie, seine Frau (S) – Claude Vallée, ein durch Haftbefehl verfolgter Abgeordneter der Gironde (T) – Lazare Carnot, Mitglied des Ausschusses für allgemeine Wohlfahrt (B) – Denis Bayot (B) – Horace Bouchet (T) – Lodoiska Cerizier (A) – Chloris Soucy (S) – Crapart, Delegierter des Sicherheitsausschusses (T) – Timoléon und Doucin, Craparts Leute (T und B) – Peau d'Ane (Eselshaut) (A)

PARIS IM MÄRZ 1794, AUF DEM HÖHEPUNKT VON ROBESPIERRES SCHRECKENSHERRSCHAFT

Kurz nachdem Jérôme de Courvoisier, Wissenschaftler und Mitglied des Konvents, sein Haus verlassen hat, trifft bei seiner Frau Sophie die Nachricht ein, man habe die Leiche von Claude Vallée gefunden. Sophie ist erschüttert, sie vertraut ihrer Freundin Lodoiska an, daß sie den Girondisten Vallée geliebt habe, dagegen sei ihr Jérôme aus politischen Gründen fremd geworden. Doch die Botschaft von Vallées Tod war falsch. Vallée konnte sich aus den Fängen jakobinischer Häscher befreien und sucht Unterschlupf bei Sophie, die ihm erneut ihre Liebe bekennt; eine gemeinsame Flucht hingegen lehnt sie aus Anstand und Pflichtgefühl ab. Vallée versteckt sich im Nebengemach, als Jérôme nach Hause kommt und Sophie berichtet, daß er soeben im Konvent als einziger gegen den Tod von Danton gestimmt habe. Er weiß, daß er damit bei Robespierre ausgespielt hat. Sophie unterrichtet Jérôme davon, daß sich Vallée im Hause versteckt hält. Jérôme verspricht Hilfe für den Verfolgten, obwohl er von der Liebe zwischen Vallée und seiner Frau Kenntnis hat. Überraschenderweise bietet der Wohlfahrtsausschuß Jérôme die Chance zum Überleben. Er läßt ihm zwei Pässe bringen, sie sollen ihm die Flucht ins Ausland ermöglichen. Jérôme gibt sie aber an Vallée und Sophie weiter, doch Sophie zerreißt ihren Paß; in der Stunde des Todes tritt sie an die Seite ihres Mannes. Vallée stürzt davon.

Ján Cikker: Coriolanus

Oper in 3 Akten (14 Bilder) nach Shakespeares gleichnamiger Tragödie vom Komponisten – Prag 1974 (LITA)

Gajus Marcius, später Coriolanus genannt (Bar) – Menenius Agrippa, sein Freund (B) – Cominius, Heerführer (T) – Ein Ädile des Senats (Sprechrolle) – Sicinius und Brutus, Volkstribunen (T/Bar) – Volumnia, Mutter des Coriolanus (S) – Marcius, Sohn des Coriolanus (stumme Rolle) – 1. Bürger (T) – 2. Bürger (Bar) – 3. Bürger (B) – 4. Bürger

(B) – 5. Bürger (T) – Tullus Aufidius, Heerführer der Volsker (T) – Ein Senator (Bar) – Eine junge Frau (S) – 1. Magd (S) – 2. Magd (Mezzo-S) – Diener (T) – Römer und Volsker, Patrizier, Plebejer, Senatoren, Ädilen, Soldaten

ROM UND ANTIUM IM 5. VORCHRISTLICHEN JAHRHUNDERT

1. Bild: Eine aufgebrachte Volksmenge bedrängt die Volkstribunen Sicinius und Brutus. Das notleidende Volk verlangt nach Brot. Menenius, ein Patrizier und väterlicher Freund des Senators, versucht, das Volk zu beruhigen und Gajus Marcius zu verteidigen, indem er auf dessen Verdienste im Krieg hinweist. Wütend stürzt das erregte Volk zum Haus des Gajus Marcius. – *2. Bild:* Mit letzter Kraft erreicht Menenius das Haus des Gajus Marcius. Im Gewand des Senators erscheint Gajus Marcius vor der wütenden Menge. In einer aggressiven Haltung demonstriert er seine Verachtung für das einfache Volk und verlangt die Abschaffung der Volkstribunen. Wütend verlangt das Volk den Tod des Gajus Marcius. Ein Bote des Senats weist das Volk in die Schranken mit der Meldung eines neuen Angriffs der benachbarten Volsker. Erschrocken schickt sich das Volk in sein ewiges Los: Krieg und Elend machtlos ausgesetzt zu sein. – *3. Bild:* Der volskische Feldherr Aufidius berichtet seinem Senat, daß sein Kriegsplan gegen Rom verraten worden sei. Gajus Marcius wird wiederum die Truppen gegen die Volsker führen. – *4. Bild:* Frauen und Mädchen flehen um einen guten Ausgang des Krieges. Volumnia, die ehrsüchtige Mutter des Gajus Marcius, ist stolz auf ihren Sohn. – *5. Bild:* Die Schlacht um Corioli wird von den Römern gewonnen. Dem siegreichen Marcius wird der Ehrenname „Coriolanus“ verliehen. – *6. Bild:* Im Anblick des toten und verwundeten Volsker schwört Aufidius Rache an Marcius. – *7. Bild:* Coriolanus nimmt in einer Vision die Stimmen seiner nächsten Verwandten und Ratgeber wahr. Er wehrt sich aber gegen deren Ansinnen, sich vor dem Volk zu erniedrigen. – *8. Bild:* Die Bürger Roms diskutieren, ob sie Coriolanus ihre Stimmen geben sollen. Da erscheint der Feldherr selbst im schlichten Gewand des Bürgers. Die verunsicherten Bürger sagen ihm ihre Stimmen zu. Die beiden Volkstribunen Sicinius und Brutus machen ihnen aber klar, daß sie auf doppelzüngige Versprechungen hereingefallen sind, und raten ihnen, ihre Zusage zur Wahl Coriolanus' zum Konsul zurückzunehmen. – *9. Bild:* Coriolanus bedrängen Zweifel. Wieder sind es visionäre Stimmen, die ihm raten, sich den Bürgern zu stellen. Nur seine Frau warnt ihn vor dem Volk. Coriolanus ist nicht bereit, sich ein zweites Mal scheinbar zu demütigen. Seine Mutter drängt ihn jedoch zu dieser Handlungsweise. – *10. Bild:* Coriolanus steht vor dem Volkstribunal. Er kann sich gegen das Volk nicht durchsetzen, es verlangt seinen Tod. Coriolanus wird aus Rom verbannt. – *11. Bild:* Coriolanus verabschiedet sich und sinnt auf Rache. – *12. Bild:* Coriolanus macht sich auf den Weg zu den Volskern. Als Bettler verkleidet, versucht er, ins Haus des Aufidius zu kommen. Diener verwehren ihm den Einlaß. Aufidius erscheint, und Coriolanus gibt sich zu erkennen. Er bietet sich an, das Heer der Volsker gegen Rom zu führen. Aufidius nimmt an. – *13. Bild:* Das Volk macht die Tribunen für das Überlaufen ihres Feldherrn verantwortlich. Die empörte Menge hat den Tribunen Brutus in ihre Gewalt bekommen und hängt ihn auf. – *14. Bild:* Menenius fleht Coriolanus um Gnade für Rom an. Er versichert, das Volk habe bereut. Coriolanus weiß, daß es für ein Verzeihen zu spät ist. Aufidius ist mißtrauisch geworden. Er beschließt, Coriolanus nur noch als Werkzeug für die Eroberung Roms zu benutzen und dann seine persönliche Rache an ihm zu nehmen. Coriolanus ist sich bewußt, daß er sich des doppelten Verrats schuldig macht, wenn er sich zur Rückkehr nach Rom überreden läßt. Da bricht Coriolanus' Widerstand zusammen. Liebe besiegt den Haß. Coriolanus sieht keinen Ausweg mehr. Aufidius bietet er seine Brust zum tödlichen Schlag.

Francesco Cilèa (1866-1950): **Adriana Lecouvreur**

Dramatisches Schauspiel in 4 Akten nach Eugène Scribe und Ernest W. Legouvé von Arturo Collauti – Mailand 1902
Moritz, Graf von Sachsen (T) – Abbé von Chazeuil (T) – Fürst von Bouillon (T) – Fürstin von Bouillon (Mezzo-S) – Adriana Lecouvreur, Schauspielerin der Comédie Française (S) – Mademoiselle Dangeville (Mezzo-S) – Mademoiselle Jouvenot (S) – Poisson (T) und Quinault (B), Schauspieler

PARIS UM 1740

1.bis 4. Akt: Adriana Lecouvreur, Mitglied der Comédie Française, ist Mittelpunkt des gesellschaftlichen Lebens in Paris. Geliebt wird sie vom Grafen Moritz von Sachsen. Sie hat aber auch eine Nebenbuhlerin: die frühere Geliebte des Grafen, die Fürstin von Bouillon. Diese will wissen, woran sie ist – wem gehört die Gunst: ihr oder der Schauspielerin? Beide treffen zusammen, ohne einander zu erkennen. Im Haus des Fürsten von Bouillon findet ein Fest statt. Eingeladen ist auch Adriana Lecouvreur. Für sie läßt die Fürstin das Gerücht umgehen, der Graf könne nicht kommen, weil er in einem Duell verwundet worden sei. Adriana fällt in Ohnmacht. Für die Fürstin ein Zeichen, daß sie es mit ihrer Nebenbuhlerin zu tun hat. Überdies ist sie sicher, sie an ihrer Stimme wiedererkannt zu haben. Moritz von Sachsen, selbstverständlich unversehrt, betritt den Ballsaal. Auf Wunsch des Fürsten rezitiert Adriana einen Monolog aus Racines „Phädra". Mit den variierten Schlußversen zielt sie vorsätzlich verletzend auf die Fürstin ab. Zu ihrem Geburtstag gibt Adriana in ihrem Haus einen Empfang. Geschenke werden ihr überreicht, darunter ein Veilchenstrauß. In den verwelkten Blumen erkennt Adriana jenes kleine Gebinde, das sie einst Moritz schicken ließ. Um die Eifersucht der Fürstin zu beschwichtigen, hatte er die Veilchen an sie weitergegeben. Adriana ist verzweifelt. In Gedanken vertieft, riecht sie an den Blumen und atmet das von der Fürstin eingeträufelte Gift ein. Darüber kommt Moritz, wirft das Bukett ins Feuer. In den Armen des Grafen stirbt seine Adriana.

Domenico Cimarosa (1749-1801): **Die heimliche Ehe**

Komische Oper in 2 Akten nach Colman u. Garrick von Giovanni Bertati – Wien 1792
Roms, ein reicher Kaufmann (B) – Lisette (S) – und Caroline (S), seine Töchter – Beatrix, Witwe, seine Schwester (A) – Sander, sein Buchhalter (T) – Graf Tiefenthal (Bar) – Peter (B) – Paul (T) – Diener

IM HAUSE DES KAUFMANNS ROMS IN EINER HANDELSSTADT UM 1780

1. Akt: Lisette und Caroline sollen auf Wunsch ihres Vaters, des reichen Kaufmanns Roms, nur in adlige Familien einheiraten. Caroline jedoch ist seit längerer Zeit heimlich mit Sander, dem Buchhalter ihres Vaters, verheiratet. Um den befürchteten Schwierigkeiten zu entgehen, versucht Sander die Aufmerksamkeit des zwar verschuldeten, aber aus alter Familie stammenden Grafen Tiefenthal, eines Bewerbers der Mädchen, auf Lisette, die ältere und lustige Schwester der elegischeren Caroline, zu lenken. Um so größer ist Sanders Enttäuschung, als sich bei der Brautwerbung der Graf nur noch für Caroline interessiert. – *2. Akt:* Sogar auf die Hälfte der Mitgift will Tiefenthal verzichten, wenn ihm Caroline ihr Jawort gibt. Als nun gar noch Beatrix, die verwitwete Schwester Roms, Ansprüche auf Sander erhebt, sieht das heimliche Paar die letzte Rettung in der Flucht, wobei sie aber von Lisette ertappt werden. In ihrer Verlegenheit gestehen die beiden, daß sie bereits ein Paar sind. Lisette bekommt nun ihren Grafen; versöhnt gibt der Vater auch Sander und Caroline seinen Segen.

Peter Cornelius (1824-1874): **Der Barbier von Bagdad**

Komische Oper in 2 Akten von Peter Cornelius – Weimar 1858
Der Kalif (Bar) – Baba Mustapha, Kadi (T) – Margiana, dessen Tochter (S) – Bostana, eine Verwandte des Kadis (A) – Nureddin (T) – Abul Hassan Ali Ebn Bekar, Barbier (B) – Drei Muezzin (B und 2 T) – Ein Sklave des Kadi (T) – Diener Nureddins, Bewohner Bagdads, Klagefrauen, Bewaffnete, Gefolge des Kalifen

IN BAGDAD ZUR ZEIT DER KALIFEN

1. Akt: Schwer krank träumt Nureddin von Margiana, der Tochter des Kadis Baba Mustapha; die Liebe zu ihr hat ihn aufs Krankenlager geworfen, von dem er augenblicklich aufsteht, als Bostana mit der Botschaft kommt, Margiana erwarte ihn, wenn ihr Vater sein Mittagsgebet in der Moschee verrichte. Zu seiner Verschönerung läßt Nureddin vorher noch den Barbier Abul Hassan kommen, einen schwatzhaften Gesellen, der Nureddin bald so lästig wird, daß er ihn hinauswerfen läßt. Abul Hassan weiß sich jedoch zu behaupten und bietet Nureddin sogar seine Begleitung und Hilfe an, als dieser ihm von seiner Verabredung mit Margiana erzählt. In seiner Not kann sich Nureddin des aufdringlichen Barbiers nur dadurch erwehren, daß er ihn als Fieberkranken in ein Bett packen läßt. – *2. Akt:* Ehe der Kadi Baba Mustapha zur Andacht geht, erwärmt er sich noch an einem Brief seines alten Freundes Selim aus Damaskus, der sich um Margiana bewirbt und eine Truhe mit kostbaren Geschenken gesandt hat. Kaum ist er gegangen, schlüpft Nureddin zu Margiana. Da kommen aber auch schon der Barbier, der Nureddin in größter Not vermutet, und der Kadi, den das Lärmen des Barbiers aufgeschreckt hat. Nureddin kann sich gerade noch in der Truhe mit den Geschenken seines Nebenbuhlers verstecken, während der Barbier, den der Kadi für einen Dieb hält, behauptet, man habe Nureddin ermordet. Der Kalif erscheint mit der Wache und befiehlt, die Truhe zu öffnen, wo nun Nureddin gefunden wird. Nach einigem Sträuben muß der Kadi seine Tochter mit Nureddin vereinen, während der Kalif den Barbier von Bagdad als Märchenerzähler mit in seinen Palast nimmt.
Wenn zum Gebet vom Minarett (Bostana, Nureddin); Bin Akademiker, Doktor und Chemiker (Abul Hassan); So schwärmt Jugend, achtet nicht Gefahr (Abul Hassan); Er kommt, er kommt (Margiana, Bostana, Kadi); Laß dir zu Füßen wonnesam mich liegen (Abul Hassan); Salem aleikum (Ensemble).

Luigi Dallapiccola (1904-1975): **Nachtflug**

Oper in einem Akt nach Antoine de Saint-Exupéry von Luigi Dallapiccola – Florenz 1940 (U. E.)
Rivière, Direktor einer südamerikanischen Fluggesellschaft (Bar) – Simona Fabien (S) – Robineau, Inspektor (B) – Pellerin, Pilot (T) – Der Funker (T) – Leroux, ein alter Abteilungsleiter (B) – Vier Beamte (2 T, Bar, B) – Angestellte des Flughafens

AUF DEM FLUGHAFEN VON BUENOS AIRES UM 1930

Auf dem Flughafen von Buenos Aires wartet Direktor Rivière, der Initiator der Nachtflüge, auf drei Flugzeuge, die zu Nachtflügen nach Chile, Patagonien und Paraguay gestartet sind. Nach ihrem Eintreffen soll eine Maschine nach Europa abfliegen. Nachdem schon der Pilot des von Chile gekommenen Flugzeuges von gefährlichen Wirbelstürmen über den Anden berichtet hat, meldet ein Funkspruch von Fabien, dem Piloten der patagonischen Maschine, daß er mit seinem Benzinvorrat nur noch eine halbe Stunde fliegen könne. Rivière, der weiß, daß Fabien verloren ist, läßt daraufhin Fabiens Frau Simona, die in ihm das Symbol des gefährlichen nächtlichen

Flugdienstes haßt, Fabiens letzte Minuten am Funkgerät miterleben. Rivière selbst identifiziert sich so mit dem verzweifelten Piloten, daß er zu dessen Stimme wird. Sein Verstummen zeigt die Katastrophe an, die einen Sturm des Flughafenpersonals auf das Büro des plötzlich verhaßten Direktors auslöst. Die Stimmung der Menge schlägt allerdings schnell wieder zu seinen Gunsten um, als er mit scheinbar unerschütterlicher Festigkeit und Zuversicht den Befehl zum Start des Kuriers nach Europa gibt.

Luigi Dallapiccola: Der Gefangene

Einakter mit Prolog von Luigi Dallapiccola nach „La torture par l'espérance" von Graf Villiers de l'Isle-Adam und nach „La légende d'Ulenspiegel et de Lamme Goedzak" von Charles de Coster – Florenz 1950 (Schott)

Die Mutter (S) – Der Gefangene (Bar) – Der Kerkermeister (T) – Ein „Fra Redemptor" (stumm) – Zwei Priester (T, B) – Der Großinquisitor (T)

SARAGOSSA, UNTERIRDISCHES GEFÄNGNIS NACH 1550

Prolog: Eine Mutter hofft darauf, ihren von der Inquisition gefangengesetzten Sohn noch einmal zu sehen. An eine Begnadigung durch König Philipp II. glaubt sie nicht. – *1. Bild:* Die Hoffnung der Mutter geht in Erfüllung, sie kann ihren Sohn noch einmal sprechen, der sogar Anzeichen dafür erkannt haben will, daß man ihn doch noch begnadigen wird. – *2. Bild:* Der Kerkermeister, der in Wirklichkeit der Großinquisitor ist, erzählt dem Gefangenen von einem Aufstand und dem möglichen Sturz König Philipps. Er überzeugt ihn von seiner Chance, befreit zu werden. – *3. Bild:* Es kommt zu Begegnungen des Gefangenen mit einem Folterknecht und zwei Priestern. – *4. Bild:* Aus dem Kerker geführt, sieht sich der Gefangene schon in Freiheit, muß aber bald erkennen, daß ihn der Kerkermeister (Großinquisitor) getäuscht hat. Ohne Widerstand zu leisten, läßt er sich, gebrochen durch die Täuschung, zum Tode führen.

Claude Debussy (1862-1918): **Pelléas und Mélisande**

Musikdrama in 5 Akten von Maurice Maeterlinck – Paris 1902 (A. & S.)

Arkel, König von Allemonde (B) – Genoveva, Mutter von Pelléas und Golo (A) – Pelléas (T) und Golo (Bar), Enkel des Königs Arkel – Mélisande (S) – Der kleine Yniold, Golos Sohn aus erster Ehe (S) – Ein Arzt (B) – Drei Greise (stumme Rollen) – Dienerinnen

AUF SCHLOSS ALLEMONDE UND UMGEBUNG IM SAGENHAFTEN MITTELALTER

1. Akt: Tief im Wald an einer Quelle hat der jagende Golo Mélisande, ein schönes, aber verängstigtes Mädchen, gefunden und zu seiner Frau gemacht. Da die Herkunft des Mädchens im dunkeln liegt, wagt sich Golo zunächst nicht nach Hause. Erst als die Erlaubnis von Golos Großvater, König Arkel, eintrifft, zieht er mit Mélisande auf das Schloß. – *2. Akt:* Im Schloßpark spielt Mélisande mit Pelléas, dem jüngeren Bruder Golos. Dabei gleitet ihr ein Ring, den ihr Golo geschenkt hat, vom Finger in eine Quelle. Als Golo, den ein Jagdunfall aufs Lager zwingt, von dem Verlust erfährt, zwingt er Mélisande, in dunkler Nacht auf die Suche nach dem Ring zu gehen. Pelléas soll sie dabei begleiten. – *3. Akt:* Als Mélisande am Fenster des Schloßturmes ihr Haar kämmt, geht Pelléas vorüber. Mélisande neigt sich so weit nach vorne, daß Pelléas von ihren dichten, langen Haaren überflutet wird. Golo kommt dazu und rät, obwohl er an der Unschuld der beiden kindlichen Geschöpfe nicht zweifeln will, dem Bruder, Mélisande, die bald Mutter wird, zu meiden. – *4. Akt:* Mélisande erfährt, daß Pelléas auf Wunsch seines kranken Vaters abreisen muß, und verabredet mit ihm ein letztes Treffen. Nun erkennen sie ihre Liebe, werden aber von Golo überrascht, der in rasender Eifersucht seinen Bruder erschlägt. – *5. Akt:* Mélisande hat ein Mädchen geboren, ist aber vor Kummer sterbenskrank. Auch Golos Reue vermag sie nicht vor dem Verlöschen zu bewahren.

Frederick Delius (1862-1934): **Romeo und Julia auf dem Dorfe**

Lyrisches Musikdrama in 6 Szenen nach Gottfried Kellers gleichnamiger Novelle – Berlin 1907

Manz (Bar) und Marti (Bar), reiche Bauern – Sali, Manzens Sohn (T) – Vreli, Martis Tochter (S) – Der Schwarze Geiger (Bar) – Bauern, Bäuerinnen, Pfefferkuchenfrau, Glücksradfrau, Schmuckwarenfrau, Possenreißer, Karussellmann, Schießbudenmann

IM SCHWEIZERISCHEN SELDWYLA MITTE DES 18. JAHRHUNDERTS

Manz und Marti, reiche Bauern, leben im Streit. Ein Niemandsland, dessen rechtmäßiger Besitzer der geheimnisvolle Schwarze Geiger ist, trennt ihre Grundstücke. Solange das Brachland nicht bestellt werde, dürften, so der Geiger, die Kinder Sali und Vreli dort spielen. Es kommt aber zur gerichtlichen Auseinandersetzung zwischen den Bauern. Der Prozeß um das Niemandsland richtet sie zugrunde. Sechs Jahre danach treffen Sali und Vreli wieder zusammen. Sie konnten einander nicht vergessen. Sie rufen die Bilder ihrer Kindheit herbei. Der Geiger taucht auf und lockt mit einem schöneren Leben in der größeren Welt. Die Liebenden wollen aber in ihrer Heimat bleiben. Noch einmal sitzen sie am Herd ihres verkauften Hauses. Im Schlaf sehen sie sich als Brautleute vor dem Altar der Kirche in Seldwyla. Erwacht, gestehen sie sich ein, daß in dieser trostlosen Gegend für sie doch keine rechte Bleibe sein kann. Auf dem Markt in Berghald suchen sie vergebens nach ein bißchen Glück. Wieder begegnet ihnen der Geiger, fordert sie auf, mit auf Wanderschaft zu gehen. Sali und Vreli überkommt große Furcht. Sie folgen nicht dem Geiger, sondern Rufen der Bootsleute, besteigen einen Kahn, lassen sich, eng umschlungen, immer stiller werdend, abwärts treiben. Der Kahn ist leck, füllt sich mit Wasser und geht mit den Liebenden unter.

Paul Dessau (1894-1979): **Die Verurteilung des Lukullus**

12 Szenen von Bertolt Brecht – Berlin 1951 (Schott)

Lukullus, römischer Feldherr (T) – Totenrichter (B) – Sprecher des Totengerichts (Sprechrolle) – Totenschöffen: Fischweib (A) – Kurtisane (Mezzo-S) – Lehrer (T) – Bäcker (T) – Bauer (Bar) – Tertullia, eine alte Frau (Mezzo-S) – 3 Frauenstimmen (S) – 3 Ausruferinnen (S) – Friedgestalten: König (B) – Königin (S) – 2 Kinder (Mezzo-S) – 2 Legionäre (B und Bar) – Lasus, Koch des Lukullus (T) – Kirschbaumträger (T)

ROM IM JAHRE 56 N. CHR.

Der römische Feldherr Lukullus ist begraben worden. Zur Erinnerung an sein Leben werden dem Volk Reliefs gezeigt, auf denen die Taten Lukullus' herausgemeißelt sind. Lukullus ist zuversichtlich, er rechnet mit einem hervorragenden Nachruf. Im Totenreich erwartet ihn das Gericht. Überrascht ist er, als die Schöffen kaum von seinen guten Werken wissen. Da sich auch kein Zeuge meldet, werden die Schatten jener Personen befragt, die man auf den Reliefs erkennen will. Alle sagen gegen Lukullus aus: Der König spricht von einem hinterhältigen Überfall, ein Fischweib beklagt sich über ihren im Krieg gefallenen Sohn. Allein der Koch Lasus und der Bauer sagen Gutes von Lukullus. Diese Aussagen reichen aber nicht aus. Dem Feldherrn und Feinschmecker werden keine Verdienste bescheinigt. Das Verhör ist einer Verurteilung gleichgekommen.

Paul Dessau: Puntila

Oper nach dem Volksstück von Bertolt Brecht „Herr Puntila und sein Knecht Matti", bearbeitet von Peter Palitzsch und Manfred Wekwerth, in 13 Bildern – Berlin 1966 (B. & B.)

Johannes Puntila, Gutsbesitzer (B) – Matti Altonen, sein Chauffeur (Bar) – Fredrik, ein Advokat (T) – Der müde Ober (Sprechrolle) – Ein Diener (Sprechrolle) – Die Schmuggleremma (A) – Die Apothekerin (Mezzo-S) – Lisu, das Kuhmädchen (S) – Die Telefonistin Sandra (S) – Erster Gutsbesitzer (B) – Erster Arbeiter (T) – Händler (T) – Bibelius, Gutsbesitzer (T) – Zweiter Arbeiter (B) – Dritter Arbeiter (B) – Zweiter Gutsbesitzer (B) – Dritter Gutsbesitzer (T) – Vierter Arbeiter (B) – Der Kümmerliche (T) – Ein Buckliger (stumm) – Eine Kellnerin (stumm) – Ein Fleischer (Sprechrolle) – Fina, das Stubenmädchen (Mezzo-S) – Laina, die Köchin (A) – Eva, Puntilas Tochter (S) – Eino, ein Attaché (T) – Der Propst (T) – Die Pröpstin (S)

FINNLAND IN DER ERSTEN HÄLFTE DES 20. JAHRHUNDERTS

Der Gutsbesitzer Puntila ist ein Mensch, der zwei Leben führt. Eins, wenn er betrunken ist: dann ist er verträglich und gutmütig; eins in der Nüchternheit: dann schikaniert er seine Mitmenschen. Daraus resultiert sein seltsam-schizophrenes Verhalten. *1 bis 13. Bild:* Puntila bestellt einen Freitag und ruft einen unzureichenden Richter an. Er begegnet einem Menschen und entdeckt, daß er sein Chauffeur ist. Puntila ist total betrunken, er singt und fragt sich, ob er seinen Wald verkaufen soll. Puntilas Wunsch ist es, nichts zu besitzen. Obwohl Puntila von der Schönheit des Waldes überwältigt ist, verkauft er ihn und verlobt sich mit den Frühaufsteherinnen des Dorfes Kurgela. Auf dem Gesindemarkt dingt Puntila einen Arbeiter wegen seines sympathischen Auges und bietet stellungslosen Waldarbeitern ein Heim. Auf das Gleichnis vom Häusler folgen ein Skandal und ein Gespräch über Krebse, später bekommen die Bräute des Puntila ein geschlachtetes Schwein zu sehen, ein Besen wird eingeschüchtert, und Puntila muß das Gut vor seinen vier Bräuten retten. Die Schmuggleremma singt die tavastländische Nationalhymne, und es stellt sich heraus, daß die Frauen von Kurgela nicht gut genug gewesen sind für die große Verlobung auf Gut Puntila. Nach der Verlobung von Puntilas Tochter mit einem Menschen, den abnormen Vertraulichkeiten eines Chauffeurs und den Beschwerden zweier hochstehender Persönlichkeiten über den kulturellen Tiefstand des Volkes verwandelt sich Puntila in einen Patrioten. Matti, sein Knecht, wendet ihm den Rücken.

Paul Dessau: Lanzelot

Oper in 15 Bildern nach der Märchenkomödie „Der Drache" von Jewgeni Schwarz – Berlin 1969 (B. & B.)

Lanzelot (Bar) – Drache (B) – Elsa (S) – Charlesmagne, ihr Vater (B) – Bürgermeister (T) – Heinrich, sein Sohn (T) – 1. Freundin (S) – 2. Freundin (S) – 3. Freundin (A) – Kater (S) – 1. Arbeiter (T) – 2. Arbeiter (Bar) – 3. Arbeiter (B) – Medizinmann (Bar) – Interpret (T) – Kunsthändler (T) – Esel (T) – Sekretär (T) – 1. Berater (T) – 2. Berater (Bar) – 3. Berater (B) – Polizisten (T. und Bar) – Herakles (T) – Sprecher – 1 Kind (S) – Nemeischer Löwe – Lernäische Hydra – Meerwolf – Bürger, Bürgerinnen

ZWISCHEN VERGANGENHEIT UND GEGENWART

1. Bild (Steinzeitsiedlung am See): Es herrscht die Cholera. Der Medizinmann hat entdeckt, daß der Genuß von abgekochtem Wasser die Bevölkerung retten könnte. Der Drache bringt den See zum Kochen und begründet damit seine Macht. – *2. Bild* (Jugendstilwald): Die Freundinnen beneiden Elsa um ihre bevorstehende Hochzeit mit dem Drachen. Für die Braut bedeutet die Hochzeit gleichzeitig den Tod. – *3. Bild* (Drachenbüro): In seinem Büro diktiert der Drache seine Memoiren. Während der Sprechstunde macht Heinrich, der Sohn des Bürgermeisters, den Drachen auf angebliche Fehler seiner Braut Elsa aufmerksam in der Hoffnung, daß der Drache dann auf sie verzichtet. Dem Drachen imponiert der Lügner, und er macht ihn zu seinem Sekretär. – *4. Bild* (Haus Charlesmagnes): Ein Fremder tritt ein, der Held Lanzelot. Der Kater erzählt ihm von der bevorstehenden Hochzeit Elsas. Dem heimkehrenden Vater und Elsa erklärt Lanzelot, daß er den Drachen töten wird. – *5. Bild* (Fernsehraum): Die Kontrolle des Drachen über seine Stadt ist perfekt. Auf seinen Bildschirmen kann er in jede Wohnung schauen. Er ist zufrieden mit seinem unwissenden, manipulierten Volk. Dann aber entdeckt er auf seinem Bildschirm Lanzelot und begreift sogleich, daß nun seine Macht über die Stadt gefährdet ist. – *6. Bild* (Haus Charlesmagnes): Der Drache und Lanzelot treffen aufeinander. Lanzelot ist durch keine Einschüchterung des Drachens davon abzuhalten, die Stadt zu befreien, und der Drache muß schließlich die Herausforderung annehmen. – *7. Bild* (Intermezzo): Der Drache bereitet sich auf den Kampf vor. Ihm werden die Taten des griechischen Helden Herakles von seinem Stadttheater so interpretiert, wie er sie gerne sehen möchte, Herakles' Kampf mit dem Löwen, der Hydra und dem Meerwolf. – *8. Bild* (Stadt): Nach dem Drachengesetz ist ein Herausforderer zu bewaffnen. Der Drache aber will das verhindern. Er läßt Lanzelot bescheinigen, daß seine Waffen zur Reparatur sind. Lanzelot wird dennoch kämpfen. Dem Drachen aber sind er und die sich ausbreitende unterirdische Musik (Untergrundbewegung) unheimlich geworden, und er will Lanzelot zu einem Kompromiß bewegen. Kategorisch lehnt dieser das ab. Darauf versucht der Drache durch seinen Sekretär, Elsa zum Mord an Lanzelot zu verleiten. Elsa weist das entschieden zurück. – *9. Bild* (Musikzimmer): Nun bleibt dem Drachen nichts anderes übrig, als sich selbst auf den Kampf einzustellen. An einer Lanzelot-Puppe trainiert er, erprobt er die Wirkung seiner Waffen. – *10. Bild* (Stadt): Die Gleichmütigkeit der Bürger läßt Lanzelot an seiner Aufgabe zweifeln. Aber die Arbeiter und der Kater begrüßen ihn freudig und überreichen ihm die Waffen, die sie für diesen Kampf geschaffen haben. – *11. Bild* (Stadt): Die Stadt wird über den Kampfverlauf im ungewissen gelassen. Nur die Arbeiter erfahren durch den Kater, daß Lanzelot Hilfe nötig hat, und geben ihm Unterstützung. – *12. Bild* (Stadt): Der Kampf wütet. – *13. Bild* (Stadt): Die Bürger schenken wieder den Phrasen des Bürgermeisters und Heinrichs Gehör, die sich jetzt plötzlich als Verfolgte des Drachen ausgeben. Um von ihrer Schuld abzulenken, ist ihnen jedes Mittel recht: von der Bestrafung der kleinen Drachenbeamten bis zum Bau eines Denkmals für Lanzelot, den man seit Ende des Kampfes nicht mehr gesehen hat. Die vom Drachen Verfolgten werden wieder verfolgt. – *14. Bild* (Monolog): Nach schwerem Kampf glaubt Lanzelot, seine Pflicht getan zu haben. – *15. Bild* (Saal im Präsidentenpalais): In der Stadt ist alles beim alten geblieben, nur die Vorzeichen haben sich geändert. Aus dem Drachen wurde ein Präsident. Dieses Amt hat der ehemalige Bürgermeister inne, der sich jetzt als Befreier feiern läßt. Sein Sohn Heinrich, der Sekretär des Drachen, ist zum Bürgermeister avanciert. Bei der Hochzeitsfeier des Präsidenten mit der widerstrebenden Elsa aber erscheint plötzlich Lanzelot. Er hat endlich begriffen, daß er nur die Hälfte seiner Arbeit getan hat, befreit nun die Gefangenen und bestraft die Schuldigen.

An deinen Wunden, Drache, werden gesunden (Lanzelot).

Karl Ditters v. Dittersdorf (1739-1799): **Doktor und Apotheker**

Komische Oper in 2 Akten von Gottlob Stephanie – Wien 1786

Stößel, Apotheker (B) – Claudia, seine Frau (S) – Leonore, beider Tochter (S) – Rosalie, Stößels Nichte (S) – Krautmann, Doktor (B) – Gotthold, sein Sohn (T) – Sturmwald, ein invalider Hauptmann (T) – Sichel, ein Chirurgus (T) – Gallus, Bedienter (T) – Ein Polizeikommissar (Bar)

IN EINER DEUTSCHEN KLEINSTADT IM 18. JAHRHUNDERT

1. und 2. Akt: Der Apotheker Stößel hat seine Tochter Leonore dem invaliden Hauptmann Sturmwald zur Frau versprochen. Leonore aber liebt Gotthold, den Sohn des Doktors Krautmann, des Todfeindes von Stößel. Die Nichte des Apothekers, Rosalie, schließlich hat sich mit dem jungen Chirurgus Sichel verabredet. Da beide Paare keine Hoffnung auf das Einverständnis des Apothekers oder seiner noch eigenwilligeren Frau haben, versuchen Gotthold und Sichel die Mädchen zu entführen. Sturmwald aber hat Verdacht geschöpft und kann die Entführung verhindern. Auch eine Verkleidungskomödie, in der Sichel als Sturmwald und Gotthold als Notar auftreten, hilft den jungen Männern nicht weiter. Wieder tritt Sturmwald zur Unzeit auf, so daß die beiden flüchten müssen. Als sie nun auch noch einen zweiten Entführungsversuch unternehmen, läßt sie der Apotheker, dessen Wut durch ein Zusammentreffen mit Doktor Krautmann aufs höchste gesteigert ist, kurzerhand verhaften. Nun bleibt Krautmann keine andere Möglichkeit, als die Inhaftierten auszulösen. Die Paare werden zusammengegeben, Apotheker und Doktor schließen Frieden; nur Sturmwald geht leer aus.

Wie kann wohl Freude noch in meinem Herzen wohnen (Leonore); Wann man will zu Mädchen gehen (Gotthold); Verliebte brauchen keine Zeugen (Rosalie); Der Wein ist ein Spezifikum (Sturmwald); Sie sind ein Scharlatan, ein Ignorant (Stößel, Krautmann).

Gaetano Donizetti (1797-1848): Anna Bolena

Oper in 2 Akten nach einem Text von Felice Romani – Mailand 1830

König Heinrich VIII. (B) – Anna Bolena, seine Frau (S) – Giovanna Seymour, Annas Hofdame (Mezzo-S) – Lord Rochefort, Annas Bruder (Bar) – Lord Riccardo Percy, Jugendfreund der Königin (T) – Smeton, Page Annas (T) – Sir Hervey, ein Offizier (T)

ENGLAND IM 16. JAHRHUNDERT

1. Akt: Der König ist Anna Bolenas überdrüssig. Er buhlt bereits um Giovanna Seymour, Annas Hofdame. Sie überzeugt sich davon, daß die Königin ohne Argwohn ist. Dem König erklärt sie, daß sie nicht nur geliebt werden, sondern als seine Frau Macht und Ruhm mit ihm teilen will. Heinrich VIII. willigt ein, die Ehe mit Anna zu lösen. Er werde sie des Verrates überführen. Von Lord Percy erfährt Anna, daß der König sie nicht mehr liebe. Für den einstigen Geliebten Annas ist das eine günstige Gelegenheit, alte Kontakte neu zu knüpfen. Ein Gedanke, der die Absicht des Königs begünstigt. Anna trifft sich mit Percy, von Königstreuen belauscht. Auch der Page Smeton, der die Königin verehrt, ist in der Nähe. Percy erklärt sich unmißverständlich. Indes bleibt Anna standhaft. Sie weigert sich gar, ihn wiederzusehen. Percy droht, sich das Leben zu nehmen. Er zückt den Dolch, und der Page meint, die Königin sei in Gefahr, stürzt aus seinem Versteck, will zu Hilfe eilen. Der König, von dem Vorgang informiert, hat den Vorwand zur Lösung der Ehe geliefert bekommen: Untreue. Percy, Anna und Smeton werden verhaftet. – *2. Akt:* Anna wird von den Richtern für schuldig erklärt, obwohl Giovanna Seymour den König um Milde bittet. Umsonst. Anna wird zum Tode verurteilt. Geistig zusammengebrochen, erwartet sie die Hinrichtung. Der König ist am Ziel seiner Wünsche – Giovanna Seymour heißt die nächste Königin.

Gaetano Donizetti: Der Liebestrank

Komische Oper in 2 Akten von Felice Romani – Mailand 1832

Adina, eine reiche, junge Pächterin (S) – Nemorino, ein junger Landmann (T) – Belcore, ein Sergeant (Bar) – Doktor Dulcamara, Quacksalber (B) – Gianetta, Wäscherin (S) – Bäuerinnen, Bauern, Soldaten, Notar, Diener

IN EINEM ITALIENISCHEN DORF AM ANFANG DES 19. JAHRHUNDERTS

1. und 2. Akt: Nemorino, ein armer, junger und schüchterner Landmann, ist heftig in die reiche, hübsche und junge Pächterin Adina verliebt, ohne daß er ihr seine Liebe zu gestehen wagt. Verzweifelt beobachtet er die Erfolge seines selbstsicheren Nebenbuhlers, des Sergeanten Belcore. Da kommt der Wunderdoktor Dulcamara ins Dorf und preist seine Zaubermittel an. Selbstverständlich hat er auch für Nemorino einen Liebestrank von ungewöhnlicher Stärke, der allerdings erst nach 24 Stunden zu wirken beginne. Nemorino trinkt den Wein, der – stark und ungewohnt – ihn derart zuversichtlich und übermütig macht, daß er sich Adina gegenüber nun vollständig gleichgültig zeigt. Verletzt beschließt Adina darauf, noch vor dem Abend Belcore zu heiraten. Nun ist Nemorino wieder verzweifelt, zumal auch die Wirkung des Weines nachläßt. Um sich das Geld für einen weiteren Liebestrank, von dem er sich immer noch Hilfe verspricht, zu verschaffen, läßt er sich von dem Sergeanten, der damit seinen Rivalen endgültig zu beseitigen hofft, gegen ein Handgeld als Soldat anwerben. Kaum hat er das zweite Mal von dem Elixier getrunken, als er schon von allen Mädchen des Dorfes umschwärmt wird. Nemorinos reicher Erbonkel ist nämlich gestorben, und jede versucht, den einzigen Erben für sich zu gewinnen. Adina aber gibt Belcore den Laufpaß, kauft zum Beweis ihrer Liebe Nemorino vom Militär frei und erhört den glücklichen Landmann. Dulcamara verfügt nun über einen Beweis, daß Zaubertränke nicht nur zu Liebe, sondern auch zu Reichtum verhelfen.
Wohl drang aus ihrem Herzen (Nemorino).

Gaetano Donizetti: Lucia di Lammermoor

Tragische Oper in 3 Akten nach Walter Scott von Salvatore Cammarano – Neapel 1835

Lord Heinrich Ashton (Bar) – Lucia di Lammermoor, seine Schwester (S) – Sir Edgard von Ravenswood (T) – Lord Arthur Buklaw (T) – Raimund Bidibent, Lucias Erzieher (B) – Alisa, Lucias Gesellschafterin (Mezzo-S) - Normann, Gefolgsmann Ashtons (T) – Ritter, Rittersfrauen, Jäger, Bewohner von Lammermoor

IN SCHOTTLAND AM ENDE DES 16. JAHRHUNDERTS

1. Akt: Infolge politischer Intrigen glaubt sich Lord Ashton im Besitz seiner Güter bedroht. Nur eine Heirat seiner Schwester Lucia di Lammermoor mit dem mächtigen Lord Arthur Buklaw kann ihn retten. Doch Lucia liebt Ashtons Todfeind, Edgard von Ravenswood, dem sie noch vor seiner Abreise nach Frankreich ewige Treue schwört. – *2. Akt:* Lucia bleibt zunächst standhaft, doch gibt sie ihrem Bruder schließlich nach, als dieser gefälschte Briefe vorlegt, aus denen die Untreue Edgards hervorgeht, und

auf seine eigene verzweifelte Situation hinweist. Sie unterschreibt den Ehekontrakt mit Buklaw. Überraschend erscheint Edgard und verflucht Lucia und ihr Haus. – *3. Akt:* In der Hochzeitsnacht tötet Lucia ihren Gatten und kommt im Nachtgewand in den Saal, wo sie in geistiger Umnachtung Zwiesprache mit ihrem Geliebten hält und stirbt. Inzwischen erwartet Edgard Lord Ashton zum Zweikampf. Als er von dem Ende Lucias hört, tötet auch er sich.
Ha, was läßt den Ruf nach Rache jetzt in meinem Herzen schweigen (Lucia); Du, die schon zum Himmel eilet (Edgard); Wer vermag's, den Zorn zu hemmen (Sextett).

Gaetano Donizetti: Roberto Devereux

Oper in 3 Akten, Text von Salvatore Cammarano nach F. Ancelots Tragödie „Elisabeth von England" – Neapel 1837
Elisabeth, Königin von England (S) – Herzog von Nottingham (Bar) – Sarah, Herzogin von Nottingham (Mezzo-S) – Roberto Devereux, Graf von Essex (T) – Lord Cecil (T) – Sir Raleigh (B) – Ein Diener bei Nottingham (B)

IN ENGLAND ANFANG DES 17. JAHRHUNDERTS
1. Akt: Roberto Devereux wird beschuldigt, Hochverrat begangen zu haben. Die Königin verlangt Beweise. Während der Beschuldigte vor ihr steht, offenbart sie ihm, daß sie ihn liebe. Devereux indes verschweigt, daß sein Herz Sarah, der Herzogin von Nottingham, gehört. Lord Nottingham hat keine Ahnung von dem Verhältnis seiner Frau. Er bietet Devereux sogar seine Unterstützung bei der Verteidigung an. In aller Heimlichkeit treffen Sarah und Devereux zusammen. Sarah spricht den Verdacht aus, sie sei einst von der Königin zur Ehe mit Nottingham gezwungen worden. Als Zeichen seiner Entrüstung wirft Devereux den Ring, den er von der Königin erhalten hatte, von sich. Sarah schenkt ihm zum Abschied eine bestickte Schärpe. – *2. Akt:* Lord Cecil läßt die versammelten Lords wissen, daß Devereux zum Tode verurteilt sei. Überdies ist bei ihm die Schärpe gefunden worden. Jetzt spricht sich auch Lord Nottingham für die Vollstreckung des Urteils aus. Er ist davon überzeugt, daß Sarah ihn betrogen hat. – *3. Akt:* In einem Brief fleht Devereux Sarah an, mit dem Ring, von dem er sich getrennt hat, bei der Königin vorstellig zu werden, sie um Gnade zu bitten. Ihr Mann verhindert den Bittgang. Nachdem er den Brief gelesen hat, bezichtigt er Sarah der Untreue, läßt sie gefangennehmen. Sie beteuert ihre Unschuld. Währenddessen hofft Devereux darauf, die Königin werde ihn begnadigen, wenn sie den Ring in Händen halte. In der Tat gelingt es Sarah, das Indiz doch noch der Königin zuzuspielen. Zu spät: Devereux ist bereits hingerichtet. Lord Nottingham triumphiert. Dennoch wird er (mit Sarah) des Landes verwiesen. Die Königin hat erkannt, daß er die Überbringung des Rings verzögerte. Bei dem Gedanken an den toten Devereux bricht sie zusammen.

Gaetano Donizetti: Die Regimentstochter

Komische Oper in 2 Akten von Jules Saint-George und Alfred Bayard – Paris 1840
Marie, Marketenderin (S) – Sulpiz, Sergeant (B) – Tonio, ein junger Schweizer vom Simplon (T) – Marchesa von Maggiorivoglio (A) – Hortensio, ihr Haushofmeister (Bar) – Ein Korporal (B) – Notar (Sprechrolle) – Herzogin von Cragnitorpi (Sprechrolle) – Landleute, Grenadiere, Gäste

IN DEN TIROLER BERGEN UM 1805

1. Akt: Nach einem Kampf, der vor Jahren um das Schloß der Marchesa von Maggiorivoglio getobt hatte, war auf dem Schlachtfeld von Soldaten des 2. Regiments ein neugeborenes Kind gefunden worden. Die Soldaten, vor allem der Sergeant Sulpiz, hatten sich des Mädchens angenommen und es aufgezogen: Das ganze Regiment betrachtete Marie als seine Tochter und erwartete, daß sie eines Tages einen der Soldaten zum Manne wählen würde. Marie jedoch hatte ihr Herz an einen jungen Schweizer verloren, der sie bei einem gefahrvollen Gebirgsübergang vor dem tödlichen Sturz in die Tiefe bewahrt hatte. Tonio, der junge Schweizer, erwidert ihre Neigung, ist dem Regiment gefolgt und erklärt sich sogar bereit, Soldat des Regiments zu werden, um damit die Zustimmung der Soldaten zu ihrer Hochzeit zu erhalten. – *2. Akt:* Ein Zusammentreffen mit der Marchesa von Maggiorivoglio zerstört alle diese Hoffnungen. Sie erkennt nämlich in Marie ihre Tochter, gibt sie jedoch als ihre Nichte aus und beharrt darauf, daß diese ihr zu einer standesgemäßen Erziehung auf das Schloß folgt. Der invalide Sulpiz darf Marie begleiten, Tonio muß mit dem Regiment weiterziehen. Marie, die nun den Herzog Scipio heiraten soll, wird in der neuen Umgebung nicht glücklich, vermag sie doch ihr Regiment nicht zu vergessen. Unerwartet trifft das Regiment zu einem Fest ein. Als Marie schon zu dem Opfer einer Heirat mit Herzog Scipio bereit ist, verhindert Tonio, der inzwischen zum Offizier befördert worden ist, die Hochzeit durch die Erklärung, Marie habe dem Regiment als Marketenderin angehört. Die Verwandten ziehen sich zurück, und Marie darf nun – mit Erlaubnis der Marchesa – Tonio heiraten und zum Regiment zurückkehren.
Ich trete unter eure Fahnen (Tonio); So lebet wohl (Marie); Ach, umsonst denkt ihr mich zu blenden (Marie).

Gaetano Donizetti: Don Pasquale

Komische Oper in 3 Akten nach Angelo Anelli von Gaetano Donizetti – Paris 1843
Don Pasquale, ein alter Junggeselle (B) – Doktor Malatesta, sein Freund, ein Arzt (Bar) – Ernesto, Don Pasquales Neffe (T) – Norina, eine junge Witwe (S) – Notar (B) – Putzmacherin, Friseur, Bediente und Zofen

IN ROM UM 1750

1. Akt: Der alte und geizige Junggeselle Don Pasquale ist heiratslustig. Zu gern würde er seinen armen Neffen Ernesto um dessen Erbe prellen, vor allem seit dieser sich gegen seinen Wunsch mit der jungen Witwe Norina verheiraten will. Dr. Malatesta ist scheinbar sehr um die Wünsche seines Freundes Pasquale bemüht; in Wirklichkeit aber will er Ernesto helfen. So redet er Pasquale ein, er solle seine soeben aus der Klosterschule kommende Schwester Sofronia heiraten. Don Pasquale willigt ein; auch Ernesto und Norina, die die Schwester spielen soll, geben nach einigen Mißverständnissen ihre Einwilligung. – *2. Akt:* Don Pasquale lernt die tiefverschleierte Norina in der Rolle der Sofronia kennen und ist von ihr so begeistert, daß er zur sofortigen Heirat drängt. Malatesta und Ernesto sind die Trauzeugen. Als jedoch nach der Trauung Pasquale sein junges und bisher so schüchternes Weibchen umarmen will, lacht sie ihn aus und stellt Ernesto als ihren Geliebten vor. Pasquale ist außer sich vor Wut über so viel Frechheit und fürchtet von seiner Ehe bald das Schlimmste. – *3. Akt:* Norina schikaniert Pasquale derart, daß er nur noch den einen Wunsch hat, sie wieder loszuwerden. Als er seine Frau schließlich noch in einer verfänglichen Situation mit Ernesto überrascht, willigt er in den Vorschlag Malatestas, sich scheiden zu lassen, sofort ein. Auch gibt er seine Erlaubnis zu der Heirat Ernestos und Norinas.

Schön wie ein holder Engel (Malatesta); Ah, ein Feuer, es brennt mich (Pasquale); Ach, unter allen Blicken (Norina); In die Fremde will ich eilen (Ernesto); Ei, wohin in dieser Eile (Norina, Pasquale); Welch unaufhörliches Hinum und Herum (Dienerchor); O süße Nacht (Ernesto).

Antonín Dvořák (1841-1904): **Rusalka**

Lyrisches Märchen in 3 Akten von Jaroslav Kvapil – Prag 1901 (Schott)
Der Prinz (T) – Eine fremde Fürstin (S) – Rusalka (S) – Die Hexe (A) – Der Wassermann (B) – Der Heger (T) – Der Koch (T) – Der Küchenjunge (S) – Ein Jäger (Bar) – Drei Elfen (2 S, A) – Nymphen, Waldgeister, Gefolge des Prinzen, Gäste

IN MÄRCHENLAND UND MÄRCHENZEIT

1. Akt: Die Nixe Rusalka erzählt dem alten Wassermann, daß sie den Prinzen, der oft im Teich bade, liebe; zur Erfüllung dieser Liebe wünsche sie sich eine menschliche Seele und menschliche Gestalt. Alle Warnungen des Wassermanns sind vergeblich. Rusalka läßt sich von der Hexe in einen Menschen verwandeln, obwohl auch die Hexe Rusalka warnt, sie werde stumm sein, viel Leid erdulden und mit dem Prinzen in das Reich des Wassers zurückkehren müssen. Auch der Prinz kümmert sich nicht um die Warnungen seines Jägers und nimmt die strahlend schöne und anmutige Rusalka mit auf seine Burg. – *2. Akt:* Aber bereits bei ihrer Hochzeit ist die Liebe des Prinzen am Erkalten. Sein ganzes Interesse gehört der fremden Fürstin. Nachdem Rusalka ihr Herz dem Wassermann ausgeschüttet hat, erfährt sie, daß der Prinz bald sterben müsse. – *3. Akt:* Ruhelos irrt Rusalka, die wieder am See wohnt, umher; nur der Tod des Prinzen könnte ihr den Frieden wiedergeben. Aber auch der Prinz ist in Schwermut gefallen, nachdem ihn die fremde Fürstin verlassen hat, und sucht voller Reue seine Rusalka. Als er sie am See entdeckt, eilt er auf sie zu, um sie zu küssen. Rusalka jedoch verweigert ihm den Kuß, der dem Prinzen den Tod bringen würde. Aber der Prinz läßt sich nicht zurückhalten; er küßt Rusalka und sinkt tot zu Boden.
Du lieber Mond, so silberzart (Rusalka); Verstoßen von euch (Rusalka).

Werner Egk (1901-1983): **Die Zaubergeige**

Spieloper in 3 Akten nach Franz Graf von Pocci von Ludwig Andersen – Frankfurt am Main 1935 (Schott)
Kaspar (Bar) – Gretl (S) – Cuperus (B) – Guldensack (B) – Ninabella (S) – Amalie (A) – Der Bauer (B) – Amandus (T) – Fangauf (T) – Schnapper (B) – Der Bürgermeister (T) – Der Richter (T) – Lakaien, Gerichtspersonen, Elementargeister, Volk

IN MÄRCHENLAND UND MÄRCHENZEIT

1. Akt: Kaspar und Gretl wollen nicht länger bei ihrem Bauern dienen. Aber nur Kaspar kann davonziehen; Gretl opfert sich und arbeitet noch eine Schuld ab, die der Bauer dem Kaspar plötzlich präsentiert. Auf seinen Wanderwegen wird Kaspar als Lohn für eine gute Tat in die Geisterwelt versetzt, wo er eine Geige erhält, mit deren Hilfe alle seine Wünsche in Erfüllung gehen, solang er sich nur der menschlichen Liebe enthält. Die weiteren Wanderfahrten bringen ihm mancherlei Abenteuer; einmal gerät er sogar in den Verdacht, den geizigen Kaufmann Guldensack ausgeraubt zu haben. – *2. Akt:* Diesem Guldensack begegnet Kaspar wieder, als er – inzwischen berühmt als Wundergeiger Spagatini – in dem Schloß Ninabellas spielen soll. Ninabella liebt Kaspar; aber auch Gretl ist da und fühlt ihre alte Liebe zu Kaspar erwachen. Kaspar jedoch muß aller Liebe entsagen. – *3. Akt:* Ninabella vermag schließlich doch Kaspars Leidenschaft so zu erregen, daß er sie küßt. Als er kurz darauf wegen seines angeblichen Raubüberfalls auf Guldensack verhaftet werden soll und er in seiner Not zu der Wundergeige greift, versagt ihm diese jede Hilfe. Gerade soll er hingerichtet werden, als die wirklichen Räuber erkannt werden. Kaspar verzichtet auf seine Wundergeige und heiratet die treue Gretl.

Werner Egk: Peer Gynt

Oper in einem Vorspiel und 3 Akten nach Henrik Ibsen von Werner Egk – Berlin 1938 (Schott)

Peer Gynt (Bar) – Solveig (S) – Aase (A) – Ingrid (S) – Die Rothaarige (S) – Mads (T) – Der Alte (T) – Drei Kaufleute (T, Bar, B) – Der Präsident (B) – Drei schwarze Vögel (S, Mezzo-S, A) – Ein Unbekannter (B) – Der Hägstadtbauer (B) – Der Schmied (Bar) – Der Vogt (T) – Seine Frau (A) – Hochzeitsgäste, Trolle, Schiffsbesatzung, Neger, Tänzerinnen, Tänzer

IN NORWEGEN UND MITTELAMERIKA UM DIE MITTE DES 19. JAHRHUNDERTS

Vorspiel: Peer sitzt in Träumen versunken auf einer Anhöhe und wird von den vorbeiziehenden Dorfbewohnern teils verspottet, teils zur Hochzeit von Ingrid und Mads eingeladen. – *1. Akt:* Auf der Hochzeit schildert Peer in einem Phantasiebild, wie ihm die Menschen als Kaiser der Welt zujubeln. Alle lachen ihn aus, kein Mädchen möchte mit ihm tanzen. Auch Solveig schlägt seine Werbung aus, so daß Peer mit Ingrid dem Fest entflieht. Bald ist er jedoch Ingrids überdrüssig und verfällt der Rothaarigen, der Tochter des Königs der Trolle, die Peer verdirbt und in die Unterwelt der Trolle einführt. Bedrängt von den Trollen, erlöst ihn der in höchster Angst ausgerufene Name Solveigs von den Unholden. Mit Solveig zieht er sich in eine Blockhütte zurück, bis er vor den Nachstellungen der Rothaarigen in die weite Welt fliehen muß. – *2. Akt:* Peer ist nach Amerika gegangen und durch mancherlei dunkle Geschäfte zu Reichtum gekommen, so daß er sich seinem Ziel, Kaiser der Welt zu werden, näher glaubt. Doch verliert er ein Schiff mit tausend Kisten Gold und kann schließlich nicht einmal mehr einer Tänzerin, hinter der sich die Rothaarige verbirgt, genug Geld geben, um ihre Gunst für kurze Zeit zu erwerben. – *3. Akt:* Peer ist wieder in die Heimat gekommen und unter die Trolle geraten, zu deren König er als Lohn für sein schlechtes Leben gekrönt werden soll. Nur wenn er einen Menschen auf Erden findet, dem er nur Gutes getan hat, kann er Erlösung finden. Solveig, die unerschütterlich an Peer glaubt, ist dieser Mensch; in ihren Armen ist er geborgen nach seinen Irrfahrten.

Werner Egk: Columbus

Bericht und Bildnis (Szenisches Oratorium) in 3 Teilen von Werner Egk – Frankfurt am Main 1942 (Schott)

Columbus (Bar) – König Ferdinand (T) – Königin Isabella (S) – Drei Räte (Bar, 2 B) – Ein Mönch (B) – Ein Herold (Bar) – Ein Vorsänger (T) – Zwei Sprecher, Soldaten, Auswanderer, Herolde, Schiffsvolk, Räte, Geistliche, Indios, Volk

IN SPANIEN UND AMERIKA VON 1484 BIS 1506

1. Teil: Columbus findet für seinen phantastischen Plan einer Weltumsegelung bei König Ferdinand keinen Widerhall. Der spanische König hält alles für Hirngespinste und weist den Bittsteller ab. Königin Isabella jedoch empfängt Columbus und verspricht ihm, angeregt von ihrem Beichtvater, Hilfe. Aber auch ein von ihr zusammengerufenes Konzil lehnt die Vorschläge des Columbus ab. Schließlich stellt der König doch drei Schiffe zur Verfügung, die, da sich niemand anderer findet, mit Sträflingen bemannt werden. Voller Zuversicht sticht Columbus in See. – *2. Teil:* Nach vierzigtägiger, entbehrungsreicher Fahrt erreicht Columbus die neue Küste und ergreift für Spanien Besitz von dem Land. Die Indios begrüßen die Weißen als Götter und bringen ihnen goldene Geräte. Columbus beschließt, den Ort zu suchen, wo „das Gold wächst". – *3. Teil:* Spanien jubelt Columbus zu; in den Kirchen werden Dankgottesdienste abgehalten, und das Königspaar preist den Schöpfer, der es so reicht beschenkt hat. Bald aber werden Beschwerden gegen Columbus laut, dem vor allem Mißbrauch der Befugnisse in den unter seiner Verwaltung stehenden Gebieten vorgeworfen wird. Von einer zweiten Amerikafahrt wird er in Ketten nach Spanien zurückgebracht. Er wird trotz seiner Rechtfertigung seiner Ämter enthoben, gerät bald in Vergessenheit und stirbt im Elend.

Werner Egk: Circe

Oper in 3 Akten nach Pedro Calderón de la Barca von Werner Egk – Berlin 1948 (Schott)
Circe (S) – Ulyss (T) – Lybia (S) – Asträa (A) – Klarin (T) – Leporell (Bar) – Antistes (B) – Arsidas (T) – Brutamonte (B) – Die Erscheinung des Achill (B) – Die Alte (Mezzo-S) – Der Zwerg (T) – Gefährtinnen der Circe, Gefährten des Ulyss', Tänzerinnen und Tänzer

AUF DER INSEL DER CIRCE NACH DEM TROJANISCHEN KRIEG
1. Akt: Auf der Rückkehr von Troja strandet das Schiff des Ulyss' an einem Riff der Insel der Zauberin Circe. Die Gefährten des Ulyss', die die Insel erkunden wollen, werden von ihr in Tiere verwandelt. Nur Antistes kann sich retten und versucht, Ulyss zur Flucht zu überreden. Ulyss aber will seine Gefährten retten und erwartet die Ankunft der Circe, die auch ihm den Zaubertrank bietet. Ulyss verschmäht den Trank, wodurch die Macht Circes gebrochen wird und seine Gefährten wieder zu Menschen erlöst werden. Circe muß nun Ulyss gehorchen, lockt ihn aber mit seinen Gefährten in ihren Palast. – *2. Akt:* Circe wird zum erstenmal von echter Liebe erfaßt. Da sie aber ihren Dienerinnen die Liebe verboten hat, versucht sie, ihre Neigung zu verbergen. Auch Ulyss, der der Zauberin verfallen ist, will dies nicht zu erkennen geben. Als die Griechen auf einer Jagd von dem Riesen Brutamonte und Arsidas, dem früheren König der Insel, angefallen werden, hilft Circe den Griechen, indem sie plötzlich Dunkelheit eintreten läßt. Die überstandene Gefahr läßt beide ihre Liebe bekennen. – *3. Akt:* Trotz aller Bitten seiner Gefährten vermag sich Ulyss nicht aus den Fesseln der Geliebten zu lösen. Erst Achills Schatten, der ihn an Pflicht und Ehre erinnert, kann ihn zur Flucht von der Insel bewegen. Umsonst versucht Circe, das fliehende Schiff im Sturm zu zerstören; die Griechen können entkommen. An der Insel strandet ein anderes Schiff, dessen Besatzung von Circe den Zaubertrank gereicht bekommt.

Werner Egk: Irische Legende

Oper in 5 Bildern nach William Butler Yeats von Werner Egk – Salzburg 1955 (Schott)
Cathleen (S) – Aleel, Dichter (Bar) – Der Tiger (Bar) – Der Geier (T) – Zwei Eulen (S und A) – Zwei Hyänen in Gestalt von Kaufleuten (T und Bar) – Zwei Hirten (T und

B) – Erscheinung des verdammten Faust (B) – Oona, Amme (A) – Verwalter (Bar) – Chor der Engel – Die leeren Seelen – Die Schlange

IN IRLAND ZU LEGENDÄREN ZEITEN

1. Bild: Verkleidet als Tiere, beschließen die Dämonen, die Seelen der Menschen, denen sie Mißbrauch ihrer Anlagen vorwerfen, durch Hunger und Angst ganz unter ihre Herrschaft zu bringen. – *2. Bild:* Die reiche und schöne Gutsbesitzerin Cathleen hat von ihrem Freund, dem Dichter Aleel, von dem Unheil gehört. Sie weigert sich aber – auch als ihre Felder vernichtet sind und ihr Vieh getötet ist – zu fliehen und unterstützt mit dem Rest ihrer Habe die Hilfsbedürftigen. – *3. Bild:* Unter den Menschen, die ihre Seelen an die als Kaufleute verkleideten Hyänen für Geld verkaufen, bleibt vor allem Cathleen fest. Um sie zu treffen, versuchen die Dämonen, Aleel zur Flucht zu bewegen. – 4. Bild: Aleel, der geschworen hatte, Cathleen nicht zu verlassen, erliegt schließlich den Versuchungen. Cathleen, das festeste Bollwerk gegen die Dämonen, bricht darauf zusammen. – *5. Bild:* Um den Preis, daß alle anderen Seelen befreit werden und das Land vor dem Untergang bewahrt wird, verkauft Cathleen ihre Seele den Dämonen. Freiwillig geht sie in den Tod. Der zurückkehrende Aleel aber erlebt am Himmel den Kampf zwischen Dämonen und Engeln um die Seele Cathleens, der mit dem Sieg der Engel endet.

Werner Egk: Der Revisor

Komische Oper in 5 Akten nach Nikolai Gogol von Werner Egk – Schwetzingen 1957 (Schott)

Chlestakow (T) – Ossip, sein Diener (B) – Stadthauptmann (B-Bar) – Anna, seine Frau (A) – Marja, seine Tochter (S) – Mischka, sein Diener (T) – Postmeister (T) – Kurator (B) – Richter (B) – Bobtschinskij (T) – Dobtschinskij (Bar) – Eine junge Witwe (S) – Die Frau des Schlossers (Mezzo-S) – Ein Kellner (stumme Rolle)

IN EINER RUSSISCHEN KLEINSTADT UM 1840

1. Akt: Der Stadthauptmann hat eine Warnung erhalten, daß der Besuch eines Revisors aus der Hauptstadt unmittelbar bevorstehe. Während er sich noch mit dem Kurator, dem Richter und dem Postmeister berät, wie einige dunkle Angelegenheiten vor den Augen des Revisors zu verbergen seien, trifft die Nachricht ein, im Gasthaus sei ein Fremder abgestiegen, der sich als Beamter ausgewiesen habe und seine Rechnung nicht bezahle. Da das nur der Revisor sein kann, begibt sich der Stadthauptmann sofort mit Begleitung zu dem Fremden. – *2. Akt:* Der Fremde ist Chlestakow, der wegen Geldschwierigkeiten seine Fahrt hier abbrechen mußte, seine Rechnung nicht bezahlen kann und nun seine Verhaftung erwartet. Mit um so größerer Frechheit tritt er dem Stadthauptmann entgegen, der in ihm gerade deshalb mit Sicherheit den Revisor sieht und Chlestakow einlädt, sich in seinem Hause niederzulassen. – *3. Akt:* Chlestakow fühlt sich in der neuen Umgebung bald wohl. Für die reichlichen Bestechungsgelder der Beamten hat er eine offene Hand; Frau und Tochter des Stadthauptmanns macht er den Hof. – *4. Akt:* Obwohl die „frommen Stiftungen" noch ausgiebig fließen und der Flirt mit Marja in einer Verlobung endet, wird Chlestakow die Lage allmählich zu gefährlich. Mit der Erklärung, noch den Segen eines Erbonkels einholen zu wollen, verabschiedet er sich. – *5. Akt:* Chlestakow war unvorsichtig genug, in einem Brief an einen Freund die leichtgläubige und korrupte Provinzgesellschaft zu schildern. Wie üblich öffnet der Postmeister den Brief und informiert die ganze Gesellschaft, die sich noch in höchster Aufregung befindet, als die Ankunft des Revisors gemeldet wird.

Werner Egk: Die Verlobung in San Domingo

Oper in 2 Akten nach einer Novelle von Heinrich v. Kleist von Werner Egk – München 1963 (Schott)

Jeanne, ein junges Mädchen (S) – Babekan, ihre Mutter, eine Mulattin (A) – Hoango, ein Neger (Bar) – Nanky, Negerknabe (stumm) – Christoph von Ried, Offizier der französischen Armee (T) – Gottfried von Ried, sein Onkel, alter Kolonialoffizier (B) – Herr Schwarz (T) – Herr Weiß (B) – Französische Soldaten, Aufständische Schwarze

EIN PFLANZERHAUS IM FRANZÖSISCHEN TEIL DER INSEL SAN DOMINGO, 1803

Vorspiel: Herr Schwarz unterhält sich mit Herrn Weiß über die Ereignisse während des Negeraufstandes am Anfang des 19. Jahrhunderts in Port-au-Prince. Viele sind damals vor den Negern geflohen, so auch der Offizier der französischen Kolonialtruppe Christoph von Ried. Und was hat sich damals im einzelnen zugetragen? – *1. Akt:* Christoph sucht Zuflucht. Er findet sie im Hause des Negerführers Hoango, gerät allerdings hier in eine Falle. Er soll über den hübschen Lockvogel Jeanne den Negern ausgeliefert werden. Doch Jeanne und Christoph verlieben sich ineinander. Jeanne ist entschlossen, Christoph zu retten. Was soll sie tun? – *2. Akt:* Gottfried von Ried, Christophs Onkel, ist von Jeanne verständigt worden. Hoango wird in seinem Haus von französischen Soldaten verhaftet. Christoph erkennt aber nicht sogleich die Zusammenhänge, ahnt nicht, daß er Jeanne sein Leben verdankt, und tötet sie.

Wo magst du sein in dieser schlimmen Nacht (Christoph); Komm her mein Täubchen (Babekan); Verzeih mir barmherzige Jungfrau (Jeanne).

Werner Egk: Siebzehn Tage und vier Minuten

Opera semibuffa in 3 Akten nach Calderóns „El mayor encanto amor“ von Werner Egk, Neufassung der Oper „Circe“ aus dem Jahre 1948 – Stuttgart 1966 (Schott)

Circe (S) – Lybia (S) – Astäa (Mezzo-S) – Baba (A) – Arsidas (T) – Brutamonte, ein Riese (stumm) – Eine Alte (S) – Ein Zwerg (T) – Ulyss (T) – Klarin (T) – Leporell (B) – Antistes (Bar) – Moro (B) – Ein Löwe (Sprechrolle) – Gefährtinnen der Circe

AUF DER INSEL DER CIRCE NACH DEM TROJANISCHEN KRIEG

1. bis 3. Akt: Auf der Rückkehr von Troja strandet das Schiff des Ulyss' an den Riffen der Insel der Zauberin Circe. Die Gefährten des Ulyss', die die Insel erkunden wollen, werden von ihr durch einen Trank in Tiere verwandelt. Ulyss verschmäht den Trank, wodurch die Macht der Circe gebrochen wird. Obwohl ihn seine Freunde warnen, folgt Ulyss der Zauberin aufs Schloß. Circe wird zum erstenmal von echter Liebe erfaßt. Als die Griechen auf einer Jagd von dem Riesen Brutamonte und dem früheren König der Insel, Arsidas, angegriffen werden, ist Circe zur Stelle und wendet durch Zaubereien das drohende Unheil ab. Unterdessen ist der Diener Klarin in einen Affen verwandelt worden und wird jetzt von dem anderen Diener namens Leporell eingefangen und, an der Leine gehalten, durchs Land geführt. Ein Spiegel bringt Rettung. Indem Klarin sein Bild erblickt, weicht der Zauber von ihm, und er fällt erlöst in die Arme von Leporell. Ulyss indes kann sich noch immer nicht von Circe trennen. Erst als ihm Klarin mitteilt, daß er für alle Zeiten bei Circe bleiben muß, wenn er nicht innerhalb von 17 Tagen und 4 Minuten die Insel verlassen hat, gibt Ulyss das Zeichen zum Aufbruch. Umsonst versucht die Zauberin, das fliehende Schiff im Sturm umkommen zu lassen, da strandet schon das nächste Schiff; seiner Besatzung wird der Zaubertrank gereicht.

Ulyss, mein liebster Feind (Circe); Liebst du mich wirklich? (Circe, Ulyss).

Gottfried v. Einem (* 1918): **Dantons Tod**

Oper in 2 Akten nach Georg Büchner von Boris Blacher und Gottfried v. Einem – Salzburg 1947 (U. E.)

Georg Danton (Bar) – Julie, seine Frau (Mezzo-S) – Camille Desmoulins (T) – Lucile, seine Frau (S) – Eine Dame (S) – Hérault-Séchelles (T) – Robespierre (T) – St. Just (B) – Herrmann, Präsident des Revolutionstribunals (Bar) – Simon, Souffleur (B) – Simons Frau (A) – Ein junger Mensch (T) – Zwei Henker (2 T) – Volk

IN PARIS 1794

1. Akt: Die Deputierten Hérault-Séchelles und Desmoulins drängen Danton, den Helden der Französischen Revolution, die Revolution zu retten und Robespierre, der sich zum moralisierenden Diktator aufgeschwungen hat, im Konvent anzugreifen. Auf der Straße treffen sich Robespierre und Danton; jeder versucht, das Volk auf seine Seite zu ziehen. St. Just, wie Robespierre Mitglied des mächtigen Wohlfahrtsausschusses, rät, Danton und seinen Anhang zu beseitigen. Robespierre erläßt einen Haftbefehl gegen Danton, der die Möglichkeit zur Flucht vorübergehen läßt, weil ihn alles anekelt und er zu müde ist. – *2. Akt:* Vor dem Gefängnis, in das man Danton mit seinen Anhängern gebracht hat, verlangt das Volk seine Freilassung. Als Simon jedoch die Tugend Robespierres preist, wendet sich das Volk gegen Danton, dem nachgesagt wird, er habe wie ein Aristokrat gelebt. Vor dem Revolutionstribunal weiß sich Danton gegen die Angriffe Herrmanns derart kämpferisch zu verteidigen, daß sich die Gunst des Volkes wieder seiner Seite zuneigt. Als es heißt, die Frauen der Angeklagten würden das Volk durch Gold aufwiegeln, greift Danton seine Feinde an und beschuldigt Robespierre und seine Parteigänger des Verrats an der Revolution. Die Gefangenen werden daraufhin abgeführt. Danton wird mit seinen Anhängern zur Hinrichtung gebracht und unter dem Beifall des Volkes hingerichtet. Auf dem gleichen Platz führt nachts Desmoulins' Frau Lucile durch den Ruf: „Es lebe der König!" ihre Verhaftung herbei.

Gottfried v. Einem: Der Prozeß

Oper in 2 Akten nach Franz Kafka von Boris Blacher und Heinz v. Cramer – Salzburg 1953 (Schott)

Josef K. (T) – Der Student (T) – Der Advokat (Bar) – Titorelli (T) – Der Untersuchungsrichter (Bar) – Der Aufseher (Bar) – Der Geistliche (Bar) – Albert K. (B) – Willem (Bar) – Franz (B) – Der Prügler (B) – Der Gerichtsdiener (B) – Der Fabrikant (Bar) – Der Direktor-Stellvertreter (T) – Der Kanzleidirektor (B) – Ein Passant (Bar) – Ein Bursche (T) – Drei junge Leute (T, Bar, B) – Drei Herren (T, Bar, B) – Ein Herr (Sprechrolle) – Fräulein Bürstner (S) – Die Frau des Gerichtsdieners (S) – Leni (S) – Frau Grubach (Mezzo-S) – Ein buckliges Mädchen (S) – Zuschauer, Soldat, Mädchen und andere

IRGENDWO 1919

1. Akt: Eines Morgens wird der Bankprokurist Josef K. mit der Mitteilung geweckt, daß er aus unbekanntem Grund verhaftet sei; trotz der Verhaftung solle er jedoch seinem Berufe weiterhin nachgehen. Obwohl Josef K. an eine Verwechslung glaubt, fühlt er sich überwacht. Von einem Passanten erhält er die Vorladung zum Untersuchungsrichter, wo Josef K. den Grund seiner Verhaftung auch nicht erfährt. Als Josef K. dem Untersuchungsrichter erklärt, daß er hinter allem die Intrige einer korrupten Beamtenschaft vermute, bricht dieser das Verhör ab und stellt ihm frei, bis zur Wiederaufnahme des Verfahrens zu warten. – *2. Akt:* Infolge einer angeblichen

Beschwerde Josef K.s werden die Wächter, die ihn verhaftet haben, zu einer Prügelstrafe verurteilt, ohne daß er ihnen Erleichterung verschaffen kann. Auf Veranlassung seines Onkels sucht er Beistand bei einem Advokaten. Mehr Hilfe erwartet er von dem Maler Titorelli, dem Porträtisten der hohen Gerichtsbeamten. Titorelli rät ihm, den Prozeß zu verschleppen, damit es wenigstens zu keiner Verurteilung käme. Würde Josef K. nämlich einen Freispruch erzielen, so würde dieser bei der Revision doch wiederaufgehoben. Im Dom, den Josef K. wegen seiner Kunstschätze besucht, trifft er einen Geistlichen, der ihm mitteilt, daß sein Prozeß sehr schlecht stehe. Während Josef K. noch seine Unschuld beteuert, wird der Dom zur Großstadtstraße, auf der ihn zwei Herren in dunklen Gehröcken und Zylinderhüten erwarten. Sie nehmen ihn in die Mitte und vollstrecken im Dunkeln das Todesurteil.

Gottfried v. Einem: Der Zerrissene

Oper in 2 Akten nach Johann Nestroy von Boris Blacher – Hamburg 1964 (B. & H.)
Herr von Lips (Bar) – Stifler (T) – Sporner (Bar) – Wixer (B) – Madame Schleyer (Mezzo-S) – Gluthammer (T) – Krautkopf (B) – Kathi (S) – Anton (T) – Josef (Bar) – Christian (B)

IN ÖSTERREICH

1. und 2. Akt: Der „Kapitalist“ Herr von Lips ist unzufrieden und seines Reichtums überdrüssig. Er will sein Leben ändern und beschließt, die Erstbeste, die ihm über den Weg läuft, zu heiraten. Dabei gerät er mit seinem Nebenbuhler in eine handgreifliche Auseinandersetzung, nach deren Ausgang einer vom andern glaubt, er sei tot, und sich für den Mörder hält. Am Schluß finden sich beide „Mörder“ lebend wieder, und Kathi, ein einfaches Bauernmädchen, gibt Lips mit ihrer Liebe wieder neuen Lebensmut.

Gottfried v. Einem: Der Besuch der alten Dame

Oper in 3 Akten von Friedrich Dürrenmatt – Wien 1971 (B. & H.)
Claire Zachanassian, geb. Wäschter, Multimillionärin (Armenian-Oil) (S) – Der Butler (T) – Koby, blind (T) – Loby, blind (T) – Toby (stumm) – Roby (stumm) – Ihr Gatte VII (stumm) – Gatte VIII (stumm) – Ill (Bar) – Seine Frau (S) – Seine Tochter (S) – Sein Sohn (T) – Der Bürgermeister (T) – Der Pfarrer (Bar) – Der Lehrer (T) – Der Arzt (B) – Ein Polizist – Ein Bahnhofsvorstand – Ein Zugführer – Ein Kondukteur – Ein Pressemann – Ein Kameramann – Kunden

GÜLLEN, EINE KLEINSTADT IN DER GEGENWART

1. Akt: Das heruntergekommene Städtchen Güllen erwartet hohen Besuch. Kläre Wäscher kehrt alt und reich geworden in ihre Heimat zurück. Zu ihrem Gefolge gehören ihr siebter Mann, ein Butler, eine Leibwache und zwei blinde Eunuchen. Ein mitgebrachter Sarg dämpft die Stimmung der Güllener. Claire und Ill schwärmen im Konradsweiler Wald von der gemeinsamen Jugendzeit. Ill versucht, Claire zu einem Kredit für die verschuldete Stadt Güllen zu überreden. Im „Goldenen Apostel“ verspricht Claire tatsächlich Güllen eine Milliarde, vorausgesetzt, es findet sich jemand, der Ill tötet als Rache dafür, daß er sie damals mit einem Kind hatte sitzenlassen, ja die Vaterschaft leugnete. Sie kann sogar den Beweis von Ills schuldhaftem Verhalten erbringen. Der indes Bürgermeister lehnt das Ansinnen der Claire Zachanassian ab. – *2. Akt:* Das Milliardenangebot hat die Güllener ermutigt, auf Kredit Anschaffungen zu machen. Der ständig wachsende Wohlstand wird Ill unheimlich. Er sieht für sich

Gefahr heraufkommen, sucht Menschen auf, mit denen er sich besprechen will. Aber er findet kein Gehör. Selbst der Pfarrer hat sich durch den Kauf einer neuen Glocke schuldig gemacht. Ill will Güllen verlassen, doch die Güllener wissen seinen Plan auf hinterhältige Weise zu vereiteln. – *3. Akt:* Claire Zachanassian hat zum achten Mal geheiratet. In der Peterschen Scheune bemühen sich Arzt und Lehrer der Stadt darum, die Milliardärin umzustimmen: sie soll das Geld zwar geben, aber auf die blutige Sühne verzichten. Claire bleibt hart; sie bringt Güllen in eine immer schwierigere Lage. Inzwischen hat sie die stillgelegten Industriegebiete aufgekauft. Der Bürgermeister sieht nur noch eine Möglichkeit, das Schicksal seiner Stadt zu wenden: Ill muß sich selbst richten. Das aber lehnt Ill ab, dagegen ist er bereit, sich einem Beschluß der Bürger zu unterwerfen. Eine Versammlung wird einberufen, und die Güllener entscheiden sich für die Milliarde; Ill muß sterben.
Die Menschlichkeit, meine Herren, ist für die Börse der Millionäre geschaffen (Claire); Gemeinde von Güllen (Lehrer).

Gottfried v. Einem: Kabale und Liebe

Oper in 2 Teilen nach Friedrich von Schiller von Boris Blacher und Lotte Ingrisch – Wien 1976 (B. & H.)
Präsident von Walter, am Hof eines deutschen Fürsten (T) – Ferdinand, sein Sohn (Bar) – Hofmarschall von Kalb (T) – Lady Milford, Favoritin des Fürsten (Mezzo-S) – Wurm, Haussekretär des Präsidenten (Bar) – Miller, Stadtmusikant (B-Bar) – Frau Miller (Mezzo-S) – Louise, deren Tochter (S) – Sophie, Kammerjungfer der Lady (S) – Eduard, Bedienter der Lady (T) – Kammerdiener des Fürsten (B-Bar) – Kammerdiener des Präsidenten (T)

AN EINEM DEUTSCHEN FÜRSTENHOF IM 18. JAHRHUNDERT

1. Teil: Musiklehrer Miller streitet sich mit seiner Frau über das Verhältnis ihrer Tochter Louise mit dem Präsidentensohn Ferdinand von Walter. Wurm, der Sekretär des Präsidenten, wird Ohrenzeuge der Auseinandersetzung; auch er will um Louise werben, doch Miller weist ihm die Tür. Gekränkt berichtet Wurm dem Präsidenten von der Liaison zwischen Ferdinand und Louise. Der Präsident beschließt, daß sein Sohn eine Verbindung zur Mätresse des Herzogs, mit der Lady Milford, eingehen soll. Das Vorhaben einer angeblichen Heirat wird dem schwatzhaften Kalb ins Ohr geflüstert. Ferdinand lehnt die Pläne seines Vaters ab. Lady Milford ist entsetzt darüber, daß der ihr überbrachte Schmuck durch den Verkauf von Soldaten finanziert worden ist. Diesen Mißständen will sie begegnen. Ferdinand korrigiert seine Meinung über die Lady, bekräftigt aber seine unerschütterliche Liebe zu Louise. Der Präsident will indes die Familie Miller verhaften lassen. – *2. Teil:* Sekretär Wurm fädelt jetzt eine satanisch-feine Intrige ein, in die der eitle Hofmarschall von Kalb mit einbezogen wird. Als Ausweg sieht Ferdinand nur die Flucht. Aus Liebe zu ihren Eltern aber vermag Louise nicht zuzustimmen. Ferdinand ist verwirrt, diese Haltung ist ihm unverständlich. Er verläßt Louise. Jetzt trifft Wurm ein und zwingt Louise, einen Liebesbrief an Kalb zu schreiben, der Ferdinand zugespielt wird. Ferdinand fordert Kalb zum Duell, doch der feige Kalb gesteht die Fälschung. In dieser verworrenen Situation heuchelt der Präsident seinem Sohn vor, er sei nun mit der ersehnten Heirat zwischen ihm und Louise einverstanden, während Lady Milford versucht, Louise zum Verzicht auf Ferdinand zu bewegen. Louise geht darauf ein, deutet aber Selbstmordgedanken an. Davon tief beeindruckt, entsagt Lady Milford der Liebe zu Ferdinand. Louise hat mit ihrem Leben abgeschlossen. Auf Ferdinands Drängen gesteht sie, den Brief an den

Hofmarschall geschrieben zu haben. Innerlich zerstört, bittet Ferdinand um ein Glas Limonade, in das er heimlich Gift schüttet. Beide trinken, und noch während sie sterben, wird die Briefintrige vollends aufgedeckt. Wurm wird verhaftet und gesteht seine Untat.

Manuel de Falla (1876-1946): **Meister Pedros Puppenspiel** (El Retablo de Maese Pedro)

Oper in einem Akt von Miguel de Cervantes – Paris 1923 (Schott)

Meister Pedro (T) – Trujuman, sein Junge (S) – Don Quixote (Bar) – Stumme Personen, Marionetten

IM STALL EINES WIRTSHAUSES MIT EINER PUPPENBÜHNE IN ARAGONIEN IM 16. JAHRHUNDERT

Meister Pedro veranstaltet im Stall eines ländlichen Gasthofes Puppenspiele; geschickt handhabt er die Marionetten, während sein Junge Trujuman die Handlung erklärt: die schöne Melisendra, Tochter Karls des Großen, ist in die Gewalt der Mauren geraten. Zwar wird sie von ihrem ritterlichen Gemahl Gayferos befreit; doch geraten sie auf der Flucht vor den verfolgenden Mauren in arge Bedrängnis. Unter den Zuschauern des Puppenspiels befindet sich auch Don Quixote, den das Geschehen so aufregt, daß er bald Spiel und Wirklichkeit nicht mehr zu trennen vermag und als Streiter für Melisendra auftritt. Mit gezücktem Schwert stürzt er auf die Bühne, macht Melisendras Verfolger nieder und weiht seinen Sieg Dulcinea, der Dame seines Herzens. Meister Pedro kann nur mit Not seine Puppen vor vollständiger Zerstörung bewahren.

Friedrich v. Flotow (1812-1883): **Alessandro Stradella**

Romantische Oper in 3 Akten von Wilhelm Friedrich Riese – Hamburg 1844

Alessandro Stradella, Sänger (T) – Bassi, ein reicher Venezianer (B) – Leonore, sein Mündel (S) – Malvolino (B) und Barbarino (T), Banditen – Masken, Landleute, Pilger

IN VENEDIG UND BEI ROM UM 1670

1. Akt: Leonore, die Geliebte des Sängers Stradella, soll zur Heirat mit ihrem Vormund, dem reichen Venezianer Bassi, gezwungen werden. Stradella gelingt es jedoch, seine Geliebte bei einem bunten Maskentreiben während des Karnevals aus Venedig zu entführen. – *2. Akt:* In einem Dorf in der Nähe Roms feiert Stradella seine Hochzeit mit Leonore. Eine fröhliche Hochzeitsgesellschaft ist versammelt, als sich die von Bassi gedungenen Mörder, Malvolino und Barbarino, in das Haus einschleichen und als fromme Pilger zur Hochzeitsfeier gebeten werden. Sie geben ihre Absicht, Stradella zu ermorden, gerührt auf, als dieser eine Romanze singt. – *3. Akt:* Auch als Bassi erscheint, bleiben die beiden Banditen zunächst bei ihrer Weigerung, lassen sich dann aber doch durch höhere Geldangebote bestimmen, den Anschlag auf Stradella auszuführen. Stradella erscheint und singt eine Hymne an die Jungfrau Maria, von der die beiden Banditen so ergriffen werden, daß sie reumütig ihr böses Vorhaben gestehen. Nachdem sich Bassi als der Schuldige bekannt hat, findet eine allgemeine Versöhnung statt.

Seid meiner Wonne stille Zeugen (Leonore); Jungfrau Maria! Himmlisch Verklärte (Stradella).

Friedrich v. Flotow: Martha oder **Der Markt zu Richmond**

Romantisch-komische Oper in 4 Akten von Wilhelm Friedrich Riese – Wien 1847
Lady Harriet Durham, genannt Martha, Ehrenfräulein der Königin (S) – Nancy, ihre Vertraute (Mezzo-S) – Lord Tristan Mickleford, ihr Vetter (B) – Lyonel (T) – Plumkett, ein reicher Pächter (B) – Der Richter zu Richmond (B) – Pächter, Mägde, Knechte, Jäger und Jägerinnen, Pagen, Diener

IN ENGLAND UM 1710

1. Akt: Lady Harriet Durham, Hofdame der Königin Anna von England, langweilt sich und beschließt deshalb, mit ihrer Vertrauten Nancy als Bauernmädchen verkleidet auf den Markt von Richmond zu ziehen; ihr Vetter Lord Tristan Mickleford muß sie als Bauer begleiten. Auf dem Marktplatz treiben die Mädchen das Spiel so weit, daß sie sich als Mägde verdingen, Handgeld nehmen und nun nach dem Gesetz ein Jahr dienen müssen. Der reiche Pächter Plumkett und sein jüngerer Pflegebruder Lyonel sind ihre Herren. – *2. Akt:* Auf dem Hof Plumketts zeigen Nancy und „Martha", wie Lady Harriet jetzt heißt, ihre vollständige Ungeschicklichkeit in der Hausarbeit. Dafür verlieben sich die beiden Männer prompt in sie: Plumkett in Nancy, Lyonel in „Martha", die, eingedenk ihrer Herkunft, Lyonels Werbung zurückweist. Mit Lord Tristans Hilfe gelingt den Mädchen bald die Flucht. – *3. Akt:* Im Gefolge der Königin stoßen Lady Harriet und Nancy in einer Waldschenke auf die beiden Männer. Nancy flieht, wogegen „Martha" Lyonel, der sich ihr zu nähern versucht, festnehmen läßt. – *4. Akt:* Als Lady Harriet erfährt, daß Lyonel als Sohn des verbannten Grafen Derba vornehmer Herkunft ist, will sie ihn versöhnen. Gekränkt weist er ihre Liebe zurück. Lady Harriet inszeniert nun noch einmal die Situation auf dem Marktplatz, tritt Lyonel als „Martha" verkleidet demütig entgegen und erringt so wiederum seine Liebe. Auch Nancy und Plumkett finden sich.
Der Markt beginnt! Die Glocke schallt (Chor); Mädchen, brav und treu (Chor); Letzte Rose (Martha); Ach, so fromm, ach, so traut (Lyonel); Laßt mich euch fragen (Plumkett); Mag der Himmel euch vergeben (Ensemble).

Wolfgang Fortner (1907-1987): **Bluthochzeit**

Lyrische Tragödie in 2 Akten nach Federico García Lorca – Köln 1957 (Schott)
Die Mutter (S) – Der Bräutigam, ihr Sohn (Sprechrolle) – Die Braut (S) – Der Vater der Braut (Sprechrolle) – Leonardo (Bar) – Seine Frau (A) – Deren Mutter (A) – Die Magd (Mezzo-S) – Der Tod als Bettlerin (Chansonette) – Der Mond (T) – Holzfäller, Mädchen, Burschen, Gäste, Nachbarinnen, Tänzerinnen, Tänzer

IN SÜDSPANIEN IN DER GEGENWART

1. Akt: Mann und ältester Sohn der Mutter sind schon vor Jahren der Blutrache zum Opfer gefallen. Um so leidenschaftlicher hängt sie an ihrem letzten, jüngsten Sohn, dessen Verlobung sie nur sehr ungern zustimmt, vor allem nachdem sie erfahren hat, daß die Braut früher mit Leonardo verlobt war, der eben der rivalisierenden Sippe entstammt. Leonardo hat inzwischen eine Verwandte der Braut geheiratet. Merkwürdig sind Leonardos geheimnisvolle nächtliche Ritte, bei denen er sein Pferd fast zu Tode hetzt. Leonardo ist der erste Gast, der sich am Hochzeitstag bei der Braut einfindet. Während sie sich schmückt, bekennt er ihr seine leidenschaftliche Liebe; sie aber will ihrem Verlobten eine gute Frau werden und widersteht Leonardo verzweifelt. Unter trüben Vorahnungen der Mutter begibt sich der Zug in die Kirche. – *2. Akt:* Während der Hochzeitsfeier gibt die Braut vor, wegen Atemnot für kurze Zeit ihr

Zimmer aufsuchen zu müssen, und entflieht mit Leonardo in den Wald. Als die Flucht entdeckt wird, teilt sich die Hochzeitsgesellschaft wieder in die zwei feindlichen Sippen. Die Familie des Bräutigams nimmt die Verfolgung auf. Im Wald kündigt der als Bettlerin verkleidete Tod das Unheil an: Leonardo und der Bräutigam sterben durch das Messer.

Wolfgang Fortner: In seinem Garten liebt Don Perlimplin Belisa

4 Bilder eines erotischen Bilderbogens in der Art eines Kammerspieles von Federico García Lorca – Schwetzingen 1962 (Schott)

Don Perlimplin (Bar) – Belisa (S) – Marcolfa, Dienerin Don Perlimplins (A) – Belisas Mutter (S) – 1. Koboldchen (S) – 2. Koboldchen (Mezzo-S)

1. Bild, Vorspiel: Don Perlimplin soll heiraten, so will es seine Dienerin Marcolfa. Eine Stimme unterbricht ihre Gespräche, es ist die Stimme der Auserwählten. Sie erscheint mit ihrer Mutter, und alle scheinen zu einer raschen Heirat entschlossen. – *2. Bild:* Das ungleiche Paar erwartet die Hochzeitsnacht. Zwei Kobolde ziehen den Vorhang zu. Als sie ihn wieder aufziehen, liegt Don Perlimplin mit goldenen Hörnern neben seiner Belisa; sie hatte im Traum gleich fünf Liebhaber empfangen, einer von ihnen, der mit der roten Kappe, gefiel ihr besonders gut – sie ist ihm verfallen. Don Perlimplin und Belisa plaudern noch eine Weile dahin, um die nicht erfüllten Erwartungen für diese Hochzeitsnacht zu vergessen. – *3. Bild:* Marcolfa bedauert ihren Herrn, aber Don Perlimplin erkennt, daß Belisa der Jugend gehört. Und da er sie liebt, will er sich opfern. – *4. Bild:* Durch die ergebene Marcolfa läßt Don Perlimplin Belisa in den Garten bestellen. Don Perlimplin, als junger Mann mit der roten Kappe verkleidet, trifft Belisa. In ihren Armen liegend, tötet er sich.
Es liebt in seinem Garten Don Perlimplin Belisa (Chor); Liebe, Liebe, verwundet ist die Liebe (Chor, Perlimplin).

Wolfgang Fortner: Elisabeth Tudor

Szenen aus dem Leben der Regentinnen Elisabeth I. von England und Maria Stuart, Königin von Schottland, ehemalige Königin von Frankreich, Prätendentin der englischen Krone, Königsmörderin, Gattenmörderin, Verschwörerin, hingerichtet 1587 zu Fotheringhay. Oper in 3 Akten, Libretto von Mattias Braun, bearbeitet vom Komponisten – Berlin 1972 (Schott)

Maria Stuart (S) – Elisabeth Tudor, Königin von England (Mezzo-S) – Herzog von Norfolk (Bar) – Graf von Leicester (Bar) – Nicolas Bacon (T) – Cecil (B) – Arundel (T) – Walsingham (B) – Gresham (T) – Murray (T) – Tyrrel, ein schottischer Soldat (Bar) – Diener Norfolks (B) – 5 schottische Barone (T, 2 Bar, 2 B) – Bänkelsängerin (A) – Eine Stimme von draußen (A) – Amyas Paulet (Sprechrolle) – Herr Toorlittlegood (Sprechrolle) – Herr Jeremy (Sprechrolle) – Herr Goliath (Sprechrolle) – Lord Oberrichter (Sprechrolle) – Geheimer Bevollmächtigter der Königin Elisabeth (Sprechrolle) – Amtsperson (Sprechrolle)

IM ENGLAND UND SCHOTTLAND DES 16. JAHRHUNDERTS

1. und 2. Akt: Maria Stuart wird vom schottischen Parlament der Beihilfe zum Mord an ihrem Gatten Darnley und der verbrecherischen Liebe zu dessen Mörder Bothwell angeklagt. Sie gesteht ihre Liebe zu Bothwell, wird – zugunsten ihres Sohnes, Jakobs VI. – zur Abdankung gezwungen und auf Schloß Lochleven gebracht, von wo aus sie nach England fliehen kann. Auf Schloß Carlisle wartet sie vergebens darauf, Elisabeth unter vier Augen sprechen zu können. Statt dessen kommt es zu einem Treffen mit Norfolk, dem geheimen Liebhaber Elisabeths. Maria bietet dem Abgesandten, der wie sie katholischen Glaubens ist, Hand und Krone. Norfolk nimmt an. Nach dem Spruch einer von Norfolk geleiteten Kommission kann Maria dann freigesprochen werden, wenn sie sich bereit findet, einen der englischen Peers zu heiraten. Da wird Norfolk verhaftet und des Verrats überführt. – *3. Akt:* Die Peers spotten über die alternde Maria, die den jungen Lord Jimmy zu ihrem Vertrauten gemacht hat. Marias Gedanken beißen sich immer heftiger an der Vergangenheit fest. Elisabeth ist knapp einem Attentat entgangen. Jetzt unterschreibt sie das Kopfgesetz, wonach hingerichtet wird, wer gegen Englands Majestät konspiriert. Der Attentäter, der im Auftrag Marias gehandelt haben soll, wird gefaßt. Zu einem Prozeß kann sich Elisabeth aber nicht entschließen. Nach zwanzig Jahren verlangt sie von Maria, endgültig auf den Thron zu verzichten. Maria weigert sich, wird verhört und bekennt im Glauben an ihre königlichen Rechte und die katholische Religion ihre Unschuld. Elisabeth unterschreibt den Befehl zur Vollstreckung des Todesurteils.

Anthony Gilbert (* 1934): **Das Popgeheuer**

Entertainment in einem Akt von George MacBeth – Kassel 1971 (Schott)
Frank (Bar) – Das Popgeheuer (Mezzo-S) – Erzähler, Ansager (T) – Die Fans (Chor) – Ballett – Beatgruppe

IRGENDWO IN EINER WESTEUROPÄISCHEN GROSS-STADT, GEGENWART

Frank, ein junger Mann, will gegen Gewalt, Krieg und Grausamkeit protestieren mit einem Lied, das er geschrieben hat. Seinen Freunden gefällt dieses Lied; Frank ist zuversichtlich, die Presse interessiert sich für sein Vorhaben. Da tritt ihm das Popgeheuer entgegen, eine „funkelnde, glitzernde, blitzende Maschine". Frank ist im Begriff davonzulaufen, als ihn die Stimme einer Frau davon zurückhält. Diese Frau möchte Frank das Lied abkaufen; Frank schlägt den Handel aus. Daraufhin will sie ihm helfen, daß das Lied in der ganzen Welt bekannt wird. Damit ist Frank einverstanden; er verliebt sich sogar in die Frau. Franks Freunde hingegen ahnen Böses, sie warnen, doch Frank kann nicht mehr zurück. Da eröffnet ihm die Frau, daß das Lied gegen Gewalt, Krieg und Grausamkeit überhaupt niemand hören möchte. Beide schreiben es um, und aus dem Protestgesang wird eine Schnulze. Frank schwimmt bald im Geld; er genießt das Leben, sein Anliegen hat er vergessen. Er singt, singt immer wieder seine Schnulze bis zu dem Augenblick, da das Popgeheuer wieder erscheint. Franks Freunde stürzen sich auf die Maschine und zerstören sie. Als Ergebnis dieser Aktion liegt Frank tot vor ihnen, das Popgeheuer, die „funkelnde, glitzernde, blitzende Maschine", aber lebt.

Alberto Ginastera (1916-1983): **Bomarzo**

Oper in 2 Akten von Manuel Mujica Laínez – Washington 1967 (B. & H.)
Pier Francesco, Herzog von Bomarzo (T) – Silvio de Narni, Astrologe (Bar) – Gian Corrado Orsini (B) – Girolamo, Bruder Pier Francescos (Bar) – Maerbale, Bruder Pier Francescos (Bar) – Nicolas Orsini, Neffe Pier Francescos (T oder A) – Julia Farnese, Pier Francescos Gattin (S) – Pantasilea, Kurtisane (Mezzo-S) – Diana Orsini, Pier Francescos Großmutter (A) – Abul, Pier Francescos Diener (stumm) – Ein Bote (Bar) – Ein kleiner Hirte (Kinderstimme) – Pier Francesco als Kind (Kinderstimme) – Girolamo als Kind (Kinderstimme) – Maerbale als Kind (Kinderstimme) – Ein Skelett – Pier Francescos

Double – Pantasilea im Traum – Julia im Traum – Pier Francesco im Traum – Traumfiguren

BOMARZO, EIN DORF NÖRDLICH VON ROM

1. und 2. Akt: Der bucklige Fürst von Orsini, Herzog von Bomarzo, will das ewige Leben auf Erden erlangen. Er trinkt einen Zaubertrank, den ihm sein Astrologe Silvio de Narni zusammengebraut hat. In dem Getränk war Gift, und der Herzog windet sich in Todeskrämpfen. Bevor er stirbt, durchlebt er noch einmal entscheidende Stationen seines Privatlebens: den Spott seiner Brüder, die ihn zwingen, Mädchenkleider zu tragen; die Begegnung mit einem Schloßgespenst, das sein bösartiger Vater auf ihn geschickt hat; die sexuelle Blamage, als er mit der Kurtisane Pantasilea schlafen will; der Tod seines Bruders Girolamo, der zur Folge hat, daß er Herzog von Orsini werden kann; die unerwidert gebliebene Liebe zu Julia Farnese, die seinen Bruder Maerbale liebt. Dennoch heiratet er die Farnese; in der Hochzeitsnacht – er fühlt sich von Maerbale verfolgt – sucht er Zuflucht beim steinernen Minotaurus: Die Steine von Bomarzo werden zu den Sinnbildern seines Lebens, das ihm den nächsten Streich spielt: Seine Julia bricht mit Maerbale die Ehe; Maerbale läßt er töten. – Und was der sterbende Herzog nicht weiß: daß Nicolas, der Sohn seines Bruders, es war, der den Lebenstrank vergiftete, um den Tod seines Vaters zu rächen. Orsini – aus seinem Fiebertraum noch einmal zu Bewußtsein kommend – muß erkennen, daß er allein in den toten Steinen weiterleben wird, in den „Ungeheuern von Bomarzo".

Umberto Giordano (1867-1948): **André Chénier**

Oper in 4 Bildern von Luigi Illica – Mailand 1896 (A. & S.)
André Chénier, Dichter (T) – Charles Gérard (Bar) – Gräfin Coigny (Mezzo-S) – Madeleine, ihre Tochter (S) – Bersi, Mulattin (S) – Roucher, Chéniers Freund (B) – Matthieu „Populus", Sansculotte (B) – Madelon (A) – Ein Incroyable (T) – Pierre Fléville, Romancier (B) – Abbé (T) – Schmidt, Gefängnisschließer (B) – Haushofmeister (B) – Dumas, Präsident des Wohlfahrtsausschusses (Bar) – Fouquier Tinville, öffentlicher Ankläger (B) – Aristokratische Gesellschaft, Bürger, Revolutionäre, Marktweiber, Volk

IN PARIS 1794

1. Bild: Bei einem Fest auf dem Schloß der Gräfin Coigny wird der Dichter André Chénier aufgefordert, mit seiner Kunst zur Unterhaltung der Gesellschaft beizutragen. In flammenden Versen macht er den Reichen Vorwürfe und hält ihnen die Armut des Volkes vor, wofür er allerdings nur bei Madeleine, der Tochter der Gräfin, und dem Diener Gérard Anerkennung findet. – *2. Bild:* Die Revolution hat gesiegt, Chénier aber wird von der neuen Regierung, der er nicht voll zustimmen kann, scharf bewacht. Auf Rouchers Warnung beschließen Madeleine und Chénier, die sich ihre Liebe gestanden haben, die Flucht, werden aber von Gérard, der Madeleine ebenfalls liebt, aufgehalten. Im Zweikampf wird Gérard verwundet. – *3. Bild:* Vor dem Revolutionstribunal tritt Gérard als Ankläger auf. Zwar gelingt es Madeleine, die sich für die Rettung ihres Geliebten als Opfer anbietet, Gérard umzustimmen. Aber auch eine Verteidigungsrede Gérards vor dem Tribunal kann Chénier nicht vor dem Todesurteil bewahren. – *4. Bild:* Madeleine ist es jedoch vergönnt, die Nacht vor der Hinrichtung in Chéniers Gefängniszelle zu verbringen und mit dem Geliebten das Schafott zu besteigen.
Das ist der Altar (Madeleine, Chénier); Von Blut gerötet (Madeleine); Als Feind des Vaterlandes (Gérard); Gleich einem Frühlingsabend (Chénier).

Umberto Giordano: Fedora

Oper in 3 Akten nach Victorien Sardou von Arturo Colautti – Mailand 1898
Fürstin Fedora Romazoff (S) – Graf Loris Ipanoff (T) – De Siriex, französischer Attaché (Bar) – Komtesse Olga Sukarew (S) – Boleslao Lazinski, Pianist und Freund Olgas – Boroff, Freund Ipanoffs (Bar) – Grech, russischer Polizeikommissar (B) – Cirillo, Kutscher (Bar)

ST. PETERSBURG, PARIS, SCHWEIZ UM DIE JAHRHUNDERTWENDE

1. Akt: Im Hause des Grafen Jariskin. Die Dienerschaft wartet auf die Rückkehr ihres Herrn. Auch die Fürstin Fedora ist anwesend. Morgen will sie Jariskin heiraten. Daraus wird nichts, denn ihr Verlobter stirbt noch an diesem Abend – an den Folgen eines Pistolenschusses. Wer hat ihn abgegeben? Die Vernehmungen beginnen. Der Polizeikommissar Grech vermutet einen Anschlag der Nihilisten. Dagegen erinnert sich ein Diener des Hauses an einen Mann, der am Morgen, ohne seinen Namen zu nennen, auf Wladimir Jariskin gewartet hat. Fedora vermutet in diesem Unbekannten den Mörder ihres Verlobten. Sie schwört, ihn zu rächen. Da fällt der Name Loris Ipanoff. Die Suche nach ihm verläuft ergebnislos. – *2. Akt:* Paris, im Hause der Fürstin. Sie hat zu einem Ball geladen. Unter den Gästen ist Ipanoff. Ihm ist Fedora ins Exil gefolgt, in der Absicht, Wladimir Jariskin zu rächen. Die Begegnung mit Ipanoff, dem vermeintlichen Mörder, stürzt Fedora in einen Widerstreit der Gefühle – sie liebt und haßt zugleich diesen Mann, der zugibt, Jariskin getötet zu haben. Jetzt unterschreibt sie einen Brief, der einem Todesurteil gleichkommt: Nicht nur Ipanoff soll festgenommen werden, auch dessen Bruder Valeriano soll überwacht werden. Ipanoff kommt noch einmal zurück, wie er es versprochen hat, um den wirklichen Sachverhalt aufzudecken. Warum hat er Jariskin getötet? In Fedora bricht eine Welt zusammen: Jariskin mußte sterben, weil er ein Liebesverhältnis mit Ipanoffs Frau Wanda hatte. Heiraten wollte er Fedora nur des Geldes wegen. In letzter Minute verhindert die Fürstin die Festnahme Ipanoffs – aus Liebe zu ihm. – *3. Akt:* Diese Liebe lebt sie mit Ipanoff in den Schweizer Bergen, während Olgas Verhältnis mit dem Pianisten Lazinski nicht von Bestand war. Der französische Attaché De Siriex kommt zu Besuch und klärt Olga darüber auf, daß Lazinski als Spion entlarvt wurde. In Abwesenheit von Ipanoff erfährt Fedora durch De Siriex von den Folgen ihres Briefes, den sie der Polizei übergeben hatte: Ipanoffs Bruder Valeriano ist im Gefängnis gestorben, aus Kummer auch die Mutter. Ipanoff kommt zurück. Die Post wird gebracht, darunter eine Nachricht von Boroff, die bestätigt, was Fedora durch De Siriex erfahren hat und ergänzte, daß es seine Frau gewesen sein soll, die das Unglück verursacht habe. Ipanoff erkennt die Zusammenhänge – es war Fedora. Verzweifelt verflucht er seine Geliebte. Fedora sieht keine Chance der Vergebung, nimmt das Gift aus ihrem Kreuz und stirbt.

Michail Glinka (1804-1857): **Das Leben für den Zaren** (Iwan Sussanin)

Oper in 4 Akten und einem Epilog von Baron v. Rosen – St. Petersburg 1836
Iwan Sussanin, Bauer im Dorf Domnin (B) – Antonida, seine Tochter (S) – Bogdan Sobinjin, ihr Verlobter (T) – Wanja, ein von Sussanin adoptierter Waisenknabe (A) – Ein polnischer Heerführer (Bar) – Ein russischer Hauptmann (B) – Ein Bote (T) – Bauern, Landsturmmänner, Krieger, Volk

IN RUSSLAND UND POLEN 1612–1613

1. Akt: Nach mancherlei Kriegswirren, in denen mal die Russen die Polen, mal die Polen die Russen geschlagen haben, sind die Polen vertrieben und ist mit dem jungen

Romanow ein neuer Zar gewählt worden. Die neue Sicherheit will der Bauer Iwan Sussanin benutzen, um seine Tochter Antonida mit Bogdan Sobinjin zu verheiraten. – *2. Akt:* Im polnischen Lager folgt auf eine Siegesfeier die Nachricht von der Niederlage und der Wahl des neuen Zaren. Die Polen beschließen, den Zaren zu überfallen. – *3. Akt:* Mitten in die Hochzeitsfeier brechen die Polen mit der Forderung ein, nach Moskau geführt zu werden. Scheinbar geht Iwan Sussanin darauf ein: während er seinen Pflegesohn Wanja heimlich nach Moskau schickt, um den Zaren zu warnen, übernimmt er die Führung der Polen. – *4. Akt:* Rechtzeitig kommt der Bote zum Zaren. Iwan Sussanin aber gesteht am nächsten Morgen den Polen, daß er sie in die Irre geführt hat; er wird von ihnen erschlagen. – *Epilog:* Im Andenken an sein Opfer werden Antonida, Wanja und Sobinjin zur Krönung des Zaren nach Moskau eingeladen.

Michail Glinka: Ruslan und Ljudmila

Oper in 5 Akten nach Alexander Puschkin – St. Petersburg 1842
Swjatosar, Fürst von Kiew (B) – Ljudmila, seine Tochter (S) – Ruslan, erster Freier (Bar) – Ratmir, zweiter Freier (A) – Farlaw, dritter Freier (B) – Gorislawa, Geliebte Ratmirs (S) – Finn, ein Zauberer (T) – Naina, eine Fee (Mezzo-S) – Tschernomor, ein Zwerg – Riesenkopf, Edelleute

IM RUSSLAND DER SAGE

1. Akt: Auf einem Fest, das Swjatosar, Fürst von Kiew, zu Ehren seiner Tochter Ljudmila veranstaltet, bewerben sich Ruslan, Ratmir und Farlaw um deren Hand. Ljudmila entscheidet sich für Ruslan. Die Gäste huldigen dem jungen Paar, als plötzlich Ljudmila mit einem Donnerschlag verschwindet. Denjenigen, der seine Tochter wiederbringt, will Swjatosar mit Schätzen überhäufen und als Schwiegersohn annehmen. – *2. Akt:* Nach manchen Gefahren erfährt Ruslan von dem Zauberer Finn, daß Ljudmila in der Gewalt des bösen Zwerges Tschernomor ist, gegen den sich Ruslan sogar eine Waffe erringen kann. Farlaw dagegen findet die Hilfe der Fee Naina, die ihm den Rat gebt, Ljudmila von Ruslan entführen zu lassen und diesen dann zu töten. – *3. Akt:* Aus neuen Gefahren werden Ruslan und Ratmir durch Finn befreit, der Ratmir auch mit seiner Geliebten Gorislawa vereinigt. – *4. Akt:* Ljudmila ist auch im Zauberschloß Tschernomors Ruslan treu geblieben. Als dieser naht, versenkt der Zwerg Ljudmila in einen Zauberschlaf und stellt sich zum Kampf. Ruslan siegt und trägt Ljudmila, die er nicht zu wecken vermag, in die Heimat. – *5. Akt:* Naina entführt noch einmal Ljudmila und bringt sie Farlaw, der aber die Schlafende ebenfalls nicht wecken kann. Schließlich gewinnt Ruslan seine Ljudmila endgültig dadurch, daß er sie mit Hilfe eines Zauberringes aus dem Schlaf erlöst.
O sagt, Gefilde (Ruslan).

Christoph Willibald Gluck (1714-1787): **Orpheus und Eurydike**

Tragische Oper in 3 Akten von Ranieri da Calzabigi – Wien 1762
Orpheus (A oder T) – Eurydike, seine Gattin (S) – Amor (S) – Hirten und Hirtinnen, Furien, selige Geister

IM ANTIKEN GRIECHENLAND

1. Akt: Am Grabmal der Eurydike sind die Hirten und Nymphen zum Totenopfer versammelt. Schmerzerfüllt beklagt Orpheus den Tod seiner Gattin und fordert sie von den Göttern zurück. Da erscheint Amor und verkündet, daß er Eurydike aus dem

Reich der Toten zurückholen dürfe. Doch verlangen die Götter, daß er sich auf dem Rückweg aus der Unterwelt nicht nach der Geliebten umsehe; sie sei ihm sonst für immer verloren. – *2. Akt:* Furien und Totenschatten versperren Orpheus an den Pforten der Unterwelt den Weg. Seinem Gesang gelingt es jedoch, die Gestalten der Unterwelt zu rühren. Er darf ins Gefilde der Seligen eintreten und wird von den seligen Geistern zu Eurydike geführt. Ohne sie anzusehen, nimmt er ihre Hand und tritt mit ihr den Rückweg an. – *3. Akt:* Eurydike kann sich das scheinbar lieblose Verhalten ihres Gatten nicht erklären. Obwohl er sie um Glauben und Geduld bittet, fleht sie um ein Zeichen seiner Liebe. Orpheus kann nicht länger widerstehen und wendet sich gegen das Gebot der Götter zu Eurydike um, die entseelt zu Boden sinkt. Nun will auch er aus dem Leben scheiden. Doch hindert ihn Amor daran und erweckt Eurydike zu neuem Leben.

So klag' ich ihren Tod (Orpheus); Wer ist der Sterbliche (Furienchor); Reigen seliger Geister, Komm ins Reich beglückter Schatten (Chor der seligen Geister); Ach, ich habe sie verloren (Orpheus).

Christoph Willibald Gluck: Alceste

Musikalische Tragödie in 3 Akten von Ranieri da Calzabigi – Wien 1767

Admet, König von Pherea (T) – Alceste, seine Gattin (S) – Evander (T) – Oberpriester Apollos (B) – Herakles (B) – Apollo (Bar) – Thanatos, Todesgott (B) – Ein Herold (Bar) – Die Knaben Admets und Alcestes (stumm) – Priester(innen), Todesgötter, Volk

IM ANTIKEN GRIECHENLAND

1. Akt: König Admet liegt im Sterben. Seine Gattin ruft das Volk in den Tempel des Apollo zu Gebet und Orakel. Der Orakelspruch verkündet, daß das Leben des Königs gerettet werden könne, wenn ein anderer sein Leben den Todesgöttern opfere. Nur Alceste ist zum Opfertod bereit. – *2. Akt:* Freudig begrüßt das Volk die Gesundung des Königs. Admets Freude allerdings wird zur Verzweiflung, als er den Reden Evanders und der Trauerkleidung seiner Gattin Alceste entnimmt, mit welchem Opfer seine Genesung erkauft werden soll. – *3. Akt:* Admet folgt Alceste auf ihrem Weg in die Unterwelt. Als der Todesgott Thanatos aus der Todespforte tritt und Alceste in die Unterwelt ziehen will, tritt Herakles auf. Er hat von der opferwilligen Liebe der Gatten gehört und will Tartarus die Beute entreißen. Sein Kampf in der Unterwelt wird gesegnet von Apollo, der Alceste und Admet wieder vereinigt und zu den Lebenden zurückruft.

Nein, nicht der Tod ist's, den ich scheue (Alceste); Blutendes Vaterherz (Admet); Ihr Götter ew'ger Nacht (Alceste).

Christoph Willibald Gluck: Iphigenie in Aulis

Lyrische Tragödie in 3 Akten nach Jean-Baptiste Racine von Bailli Le Blanc du Roullet – Paris 1774

Agamemnon, König von Sparta (Bar) – Klytämnestra, seine Gattin (Mezzo-S) – Iphigenie, beider Tochter (S) – Achilles (T) – Kalchas, Oberpriester (B) – Arkas, Befehlshaber der Leibwache (B) – Artemis (S) – Patroklus, Anführer der Thessalier (B)

AUF DER GRIECHISCHEN INSEL AULIS VOR DEM TROJANISCHEN KRIEG

1. Akt: Eine Windstille hindert die griechische Flotte an der Überfahrt nach Troja. Der Oberpriester Kalchas verkündet Agamemnon, daß er seine Tochter Iphigenie am Altar

der Göttin Artemis opfern soll; nur dies könne die Götter bewegen, günstige Winde zur Fahrt nach Troja zu senden. Agamemnon, der lieber auf die Rache an den Trojanern verzichten als dem schrecklichen Befehl folgen will, schickt Arkas seiner Frau und Tochter mit der Botschaft entgegen, sie sollten nach Mykene zurückkehren, da Achilles, Iphigenies Verlobter, untreu geworden sei. Verfrüht aber treffen die Frauen im Lager ein, wo Achilles die verzweifelte Iphigenie bald von seiner Treue überzeugen kann. – *2. Akt:* Als Iphigenie mit Achilles zur Trauung schreiten will, erfahren sie von Arkas, daß Iphigenie am Altar von der Hand ihres Vaters den Tod finden solle. Achilles will sich den Befehlen der Götter widersetzen und seine Geliebte schützen. Aber auch Agamemnon hat sich gegen die Opferung entschieden und befiehlt Arkas, mit den Frauen zu entfliehen. – *3. Akt:* Die Griechen verlangen die Versöhnung der Götter durch das Opfer, zu dem sich Iphigenie schließlich bereit findet. In letzter Minute versucht Achilles, seine Braut am Altar dem Opfertode zu entreißen. Da erscheint der Oberpriester und verkündet, daß Artemis verzichte, Iphigenie mit Achilles vereine und den Griechen gute Winde zur Fahrt senden werde.
Zweifle nie an meiner Treue (Iphigenie, Achilles); Kann vom Vater die Göttin fordern (Agamemnon); Ach, zum Tode verdammt (Klytämnestra); Das Los, das mir beschieden (Iphigenie); Schleudre, Zeus, deine Blitze (Klytämnestra).

Christoph Willibald Gluck: Armida

Große heroische Oper in 5 Akten nach Torquato Tasso von Philippe Quinault – Paris 1777 (A. & S.)
Hidroat, König von Damaskus (B) – Armida, seine Nichte (S) – Rinaldo, Feldherr im Kreuzzugsheer (T) – Aront, Feldherr des Hidroat (Bar) – Artemidor (T), Ubaldo (Bar), Dänische Ritter (T), Angehörige des Kreuzzugsheeres – Furie des Hasses (A) – Vertraute Armidas, Dämonen und Nymphen, Volk, Hirten

IN DAMASKUS 1099

1. bis 5. Akt: Armida, Nichte und Erbin des Königs Hidroat von Damaskus, beobachtet voller Haß Rinaldo und seine Heldentaten. Um Rinaldo zu töten, lockt sie ihn mit Hilfe dunkler Mächte in ihren Garten, wo er, betäubt von dem Duft der Blumen, sogleich einschläft. Als Armida jedoch den Dolch zum Mord zückt, wird sie sich ihrer Liebe zu Rinaldo plötzlich bewußt. Vergebens beschwört sie die Furie des Hasses; sie vermag sich von ihrer Liebe nicht mehr zu lösen. Kurze Zeit kann sie Rinaldo an sich fesseln. Dann tauchen seine Waffengefährten auf und erinnern ihn an seine Ritterehre. Er verläßt Armida, die ihr Zauberschloß zerstört und sich in einem Wolkenwagen den Blicken entzieht.

Christoph Willibald Gluck: Iphigenie auf Tauris

Oper in 4 Akten von François Guillard – Paris 1779
Iphigenie, Oberpriesterin der Göttin Diana (S) – Orest, ihr Bruder (Bar) – Pylades, dessen Freund (T) – Thoas, König der taurischen Skythen (Bar) – Diana (S) – Zwei Priesterinnen (S, A) – Eine Griechin (S) – Tempeldiener (Bar) – Ein Skythe (B) – Leibwache des Königs, Eumeniden, Dämonen, Griechen

AUF DER INSEL TAURIS NACH DEM TROJANISCHEN KRIEG

1. Akt: Iphigenie ist Oberpriesterin im Tempel der Diana, der sie jeden Fremden, der nach Tauris verschlagen wird, zum Opfer bringen muß. Umsonst bittet sie um

Befreiung von diesem Amt. Zwei Griechen, die am Ufer gestrandet sind, sollen, so fordert es König Thoas, ihre nächsten Opfer sein. Im Traum erlebt Iphigenie, wie ihre Mutter Klytämnestra ihren Vater Agamemnon tötet und wie ihr Bruder Orest den Vater an der Mutter rächt; Iphigenie wiederum soll ihren Bruder töten. – *2. Akt:* Die beiden Griechen sind Orest und sein Freund Pylades, der den Freund auf der Flucht vor der Rachegöttin nicht allein lassen will. Getrennt werden sie in den Tempel gebracht, wo Iphigenie von Orest als Bestätigung ihres Traumes die Geschichte ihrer Familie erfährt. Orest gibt sich jedoch nicht zu erkennen, sondern erklärt, Iphigenies Bruder sei tot. – *3. Akt:* Einen der beiden Fremdlinge will Iphigenie retten. Wegen der Ähnlichkeit mit ihrem Bruder soll Orest dem Opfertod entgehen. Orest aber will nicht auch noch den Tod seines Freundes verschulden und weigert sich. Pylades begibt sich unterdessen zu seinen auf der Insel verborgenen Gefährten, um mit ihrer Hilfe Orest zu retten. – *4. Akt:* Iphigenie soll das Opfer an Orest vollziehen. Doch versagt ihre Kraft, als sie nach dem Opfermesser greift. Infolge seiner Todesbereitschaft fühlt sich Orest, der sich nun zu erkennen gibt, von den Furien befreit. König Thoas aber verlangt, daß beide Geschwister der Diana geopfert werden. Da erscheint Pylades mit den Griechen, die Thoas erschlagen. Auch Diana offenbart sich und befiehlt den Skythen, Orest und Iphigenie mit ihrem Gefolge in die Heimat ziehen zu lassen.
Ihr, die ihr das Land des wilden Volkes schützet (Orest); Nur einen Wunsch, nur ein Verlangen (Pylades); O laß mich Tiefgebeugte weinen (Iphigenie); Du schönstes, höchstes Glück auf Erden (Pylades); Die Ruhe kehret mir zurück (Orest); Ach, laß nun ganz den bangen Gram entschwinden (Iphigenie).

Hermann Goetz (1840-1876): **Der Widerspenstigen Zähmung**

Komische Oper in 4 Akten nach Shakespeare von J. V. Widmann – Mannheim 1874 (Kistner)

Battista, reicher Edelmann in Padua (B) – Katharina und Bianca, seine Töchter (S) – Hortensio (Bar) und Lucentio (T), Biancas Freier – Petruchio, Edelmann aus Verona (B) – Grumio, sein Diener (B) – Ein Schneider (T) – Eine Witwe (A) – Haushofmeister (T) – Haushälterin (A) – Nachbarn, Gäste, Diener

PADUA UND VERONA IM 17. JAHRHUNDERT

1. Akt: Bianca, die jüngere Tochter des reichen Edelmannes Battista, wird heftig umworben von vielen, die allabendlich vor ihrem Fenster Ständchen bringen. Doch der alte Battista will erst dann Bianca vermählen, wenn sich auch für seine ältere Tochter Katharina ein Mann gefunden hat. Und das wird schwerfallen, da Katharina als zänkisch und widerspenstig bekannt ist. Da stellt sich – durch Vermittlung von Hortensio – ein gewisser, bei Frauen erfahrener Petruchio ein, der entschlossen ist, Katharina zu erobern. – *2. Akt:* Während die ortsansässigen jungen Edelleute Lucentio – er liebt Bianca – und Hortensio die beiden Töchter in schöngeistigen Dingen unterrichten, hält Petruchio bei Battista um die Hand Katharinas an. Der Alte willigt ein, ohne allerdings zu versäumen, auf das widerspenstige Wesen seiner Tochter hinzuweisen. Petruchio ist zuversichtlich. Und in der Tat gelingt es ihm, den ersten Widerstand Katharinas zu brechen. – *3. Akt:* Am Tag der Hochzeit warten die Gäste und Katharina lange Zeit vergebens auf Petruchio. Die Trauung muß verschoben werden. Da trifft der Bräutigam doch noch ein, aber nicht, wie erwartet, im Festgewand, sondern in schlechtesten Straßenkleidern. In dieser Aufmachung zerrt er Katharina vor den Altar; der Pfarrer gibt den Segen. Gerade will man sich zum Festmahl niederlassen, da schwingt sich Petruchio auf sein Pferd und entführt Katharina in das

Land seiner Väter. – *4. Akt:* In Verona angekommen, setzt Petruchio seine Umerziehung fort. So weiß er es durch seltsame Maßnahmen zu verhindern, daß Katharina nichts von den besten Speisen zu essen bekommt und vorgeführte prächtige Kleider ihr vorenthalten bleiben. Damit nicht genug: Petruchio zwingt seine Frau, zu sagen, daß die Wiesen nicht grün, sondern rot sind, der Himmel nicht blau, sondern gelb. Und so ganz allmählich wird Katharinas Wille gebrochen, ihr Benehmen artig. Es ist eine gewisse Zeit vergangen, da kommt Lucentio, inzwischen mit Bianca verheiratet, nach Verona und kann eine gezähmte, zärtlich liebende Katharina begrüßen.

Jacov Gotovac (1895-1982): **Ero der Schelm**

Komische Oper in 3 Akten nach einer Volkserzählung von Milan Begovic – Zagreb 1935 (U. E.)

Marko (B) – Doma (Mezzo-S) – Djula (S) – Mica (Ero) (T) – Sima (Bar) – Knecht (T)

DALMATIEN UM 1930

1. Akt: Vom Heuschober rutscht Mica als „Ero" herab zwischen die arbeitenden Mägde. Er erzählt, wie es im Himmel zugeht, und bestellt viele Grüße von dort. Markos Tochter Djula fragt nach ihrer lieben Mutter, und Ero bestellt ihr, daß bald ein Jüngling um sie werben würde. Keifend kommt Markos Weib, Djulas Stiefmutter, aus dem Haus; sie will Ero fortschicken. Doch Ero kann die abergläubische Doma überreden, ihm ihr erspartes Geld für ihren ersten verstorbenen Mann zu geben, dem es im Himmel so schlechtgehe. Als Marko das erfährt, nimmt er die Verfolgung des Gauners Ero-Mica auf. – *2. Akt:* Doma und Djula wollen in Simas Mühle Korn mahlen lassen. Als die herrische Doma Sima beleidigt, wirft er sie hinaus. Mica betritt die Mühle und kann Sima überreden, mit ihm die Kleider zu tauschen und sich im Wald zu verstecken. Den auf seinem Pferd heranjagenden Marko kann Mica irreführen, auch die Knechte Markos erkennen ihn nicht. Marko läßt sein Pferd in der Mühle und geht in den Wald, Ero zu suchen. Djula kommt in die Mühle zurück und willigt ein, mit Ero auf Markos Pferd zu fliehen. Marko findet Sima im Wald, und von einem Hirtenknaben wird ihm Eros Botschaft überbracht, daß er seine Tochter entführt habe. – *3. Akt:* Auf dem Jahrmarkt herrscht fröhliches Treiben, nur Marko und Doma sind mißgestimmt. Da kommen Djula und Mica und bringen das Pferd und Geld zurück. Mica lüftet sein Geheimnis: er ist kein Habenichts, sondern suchte nur als „Ero" ein Mädchen, das nicht sein Geld, sondern ihn liebt. Und das hat er in Djula gefunden. Marko ist versöhnt.

Charles Gounod (1818-1893): **Margarete** (Faust)

Oper in 5 Akten nach Johann Wolfgang v. Goethe von Jules Barbier und Michel Carré – Paris 1859

Faust (T) – Margarete (S) – Valentin, ihr Bruder (Bar) – Mephistopheles (B) – Marthe Schwerdtlein (A) – Siebel (S) – Brander (Bar) – Studenten, Bürger, Soldaten, Mädchen, Hexen, Engel

IN EINER DEUTSCHEN STADT IM MITTELALTER

1. Akt: Wegen der Fragwürdigkeit aller menschlichen Erkenntnis zweifelt Faust an seinem Forschen und will Gift nehmen. Der Klang der Osterglocken bewahrt ihn zwar vor dem Selbstmord; dafür ruft Faust den Satan in Gestalt des Mephistopheles herbei. Sie schließen einen Pakt, nach dem Faust Jugend und Liebe zurückgegeben und alle

Wünsche erfüllt werden. Dagegen verschreibt er dem Bösen seine Seele. – *2. Akt:* Valentin, der als Soldat fortziehen muß, vertraut seine Schwester Margarete dem Schutz der Studenten Brander und Siebel an. Auf dem Kirmesfest hält Mephisto die jungen Leute zum Narren, wogegen sich Faust der schönen Margarete nähert, bald aber abgewiesen wird. – *3. Akt:* Betört von reichem Schmuck, den Faust in ihr Zimmer hat legen lassen, und beredet von Marthe Schwerdtlein, beginnt sich Margarete für Faust zu interessieren. Während Mephisto sich mit Frau Marthe beschäftigt, finden sich Faust und Margarete. – *4. Akt:* Faust hat Margarete, die ein Kind von ihm erwartet, verlassen. Die Hilfe von Siebel will Margarete nicht annehmen. Als Valentin heimkehrt, bittet Siebel bei ihm noch einmal für Margarete. Doch reizt Mephisto Valentin derart, daß er ihn zum Zweikampf fordert. Valentin wird getroffen und verflucht im Sterben seine Schwester. – *5. Akt:* In der Walpurgisnacht, die Faust im Harz inmitten der Hexen und Dämonen verbringt, erscheint ihm das Bild Margaretes, die als Kindsmörderin ins Gefängnis geworfen worden ist. Er eilt sofort zu ihr und vermag sie noch aus dem Wahnsinn zurückzuholen. Seinen Beschwörungen jedoch, mit ihm zu fliehen, folgt sie nicht, als sie in Mephisto den Bösen erkennt. Tot sinkt sie zusammen; sie ist erlöst.

Da ich nun verlassen soll (Valentin); Ja, das Gold regiert die Welt (Mephisto); Es ist schon spät (Margarete, Faust); Ich gäb' was drum (Margarete); Gegrüßt sei mir, o heil'ge Stätte (Faust); Nur große Herr'n (Margarete); Scheinst zu schlafen, du im Stübchen (Mephisto); Faustwalzer.

Joseph Haas (1879-1960): **Tobias Wunderlich**

Oper in 3 Akten von Hermann Heinz Ortner und Ludwig Andersen – Kassel 1937 (Schott)

Tobias Wunderlich, Holzschuhmacher (Bar) – Die heilige Barbara (S) – Die Zigeunerbarbara (Mezzo-S) – Der Bürgermeister (B) – Fink (T) und Wurm (B), Gemeinderäte – Der Gemeindeschreiber (Bar) – Mister Brown (B) und Rosenzweig (T), Kunsthändler – Der Mesner (Sprechrolle) – Ortsbewohner, Wallfahrer, Musikanten

IN DEN DEUTSCHEN ALPEN IN DER GEGENWART

1. Akt: Der Gemeinderat eines armen Alpendorfes will die gotische Holzfigur der heiligen Barbara aus der Dorfkirche versteigern. Holzschuhmachermeister Tobias Wunderlich erhebt zwar Einspruch, kann aber den Zuschlag an den Kunsthändler Brown nicht verhindern. Als Tobias noch einmal in der Kirche vor ihr kniet und ein Wunder erfleht, steigt plötzlich die heilige Barbara herab und erklärt, sie wolle ihm so dienen, wie sie früher ihrem Meister, dem sie Modell gestanden habe, gedient habe. – *2. Akt:* Tobias hat sich selbst als Schnitzer versucht und eine gleiche Figur zustande gebracht. Barbara bittet ihn, niemals zu erzählen, wer sie tatsächlich sei. Doch werden Tobias und Barbara des unsittlichen Lebenswandels verdächtigt, vor ein Tribunal im Gemeindehaus gebracht und abgeführt. Tobias will Barbara vor Zudringlichkeiten schützen und gibt ihre Herkunft preis. Dadurch ist das Wunder zerstört, und Barbara steht unter Glockenläuten wieder als Holzfigur in der Kirche. – *3. Akt:* Das Dorf ist zu einem Wallfahrtsort geworden. Wie vorher gegen den Verkauf der heiligen Barbara wendet sich Tobias auch jetzt gegen den Mißbrauch des Wunders zu geschäftlichen Zwecken. Seine Lauterkeit und Frömmigkeit bewirken es schließlich, daß die von ihm geschnitzte Figur lebendig wird und ihm genauso dient wie die heilige Barbara aus der Dorfkirche.

Joseph Haas: Die Hochzeit des Jobs

Komische Oper in 4 Akten von Ludwig Andersen – Dresden 1944 (Schott)
Hieronymus Jobs (Bar) – Der Apotheker und Bürgermeister (B) – Mutter Lenchen, Wirtin der Studentenkneipe „Zum Guten Lenchen" (Mezzo-S) – Kätchen, ihre Tochter (S) – Jakob, der Nachtwächter (T) – Babe, seine Frau (A) – Der Tischlermeister (B) – Der Dekan der juristischen Fakultät (B) – Zwei Studenten (T und B) – Zwei Ratsherren (T und B) – Ein Notar (Sprechrolle) – Ein Hofmarschall (Sprechrolle) – Ein Ratsdiener (Sprechrolle) – Professoren, Studenten, Apotheker-Eleven, Ratsherren, Volk

IN EINER SÜDDEUTSCHEN UNIVERSITÄTSSTADT UM 1800

1. Akt: Hieronymus Jobs muß nach einem lustigen Studentenleben ins juristische Staatsexamen steigen. Wegen seiner spöttischen Antworten und seiner Feindschaft gegen das Paragraphenwissen lassen ihn die gereizten Professoren durchfallen. Nun muß sich Jobs, der von seinen Schuldnern bedrängt wird, nach einem Verdienst umsehen. – *2. Akt:* So nimmt er auf Rat seiner Braut Kätchen die Stelle des jüngst verstorbenen Nachtwächters an, die ihm der Apotheker besorgt hat. Der Apotheker, der sich selbst um Kätchen bewirbt, ist so hilfsbereit, weil mit der Annahme der Nachtwächterstelle die Auflage verbunden ist, die schon etwas ältliche Witwe des Vorgängers zu heiraten. Unter dem Druck seiner Gläubiger erklärt sich Jobs einverstanden unter der Bedingung, daß er gleich einen Vorschuß erhält. – *3. Akt:* Der alte Nachtwächter aber ist gar nicht tot. Der Apotheker hatte ihn nur in einen todähnlichen Schlaf versetzt, aus dem er nun erwacht. Gegen ein ansehnliches Schweigegeld des Apothekers will er die Stadt verlassen. – *4. Akt:* Noch bevor er mit der Nachtwächtersfrau getraut wird, läßt Jobs den Nachtwächter in einem alten Schrank herbeischaffen. Er verspricht allerdings dem Apotheker, über die Angelegenheit zu schweigen, wenn ihm dieser das dem alten Nachtwächter zugedachte Schweigegeld gibt. Gleichzeitig kommt die Nachricht, daß Jobs auf Anordnung des Landesherrn sein Examen doch bestanden hat und nun bei der Regierung beschäftigt werden soll. Sogleich stellt Jobs Kätchen als seine zukünftige Frau vor.

Georg Friedrich Händel (1685-1759): **Acis und Galatea**

Pastorale in 2 Akten von John Gay – Schloß Cannons bei London 1720
Galatea, eine Nymphe (S) – Acis, ein Hirt (T) – Polyphem, ein Riese (B) – Damon, ein Hirt (S oder T) – Nymphen, Hirten

AM FUSS DES ÄTNA

1. Akt: Der Chor der Nymphen und Hirten preist die Natur. Galatea nimmt nicht am Gesang teil, sehnt sie sich doch nach dem Hirten Acis. Liebend naht ihr Acis; die Liebenden geloben, sich nicht mehr zu trennen. – *2. Akt:* Der Riese Polyphem kündet sich durch seine erderschütternden Tritte an. Stürmisch verlangt er nach Galatea, die sich jedoch von ihm abwendet. Damon weist den Riesen darauf hin, daß sich die Liebe der Schönheit nicht durch Gewalt erzwingen lasse. Acis fordert den Riesen zum Zweikampf und wird durch einen von diesem geschleuderten Felsblock getötet. Alle Nymphen und Hirten trauern mit Galatea und bewegen die Götter dazu, den toten Acis in einen ewig rieselnden Quell zu verwandeln.
Ich bin wie eine Taube (Galatea).

Georg Friedrich Händel: Julius Caesar

Oper in 3 Akten von Niccolò Francesco Haym – London 1724

Gajus Julius Caesar (Bar) – Curio, römischer Tribun (B) – Cornelia, Gattin des Pompejus (A) – Sextus Pompejus, ihr Sohn (T) – Cleopatra, Königin von Ägypten (S) – Ptolemäus, ihr Bruder, König von Ägypten (B) – Achillas, ägyptischer Feldherr, sein Berater (Bar) – Nirenus, Vertrauter der Cleopatra (B) – Römische und ägyptische Große, Kriegsleute, Sklaven, Frauen der Cleopatra

IN ÄGYPTEN NACH DER SCHLACHT BEI PHARSALUS 48 VOR CHRISTI GEBURT

1. Akt: Caesar hat seinen Rivalen Pompejus besiegt und zieht in Ägypten ein. In seiner Begleitung ist Cornelia, die Gattin des Pompejus, der Caesar zugesichert hat, Milde walten zu lassen. Als Achillas, der Feldherr des ägyptischen Königs Ptolemäus, in dessen Auftrag das Haupt des Pompejus bringt, ist Caesar empört, während Sextus, der jugendliche Sohn des Pompejus, schwört, seinen Vater zu rächen. Auch Cleopatra, die den ägyptischen Thron für sich beansprucht, schließt sich den Römern an. Bei einem Fest, das Ptolemäus zu Ehren Caesars veranstaltet, fordert Sextus den König zum Zweikampf. Ptolemäus läßt ihn einkerkern und Cornelia, die sich dem Werben des Achillas verschließt und den König anklagt, in sein Serail einweisen. – *2. Akt:* Einem Anschlag des Ptolemäus kann Caesar nur durch einen Sprung ins Meer entgehen. Cornelia wehrt sich unterdessen gegen die Annäherungsversuche des Königs. Als Achillas für den Kampf gegen Cleopatra und die Römer Cornelia verlangt, lacht ihn sein König aus. Achillas befreit Sextus und Cornelia und stellt sich auf die Seite der Römer. – *3. Akt:* In Caesars Abwesenheit hat Ptolemäus die Römer geschlagen, Cleopatra gefangen und Achillas tödlich verwundet. Vom sterbenden Achillas erhält Sextus einen Ring, der die Gefolgschaft der ägyptischen Truppen verbürgt. Caesar entsteigt dem Meer und nimmt den Ring an sich. Mit seiner und des Sextus' Hilfe schlägt Caesar die Ägypter, deren König Ptolemäus dabei den Tod findet, und krönt Cleopatra zur Königin.

Ohne Trost, ohn' alles Hoffen (Cornelia); Es blaut die Nacht (Cleopatra); Da seh' ich einen Jägersmann (Caesar); Aus der Brandung Gefahren (Caesar).

Georg Friedrich Händel: Rodelinde

Oper in 3 Akten von Niccolò Francesco Haym – London 1725

Rodelinde, Königin der Langobarden (S) – Bertarich, ihr Gatte, vertriebener König der Langobarden (Bar) – Hadwig, Bertarichs Schwester (A) – Grimwald, Tyrann der Langobarden (T) – Garibald, Herzog von Turin, Grimwalds Vertrauter (B) – Unof, ein Kriegsmann, Vertrauter Bertarichs (B) – Langobarden

IN MAILAND UM 600

1. Akt: Grimwald hat den rechtmäßigen König der Langobarden Bertarich vertrieben und will nun mit dem Thron auch Bertarichs Frau Rodelinde in Besitz nehmen, obwohl er durch einen früheren Treueschwur an Bertarichs Schwester Hadwig gebunden ist. Rodelinde weigert sich jedoch standhaft, bis der Tyrann ihr Kind entführt und droht, den kleinen Flavius zu töten, falls sie auf ihrer Weigerung beharrt. Bertarich aber lebt noch und muß von einem Versteck aus hören, wie sich seine Frau der Drohung beugt. – *2. Akt:* Rodelinde stellt, um Zeit zu gewinnen, die Forderung, Grimwald müsse mit eigener Hand ihren Sohn töten. Während sich Grimwald noch mit dem redlichen Unolf und dem rücksichtslosen Garibald berät, kommt Bertarich zu Rodelinde. Grimwald überrascht sie und wirft Bertarich, den er für den Geliebten

Rodelindes hält, ins Gefängnis. – *3. Akt:* Unolf kann seinen Herrn befreien und will mit ihm gemeinsam Rache an Grimwald nehmen. Doch überraschen sie Garibald, der sich selbst auf den Thron setzen will, wie er Grimwald ermorden will. Sie verhindern den Mord, und Grimwald verzichtet auf die Krone.
Wo weilst du, geliebtes Leben (Rodelinde); Einen Kuß nur (Rodelinde, Bertarich).

Georg Friedrich Händel: Xerxes

Heitere Oper in 3 Akten – London 1738
Xerxes, ein junger König im Osten (T) – Amastris, seine Verlobte (A) – Arsamene, sein Bruder (Bar) – Ariodat, Feldherr (B) – Romilda und Atalanta, seine Töchter (S) – Elviro, Arsamenes Diener (B) – Volk, Soldaten, Hochzeitsgäste

IN PERSIEN IM 5. JAHRHUNDERT VOR CHRISTI GEBURT

1. Akt: Obwohl der junge König Xerxes mit Amastris verlobt ist, bewirbt er sich um Romilda, eine Tochter des Feldherrn Ariodat, die ihrerseits wieder Arsamene, den Bruder des Xerxes, liebt. Da Arsamene Romildas Liebe erwidert und nicht auf sie verzichten will, verbannt ihn Xerxes vom Hofe. Amastris zieht mit Ariodat in den Krieg und kehrt in der Verkleidung eines Kriegers wieder heim. – *2. Akt:* Atalanta hat einen Brief ihrer Schwester Romilda an Arsamene abgefangen und behauptet nun, der Brief sei an sie gerichtet. Damit unterstützt sie die Hoffnungen des Königs, der Romilda für sich zu gewinnen hofft, indem er ihr die angebliche Treulosigkeit seines Bruders vorhält. Als er selbst dadurch Romilda nicht von Arsamene abbringen kann, läßt Xerxes das Haus Ariodats, in dem sich die beiden Schwestern befinden, von Soldaten umstellen. Mit der Auflage, niemanden in das Haus hineinzulassen, ernennt er die immer noch als Soldat verkleidete Amastris zu deren Anführer. In der Nacht wird Amastris Zeuge der Klage Romildas und der Reuebekenntnisse Atalantas. Sie verspricht, Arsamene am kommenden Morgen Romilda zuzuführen, wodurch sie sich gleichzeitig an Xerxes rächen will. Auf ihren Befehl, niemand in das Haus zu lassen, pochend, verweigert Amastris auch Xerxes den Zutritt. Der König gibt sich darauf als Bote aus und verkündet Ariodat, daß mit dem Sonnenaufgang der versprochene Freier aus königlichem Geblüt zur Hochzeit mit Romilda käme. – *3. Akt:* Frühzeitig läßt Amastris den ja auch aus königlichem Geblüte stammenden Arsamene ein. Er wird von dem Feldherrn freudig willkommen geheißen und sogleich mit Romilda vermählt. Als Xerxes eintrifft, ist Romilda bereits verheiratet; er muß sich mit seiner früheren Verlobten Amastris trösten.
O Leid ohnegleichen (Romilda); Deine Blicke sind wie Funken (Xerxes); Largo.

Karl Amadeus Hartmann (1905-1963): **Des Simplicius Simplicissimus Jugend**

Kammeroper in 3 Teilen nach Grimmelshausen und Hermann Scherchen von Wolfgang Petzet und Karl Amadeus Hartmann – Köln 1948 (Schott)
Simplicius (S) – Einsiedel (T) – Gouverneur (T) – Landsknecht (Bar) – Bauer (B) – Feldwebel (B) – Hauptmann (B) – Dame (Tänzerin) – Sprecher (Sprechrolle) – Bauern, Landsknechte, unsichtbare Stimmen

IN MITTELDEUTSCHLAND WÄHREND DES DREISSIGJÄHRIGEN KRIEGES

1. Teil: Der Dreißigjährige Krieg lastet schwer auf dem Land. Sengend, mordend, plündernd ziehen die Landsknechte über Land, mehr als die Hälfte der Bevölkerung kommt um. – Simplicius Simplicissimus, der „Allereinfältigste“, bekommt von seinem

Bauern den Auftrag, auf der Wiese die Schafe zu hüten und vor dem Wolf zu bewahren. Er träumt und hält, als er aufwacht, einen Landsknecht für einen Wolf. Während die Landsknechte den Hof seines Bauern verwüsten, kann Simplicius entkommen. – *2. Teil:* Simplicius ist auf der Flucht im Wald zu einem Einsiedel gekommen, der sogleich seine große Einfalt erkennt und ihn unterrichtet. Nach zwei Jahren legt sich der Einsiedel in das vorbereitete Grab zum Sterben; Simplicius, der nicht vom Grabe seines geliebten Lehrers weichen will, wird von einem Feldwebel und einem Landsknecht davongezerrt. – *3. Teil:* Er wird zum Gouverneur gebracht, den er durch seine naiven Worte in Verwunderung setzt. Auf höchst drastische Art sagt Simplicius die Wahrheit über die anwesende Dame und die Männer. In einer Verzückung beschreibt er schließlich den Lebensbaum, auf dessen Ästen die Schmarotzer, wie Gouverneur, Hauptmann, Landsknecht, sitzen, während das Volk in den Wurzeln über die unerträgliche Last stöhnt. Der Baum verschwindet, vier Bauern stürzen herein und töten Dame, Gouverneur, Hauptmann und Landsknecht. Simplicius preist den „Richter der Wahrheit".

Roman Haubenstock-Ramati (* 1919): **Amerika**

Oper in 2 Teilen nach dem gleichnamigen Roman von Franz Kafka und der Bühnenbearbeitung von Max Brod – Berlin 1966 (U. E.)

Karl (T) – Klara (Therese) (S) – Brunelda (Mezzo-S) – Die Oberköchin (A) – Onkel Jakob/der Oberportier/der Direktor (B) – Der Heizer/Pollunder Robinson (Bar) – Delamarche /der Oberkellner/der Personalchef (B) – 2 Sprecher

Das ist ein Spiel (in 25 Szenen) zwischen Traum und Wirklichkeit. Grelle Lichtkegel heben Existenzreste aus den Tiefen des Bewußtseins und stellen sie mitten in den Alltag. Menschen liefern einander aussichtslose Wortgefechte. Hier sind es Sprache, Gesang, erkennbare Personen und bekannte Formen als Ausdruck des Realen, des Bewußten; dort zerrissene Worte, Monologe und ungenannte Stimmen, absurde Pantomimen, Deformation der Objekte als Eindruck des Unterbewußten, des Transzendenten: Karl tritt auf: „Ich habe mich verirrt." Der Heizer tritt auf. Disput um nichts. Episode mit Klara: „Es geht nicht alles nach Wunsch." Das große Welttheater wird angekündigt. Brunelda singt und badet hinter einem Paravent. Karl wird in das große Theater von Oklahoma aufgenommen. Der Student und Karl haben ein kurzes Gespräch von der Wichtigkeit des langen Studiums. Allein das große Theater, das große Naturtheater, der Himmel und die Hölle, überprüfen alles.

Joseph Haydn (1732-1809): **Der Apotheker**

Komische Oper in einem Akt von Carlo Goldoni – Esterhaz 1768

Sempronio, Apotheker (Bar) – Mengone, in seinen Diensten (T) – Grilletta, Sempronios Mündel (S) – Volpino, ein junger reicher Geck (Mezzo-S) – Lehrjungen, Hausgesinde, Nachbarn, türkische Gefolge

IN EINER APOTHEKE IN ITALIEN IN DER MITTE DES 18. JAHRHUNDERTS

Mengone liebt die reizende Grilletta und begibt sich, ohne von der Apothekerkunst irgend etwas zu verstehen, in die Dienste ihres Vormunds Sempronio, der selbst – wegen der reichen Mitgift – ein Auge auf sein Mündel geworfen hat. Grillettas Liebe gehört jedoch Mengone. Ein dritter Bewerber um ihre Gunst ist der junge Lebemann Volpino, der dem Apotheker erzählt, der Sultan wolle ihn zum Hofapotheker ernen-

nen. Als Volpino aber als Vermittlungsgebühr die Hand Grillettas verlangt, will Sempronio endlich reinen Tisch machen und läßt zum Notar schicken. Da treten jedoch zwei Notare auf: Mengone und Volpino, die sich entsprechend verkleidet haben und, nachdem Sempronio den Ehekontrakt diktiert hat, jeweils den eigenen Namen als Ehepartner Grillettas einsetzen. Sempronio kommt ihnen aber auf die Schliche und setzt sie an die Luft. Volpino läßt sich etwas einfallen und kommt als Türke verkleidet in die Apotheke, um für seinen Freund Volpino um die Hand Grillettas zu bitten. Der Apotheker weigert sich, worauf Volpino von seiner Dienerschaft in der Apotheke einiges Unheil anrichten läßt. Mengone aber entlarvt den falschen Türken, der nun die zerstörte Einrichtung zahlen muß, und erhält als Dank Grilletta zur Braut.
Alle Tage klopfen, reiben (Mengone); Wo Liebesgötter lachten (Volpino); Wie Schleier seh' ich's niederschweben (Grilletta).

Joseph Haydn: Die Fischerinnen

Heitere Oper in 6 Bildern von Carlo Goldoni – Esterhaz 1769 (U. E.)
Burlotto, Fischer (T) – Lesbina, seine Schwester (S) – Frisellino, Fischer (T) – Nerina, seine Schwester (S) – Mastricco, Fischer (B) – Eurilda, seine Pflegetochter (A) – Lindoro, Diplomat (Bar) – Fischer und Fischerinnen

KLEINE INSEL NAHE DER ITALIENISCHEN KÜSTE, 17./18. JAHRHUNDERT

1. bis 6. Bild: Die Geschwisterpaare Burlotto und Lesbina, Frisellino und Nerina sowie der alte Fischer Mastricco mit seiner Pflegetochter Eurilda leben heiter und unbeschwert in den Tag hinein. Da trifft ein gewisser Lindoro ein. Er hat den Auftrag, eine vor vielen Jahren ausgesetzte Fürstentochter zu finden und in ihr Land zurückzubringen. Lesbina und Nerina sehen die einmalige Gelegenheit, in einen höheren Stand aufzurücken. Sie wetteifern miteinander um die Gunst Lindoros. Doch Lindoro durchschaut die Absicht und läßt sich nicht beirren. Sein besonderes Interesse gilt der bescheidenen Fischerin Eurilda. Und sie stellt sich auch als die Gesuchte heraus. Lesbina und Nerina sind froh, daß ihnen Burlotto und Frisellino ihr falsches Spiel noch einmal verzeihen. Eurilda aber besteigt den Thron ihrer Väter, zu ihrem Gemahl nimmt sie Lindoro.

Joseph Haydn: Untreue lohnt nicht

Komische Oper in 2 Akten von M. Coltellini – Esterhaz 1773 (U. E.)
Vespina, Schwester von Nanni, Freundin des Nencio (S) – Sandrina, Freundin des Nanni (S) – Filippo, alter Bauer, Sandrinas Vater (T) – Nencio, reicher Bauer (T) – Nanni, Bauer, Freund Sandrinas (Bar)

ITALIEN, 18. JAHRHUNDERT

1. und 2. Akt: Filippo eröffnet seiner Tochter Sandrina, daß sie nicht ihren Freund Nanni heiraten dürfe, sondern sich mit dem reichen Nencio vermählen müsse. Verzweifelt gesteht Sandrina Nanni, daß sie sich nicht mehr sehen dürften, Nanni schwört Rache und eilt zu seiner Schwester Vespina, die ihrerseits in Nencio verliebt ist. Die beiden beschließen, durch List die Heirat zu vereiteln. Als alte Frau verkleidet, geht Vespina zu Filippo und fragt ihn nach dem „Bösewicht" Nencio, der mit ihrer Tochter verheiratet sei und diese mitsamt seinen drei Kindern hätte sitzenlassen. Filippo, empört über das „Doppelleben" Nencios, jagt den Ahnungslosen fort. Vespina, nun als Diener verkleidet, begegnet Nencio und erzählt ihm, daß ihr Herr, ein steinreicher

Herzog, um die Hand Sandrinas anhalte. Nencio seinerseits wähnt sich nun von Filippo betrogen, da dieser dem reicheren Eidam den Vorzug gibt. Etwas später trifft er den „Herzog“ selber, in dessen Kleidern wiederum die schlaue Vespina steckt, und erfährt von „ihm“, daß der Herzog lediglich eine Frau für seinen Diener suche, den eitlen Vater aber im Wahne lasse, daß er das arme Bauernmädchen selber heiraten würde. Nun ist es an Nencio, zu triumphieren. – Vespina, als Notar verkleidet, erscheint mit Nanni, ebenfalls verkleidet als dessen Diener, bei Filippo, um den Ehevertrag für den „Herzog“ unterzeichnen zu lassen, der Herzog könne nicht selber erscheinen. Zeugen seien der „Diener“ und Nencio. Der Vertrag aber ist zugunsten Nannis und Sandrinas aufgesetzt. Filippo jedoch unterzeichnet blindlings. Nun demaskieren sich die beiden und decken den Betrug auf. Sandrina ist überglücklich, während Filippo und Nencio den Vertrag nicht gelten lassen wollen. Doch schließlich sehen sie ein, daß sie nicht ganz unschuldig am Verlauf der Geschichte sind, und nehmen das Ganze lachend hin.

Joseph Haydn: Die Welt auf dem Monde

Komische Oper in einem Vorspiel und 2 Akten von Carlo Goldoni – Esterhaz 1777
Buonafede, ein reicher Kaufmann aus Venedig (B) – Der Doktor aus Bologna (Bar) – Leandro, ein verliebter junger Italiener (T) – Hans Wurst, genannt Cecco, sein Diener aus Wien (T) – Clarissa, Buonafedes Tochter (S) – Lisetta, Buonafedes Haushälterin (Mezzo-S) – Vier Spaßmacher (2 T und 2 B) – Vier Marionetten (2 S und 2 Bar)

IN VENEDIG UM 1750

Vorspiel: Der reiche Kaufmann Buonafede bittet den Doktor, durch sein Fernglas den Mond betrachten zu dürfen. Was er sieht, begeistert ihn so, daß er das Glas gleich kaufen will. Bei den Verhandlungen darüber erzählt er auch von seiner Tochter Clarissa, die, statt dem Rat ihres Vaters, einen reichen Mann zu nehmen, zu folgen, einen jungen Burschen heiraten will. Da kommt Cecco und nimmt den Doktor beiseite, um ihm von seinem Herrn zu erzählen, der sich vor Sehnsucht nach der ihn ebenfalls liebenden Clarissa verzehre. Der Doktor verspricht, den jungen Leuten zu helfen. – *1. Akt:* Als daher Buonafede in seinem Haus Clarissa und Lisetta bei einem Stelldichein mit Leandro und Cecco ertappt, greift der Doktor ein und berichtet von einem Elixier, das den Menschen so leicht mache, daß er bis zum Mond fliegen könne. Natürlich will Buonafede auch zum Mond; er bekommt das Elixier und schläft prompt ein. – *2. Akt:* Schlafend wird Buonafede in den Garten gebracht, wo ihm nach seinem Erwachen die übrigen Beteiligten als Mondbewohner ein Spiel vorführen, in dem die Liebesgeschichte seiner Tochter dargestellt ist. Der Mondbeherrscher verkündet ihm, daß er zur Erde zurück müsse, wenn er nicht seine Zustimmung zu ihrer Vermählung mit Leandro gebe. Buonafede aber bleibt hart und kommt schließlich hinter die ganze Komödie. Als ihm die Mitspielenden aber vor Augen führen, wie er vor der Stadt blamiert ist, wenn seine Leichtgläubigkeit bekannt wird, gibt er schließlich nach unter der Bedingung, daß Leandros Vater alle Kosten übernehmen wird.

Hans Werner Henze (* 1926): Boulevard Solitude

Lyrisches Drama in 7 Bildern von Grete Weil – Hannover 1952 (Schott)
Manon Lescaut (S) – Armand des Grieux (T) – Lescaut (Bar) – Francis, Armands Freund (Bar) – Lilaque le père, ein reicher Kavalier (T) – Lilaque le fils, sein Sohn (B) – Ein Diener, Pantomime – Eine Dirne (Tänzerin) – 2 Kokainisten (Tänzer) – Zigarettenboy

(Tänzer) – Blumenmädchen (Tänzerin) – Zeitungsjungen, Dirnen, Polizisten, Studenten, Reisende

PARIS, GEGENWART

1. Bild: In der Bahnhofshalle trifft der Student Armand des Grieux das Mädchen Manon Lescaut, das von seinem Bruder ins Pensionat gebracht werden soll. Sie geht – abenteuerlustig – auf seinen Vorschlag ein, ihn zu begleiten. Lescaut sieht es, er hat seine Freude daran. – *2. Bild:* Die beiden leben in einer armseligen Dachkammer in Paris. Sie sind glücklich. Weil sein Vater kein Geld mehr schickt, bittet Armand seinen Freund Francis um Hilfe. Während er fort ist, überredet Lescaut die Schwester, den reichen Lilaque le père zu erhören. Sie willigt ein. – *3. Bild:* Sie lebt bei dem Alten, doch schreibt sie immer noch zärtliche Briefe an Armand. Lescaut fordert immer wieder Geld von ihr, sie kann ihm nichts geben, da nimmt er sich das Geld von Lilaque. Dieser entdeckt den Verlust und weist beide aus dem Haus. – *4. Bild:* Armand studiert weiter. Francis erzählt ihm, daß Manon nicht mehr bei dem Alten lebt. Armand träumt von der Geliebten. Auf einmal steht sie vor ihm und entführt ihn in ein leichtes, gefährliches Leben. – *5. Bild:* Immer mehr entgleitet ihm Manon, er flieht in den Rausch. Lescaut führt seiner Schwester einen neuen Freier zu: Lilaque le fils. Durch einen Brief bestellt Manon Armand in die Wohnung ihres neuen Freundes, der verreisen wird, und sie verbringen eine letzte gemeinsame Nacht. – *6. Bild:* Lescaut mahnt Armand zum Aufbruch, nicht ohne ein wertvolles Bild aus dem Rahmen zu schneiden. Das Eintreffen des alten Lilaque hindert Lescaut und Armand am Fortgehen. Er befiehlt, die Polizei zu rufen. Lescaut drückt Manon einen Revolver in die Hand. Sie erschießt den Alten. Sie bleibt mit Armand bei der Leiche, bis der junge Lilaque kommt. Lescaut verschwindet mit dem Bild. – *7. Bild:* Vor dem Gefängnis will Armand Manon noch einmal sehen. Sie geht vorbei, ohne ihn anzusehen. Dann bricht er zusammen.
Sah wie ein Kuß aus und war doch wie ein Tritt! (Lescaut); Zum letzten Mal in meinem Leben (Armand).

Hans Werner Henze: König Hirsch

Oper in 3 Akten von Heinz von Cramer – Berlin 1956 (Schott)
Der König (T) – Das Mädchen (S) – Der Statthalter (Bar) – Scollatella, eine teilbare Frauensperson (S) – Scollatella II, III und IV (S, Mezzo-S und A) – Checco, ein verträumter Bursche (T) – Coltellino, ein schüchterner Mörder (T) – Damie in Schwarz (A) – Die Erfinder (Clowns mit Gesang) – Der Papagei (Tänzerin) – Der Hirsch (stumm) – Die beiden Statuen (S) – Stimmen des Waldes, Windgeister, Frauenpersonen, Stimmen der Menschen, Hofstaat, Volk, Schergen, Jäger, Soldaten, Tiere, Erscheinungen

IN EINER SÜDLICHEN LANDSCHAFT ZUR MÄRCHENZEIT

1. Akt: Der Statthalter, der den König als Kind im Wald aussetzen ließ und nun, da er herangewachsen ist, dessen Rückkehr nicht verhindern kann, versucht noch am Tag der Krönung des Königs die Staatsgewalt an sich zu reißen. Zu diesem Zwecke befiehlt er, daß sich alle Mädchen des Landes zur Brautschau beim König einfinden. Nur ein Mädchen weigert sich und wird vor den Statthalter gebracht. Er schildert den König als brutalen Mann und gibt dem Mädchen ein Messer, mit dem es sich des Königs erwehren solle. Bei der Brautschau lehnt der König, unterstützt von den beiden Statuen, alle Bewerberinnen ab. Nur zu dem Mädchen erfaßt ihn eine heftige Liebe. Der Statthalter zeigt jedoch das Messer vor und verlangt, daß das Mädchen aus

Gründen der Staatsräson hingerichtet werden müsse. Lieber aber dankt der König ab, um, gefolgt von dem Papagei und dem Träumer Checco, wieder in den Wald zu gehen. Auf Befehl des Statthalters folgt ihm auch Coltellino, der den König töten soll. – *2. Akt:* Da nur der Tod des Königs seine Herrschaft garantieren kann, geht auch der Statthalter in den Wald und führt einen Mordanschlag auf den König aus. Der Anschlag mißlingt, und der König kann sich mit Hilfe eines Zauberwortes in einen Hirsch verwandeln. Aber auch der Statthalter erfährt das Zauberwort, verwandelt sich in den König und läßt Jagd auf alle Hirsche machen. – *3. Akt:* Den Hirsch hat die Sehnsucht nach dem Mädchen in die Stadt geführt. Als er dem Statthalter vor Augen kommt und dieser ihn gerade töten will, erschießt Coltellino den Statthalter, in dem Glauben, es handele sich um den tatsächlichen König. Der Hirsch verwandelt sich wieder in den König, der zusammen mit dem Mädchen den Thron besteigt.

Hans Werner Henze: Der Prinz von Homburg

Oper in 3 Akten von Ingeborg Bachmann nach Heinrich von Kleist – Hamburg 1960 (Schott)

Der Kurfürst (T) – Die Kurfürstin (A) – Natalie (S) – Feldmarschall Dörfling (Bar) – Der Prinz von Homburg (Bar) – Obrist Kottwitz (B) – Graf Hohenzollern (T) – 1. Offizier (T) – 2. Offizier (B) – 3. Offizier (Bar) – 1. Hofdame (S) – 2. Hofdame (Mezzo-S) – 3. Hofdame (A) – Wachtmeister (Bar) – Ein Heiduck (T) – 8 Offiziere

FEHRBELLIN IM JAHRE 1675

1. Akt: Die Schlacht von Fehrbellin steht unmittelbar bevor, nur der General der Reiterei, Prinz Friedrich von Homburg, fehlt. Er wird vom Kurfürsten im Garten des Schlosses dabei überrascht, wie er sich im Traum einen Siegerkranz windet. Der Kurfürst nimmt den Kranz und reicht ihn Prinzessin Natalie. Als sie sich zurückziehen, streift der Prinz einen Handschuh von der Hand der Prinzessin. Der Handschuh bleibt ihm als unerklärliche Verbindung zwischen Traum und Wirklichkeit. Im Schloß diktiert Feldmarschall Dörfling den Schlachtenplan. Der Prinz ist von dem Anblick Natalies so beeindruckt, daß er die Worte des Feldmarschalls kaum wahrnimmt. Seine Verwirrung erreicht ihren Höhepunkt, als sich herausstellt, daß Prinzessin Natalie eben den Handschuh vermißt, den er noch bei sich trägt. Die Schlacht von Fehrbellin beginnt. Die Schweden weichen, und Prinz Friedrich gibt den Befehl zum Angriff, ohne seine Order abzuwarten, wie es der Schlachtenplan vorschreibt. Am nächsten Morgen werden Verwundete und Tote geborgen. Auch der Kurfürst soll gefallen sein. Im Augenblick tiefster Trauer bekennen Prinz von Homburg und Prinzessin Natalie ihre Liebe. Doch der Kurfürst kehrt unversehrt aus der Schlacht zurück und erklärt, er werde den, der durch den eigenmächtigen Einsatz der Reiterei den Sieg in Frage gestellt hat, durch das Kriegsgericht zum Tode verurteilen lassen. Als der Prinz von Homburg die Siegestrophäen vor ihm niederlegt, läßt er ihm den Degen abnehmen. – *2. Akt:* Das Kriegsgericht hat Prinz Friedrich zum Tode verurteilt. Er wird sich des Ernstes seiner Lage erst bewußt, als er im Gefängnis vom Grafen Hohenzollern hört, der Kurfürst habe das Urteil zur Unterschrift angefordert. Entsetzt prallt er zurück angesichts des Grabes, das im Gefängnishof für ihn ausgehoben wird. Auf Hohenzollerns Rat fleht Friedrich die Kurfürstin um Hilfe an, doch sie sieht sich außerstande, noch einzugreifen. Natalie erbietet sich, einen letzten Versuch zu unternehmen, den Kurfürsten umzustimmen. Bestürzt vernimmt der Kurfürst von Natalie, daß der Prinz von Homburg nur noch an seine Rettung denke. Er übergibt Natalie ein Schreiben, in dem er dem Prinzen mitteilt, er würde sofort frei sein, falls er das Urteil für ungerecht

halten kann. Im Gefängnis übergibt Natalie den Brief des Kurfürsten. Prinz Friedrich entscheidet sich für das Gesetz. In ihrer Verzweiflung beordert Natalie das Dragonerregiment, dessen Chef sie ist, zur Befreiung des Prinzen nach Fehrbellin. – *3. Akt:* Das Regiment „Prinzessin Oranien" ist in der Stadt. Es droht offene Rebellion. Das Heer bittet durch seine Offiziere um Gnade für den Prinzen. Der Kurfürst läßt ihn aus dem Gefängnis holen. Prinz Friedrich beharrt auf seinem Entschluß: „Der Tod wäscht jetzt von jeder Schuld mich rein." Mit den Worten „Sohn" und „Freund" stellt der Kurfürst seine Ehre wieder her. Der Prinz wird ins Gefängnis zurückgebracht. Dem Gesetz ist Genüge getan. Der Kurfürst kann das Todesurteil zerreißen. Beim Schloß zu Fehrbellin – es ist Nacht – führt Graf Hohenzollern den Prinzen von Homburg mit verbundenen Augen in den Garten. Der Prinz glaubt sich auf dem Weg zur Hinrichtung, da nimmt Graf Hohenzollern ihm die Binde ab. Er steht vor dem Kurfürsten und dem Hofstaat wie in seinem Traum vor der Schlacht. Seine damalige Vision von Siegeslorbeer, Fürstenkette und Braut hat der Kurfürst Wirklichkeit werden lassen.
Der Nam' ist mir, seit ich erwacht', entfallen (Homburg); Das Leben nennt der Derwisch eine Reise (Homburg, Natalie).

Hans Werner Henze: Elegie für junge Liebende

Oper in 3 Akten von W. H. Auden und Ch. Kallman – Schwetzingen 1961 (Schott)
Gregor Mittenhofer, ein Dichter (Bar) – Dr. Wilhelm Reischmann, Arzt (B) – Toni, Student, sein Sohn (T) – Elisabeth Zimmer (S) – Carolina Gräfin von Kirchstetten, Mittenhofers Sekretärin (A) – Hilda Mack, eine Witwe (S) – Josef Mauer, Bergführer (Sprechrolle)

DAS BERGHOTEL „ZUM SCHWARZEN ADLER" IM JAHRE 1910

1. Akt: Der Dichter Gregor Mittenhofer ist, wie schon so oft zur Maienzeit, wieder einmal im Alpenhotel „Zum Schwarzen Adler" abgestiegen, um sich von Hilda Mack für sein Schaffen inspirieren zu lassen, die in visionärem Zustand auf die Rückkehr ihres vor 40 Jahren vermißten Mannes wartet. Alles läuft wie immer ab. Carolina Gräfin von Kirchstetten, die Geliebte Elisabeth Zimmer und der Jugendfreund Dr. Wilhelm Reischmann bemühen sich in ständiger Sorge um Mittenhofer. Da trifft Toni, der zwanzigjährige Sohn Dr. Reischmanns, ein und lernt Elisabeth kennen. In diesem Augenblick hat Hilda eine Vision: sie spricht von Schnee, Liebe, Opfer und anderen Dingen. Da meldet der Bergführer Mauer, der Hammerhorngletscher habe die Leiche eines Menschen freigegeben; es könne der Mann von Hilda Mack sein. Hilda wird davon unterrichtet und gibt Elisabeth in visionärer Anwandlung den Rat, nicht länger in den Bergen zu bleiben. – *2. Akt:* Die Liebe zwischen Elisabeth und Toni ist kein Geheimnis mehr. Mittenhofer gibt sich gelassen; er kann Elisabeth sogar ein schuldhaftes Verhalten suggerieren und macht ihr letztlich den Vorwurf, sie habe ihn auf halbem Wege verlassen. Tatsächlich stellt Elisabeth Toni ihre Liebe als Irrtum hin. Eine Auseinandersetzung zwischen Mittenhofer und Toni endet damit, daß sich der Dichter überraschenderweise für eine Verbindung der „jungen Liebenden" einsetzt; dabei verweist er auf das Gedicht, an dem er gerade schreibt. – *3. Akt:* Noch einen Tag wollen Elisabeth und Toni in den Bergen bleiben; sie unternehmen eine Tour zum Hammerhorn. Es kommt ein schweres Wetter auf, mit einem Schneesturm ist zu rechnen. Der Bergführer Mauer fragt im Hotel nach, ob jemand der Gäste auf Tour sei. Mittenhofer verneint. Die „jungen Liebenden" verirren sich und sterben. Geraume Zeit danach feiert Mittenhofer seinen 60. Geburtstag. Auf der Feier liest er sein vollendetes Gedicht „Elegie für junge Liebende" vor.

Heut wies er, am Morgen, im frühen Licht, auf den Tag (Hilda); Herrlicher, du kamst zurück, deinem Schwure treu (Hilda, Toni); Da oben auf dem Berge (Toni, Elisabeth).

Hans Werner Henze: Der junge Lord

Komische Oper in 2 Akten von Ingeborg Bachmann nach einer Parabel aus „Der Scheik von Alessandria und seine Sklaven“ von Wilhelm Hauff – Berlin 1965 (Schott)
Sir Edgar (stumm) – Sein Sekretär (Bar) – Lord Barrat, Neffe Sir Edgars (T) – Begonia, Köchin aus Jamaica (Mezzo-S) – Der Bürgermeister (B) – Oberjustizrat Hasentreffer (Bar) – Ökonomierat Scharf (Bar) – Professor von Mucker (T) – Baronin Grünwiesel (Mezzo-S) – Frau von Hufnagel (Mezzo-S) – Frau Oberjustizrat Hasentreffer (S) – Luise, Mündel der Baronin (S) – Ida, deren Freundin (S) – Kammermädchen (S) – Wilhelm, ein Student (T) – Amintore La Rocca, Zirkusdirektor (T) – Lichtputzer (Bar) – Herr La Truiare, Tanzmeister (stumm) – Meadows, der Butler (stumm) – Jeremy, ein Mohr (stumm) – Zirkusleute: Rosita, Seiltänzerin; Brimbilla, Jongleur; Vulcano, Feuerschlucker; der Affe Adam, Lehrer (stumm) – 2 Männer mit Farbe und Pinsel (stumm) – Die Garnisonskapelle – Damen und Herren, junge Mädchen und junge Herren der guten Gesellschaft, Kinder, Volk

KLEINE DEUTSCHE STADT IM 19. JAHRHUNDERT

1. Akt, 1. Bild: In Hülsdorf-Gotha, einer kleinen deutschen Stadt, ist alles zum Empfang bereit. Bürgermeister, Ratsherren und viele Bürger erwarten einen reichen Engländer. Aber als er eintrifft, sind die Menschen verwirrt. Was den Kutschen entsteigt, entspricht nicht ihrer Vorstellung. Eine seltsame Dienerschaft, darunter zwei Mohren, bemühen sich um sonderbares Gepäck. Sir Edgar, der reiche Engländer, ist zwar höflich genug, den Empfang über sich ergehen zu lassen, wendet sich aber im übrigen sofort seinem Haus zu, das er in der Stadt erworben hat. Unterdessen hat Luise, das reichste Mädchen in Hülsdorf-Gotha, für einen Augenblick lang den Studenten Wilhelm sprechen können. – *2. Bild:* Baronin Grünwiesel hat zu einer Gesellschaft geladen. Ihr Plan ist es, das Mündel Luise mit dem reichen Engländer zusammenzubringen; eine Verbindung mit dem Studenten Wilhelm hält sie für unter ihrem Stand. Doch Sir Edgar sagt ab, und die Baronin denkt an Rache. – *3. Bild:* Auf dem Marktplatz von Hülsdorf-Gotha läßt Sir Edgar Geld unter Artisten verteilen, die gerade ihre Zirkusvorstellung beendet haben. Der Stadtrat fühlt sich verletzt. Da man Sir Edgar aber nichts Unrechtes nachweisen kann, versucht man wenigstens, die Ausweisung der Zirkusleute zu erreichen mit der Begründung, sie hätten ihr Platzgeld nicht bezahlt. Sir Edgar weiß Rat: er bezahlt und lädt die Artisten in sein Haus. – *2. Akt, 4. Bild:* Aus Sir Edgars Haus dringen Schreie. Der Bürgermeister nimmt sich persönlich des Falles an. Doch ihm wird die Antwort zuteil, es seien keine Schreie gewesen; der junge Lord Barrat, ein Neffe von Sir Edgar, jammere so entsetzlich, weil er Schwierigkeiten mit den Deutsch-Lektionen habe. Andererseits wird dem Bürgermeister aber in Aussicht gestellt, Sir Edgar werde bald zu einer Gesellschaft laden. – *5. Bild:* Beim Empfang in Sir Edgars Haus sind die Damen, voran die Baronin Grünwiesel, aus dem Häuschen; sie finden das Benehmen des jungen Lord Barrat hinreißend interessant; Luise wird von ihm mit Komplimenten überschüttet; sie ist verwirrt. Wilhelm sieht, wie der junge Lord aufdringlich wird, und beleidigt ihn. Luise fällt in Ohnmacht. – *6. Bild:* Es ist ein offenes Geheimnis: Luise und der junge Lord werden sich demnächst verloben. Auf einem Fest im großen Ballsaal im Kasino der Residenz wird getanzt, auch der junge Lord tanzt, zuerst mit Luise, später allein und immer ausgelassener, wilder, verrückter, bis er zum Entsetzen der Anwesenden über

Tische springt und die Einrichtung demoliert. Da tritt Sir Edgar vor und lüftet das Geheimnis, wer der junge Lord in Wirklichkeit ist.
Hochverehrtes Publikum! (Amintore la Rocca); Diese Benommenheit (Luise).

Hans Werner Henze: Die Bassariden

Opera seria mit Intermezzo in 1 Akt nach den „Bacchantinnen" des Euripides von W. H. Auden und Ch. Kallman – Salzburg 1966 (Schott)
Dionysos, auch Stimme und Fremdling (T) – Pentheus, König von Theben (Bar) – Kadmos, sein Großvater (B) – Teiresias, ein alter und blinder Seher (T) – Hauptmann der Wache (Bar) – Agaue, Kadmos' Tochter und Mutter des Pentheus (Mezzo-S) – Autonoe, ihre Schwester (S) – Beroe, eine alte Sklavin (A) – Junge Frau, Sklavin in Agaues Haus (stumm) – Kind, ihre Tochter (stumm) – Bassariden, Bürger, Wachen, Diener.
Personen im (Intermezzo) „Urteil der Kalliope": Venus (= Agaue) – Proserpina (= Autonoe) – Kalliope (= Teiresias) – Adonis (= Hauptmann) – Diener, Musikanten

THEBEN UND AUF DEM BERG KYTHERON, MYTHISCHE ZEIT

König Kadmos von Theben hat den Thron an seinen Enkel Pentheus abgetreten. Das Volk wünscht dem neuen König Weisheit und eilt zum Berge Kytheron, um Dionysos zu begrüßen. Die Zurückgebliebenen – Kadmos, der alte Teiresias, Pentheus' Mutter Agaue und die alte Sklavin Beroe – unterhalten sich über Dionysos. Der Hauptmann der Wache gibt den königlichen Beschluß bekannt, daß es jedem untersagt ist, daran zu glauben, daß Zeus mit Semele einen Sohn gezeugt hat. Der König selber löscht die Altarflamme auf dem Grab der Semele und verbietet unter Androhung des Todes, sie wieder zu entzünden. Pentheus will dem Kult des Dionysos entgegentreten und wird von Kadmos gewarnt. Doch der König befiehlt dem Hauptmann, alle zu verhaften, die Dionysos empfangen wollen. Der alten Beroe vertraut er seinen wahren Glauben an einen allumfassenden Gott an. Der Hauptmann bringt die Gefangenen in den Gerichtssaal, unter ihnen sind Teiresias, Autonoe, Agaue mit einer Sklavin und deren Kind sowie ein Fremder. Alle Gefangenen, die nicht Thebaner sind, werden zur Folter abgeführt. Agaue befindet sich in einem Trancezustand. Pentheus' Versuch, sie in die Wirklichkeit zurückzuholen, beantwortet sie mit der Schilderung ihrer Erfahrungen auf dem Berg Kytheron. Beroe hat den Fremden als Dionysos erkannt und versucht, Pentheus zu warnen. Agaue und Autonoe werden in ihren Gemächern eingeschlossen. Pentheus hält den Fremden für einen Priester des Dionysos und fragt ihn über den Gott aus. Aber seine Antworten sind rätselhaft. Der Fremde wird der Folter unterzogen. Pentheus ist verwirrt. Da bebt die Erde, und die Flamme auf Semeles Grab lodert wieder. Die Gefangenen jubeln und entfliehen zum Berge Kytheron. Der Fremde läßt Pentheus durch den Spiegel seiner Mutter das Treiben der Gefangenen auf dem Berge sehen. – *Intermezzo:* Pentheus' Phantasievorstellungen einer überzüchteten, dekadenten Welt werden sichtbar. Agaue, Autonoe, Teiresias und der Hauptmann führen verkleidet „Das Urteil der Kalliope" auf. – Pentheus ist angewidert von dem Spiel. Unter dem Druck des Fremden zieht er ein Kleid seiner Mutter an und folgt unter Wehklage Beroes zum Berg Kytheron. Die Bassariden singen zum Ruhme des Dionysos. Die Mänaden beschwören den Gott, und eine Stimme heißt sie, einem Spion nachzujagen. Pentheus wird von ihnen umringt, er weiß seine Mutter unter ihnen und erinnert sie daran, daß er ihr Sohn ist. Die Mänaden stürzen sich auf ihn. In Theben halten Kadmos und Beroe Wacht. Da stürmen die Bassariden herein, unter ihnen Agaue, noch immer in Trance. Sie hält den Kopf Pentheus' unter dem Arm und glaubt, einen Löwen erlegt zu haben. Allmählich kehrt sie in die Wirklichkeit zurück, kann sich das Geschehene aber nicht erklären. Als man den Leichnam des Pentheus bringt, fleht Agaue Kadmos an, sie zu töten. Sie nimmt Abschied von ihrem Sohn und beschuldigt die Götter. Der Fremde erscheint und gibt sich als Dionysos zu erkennen. Er schickt Kadmos und dessen Töchter in die Verbannung und befiehlt, den Palast anzuzünden. Er ruft seine Mutter Semele, aus dem Reich der Toten zum Olymp emporzusteigen.

Paul Hindemith (1895-1963): **Cardillac**

Oper in 4 Akten nach E. T. A. Hoffmann von Ferdinand Lion – Dresden 1926 (Schott)
Cardillac, ein berühmter Goldschmied (Bar) – Seine Tochter (S) – Sein Geselle (T) – Die Erste Sängerin der Oper (S) – Der Offizier (B) – Der junge Kavalier (T) – Der reiche Marquis (stumm) – Klymene (A), Phaeton (T) und Apollo (B) in Lullys Oper „Phaeton“ – Choristen, Tänzer, Theaterpersonal, Wachen, Volk

IN PARIS KURZ VOR 1800

1. Akt: Wieder einmal ist der Besitzer eines Schmuckstückes, das er kurz zuvor aus der Werkstatt des berühmten Goldschmiedes erworben hatte, ermordet und des Schmukkes beraubt worden. Der Mord ist noch dazu vor Cardillacs Haus geschehen. Noch ist Volk versammelt, als die Erste Sängerin der Oper vorüberkommt und dem jungen Kavalier erklärt, er könnte sich ihre Gunst nur durch etwas ganz Ungewöhnliches erwerben. Der Kavalier kauft bei Cardillac ein kostbares Diadem und bringt es der Sängerin. Während er noch in den Armen seiner Geliebten weilt, dringt Cardillac ein, ersticht den Kavalier und sucht mit dem Diadem das Weite. Er ist dämonisch an seine Schöpfungen gebunden und muß sie immer wieder in seine Hände bringen. – *2. Akt:* Der Geselle wird trotz der flehentlichen Bitten der Tochter Cardillacs und ohne dessen Widerspruch unter Mordverdacht verhaftet. Cardillac hat die geraubte Krone versehentlich wieder unter die Ausstellungsstücke getan, wo sie in seiner Abwesenheit der Marquis sieht und für die erstaunte Sängerin als Ausstattung für die heutige Premiere von Lullys „Phaeton“ erwirbt. Der Geselle kann aus der Haft entrinnen und beschwört Cardillacs Tochter, mit ihm zu fliehen. Sie will jedoch bei ihrem Vater bleiben, und Cardillac weist den Gesellen, der die Zusammenhänge durchschaut, aus dem Haus. – *3. Akt:* Cardillac treibt sich hinter der Bühne herum. Der Geselle hat die Sängerin warnen können; sie legt beim Verlassen der Bühne die Krone auf ein Tischchen und ist, als sie den Meister erblickt, fasziniert von ihm. Auch er scheint ihr sofort verfallen. Als er jedoch sieht, daß die Krone, die der Offizier an sich genommen hat, nicht mehr auf dem Tisch liegt, eilt er davon. – *4. Akt:* Der Geselle ist dem Offizier gefolgt und kann ihn auf der Straße vor dem Anschlag Cardillacs beschützen. Die herbeigeeilte Menge verlangt Rechenschaft, wer nun der wahre Täter sei. In einer erregten Wechselrede mit der Menge bekennt Cardillac schließlich triumphierend seine Schuld und wird erschlagen. Die Sängerin erkennt die Notwendigkeit der Überwindung, während der Geselle und Cardillacs Tochter das Werk des Vaters ohne Bluttaten weiterführen wollen.

Paul Hindemith: Neues vom Tage

Lustige Oper in 2 Akten von Marcellus Schiffer – Berlin 1929 (Schott)
Laura (S) – Eduard (Bar) – Baron d'Houdoux, Präsident des Konzerns „Universum“ (B) – Frau Pick, Reporterin (A) – Der schöne Herr Hermann (T) – Elli (S), Olli (A), Ali

(T) und Uli (B), unzufriedene Paare – Fremdenführer (B) – Hotelmanager (B) – Oberkellner (Bar) – Zimmermädchen (S) – Standesbeamter (B) – Manager, Chor

IN BERLIN IN DER GEGENWART

Das junge Ehepaar Laura und Eduard gerät nach der Rückkehr von seiner Hochzeitsreise in einen veritablen Streit. Sofortige Scheidung scheint die einzige Lösung; als Scheidungsgrund vermittelt ihnen Baron d'Houdoux den in diesem Fach häufig erprobten schönen Herrn Hermann. Wie jedoch Laura sich mit Hermann vor der Venusstatue im Museum trifft, kommt Eduard dazu und zerschlägt vor lauter Eifersucht die kostbare Statue, worauf er ins Gefängnis gesperrt wird. Hermann versucht sich nun bei Laura tatsächlich als Scheidungsgrund, was zu einer von der Reporterin Frau Pick im Bild festgehaltenen äußerst kompromittierenden Situation führt. Film und Presse bemühen sich darauf um das Ehepaar, Baron d'Houdoux finanziert sogar eine Revue, in der Laura und Eduard, den er dafür aus der Haft befreit hat, ihren Eheskandal vorführen. Beide sind glücklich, suchen sie doch schon lange einen Vorwand, um wieder vereint sein zu können. Nur wird es ihnen langsam unangenehm, immer und immer wieder in der Revue, die riesigen Erfolg hat, dieselben Szenen spielen zu müssen. Baron d'Houdoux besorgt deshalb ein Double-Paar, mit dessen Hilfe die Revue noch fünfzig Jahre läuft.

Paul Hindemith: Mathis, der Maler

Oper in 7 Bildern von Paul Hindemith – Zürich 1938 (Schott)

Albrecht von Brandenburg, Kardinal, Erzbischof von Mainz (T) – Mathis, Maler in seinen Diensten (Bar) – Lorenz von Pommersfelden, Domdechant von Mainz (B) – Wolfgang Capito, Rat des Kardinals (T) – Riedinger, reicher Mainzer Bürger (B) – Hans Schwalb, Führer der aufständischen Bauern (T) – Truchseß von Waldburg, Befehlshaber des Bundesheeres (B) – Sylvester von Schaumberg, einer seiner Offiziere (T) – Der Graf von Helfenstein (stumm) – Der Pfeifer des Grafen (T) – Ursula, Riedingers Tochter (S) – Regina, Schwalbs Tochter (S) – Gräfin Helfenstein (A) – Antoniterbrüder, katholische und evangelische Bürger, Studenten, Bauern, Soldaten, Erscheinungen

IN UND UM MAINZ ZUR ZEIT DES BAUERNKRIEGES 1524/25 UND ETWAS SPÄTER

1. Bild: Zu Mathis, der den Kreuzgang des Antoniterklosters ausmalt, flüchtet sich verletzt und matt Hans Schwalb, der Führer der aufständischen Bauern. Nachdem Schwalb verbunden worden ist, macht er dem Maler Vorwürfe, daß er nur an seine Kunst denke, während sein Volk bitterste Not leide. Da meldet Regina, die auf Mathis tiefen Eindruck macht, die Verfolger. Mathis gibt dem Bauern sein eigenes Pferd und bekennt sich den Verfolgern gegenüber zu seiner Tat. – *2. Bild:* Vor Albrecht, dem milden Erzbischof der in Glaubensfragen gespaltenen Stadt Mainz, muß sich Mathis gegen die Anklagen Sylvesters von Schaumberg verteidigen. Mathis bekennt sich wieder zu den Bauern und wird, obwohl ihn der Domdechant verhaften lassen will, von Albrecht unter väterlichen Ermahnungen entlassen. – *3. Bild:* Während einerseits der Domdechant die Verbrennung der ketzerischen Bücher durchsetzt, liest andererseits der erzbischöfliche Rat Capito einen Brief Luthers vor, in dem dieser dem Erzbischof rät, zum protestantischen Glauben überzutreten, sein Fürstentum in eine weltliche Herrschaft zu verwandeln und reich zu heiraten. Als Braut käme nur Ursula in Frage, die Tochter des einflußreichen, protestantischen Riedinger, die jedoch Mathis liebt. Mathis will aber das junge Mädchen nicht an sich ketten; nach schweren Kämpfen findet sich Ursula bereit, der Politik das Opfer einer Heirat mit Albrecht zu bringen. –

4. Bild: Bei den aufständischen Bauern versucht Mathis, die Gräfin Helfenstein vor Roheiten zu schützen. Als die Bauern vom Bundesheer geschlagen werden, muß die Gräfin dagegen Mathis vor den Soldaten in Schutz nehmen. Mit Regina, deren Vater in der Schlacht getötet wurde, zieht er weiter. – *5. Bild:* Trotz der Werbungen Ursulas und gegen den Rat Capitos verzichtet Albrecht auf die Ehe. In der Zurückgezogenheit will er seinem Glauben leben. – *6. Bild:* Regina und Mathis sind auf ihren Irrfahrten in den Odenwald gekommen, wo ihm die Gesichte erscheinen, mit denen der heilige Antonius versucht worden ist. Doch wird ihm in dieser Geburtsstunde des Isenheimer Altars auch sein weiterer Weg gezeigt: „Geh hin und bilde!" – *7. Bild:* Gepflegt von Ursula, die gleichzeitig der todkranken Regina letzte Dienste erweist, hat Mathis seine letzten Kräfte an die Ausarbeitung des Altars gewandt. Nachdem dieser vollendet und Regina gestorben ist, vermag ihn auch Albrecht nicht mehr in seiner Nähe zu halten. Mathis bricht auf, um einen fremden Platz zum Sterben zu suchen.

Paul Hindemith: Die Harmonie der Welt

Oper in 5 Akten von Paul Hindemith – München 1957 (Schott)

Kaiser Rudolf II./Kaiser Ferdinand II. = Sonne (B) – Johannes Kepler, kaiserlicher Mathematiker = Erde (Bar) – Wallenstein, Feldherr = Jupiter (T) – Ulrich Grüßer, Keplers Gehilfe; später Soldat = Mars (T) – Daniel Hizler, Pfarrer in Linz/Ein Regensburger Pfarrer = Merkur (B) – Tansur = Saturn (B) – Susanna, später Keplers Frau = Venus (S) – Katharina, Keplers Mutter = Luna (A) – Baron Starhemberg (Bar) – Christoph, Keplers Bruder (T) – Die kleine Susanne, Keplers Tochter aus erster Ehe (S) – Vogt (B) – Anwalt (Bar) – Vier Weiber (2 S und 2 A) – Drei Mörder (ein T und 2 B) – Volk, Soldaten, Sternbilder

IN SÜDDEUTSCHLAND, ÖSTERREICH UND SCHLESIEN IN DEN JAHREN 1608 BIS 1630

1. Akt: Wallenstein, Feldherr des Kaisers Rudolf II., plant, sich auf die Seite des zukünftigen Kaisers Matthias zu schlagen, und bestellt daher bei Kepler, dem kaiserlichen Hofastronomen, ein Horoskop. – Katharina, Keplers Mutter, sucht auf dem Friedhof den Schädel ihres Mannes, um daraus ein Trinkgefäß gegen „geistige Selbstherrlichkeit", der ihr Sohn auch verfallen sei, anfertigen zu lassen. In einer Vision sieht sie Kaiser Rudolf in das Reich der Sterne flüchten. – Kepler, dessen Frau und Sohn gestorben sind und der sich mit seinem Schüler Ulrich nicht versteht, will, nachdem Rudolf zugunsten Matthias' abgedankt hat, als Landschaftsmathematikus nach Linz gehen. – *2. Akt:* Wallenstein intrigiert gegen Matthias und läßt durch Tansur ein Heer werben. – Kepler ist in Linz zu hohem Ansehen gelangt, wird jedoch wegen einer Meinungsverschiedenheit in der Abendmahlslehre von dem evangelischen Geistlichen Hizler aus der Kirche ausgeschlossen. Die Landstände und Baron Starhemberg sowie dessen Pflegetochter Susanna unterstützen den Standpunkt Keplers. Susanna, um die sich auch Ulrich beworben hatte, wird Keplers zweite Frau. Ulrich geht zu den Soldaten. – *3. Akt:* Keplers Mutter ist, nachdem sie einige Zeit bei Kepler Zuflucht gefunden hat, in ihrer Heimat von der Inquisition verhaftet worden. Keplers Intervention verschafft ihr die Freiheit wieder. – *4. Akt:* Kepler tritt in Wallensteins Dienste. Wallenstein hat Keplers Buch „Die Harmonie der Welt" gelesen und will nach der Befriedigung und Einigung Deutschlands in einem Weltimperium Keplers Harmonievorstellungen politisch verwirklichen. – Auf die Fürsprache Keplers wird Ulrich eine Strafe erlassen; doch haßt Ulrich Wallenstein tödlich. – *5. Akt:* Um eine Forderung gegen den zahlungsunfähigen Wallenstein durchzusetzen, fährt Kepler zum Fürstentag nach Regensburg, wo die Kurfürsten von Kaiser Ferdinand die Trennung von Wallenstein fordern. Während Wallenstein einem Anschlag der Verschwörer, darunter auch Ulrich, zum Opfer fällt, stirbt Kepler, nachdem er einem Bekehrungsversuch widerstanden und die Erkenntnis gefunden hat, daß die gesuchte Harmonie der Tod sei. – Die handelnden Hauptpersonen sind ihrem Charakter entsprechend als Sternbilder an den Himmel versetzt worden, wo sie Keplers Leben und Wirken zu deuten versuchen.

Ernst Theodor Amadeus Hoffmann (1776-1822): **Undine**

Zauberoper in 3 Akten von Friedrich de la Motte-Fouqué – Berlin 1816

Ritter Huldbrand von Ringstetten (Bar) – Ein alter Fischer (B) – Seine Frau (Mezzo-S) – Undine, ihre Pflegetochter (S) – Heilmann, ein Geistlicher (B) – Kühleborn, ein Wassergeist (B) – Der Herzog (T) – Die Herzogin (S) – Berthalda, ihre Pflegetochter (S) – Wassergeister und andere Phantome, Ritter und Damen, Gefolge des Herzogs, Reisige und Knappen

IN EINER FISCHERHÜTTE UND AUF BURG RINGSTETTEN IM 15. JAHRHUNDERT

1. Akt: Ritter Huldbrand, auf eine einsame Insel verschlagen, verliebt sich in Undine, die schöne und seltsame Pflegetochter der Fischersleute, bei denen er Aufnahme fand. Der Fischer hatte einst Undine am gleichen Tag gefunden, an dem seine eigene kleine Tochter verschwand. Inmitten tosender Bäche gestehen sich Undine und der Ritter ihre Liebe; der Geistliche Heilmann segnet die Verlobten. Undine aber verrät ihrem Geliebten, daß sie ein Wassergeist sei, der mit der Liebe eines Menschen auch seine Seele erwerben möchte. Wird ihr der Geliebte untreu, so muß sie ins Wasser zurück, während er den Tod finden wird. – *2. Akt:* Undine ist verheiratet und erhält den Besuch ihrer Pflegeeltern, die im Traum vor zukünftigem Unglück gewarnt worden sind. Undine hat erfahren, daß Berthalda, die Pflegetochter des Herzogspaares, die früh verschwundene Tochter der Fischersleute ist. Als sie Berthalda ihren wirklichen Eltern zuführt, beschuldigt diese sie der Hexerei und des Betrugs. Huldbrand verspricht Berthalda auf seiner Burg eine neue Heimat. Auch Undine nimmt Berthalda liebevoll auf, wird aber, nach dem Dazwischentreten der Wassergeister, von Huldbrand verstoßen. Ehe sie wieder ins Wasser geht, beschwört sie ihn, ihr treu zu bleiben und den vermauerten Brunnen des Schlosses nicht zu öffnen. – *3. Akt:* Trotz der Warnungen Pater Heilmanns nimmt Huldbrand Berthalda zur Frau. Als er auch noch den Brunnen öffnen läßt, entsteigt ihm Undine und küßt den Ritter, der tot zu Boden sinkt.

Arthur Honegger (1892-1955): **Johanna auf dem Scheiterhaufen**

Dichtung in 10 Szenen von Paul Claudel – Zürich 1942 (A. & S.)

Die heilige Jungfrau (S) – Die heilige Margarete (S) – Die heilige Katharina (A) – Porcus (T) – Asinus (T) – 2 Herolde (T und B) – 2 Bauern (T und B) – Sprech- und Mimikrollen: Jeanne d'Arc (Johanna) – Bruder Dominik – Zeremonienmeister – Herold – Die Könige von Frankreich und England – Der Herzog von Burgund – Der Tod – Die Königinnen Torheit, Überheblichkeit, Habsucht und Wollust – Herzog von Bedford – Johann von Luxemburg – Regnault von Chartres – Wilhelm von Flavy – Mühlenwind – Mutter Weinfaß – Ein Schreiber – Perrot – 2 Bauern – Ein Priester

ROUEN IN FRANKREICH IM JAHRE 1431

1. bis 10. Szene: Johanna steht gefesselt am Scheiterhaufen, Bruder Dominik beginnt aus einem Buch zu lesen, in dem alles aufgezeichnet ist, auch die Stationen ihres leidensreichen Lebens. Johann hört Stimmen, die sie eine Ketzerin nennen, die ihren Tod auf dem Scheiterhaufen fordern. Eine Gesellschaft von Tieren unter dem Vorsitz von Porcus, dem Schwein, erzwingt das Schuldgeständnis und spricht das Todesurteil. Johanna ist verzweifelt, sie begreift nicht, was da um sie herum vorgeht. Bruder Dominik macht ihr klar, daß Gott für diese Entscheidung nicht verantwortlich gemacht werden könne: Das Urteil geht auf den Ausgang eines politischen (Karten)Spiels zurück, das der „Bube“ Wilhelm von Flavy verloren hat; er ist es, der Johanna ihren Feinden ausliefert. Schon läuten die Sterbeglocken, in ihren Klang mischen sich die Stimmen der Schutzheiligen Katharina und Margarete. Johanna erinnert sich großer Tage, der Krönung in Reims, der frohen Feste in der Heimat. Das Landvolk singt, in seine frohen Lieder fallen himmlische Stimmen, es bedeutet den Anruf Gottes. Johanna steht in Flammen, ihre Seele fliegt gen Himmel.

Engelbert Humperdinck (1854-1921): **Hänsel und Gretel**

Märchenspiel in 3 Bildern von Adelheid Wette – Weimar 1893 (Schott)

Peter, Besenbinder (Bar) – Gertrud, sein Weib (Mezzo-S) – Hänsel (Mezzo-S) und Gretel (S), deren Kinder – Die Knusperhexe (A oder T) – Sandmännchen (S) – Taumännchen (S) – Kinder, Engel

IM MÄRCHEN

1. Bild: Hänsel und Gretel sind allein in der Hütte der armen Besenbindersleute. Eigentlich sollen sie arbeiten, aber sie vertreiben sich lieber die Zeit mit Singen und Tanzen. Als die Mutter nach Hause kommt und sieht, daß die Arbeit liegengeblieben ist, wirft sie im Zorn den Milchtopf vom Tisch und jagt die Kinder zum Erdbeerpflükken in den Wald. Nach einiger Zeit kommt auch der Vater, beladen mit Lebensmitteln, die er in der Stadt für den reichen Erlös seiner Besen gekauft hat. Voller Angst, daß die Kinder im Wald der Knusperhexe, die kleine Kinder fängt und zu Lebkuchen verbäckt, in die Hände fallen, begeben sich die Eltern auf die Suche nach ihren Kindern. – *2. Bild:* Im Wald haben die Kinder Erdbeeren gesammelt und gleich wieder gegessen. Als es dunkel wird, wissen sie nicht mehr den Weg nach Hause, legen sich hin und schlafen ein. Engel steigen herab und beschützen ihren Schlaf. – *3. Bild:* Das Taumännchen weckt Hänsel und Gretel, die sich vor dem Knusperhäuschen befinden, dessen Lebkuchen sie sich sogleich schmecken lassen. Da erscheint die Hexe und fängt die Kinder. Hänsel wird zur Mast in den Stall gesperrt, während Gretel ihr beim Heizen des Backofens helfen soll. Immer wenn die Alte prüfen will, ob Hänsel schon fett genug geworden ist, hält er ihr ein Stöckchen hin, so daß die Hexe, deren Augen schlecht sind, ihn noch länger mästet. Gretel hat sich inzwischen die Zaubersprüche gemerkt und entzaubert ihren Bruder. Als sie die Hitze des Ofens prüfen soll, stellt sie sich so dumm, daß die Hexe selbst zum Ofen gehen muß. Gretel aber befreit schnell ihren Bruder und schiebt mit dessen Hilfe die Knusperhexe in den Ofen. Mit einem Zauberspruch kann sie dann auch noch die in Lebkuchen verwandelten Kinder erlösen. Tanzend treffen die Besenbindersleute ihre Kinder an.

Brüderchen, komm, tanz mit mir (Gretel, Hänsel); Rallalala, heisa, Mutter, ich bin da (Besenbinder); Der kleine Sandmann bin ich (Sandmännchen); Abends will ich schlafen geh'n (Hänsel, Gretel); Knusper, knusper, knäuschen (Knusperhexe); Hurr hopp, Galopp, mein Besengaul (Knusperhexe); Juchhei, nun ist die Hexe tot (Gretel, Hänsel).

Engelbert Humperdinck: Königskinder

Märchenoper in 3 Akten von Ernst Rosmer – New York 1910 (Brockh.)
Der Königssohn (T) – Die Gänsemagd (S) – Der Spielmann (Bar) – Die Hexe (A) – Der Holzhacker (B) – Der Besenbinder (T) – Sein Töchterchen (S) – Der Ratsälteste (Bar) – Der Wirt (B) – Die Wirtstochter (S) – Der Schneider (T) – Die Stallmagd (A) – Zwei Torwächter (Bar) – Ratsherren und Ratsfrauen, Bürger und Bürgersfrauen, Spielleute, Kinder, Volk

IM MÄRCHEN

1. Akt: Die Hellabrunner wollen von der Hexe erfahren, wen sie zum neuen König nehmen sollen. Mit der Antwort, es werde derjenige sein, der am Hellafest um zwölf Uhr vor dem Stadttor stehen wird, zieht die Gesandtschaft wieder nach Hause. Nur der Spielmann bleibt bei der Gänsemagd zurück, einem Mädchen, das die Hexe früher einmal geraubt hat und das ihr jetzt auch beim Backen des Zauberbrotes helfen muß. Durch ein inniges Gebet wird die Gänsemagd nun entzaubert und kann dem Königssohn, an den sie ihr Herz verloren hat, folgen. – *2. Akt:* Arm und verfemt muß der Königssohn seinen Lebensunterhalt als Sauhirt verdienen. Als es am Hellafest zwölf schlägt, steht vor dem Stadttor die Gänsemagd mit dem Spielmann hinter sich. Der Königssohn nimmt die Gänsemagd bei der Hand und geht mir ihr fort. Nur ein Kind erkennt in ihnen das neue Königspaar. – *3. Akt:* Die Hexe ist verbrannt worden, in der Hütte lebt nun der arme Spielmann. Als eines Tages die Kinder aus der Stadt, die immer noch das arme junge Paar für das Königspaar halten, in seine Hütte kommen, bricht er mit ihnen auf, um die Königskinder zu suchen. Diese kommen nach langer Irrfahrt zu der Hütte, wo der Königssohn seine Krone bei Besenbinder und Holzhacker gegen ein Stück Brot eintauscht. Es ist das noch von der Gänsemagd im Auftrag der Hexe gebackene Zauberbrot, das den Essenden zuerst das Schönste sehen läßt, ihm aber dann den Tod bringt. Als der Spielmann mit den Kindern zurückkommt, sind die Königskinder bereits gestorben.

Leoš Janáček (1854-1928): **Jenufa**

Oper in 3 Akten von Gabriele Preiß – Brünn 1904 (U. E.)
Die alte Buryja (A) – Laca Klemen und Stewa Buryja, Stiefbrüder, Enkel der alten Buryja (T) – Die Küsterin, Buryja, Witwe, Schwiegertochter der alten Buryja (S) – Jenufa, ihre Ziehtochter (S) – Altgesell (Bar) – Dorfrichter (B) – Seine Frau (A) – Karolka, ihre Tochter (Mezzo-S) – Eine Magd (Mezzo-S) – Barena, Dienstmagd in der Mühle (S) – Jano, Schäferjunge (S) – Tante (A) – Zwei Stimmen (S und Bar) – Musikanten, Dorfvolk

IN EINEM MÄHRISCHEN GEBIRGSDORF AM ENDE DES 19. JAHRHUNDERTS

1. Akt: Jenufa erwartet von Stewa ein Kind. Überglücklich ist sie deshalb über das Ergebnis der Musterungskommission: Stewa braucht nicht dienen und könnte Jenufa nun heiraten. Allerdings kommt er wieder einmal betrunken an, so daß Jenufas Ziehmutter, die Küsterin Buryja, verlangt, daß die Hochzeit um ein Jahr verschoben wird. Auch Laca, der von der Familie etwas vernachlässigte Stiefbruder Stewas, liebt Jenufa und versucht, ihr die Liebe zu Stewa auszureden. Als Jenufa ihn nicht mehr länger anhören will, nimmt der rasend Eifersüchtige ein Messer und schlitzt Jenufa die Wange auf. – *2. Akt:* In aller Heimlichkeit hat Jenufa im Hause der Küsterin einen Sohn geboren. Stewa aber will nichts mehr von ihr wissen und verlobt sich mit Karolka, der Tochter des Dorfrichters. Die Küsterin weiß nun keinen anderen Ausweg, als Laca, der sich immer noch um Jenufa bewirbt, zu erzählen, Jenufa habe ein totes Kind zur Welt gebracht. Während ihre Ziehtochter krank darniederliegt, tötet die Küsterin das Kind. Anschließend beredet sie Jenufa, in eine Hochzeit mit Laca einzuwilligen. – *3. Akt:* Während die Küsterin am Hochzeitstag das Paar segnen will, wird die Leiche des Kindes entdeckt. Jenufa, die ihren Sohn erkennt, und Stewa werden zunächst verdächtigt. Dann aber nimmt die Küsterin alle Schuld auf sich. Karolka trennt sich von Stewa, während Laca weiterhin zu Jenufa hält, die nun die ganze Größe seiner Liebe erkennt.

Leoš Janáček: Die Ausflüge des Herrn Brouček

Oper in 2 Akten von Čech, Dyk und Procházka – Prag 1920 (U. E.)
Mathias Brouček (T) – Mazal (T) – Der Sakristan (Bar) – Malinka (S) – Würfl (B) – Piccolo bei Würfl (S) – Broučeks Haushälterin (A) – Ein Trambahnkondukteur (T) – Vaček (Bar)

ZWISCHEN HIMMEL UND ERDE

1. Akt, 1. Bild (Vor der Gastwirtschaft Würfl): Der junge Techniker Mazal, Mieter bei Brouček, bittet dessen Haushälterin Fanny Nowak, sie möge bei Brouček ein gutes Wort für ihn einlegen. Seit langem ist Mazal die Miete schuldig, und jener droht, ihn hinauszuwerfen. Die eifersüchtige Malinka, die Freundin Mazals, hört das Gespräch mit an. Die folgende Auseinandersetzung wird vom Sakristan, dem Vater Malinkas, und dem betrunkenen Brouček gestört. Mazal schwärmt diesem von seinem Raumschiff vor, das ihn zum Mond tragen soll. Malinka, mit Brouček allein, klagt ihm ihr Leid. Sie glaubt, Mazal sei untreu. Als Brouček sich Malinka zu nähern versucht, überrascht sie ihr Vater, der eine Ehe zwischen dem Hausbesitzer Brouček und seiner Tochter gern sähe. Brouček geht aber auf die Anspielungen des Sakristans nicht ein und zieht sich torkelnd zurück. Schließlich erscheint Mazal wieder, er weckt Malinka und geht mit ihr in seine Werkstatt, um ihr sein Raumschiff zu zeigen. Inzwischen hat sich Brouček auf eine Mauer gelegt, schläft ein, und sein Traum-Ich entschwebt. – *2. Bild* (Auf dem Mond): Brouček begegnet Mazalun (alias Mazal). Lunamali (alias Malinka) naht sich mit den Mondmädchen und wird von dem fremdartigen Wesen Brouček angezogen. In eigenartigen Kurven umschwärmt sie ihn und zwingt endlich den Widerstrebenden, mit ihr einen Helikopter zu besteigen. Brouček und Lunamali schweben davon. – *3. Bild* (Aufregung in der Mondrepublik): Die Ankunft eines Besuchers von einem anderen Planeten wird angekündigt. Lunamali und Brouček treten auf, gefolgt von Lukristan (alias Sakristan) und Mazalun. Lunamali wirft sich zu Füßen des Präsidenten (alias Gastwirt Würfl), um die Verbindung mit Brouček zu erflehen. Bei einem Mondessen – es werden Düfte eingeatmet – zieht Brouček Würstl aus der Tasche und ißt zum Entsetzen des Mondvolkes. Noch immer bemüht sich Lunamali um Brouček. Als Brouček erfährt, daß die Mondwesen bei einer Berührung sterben müssen, schließt er Lunamali in seine Arme und entflieht mit dem Helikopter. – *4. Bild* (Im Traum auf der Erde): Noch immer träumt Brouček auf der Mauer. Mazal geleitet Malinka nach Hause. – *2. Akt, 5. Bild* (Fortsetzung der Träume): Auf einem Felsplateau am Barandow bei Prag sieht sich Brouček mit dem Raumschiff Mazaluns zum Mond abfliegen. – *6. Bild:* Brouček landet statt auf dem Mond auf dem Altstädter Ring der Stadt Prag im Jahre 1420. Die Hussitenkriege toben. Brouček entgeht nur mit Mühe dem Unwillen des Volkes, das in ihm einen Spion des Kaisers Sigismund zu erkennen glaubt. Die Truppen Ziskas ziehen ins Feld. – *7. Bild* (Zimmer des Glöckners, alias Sakristan): Man bereitet sich auf eine entscheidende Schlacht in den Hussitenkriegen vor. Auch Brouček soll mitziehen, doch feige versteckt er sich im Bett. – *8. Bild:* Brouček will Prag verlassen; er wird erkannt. Als er sich eine Tabakspfeife anzündet, hält man ihn für den Teufel. Er wird zum Scheiterhaufen geschleppt. Man steckt ihn in ein Faß, um ihn zu verbrennen. – *9. Bild* (Das Erwachen): Brouček erwacht aus seinen Träumen und fällt von der Mauer in ein Faß. Der Gastwirt Würfl befreit ihn, und Brouček erzählt ihm seine Erlebnisse.

Leoš Janáček: Katja Kabanova

Oper in 3 Akten nach A. N. Ostrowskijs „Sturm", deutsch von Max Brod – Brünn 1921 (U. E.)

Dikoj, Kaufmann (B) – Boris, sein Neffe (T) – Marfa Kabanicha, reiche Witwe (A) – Tichon, ihr Sohn (T) – Katja, seine Frau (S) – Kudrjasch, Lehrer (T) – Barbara, Pflegetochter der Kabanicha (Mezzo-S) – Kuligin, Freund des Kudrjasch (Bar) – Glascha (Mezzo-S) – Fekluscha (Mezzo-S) – Eine Frau (A) – Mägde, Volk

EINE KLEINE STADT, KALINOW AN DER WOLGA, MITTE DES 19. JAHRHUNDERTS

1. bis 3. Akt: Boris hält das widerwärtige Leben bei seinem Onkel Dikoj kaum noch aus. Um sein Unglück vollständig zu machen, hat er sich auch noch in die verheiratete Katja Kabanova verliebt. Auch Katja hat ein schweres Leben. Ihr Mann ist unfähig, sie gegen den Haß der Schwiegermutter zu schützen. Tichon gehorcht der Mutter. Er beugt sich dem strengen Gesetz, das nach alter russischer Sitte in der Familie herrscht. Katja hat nur einen Menschen, mit dem sie sprechen kann: Barbara, sie ist jung und hat kein Verständnis für die strengen Methoden der Alten. Sie versteht Katjas Schmerz. Katja liebt Boris, und Tichon geht wie immer seine Wege. Barbara hat nach dem Gespräch mit Katja die Sache in die Hand genommen. Heimlich hat sie Boris für die Nacht an die Gartenpforte bestellt. Katja kann den Kampf nicht länger durchhalten. Ihre Gedanken verwirren sich. Nur einmal leben ohne Qual. Boris und Katja treffen sich im Garten. Für ein paar glückliche Stunden ist alles Elend vergessen. – In eine Ruine flüchten Spaziergänger vor einem Gewitter. Katja kommt, sie ist wahnsinnig und klagt Boris an. Vor allen Leuten gesteht sie ihren Ehebruch und stürzt verzweifelt hinaus ins Gewitter. – Tichon und Barbara suchen nach Katja. Auch Boris ist unterwegs; er findet Katja an der Wolga. Katja ist fast ruhig. Ihr Herz ist verbrannt. Sie quält sich nicht mehr, sie versinkt in einem großen, endlosen Strom.

Leoš Janáček: Das schlaue Füchslein

Oper in 3 Akten nach einer Novelle von Rudolf Těsnohlídek – Brünn 1924 (U. E.)

Der Förster (Bar) – Die Försterin (A) – Der Schulmeister (T) – Der Pfarrer (B) – Háraschta, Landstreicher (B) – Der Gastwirt Pasek (T) – Gastwirtin (S) – Sepp, des Försters Sohn (S) – Franzl, sein Freund (S) – Das Füchslein Schlaukopf (S) – Fuchs Reineke (S) – Das kleine Füchslein (S) – Der Hund (Mezzo-S) – Der Hahn (S) – Die Henne (S) – Die Grille (S) – Heuschrecke, Frosch, Fliege (S-Kinderstimmen) – Der Specht (A) – Die Mücke (T) – Der Dachs (B) – Die Eule (A) – Der Eichelhäher (S) – Tiere des Waldes, Dorfbewohner

IN EINEM DORF UND DEM UMLIEGENDEN WALD – IRGENDWANN

1. bis 3. Akt: Der Förster hat aus dem Wald das Füchslein Schlaukopf mit nach Hause gebracht. In der Försterei will nun jeder das Tier auf seine Weise abrichten, aber es kann wieder in seine Freiheit entkommen. Im Wald wird es von den Tieren herzlich begrüßt. Unterdessen geraten im Wirtshaus der Pfarrer, der Schulmeister und der

Förster in Streit. Es geht um die Frage, von wem wohl das Mädchen Terynka ein Kind erwarte. Die Wut des Dorfes richtet sich gegen alle drei. Auf dem Heimweg werden sie durch Schlauköpfchen auf seltsame Weise an Terynka erinnert. Im Wald hat derweil Schlauköpfchen mit Fuchs Reineke Hochzeit gemacht. Ihr Standesbeamter war der Specht. Bald darauf kommt der Landstreicher Háraschta, der Terynka heiraten will, des Weges und wird von der Familie Schlaukopf um seine Einkäufe gebracht, die er in einem Korb bei sich trägt. Von Wut gepackt, streckt Háraschta mit einem Gewehrschuß Schlauköpfchen nieder. Im Dorf findet die Hochzeit zwischen Háraschta und Terynka statt. Man spricht von dem schönen Geschenk, das der Bräutigam der Braut gemacht hat: einen Fuchspelz. Der Förster hört es, und er weiß, wer dafür sein Leben lassen mußte: Schlauköpfchen. Aber schon bald ist der Förster wieder guter Dinge. Im Wald begegnet ihm ein vorüberschleichendes Füchslein, es könnte Schlauköpfchen sein – es ist eines seiner Kinder.
Ich habe auch keine Erfahrung in der Liebe (Füchslein); Entweder ist mein Schwerpunkt labil (Schulmeister); Ich hab's doch gesagt (Förster).

Leoš Janáček: Aus einem Totenhaus

Oper in 3 Akten nach Dostojewskijs „Memoiren aus einem Totenhaus" von Leoš Janáček – Brünn 1930 (U. E.)
Alexander Petrowitsch (Bar) – Alej, ein junger Tatar (T) – Luka (T) – Der Platzkommandant (Bar) – Skuratoff (T) – Tschekunoff (Bar) – Schischkoff (Bar)

RUSSISCHE GEFANGENENSTATION OSTROGG AM FLUSSE IRTYSCH IN SIBIRIEN

1. Akt: Die Strafgefangenen leben wie Ausgestoßene und versuchen, der Verzweiflung zu entrinnen. Ein neuer Gefangener, Alexander Petrowitsch, ist angekommen und wird wie üblich den Schikanen des Platzmajors unterworfen. Als er sich als politischer Gefangener bekennt, wird er ausgepeitscht. Die Sträflinge werden zur Arbeit gejagt. Skuratoff phantasiert im Fieber von seinem früheren schönen Leben. Luka malt sich aus, wie er den Kommandanten töten würde. Der gefolterte Petrowitsch versucht sich zu wehren, doch seine Kräfte versagen. Er wird wieder abgeführt. – *2. Akt:* Allmählich gewinnt Petrowitsch das Vertrauen Alejs. Aus Trümmern abgewrackter Schiffe haben sich die Sträflinge eine Bühne gebaut. Sie spielen Theater. Im Dunkeln wirbt einer der Sträflinge um die Gunst einer Dirne. Es kommt zu einer Rauferei. Alej wird dabei verwundet. Die Wache geht gegen die Sträflinge vor. – *3. Akt:* Die erzwungene Muße gibt Petrowitsch die Möglichkeit, dem Jungen das Lesen und Schreiben zu lehren. Das Jahr ist weit vorangeschritten. Petrowitsch wird entlassen, das Tor öffnet sich ihm. Die zurückbleibenden Häftlinge wissen, daß auch ihre Stunde einmal schlägt, lebend aus dieser Hölle herauszukommen.

Mauricio Kagel (* 1931): **Staatstheater**

Eine Szenische Komposition in 9 Stücken – Hamburg 1970 (U. E.)

Kagels „Staatstheater" besteht aus folgenden neun in sich geschlossenen Stücken: *Repertoire* (Szenisches Konzertstück), *Einspielungen* (Musik für Lautsprecher), *Ensemble* (für 16 Stimmen), *Debut* (für 60 Stimmen), *Saison* (Sing-Spiel in 65 Bildern), *Spielplan* (Instrumentalmusik in Aktion), *Kontra-Danse* (Ballett für Nichttänzer), *Freifahrt* (Gleitende Kammermusik), *Parkett* (Konzertante Massenszenen).

Eine Handlung im üblichen Sinne gibt es nicht. Die Szenische Komposition „Staatstheater“ ist eine großangelegte Parodie auf die Oper, die nach Kagel zumindest in einer schweren Krise steckt. Alle Mittel der 375 Jahre alten Kunstgattung werden noch einmal vorgestellt. Es ist nicht mehr „die gewohnte und daher vom Publikum kaum bemerkte Abstrusität der Oper, sondern ihr präzise durchkomponierter Unsinn. Durch die Demontage der üblichen Opernhandlung, die Auflösung all ihrer Elemente in zweckentfremdete Einzelaktionen wird der Unsinn nicht mehr mit Hilfe der Scheinrationalität eines Handlungskontinuums verkleistert, sondern springt bar und drastisch auf der Bühne herum. Beispielsweise bekommen die Gesangssolisten, die Stars, die, während sie singen, oft zu majestätisch sind, sich zu bewegen, und auf der herkömmlichen Opernbühne allenfalls die Arme heben und senken oder einen Schritt vorwärts oder rückwärts tun, goldene Stühle gereicht, auf denen sie in großer Kostümierung Platz nehmen und ihre Rolle rein musikalisch gestikulieren. Ihre minutiös geregelten Erregungen äußern sich nicht mehr in gesungenen Worten, sondern in Lauten und Vokalisen, und damit entbehren sie nun ganz der Motivation. Sie äußern sich also als blanke Erregung, Zärtlichkeit oder auch als schrille Hysterie. Weiteres Beispiel: Der Opernchor dringt, Mundharmonika spielend und mit Grubenlampen versehen, auf die Bühne, oder er trägt, mit feierlichem Schritt, Aida-Trompeten herum. Überhaupt hat Kagel den Opernfundus an Kostümen, Instrumentarien und Requisiten mobil gemacht: Lohengrins Schwan schwimmt ohne Lohengrin, aber mit Kassettenrecorder heran, Ritterrüstungen senken sich vom Schnürboden herab, ein Krokodil tritt auf als Variante zu Siegfrieds Drachen, und auch Siegfrieds Amboß, nun mit Schaumgummihammer versehen, rückt auf die Bühne. Es ist, als sei das Arsenal der großen Oper wahnsinnig geworden, durcheinandergeraten und spiele nun ein traumhaftes Spiel mit sich selbst – auf dem Theater. Die Requisiten bei Kagel sind freilich mehr als nur Requisiten: es gibt keines, das nicht Geräusche von sich gibt. Ritterrüstungen klirren und scheppern, Betten quietschen und knarren, Donnerbleche senken sich feierlich vom Schnürboden herab und krachen sanft. All dieses scheinbare Durcheinander aber ist in einer minutiösen Theaterpartitur komponiert, jede Geste, jede Bewegung auf der Folie der Musik genau rhythmisiert. (Dr. Marianne Kesting)

Milka Kelemen (* 1924): **Der Belagerungszustand**

Oper in 2 Akten nach dem gleichnamigen Bühnenstück von Albert Camus von Joachim Hess und Milko Kelemen – Hamburg 1970 (Peters)

Die Pest (Bar) – Sekretärin (A) – Diego (T) – Victoria (S) – Nada (T) – Richter (Bar) – Frau des Richters (Mezzo-S) – Gouverneur (B) – 1. Stadtrat (Bar) – 2. Stadtrat (T) – Fischer (B) – Offizier (T) – Pfarrer (T) – Großer Mann (Bar) – Betende Frau (S)

EINE UNBESTIMMTE GEGENWART

1. Akt: Die Bürger einer Stadt haben einen Kometen gesehen. Sie ahnen Böses, sie befürchten gar das Ende der Welt. Vorerst bemühen sie sich aber, diese Erscheinung zu vergessen. Doch da fällt ganz plötzlich auf der Straße ein Mann um und ist tot, gestorben an der Pest. Panik erfaßt die Menschen, die Epidemie bricht aus. Diego stellt sich sofort in den Dienst der Kranken; Victoria – sie liebt Diego – lebt ab sofort in ständiger Angst um den Geliebten. Pest und Sekretärin treten aus der Menge und erzwingen die Übergabe der Stadt. Der Gouverneur und die Stadträte fliehen; die Stadttore werden geschlossen, es beginnt der Belagerungszustand. – *2. Akt:* Die Pest hat die Stadt fest in der Hand. Die Menge duckt sich, sie ist stumm vor Angst. Allein Diego bietet der Pest die Stirn, auch wenn er, von ihr zum ersten Mal gezeichnet, in das Haus des Richters fliehen muß, wo sich auch Victoria aufhält. Die Polizei stellt Diego nach; er kann zwar mit Victoria fliehen, doch kann er es nicht verhindern, daß ihn die Pest zum zweiten Mal zeichnet. Von der Sekretärin erfährt er, warum er überhaupt noch lebt: weil er Mut hat, Widerstand zu leisten. Doch die Pest will ihr nächstes Opfer; sie läßt Victoria auf den Tod erkranken. Diego will jetzt für seine Geliebte sterben. Die Pest ist ihrerseits bereit, beiden das Leben zu schenken, vorausgesetzt, sie räumen das Feld und verlassen die Stadt. Diego lehnt ab und muß sterben. Victoria wird wieder gesund. Pest und Sekretärin machen sich davon. Victoria bleibt mit ihrer Verzweiflung zurück.

Rudolf Kelterborn (* 1931): **Ein Engel kommt nach Babylon**

Oper in 3 Akten von Friedrich Dürrenmatt nach dessen gleichnamiger Komödie – Zürich 1977 (Bär)

Der Engel (T) – Das Mädchen Kurrubi (S) – Der Bettler Akki (Bar) – Nebukadnezar, König von Babylon (Bar) – Nimrod, Exkönig von Babylon (T) – Der Kronprinz (stumme Rolle) – Der Erzminister (Bar) – Der Obertheologe (B) – Der Urgeneral (T) – Erster Soldat, Zweiter Soldat, Dritter Soldat (Sprechrollen) – Ein Polizist (B) – Der Bankier Enggibi (T) – Frau Enggibi (Mezzo-S) – Der Weinhändler Ali (Bar) – Frau Ali (S) – Die Hetäre Tabtum (A) – Erster und Zweiter Arbeiter (Bar u. T) – Erste und Zweite Arbeiterfrau (S oder A) – Der Henker (Der Feierliche) (T) – Halef, der Helfer des Henkers (Sprechrolle)

IN BABYLON IM 6. VORCHRISTLICHEN JAHRHUNDERT

1. Akt: Der als Bettler verkleidete Engel ist mit dem Mädchen Kurrubi in Babylon eingetroffen. Soeben hat Nebukadnezar seinen ewigen Widersacher Nimrod besiegt und sich wieder zum König gemacht. Für den Fall des Regierungswechsels hat sich Nebukadnezar sozialpolitische Reformen ausgedacht. Als erstes verbietet er das Betteln. Alle Bettler werden in den Staatsdienst übernommen und haben Steuern einzutreiben. Nur Akki, der Bettler aus Leidenschaft, hält an seiner Beschäftigung fest. Um aber auch ihn zur neuen Sozialordnung zu bekehren, begibt sich Nebukadnezar, als Bettler verkleidet, zu ihm an das Euphratufer. Doch Akki will von den Vorzügen des neuen Staates nichts wissen; er fordert den König zum Wettbetteln heraus. Akki gewinnt und bleibt Bettler. – *2. Akt:* Akkis Unabhängigkeit wird nicht nur von der Polizei, sondern auch unwillentlich durch Kurrubi bedroht. Jeder, der das Mädchen erblickt, entbrennt zu ihm in Liebe und beginnt zu dichten. Kurrubi wird von allen Seiten umworben – es kommt zu tumultartigen Szenen. Da erscheint der Engel, die Schönheit und Harmonie der Erde rühmend. Die Volkesstimme schlägt um: Kurrubi, die unglücklich Hin- und Hergerissene, soll allen gehören – als Königin. Sie soll zu Nebukadnezar gebracht werden. Akki bleibt traurig zurück. Vor der drohenden Hinrichtung rettet er sich dadurch, daß er dem in Bücher verliebten Henker ein erfundenes Antiquariat in Aussicht stellt. Und Akki zieht im roten Mantel des Henkers davon. – *3. Akt:* Im Königspalast wird Nebukadnezar von dem als Henker auftretenden Akki gemeldet, daß das Betteln nun endgültig abgeschafft sei. Jetzt will Nebukadnezar die Vernunft einführen und die Theologen ausrotten. Doch der Obertheologe weiß den göttlichen Willen in einem für König und Land positiven Sinne umzudeuten; er rät Nebukadnezar, das Mädchen Kurrubi zu heiraten. Kurrubi erkennt in Nebukadnezar den vor ihr geliebten Bettler aus Ninive, weigert sich aber, ihn als König anzuerkennen. Nebukadnezar gibt sich geschlagen und bietet sie demjenigen zur Frau an, der sie am meisten liebt. Da wenden sich alle betreten ab. Niemand will um ihretwillen auf Macht und Wohlstand verzichten. Nebukadnezar nutzt den Augenblick, wiegelt das Volk gegen Kurrubi auf. Sie wird als Hexe dem Henker, dem verkleideten Akki, übergeben. Nebukadnezar verkündet jetzt seinen übermütigen Plan: Er will die Menschen in einen Pferch treiben und in ihrer Mitte einen Turm errichten, der die Unendlichkeit durchstoßen und in das Herz seines Feindes treffen soll. Er will wissen, was besser sei: seine Gerechtigkeit oder die Ungerechtigkeit Gottes. Akki und Kurrubi gelingt die Flucht in ein fernes Land – voll von neuer Verfolgung, Verheißung und neuen Gesängen.

Rudolf Kelterborn: Der Kirschgarten

Oper in 4 Akten. Libretto vom Komponisten nach der gleichnamigen Komödie von Anton Tschechow – Zürich 1984

Ljubow Andrejewna Ranewskaja, Gutsbesitzerin (S) – Anja, ihre Tochter (S) – Warja, ihre Pflegetochter (Mezzo-S) – Leonid Andrejewitsch Gajew, Bruder der Ranewskaja (Bar) – Jermolai Aleksejewitsch Lopachin, Bau-Kaufmann (Bar) – Petja Sergejewitsch Trofimow, Student (T) – Boris Borissowitsch Simeonow Pistschik, Gutsbesitzer (T) – Charlotta Iwanowna, Gouvernante (Mezzo-S) – Semjon Pantelejewitsch Jepichodow, Kontorist (B) – Zimmermädchen, Diener, Stationsvorsteher, Postbeamter

EIN ALTER GUTSHOF IRGENDWO IN RUSSLAND UM 1900

1. Akt: Die Gutsbesitzerin Andrejewna Ranewskaja ist mit ihrer Tochter Anja heimgekehrt. Fünf Jahre hatte sie im Ausland, zuletzt in Paris, gelebt, um Abstand zu gewinnen von dem Tod ihres kleinen Sohnes Grischa, der im Fluß ertrunken war. Glücklich ist sie in der Ferne nicht geworden. Im Gegenteil: Arm ist sie geworden, weil sie nach dem Tod ihres Mannes von ihrem Liebhaber ausgeplündert wurde, und um so schlimmer, da das heruntergekommene Gut vor dem Bankrott steht. Der loyale Bau-Kaufmann Lopachin empfiehlt, den Grundbesitz zur Parzellierung für eine neue Siedlung abzugeben. Sein Vorschlag stößt auf taube Ohren – lieber resignieren, als sich von der Schönheit des Kirschgartens zu trennen, so die Meinung der Besitzer. – *2. Akt* (Im Kirschgarten): Die Gouvernante Charlotta träumt von ihrer Vergangenheit. Der Kontorist Jepichodow macht Dunjascha, dem Zimmermädchen, den Hof. Lopachin warnt zum wiederholten Male vor dem 22. August; an diesem Tag soll das Gut versteigert werden. Andrejewna ignoriert die Wirklichkeit. Einem Bettler gibt sie ihr letztes Geld. Anja und der Student Trofimow ziehen aus der Situation die Konsequenzen; sie beschließen, ihre Heimat zu verlassen. – *3. Akt* (Im Innern des Gutshofes): Die Familie hat zum Ball geladen. Sie fragt nicht, wer das bezahlen soll. Warja, die Pflegetochter, leidet an ihrer unerfüllten Zuneigung zu Lopachin, der inzwischen das Gut selbst ersteigert hat. Eine niederschmetternde Nachricht für die Familie. Und Lopachin triumphiert: Ihm gehört jetzt der Besitz, auf dem sein Vater noch als Leibeigener gearbeitet hatte. – *4. Akt* (Im Durchgangszimmer des Gutshofes): Es herrscht Aufbruchstimmung. Die Koffer sind gepackt. Andrejewna wird (mit geliehenem Geld einer Tante) nach Paris zurückgehen. Anja will schnell ihr Examen machen, um der Mutter beizustehen. Warja ist verzweifelt, daß es nicht zu einer Verbindung mit Lopachin kommt. Er, der neue Hausherr, bietet zum Abschied Sekt und Geld. Der Student Trofimow erklärt sich für unabhängig – er glaubt an Ideale. Man hört die ersten Axthiebe. Die Zerstörung des Kirschgartens hat begonnen.

Wilhelm Kienzl (1857-1941): **Der Evangelimann**

Oper in 2 Akten nach einer Erzählung aus L. F. Meißners „Aus den Papieren eines Polizeikommissärs" – Berlin 1895 (B. & B.)

Friedrich Engel, Vogt im Kloster St. Othmar (B) – Marth ta, dessen Nichte und Mündel (S) – Magdalena, deren Freundin (A) – Johannes Freudhofer, Schullehrer zu St. Othmar (Bar) – Mathias Freudhofer, sein jüngerer Bruder, Amtsschreiber im Kloster (T) – Xaver Zitterbart, Schneider (T) – Anton Schnappauf, Büchsenmacher (B) – Friedrich Aibler, älterer Bürger (Bar) – Seine Frau (Mezzo-S) – Frau Huber (S) – Hans, Bauernbursche (T) – Die Stimme des Kegelbuben (S) – Nachtwächter (B) – Eine Lumpensammlerin (Mezzo-S) – Ein Knabe (S) – Ein alter Leiermann – Der Abt – Benediktiner, Bürger, Bauern, Knechte, Kinder

BENEDIKTINERKLOSTER ST. OTHMAR IN NIEDERÖSTERREICH, 1820, UND WIEN, 1840

1. Akt (Klosterhof zu St. Othmar): Martha, die Nichte des Klostervogts, und sein Amtsschreiber Mathias lieben sich. Das ist Johannes Freudhofer, dem Bruder von Mathias, ein Ärgernis; er verfolgt Martha in eifersüchtiger Leidenschaft und hinterbringt dem Vogt Dinge, die nicht wahr sind. Mathias wird seines Amtes enthoben und aus dem Hause gejagt. Doch Martha bleibt ihrem Mathias treu. Darüber ist Johannes dermaßen erbost, daß er das Kloster in Brand steckt und dafür sorgt, daß jedermann glauben muß, Mathias habe das aus Rache getan. – *2. Akt* (Hof in Wien): Zwanzig Jahre sind vergangen. Martha hat sich das Leben genommen; sie ist in die Donau gegangen. Mathias, auf dem noch immer der Makel der Brandstiftung liegt, predigt das Evangelium. Er zieht von Ort zu Ort und kommt eines Tages auch auf den Hof, wo Magdalena, die frühere Freundin Marthas, den zu Tode erkrankten Johannes pflegt. Mathias tritt ans Krankenlager seines Bruders, der sterbend gesteht, vor 20 Jahren das Kloster in Brand gesteckt zu haben. Über die Lippen von Mathias kommt kein böses Wort; er verzeiht.

O schöne Jugendtage (Magdalena); Selig sind, die Verfolgung leiden (Mathias).

Giselher Klebe (* 1925): **Die Räuber**

Oper in 4 Akten nach Friedrich v. Schiller von Giselher Klebe – Düsseldorf 1957 (B. & B.)

Der alte Graf von Moor (B) – Karl (T) und Franz (Bar), seine Söhne – Amalia von Edelreich, Nichte des alten Moor (S) – Hermann, ein Edelmann (T) – Schweizer, ein Libertiner, später Räuber (B) – Ein Pater (A) – Daniel, ein alter Diener (T) – Die Libertiner, später Räuber – Stimmen hinter der Szene

IN DEUTSCHLAND IN DER MITTE DES 18. JAHRHUNDERTS

1. Akt: Franz Moor weiß seinen Vater durch gefälschte Nachrichten gegen seinen in Leipzig studierenden älteren Bruder Karl einzunehmen und erhält die Erlaubnis, im Namen seines Vaters an Karl zu schreiben. Amalia, Karls Verlobte, durchschaut allerdings die Intrigen von Franz und lehnt dessen Annäherungsversuche ab. Als Karl zu Vater und Braut zurückkehren will, erhält er einen Brief, in dem ihm Franz den angeblich von seinem Vater ausgesprochenen Fluch gegen Karl mitteilt. Verzweifelt wird Karl Mitglied und Hauptmann einer in den böhmischen Wäldern hausenden Räuberbande. – *2. Akt:* Um früher die Herrschaft antreten zu können, überredet Franz den mittellosen Edelmann Hermann, dem alten Moor in der Verkleidung eines Invaliden den Tod Karls zu melden. Der alte Moor sinkt in eine todähnliche Ohnmacht. – *3. Akt:* Bei den Räubern erscheint ein Pater, der ihnen mitteilt, daß ihr Versteck von Soldaten umzingelt sei. Das Angebot, für die Auslieferung ihres Anführers amnestiert zu werden, lehnen die Räuber ab. Gleichzeitig muß sich im Moorschen Schloß Amalia der Zudringlichkeiten von Franz mit Gewalt erwehren. In einer Traumvision begegnen sich Karl und Amalia und bekennen sich ihre Liebe. – *4. Akt:* Franz hat den alten Moor in einen verfallenen Turm eingesperrt, wo ihn nur die Reue und das Mitleid Hermanns am Leben halten. Ohne seinen Sohn erkannt zu haben, stirbt der alte Moor in Karls Gegenwart. Die Räuber brechen in das Schloß ein, wo sich Franz selbst den Tod gibt. Gebunden an den Treueschwur, den er den Räubern geleistet hatte, kann Karl nicht bei Amalia bleiben. Er tötet sie auf ihren Wunsch und stellt sich dem Gericht.

Giselher Klebe: Die tödlichen Wünsche

Lyrische Szenen in 3 Akten nach dem Roman „La peau de chagrin" von Honoré de Balzac vom Komponisten – Düsseldorf 1959 (B. & B.)

Raphael von Valentin (T) – Pauline, ein junges Mädchen (S) – Der Croupier des Spielsaales, Der Alte, Der Besitzer des Kuriositätenladens, Der Notar Cardot und Jonathan, Diener Raphaels (Bar) – Euphrasia und Aquilina, Kurtisanen (S/S) – Charles und Nathan, reiche Lebemänner (T/B) – Freunde Raphaels: Emil (T), Finot (T), Rastignac (B) – Die Bettler (S/Bar) – Der Saaldiener des Spielsaales (B) – Horace Bianchon, Dermatologe (Bar) – Professor Planchette, Mathematiker (T) – Meister Spieghalter, Schmied (B) – Drei Spieler (T/T/B) – Eine alte Dame (S) – Ihre Gesellschafterin (S) – Bürgersfrau (S) – Ein junger Mann, Duellant (Bar) – Wundarzt (B)

PARIS UND EIN KURORT MITTE DES 19. JAHRHUNDERTS

1. Akt: Der junge Raphael von Valentin, verarmt und hoffnungslos, verliert im Spiel sein letztes Geld. Mit einem Sprung von der Seine-Brücke will er Schluß machen, denkt aber, daß die Nacht dafür die beste Stunde sei. Um sich die Zeit zu vertreiben, betritt er einen Kuriositätenladen, in dem sich die Überbleibsel von Jahrhunderten häufen. Der Besitzer, ein alter Mann, durchschaut ihn und bietet ihm einen magischen Glücksbringer: eine orientalische Eselshaut, die Wünsche erfüllt, aber mit jedem Wunsch kleiner wird und zugleich das Leben des Besitzers verkürzt. Raphael will ihre Kraft erproben und wünscht sich ein wildes Bacchanal. Kaum hat er den Laden verlassen, als Freunde ihn zu einem üppigen Gelage einladen. Auch der zweite Wunsch, Millionen zu besitzen, geht erschreckend pünktlich in Erfüllung: Raphael tritt eine unerwartete Erbschaft an. – *2. Akt:* Im Opernfoyer trifft Raphael Pauline wieder, die ihn, selber arm, in seiner Armut einst mit ihrer heimlichen Liebe umgab. Auch Pauline ist inzwischen zu Reichtum gekommen; endlich wagt er nun, sich ihr zu bekennen. Zuvor aber will er den Pakt mit dem Talisman kündigen und wirft die Eselshaut fort. Doch das Chagrinleder kommt wie ein Bumerang zu Raphael zurück. Entsetzt, wie klein es geworden ist, beschließt Raphael, die Gelehrten zu befragen. Man findet die vernünftigsten Erklärungen und will das Fell unter einer gewaltigen Presse neu ausdehnen – da zerbirst die Maschine. – *3. Akt:* Raphael hat Pauline verlassen und hält sich krank in einem Bad auf. Er ist den Kurgästen ein Ärgernis, einer von ihnen provoziert ihn zu einem Duell. Der Talisman bewahrt Raphael vor dem Tod und spart ihn für jenes Ende auf, das abermals um einen Wunsch näher gerückt ist. Gezeichnet vom verzweifelten Widerstand gegen sein Schicksal und zugleich fatalistisch-willenlos, so findet Pauline ihn in seiner alten Mansarde. Ihrer Liebe gilt sein letztes Aufbegehren – in ihren Armen stirbt er.

Giselher Klebe: Figaro läßt sich scheiden

Oper in 2 Akten (9 Bildern) nach Ödön v. Horvath von Giselher Klebe – Hamburg 1963 (B. & B.)

Graf Almaviva (Bar) – Die Gräfin, seine Frau (S) – Figaro, Kammerdiener des Grafen (Bar) – Susanna, seine Frau, Zofe der Gräfin (S) – Ein Offizier (T) – Ein Arzt (B) – Vier Grenzbeamte (B) – Ein Forstadjunkt (T) – Hebamme (Mezzo-S) – Hauptlehrer (B) – Antonio, Schloßgärtner, Susannas Onkel (B) – Fanchette, seine Tochter (S) – Pedrillo, ihr Gatte, ehemaliger Reitknecht des Grafen (Bar) – Wachtmeister (B) – Cherubin, ehemaliger Page des Grafen (T) – Ein Gast (B) – Ein Kommissar (B) – Carlos und Maurizio, Findelkinder (Sprechrollen) – Ein Trommler – Die Wache

IRGENDWO ZU IRGENDEINER REVOLUTIONSZEIT

1. Akt: Die Revolution zwingt den Grafen und die Gräfin Almaviva, mit Figaro und Susanna zu fliehen. An der Grenze zum benachbarten Staat werden alle verhaftet, weil sie keine Papiere haben. Doch bald darauf leben der Graf und die Gräfin in Freuden in einem luxuriösen Winterkurort. Zwischen Susanna und Figaro gibt es Meinungsverschiedenheiten: Sie möchte beim Grafen bleiben, er hingegen möchte die Herrschaft verlassen. Figaro behält die Oberhand. In Großhadersdorf hat er einen Friseurladen aufgemacht, während das Grafenpaar jetzt ohne Mittel auf einem möblierten Zimmer in irgendeiner kleinen Stadt sein Dasein fristet. – *2. Akt:* In Almavivas ehemaligem Schloß, das seit geraumer Zeit als Kinderheim dient, ist der Revolutionär Pedrillo Verwalter. Figaro, der sich von Susanna getrennt hat, kehrt zurück und kann Pedrillo Unsauberkeiten in der Wirtschaft nachweisen; er nimmt Pedrillos Stelle ein. Inzwischen ist die Gräfin gestorben, der Graf spricht dem Weine zu. Susanna, die als Kellnerin in Cherubins Nachtlokal arbeitet, wird von Figaro aufgefordert, in die Heimat zurückzukommen. Susanna und der Graf machen sich auf den Weg. Wenig später ist Figaro mit Susanna versöhnt. Und der Graf verbringt seine letzten Jahre wieder auf seinem Schloß.

Giselher Klebe: Jacobowsky und der Oberst

Opernfassung in 4 Akten von Franz Werfel – Hamburg 1965 (B. & B.)

Jacobowsky (Bar) – Oberst Stjerbinsky (T) – Marianne (S) – Szabuniewicz (Bar) – Der tragische Herr (Bar) – Madame Bouffier (Mezzo-S) – Salomon (B) – Die alte Dame aus Arras (A) – Die leichte Person (S) – Chauffeur (B) – Clairon, Wirt eines Cafés in Saint-Jean-de-Luz (B) – Brigadier von Saint-Cyrill (B) – Ein Oberleutnant der deutschen Armee (T) – Der Würfelspieler (B) – Der Ewige Jude (T) – Der heilige Franziskus (Bar) – Chef d'Ilot, identisch mit Polizeikommissar von Saint-Jean-de-Luz (Sprechrolle) – Ein Gestapo-Beamter (Sprechrolle) – Hotel- und Café-Gäste (2 S, A, T)

FRANKREICH IM JAHRE 1940

1. bis 4. Akt: Der Jude S. L. Jacobowsky ist auf der Flucht vor den Deutschen. Jetzt will er Paris verlassen, wo er mit dem polnischen Oberst Stjerbinsky zusammengetroffen ist. Der Oberst hat den Befehl, sich an die Küste nach Saint-Jean-de-Luz durchzuschlagen, um nach der Niederlage Frankreichs neue Aufträge zu erhalten. Jacobowsky ist ihm dabei behilflich. Er organisiert einen Wagen und Benzin. Bevor sie sich beide absetzen, fährt der Oberst noch nach Saint-Cyrill, um seine Freundin Marianne abzuholen. Während einer Rast im Wald von Bayonne kommt es zu einer Eifersuchtsszene, weil Marianne begeistert an die Fluchthilfen von Jacobowsky erinnert. In seiner Ehre verletzt fühlt sich der Oberst, als Jacobowsky von ihm verlangt, aus Gründen der Sicherheit alles zu verstecken, was das Vorhaben aufdecken könnte. Der darüber entstandene Streit wird durch die Kontrolle einer deutschen Militärstreife unterbrochen. Man kann die Deutschen täuschen, befindet sich aber in einem Café in Saint-Jean-de-Luz plötzlich in ernsthaften Schwierigkeiten. Da tritt ein englischer Agent auf den Oberst zu und überbringt ihm die Nachricht, daß auf ihn ein U-Boot warte, allerdings könne er niemanden außer seiner Begleiterin mitnehmen. Marianne will aber jetzt einen Beweis dafür, daß der Oberst sie liebt; sie verlangt von ihm, statt ihrer Jacobowsky mit in Sicherheit zu bringen. Und so geschieht es.

Giselher Klebe: Ein wahrer Held

Oper in 3 Akten nach John Millington Synges Stück „The Playboy of the Western World" vom Komponisten – Zürich 1975 (Bär)

Christopher Mahon, Christy (T) – Der alte Mahon, sein Vater (Bar) – Michael James Flaherty, ein Schankwirt (Bar) – Margaret Flaherty, Pegeen Mike, seine Tochter (S) – Witwe Quin, eine Frau von ungefähr 30 (S) – Shawn Keogh, Pegeens Vetter, ein junger Bauer (T) – Philly Cullen (B) – Jimmy Farell (B) – Sora Tansey, Susan Brady, Honor Blake, Mädchen vom Dorf (S) – Nelly (A) – Ein Ausrufer (Sprechrolle) – Landleute

IN IRLAND IN DER NÄHE EINES DORFES AN DER KÜSTE VON MAYO

1. Akt: Pegeen Mike Flaherty, die Tochter des Schankwirtes Michael James Flaherty, ist ihrem Vetter Shawn Keogh versprochen. Die päpstliche Erlaubnis für eine Ehe unter Verwandten wird erwartet. Shawn ist ein Feigling; er ist nicht einmal dazu zu bewegen, die Nacht im Haus seiner Braut zu verbringen, wenn Pegeens Vater mit seinen Kumpanen auf einer Totenfeier säuft – Shawn fürchtet sich vor dem Pfarrer. Was tun? Da stellt sich ein zu Tode Erschöpfter ein, bittet um ein Bier und behauptet, er habe seinen Vater mit einer Feldhacke erschlagen. Pegeen ist fasziniert von diesem schmächtigen, aber tapferen Jungen. Könnte er nicht als Schankbursche im Haus bleiben? Vater Flaherty findet die Lösung gut und begibt sich mit seinen Freunden zur Totenfeier. Der eifersüchtige Bräutigam informiert den Pfarrer von der bedenklichen Situation, in der sich Pegeen befindet. Der beauftragt die Nachbarin, die Witwe Quin, die ihren Mann umgebracht haben soll, Christy Mahon – so heißt der vermeintliche Vatermörder – in ihre Kate zu holen. Quin kann Christy zwar nicht überreden, steckt ihm aber, daß sich Pegeen und Keogh verloben wollen. – *2. Akt:* Das Dorf ist begeistert von dem jungen Mann, der seinen Vater erschlagen haben will. Christy muß seine Tat immer wieder schildern. Shawn versucht, seinen Nebenbuhler abzuschütteln, Christy will aber bei Pegeen bleiben. Da erscheint sein nur verletzter Vater. Von ihm erfährt Quin, daß Christy ein Weiberfeind, Faulenzer, ein Versager sei. Quin will den tobenden Vater loswerden, sie lockt ihn auf eine falsche Fährte. Christy bittet Quin um Hilfe – er will Pegeen nicht verlieren. Quin willigt ein. Für ein Wegerecht, einen Hammel und eine Fuhre Mist wird sie versuchen, den Vater vom Sohn fernzuhalten. Sie hat einen ganz bestimmten Plan. – *3. Akt:* Wirt Flaherty und seine Freunde sind vom Leichenschmaus zurück. Sie treffen auf Vater Mahon, der die Geschichte vom Sohn erzählen muß. Quin erkennt die Gefahr für Christy und erklärt seinen Vater für verrückt – sie verweist auf den Widerspruch der Schilderungen beider. Mahon glaubt schließlich selbst, daß er Heilung in einer Anstalt suchen müsse. Jetzt hält Christy um die Hand Pegeens an. Da erscheint Mahon noch einmal und schlägt seinen Sohn nieder. Für Pegeen stürzt eine Welt ein: Christy hat seinen Vater gar nicht umgebracht. Da schlägt Christy wieder auf den Vater ein. Jetzt ist er doch ein wahrer Held. Aber alle wenden sich von ihm ab. Er soll zur Polizei gebracht werden. Da schleppt sich der alte

Mahon herein, um seinen Sohn zu befreien – er hat die Veränderung seines Sohnes erkannt, der kein Feigling mehr ist, der nun selbstbewußt in die Zukunft blickt.

Giselher Klebe: Das Mädchen aus Domrémy

Oper in einem Prolog und 4 Szenen nach Friedrich von Schiller von Giselher Klebe anhand von Prozeßakten – Stuttgart 1976

Johanna (S) – König Karl VII. von Frankreich, später Pierre Cauchon, Bischof von Beauvais (T) – Graf Dunois, Bastard von Orléans, später Bruder Martin Ladvenu (Bar) – Du Chatel, königlicher Offizier, später Promotor Thomas de Courcelles (B-Bar) – Ein Page (S) – 5 Ratsherren von Orléans, später Beisitzer des Gerichtes (2 T/2 Bar/B) – Agnes Sorel, Karls Geliebte (S) – La Hire, königlicher Offizier, später Jean de Chatillon, Richter (B) – Der Erzbischof von Reims, später Inquisitor Jean le Maistre (Bar) – Raoul, ein lothringischer Ritter (T) – Ein englischer Herold (Bar) – Sir Talbot, Feldherr der englischen Truppen (B) – Fastolf, englischer Heerführer (T) – Lionel, englischer Heerführer (T) – 3 Mädchen aus Johannas Heimat (2 S/A) – Ein Pater (Bar)

IN FRANKREICH IM HUNDERTJÄHRIGEN KRIEG UM 1430

Prolog: Frankreich droht im Krieg zu unterliegen. Schon steht das englische Heer an der Loire. Johanna, ein Mädchen aus dem Dorfe Domrémy, fühlt sich von Gott berufen, ihr Land und den König zu retten. – *Hoflager des Königs:* König Karl ist mit Bänkelsängern und seiner Geliebten Agnes Sorel beschäftigt. Warnungen, Beschwörungen seiner Vertrauten und Hilferufen der Ratsherren von Orléans hat er nur Ausflüchte entgegenzusetzen. Dunois, oberster Feldherr der Franzosen, bricht enttäuscht mit seinem König. In dieser hoffnungslosen Situation kommt die Kunde von einer wunderbaren Wendung des Kampfes: ein junges Mädchen hat sich an die Spitze der französischen Truppen gestellt und sie zum Sieg geführt. Es ist Johanna. Vor den Augen der königlichen und geistlichen Hoheiten bekennt sich Johanna zu ihrem göttlichen Auftrag und verblüfft durch ihre seherischen Kräfte. Sie empfängt den Segen der Kirche und gelobt, Karl in Reims feierlich zu krönen. – *Schlacht:* Der englische Heerführer Talbot ist mit seinen Truppen auf dem Rückzug. Unter der Führung Johannas erkämpfen die Franzosen den entscheidenden Sieg. Talbot fällt. Aber Johanna wird Einhalt geboten: Als sie dem englischen Offizier Lionel Auge in Auge gegenübersteht, sinkt ihr das Schwert. Lionel entwaffnet sie und entkommt. – *Krönung:* Johanna glaubt, ihren göttlichen Auftrag verraten zu haben. Nur widerstrebend nimmt sie am Zeremoniell teil. Ein Pater sucht, kaum daß die Krönung vollzogen ist, das Volk gegen Johanna aufzubringen: beim Kreuz soll sie schwören, daß sie rein und nicht mit dem Teufel im Bunde ist. Johanna bleibt stumm. – *Gericht:* Die Menschen, die ihr die Freiheit verdanken, sitzen nun über sie zu Gericht. Johanna wird aus der Kirche ausgestoßen und zum Feuertod verurteilt. Sie überantwortet sich der Gnade des Erlösers.

Giselher Klebe: Der Jüngste Tag

Oper in 3 Akten von Lore Klebe nach dem Schauspiel von Ödön v. Horváth – Mannheim 1980 (Bär)

Thomas Hudetz, Stationsvorstand (Bar) – Frau Hudetz (S) – Alfons, ihr Bruder, Drogeriebesitzer (Bar) – Der Wirt zum „Wilden Mann“ (B) – Anna, seine Tochter (S) – Ferdinand, deren Bräutigam, Fleischer (T) – Leni, Kellnerin beim „Wilden Mann“ (Mezzo-S) – Frau Leingruber (Mezzo-S) – Ein Waldarbeiter (B) – Ein Vertreter (T) –

Ein Gendarm (B) – Kohut, ein Heizer (T) – Ein Staatsanwalt (T) – Ein Kommissar (B) – Ein Kriminalbeamter (B) – Ein Streckengeher (B) – Pokorny, ein seliger Lokomotivführer (B)

IN UNSEREN TAGEN

Frau Leingruber, der Waldarbeiter und der Vertreter für Kosmetika warten auf den verspäteten Zug. Der Vertreter hatte nur einen Kunden: die Wirtstochter Anna. Die Frau des Bahnhofsvorstands Hudetz beklagt sich bei ihrem Bruder Alfons über ihren Mann. Die Leute im Ort sind Frau Hudetz und ihrem Bruder nicht freundlich gesinnt. Anna bringt ihren Verlobten, den Fleischhauer Ferdinand, zur Bahn – er arbeitet in einem Nachbarort. Der Zug kommt, fährt ab. Zurück bleiben der Bahnhofsvorstand Hudetz und Anna, beobachtet von Frau Hudetz. Anna küßt Hudetz, der verwirrt vergißt, das Signal für den Eilzug 405 zu stellen. Seine Frau hat alles mit angesehen. – Eilzug 405 ist unweit des Bahnhofs mit einem Güterzug zusammengestoßen. Es hat 18 Tote gegeben. Der Heizer des Unglückszuges behauptet, das Signal sei zu spät gestellt worden. Der Staatsanwalt inspiziert das Signal. Es steht auf Halt. Zeugen werden gesucht. Hudetz bleibt dabei, er habe das Signal rechtzeitig gestellt. Anna sagt aus, sie habe das Läutwerk gehört. Frau Hudetz gibt zunächst an, nichts gesehen zu haben, ändert jedoch plötzlich ihre Aussage und belastet ihren Mann, der verhaftet wird. – Hudetz ist freigesprochen worden, weil Anna einen Meineid geleistet hat. Er kehrt ins Dorf zurück und wird im Triumphzug zum Wirtshaus gebracht. Anna sagt, sie müsse ihn dringend sprechen: „Morgen abend um neun beim Viadukt." – Hudetz und Anna treffen sich. Was würde er wohl sagen, wenn sie jetzt herausschreie, daß sie falsch geschworen habe? Hudetz beantwortet ihre Frage damit, daß es ihre Pflicht gewesen sei, so zu schwören. Sie umarmen sich. – Die Kellnerin Leni befürchtet, daß der verschwundenen Anna etwas zugestoßen ist. Der Gendarm überbringt die Gewißheit: man hat Anna gefunden, tot, ermordet. Leni begreift die Zusammenhänge. – Frau Leingruber erzählt Alfons von Annas Begräbnis und zieht über Hudetz her. Alfons versucht, gerecht zu bleiben. Frau Hudetz ist nach längerer Abwesenheit in den Ort zurückgekehrt, sie wohnt jetzt bei Alfons. Hudetz kommt – er braucht einen Zivilanzug, um fliehen zu können. Er findet das Sterbebildchen Annas, das Frau Leingruber Alfons gegeben hat. Er liest: „... nimm dich in acht und hüte dich, was ich am Jüngsten Tag über dich für ein Urteil sprich ..." Den Anzug will er nun nicht mehr. – Man sucht nach Hudetz. Man vermutet, daß er sich vom Viadukt stürzen will. Die Toten versuchen, sich zu rächen: Der tote Lokomotivführer Pokorny und der ebenfalls damals beim Unglück umgekommene Streckengeher warten auf Hudetz, der sich dem höchsten Richter stellen will. Auch Anna erscheint. Verzweifelt versucht sie, Hudetz am Selbstmord zu hindern. Hudetz macht Anstalten, sich vor den Eilzug 405, der jeden Moment vorbeikommen muß, zu stürzen. Der Eilzug fährt vorbei. Hudetz: „Herr Inspektor, ich melde mich zur Stelle. Die Hauptsache ist, daß man sich selber nicht verurteilt oder freispricht ..."

Erich Wolfgang Korngold (1897-1957): **Die tote Stadt**

Oper in 3 Akten nach einem Text von Paul Schott – Hamburg 1920

Paul (T) – Erscheinung Mariens, Pauls verstorbener Frau (S) – Marietta, Tänzerin (S) – Frank, Pauls Freund (Bar) – Brigitta, Pauls Haushälterin (A) – Juliette, Tänzerin (S) – Lucienne, Tänzerin (Mezzo-S) – Victorin, Spielleiter (T) – Pierrot (Bar) – Graf Albert (T)

BRÜGGE UM 1890

1. bis 3. Akt: Paul lebt in Brügge, der toten Stadt, in intensiver Erinnerung an seine verstorbene Frau Marie. Im Andenken an sie hat er sein Zimmer auf seltsame Weise eingerichtet. Seinem Freund Frank berichtet er, er habe auf einem Spaziergang eine Frau angesprochen, die Marie zum Verwechseln ähnlich sah. Sie habe zugesagt, ihn aufzusuchen. Statt dessen ist es Marietta, die in Pauls Zimmer eintritt. Paul ist verwirrt. Traum und Wirklichkeit verwischen sich. Marietta bekommt für ihn die Züge seiner verstorbenen Frau. Sie tanzt für Paul, streift dabei das verhüllte Gemälde Mariens, enthüllt ihr Antlitz. Paul glaubt in visionärer Verzückung, Marie sei zurückgekommen. Er will gar ihre Stimme vernommen haben: Treu soll er ihr bleiben. Doch Marietta, die Tänzerin, ist seine Geliebte geworden. Pauls Freund widerfährt noch größeres Glück – er besitzt gar den Schlüssel zu Mariettas Haus. Paul entreißt Frank den Schlüssel. Die Freunde sind entzweit. In die tote Stadt ist Leben eingekehrt. Paul beobachtet das Treiben der Tänzergruppe, entdeckt Marietta, stürzt auf sie zu und gibt zu verstehen, er habe in ihr nur die Tote geliebt. Marietta läßt dennoch nicht ab von Paul. Sie will ihn für sich zurückgewinnen. Es kommt zu einer erneuten Liebesnacht. Am nächsten Morgen triumphiert Marietta vor dem Bild Mariens, sich in Schönheit vergleichend. Paul verliert die Fassung, erdrosselt Marietta mit einer Haarflechte Mariens – jetzt gleichen sich die beiden Frauen ganz. Doch alles war nur ein böser Traum. Paul kommt zu sich. Marietta, die zurückgekommen ist, weist er ab. Die Erkenntnis aus dem Wahn: Ein Wiedersehen mit Toten auf Erden gibt es nicht.

Ernst Křenek (1900-1991): **Johnny spielt auf**

Oper in 2 Teilen – Leipzig 1927 (U. E.)

Der Komponist Max (T) – Die Sängerin Anita (S) – Der Neger Johnny (Bar) – Der Violinvirtuose Daniello (Bar) – Das Stubenmädchen Yvonne (S)

PARIS UND IM GEBIRGE

1. und 2. Teil: Der Komponist Max lernt die Sängerin Anita kennen. Eine tiefe Beziehung entsteht zwischen ihnen, wenn auch durch ihre verschiedenen Charaktere Disharmonien aufkommen. In diesem nicht ganz vollendeten Glück trifft Anita im Hotel in Paris den Geiger Daniello, das Gegenbild des Geliebten. Er versteht Anita das zu bieten, was ihr an Max fehlt. Sie gehört ihm an, will aber zu Max zurückkehren. Daniello sucht das zu verhindern und überredet das Zimmermädchen Yvonne, Max den Ring zu übergeben, den Anita ihm zum Abschied geschenkt hat. Inzwischen hat der Neger Johnny die kostbare Geige Daniellos gestohlen und zwischen Anitas Gepäck versteckt. Die ahnungslose Anita reist damit ab, und Johnny folgt ihr, um an einem neutralen Ort in den Besitz der Geige zu kommen. – Max wartet auf Anita, und es kommt zu quälenden Szenen, weil sie ihn in das bewegte Leben mitreißen möchte. Der ihm inzwischen übergebene Ring läßt ihn Zusammenhänge ahnen, und er will in die Berge zurückkehren. In der Stille der Gebirgsnacht hört er aus dem nahen Hotel Anita eine Arie aus seiner neuen Oper singen, und er eilt zu ihr zurück. Inzwischen ist Johnny im Besitz der Geige und spielt darauf Jazzmusik. Sein Spiel wird durchs Radio übertragen; Daniello erkennt am Ton seine Geige und veranlaßt die Verfolgung des Diebes. Johnny muß die Geige preisgeben, als die Polizei ihn aufstöbert, er kann aber den Zug nach Amsterdam erreichen. Durch eine Verwechslung wird der auf dem Bahnhof ankommende Max verhaftet. Triumphierend berichtet es Daniello Anita, die gerade zu ihrer Amerika-Tournee abreisen will. Yvonne allein kann die Verwechslung aufklären. Als Daniello sie zurückhalten will, gerät er unter den fahrenden Zug. Max

wird zur Polizeistation gebracht, und Johnny befreit ihn mit List und Gewalt. Alles wendet sich zum Guten: Max erreicht den Zug, und Johnny spielt auf.
Jetzt ist die Geige mein; Leb wohl, mein Schatz.

Ernst Křenek: Leben des Orest

Große Oper in 5 Akten (8 Bildern) von Ernst Křenek – Leipzig 1930 (U. E.)
Agamemnon, König in Griechenland (T) – Klytämnestra, seine Gemahlin (A) – Elektra, deren Tochter (S) – Iphigenie, deren Tochter (Mezzo-S) – Orest, deren Sohn (Bar) – Ägisth, Verwandter Agamemnons (T) – Anastasia, Amme der königlichen Kinder (A) – Thoas, König im Nordland (Bar) – Thamar, seine Tochter (S) – Aristobulos, Oberrichter (Bar) – Drei Älteste des Volkes (B) – Ausrufer (Bar) – Hirt (Bar) – Diener, Artisten, Tänzer, Richter, Volk

GRIECHENLAND UND NORDLAND KURZ VOR, WÄHREND UND NACH DEM TROJANISCHEN KRIEG

1. Akt: Agamemnon will die Griechen gegen Troja führen, weil er sich von einem Sieg die Einigung aller griechischen Stämme erhofft. Dem Volk aber widerstrebt ein Krieg. Um diesen Widerstand zu brechen, läßt sich Agamemnon von Ägisth den Entschluß suggerieren, das Höchste, was er besitzt, zu opfern: seinen eigenen Sohn Orest. Doch Klytämnestra schickt die Amme Anastasia mit dem Knaben nach Phokis, um ihn zu retten. Ganz im Banne seiner Idee, will Agamemnon nun seine Tochter Iphigenie opfern. Aber ein Wunder errettet das Kind, und das Volk, unter dem Eindruck dieser überirdischen Einwirkung, glaubt an die Gottgewolltheit dieses Krieges und läßt sich nach Troja führen. – *2. Akt:* Iphigenie ist von der Göttin Artemis ins Nordland geführt worden, dessen König Thoas sich nach einem Land im Süden sehnt, das sich für ihn in der Gestalt eines jungen Mädchens – eben Iphigenie – verkörpert. Inzwischen ist Anastasia mit Orest auf der Wanderung nach Phokis nach Athen gekommen. Dort findet ein Volksfest statt. Orest nimmt an einem Wurfballspiel mit solchem Ungestüm teil, daß er den ganzen Mechanismus zerstört. Bei dem entstehenden Trubel wird Orest von Anastasia getrennt, die ihn dem Schutz der Götter empfiehlt und in Ermangelung eines Weihegeschenkes den Ball, den Orest geschleudert hat, Pallas Athene opfert. – *3. Akt:* Zehn Jahre sind verflossen. Ägisth hat mit Klytämnestra die Ehe gebrochen. Als Agamemnon aus Troja heimkehrt, ist seine Tochter Elektra die einzige, die sich über sein Kommen freut. Ägisth bietet ihm den Willkommenstrunk, Agamemnon will ihn aus Elektras Hand entgegennehmen, und die Ahnungslose reicht dem Vater das Gift, mit dem das ehebrecherische Paar sich Agamemnons entledigen will. Drei Tage später findet das Totenfest statt. Der Zufall führt Orest gerade jetzt in die Heimat zurück. Er kommt zur Totenfeier seines Vaters. Nur Elektra erkennt ihn und enthüllt ihm die Freveltaten. Orest tötet Ägisth und seine Mutter Klytämnestra, die ihn sterbend verflucht. Das Volk vergreift sich an Elektra und tötet sie. – *4. Akt:* Orest wird von den Furien über den Erdball gehetzt. Er kommt auch ins Nordland. Dort hat Thoas zehn Jahre lang vergebens auf die Liebe Iphigenies gehofft. Orests Erscheinen entfacht in Thamar, der Tochter des Königs, heftige Leidenschaft. Um den Blutrausch des Fremdlings zu befriedigen, will sie ihm Iphigenie zum Opfer bringen. Die Geschwister erkennen sich; der Plan scheitert und bringt Klarheit in die Beziehungen der Paare. Doch Thoas' Angebot eines Asyls im Nordland lehnt Orest ab, er will in Griechenland Entsühnung finden. – *5. Akt:* In Athen wird er vor das Gericht geführt. Er versucht, seine Taten zu erklären, und verlangt Erlösung vom Fluch. Der Oberrichter soll entscheiden. Unterdessen ist Anastasia, von einem kleinen Mädchen geführt, auf den Marktplatz gekommen. Das Kind spielt mit den Opfergaben der Pallas Athene und läßt den Ball, den Anastasia der Göttin geopfert hatte, in den Abstimmungsbecher fallen. Der Oberrichter erkennt die Stimme der Göttin. Orest ist frei.

Ernst Křenek: Karl V.

Bühnenwerk mit Musik in 2 Teilen – Prag 1938 (U. E.)

Karl V. (Bar) – Juana, seine Mutter (Mezzo-S) – Eleonore, seine Schwester (S) – Ferdinand, sein Bruder (T) – Isabella, seine Gattin (S) – Juan de Regla, sein Beichtvater (Sprechrolle) – Henri Mathys, sein Leibarzt (B) – Francisco Borgia, Jesuit (T) – Alarcón (Bar), Alba (B), Frundsberg (B), Hauptleute des Kaisers – Franz I. von Frankreich (T) – Frangipani (T) – Papst Clemens VII. (Sprechrolle) – Ein Kardinal (Sprechrolle) – Luther (Bar) – Moritz von Sachsen (Sprechrolle) – Sultan Soliman (Bar) – Sein Hofastrologe (T) – Geister des Fluches, der Leichtfertigkeit, des völkischen Stolzes, des tiefsten Leides (S und A) – Vier Uhren (S und A) – Mönche, Nonnen, Landsknechte

KURZ VOR DEM TODE KARLS V. (1558) IM SPANISCHEN KLOSTER S. YUSTE

1. Teil: Kaiser Karl V., der Beherrscher eines Weltreiches, hat sich, müde von einem überreichen Leben und geängstigt von vielen Gewissensfragen, in das spanische Kloster S. Yuste zurückgezogen. In dieser Ruhe trachtet er vor dem Tod seinen Frieden mit Gott zu finden. Er hat allen weltlichen Würden entsagt. Nicht mehr als Kaiser, einzig als Mensch tritt er vor Gott, dessen unerbittlich mahnende Stimme er zu vernehmen glaubt. Karl läßt den jungen Mönch Juan de Regla, den er sich zum Beichtvater erwählte, herbeirufen. Ihm legt er Taten und Erfahrungen seines Lebens dar, sehnsüchtig Verständnis, Klärung und schließlich die Vergebung erhoffend. Während er spricht, tauchen hinter dem Bild „La Gloria“ von Tizian, das Karl für sich malen ließ – es stellt die Verherrlichung der Dreieinigkeit dar und zeigt zu Füßen Gottes den Kaiser und seine Familie –, jene Ereignisse, von denen Karl zum Beichtvater spricht, wie Träume auf. Dem ehemaligen Imperator vermischen sich Gegenwart und Vergangenheit zur Beichte seines Lebens. Er sieht seine Mutter, Johanna die Wahnsinnige. Er gedenkt der für ihn so furchtbaren Erscheinung Luthers, der ihm auf dem Reichstag in Worms entgegentrat, welcher die Vermittlerrolle des Priesters zwischen Mensch und Gott ablehnte und der schließlich den ewigen Traum Karls von einem alle Menschen umschließenden christlichen Weltreich zunichte machte. Er erinnert sich seines politischen Widersachers, Franz' von Frankreich, der gegen ihn mit dem Sultan konspirierte, den er in der Schlacht von Pavia gefangennahm und den er heimlich verehrte, weil ihm die unbedenkliche Lebensfreude seines Gegners fehlte. Er gedenkt jener Tage, als er, der Sieger von Tunis, der Triumphator über die Heiden, erfahren mußte, daß seine deutschen Landsknechte in Rom den Vatikan plünderten, weil er den Sold nicht mehr zahlen konnte. Er erinnert sich, wie er nach Madrid heimkam, doch nur um seine Frau Isabella im Sterben zu finden. Den Beichtenden bedrängen die Geister des Fluchs, des völkischen Stolzes, der Leichtfertigkeit und des tiefsten Leids. Ihn quälen die Gedanken an die Ketzer, die unter unvorstellbaren Qualen sterben mußten. – *2. Teil:* Francisco Borgia, Jesuit und früherer Haushofmeister Isabellas, kommt ebenfalls zu dem Sterbenden, um die Beichte zu hören. Juan de Regla versucht vergeblich, ihn aufzuhalten. Eleonore, die vom eigenen traurigen Schicksal berichtet, einem Schicksal, das dem Kaiser zur schweren Last wurde, weist Francisco zurück. Unerbittlich dringt er in den Kaiser, sich rückhaltlos zu rechtfertigen. Karl sieht sich in jener Kirche in Wittenberg, in der Luther schon lange begraben liegt. Er denkt an Moritz von Sachsen, der Luthers Sache zu seiner eigenen machte und Karl die deutschen Fürsten entfremdete. Er sieht den Traum von der Einheit in nutzlosem Gezänk wie Rauch verwehen. Klar wird ihm die Vergeblichkeit allen irdischen Machtdenkens. Dem Verzagenden erscheint Soliman, jener Sultan, der mit Hilfe der Franzosen Europa vernichten wollte und der von seinem Astrologen den Himmel nach den Wegen der Zukunft durchforschen läßt. Karl begegnet in der Wiener Hofburg seinem Bruder Ferdinand, der ihm nicht raten und nicht helfen kann. Immer weiter eilen die wenigen Lebensstunden, die ihm geblieben sind; ohne daß ihm Klarheit und erlösende Hoffnung wird, bricht er zusammen.

Ernst Křenek: Pallas Athene weint

Oper in einem Vorspiel und 3 Akten von Ernst Křenek – Hamburg 1955 (Schott/U. E.)
Pallas Athene (Mezzo-S) – Sokrates (B-Bar) – Alkibiades (T), Meletos (T) und Meton (Bar), Freunde und Schüler von Sokrates – Althaea, Priesterin von Eleusis (S) – Nauarchos (Bar) – Ein athenischer Senator (Bar) – Agis, König von Sparta (B) – Timaea, seine Gattin (S) – Lysander, General (T) – Brasidas, Hauptmann (Bar) – Ktesippos, sein Sohn (T) – Athenische Männer und Frauen, spartanische Krieger

IN ATHEN UND SPARTA WÄHREND DER LETZTEN PHASE DES PELOPONNESISCHEN KRIEGES 406 BIS 404 VOR CHRISTI GEBURT

Vorspiel: Sokrates erzählt im Elysium der Göttin Pallas Athene, wie seine Schüler Alkibiades, Meletos und Meton den Untergang Spartas herbeigeführt haben, indem sie den Begriff der Freiheit falsch auslegten. – *1. Akt:* Das demokratische Athen steht in einer grundsätzlichen Auseinandersetzung mit der Diktatur Sparta. Alkibiades veranlaßt eine militärische Expedition nach Sizilien, um die dort angesiedelten Griechen auf die Seite Athens zu bringen. Für sich selbst hofft er zum Leiter der Expedition ernannt zu werden. Meton ist als Kriegsdienstverweigerer gegen das Unternehmen, während Meletos als politischer Gegner des Alkibiades wiederum gegen die Übergabe des Kommandos an seinen Konkurrenten ist. Als dann allerdings wegen des Verdachts der Schändung der heiligen Hermen Alkibiades' Mission gefährdet ist, drängt Meletos auf sofortige Abreise, da er erwartet, in Abwesenheit seines Feindes leichteres Spiel gegen diesen zu haben. – *2. Akt:* In Sparta, wo König Agis jeden Untertanen, der an der Gewißheit des Sieges zweifelt, hinrichten läßt, wird Alkibiades gemeldet. Er ist, als er auf Betreiben des Meletos' Sizilien verlassen sollte, zu den Spartanen, übergegangen. In ihrer Sehnsucht nach Liebe und Freiheit beredet wiederum Timaea, die Gattin des Agis, Alkibiades zur Flucht mit ihr. Die eleusische Priesterin Althaea zeigt darauf dem spartanischen Heer den Weg zum Sieg. – *3. Akt:* Während Meton dem Sokrates berichtet, daß Meletos den Befehl zur Verstümmelung der Hermen gegeben hat, und von diesem getötet wird, findet Alkibiades unter den Speeren der Spartaner den Tod. Meletos aber hat sich auf die Seite der Spartaner geschlagen. Als sich Sokrates bei Agis, der die Mauern Athens schleifen läßt, für das Recht und gegen die Willkür einsetzt, läßt ihm dieser auf Rat des Meletos den Prozeß machen.

Ernst Křenek: Sardakai

Oper in 2 Akten (9 Bildern) von Ernst Křenek – Hamburg 1970 (Bär)
Sardakai, Königin von Migo Migo (S) – Urumuru, Führer der Rebellion gegen Sardakai (B) – Dr. Adriano, ein Psychoanalytiker (Bar) – Aminta, seine Freundin (Mezzo-S) – Carlo Murbruner, ein Dichter (T) – Heloïse, seine Freundin (Mezzo-S) – 2 Geheimagenten der Königin (stumm) – Ein Polizist in Romadra (stumm)

:N ROMADRA, EINER EUROPÄISCHEN HAUPTSTADT, GELEGENTLICH AUF DER SÜDSEEINSEL MIGO MIGO, IN DER GEGENWART

1. Akt: Die Königin des polynesischen Inselreiches Migo Migo, Sardakai, will ihren Gegner Urumuru, der von der europäischen Hauptstadt Romadra aus eine Rebellion führt, durch eine List besiegen: Sie will als Mrs. Wilson nach Romadra fliegen. Vermutlich wird Urumuru zum Flugplatz kommen, wo ihre Agenten ihn dann festnehmen werden. Sie will dann versuchen, ihn zu verführen, um so seiner Herr zu werden. Aber Urumuru hat auch einen Plan: Er will sie als angeblicher Landsmann ansprechen und ihr die imperialistischen Ideen austreiben. In die Verstrickungen dieses politischen Machtspieles werden der Psychoanalytiker Professor Adriano, der Dichter Carlo Murbruner und ihre Freundinnen Aminta und Heloïse einbezogen. Sie diskutieren am Strand von Romadra. Adriano überredet Carlo, die Treue seiner Freundin Heloïse auf die Probe zu stellen. Carlo nimmt auf dem Flugplatz Abschied von Heloïse, angeblich fliegt er nach Migo Migo. Der verkleidete Adriano soll dann Heloïse umwerben. Es wird die Ankunft der Maschine aus Migo Migo ausgerufen. Als Carlo aus seinem Versteck hervorkommt, wird er von Agenten umringt. Urumuru sieht sich in Gefahr und umarmt Heloïse, um sein Gesicht zu verbergen. Carlo wird entführt. Adriano meint, daß Heloïse schon Ersatz für Carlo gefunden hat. Urumuru erklärt Heloïse, daß er sich vor seiner Frau verstecke, und bittet sie, als Stubenmädchen verkleidet, seine Frau, Mrs. Wilson, zu beobachten. Carlo wird Sardakai vorgeführt, doch sie erkennt, daß er nicht Urumuru ist. Als das „Stubenmädchen" in das Zimmer kommt, versteckt Carlo sich im Bett, wird aber von der empörten Heloïse entdeckt. Sardakai weist Heloïse aus dem Zimmer und verschwindet selber. Auch Carlo entkommt. – *2. Akt:* Heloïse erzählt Urumuru, was geschehen ist. Adriano ist in seiner Praxis, Aminta macht ihm Vorwürfe wegen seines Verhaltens auf dem Flugplatz, sie will ihn verlassen. Da erscheint plötzlich, als Monteur vekleidet, Urumuru, um nach dem Fernsehgerät zu sehen. Verärgert verläßt Adriano das Büro, als Aminta mit dem Monteur einen Flirt beginnt. Sie hat Urumuru erkannt und setzt ihn mit einem Karategriff außer Gefecht. Es kommt eine Patientin – Mrs. Wilson. Sie gesteht Adriano, daß ihr Besuch bei ihm nur ein Vorwand sei, und Adriano läßt sich auf eine Scheinbehandlung ein. Doch im Gespräch erfährt Adriano, daß Mrs. Wilson durch Verführungskünste Urumuru entmachten will. Da steht plötzlich Urumuru im Zimmer und erklärt der überraschten Mrs. Wilson, daß Sardakai jetzt Ex-Königin und er der neue Präsident der Republik sei. Ihr eben mit Adriano geführtes Gespräch habe man nach Migo Migo übertragen, und es sei zu einem Aufstand gekommen. Inzwischen ist es Aminta gelungen, die Polizei zur Entlassung Carlos zu bewegen. Auch das Verwechslungsspiel findet einen unerwarteten Ausgang. Als Schönheitskönigin verhandelt Sardakai in Hollywood. Adriano begleitet sie als Privatsekretär. Heloïse wird die Vertraute des Präsidenten Urumuru; Carlo und Aminta trösten sich gemeinsam.

Konradin Kreutzer (1780-1849): **Das Nachtlager von Granada**

Romantische Oper in 2 Aufzügen nach Friedrich Kinds gleichnamigem Schauspiel von K. J. Braun von Braunthal – Wien 1834 (Peters)

Ein Jäger (Bar) – Ambrosio, ein alter Hirt (B) – Gabriele, seine Nichte (S) – Vasco (Bar), Pedro (B), Hirten – Gomez, ein junger Hirt (T) – Jäger, Gerichtspersonen, Hirten, Hirtinnen

SPANIEN, MITTE DES 16. JAHRHUNDERTS

Während einer Jagd hat sich der Prinzregent, als Jäger gekleidet, in ein Tal von Granada verirrt. Dort trifft er auf das Hirtenmädchen Gabriele, das nach dem Willen des Onkels den wilden Vasco heiraten soll, aber den braven Gomez liebt. Der Prinzregent verspricht, sich für sie an höherer Stelle zu verwenden. Er bittet um ein Lager für die Nacht, das er mit viel Geld im voraus bezahlt. Das bringt die Hirten Vasco, Ambrosio und Pedro auf den Gedanken, den Fremden im Schlaf zu berauben und zu ermorden. Gabriele ahnt Böses, sie weckt den Jäger und warnt ihn vor der möglichen Gefahr. Dennoch kommt es zu einer heftigen Auseinandersetzung. Ambrosio und Pedro werden verwundet und fliehen. Vasco zieht gegen den Jäger den Dolch, der ihm im Ringkampf zum tödlichen Verhängnis wird. Gabriele erfährt, wer der Jäger ist. Der will sich für ihren mutigen Beistand dankbar erweisen. Sie aber erbittet sich nur den braven Gomez zum Mann.

Ein Schütz bin ich (Jäger); Schon die Abendglocken klangen (Chor); Leise wehet (Gabriele).

Ruggiero Leoncavallo (1858-1919): **Der Bajazzo**

Drama in einem Prolog und 2 Akten von Ruggiero Leoncavallo – Mailand 1892 (Schott)

Canio, Haupt einer Dorfkomödiantentruppe/Bajazzo (T) – Nedda, sein Weib / Colombine (S) – Tonio, Komödiant/Taddeo (Bar) – Beppo, Komödiant/Harlekin (T) – Silvio, ein junger Bauer (Bar) – Ein Bauer (B) – Landleute, Kinder, Musikanten

IN MONTALTO IN KALABRIEN AM 15. AUGUST 1865

Prolog: Tonio tritt vor den Vorhang, begrüßt das Publikum und deutet das Spiel. – *1. Akt:* Eine von Canio geleitete Komödiantentruppe kommt, freudig begrüßt, in einem Dorf an. Tonio erweist sich Nedda gegenüber als zu galant und erhält dafür von deren Mann eine Ohrfeige. Denn, wie Canio in der Schenke erklärt, was er als gehörnter Bajazzo auf der Bühne erdulden muß, würde er im Leben mit dem Tode rächen. Unterdessen wirbt Tonio recht zudringlich um Nedda, die ihn dafür mit der Peitsche ins Gesicht schlägt und sich so einen Todfeind erwirbt. Als Nedda sich mit Silvio, einem jungen Bauern des Dorfes, verabredet, in der Nacht zu fliehen, belauscht Tonio die Liebesszene. Dann verrät er Nedda an Canio, der Silvio zwar nicht mehr erwischen kann, dafür aber unter Todesdrohungen von seiner Frau den Namen ihres Liebhabers erfahren will. Nedda weigert sich, und Beppo kann gerade noch das Äußerste verhüten. – *2. Akt:* Heimlich kann Nedda ihren Liebhaber warnen. Auf der Bühne spielen Canio als Bajazzo, Nedda als Colombine, Tonio als Taddeo und Beppo als Harlekin eine Komödie von einem gehörnten Ehemann, die dem tatsächlichen Geschehen verzweifelt ähnelt. Als schließlich Nedda als Colombine dem Harlekin die gleichen Worte nachruft wie am Morgen dem entfliehenden Silvio, steigert sich Canio immer mehr in das Spiel hinein. Aus dem Spiel wird für ihn Leben, und er verlangt immer drohender den Namen von Colombines-Neddas Liebhaber. Wieder weigert sich Nedda. Schließlich stößt Canio ihr sein Messer in den Rücken und tötet noch den zu Hilfe eilenden Silvio.

Scherzet immer (Canio); Dann kommt zum Haus des Herrn (Chor); Wie flammte auf sein Auge (Nedda); Was gibt's? (Nedda, Tonio); Jetzt spielen (Canio); Nein, bin Bajazzo nicht mehr (Canio); Jenen Namen muß ich wissen jetzt (Canio).

Rolf Liebermann (* 1910): **Leonore 40/45**

Opera semiseria in einem Vorspiel und 2 Akten von Heinrich Strobel – Basel 1952 (U. E.)

Huguette (S) – Ihre Mutter (A) – Alfred (T) – Sein Vater (B) – Monsieur Emile (Bar) – Lejeune (B) – Ein alter Melomane (Bar) – Eine weißhaarige Melomanin (A) – Ein Soldat (T) – Ein Gast (Bar) – La Patrone (S) – Ein Kellner (T) – Ein Zeitungsverkäufer (T) – Konzertbesucher, Kaffeehausgäste, Pariser Hausfrauen, Gefangene, kleine Engel

IN DEUTSCHLAND UND FRANKREICH 1939–1947

Vorspiel: Alfred und sein Vater hören im Rundfunk in einer Sondermeldung, die eine Übertragung des „Fidelio" unterbricht, daß die Jahrgänge 1905–1913 einberufen werden; Alfred hofft als Militärmusiker den Krieg durchstehen zu können. In Paris sprechen zur gleichen Zeit Huguette und ihre Mutter vom Krieg und ihrem Schutzengel, der sie hoffentlich behüten wird. – *1. Akt:* Alfred und Huguette haben sich in Paris kennengelernt und ihre gemeinsame Liebe zur Musik entdeckt. Sie lernen sich gegenseitig lieben, müssen sich aber beim Rückzug der deutschen Truppen trennen. – *2. Akt:* Alfred ist in Kriegsgefangenschaft geraten und arbeitet bei dem Instrumentenbauer Lejeune. Mit Hilfe von Monsieur Emile, der die Funktion des Schutzengels ausübt, findet Huguette Alfred bei Lejeune, der sie als Sekretärin einstellt. Monsieur Emile greift wieder ein und beseitigt die bürokratischen Hemmnisse, die einer Hochzeit der Liebenden entgegenstehen.

Rolf Liebermann: Penelope

Opera semiseria in 2 Teilen von Heinrich Strobel – Salzburg 1954 (U. E.)

Penelope (S) – Telemachos (S) – Demoptolemos (T), Leiokritos (Bar) und Eurymachos (B), die drei Freier – Ercole (T) – Achille (Bar) – Odysseus (Bar) – Zwei Boten (T und Bar) – Podesta von Castel Circeo (T) – Chor, Hofdamen, Heimkehrer und ihre Frauen, Beamte, Volk

IM ANTIKEN GRIECHENLAND AM NACHMITTAG UND ABEND DES 3649. TAGES NACH BEENDIGUNG DES TROJANISCHEN KRIEGES UND GLEICHZEITIG IN DER GEGENWART

1. Teil: Penelope wartet seit Jahren auf die Rückkehr ihres Gatten Odysseus aus dem Trojanischen Krieg. Um die drei sie hartnäckig bedrängenden Freier noch weiterhin zu bändigen, deutet sie auf einen Vorhang, hinter dem sich die Zukunft verberge. Der Vorhang geht hoch, und man sieht eine moderne Penelope, die, während sie sich mit ihrem zweiten Gatten Ercole zum Opernbesuch richtet, die Nachricht erhält, ihr totgesagter erster Mann Ulisse käme zurück. Die drei antiken Freier zeigen vollständiges Unverständnis, geraten in Streit und werden nur von Telemachos, der seinen Vater Odysseus herbeiwünscht, auseinandergebracht. Auf Drängen ihres Mannes geht die moderne Penelope zum Empfang der heimkehrenden Krieger, wo sie von Achill erfährt, daß Ulisse auf der Heimfahrt vor Sehnsucht nach seiner Frau gestorben ist. – *2. Teil:* Die moderne Penelope kehrt nach Hause zurück und muß feststellen, daß sich Ercole inzwischen erhängt hat, um dem Glück Penelopes mit Ulisse nicht im Wege zu stehen. Beide Handlungsebenen rücken nun übereinander: Odysseus ist zwar wie alle anderen im Kriege zugrunde gegangen, kehrt jedoch als Gestalt der Phantasie zu Penelope zurück.

Rolf Liebermann: Die Schule der Frauen

Opera buffa in 3 Akten nach Molière von Heinrich Strobel – Louisville (USA) 1955 (U. E.)

Poquelin, zugleich Alain und Henri (Bar) – Arnolphe (B-Bar) – Agnes (Koloratur-S) – Horace (T) – Georgette (A) – Oronte (B)

IN PARIS IM 17. JAHRHUNDERT

1. Akt: Poquelin, wie Molière eigentlich hieß, möchte wissen, wie sein Stück im 20. Jahrhundert und noch dazu als Oper wirkt. Um gelegentlich in die Handlung eingreifen zu können, nimmt er seitlich der Bühne Platz. – Der alte Junggeselle Arnolphe hat ein junges Bauernmädchen im Kloster erziehen lassen, um eine Ehefrau nach seinen Wünschen zu bekommen. Nun hat er Agnes in sein Haus kommen lassen. Agnes hat aber schon den jungen Horace kennen- und liebengelernt. Als der arglose Horace Arnolphe, einem Geschäftsfreund seines Vaters, erzählt, daß er ein Mädchen namens Agnes liebe, gerät Arnolphe außer sich. Er macht dem Diener Alain, für den Poquelin eingesprungen ist, und dem Kammermädchen Georgette heftige Vorwürfe und ordnet eine strenge Bewachung von Agnes an, die er überdies schnell heiraten will. Von Agnes verlangt er, daß sie, wenn sich Horace wieder blicken läßt, einen Stein nach ihm wirft. – *2. Akt:* Agnes wirft auch tatsächlich den Stein, an dem sie allerdings einen Brief befestigt hat. Immer noch ahnungslos, daß Arnolphe der alte Tyrann ist, von dem ihm Agnes berichtet, liest Horace dem Alten den Brief vor. Während Arnolphe Alain und Georgette ruft, um Horace aus dem Garten zu prügeln, schleicht sich dieser in das Haus ein. – *3. Akt:* Horace läßt sich vom Balkon herunter und holt eine Leiter, wird aber überrascht und von Alain und Georgette derart verprügelt, daß er ohnmächtig liegenbleibt. Die Rettung für die Liebenden bringt Poquelin, diesmal als Monsieur Henri aus Amerika, der erklärt, Agnes sei seine Tochter, die er einst einem Bauern zur Pflege übergeben habe und die er nun mit Horace, dem Sohn seines alten Freundes Oronte, zu verheiraten wünsche. Arnolphe aber hat das Nachsehen.

György Ligeti (* 1923): **Le Grand Macabre**

Oper in 2 Akten nach Michel de Ghelderode von Michael Meschke und György Ligeti – Stockholm 1978 (Schott)

Venus (auch: Chef der Sicherheitspolizei) (S) – Clitoria (S) – Spermando (Mezzo-S) – Mescalina (Mezzo-S) – Fürst Go-Go (S) – Piet vom Faß (T) – Nekrotzar (Bar) – Astradamors, Hofastrologe (B) – Ruffiak (Bar) – Schobiak (Bar) – Schabernak (Bar) – Weißer Minister, Schwarzer Minister (Sprechrollen) – Geheimpolizisten, Pagen und Diener am Hofe des Fürsten Go-Go, höllisches Gefolge des Nekrotzar

IN EINEM IMAGINÄREN LAND

1. Akt: Nekrotzar, der große Makabre, entsteigt in einem imaginären Breughelland dem Grab und verkündet den Tod der Welt. Während er (mit Piet vom Faß) zu seiner Zerstörungsreise aufbricht, schleichen sich die Liebenden Spermando und Clitoria zum Schäferstündchen in Nekrotzars Gruft. Der Astrologe Astradamors, dessen Frau Mescalina durch Nekrotzar den Tod gefunden hat, bestätigt das Nahen eines Kometen, mit dessen Ankunft sich die Erde auflöse. – *2. Akt:* Am Hof des Fürsten Go-Go herrscht nervöse Hektik. Zwei Minister danken ab, weil sie sich nicht über Steuererhöhungen einigen können. Der Chef der Geheimen Politischen Polizei meldet die Ankunft einer seltsamen Person. Es ist Nekrotzar, den das Volk um Erbarmen anfleht. Die Verwirrung mündet in ein allgemeines Saufgelage. Der angekündigte Komet löst eine gewaltige Explosion aus. Nekrotzar glaubt, daß er damit die Zerstörung der Welt wahr gemacht habe. Dabei wimmelt es um ihn von Quicklebendigen: Piet und Astradamors fühlen sich himmlisch, Go-Go triumphiert, und Mescalina springt auf die Erde zurück. Nekrotzar ist verloren, er ist das einzige Opfer seiner Schreckensverkündigung – tot sackt er in sich zusammen. Das Liebespaar Spermando und Clitoria hat sein Schäferstündchen beendet, es verläßt die Grabkammer – Leben und Liebe haben den Tod noch einmal besiegt.

Albert Lortzing (1801-1851): **Zar und Zimmermann**

Komische Oper in 3 Akten von Albert Lortzing – Leipzig 1837

Peter I., Zar von Rußland, Zimmergeselle unter dem Namen Peter Michaelow (Bar) – Peter Iwanow, ein junger Russe, Zimmergeselle (T) – van Bett, Bürgermeister von Saardam (B) – Marie, seine Nichte (S) – Admiral Lefort, russischer Gesandter (B) – Lord Syndham, englischer Gesandter (B) – Marquis von Chateauneuf, französischer Gesandter (T) – Witwe Brown, Zimmermeisterin (A) – Ein Offizier (Sprechrolle) – Ein Ratsdiener (Sprechrolle) – Offiziere, Soldaten, Magistratspersonen, Zimmerleute, Matrosen, Volk

IN SAARDAM IN HOLLAND 1698

1. Akt: Um die modernen Schiffbaumethoden Hollands in seinem Vaterland einzuführen, arbeitet Zar Peter I. unter dem Namen Peter Michaelow auf der Schiffswerft in Saardam. Wegen eines Aufstandes in Rußland, über den der russische Gesandte Lefort berichtet, muß der Zar nach Rußland zurückkehren, doch verschiebt er seine Abreise auf den morgigen Tag, um mit dem französischen Gesandten Chateauneuf noch einen Staatsvertrag abzuschließen. Im Auftrag des englischen Gesandten Lord Syndham sucht der Bürgermeister van Bett nach dem Zaren, von dem er nur weiß, daß er sich unter dem Namen Peter auf der Werft aufhält. So gerät er an Peter Iwanow, der aus der russischen Armee desertiert ist und in Saardam eine Liebschaft mit Marie, der Nichte des Bürgermeisters, hat. – *2. Akt:* In einer Schenke unterzeichnet der Zar mit Chateauneuf den Staatsvertrag, während sich der Lord und der Bürgermeister an Iwanow heranmachen wollen. Dieser versucht ihnen immer wieder auszuweichen und verursacht, da der französische Gesandte mit seiner Marie schäkert, eine Eifersuchtsszene. Als ein Offizier und der Bürgermeister die Ausweise der fremden Arbeiter überprüfen und die beiden Peter arretieren wollen, entsteht sogar eine richtige Rauferei. – *3. Akt:* Zu Ehren des Zaren übt der Bürgermeister eine Kantate ein. Der Zar aber kann nicht abreisen, da der Hafen gesperrt ist. Da überläßt ihm Iwanow seinen von dem englischen Gesandten für den vermeintlichen Zaren ausgestellten Paß. Endlich wird nun allen offenbar, wer der richtige Zar ist. Iwanow aber wird von Peter I. als Oberaufseher nach Rußland gerufen; auch für seine Heirat mit Marie will der Zar sorgen.

O sancta justitia (van Bett); Lebe wohl, mein flandrisch Mädchen (Marie, Chateauneuf); Zum Werk, das wir beginnen (Zar, Iwanow, van Bett, Lefort, Chateauneuf, Syndham); Den hohen Herrscher würdig zu empfangen (van Bett, Chor); Einst spielt' ich (Zar); Holzschuhtanz.

Albert Lortzing: Der Wildschütz

Komische Oper in 3 Akten nach August v. Kotzebue von Albert Lortzing – Leipzig 1842

Graf von Eberbach (Bar) – Die Gräfin, seine Gemahlin (A) – Baron Kronthal, Bruder der Gräfin (T) – Baronin Freimann, eine junge Witwe, Schwester des Grafen (S) – Nanette, ihr Kammermädchen (Mezzo-S) – Baculus, Schulmeister auf dem Gut des Grafen (B) – Gretchen, seine Braut (S) – Pankratius, Haushofmeister auf dem gräflichen Schloß (B) – Diener, Jäger, Dorfbewohner, Mädchen, Schulkinder

IN DEUTSCHLAND AM ANFANG DES 18. JAHRHUNDERTS

1. Akt: Am Tag seiner Verlobung mit dem hübschen Gretchen wird der alternde Schulmeister Baculus aus den Diensten des Grafen entlassen, da er zur Aufbesserung des Verlobungsschmauses in den gräflichen Wäldern einen Bock gewildert hat. Gretchen will er nicht als Fürbitterin zum Grafen schicken, da er dessen galante Neigungen zu gut kennt. Da erscheinen zwei Studenten, von denen der eine verkleidet als Mädchen die Rolle Gretchens beim Grafen übernehmen will. Die Studenten sind aber in Wirklichkeit die verwitwete Baronin Freimann, Schwester des Grafen, und ihre Zofe Nanette. Auf Wunsch des Grafen soll nämlich die Baronin den jüngst verwitweten Bruder der Gräfin, Baron Kronthal, der sich auf dem Schloß als Stallmeister ausgibt, heiraten. So kann sich die Baronin ihren Zukünftigen erst einmal ungeniert ansehen. Als Graf und Baron auftreten, machen sie auch gleich der angeblichen Schulmeistersbraut den Hof. – *2. Akt:* Vergeblich bittet der Schulmeister beim Grafen um Gnade. Mehr Erfolg haben die vereinten Bitten seiner angeblichen Braut und der Gräfin, bei der sich Baculus als gleichgesinnter Verehrer der antiken Schriftsteller eingeführt hat. Da Graf und Baron sich etwas zu heftig um das angebliche Gretchen bemühen, nimmt die Gräfin sie zur Nacht auf ihr Zimmer, während der Baron dem Schulmeister 5 000 Taler bietet, falls ihm dieser seine Braut abtritt. – *3. Akt:* Am nächsten Morgen entwirrt sich das Knäuel der Verwechslungen. Alle Beteiligten führen ihre oft nicht ganz lauteren Zuneigungen auf die „Stimme der Natur" zurück, der Baron bekommt seine Baronin, der Schulmeister sein Gretchen; dem Schulmeister wird großmütig verziehen, da er statt eines Bockes seinen eigenen Esel getroffen hatte.

Laß er doch hören (Gretchen, Baculus); Fünftausend Taler (Baculus); Heiterkeit und Fröhlichkeit (Graf).

Albert Lortzing: Undine

Romantische Zauberoper in 4 Akten nach Friedrich de la Motte-Fouqué von Albert Lortzing – Magdeburg 1845

Bertalda, Tochter Herzog Heinrichs von Schwaben (S) – Ritter Hugo von Ringstetten (T) – Kühleborn, ein mächtiger Wasserfürst (Bar) – Tobias, ein armer alter Fischer (B) – Marthe, sein Weib (A) – Undine, ihre Pflegetochter (S) – Pater Heilmann, Ordensgeistlicher (B) – Veit, Hugos Schildknappe (T) – Hans, Kellermeister (B) – Edle des Reiches, Gesandte, Ritter und Frauen, Herolde, Pagen, Knappen, Jagdgefolge, Landleute, Fischer und Fischerinnen, Wassergeister und Erscheinungen

IN DEUTSCHLAND UM 1450

1. Akt: Ritter Hugo von Ringstetten wird durch eine Überschwemmung seit drei Monaten im Zauberwald, den er auf Wunsch der Herzogstochter Bertalda erforschen soll, festgehalten. In der Fischerhütte, wo er Unterkunft gefunden hat, findet er Undine, in die er sich verliebt. Heute ist ihre Hochzeit. Als sie dann zu Hugos Burg ziehen, schließt sich ihnen der mächtige Wasserfürst Kühleborn, Undines Vater, in der Maske des Paters Heilmann an, um über seine Tochter zu wachen. – *2. Akt:* Undine hat ihrem Gatten offenbart, daß sie den seelenlosen Wassergeistern angehört und erst

durch die Liebe und Treue eines Menschen eine menschliche Seele erhalten hat. Bertalda macht sich über die niedrige Herkunft Undines lustig, bricht aber selber zusammen, als ihr Kühleborn beweist, daß sie nicht die Tochter des Herzogs, sondern die der armen Fischersleute ist, die Undine aufgezogen haben. – *3. Akt:* Undine und Hugo haben Bertalda auf Burg Ringstetten mitgenommen, wo Hugos alte Liebe zu Bertalda wiedererwacht. Nachdem Undine Hugo vor der Rache der Wassergeister gewarnt hat, geht sie mit ihrem Vater wieder in ihre Heimat. – *4. Akt:* Während Hugo Hochzeit mit Bertalda feiert, entsteigt Undine dem Brunnen im Schloßhof und geht in den Festsaal, wo Hugo zu ihren Füßen zusammenbricht. Das Schloß versinkt in den Fluten. Auf Undines Bitten darf Hugo an ihrer Seite bei den Wassergeistern bleiben.
Ich ritt zum großen Waffenspiele (Hugo); Ich scheide nun aus eurer Mitte (Undine); Was seh' ich (Veit, Hans); So wisse, daß in allen Elementen (Undine); Vater, Mutter, Schwestern, Brüder (Veit); O kehr zurück (Kühleborn); Nun ist's vollbracht (Undine, Kühleborn).

Albert Lortzing: Der Waffenschmied

Komische Oper in 3 Akten nach Friedrich Wilhelm Ziegler von Albert Lortzing – Wien 1846

Hans Stadinger, berühmter Waffenschmied und Tierarzt (B) – Marie, seine Tochter (S) – Graf von Liebenau, Ritter (Bar) – Georg, sein Knappe (T) – Adelhof, Ritter aus Schwaben (B) – Irmentraut, Maries Erzieherin (A) – Brenner, Gastwirt, Stadingers Schwager (T) – Ein Schmiedegeselle (B) – Schmiedegesellen, Bürger, Bürgerinnen, Ritter, Herolde, Knappen, Pagen, Volk

IN WORMS IM 16. JAHRHUNDERT

1. Akt: Da der Waffenschmied und Tierarzt Hans Stadinger dem Ritter von Liebenau die Hand seiner Tochter verweigert, tritt Liebenau mit seinem Knappen Georg in die Dienste des Waffenschmieds, um als einfacher Schmiedegeselle Konrad dessen Gunst zu erringen. Aber auch in der neuen Rolle hat Liebenau die Liebe Maries erringen können. Als er sich ihr wieder einmal als Ritter nähert, gesteht sie sogar, daß sie ihm nicht angehören könne, weil sie sich dem Gesellen Konrad versprochen habe. – *2. Akt:* Fräulein von Katzenstein, Liebenaus ehemalige Braut, ist in Begleitung des Ritters Adelhof nach Worms gekommen, um die Heirat ihres Liebenau mit Marie zu verhindern. Adelhof erfährt bald, daß Marie den Schmiedegesellen Konrad liebt, und verwendet sich bei Stadinger um das Paar, wird aber abgewiesen. Als auch noch ein Brief eintrifft, in dem Liebenau droht, Marie zu entführen, ist Stadingers Geduld am Ende. Er bestimmt, daß sich Marie und Georg heiraten, obwohl keiner von beiden damit einverstanden ist. Stadinger läßt sich von diesem Plan auch nicht abbringen, als ihm berichtet wird, daß nur das Dazwischentreten des tapferen Konrad eine Entführung Maries durch Liebenau verhindern konnte. – *3. Akt:* Liebenau, der Adelhof gerade noch hindern konnte, sein Inkognito zu lüften, droht nun, mit seinen Reisigen die Stadt zu berennen, um Marie mit Gewalt an sich zu bringen. Dem Befehl des Rates der Stadt muß sich Stadinger beugen. Als er entdeckt, daß sich in seinem Schwiegersohn sogar Graf Liebenau und Schmiedegeselle Konrad vereint haben, gibt er schmunzelnd seinen Segen.
Er schläft! Wir alle sind in Angst und Not (Marie); Wir armen, armen Mädchen (Marie); Auch ich war ein Jüngling (Stadinger).

Mark Lothar (1902-1985): **Schneider Wibbel**

Heitere Oper in 4 Akten von H. Müller-Schlösser – Berlin 1938 (Sikorski)
Anton Wibbel, Schneidermeister (Bar) – Fin, seine Frau (S) – Krönkel, Küfermeister (Bar) – Heubes, Hauptmann der Bürgergarde (Bar) – Mölfes (T), Zimpel (T), Gesellen bei Wibbel – Hopp-Majänn, Bänkelsängerin (A) – Pangdich, Blechschläger (T) – Mariechen Ullenbroich (S) – Polizist (B) – Knipperling, Wirt (B) – Picard, französischer Beamter (T) – 2 Frauen (Mezzo-S) – Eine alte Jungfer (A) – Händler, Küster (Sprechrollen) – Bürger, Bürgerinnen, Soldaten

EINE ALTE STADT AM RHEIN IM JAHRE 1813

1. Akt: Napoleon ist eben in eine rheinische Stadt eingerückt. Das Volk jubelt. Nur der Schneider Wibbel ist mißmutig; er stiftet die Bürger zu einem Spottlied auf Napoleon an und wird wegen Majestätsbeleidigung zu vier Wochen Gefängnis verurteilt. Seine Frau Fin hat die Idee, Wibbels Gesellen Zimpel die Strafe des Meisters gegen Bezahlung absitzen zu lassen. Zimpel willigt ein; er kündigt zum Schein seine Stellung, damit ihn niemand vermißt. – *2. Akt:* Frau Wibbel hält ihren Mann im Haus versteckt. Da kommt die Nachricht, daß der Häftling „Wibbel" gestorben sei. Der Schneider ist verzweifelt, er möchte am liebsten selber sterben. Seine Frau rät ihm dagegen, in verändertem Aussehen wieder unters Volk zu gehen. – *3. Akt:* Unter den Trauernden, die den Tod des „Schneiders" beweinen, ist auch Wibbel; er hat sein Versteck verlassen und betet für den Verstorbenen. – *4. Akt:* In der Stadt ist der Lebenswandel der „verwitweten" Wibbel Hauptgesprächsstoff. Man möchte allzugern wissen, wer der fremde Besucher ist. Der Polizist und Mölfes, der in Wibbels Werkstatt arbeitet, sehen eines Abends den Fremden angeheitert ins Haus schleichen. Der Fremde wird zur Rede gestellt und will sich schon zu erkennen geben, da wird er von seiner Frau als Bruder des verstorbenen Schneiders vorgestellt, zudem sei er ihr Bräutigam. In diese verwirrte Situation platzt die Nachricht von der Niederlage Napoleons bei Leipzig. Wibbel ist „aus dem Schneider", offen gibt er zu, der „Verstorbene" zu sein, und das ganze Städtchen feiert ihn wie einen Helden.

Mark Lothar: Der widerspenstige Heilige

Heitere Legende in 3 Akten nach der Komödie „The Wayward Saint" von Paul Vincent Carroll – München 1968 (B. & B.)
Daniel O'Donnel, Pfarrer (B) – Miß Killicat, seine Wirtschafterin (A) – Bischof von Oriel (Bar) – Una, ein junges irisches Mädchen (S) – Tim, Artist (Bar) – Marquis von Malasombra, spanischer Gesandter (T) – Salambo (Sprechrolle) – Sabena und Serena (Tänzerinnen) – Joe, ein Löwe (Tänzer)

EINE ORTSCHAFT IN IRLAND IN UNSEREM JAHRHUNDERT

1. Akt: Der irische Landpfarrer Daniel O'Donnel wandelt auf den Spuren des heiligen Franz von Assisi. Er ist allen Geschöpfen herzlich zugetan, hilft seinen Pfarrkindern aus ihren Nöten und führt ein zurückgezogenes Leben. So gerät er in den Geruch der Heiligkeit, der seiner vorgesetzten kirchlichen Behörde unangenehm ist, während seine Menagerie den Unwillen des Bischofs erregt. Auch eine Strafversetzung in ein weltabgeschiedenes irisches Dorf und die strenge Haushälterin Miß Killicat ändern nichts an dem „widerspenstigen Heiligen". – *2. Akt:* Der Ruf seiner Unantastbarkeit dringt auch zum Fürsten der Hölle und reizt ihn, den „Heiligen" zu Fall zu bringen. Sein Abgesandter in Gestalt des spanischen Marquis hat mit Miß Killicat leichtes Spiel, doch gegenüber dem reinen Herzen des Mädchens Una, eines Schützlings des Pfarrers, und gegenüber ihm selbst vermag er nichts. Erst ein ernstes Zerwürfnis mit dem Bischof gibt dem Marquis Gelegenheit zum entscheidenden Angriff. Mit Hilfe seiner höllischen Künste lehrt er den Pfarrer, die Uhr stillstehen zu lassen und den Bischof seiner Sprache zu berauben. Als der Bischof den Pfarrer ins Altersheim schicken will, wird er von einem Löwen vertrieben, der nur vom Pfarrer besänftigt werden kann. Allmählich glaubt O'Donnel an seine Wunderkräfte. – *3. Akt:* Auch das Mädchen Una versucht der Marquis zu täuschen und gaukelt ihm eine Begegnung mit ihrem verschollenen Bräutigam vor. Aber bald erkennen Una und der Pfarrer in den Taten des Marquis die Versuchungen der Hölle. Der Kampf um Daniels Seele, der alsbald zwischen dem Marquis und seinen Untergebenen einerseits und dem Mädchen Una und einem Heer von Tieren andererseits entbrennt, entscheidet sich mit Hilfe des heiligen Michael zugunsten Daniels: Der Löwe Joe frißt den Abgesandten der Hölle, und im Pfarrhaus nimmt alles wieder seinen alten Lauf.

Louis Aimé Maillart (1817-1871): **Das Glöckchen des Eremiten**

Komische Oper in 3 Akten von Philippe Simon Lockroy und Pierre Etienne Cormon – Paris 1856

Thibaut, ein reicher Pächter (T) – Sylvain, sein erster Knecht (T) – Bélamy, Unteroffizier bei den Dragonern (Bar) – Ein Prediger (B) – Georgette, Thibauts Frau (S) – Rose Friquet, eine arme Bäuerin (S) – Dragoner, Bauern, Bäuerinnen

FRANZÖSISCHES GEBIRGSDORF AN DER ITALIENISCHEN GRENZE 1704

1. Akt: Auf der Suche nach Flüchtlingen sind die Dragoner ins Dorf gekommen. Da sie weder Flüchtlinge noch Frauen finden, beschließen sie, gleich weiterzuziehen. Doch begegnen sie Rose Friquet, einer armen Bäuerin, die zusammen mit ihrem Freund Sylvain die Flüchtlinge oben in den Bergen versorgt und die nun aus Angst, die Soldaten könnten diese aufspüren, die Dragoner im Dorf zurückhält, indem sie dem Anführer Bélamy das Versteck der hübschen Pächterin Georgette zeigt. – *2. Akt:* Georgette will sich zunächst nicht mit Bélamy einlassen, da im Dorf eine alte Kapelle steht, von der es heißt, daß der verstorbene Eremit das Glöckchen läute, wenn eine Frau des Dorfes ihrem Mann untreu werde. Schließlich läßt sie sich doch küssen, und Rose läutet das Glöckchen. Während Bélamy sich vor dem herbeieilenden Pächter versteckt, kann Sylvain den Flüchtlingen den Weg zur Flucht weisen. – *3. Akt:* Für den kommenden Tag war die Hochzeit von Rose und Sylvain angesetzt. Da aber der Pächter das Gerücht ausstreut, das Läuten habe der Untreue Roses gegolten, und es zudem im Dorf heißt, Rose habe die Flüchtlinge verraten, will Sylvain von der Hochzeit nichts mehr wissen. Als Bélamy Sylvain erschießen lassen will, weil er ihn von seinem Versteck aus mit den Flüchtlingen gesehen hat, kann Rose Sylvain mit dem Hinweis befreien, sie müsse dann auch erzählen, wie Bélamy währenddessen seinen Dienst versehen habe. Sylvain erfährt zudem noch, daß allein Rose das glückliche Entkommen der Flüchtlinge zu danken ist, worauf die Hochzeit doch stattfindet.
Er liebt mich (Rose).

Heinrich August Marschner (1795-1861): **Hans Heiling**

Romantische Oper in einem Vorspiel und 3 Akten von Eduard Devrient – Berlin 1833

Die Königin der Erdgeister (Mezzo-S) – Hans Heiling, ihr Sohn (Bar) – Anna, seine Braut (S) – Gertrud, deren Mutter (A) – Konrad, burggräflicher Leibschütz (T) – Stephan, Schmied (B) – Niklas, Schneider (T) – Geister, Zwerge, Landleute, Jäger

IM BÖHMISCHEN ERZGEBIRGE IM 14. JAHRHUNDERT

Vorspiel: Trotz aller Warnungen verläßt Hans Heiling, der einzige Sohn der Königin der Erdgeister, die Unterwelt, um im Bund mit Anna zum Menschen zu werden. – *1. Akt:* Auf Bitten Annas verbrennt er sein Zauberbuch, wodurch er sich der Macht über die Unterwelt begibt. Er ist jetzt ganz allein auf die Liebe Annas angewiesen, muß aber bei einem Dorffest bald erkennen, daß sie an dem Leibschützen Konrad mehr Gefallen als an ihm findet. – *2. Akt:* Anna verirrt sich im Wald und erfährt von der Königin der Erdgeister, daß sie einem Erdgeist die Treue versprochen hat. Konrad bringt Anna nach Hause und bittet um ihre Hand. Als Heiling dazukommt und Anna seinen Brautschmuck zurückweist, stößt er seinen Nebenbuhler nieder und flüchtet. – *3. Akt:* In einer Felsenschlucht beschwört Heiling die Erdgeister, von denen er vernimmt, daß Konrad noch lebt. Von Rachedurst besessen, erscheint Heiling bei der Hochzeit Annas und versucht abermals, seinen Nebenbuhler niederzustechen; doch zerbricht der Dolch. Da erscheint die Königin der Erdgeister und erinnert Heiling an seine Pflicht. Heiling kehrt in sein Reich zurück; Anna und Konrad dürfen sich vereinen.

An jenem Tag (Heiling); Einst war so tiefer Friede (Anna); Sonst bist du verfallen (Königin); Es nahet die Rache (Heiling).

Frank Martin (1890-1974): **Der Zaubertrank**

Oper in 3 Akten nach dem Roman „Tristan et Yseult“ von Joseph Bédier – Zürich 1940 (U. E.)

Die Mutter der Isot (A) – Isot die Blonde (S) – Brangäne (Mezzo-S) – Isot die Weißhändige (A) – Tristan (T) – Kaherdin (T) – Marke (Bar)

IN CORNWALL, MYTHISCHE ZEIT

1. Akt: Königin Isot die Blonde ist auf der Reise zu den Rittern von Cornwall. König Marke erwartet sie als Gemahlin. Je weiter sich ihr Schiff von Irland entfernt, desto schwerer wird es ihr ums Herz. Tristan, der Held, tritt zu ihr, um sie zu trösten, doch sie weist ihn zurück. Erst nachdem beide ihren Durst durch einen Trank gestillt haben, den Isots Mutter aus Kräutern, Blumen und Wurzeln gebraut hat, entbrennen sie in heftiger Liebe zueinander. – *2. Akt:* Isot wird von König Marke geliebt, doch ihr Herz gehört Tristan. König Marke will sie beide töten, als er erfährt, was sie heimlich verbindet. Er läßt sie festnehmen, doch sie können sich befreien und irren seitdem durch die Wälder von Morois. Dort findet sie Marke. Sie zu töten bringt er aber nicht übers Herz. – *3. Akt:* Tristan ist über Meer und Inseln seinem Elend entflohen. Seit zwei Jahren hat er keine Botschaft mehr aus Cornwall erhalten. Widerwillig ist er den Ehebund mit Herzog Hoëls Tochter Isot der Weißhändigen eingegangen. In einem Kampf wird Tristan von einer vergifteten Lanze tödlich verwundet. Sogleich schickt er nach Isot der Blonden, noch einmal möchte er sie sehen. Schon bald kommt das weiße Segel in Sicht. Da rächt sich Isot die Weißhändige, indem sie meldet, das Segel sei schwarz. Tristan wendet sich ab und stirbt. Isot die Blonde indes lebt; sie entsteigt dem Schiff, küßt den toten Tristan, legt sich an seine Seite und stirbt.

Frank Martin: Der Sturm

Lustspiel in 3 Akten von William Shakespeare, nach der Übersetzung von W. A. Schlegel eingerichtet vom Komponisten – Wien 1956 (U. E.)

Alonso, König von Neapel (B) – Sebastian, sein Bruder (B) – Prospero, der rechtmäßige Herzog von Mailand (Bar) – Antonio, sein Bruder, der unrechtmäßige Herzog von

Mailand (T) – Ferdinand, Sohn des Königs von Neapel (T) – Gonzalo, ein ehrlicher, alter Rat des Königs (B) – Adrian, Herr vom Hofe (T) – Caliban, ein wilder und mißgestalteter Sklave (B) – Trinculo, ein Spaßmacher (T) – Stephano, ein betrunkener Kellner (Bar) – Bootsmann (Bar) – Miranda, Tochter des Prospero (S) – Ariel, ein Luftgeist (Tänzer oder Sprechrolle) – Ein Schiffspatron (Sprechrolle) – Matrosen, Geister

AUF EINEM SCHIFF UND AUF EINER UNBEWOHNTEN INSEL

1. bis 3. Akt: Antonio hat seinen Bruder Prospero, den rechtmäßigen Herzog von Mailand, vom Thron vertrieben und das Land dem König von Neapel ausgeliefert. Prospero, der mit seiner Tochter Miranda in einem seeuntüchtigen Boot auf dem Meer ausgesetzt wurde, konnte sich mit Hilfe von Geistern auf eine einsame Insel retten, wo er den Luftgeist Ariel aus den Fängen der bösen Hexe Sykorax befreite. Nach Jahren – hier setzt die Handlung ein – bietet sich Prospero die Gelegenheit, sich der Verräter zu bemächtigen. Er entfesselt einen mächtigen Sturm, als sich das Schiff des Königs von Neapel mit Antonio an Bord auf der Rückfahrt von Tunis der Insel nähert. Das Schiff sinkt, aber alle Insassen, darunter auch Ferdinand, der Sohn des Königs von Neapel, werden auf wunderbare Weise gerettet und an verschiedenen Stellen der Insel an Land geworfen. In der Liebe, die zwischen Ferdinand und Miranda aufkeimt, sieht Prospero das rechte Mittel, uralten Haß zwischen den zerstrittenen Parteien zu begraben. Er will jedoch die Aufrichtigkeit der Zuneigung Ferdinands prüfen, indem er ihn die niedrigsten Arbeiten verrichten läßt. Ein unter der übrigen Schiffsmannschaft geplanter Anschlag auf das Leben Alonsos wird durch Ariel, der in Prosperos Diensten steht, vereitelt. Ariel ist es auch, der nun alle Schiffbrüchigen zusammenführt. Prospero gibt sich zu erkennen, gibt Miranda Ferdinand zur Frau und Ariel die Freiheit. Einer Rückkehr aller ins heimatliche Mailand steht nichts mehr im Weg – Ariel wird ihnen schützendes Geleit geben.

Pietro Mascagni (1863-1945): **Cavalleria rusticana**

Melodram in einem Akt nach Giovanni Verga von Giovanni Targioni-Tozzetti und Guido Menasci – Rom 1890 (B. & B.)

Santuzza, eine junge Bäuerin (S) – Turiddu, ein junger Bauer (T) – Lucia, seine Mutter (A) – Alfio, ein Fuhrmann (Bar) – Lola, sein Weib (Mezzo-S) – Landleute

IN SIZILIEN UM 1880

Während der junge Bauer Turiddu als Soldat diente, hat ihn seine Braut, die hübsche und leichtfertige Lola, verlassen und den Fuhrmann Alfio geheiratet. Nach seiner Rückkehr hatte sich Turiddu deshalb Santuzza zugewandt, war aber bald wieder von Lola eingefangen worden. Als Santuzza ihn deswegen zur Rede stellt, leugnet er sein Verhältnis zu Lola ab. Da erscheint Lola, verhöhnt Santuzza und zieht Turiddu mit sich. Außer sich vor Eifersucht, klärt Santuzza nunmehr Alfio über die Beziehungen seiner Frau zu Turiddu auf. Die Landleute kommen aus der Kirche zurück, Turiddu lädt alle zu einem Glas Wein ein. Alfio weist jedoch die Einladung zurück und fordert Turiddu nach sizilianischer Sitte durch einen Biß ins Ohr zum Zweikampf heraus. Turiddu nimmt Abschied von seiner Mutter, bittet sie, Santuzza beizustehen, und wird im Zweikampf getötet. Ohnmächtig sinken Lucia und Santuzza zu Boden.

O Lola, rosengleich blüh'n deine Wangen (Turiddu); Duftig erglänzen Orangen (Chor der Landleute); Rossestampfen, Peitschenknall (Alfio); Als euer Sohn einst fortzog (Santuzza); O süße Lilie (Lola); Laßt uns preisen den Herrn (Osterchor); Nein, Turiddu

(Santuzza, Turiddu); Schäumt der süße Wein (Turiddu); Mutter, der Rote war allzu feurig (Turiddu).

Jules Massenet (1842-1912): **Manon**

Oper in 4 Akten nach Antoine François Prévost von Henri Meilhac und Philippe Gille – Paris 1884

Manon Lescaut (S) – Poussette, Javotte und Rosette, ihre Freundinnen (S) – Dienerin bei Manon (Sprechrolle) – Der Chevalier Des Grieux (T) – Der Graf Des Grieux, sein Vater (B) – Lescaut, Garde-du-Corps, Manons Cousin (Bar) – Guillot-Morfontaine, ein reicher Pächter (T) – von Brétigny (Bar) – Der Wirt (B) – Zwei Gardisten (T) – Der Pförtner im Seminar St. Sulpice (Sprechrolle) – Ein Sergeant (Sprechrolle) – Ein Soldat (Sprechrolle) – Bürger, Bürgerinnen, Postillon, Reisende, Verkäufer, Spaziergänger, Spieler, Soldaten

IN FRANKREICH IM 18. JAHRHUNDERT

1. Akt: Die etwas leichtfertig veranlagte Manon soll ins Kloster gebracht werden. Auf der Poststation in Amiens paßt ihr Cousin Lescaut nicht genug auf, und Manon entflieht mit dem jungen Chevalier Des Grieux in einer Kutsche, die eigentlich der Pächter Guillot zur Flucht mit Manon bestellt hatte. – *2. Akt:* Zwar will der junge Des Grieux, mit dem Manon in Paris zusammenlebt, sie heiraten, doch erliegt sie sehr schnell den Einflüsterungen Lescauts, der ihr an Brétignys Seite ein Leben in größtem Luxus verspricht. So verzichtet Manon darauf, die Nachricht, daß der Graf Des Grieux seinen Sohn entführen will, an diesen weiterzugeben. – *3. Akt:* Manon, seit geraumer Zeit Geliebte Brétignys, erfährt, daß ihr früherer Geliebter Des Grieux Abbé geworden ist und heute seine erste Predigt hält. Sie sucht ihn auf und betört ihn abermals derart, daß er mit ihr flieht. – *4. Akt:* Des Grieux hat den Rest seines Vermögens bald verbraucht und versucht es, auf Drängen Manons, mit dem Glücksspiel. Guillot erkennt ihn und beschuldigt ihn des Falschspiels. Manon und Des Grieux werden verhaftet. Auf Veranlassung seines Vaters wird der Chevalier bald wieder freigelassen, während Manon deportiert werden soll. Des Grieux erwirkt für Manon eine kurzzeitige Freilassung, während der sie in seinen Armen stirbt.

Mein Tischchen, ich muß von dir scheiden (Manon); Folget dem Ruf (Manon); Der Abfahrt Zeit (Manon, Des Grieux).

Jules Massenet: Werther

Lyrisches Drama in 4 Bildern nach dem Roman von Goethe, bearbeitet von Edouard Blau, Paul Milliet und Georges Hartmann – Wien 1892

Werther (T) – Albert (Bar) – Der Amtmann (B) – Charlotte, seine Tochter (Mezzo-S) – Sophie, Charlottes Schwester (S) – Schmidt und Johann, Freunde des Amtmanns (B und T) – Brühlmann (Bar) – Katharina (Mezzo-S) – Kinder und Bürger

IN WETZLAR 1772

1. bis 4. Bild: Der junge Dichter Werther hat sich in Charlotte, die Tochter des Amtmanns, verliebt. Charlotte, die dem ernsten Albert versprochen ist, gerät in große Verwirrung; auch sie fühlt sich zu Werther hingezogen, aber sie löst das ihrer verstorbenen Mutter gegebene Versprechen ein – sie heiratet Albert. Werther ist verzweifelt, er denkt an Selbstmord, kommt der Bitte Charlottes nach, die Stadt zu verlassen. Kehrt aber noch einmal zurück und trifft auf Charlotte, die nun die Gewalt über ihre Gefühle

verliert und sich von Werther umarmen läßt. Es ist ein Sichvergessen für wenige Augenblicke, dann entflieht sie. Die Entscheidung ist gefallen. Ein Diener überbringt Albert einen Brief Werthers, in dem er ihn um Pistolen bittet. Charlotte muß sie aushändigen. Sie weiß, was das bedeutet. Wird sie Werther noch retten können? Sie verläßt das Haus, sucht nach dem Geliebten, findet ihn, doch zu spät. Er hat sich tödlich verwundet, bittet Charlotte um Verzeihung, sie gesteht ihm noch einmal ihre Liebe.
Werther, Werther, wer hätte mir den Platz nennen können (Lotte); Was bin ich aufgewacht (Werther).

Jules Massenet: Don Quichotte

Komische Oper in 5 Akten von Henri Cain nach Jacques Le Lorrain – Paris 1912 (Heugel)
Die schöne Dulcinea (Mezzo-S) – Don Quichotte (B) – Sancho Pansa (B) – Pedro (T) – Garcias (T) – Rodriguez (B) – Juan (T)

SPANIEN ENDE DES 16. JAHRHUNDERTS

1. Akt: Vier Galane, Pedro, Garcias, Rodriguez und Juan, huldigen der schönen Dulcinea. Auch Don Quichotte, der mit seinem Diener Sancho Pansa vor der Schönen Haus ein Ständchen bringt, ist ein Verehrer Dulcineas. Am Abend kommt es zwischen ihm und Juan zu einem Kämpfchen. Dulcinea trennt die Liebesritter und verspricht Don Quichotte Liebe, wenn er ihr Schmuckstücke zurückbringe, die man ihr gestohlen hat. – *2. Akt:* Don Quichotte ist auf der Suche nach dem Schmuck. Mit seinem Gesellen Sancho Pansa reitet er durchs Land, entdeckt Windmühlen, will in ihnen Riesen erkennen und nimmt gegen sie den Kampf auf. – *3. Akt:* Endlich findet Don Quichotte die Spur der Räuber, von denen er annehmen darf, daß sie im Besitz des Schmucks sind. Aber er wird von ihnen überwältigt und sieht sich ohne Chance, Dulcinea zu gewinnen. Doch wer so reinen Herzens ist wie Don Quichotte, der erweicht auch härteste Haudegen. Der Hauptmann der Räuber überläßt ihm den Schmuck. – *4. Akt:* Don Quichotte sieht sich am Ziel seiner Wünsche, aber Dulcinea hält nicht Wort, sie weist ihn ab. Traurig zieht Don Quichotte seiner Wege. – *5. Akt:* Don Quichotte liegt im Sterben. Da vertraut er seinem Diener Sancho Pansa das Geheimnis an, wonach erfüllte Sehnsucht eine Insel der Träume ist. Der „Ritter von der traurigen Gestalt“ verzeiht Dulcinea und stirbt.

Gian Carlo Menotti (* 1911): Amelia geht zum Ball

Komische Oper in einem Akt von Gian Carlo Menotti – Philadelphia 1936 (Ricordi)
Amelia (S) – Der Ehemann (Bar) – Der Liebhaber (T) – Die Freundin (A) – Der Polizeikommissar (B) – Zwei Zofen (Mezzo-S) – Hausbewohner, Passanten, Polizisten

IN EINER GROSS-STADT UM 1900

Bevor er mit Amelia auf den Ball geht, will ihr Mann wissen, wer ihr denn den Liebesbrief geschrieben hat. Als der Ehemann den Namen des Sünders erfahren hat, will er, bevor er mit Amelia auf den Ball geht, doch noch seine Rache haben. Während er also mit der Pistole zu dem Herrn geht, der über ihnen wohnt, läßt sich dieser am Seil auf den Balkon Amelias herunter. Wütend kommt der Ehemann wieder, so daß sich der Liebhaber, dessen Seil gerissen ist, im Alkoven verstecken muß. Amelia besteht darauf, nun auf den Ball zu gehen, aber ihr Mann entdeckt das abgerissene Seil und gleich darauf auch den Liebhaber, den er leider nicht erschießen kann, weil seine Pistole Ladehemmung hat. Man einigt sich also auf eine Aussprache. Amelia aber ist, weil sie immer noch nicht auf den Ball gehen kann, so empört, daß sie ihren Mann mit einer Vase bewußtlos schlägt. Dann ruft sie einen Polizeioffizier, in dessen Begleitung sie nun auf den Ball geht.

Gian Carlo Menotti: Die alte Jungfer und der Dieb

Heitere Oper in 14 Szenen von Gian Carlo Menotti – Philadelphia 1941 (Ricordi)
Laetitia (S) – Miß Todd (A) – Miß Pinkerton (S) – Bob, Landstreicher (Bar)

AMERIKANISCHE KLEINSTADT DER GEGENWART

In wenig mehr als einer Woche spielt sich das Geschehnis ab, das in das konventionelle Leben der vornehmen „alten Jungfer" Miß Todd, der Vorsitzenden einiger Wohltätigkeitsvereine, einbricht und es aus den Angeln hebt. Eine zweite „alte Jungfer", Miß Pinkerton, bisher mit Miß Todd durch Gemeinsamkeit des Schicksals und der Langeweile freundschaftlich verbunden, wird durch das Geschehen in die Rolle der entsetzten Beobachterin gedrängt. Anstoß und Herz der Ereignisse ist der Bettler Bob, den Miß Todds Hausgehilfin Laetitia beim ersten Blick dermaßen „bezaubernd" fand, daß es nicht schwerfiel, auch die Herrin von Bob zu begeistern. Der Funke ist in das dürre Herz der alten Einsamen gefallen und richtet einen schrecklichen Brand an, dem alle ererbten Grundsätze zum Opfer fallen. Sie bringt es sogar fertig, Bob mit dem entsprungenen Verbrecher zu identifizieren, vor dem die Stadt zittert, und ihn dennoch versteckt zu halten und um seine Liebe zu werben. Da sie Bob mit Geld fesseln will und selbst nicht viel hat, stiehlt sie für ihn, ja sie findet allmählich Genuß daran, dasselbe zu können, was er kann. Eine wahre Lust an der Mißachtung jeglicher Moral, die ja doch nur Maske und nicht inneres Bedürfnis bei ihr war, überkommt sie, die Vorsteherin zahlloser Komitees für edle Zwecke. Als schließlich ihre Betrügereien nicht mehr zu verbergen sind und die Katastrophe vor der Tür steht, muß die Jungfer entdecken, daß sie sich zweimal verhängnisvoll verrechnet hat: Bob ist nicht der verfolgte Verbrecher, er hat ein reines Gewissen und hat nur Verachtung für sie übrig, keineswegs etwa Liebe. Da sieht sie nur noch den Weg der Rache und eilt fort, um vor Gericht alle Schuld von sich auf ihn zu wälzen, den vogelfreien Bettler. In der nun entstandenen Bedrängnis gelingt es Laetitia, den Weiberfeind Bob mit ihrer herzhaften Liebe anzustecken, und im Zwang der Flucht stiehlt er nun zum erstenmal und macht sich mit Laetitia in Miß Todds Wagen davon. Da sieht Miß Todd, als sie nach ihrer Rückkehr in den leeren Räumen vergeblich nach Laetitia ruft, daß sie sich noch einmal verrechnet hat; sie hat sich selbst betrogen.

Gian Carlo Menotti: Das Medium

Oper in 2 Akten von Gian Carlo Menotti – New York 1946 (Reiss)
Madame Flora, genannt Baba (A) – Monica, ihre Tochter (S) – Toby, ein Stummer – Madame Gobineau (S) – Mister Gobineau (Bar) – Madame Nolan (Mezzo-S)

IN NEW YORK IN DER GEGENWART

1. Akt: Madame Flora, als Medium Baba genannt, hat infolge übermäßigen Alkoholgenusses den Glauben an ihre medialen Fähigkeiten verloren. Mit ihrer Tochter Monica und dem stummen Zigeuner Toby, ihrem Gehilfen, trifft sie die Vorbereitungen zu einer spiritistischen Sitzung, bei der sie für das Ehepaar Gobineau und Madame

Nolan die verstorbenen Kinder der letzteren materialisieren soll. In Trance schreit Flora plötzlich auf und behauptet dann, Toby habe sie mit einer eiskalten Hand berührt. Obwohl sie Toby schlägt, erhält sie von ihm kein Geständnis. So jagt sie ihn aus dem Haus und erklärt, als Madame Nolan und die Gobineaus zu einer neuen Sitzung kommen, alles für Schwindel. – 2. *Akt:* Flora hat dem Alkohol reichlich zugesprochen und ist eingeschlafen. Toby schleicht herein, um nach Monica zu sehen, und verbirgt sich, als Flora aufwacht, hinter einem Vorhang. Als Flora bemerkt, daß sich der Vorhang bewegt, feuert sie mehrmals aus einer Pistole in diese Richtung. Zunächst färbt sich der Vorhang rot, dann stürzt Toby, in den Vorhang verwickelt, zu Boden. Flora glaubt, einen Geist getötet zu haben, und ruft um Hilfe.

Gian Carlo Menotti: Das Telefon

Opera buffa in einem Akt von Gian Carlo Menotti – New York 1947 (A. & S.)
Lucy (S) – Ben (Bar)

IN LUCYS WOHNUNG IN DER GEGENWART

Ben muß in einer Stunde verreisen und will sich vorher noch von Lucy verabschieden. Kaum hat er ihr eine abstrakte Skulptur überreicht, klingelt das Telefon; es ist eine Freundin Lucys, mit der diese eine längere Unterhaltung führt. Sobald Lucy aufgelegt hat, klingelt es wieder, und Lucy wird von Georg lange aufgehalten; er will erfahren, was Lucy bei irgendeiner Gelegenheit Böses über ihn geäußert hat. Ben will die Telefonschnur abschneiden, wird aber von Lucy daran gehindert, da sie schnell ihrer Freundin Pamela Georgs Ungezogenheiten berichten muß. Ben geht nun davon, um telefonisch um Lucys Hand anzuhalten. Ihr Jawort verknüpft sie mit der Forderung, daß er sich sogleich ihre Telefonnummer aufschreibt.

Gian Carlo Menotti: Der Konsul

Oper in 3 Akten von Gian Carlo Menotti – Philadelphia 1950 (Reiss)
John Sorel (Bar) – Magda Sorel (S) – Die Mutter (A) – Agent der Geheimpolizei (B) – Zwei Detektive (stumm) – Die Sekretärin (Mezzo-S) – Herr Kofner (B) – Italienerin (S) – Anna Gomez (S) – Vera Boronel (A) – Der Zauberer Nika Magadoff (T) – Assan (Bar) – Stimme auf der Schallplatte (S)

IRGENDWO IN EUROPA IN DER GEGENWART

1. *Akt:* John Sorel hat sich gegen die Diktatur gewandt, die sein Land beherrscht. Er ist verwundet worden und sucht, gehetzt von der Polizei, bei seiner Frau Zuflucht. Die Polizei erscheint, findet ihn aber nicht. John will sich woanders verbergen. Seine Frau soll beim Konsul ein Visum fürs Ausland besorgen. Der Glaser Assan wird die Verbindung zwischen Magda Sorel und ihrem Mann aufrechterhalten. Beim Konsul erhält Magda von einer sehr beschäftigten Sekretärin Formulare ausgehändigt. – 2. *Akt:* Vier Wochen lang hat Magda nichts anderes erreichen können, als Formulare auszufüllen. Selbst im Traum erscheint ihr die Sekretärin des Konsuls. Trotzdem widersteht sie den Angeboten der Geheimpolizei, die Namen der Geheimbündler anzugeben, wofür ihr Mann unbehelligt zu ihr zurückkommen dürfe. Als sie über Assan mit John in Verbindung treten kann, bittet sie ihren Mann, unverzüglich über die Grenze zu gehen. Sie käme später mit ihrem Visum nach. Den Tod ihres Kindes verheimlicht sie. Auf dem Konsulat wird ihr endlich gesagt, sie könne den Konsul sprechen, sobald der eben mit ihm konferierende prominente Besucher gegangen sei. Als der Besucher geht,

erkennt Magda in ihm den Agenten der Geheimpolizei, der sie belauert. Magda bricht zusammen. – *3. Akt:* Nach einigen Tagen ist das Visum endlich bei der Sekretärin angelangt. Während Magda das Visum abholen will, teilt ihr Assan mit, daß John auf die Nachricht, daß sein Kind und seine Mutter gestorben seien, nach Hause kommen wolle. Um ihn abzuhalten, schreibt Magda einige Zeilen, die sie Assan mitgibt. Dann geht sie nach Hause. John taucht auf dem Konsulat auf und wird trotz des Protestes der Sekretärin verhaftet. Nur seine Frau möchte er noch zu Hause anrufen dürfen. Magda hat inzwischen den Gashahn geöffnet. Zwar vernimmt sie noch das Läuten des Telefons, doch vermag sie es nicht mehr zu erreichen.

Gian Carlo Menotti: Hilfe, die Globolinks

Oper in 1 Akt. Text vom Komponisten

Emily (S) – Madame Euterpova, Musiklehrerin (S) – Dr. Stone, Direktor der St. Paul's School (Bar) – Tony, Busfahrer (Bar) – Timothy, Schulwart (T) – Miß Penelope Newkirk, Mathematiklehrerin (Mezzo-S) – Mr. Lavender-Gas, Literatur-Professor (Bar) – Dr. Turtlespit, Professor für Naturwissenschaft (B)

NORDAMERIKA IM 2. DRITTEL DES 20. JAHRHUNDERTS

Nach einer Rundfunkmeldung sind außerirdische Wesen, namens Globolinks, auf der Erde gelandet. Wer von ihnen berührt werde, verliere sein Sprechvermögen und müsse innerhalb von 24 Stunden selbst ein Globolink werden. Man kenne noch keine Waffe gegen diese Wesen. Aber außerordentlich empfindlich reagierten sie auf Musik. Daher sei es ratsam, ein Instrument zur Verteidigung parat zu haben. – Ein Bus mit Kindern, die auf dem Rückweg aus den Ferien sind, hat Motorschaden. Da naht eine Gruppe von Globolinks, bedroht den Bus, weicht aber zurück, als der Fahrer die Hupe betätigt. Emily soll Hilfe holen. Sie allein hatte ihre Geige mit in die Ferien genommen. Sie macht sich auf den Weg. – In der Schule sorgt sich Dr. Stone, der Direktor, um die Kinder. Er weiß nichts von der Invasion der Globolinks – eine entsprechende Radiodurchsage hält er für eine „Ente". Da macht er selbst Bekanntschaft mit den außerirdischen Wesen. Sie dringen in das Zimmer des Direktors und wollen ihn überwältigen. Da läutet die Schulglocke, und die Globolinks suchen das Weite. Offenbar hat es aber eine direkte Berührung zwischen Dr. Stone und den fremden Wesen gegeben, denn über Stones Lippen kommen nur noch seltsame Laute. Jetzt macht sich das Lehrerkollegium auf, um mit allen verfügbaren Musikinstrumenten den Kindern zu Hilfe zu eilen. Und die befinden sich in höchster Gefahr; selbst Hupe und Gesang können die Globolinks nicht mehr in Schach halten. Vertrieben werden sie durch die eintreffenden Lehrer. – Emily hat auf ihrem Weg zur Schule die Richtung verloren, schläft irgendwo erschöpft ein. Ein Globolink nähert sich, greift nach Emilys Geige, versucht sich darauf, und als ein Ton erklingt, läuft er erschrocken davon. Emily erwacht, findet ihre Geige zerbrochen. Erstaunt ist sie, daß Dr. Stone jede Berührung mit ihr vermeidet. Da treffen Lehrer und Kinder ein; die Globolinks ziehen sich endgültig zurück – als Beweis für die Macht der Musik.

Giacomo Meyerbeer (1791-1864): **Die Hugenotten**

Große Oper in 5 Akten von Eugène Scribe und Emile Deschamps – Paris 1836

Margarethe von Valois, Königin von Navarra (S) – Graf von Saint-Bris, Haupt der Katholiken (B) – Valentine, seine Tochter (S) – Graf von Nevers, katholischer Edelmann (Bar) – Raoul von Nangis, protestantischer Edelmann (T) – Marcel, sein Diener

B) – Bois Rosé, protestantischer Soldat (T) – Urbain, Page der Königin (S) – Cossé (T), Tavannes (T), Thoré (B), de Retz (B), Méru (B) und Maurevert (B), katholische Edelleute – Drei Mönche (B) – Edelleute, Soldaten, Volk

IN PARIS UND UMGEBUNG 1572

1. Akt: Graf Nevers hat zu einem Fest mit seinen katholischen Freunden auch den protestantischen Edelmann Raoul von Nangis geladen. Aus Anlaß der Hochzeit der Königin Margarethe von Valois soll der endgültige Friede zwischen Katholiken und Protestanten geschlossen werden. Als Zeichen der Versöhnung möchte die Königin Valentine, die Tochter des Katholikenführers Saint-Bris, mit Raoul vermählen. – *2. Akt:* Raoul jedoch weist die Hand Valentines unter großer Empörung der katholischen Edelleute zurück. Zwar liebt er Valentine seit einiger Zeit heimlich, doch hält er sie für die Braut des Grafen Nevers. Aus Liebe zu Raoul und auf Wunsch der Königin hatte Valentine vorher ihre Verlobung mit Nevers gelöst. – *3. Akt:* Dank einer Warnung Valentines entgeht Raoul einem Anschlag der gekränkten katholischen Edelleute. Zu spät erkennt Raoul seinen Irrtum; Valentine ist inzwischen mit Nevers verheiratet. – *4. Akt:* Raoul sucht, um ihre Verzeihung zu erlangen, Valentine auf und wird heimlicher Zeuge einer Versammlung, auf der die katholischen Edelleute den Tod der Hugenotten beschließen. Als er zu seinen Glaubensgenossen eilen will, gesteht ihm Valentine in der Absicht, ihn vorm sicheren Tod zu bewahren, ihre Liebe. Erst als die Glocken Sturm läuten, eilt er zu den Seinen. – *5. Akt:* Valentine ist Raoul gefolgt und stirbt mit ihm bei der Verteidigung einer Hugenottenkirche. Unter den Angreifern ist auch Valentines Vater.
Dieses Wort deiner Liebe (Valentine, Raoul); Eine holde edle Dame (Urbain).

Giacomo Meyerbeer: Die Afrikanerin

Große Oper in 5 Akten von Eugène Scribe – Paris 1865 (A. & S.)
Don Pedro, Vorsitzender im Rate des Königs von Portugal (B) – Don Diego, Admiral (B) – Ines, seine Tochter (S) – Anna, deren Dienerin (S) – Vasco da Gama, Seeoffizier (T) – Don Alvar, Mitglied des Rates (T) – Selica, Sklavin (S) – Nelusco, Sklave (Bar) – Großinquisitor (B) – Oberpriester (B)

IN LISSABON UND INDIEN AM ENDE DES 15. JAHRHUNDERTS

1. Akt: Vasco da Gama ist als einziger Überlebender einer Entdeckungsreise zurückgekehrt. Obwohl er als Beweis für die Entdeckung fremder Länder die Königin Selica und deren Hauptmann Nelusco als Sklaven mitgebracht hat, erhält er für seine neuen Pläne keine Unterstützung und wird sogar eingekerkert. – *2. Akt:* Ines, die eigentlich Vasco liebt, geht mit Don Pedro die Ehe ein unter der Bedingung, daß dieser eine neue Expedition anführt. Vasco darf mit Selica, die ihn ebenfalls liebt, folgen. – *3. Akt:* Nelusco steuert das Schiff auf eine Klippe; die Eingeborenen stürmen das Wrack und töten die Besatzung. Nur Nelusco und – von Selica beschirmt – Ines und Vasco gelangen sicher an Land. – *4. Akt:* Noch einmal rettet Selica Vasco vor den Anschlägen der Eingeborenen, indem sie erklärt, er habe ihr einst das Leben gerettet und sei nun ihr Gatte. Der Oberpriester segnet den Bund. – *5. Akt:* Selica muß aber erkennen, daß sie nicht über die Liebe siegen kann, die Vasco und Ines miteinander verbindet. Sich selbst überwindend, läßt sie die Europäer in die Heimat ziehen und sucht, gefolgt von Nelusco, unter dem tödliche Gifte aussendenden Manzanillenbaum das Ende.
Land, so wunderbar (Vasco); Dir, o Königin, bin ich ergeben (Nelusco); In meinem Schloß laß ruh'n dein Haupt (Selica).

Darius Milhaud (1892-1974): **Der arme Matrose**

Klagelied in 3 Akten von Jean Cocteau – Paris 1927

Der arme Matrose (T) – Seine Frau (S) – Sein Schwiegervater (B) – Sein Freund (Bar)

EINE HAFENSTADT, GEGENWART

1. bis 3. Akt: Seit 15 Jahren wartet die Frau auf die Heimkehr ihres Mannes, eines Matrosen. Alle Heiratsanträge hat sie zurückgewiesen; auch als der Freund ihres Mannes um sie anhält, bleibt sie standhaft. Da kommt der Matrose zurück. Seinem Freund gibt er sich zu erkennen, seiner Frau aber überbringt er nur den Bescheid, daß ihr Mann bald heimkehren werde, aber arm geblieben sei. Die Frau bietet dem Fremden, der ihr eine wertvolle Perlenkette gezeigt hat, Essen und Quartier an. In der Nacht erschlägt sie ihn, um in den Besitz des Schmuckes zu kommen, um reich zu sein, wenn ihr armer Matrose nach Hause kommt.

Darius Milhaud: Christoph Columbus

Oper in 2 Teilen (27 Bildern) von Paul Claudel – Berlin 1930 (U. E.)

Isabella, Königin von Spanien (S) – Christoph Columbus I (Bar) – Christoph Columbus II (Bar) – Der Erzähler (Sprechrolle) – Der Ankläger (Sprechrolle) – Abgesandter der Matrosen (Sprechrolle) – Haushofmeister (T) – Koch (T) – König von Spanien (B) – Der Bote (Bar)

SPANIEN, ENDE DES 15. JAHRHUNDERTS

1. und 2. Teil: Das Volk diskutiert darüber, welches der beiden Weltbilder das wahre sei: die Scheibe oder die Kugel. Es herrscht eine Situation wie in einem Gerichtssaal, in dem man auf den Angeklagten wartet. Die Menge beschwört die Seele Columbus' I. Columbus betritt als Columbus II die Szene und wohnt dem Prozeß seiner Nachwelt bei. Der König befragt die drei Weisen. Sie versuchen, den Admiral in Ungnade zu bringen, doch Königin Isabella glaubt an die Mission des Columbus. – Im Innern eines Schiffes ist Columbus an einen Mast gekettet. Das Schiff ist in Seenot geraten. Der Kommandant bittet Columbus, rettend einzugreifen. Plötzlich stehen vor Columbus Bilder seiner Vergangenheit: Er in jungen Jahren, sein Weib, seine Mutter – symbolhaft in der Mitte sein Schatten, sein Gewissen. – Columbus ist wieder in Spanien. Er sieht den Leichenzug der Königin und weiß, daß er seine stärkste Verbündete verloren hat. Verarmt und krank verbringt Columbus die letzten Stunden seines Lebens. Im Blick zum Himmel wird für ihn Isabella mit ihrem Hofstaat sichtbar – sie alle schreiten dem in die Ewigkeit eingehenden Columbus entgegen. Im Palast des Königs tanzen die Sinnbilder für Neid, Dummheit, Eitelkeit und Geiz. Ankläger und Verteidiger ringen um Schuld- oder Freispruch. Die Ankunft einer Taube bestärkt Columbus in seinem Entschluß, sich nach Westen zu orientieren. Eine geistige Vermählung mit Isabella findet statt. Columbus wird vom Volk verspottet, erreicht aber durch Isabella eine Unterstützung für seine Idee: Im Hafen von Cadiz wird die Fahrt ins Ungewisse vorbereitet. Dabei kommt es zu einer Revolte, man will Columbus zur Umkehr bewegen. Doch nach drei Tagen ist Land in Sicht: Amerika! Die „Santa Maria" taucht schemenhaft auf und nähert sich dem Festland. In die widersprüchlichen Empfindungen von Schrecken, Angst und Hoffnung mischt sich der ferne Klang des Tedeums.

Claudio Monteverdi (1567-1643): **Orfeo**

Favola in musica in einem Prolog und 5 Akten von Alessandro Striggio – Mantua 1607

Orfeo (T) – Euridice (S) – Die Musik (S) – Botin (Mezzo-S) – Hoffnung (Mezzo-S) – Charon (B) – Proserpina (S) – Pluto (B) – Apollo (T) – Nymphe (S) – Echo (S) – Nymphen, Hirten, Geister der Unterwelt

IN DER MYTHISCHEN VORZEIT IN GRIECHENLAND

Prolog: Die Musik verkündet dem Publikum, daß die Oper von Orfeo, dem göttlichen Sänger, handle. – *1. Akt:* Orfeo und Euridice, aber auch die Nymphen und Hirten besingen das hohe Glück, das das Paar in seiner Liebe gefunden hat, und erflehen im Tempel Glück für ihre Zukunft. – *2. Akt:* Während Orfeo Nymphen und Hirten durch seinen Gesang erfreut, erhält er die Nachricht, Euridice sei von einer Schlange gebissen worden und gestorben. Orfeo will ihr in die Unterwelt folgen, um entweder von Pluto die Rückkehr seiner Geliebten zu erreichen oder mit ihr im Tode wiedervereint zu werden. – *3. Akt:* Geleitet von der Göttin Hoffnung ist Orfeo bis an die Pforten der Unterwelt gelangt, wo ihm jedoch Charon die Überfahrt über den Styx verweigert. Auf die herzzerreißende Klage des Sängers schläft er aber ein, so daß Orfeo allein über den Styx setzen kann. – *4. Akt:* Gerührt von dem Gesang Orfeos, erwirkt Proserpina von ihrem Gatten Pluto die Freilassung Euridices. Pluto stellt allerdings die Bedingung, daß sich Orfeo während des Ganges durch die Unterwelt nicht nach der ihm folgenden Euridice umblicke. Orfeo aber glaubt sich plötzlich betrogen und von liebestollen Furien verfolgt; er wendet sich um, Euridice entschwindet. Orfeo will ihr folgen, wird aber an die Oberwelt zurückgetrieben. – *5. Akt:* Als Orfeo der Natur sein Leid klagt, erscheint sein Vater Apollo und entrückt ihn in den Himmel.

Claudio Monteverdi: Die Heimkehr des Odysseus

Oper in einem Prolog und 3 Akten nach Homer von Giacomo Badoaro – Venedig 1641

Die menschliche Zerbrechlichkeit (T) – Die Zeit (B) – Fortuna (S) – Amor (S) – Jupiter (Bar) – Neptun (B) – Minerva (Mezzo-S) – Juno (S) – Odysseus (T) – Penelope, Gattin des Odysseus (A) – Telemach, Sohn des Odysseus (T) – Antinoo (Bar), Pisandro (T), Anfinomo (A), Eurimaco (T), Freier der Penelope – Iro, tölpelhafter Vielfraß (T) – Melanto, Dienerin der Penelope (S) – Ericlea, Amme des Odysseus (Mezzo-S) – Eumete, Hirt des Odysseus (Bar) – Dienerinnen, Himmelsstimmen, Meeresstimmen

GRIECHENLAND IN MYTHISCHER ZEIT

Prolog: Der Mensch wird als Spielball der Mächte Zeit, Schicksal und Liebe gezeigt. – *1. Akt:* Penelope beklagt ihr Schicksal und beschwört den fernen Odysseus, zurückzukehren. Eurimaco, einer von Penelopes Freiern, wendet sich Melanto zu. Sie besingen gemeinsam ihre Liebe. Neptun beschwert sich bei Jupiter, daß die Feaci – entgegen seinem Befehl – Odysseus nach Ithaka gebracht haben. Er erhält von Jupiter das Recht, sie zu bestrafen. Die Feaci lassen Odysseus in Ithaka zurück. Odysseus glaubt sich von den Feaci betrogen und an fremdem Ort ausgesetzt. Minerva eröffnet Odysseus, daß er in Ithaka ist. Um ihn am Hofe bei Penelope unerkannt einzuführen, läßt sie ihn sich in einen Greis verwandeln und schickt ihn zu Eumete. Melanto versucht, Penelope zu bewegen, von den Gedanken an Odysseus abzulassen und sich gegenwärtiger Liebe zuzuwenden. Eumete besingt die Natur. Er wird von Iro verspottet, daß seine Natur und seine Tiere nur dazu dienten, ihm das nötige Essen zu verschaffen. Eumete sehnt die Rückkehr Odysseus' herbei. Der verwandelte Odysseus erscheint und bittet um Gastfreundschaft. Sie wird ihm gewährt. – *2. Akt:* Minerva bringt Telemach nach Ithaka zurück. Telemach erfährt vom verwandelten Odysseus dessen baldige Rückkehr. Er sendet Eumete zu seiner Mutter, um ihr seine Ankunft zu melden. Odysseus gibt sich seinem Sohn zu erkennen. Melanto erzählt Eurimaco, daß es ihr nicht gelungen sei, Penelope umzustimmen. Die Freier bedrängen Penelope, wieder zu lieben. Sie führen ihr zu Ehren einen „Ballo" auf. Eumete erscheint, um Penelope Telemachs Ankunft und auch die zu erwartende Rückkehr des Odysseus anzukündigen. Die Freier beschließen, Telemach zu töten. Eumete erzählt Odysseus, daß die Freier schon bei der Nennung seines Namens erschraken. Antinoo beschimpft Eumete, daß er einen Bettler – den verwandelten Odysseus – in den Palast bringe. Die Freier bieten sich Penelope ein weiteres Mal an. Sie bestimmt, daß der sie erhalten solle, der den Bogen des Odysseus' am leichtesten spanne. Keinem gelingt es. Odysseus erhält Gelegenheit zu einem Versuch und erschießt die Freier. – *3. Akt:* Iro beschließt, sich zu töten, bevor er vor Hunger sterben muß, weil ihn die Freier nun nicht mehr ernähren können. Melanto kann nicht verstehen, daß Penelope kein Verlangen verspürt, den Tod der Freier zu rächen. Eumete eröffnet Penelope, daß der Greis, der die Freier tötete, Odysseus war. Sie glaubt ihm nicht. Auch Telemachs Bestätigung vermag sie nicht umzustimmen. Minerva beschwört Juno, bei Jupiter für Odysseus Fürbitte zu leisten. Juno und Jupiter besänftigen den Haß Neptuns gegen Odysseus. Ericlea ist unschlüssig, ob sie Penelope das Geheimnis von Odysseus' Ankunft lüften solle. Telemach und Eumete versuchen nochmals, Penelope zu überzeugen. Odysseus erscheint, doch Penelope glaubt ihm nicht. Erst als er die Decke des Ehebettes beschreibt, erkennt sie ihn.

Claudio Monteverdi: Die Krönung der Poppea

Oper in 2 Akten von G. Busenello, spätere Bearbeitung Ernst Křenek – Venedig 1642 (U. E.)

Ottone (Bar) – Ottavia (Mezzo-S) – Nero (T) – Poppea (S) – Arnalta (A) – Seneca (B) – Drusilla (S) – Liberto (Bar) – Valetto (T) – Damigella (S) – Athene (A) – Merkur (T) – Amor (S) – Petronio (Bar) – 2 Soldaten (T u. B) – Römer, Römerinnen

ROM ZUR REGIERUNGSZEIT KAISER NEROS (54–68 N. CHR.)

Prolog: Fortuna und die Tugend streiten sich, jede dünkt sich die Bessere. Amor tritt zwischen sie: er sei der wahre Meister über alle Zeiten, Schöpfer allen Lebens. Seine Herausforderung verbindet die Streitenden, sie bieten ihm entrüstet die Stirn. Doch Amor führt das letzte Wort. – *1. Akt:* Ottone findet zwei Soldaten Neros schlafend vor dem Hause Poppeas. Er weiß also, daß Nero, wie so oft, seine Zeit bei Poppea verbringt. Durch seinen Zornesausbruch erwachen die Soldaten, die ihrerseits keineswegs mit dieser „Liebesausschweifung" ihres Kaisers einverstanden sind, weil man im Volk erzählt, daß damit gleichzeitig die Absetzung der Kaiserin Octavia verbunden und durch Poppea als spätere Kaiserin ein strengeres Regime zu befürchten sei. Octavia weiß von den Plänen Poppeas und ihres Gatten Nero. Sie bittet den Philosophen Seneca um Hilfe. Er scheint der einzige, der Nero die Verstoßung Octavias und eine Krönung Poppeas ausreden könnte. Poppea hat diese Gefahr erkannt. Es gelingt ihr, Nero zu überzeugen, daß Senecas Ratschläge gefährlich sind. Nach einer Auseinandersetzung zwischen Nero und Seneca läßt Nero Seneca durch Liberto das Todesurteil verkünden. Seneca stirbt freiwillig im Kreise seiner Freunde. – *2. Akt:* Poppea und Nero feiern trinkend den Tod Senecas. Octavia sucht nach einer neuen Möglichkeit, sich und ihren Thron zu retten. Sie fordert Ottone auf, Poppea zu töten. Als er sich weigert, droht sie, ihn bei Nero des Hochverrats anzuklagen. Nun entsteht der Plan, Drusilla, die Ottone liebt, zu überreden, Ottone ihre Kleider zu leihen. Als

Drusilla verkleidet versucht Ottone, Poppea zu töten. Es gelingt ihm nicht, weil sie in letzter Sekunde erwacht. Arnalta, Poppeas Mutter, alarmiert die Wache, die die echte Drusilla festnimmt. Als Nero sie zum Tode verurteilen will, stellt sich Ottone und beweist, daß er den Mord versucht hat. Auf Bitten Poppeas wird Ottone statt zum Tode verurteilt in die Verbannung geschickt, wohin ihm Drusilla freiwillig folgt. Nero krönt Poppea zur neuen Kaiserin.

Rudolf Mors (* 1920): **Vineta**

Oper in 3 Akten nach Motiven einer Erzählung von Friedrich Gerstäcker – Bielefeld 1968 (Mors)

Otmar Bendt, Chefredakteur der Zeitschrift „Information" (T) – Birgit, seine Sekretärin, im Traum: Bonita (S) – 3 Redakteure für Politik, Wirtschaft und Kultur, im Traum: Räte von Vineta (Bar und B) – Der Redakteur für Kirche, im Traum: Bischof von Vineta (B) – Redakteure für Werbung, Sensation, im Traum: Stadtschreiber von Vineta (T und S) – Hansen, ein alter Fischer, im Traum: Bürgermeister von Vineta (Bar) – Der Arzt (Bar) – Der Tod (B) – Bürger und Bürgerinnen

ZEIT UND HANDLUNG: IN REICHWEITE

1. Akt (Redaktion): Otmar Bendt, Chefredakteur der Zeitschrift „Information", hält seine tägliche Redaktionskonferenz ab. Bendt nimmt die Wünsche der Redakteure unbeteiligt zur Kenntnis. Eine telefonische Meldung berichtet von Studentenunruhen, „Bildersturm gegen Technik und Materialismus", in Paris. Bendt ist verwirrt. Der Tod tritt auf. Otmar bricht zusammen. Der Arzt kann ihn durch eine Injektion retten und verordnet eine längere Erholungspause. – Strand: Otmar wohnt bei dem Fischer Hansen, der ihn auf eine Fahrt mitnimmt, auf der Otmar das Wesenlose seines bisherigen Lebens erkennt. Ein Tanzschiff fährt vorbei. Eine Lautsprecherstimme ruft Otmar in die Redaktion zurück. Er bittet den Fischer um die Erzählung eines Fischermärchens, und dieser berichtet von der untergegangenen Stadt Vineta. Otmar meint die Glocken Vinetas zu hören und bleibt noch einen Tag bei Hansen. – *2. Akt* (Neblige See): Otmar hat sich im Nebel mit dem Boot verirrt, er sinkt in einen Erschöpfungsschlaf. Traum: Otmar erwacht in Vineta. Bonita, die Tochter des Bürgermeisters, will ihm drei Wünsche erfüllen. Sein erster Wunsch: „Lehre mich Liebe"; Bonita erfüllt ihm den Wunsch. Otmars zweiter Wunsch: „Lehre mich Wissen"; Bonita führt ihn in den großen Ratssaal von Vineta. Bürgermeister, Räte und Volk versuchen, Otmars Fragen zu beantworten. Der Tod und der Arzt kommen hinzu. Alle Antworten münden in ein bizarres Bacchanal. Otmar erkennt seine wahre Berufung: „Lehre mich Handeln". Die Einwohner Vinetas, seit vielen Jahrhunderten vom Handel ausgeschlossen, fühlen sich verspottet und weisen Otmar hinaus. Bonita nimmt von ihm Abschied. Der Nebel hat sich gelichtet, Otmar erwacht froh und will in den Alltag zurückkehren. – *3. Akt:* Otmar hält wieder seine Redaktionskonferenz ab. Jetzt hört er den Wünschen der Redakteure interessiert zu und versucht, ehrliche Entscheidungen zu treffen. Das jedoch ruft den Widerstand der Redakteure und Birgits hervor. Birgit erinnert ihn daran, daß auch ihr Kapital in der Zeitschrift steckt. Da erklärt Otmar seinen Rücktritt. Wieder betritt der Tod den Raum. Diesmal ist sein Anruf endgültig. Zu spät erkennt Birgit, daß sie Otmar liebt.

Lehre mich Liebe (Otmar); Das wahre Wissen, wie solln wir's wissen (Chor).

Wolfgang Amadeus Mozart (1756-1791): **Bastien und Bastienne**

Singspiel in einem Akt von Friedrich Wilhelm Weiskern – Wien 1768
Bastienne, eine Schäferin (S) – Bastien, ihr Geliebter (T) – Colas, ein vermeintlicher Zauberer (B)

IN EINEM DORFE AM ANFANG DES 18. JAHRHUNDERTS

Bastienne fürchtet, ihr Geliebter Bastien habe sie verlassen und sich dem Edelfräulein vom Schloß zugewandt. Bei Colas, einem vermeintlichen Zauberer, will sie Rat holen. Colas tröstet sie und gibt ihr genaue Anweisungen, wie sie sich zu verhalten habe, um Bastien wiederzugewinnen; vor allem solle sie ihn eifersüchtig machen. Bastienne eilt davon, und gleich darauf tritt Bastien auf, der des Edelfräuleins überdrüssig ist und zu seiner Bastienne zurückkehren möchte. Natürlich glaubt er Colas nicht, als dieser ihm erzählt, Bastienne habe sich inzwischen einen anderen Liebhaber zugelegt. Erst das spröde Verhalten Bastiennes kann ihn davon überzeugen. Verzweifelt will nun Bastien sterben. Bald aber folgt dank der Zauberkunst Colas die Versöhnung.

Wolfgang Amadeus Mozart: Die Gärtnerin aus Liebe

Komische Oper in 3 Akten von Ranieri da Calzabigi – München 1775
Don Anchise, Podestà (T) – Armida, seine Nichte (S) – Marchesa Violante Onesti, unter dem Namen Sandrina als Gärtnerin in Diensten des Podestà (S) – Nardo, ihr Diener, als Gärtner in Diensten des Podestà (B) – Graf Belfiore (T) – Ramiro, ein Edelmann (T) – Serpetta, Kammermädchen im Hause des Podestà (S)

IN ITALIEN ZUR ZEIT DES ROKOKO

1. Akt: Als Gärtnerin Sandrina arbeitet die Marchesa Violante bei Don Anchise; immer noch hofft sie, ihren Geliebten, Graf Belfiore, wiederzufinden und für sich zu gewinnen. Belfiore glaubt dagegen, er habe Sandrina aus Eifersucht getötet, und bemüht sich um Armida, die Nichte Don Anchises, mit der er auch bald verlobt ist. Nicht nur Sandrina leidet sehr unter dieser Verlobung, sondern auch der junge Ramiro, der in Armida verliebt ist. – *2. Akt:* Trotz ihrer Enttäuschung weist Sandrina die Werbungen Don Anchises von sich. Ebenso erfolglos sind der Diener Nardo bei dem Kammermädchen Serpetta und Ramiro bei Armida, die inzwischen an Belfiores Treue zweifelt. Belfiore glaubt, in der Gärtnerin Sandrina seine totgeglaubte Violante zu erkennen. Als er in einem Brief an den Podestà des Mordes an seiner Geliebten beschuldigt wird, gibt diese sich auch zu erkennen, verschwindet aber sofort. Auf der Suche nach der entschwundenen Sandrina-Violante gibt diese durch ein Lied den eindeutigen Beweis, daß sie wirklich Violante ist. – *3. Akt:* Nach den Verwicklungen finden sich dann doch die Paare. Sandrina erzählt, wie sie „Gärtnerin aus Liebe" geworden sei, und vermählt sich mit Belfiore; Ramiro erhält seine Armida, und Serpetta reicht Nardo die Hand.
Einsam im fernen Lande (Sandrina); Ach, vor Tränen (Sandrina).

Wolfgang Amadeus Mozart: Idomeneo

Oper in 3 Akten von Giambattista Varesco – München 1781
Idomeneo, König von Kreta (T) – Idamantes, sein Sohn (A) – Ilia, Tochter des Priamos, des Königs von Troja (S) – Elektra, Tochter des Agamemnon (S) – Arbaces, Bote (Bar) – Der Oberpriester des Poseidon (B) – Stimme des Orakels (B) – Zwei kretische Mädchen (S und A) – Zwei kriegsgefangene Trojaner (T und B) – Volk, Gefangene, Seeleute, Priester, Tänzerinnen und Tänzer

AUF DER INSEL KRETA NACH BEENDIGUNG DES TROJANISCHEN KRIEGES

1. Akt: Nach dem Fall Trojas wurde die Priamostochter Ilia als Sklavin nach Kreta gebracht, wo Idamantes, der während des Krieges zum Jüngling herangereifte Sohn des Königs Idomeneo, in Liebe zu ihr entbrennt. Elektra aber, die Tochter des siegreichen Agamemnon, hat sich ihrerseits in Idamantes verliebt und will die Verbindung des Königssohnes mit der Sklavin verhindern. Idomeneo selbst hat, als er mit seiner Flotte in einen schweren Sturm geraten war, gelobt, er würde den ersten Menschen, der ihm auf Kreta entgegentritt, für einen glücklichen Ausgang der Fahrt opfern. Als erster begegnet ihm sein Sohn Idamantes. – *2. Akt:* Um der Opferung seines Sohnes zu entgehen, beschließt der König, Idamantes mit Elektra nach Argos, der Heimat Elektras, zu senden. Als sie jedoch das Schiff besteigen wollen, bricht ein neuer Sturm los, und der See entsteigt ein Ungeheuer. – *3. Akt:* Während Idamantes in den Kampf gegen das Seeungeheuer, das das Land verwüstet, zieht, gesteht der König dem Oberpriester, daß er schuld sei an den Verwüstungen, da er sein Gelübde noch nicht erfüllt habe. Idamantes kehrt siegreich zurück, soll aber nun doch geopfert werden. Freiwillig tritt er zum Altar; da wirft sich Ilia dazwischen, um an Idamantes' Stelle geopfert zu werden. Erlösend verkündet das Orakel, Idomeneo solle den Thron seinem Sohne abtreten, der, verheiratet mit Ilia, über das jubelnde Volk herrschen solle.
Zephiretten, leicht gefiedert (Ilia).

Wolfgang Amadeus Mozart: Die Entführung aus dem Serail

Singspiel in 3 Akten nach Christian Friedrich Bretzner v. G. Stephanie – Wien 1782
Konstanze (S) – Blondchen, ihr Kammermädchen (S) – Selim, Bassa (Sprechrolle) – Belmonte (T) – Pedrillo, sein Diener und Aufseher über die Gärten des Bassa (T) – Osmin, Aufseher über das Landhaus des Bassa (B) – Klaas, ein Schiffer (Sprechrolle) – Wachen, Sklaven, Janitscharen, Frauen

AUF DEM LANDGUT DES BASSA IN DER TÜRKEI IM 16. JAHRHUNDERT

1. Akt: Belmonte, ein junger vornehmer Spanier, naht sich dem Landhaus des Bassa Selim, in dem er seine von Seeräubern entführte Braut Konstanze mit ihrer Zofe Blondchen und seinem Diener Pedrillo vermutet. Als erstes begegnet er dem Aufseher Osmin, vor dessen rauhem Gebaren er sich bald zurückzieht, um sodann mit Pedrillo zusammenzutreffen, der ihn dem Bassa als Baumeister zuführt. Bassa Selim selbst bemüht sich um die Liebe der Konstanze, die er sich erwerben, nicht erzwingen will. – *2. Akt:* Wesentlich handgreiflicher wirbt Osmin um Blondchen, die sich indessen des rauhen Gesellen gut zu erwehren weiß. Belmonte und Pedrillo haben inzwischen einen Fluchtplan ausgearbeitet, in den Pedrillo sein Blondchen und diese ihre Herrin einweihen. Osmin erhält von Pedrillo einen kräftigen Schlaftrunk. – *3. Akt:* Natürlich wird der Fluchtversuch entdeckt; Osmin weidet sich schon in wilden Rachegedanken, während sich die beiden Paare dem Tode nahe glauben. Da erscheint Bassa Selim und überwindet seinen Zorn, sogar als er erfährt, daß Belmonte der Sohn seines Todfeindes ist. Edelmütig schenkt er allen Leben und Freiheit.
Hier soll ich dich denn sehen (Belmonte); Wer ein Liebchen hat gefunden (Osmin); Solche hergelaufne Laffen (Osmin); O wie ängstlich, o wie feurig (Belmonte); Ach, ich liebte, war so glücklich (Konstanze); Durch Zärtlichkeit und Schmeicheln (Blondchen); Martern aller Arten (Konstanze); Welche Wonne, welche Lust (Blondchen); Vivat Bacchus, Bacchus lebe (Pedrillo, Osmin); Im Mohrenland gefangen war (Pedrillo); Ach, Belmonte, ach, mein Leben (Konstanze, Blondchen, Belmonte, Pedrillo); Ha, wie will ich triumphieren (Osmin); Nie werd' ich deine Huld verkennen (Ensemble).

Wolfgang Amadeus Mozart: Der Schauspieldirektor

Komödie mit Musik in einem Akt von G. Stephanie – Schönbrunn 1786

Frank, Schauspieldirektor (Sprechrolle) – Eiler, ein Bankier (Sprechrolle) – Buff, Schauspieler (B) – Herz, Schauspieler (Sprechrolle) – Mme. Pfeil, Schauspielerin (Sprechrolle) – Mme. Krone, Schauspielerin (Sprechrolle) – Mme. Vogelsang, Schauspielerin (Sprechrolle) – Mme. Herz, Sängerin (S) – Mlle. Silberklang, Sängerin (S) – Vogelsang, Sänger (T)

IN EINEM WIENER THEATERBÜRO UM 1785

Schauspieldirektor Frank ist dabei, eine Truppe für seine Wanderbühne zusammenzustellen. Der gewitzte Buff gibt ihm den Rat, lieber eine ansehnliche Zahl von Schauspielern und Sängern zu engagieren, dafür aber die Honorare niedrig zu halten. Der Financier des Unternehmens, Bankier Eiler, dagegen verlangt die Engagierung seiner Freundin, der Madame Pfeil, die alle Rollen übernehmen könne. Nacheinander treten alle Schauspieler und Sänger auf, produzieren sich und bekommen wegen der Gagen sofort miteinander Streit. Erst die Drohung des Schauspieldirektors, auf das ganze Unternehmen zu verzichten, vermag die erregten Gemüter zu beschwichtigen und alle in einem Rundgesang zu vereinen.

Wolfgang Amadeus Mozart: Figaros Hochzeit

Komische Oper In 4 Akten Nach Beaumarchais Von Lorenzo Da Ponte – Wien 1786

Graf Almaviva (Bar) – Gräfin Rosine, seine Gemahlin (S) – Susanna, deren Kammermädchen und Braut Figaros (S) – Figaro, Kammerdiener des Grafen (B) – Cherubin, Page des Grafen (S) – Marcellina, Beschließerin im Schloß (A) – Bartolo, Arzt aus Sevilla (B) – Basilio, Musikmeister (T) – Don Curzio, Richter (T) – Antonio, Gärtner des Grafen und Susannas Onkel (B) – Barberina, seine Tochter (S) – Bauern und Bäuerinnen, Jäger, Diener

AUF DEM SCHLOSS DES GRAFEN IN DER NÄHE VON SEVILLA IN DER MITTE DES 18. JAHRHUNDERTS

1. Akt: Während Figaro das Zimmer ausmißt, das er nach seiner bevorstehenden Hochzeit mit Susanna bewohnen wird, deutet ihm diese an, daß die Liebenswürdigkeit, die ihr Graf Almaviva, in dessen Diensten sie stehen, entgegenbringt, vielleicht etwas zu weit gehen könnte. Schnell erzürnt, ist Figaro bereit, das Spiel mit dem Grafen aufzunehmen. Kaum hat er sich entfernt, treten Marcellina und Dr. Bartolo auf; sie beraten, wie sie Figaro, der einstmals in einer Geldverlegenheit der ältlichen Marcellina die Ehe versprochen hat, zur Einlösung des Versprechens oder zur Entrichtung des Reuegeldes zwingen können. Nun erscheint der Page Cherubin, der als noch halb kindlicher Anbeter der Frauen den Unwillen des Grafen erregt hat und bei Susanna Hilfe sucht. Er muß sich jedoch schnell verstecken, als der Graf auftritt, der seinerseits wieder vor dem Musikmeister Basilio in ein Versteck flüchtet. Schließlich führt das Versteckspiel zur Entdeckung Cherubins, der nun endgültig zu einem auswärtigen Regiment versetzt wird. – *2. Akt:* Noch einmal bringt Cherubin Verwicklungen. Als nämlich die Gräfin und Susanna in Gegenwart des Pagen eine Verkleidung erproben, verlangt der Graf plötzlich Einlaß. Cherubin kann sich nur noch durch einen Sprung aus dem Fenster retten; Figaros Behauptung, er sei es gewesen, führt zu heilloser Verwirrung. – *3. Akt:* Für den Abend verabredet Susanna – im Komplott mit der Gräfin – im Park ein Stelldichein mit dem Grafen. Das Komplott Marcellinas mit Dr. Bartolo gegen die Hochzeit Figaros löst sich unterdessen, als sich herausstellt, daß

Figaro ihr gemeinsamer Sohn ist. – *4. Akt:* Zufällig erfährt Figaro, daß sich Susanna mit dem Grafen im Park verabredet hat. Empört über Susannas vermeintliche Untreue, findet er sich abends im Park ein, wo schon die als Susanna verkleidete Gräfin, Susanna in der Rolle ihrer Herrin, der Graf und Cherubin teils wissentlich, teils unwissentlich an dem Verwechslungsspiel teilnehmen. Für den Grafen endet das Spiel mit einer peinlichen Aufklärung; als er nämlich sieht, wie Figaro der vermeintlichen Gräfin den Hof macht, ruft er Hilfe herbei, um seine Frau in aller Öffentlichkeit bloßzustellen. Statt dessen muß der Graf seine Frau um Verzeihung bitten und der Hochzeit zwischen Susanna und Figaro endlich zustimmen.
Will der Herr Graf ein Tänzchen nun wagen (Figaro); Ich weiß nicht, wo ich bin, was ich tue (Cherubin); Nun vergiß leises Fleh'n, süßes Kosen (Figaro); Hör mein Fleh'n (Gräfin); Sagt, holde Frauen, die ihr sie kennt (Cherubin); Der Prozeß schon gewonnen (Graf); Und Susanna kommt nicht (Gräfin); Wenn die sanften Abendlüfte (Gräfin, Susanna); Ach, öffnet eure Augen (Figaro); Endlich naht sich die Stunde (Susanna).

Wolfgang Amadeus Mozart: Don Giovanni

Heiteres Drama in 2 Akten von Lorenzo da Ponte – Prag 1787
Don Giovanni (Bar) – Komtur (B) – Donna Anna, seine Tochter (S) – Don Ottavio, deren Bräutigam (T) – Donna Elvira, Dame aus Burgos, von Don Giovanni verlassen (S) – Leporello, Don Giovannis Diener (B) – Zerlina, Bäuerin (S) – Masetto, Bauer, Zerlinas Bräutigam (B) – Bauern und Bäuerinnen, Diener, Musikanten

IN EINER SPANISCHEN STADT NACH 1600

1. Akt: Don Giovanni bedrängt im Hause des Komturs dessen Tochter Donna Anna, die auf ihren Bräutigam Don Ottavio wartet. Donna Anna ruft um Hilfe, ihr Vater eilt herbei und wird von Don Giovanni im Duell erstochen. Aber schon dem nächsten weiblichen Wesen, dem Don Giovanni begegnet, einer verschleierten Dame, versucht er den Hof zu machen. Als er entdeckt, daß sich unter dem Schleier Donna Elvira, eine von ihm unter Bruch des Eheversprechens verlassene Geliebte, verbirgt, zieht er sich unter dem Schutz seines Dieners Leporello zurück. Nun versucht Don Giovanni die Bäuerin Zerlina ihrem Bräutigam Masetto abspenstig zu machen, indem er die ganze Hochzeitsgesellschaft auf sein Schloß einlädt. Donna Elvira tritt jedoch dazwischen, warnt Zerlina, später auch Donna Anna, die mit Don Ottavio den Mörder ihres Vaters sucht. Auf dem Ball, zu dem Don Giovanni eingeladen hat, glauben sie ihre Rache befriedigen zu können. Aber wieder entgeht Don Giovanni, der immer noch Zerlina zu verführen sucht, allen Anschlägen. – *2. Akt:* Als nächstes Opfer hat sich Don Giovanni das Kammermädchen Donna Elviras ausersehen, dem er sich in Leporellos Hut und Mantel naht, während dieser in der Kleidung seines Herrn Donna Elvira ablenkt. Nachdem Don Giovanni noch den unglücklichen Masetto kräftig verprügelt hat und Leporello in der Rolle seines Herrn dessen Feinden kaum hat entrinnen können, treffen sich beide auf dem Friedhof, wo Don Giovanni seinen Übermut so weit treibt, das Standbild des von ihm getöteten Komturs zum Nachtmahl einzuladen. Das Standbild nimmt die Einladung an und erscheint an der Tafel Don Giovannis, der, nachdem er jede Reue von sich gewiesen hat, in den Flammen der Hölle untergeht.
Schöne Donna, dieses kleine Register (Leporello); Reich mir die Hand, mein Leben (Zerlina, Don Giovanni); Du kennst nun den Frevler (Donna Anna); Nur ihrem Frieden (Don Ottavio); Treibt der Champagner (Don Giovanni); Schmäle, tobe, lieber Junge (Zerlina); Horch auf den Klang der Zither (Don Giovanni); Ich weiß ein Mittel (Zerlina); Folget der Heißgeliebten (Don Ottavio);

Wolfgang Amadeus Mozart: Così fan tutte

Komische Oper in 2 Akten von Lorenzo da Ponte – Wien 1790

Fiordiligi (S) – Dorabella, ihre Schwester (A) – Guglielmo, Offizier, Liebhaber Fiordiligis (Bar) – Ferrando, Offizier, Liebhaber Dorabellas (T) – Don Alfonso (B) – Despina, Kammermädchen der Schwestern (S) – Herren und Damen, Soldaten, Diener

IN NEAPEL IM 18. JAHRHUNDERT

1. Akt: Guglielmo und Ferrando verteidigen gegenüber dem alten Hagestolz Don Alfonso die Ehre der Frauen. Insbesondere ihre Bräute, die Schwestern Fiordiligi und Dorabella, seien von unwandelbarer Treue. Gerade das aber bestreitet Alfonso, der sich anheischig macht, den Wankelmut der Schwestern zu beweisen, wenn die beiden Offiziere nur für einen Tag seine Anweisungen strikt befolgen. So kommt es dazu, daß das Regiment plötzlich in den Krieg zieht und die beiden Mädchen von ihren Geliebten tränenreichen Abschied nehmen müssen. Bald aber tauchen Guglielmo und Ferrando verkleidet als „Albanesen" wieder auf und bewerben sich um die Gunst der Mädchen, und zwar jeder um die Braut des anderen. Despina, das Kammermädchen der Schwestern, wird eingeweiht und leistet, als die verschmähten Liebhaber scheinbar Gift nehmen, in der Verkleidung eines Arztes Hilfe. – *2. Akt:* Dorabella läßt sich von den Bemühungen Guglielmos bald erweichen, während Fiordiligi standhaft bleibt, bis der verkleidete Ferrando droht, sich vor ihren Augen zu erdolchen. Das Spiel geht schließlich so weit, daß die Hochzeit bestellt wird und Despina als Notar verkleidet auftritt. Da kehrt das Regiment zurück, die beiden „Albanesen" fliehen und tauchen gleich darauf als Offiziere wieder auf. Die beschämten Mädchen werden entlarvt, doch tröstet Alfonso die ohnehin zur Versöhnung bereiten Männer mit dem Hinweis: „So machen es alle" (Così fan tutte).

Schon ein Mädchen von fünfzehn Jahren (Despina); Der Odem der Liebe (Ferrando).

Wolfgang Amadeus Mozart: Titus

Oper in 2 Akten nach Pietro Metastasio von Caterino Mazzola – Prag 1791

Titus, römischer Kaiser (T) – Sextus, römischer Edelmann (A) – Annius, sein Freund (A) – Servilia, Schwester des Sextus (S) – Vitellia, Tochter des Kaisers Vitellius (S) – Publius, Anführer der Leibwache (B)

IN ROM 79 NACH CHRISTUS

1. und 2. Akt: Vitellia will die Gemahlin des Kaisers Titus werden, der sie aber verschmäht, weil er eine andere liebt: Servilia, die Schwester des Sextus. Aus verletzter Eitelkeit versucht Vitellia, Sextus zu überreden, Titus zu ermorden. Sextus gerät in einen Gewissenskonflikt, da er gerade jetzt vom Kaiser aufgefordert wird, ihm die Hand seiner Schwester Servilia zu geben, die aber seinen Freund Annius liebt. Titus zieht daraufhin seinen Antrag zurück und wendet sich wieder Vitellia zu, die aber weiterhin auf die Ermordung des Kaisers hinarbeitet. Sextus tötet zwar, aber es trifft versehentlich einen Mann, der zufällig des Kaisers Kleider trägt. Sextus wird dennoch zum Tode verurteilt. Gerettet wird er durch das Geständnis Vitellias, die freimütig gesteht, aus Eifersucht zum Mord angestiftet zu haben. Titus läßt Milde walten, er begnadigt beide.

Fordre! befiehl', ich folge (Sextus/Vitellia); Verräter war Sextus (Annius); Steht die Herrschaft, ihr guten Götter (Titus); Tränen der Zärtlichkeit (Servilia).

Wolfgang Amadeus Mozart: Die Zauberflöte

Oper in 2 Akten von Johann Emanuel Schikaneder – Wien 1791

Die Königin der Nacht (S) – Pamina, ihre Tochter (S) – Drei Damen der Königin (S, Mezzo-S, A) – Drei Knaben (S, Mezzo-S, A) – Papagena (S) – Sarastro (B) – Tamino (T) – Sprecher (B) – Zwei Priester (T und Bar) – Papageno (Bar) – Monostatos, ein Mohr (T) – Zwei geharnischte Männer (T und B) – Sklaven, Priester, Volk

IM ORIENT IN SAGENHAFTER ZEIT

1. Akt: In einer einsamen Felsengegend ist Tamino von einer Riesenschlange angefallen worden; aus höchster Not erretten ihn die Damen der Königin der Nacht. Ein Bildnis Paminas, das sie ihm schenken, begeistert Tamino zu dem Gelöbnis, sie den Händen des vermeintlich bösen Sarastro zu entreißen. Die Königin der Nacht verspricht ihm dafür die Hand ihrer Tochter Pamina. Für den Weg erhält er eine schützende Zauberflöte, ein Glockenspiel ist seinem Begleiter, dem leichtfertig-lügenhaften und furchtsamen Papageno, zugedacht. Mit Papagenos Hilfe findet Tamino dann Pamina, die der Bewachung des Mohren Monostatos entkommen konnte. Doch ist ihr der Mohr gefolgt; als er die Gefangenen abführen lassen will, tritt jedoch Sarastro auf, der weise und humane Oberpriester. – *2. Akt:* Zwar sind Tamino und Pamina füreinander bestimmt, doch sind ihnen zur Läuterung noch einige Prüfungen auferlegt. Auch Papageno soll sich so sein heißersehntes Weibchen erringen, das ihm in Papagena allerdings schon bald zugesprochen wird. Tamino dagegen besteht, während Pamina sich den bösen Lockungen und Drohungen des Mohren und der Königin der Nacht widersetzt, schwere Prüfungen, an deren Ende der Eintritt in den Tempel und die Vereinigung mit Pamina stehen.

Der Vogelfänger bin ich ja (Papageno); Hm! hm! hm! hm! (Die Drei Damen der Königin der Nacht, Tamino, Papageno); Dies Bildnis ist bezaubernd schön (Tamino); O zitt're nicht (Königin der Nacht); Bei Männern, welche Liebe fühlen (Pamina, Papageno); O Isis und Osiris (Sarastro); Der Hölle Rache (Königin der Nacht); In diesen heil'gen Hallen (Sarastro); Ach, ich fühl's, es ist entschwunden (Pamina); Ein Mädchen oder Weibchen (Papageno); Papageno, Papagena (Papagena, Papageno).

Modest Mussorgskij (1839-1881): **Boris Godunow**

Musikalisches Volksdrama in einem Prolog und 4 Akten nach Alexander Puschkin und Nikolaj Karamsin – St. Petersburg 1874

Boris Godunow, Zar (Bar) – Feodor (Mezzo-S) und Xenia (S), seine Kinder – Xenias Amme (A) – Fürst Wassilij Iwanowitsch Schuiskij (T) – Andrej Schtschelkalow, Geheimschreiber (Bar) – Pimenn, Mönch und Chronikschreiber (B) – Grigorij Otrepjew, der falsche Demetrius (T) – Marina Mnischek, Tochter des Wojewoden von Sandomir (S) – Rangoni, ein geheimer Jesuit (B) – Warlaam (B) und Missail (T), entlaufene Mönche – Eine Schenkwirtin (A) – Ein Schwachsinniger (T) – Nikititsch, Vogt (B) – Ein Leibbojar (T) – Bojar Chrustschow (T) – Lowitzkij und Tschernjakowskij, Jesuiten (B) – Bojaren, Strelitzen, Wachen, Hauptleute, Magnaten, polnische Damen, Mädchen, Pilger, Volk

IN RUSSLAND UND POLEN 1598-1605

Prolog: Die Bojaren haben in Boris Godunow den neuen Zaren gewählt. Erst nach langem Zögern nimmt Boris die Wahl an. – *1. Akt:* Von dem Mönch Pimenn, der in vielen Jahren in seiner Klosterzelle die Chronik seines Vaterlandes aufgezeichnet hat, erfährt der junge Mönch Grigorij von der auf Veranlassung des neuen Zaren erfolgten

Ermordung des Zarewitschs Demetrius. Grigorij flieht darauf aus dem Kloster, gibt sich als der totgeglaubte Thronfolger Demetrius aus und schlägt sich, gerade noch den Häschern entkommend, zur polnischen Grenze durch. – *2. Akt:* In Moskau wird der ohnehin schon von den Gedanken an die Ermordung des Demetrius verfolgte Zar Boris durch die Meldung, ein Empörer sei aufgestanden und suche als Demetrius die Macht an sich zu reißen, in neue Unruhe gestürzt. – *3. Akt:* In Polen hat der falsche Demetrius unterdessen Marina, die ehrgeizige Tochter des einflußreichen Wojewoden von Sandomir, als Braut gewonnen. Gelenkt wird „Demetrius" aber von dem Jesuiten Rangoni, der durch ihn Rußland der katholischen Kirche zurückgewinnen will. – *4. Akt:* Von Furcht und Reue gequält, nimmt Boris Godunow Gift und übergibt die Herrschergewalt seinem Sohn Feodor, während „Demetrius" unter Feuerbränden und dem Jubel der Bauern in Rußland eindringt.
Die höchste Macht ist mein (Boris); Ein frommer Diener des Herrn (Pimenn); Hab' gefangen ich einen Enterich (Wirtin); Hört, was einst in der Stadt Kasan geschehen (Warlaam); O Hilfe, Luft, Licht her (Boris); Horch, horch, man läutet schon (Boris).

Modest Mussorgskij: Chowanschtschina

Musikalisches Volksdrama in 5 Akten. Text vom Komponisten und Wladimir W. Stassow – Petersburg 1886
Fürst Iwan Chowansky (B) – Fürst Andrej Chowansky, sein Sohn (T) – Fürst Wassili Golytzin (T) – Bojar Schaklowity (Bar) – Dosifey, Oberhaupt der Altgläubigen (B) – Marfa, eine junge Witwe (Mezzo-S) – Emma, ein junges Mädchen (S)

MOSKAU UND UMGEBUNG IM JAHRE 1682

1. bis 5. Akt: Die Straßen von Moskau sind von lärmendem Übermut der Strelitzen erfüllt. Auf dem Roten Platz läßt der Bojar Schaklowity durch einen amtlichen Schreiber einen Brief verfassen. Darin wird der Zar (Peter) vor einer Verschwörung der Chowanskys gewarnt. Tumult entsteht, als sich Vater und Sohn Chowansky öffentlich um Emma, ein junges Mädchen aus der deutschen Vorstadt, streiten. Dem Oberhaupt der Altgläubigen, Dosifey, gelingt es, den Streit zu unterbinden und das Mädchen unter den Schutz der Witwe Marfa zu stellen. – Im Palais des Fürsten Golytzin weissagt Marfa dem Hausherrn eine kurz bevorstehende Verbannung. Zwischen ihm und dem alten Fürsten Iwan kommt es zu einer heftigen Auseinandersetzung. Wieder schlichtet Dosifey. Bei ihm findet auch Marfa schützenden Unterschlupf vor Golytzin. – Der Zar hat die Warnung durch den Bojaren Schaklowity ernst genommen. Er hat eine Verfolgung der Verschwörer angeordnet. Schaklowity weiß zu berichten, daß die Rivalin und Halbschwester des Zaren schon ihrer Ämter verlustig gegangen und daß Golytzin auf den Weg nach Sibirien gebracht worden sei. Die beiden Chowanskys sollen vor Gericht gestellt werden. Für Iwan Chowansky kommt es nicht dazu. Einer Einladung des Zaren folgend, wird er auf dem Hinweg von Schaklowity erdolcht. Andrej, der junge Chowansky, bemüht sich weiterhin, aber vergeblich, um Emma – die Strelitzen versagen ihm die Unterstützung. – Jetzt sind die Altgläubigen das Ziel des Zaren. Von ihm werden sie beschuldigt, gegen den Fortschritt Front zu machen. Dosifey gibt die Losung zum freiwilligen Tod aus. Seine Glaubensgenossen versammeln sich in einem Wald nahe Moskaus. Unter Gesängen und Gebeten scheiden sie aus dem Leben – unter ihnen auf dem brennenden Holzstoß Marfa und Andrej.

Modest Mussorgskij: Der Jahrmarkt von Sorotschintzi

Komische Oper in 3 Akten nach Nikolai Gogol vom Komponisten – Petersburg 1911
Tscherewik, ein Bauer (B) – Chiwria, seine Frau (Mezzo-S) – Parassja, beider Tochter (S) – Gritzko, ein junger Bauer (T) – Afanassi Iwanowitsch, Sohn des Popen (T) – Gevatter (Bar) – Ein Zigeuner (B)

UKRAINISCHES DORF SOROTSCHINTZI IM 19. JAHRHUNDERT

1. bis 3. Akt: Der Bauer Tscherewik will seine Tochter für eine mögliche Heirat gut ausstaffieren. Das Geld dazu versucht er durch den Verkauf von Weizen hereinzubringen. Auf dem Jahrmarkt verbreitet ein alter Zigeuner die unglaubliche Geschichte von jenem Teufel, der schon in der vergangenen Zeit immer wieder die Freude am Fest verdorben habe – er sei bereits in Gestalt eines roten Schweines gesehen worden. Was könne man dagegen tun, will die Menge wissen. Es müsse ein Schwerenöter auf frischer Tat ertappt werden. Inzwischen hat sich Tscherewik widerwillig auf ein Gespräch mit dem jungen Bauern Gritzko eingelassen. Gritzko will seine Tochter Parassja haben. Tscherewik willigt ein, nachdem sich dieser als Sohn eines alten Freundes herausstellt. Im Wirtshaus wird mehr als ein Glas darauf getrunken. Parassja und Gritzko schwören sich ewige Liebe. Doch Chiwria, Tscherewiks Frau, will die Hochzeit verhindern – Gritzko paßt ihr nicht. – Der Sohn des Popen macht bei Tscherewiks seinen üblichen Besuch. In Abwesenheit des Alten tauscht er mit Chiwria Zärtlichkeiten aus, die abgebrochen werden, weil Tscherewik das Haus betritt – Afanassi wird versteckt. Es kommt wieder die Rede auf den Teufel, denn der Bauer hat Gäste mitgebracht. Plötzlich springt das Fenster auf, und ein Schweinskopf erschreckt die Gesellschaft – der Spaß des Zigeuners hat gewirkt, vor allem bei Afanassi, der verängstigt sein Versteck verläßt. Gleich zwei Sünder waren entdeckt worden: der Popensohn und Chiwria. Tscherewik gibt seiner Tochter die endgültige Einwilligung, Hochzeit mit Gritzko zu machen.

Otto Nicolai (1810-1849): **Die lustigen Weiber von Windsor**

Komisch-phantastische Oper in 3 Akten nach William Shakespeare von Hermann Salomon Mosenthal – Berlin 1849
Frau Fluth (S) – Frau Reich (A) – Jungfer Anna Reich, ihre Tochter (S) – Sir John Falstaff (B) – Herr Fluth (Bar) und Herr Reich (B), Bürger von Windsor – Fenton (T) – Junker Spärlich (T) – Dr. Cajus (B) – Der Wirt im „Gasthaus zum Hosenbande" (Sprechrolle) – Sein Kellner (Sprechrolle) – Bürger, Frauen, Kinder, Knechte, Masken

IN WINDSOR AM ANFANG DES 17. JAHRHUNDERTS

1. Akt: Frau Fluth und Frau Reich entdecken, daß der lüsterne Sir John Falstaff jeder von ihnen einen Liebesbrief geschrieben hat. Während sie einen Racheplan aushecken, bringt Herr Reich zwei Bewerber für seine Tochter Anna mit nach Hause; Anna aber hat sich schon für Fenton entschieden, der allerdings ihrem Vater zu arm ist. Für den Abend hat Frau Fluth Falstaff zu sich eingeladen. Bald kommt Frau Reich und meldet die Ankunft von Herrn Fluth. Falstaff wird in einen Wäschekorb gesteckt, aus dem Haus getragen und in einen Wassergraben gekippt, während Fluth die Wohnung nach dem Geliebten seiner Frau durchsucht. – *2. Akt:* Am nächsten Tag wird Falstaff wieder zu Frau Fluth eingeladen, und wieder kommt auch Fluth dazwischen. Die Frauen aber verkleiden Falstaff als die dicke Frau von Brentford, der Fluth das Haus verboten hat und die er jetzt entsprechend hinausprügelt. Anna nimmt inzwischen die Huldigungen Fentons entgegen. – *3. Akt:* Ein drittes Mal soll Falstaff zum Narren gehalten werden.

Er soll zu einem Stelldichein als der sagenhafte Jäger Herne in den nächtlichen Wald von Windsor kommen. Allerhand Masken erwarten ihn dort und treiben ihr böses Spiel mit ihm; als er schließlich um Gnade fleht, wird er aber sogar zur Hochzeit Annas mit Fenton eingeladen.
Nein, das ist wirklich doch zu keck (Frau Fluth, Frau Reich); Als Büblein klein an der Mutter Brust (Falstaff); Wie freu' ich mich (Falstaff, Herr Fluth); Horch, die Lerche singt im Hain (Fenton); So, jetzt hätt' ich ihn gefangen (Herr und Frau Fluth); Du reizend liebes Schätzchen (Frau Fluth, Frau Reich, Falstaff).

Luigi Nono (* 1924): **Intolleranza**

Handlung in 2 Teilen nach einer Idee von Angelo Maria Ripellino – Venedig 1961 (Schott)
Ein Flüchtling (T) – Seine Gefährtin (S) – Eine Frau (A) – Ein Algerier (Bar) – Ein Gefolterter (B) – Bergarbeiter, Gefangene, Bauern, Gefolterte, Algerier, Demonstranten

GEGENWART
1. Teil: Ein Flüchtling ist das Arbeiten in einem Bergwerk leid. Ihn verzehrt die Sehnsucht nach der Heimat. Er nimmt Abschied, obwohl ihn eine Frau beschwört, doch noch eine Weile zu bleiben. Während einer Demonstration in einer Stadt werden viele Menschen verhaftet, darunter auch der unbeteiligte Flüchtling. Im Konzentrationslager sterben viele, der Flüchtling überlebt. Mit einem Algerier zieht er der Heimat, der Freiheit entgegen. – *2. Teil:* In der Heimat erfährt der Flüchtling die Absurditäten des heutigen Lebens: Dokumente sind die Seele des Staates. Der Bürger ist der Sklave seiner eigenen Bürokratie. Die Zeitungen melden: „Atomwolken verdichten sich über unseren südlichen Regionen." Vor den Projektionen von Episoden des Schreckens und Fanatismus erkennt der Flüchtling seine Gefährtin. Beide bäumen sich gegen den Wahnsinn unserer Zeit auf. Schon winkt die Heimat. Sie stehen am Ufer eines großen Flusses, das Wasser steigt. Eine Flut bricht über das Land, sie schluckt Straßen, zerbricht Brücken, erdrückt Baracken und Häuser, reißt Flüchtling und Gefährtin mit ins Chaos. Aus ihm – so singt hoffend der Chor – wird neues, glücklicheres Leben erstehen.
Nie! Nie! Nie! (Gefährtin); Seit Jahren verzehrt mich die Sehnsucht (Flüchtling); Ihr, die ihr auftauchen werdet aus der Flut (Chor).

Luigi Nono: Prometheus

Tragödie des Hörens nach Texten von Massimo Cacciari – Venedig 1984
Sopran 1 – Sopran 2 – Alt 1 – Alt 2 – Tenor – Viola – Violoncello – Kontrabaß – Tuba – Flöte – Klarinetten

FESTTAG IM ANTIKEN ATHEN
Eine Handlung im gebräuchlichen Sinne gibt es nicht. Die Besetzung mit fünf Vokal- und sechs Instrumentenstimmen läßt erkennen, daß es um ein außergewöhnliches Klangverfahren geht. Es ist eine philosophische Auseinandersetzung mit dem Phänomen des Hörens, anhand von poetischen Texten von Aischylos über Hölderlin bis zu Benjamin. Worte sind Spielbälle, die vom Klang gierig aufgesogen werden. „Die Musik will das Wort", so der Textdichter, „hin zu seiner geheimsten anima vocalica drängen, will den Klang der reinen Verinnerlichung offenbaren ..." Zur Offenbarung kommt

dem Klang Licht zur Hilfe. Es entsteht eine dreidimensionale Symbiose, ein Zusammenwirken ungleicher Elemente zu wechselseitigem Nutzen, zu höherer Freiheit, zur Befreiung von Gesetzen und damit von Gott, um uns aus dem Vergangenen „in die Zukunft auszudehnen". Der Name „Prometheus" ist die Chiffre für solches Tun, die verschlüsselte Ziffer, unter der sich Nonos Tragödie des Hörens mit anspruchsvollen, aber faszinierenden, die Live-Elektronik durchlaufenden Klängen zum Un-erhörten episch hinbewegt. Der Titan Prometheus wird zum Sinnbild musikalischer Fortschrittsbemühungen, als eine Gestalt, die sich gegen Gott auflehnt, den Nomos, das Gesetzliche, übertritt und „die die gesamte Erde dem autonomen Feuer des Menschen zur Verfügung stellt." (Cacciari)

Jacques Offenbach (1819-1880): **Hoffmanns Erzählungen**

Phantastische Oper in 3 Akten, einem Vor- und einem Nachspiel nach E. T. A. Hoffmann von Jules Barbier und Michel Carré – Paris 1881 (Chou)
Der Dichter E. T. A. Hoffmann (T) – Niklaus, sein Freund (A) – Olympia (S) – Giulietta (S) – Antonia (S) – Stella (Sprechrolle) – Andreas (T) – Cochenille (T) – Pitichinaccio (T) – Franz (T) – Lindorf (Bar) – Coppelius (Bar) – Dapertutto (Bar) – Mirakel (Bar) – Eine Stimme (Mezzo-S) – Spalanzani (T) – Nathanael (T) – Crespel (B) – Lutter (B) – Hermann (Bar) – Schlemihl (B)

IN LUTTERS WEINSTUBE IN BERLIN, SPALANZANIS PHYSIKALISCHEM KABINETT, GIULIETTAS PALAST IN VENEDIG UND IN CRESPELS WOHNUNG IN EINER DEUTSCHEN STADT UM 1800

Vorspiel: In den Weinstuben von Lutter & Wegner in Berlin trifft Hoffmann auf den Stadtrat Lindorf, seinen Nebenbuhler bei der Sängerin Stella, und Studenten, die ihn zu den folgenden Erzählungen animieren. – *1. Akt:* Hoffmann hat sich in Olympia, die Tochter des Physikers Spalanzani, verliebt; um ihr nahe zu sein, wird er sogar Schüler des Physikers. Erst durch einen Streich Coppelius', der sich an Spalanzani für einen ungedeckten Wechsel rächen will, erfährt er, was alle Welt schon wußte: Olympia ist nur eine mechanisch bewegte Puppe. – *2. Akt:* In Venedig begegnet Hoffmann der schönen Giulietta, die ihren Liebhaber Peter Schlemihl im Auftrag des mächtigen Dapertutto schon um seinen Schatten gebracht hat. Will Hoffmann, der sein Geld beim Spiel verloren hat, den Schlüssel zu ihrem Zimmer erhalten und ihre Gunst besitzen, so muß er dafür sein Spiegelbild einsetzen. Hoffmann gibt sein Spiegelbild her, wird aber von Giulietta um den Lohn geprellt. – *3. Akt:* Antonia, die lungenkranke Tochter des Rats Crespel, ist Hoffmanns nächste Liebe. Aber auch sie verliert er durch das Dazwischentreten eines anderen Mannes, des mit magischen Kräften begabten Dr. Mirakel. Hoffmann wird noch dazu für den Mörder seiner geliebten Antonia gehalten. – *Nachspiel:* Hoffmann hat seine Erzählungen beendet und sinkt betrunken vom Stuhl, während Stella mit Lindorf weggeht.
Es war einmal am Hofe zu Eisenack (Hoffmann); Schöne Nacht, du Liebesnacht (Giulietta, Eine Stimme, Chor); Leuchte, heller Spiegel, mir (Dapertutto); Sie entfloh, die Taube, so minnig (Antonia).

Carl Orff (1895-1982): **Carmina burana**

Szenische Kantate nach alten lateinischen und mittelhochdeutschen Liedern – Frankfurt a. M. 1937 (Schott)
Drei Solisten: Sopran – Tenor – Bariton – Ein kleiner Chor – Ein großer Chor

Nach einer Anrufung Fortunas handelt der *erste Teil* von „Des Frühlings beglückender Beschaffenheit". Gepriesen wird die wärmende Sonne, deren Strahlen nicht nur die Welt in neue Blütenpracht hüllen, sondern auch im Menschen neue Lebenslust wekken. – Im *zweiten Teil* – „In der Schenke" – besingen ausgelassene Zecher die Freuden des Essens, des Trinkens und des Glücksspiels. – Der *dritte Teil* – „Amor flattert überall" – schildert das Erwachen der Liebe, die Werbung und das Gewährenlassen.
Floret silva undique (Chor); In taberna quando sumus (Chor); Ave formissima (Chor); O Fortuna (Chor).

Carl Orff: Der Mond

Ein kleines Welttheater in einem Bild von Carl Orff – München 1939 (Schott)
Der Erzähler (T) – Vier Burschen, die den Mond stehlen (T, Bar und 2 B) – Ein Bauer (Bar) – Ein Schultheiß (T) – Ein Wirt (Sprechrolle) – Ein anderer Schultheiß (Sprechrolle) – Ein alter Mann, der Petrus heißt und den Himmel in Ordnung hält (B) – Ein kleines Kind, das den Mond am Himmel entdeckt (Sprechrolle) – Leute, die in der Schenke zechen und sich den Mond stehlen lassen (Gemischter Chor und Kinderchor) – Leute, die sich über den gestohlenen Mond freuen und die Tote begraben (Gemischter Chor) – Leichen, die der Mond aufweckt (Chor-Soli und Gemischter Chor)

IM MÄRCHEN

Vier Burschen kommen in ein Land, wo auf einer Eiche eine leuchtende Kugel – der Mond – hängt. Um ihr Land mit dem milden Licht zu versorgen, stehlen die Burschen den Mond und bringen ihn zu sich nach Hause, wo er wieder an einem Baum aufgehängt wird. Nach und nach werden die Burschen aber alt und nehmen bei ihrem Tod jeweils ein Viertel des Mondes mit ins Grab, so daß das Land ohne Licht zurückbleibt. Kaum aber sind alle vier gestorben, kriechen sie aus ihren Särgen, setzen den Mond zusammen und scheuchen mit dessen Licht die anderen Toten aus ihren Särgen. Bald beginnt in der Unterwelt ein Treiben wie auf der Erde. Selbst Petrus, den der Lärm unruhig gemacht hat, steigt herab und nimmt in der Unterwelt an einem Gelage teil. Sein Gewissen läßt ihm jedoch keine Ruhe; er überredet die Bewohner der Unterwelt, sich wieder in den ursprünglichen Zustand zu fügen, kehrt in den Himmel zurück und nimmt den Mond mit, der, aufgehängt an einem Stern, nun allen Erdenbewohnern leuchtet.

Carl Orff: Catulli Carmina

Szenische Kantate nach Valerius Catullus – Leipzig 1943 (Schott)
Catullus – Lesbia – Caelus – Ipsitilla – Ammiana – Ein Sopran – Ein Tenor – Tanzchor

IM ANTIKEN ROM

Vorbühne (Rahmenhandlung): Zwei Gruppen von Jünglingen und Mädchen werben umeinander, rufen sich Liebkosungen zu und fallen sich im Liebesrausch schließlich in die Arme. Vergeblich sucht der Chor der Greise die Jugend mit dem Hinweis auf die Lieder des Catull von der Vergänglichkeit der Liebe und Treue zu überzeugen. – *Hauptbühne:* In den Armen seiner Lesbia ist Catull eingeschlafen. Erwachend sieht er Lesbia in der nahe gelegenen Schenke vor ihren Liebhabern tanzen. Seine Enttäuschung klagt er seinem Freund Caelus. – Catull ist vor Lesbias Haus im Traum niedergesunken. Im Traum sieht er an seiner Stelle seinen Freund Caelus an Lesbias Seite. Er erkennt die Fragwürdigkeit der Freundestreue. – Catull bewirbt sich um die reizende Buhlerin Ipsitilla, an deren Stelle aber plötzlich die alte Vettel Ammiana mit einer Forderung von zehntausend Sesterzen auftritt. Catull jagt sie davon und stürzt, erschöpft von der Suche nach Lesbia, zu Boden. Als Lesbia schließlich auftritt, ist seine Liebe zu ihr erloschen.

Carl Orff: Die Kluge – Die Geschichte von dem König und der klugen Frau

Oper in einem Akt von Carl Orff – Frankfurt a. M. 1943 (Schott)
Die Kluge, des Bauern Tochter (S) – Der König (Bar) – Der Bauer (B) – Der Kerkermeister (B) – Der Mann mit dem Esel (T) – Der Mann mit dem Maulesel (Bar) – Drei Strolche (T, Bar und B)

IM MÄRCHEN

Der Bauer hat in seinem Acker einen goldenen Mörser gefunden und dem König geschenkt, der nun vermutet, der Bauer habe auch den Stößel gefunden, aber für sich selber behalten wollen. Nun sitzt der Bauer im Gefängnis, wie seine kluge Tochter vorausgesagt hatte. Als der König davon hört, will er die Kluge sehen. Sie gefällt ihm so gut, daß er, nachdem sie drei Rätsel gelöst hat, die Kluge auf der Stelle heiratet. In einem Streit zwischen dem Mann mit dem Esel und dem mit dem Maulesel entscheidet der König zugunsten des Mauleselmannes. Die Kluge aber weiß, daß das Recht auf seiten des Eselmannes ist, und gibt diesem Ratschläge, wie er sich zu verhalten habe und was er dem König sagen solle. Der König erfährt bald, daß die Kluge hinter den Reden des Eselmannes steht, und weist sie aus seinem Haus; in einer Truhe darf sie das mitnehmen, was ihr das Liebste ist. Darauf gibt die Kluge dem König einen Schlaftrunk und läßt ihn in der Truhe aus dem Haus tragen. Als er erwacht, erkennt er ihre Klugheit versöhnt an. Nicht die Klugheit habe sie so handeln lassen, erwidert die Kluge, sondern die Liebe, denn kein Mensch könne zugleich klug sein und lieben.
O hätt' ich meiner Tochter nur geglaubt (Bauer); Als die Treue ward geboren (Drei Strolche).

Carl Orff: Die Bernauerin

Ein bairisches Stück in 2 Teilen von Carl Orff – Stuttgart 1947 (Schott)
Der Ansager – Albrecht, Herzog in Baiern und Graf zu Voheburg – Drei junge Adelige, seine Freunde – Kaspar Bernauer, Bader zu Augsburg – Agnes Bernauerin, Badmagd und Riberin, später Duchessa – Badgäste beim alten Bernauer – Ein welscher Spielmann (T) – Bürger von München – Der Kanzler vom Herzog Ernst – Hauptmann und Reisige – Richter und Häscher – Ein Mönch – Eine junge Dienerin – Volk, Kriegsvolk, Hexen

IN UND BEI AUGSBURG, STRAUBING UND MÜNCHEN IN DER 1. HÄLFTE DES 15. JAHRHUNDERTS

1. Teil: Der bayerische Thronfolger Herzog Albrecht trifft Agnes Bernauer als einfache Badmagd in der Badestube ihres Vaters zu Augsburg. Inmitten badenden Volks verliebt er sich in sie; Agnes, die ihn ebenfalls liebt, aber will Albrecht nie mehr wiedersehen, obwohl ihr Vater Kaspar Bernauer sie mit dem jungen Herzog verkuppeln möchte. Gegen den Rat seiner Freunde heiratet Albrecht die Baderstochter und bringt sie als Duchessa auf seine von der Mutter ererbte Voheburg. Das Volk in München ist zwar gegen diese Verbindung, bewahrt aber seine Zuneigung zu dem hitzköpfigen Albrecht, für dessen Liebe es auch Verständnis aufbringt. – *2. Teil:*

Herzog Ernst, der Vater Albrechts, entschließt sich nach langem Zögern, Agne Bernauer aus dynastischen Gründen, und um dem Land den Frieden zu bewahren, al Hexe zum Tode zu verurteilen. Er findet vor allem bei den Mönchen Unterstützung die das Volk gegen Agnes aufhetzen; die jüngeren Bürger treten allerdings für die Bernauerin ein. Während Albrecht das Schloß Straubing, wo er mit Agnes lebt, verlassen hat, brechen die Gefolgsleute Herzog Ernsts ein und nehmen Agnes als buhlerische Hexe gefangen. Hämisch schildern die Hexen, wie Agnes in Straubing von der Brücke geworfen und in der Donau ertränkt wird. Nun erkennt das Volk, daß die Bernauerin unschuldig war. Als Herzog Albrecht von der Hinrichtung seiner Frau hört, will er gegen seinen Vater nach München ziehen und dessen Burg als Totenkerze anzünden. In diesem Augenblick überbringt der Kanzler die Nachricht, daß Herzog Ernst gestorben ist und daß Albrecht nun den Thron besteigen muß. Verklärt erscheint am Himmel Agnes als Duchessa.

Carl Orff: Antigonae

Trauerspiel des Sophokles in der Übersetzung von Friedrich Hölderlin – Salzburg 1949 (Schott)

Antigonae (Mezzo-S) – Ismene (S) – Kreon (Bar) – Ein Wächter (T) – Hämon (T) – Tiresias (T) – Ein Bote (B) – Eurydike (S) – Chor der thebanischen Alten

IN THEBEN IM ANTIKEN GRIECHENLAND

Im Kampf der Sieben gegen Theben sind die Söhne des Ödipus gefallen, darunter auch Polyneikes, dessen Bestattung Kreon, der neue Herrscher von Theben, verbietet, da Polyneikes im Kampf gegen seine Vaterstadt Theben und gegen seinen Bruder Eteokles getötet wurde. Entsetzt vernehmen Antigonae und Ismene, die Schwestern des Polyneikes, den unheilvollen Befehl, der wider göttliches Gebot verstößt. So tut auch Antigonae nur ihre Pflicht, wenn sie ihren Bruder symbolisch bestattet, indem sie seine Leiche mit Sand bestreut, während sich Ismene nicht gegen Kreon aufzulehnen wagt. Kreon erfährt von der Verletzung und verurteilt Antigonae dazu, lebendig eingemauert zu werden. Die Bitten Ismenes und seines Sohnes Hämon, der mit Antigonae verlobt ist, vermögen nicht, ihn umzustimmen. Erst die Warnungen des Sehers Tiresias, der schreckliche Folgen für das Haus Kreons ankündigt, falls Polyneikes nicht bestattet wird, bewegen Kreon, die Leiche des Polyneikes freizugeben und Antigonae aus dem Kerker zu befreien. Zu spät: Antigonae hat sich mit ihrem Gürtel erhängt, ihr Verlobter Hämon, Kreons Sohn, hat sich an ihrer Seite mit dem Schwert durchbohrt. Sein furchtbares Schicksal beklagend, erhält Kreon die Botschaft, daß auch seine Frau Eurydike sich das Leben genommen habe; ein Fluch gegen den Sohnesmörder seien ihre letzten Worte gewesen.

Carl Orff: Trionfo di Afrodite

Szenisches Konzert nach Valerius Catullus, Sappho und Euripides – Mailand 1953 (Schott)

Die Braut (S) – Der Bräutigam (T) – Chorführerin (S) – Erster Chorführer (T) – Zweiter Chorführer (B) – Jungfrauen, Jünglinge, Greise, Eltern, Verwandte, Freunde, Volk

Während Jungfrauen und Jünglinge das Hochzeitspaar erwarten, tragen sie einen Wechselgesang auf den Abendstern vor. – Braut und Bräutigam werden von Verwanden und Freunden beglückwünscht. – Das Hochzeitspaar bestätigt sich unter Assistenz des Chores seine Liebe. – Der Gott der Hochzeit, Hymenaios, wird um seinen Segen angefleht. – Braut und Bräutigam betreten das Brautgemach, während der Chor hochzeitliche Spiele vollführt und derbe Spottlieder singt. – Afrodite steigt vom Himmel herab, vom Chor orgiastisch begrüßt.

Carl Orff: Oedipus der Tyrann

Trauerspiel in einem Akt nach Sophokles von Friedrich Hölderlin – Stuttgart 1959 (Schott)

Oedipus (T) – Kreon (B) – Ein Priester – Ein anderer Bote (B) – Chorführer (Bar) – Tiresias (T) – Jokasta (Mezzo-S) – Ein Bote aus Korinth (Sprechrolle) – Ein Hirte aus Lajos (Sprechrolle) – Chor der thebanischen Alten

THEBEN, MYTHISCHE ZEIT

In Theben herrscht große Verzweiflung; es wütet die Pest. König Oedipus will wissen, wie das Unheil abgewendet werden kann. Er läßt durch seinen Schwager Kreon das Orakel von Delphi befragen. Die Weissagung lautet, daß die Stadt erst dann von der Seuche befreit werde, wenn der Mörder des Königs Laios, des Oedipus' Vorgänger, getötet oder in die Verbannung geschickt worden sei. Sofort wird der bis zur Stunde unbekannte Mörder von Oedipus in Acht und Bann gelegt. Da behauptet der blinde Seher Tiresias, der König selbst sei der Mörder, doch Oedipus kann sich an Laios nicht erinnern, er vermutet, daß Tiresias und Kreon gemeinsame Sache machen. Jokasta, die einstige Frau von Laios und jetzige Gemahlin des Oedipus, zerstreut dessen Bedenken: nach einem Spruch von Delphi sollte ihr erster Mann von seinem eigenen Sohn erschlagen werden, und dieser Sohn sollte sich mit seiner Mutter vermählen. Das war auch der Grund, warum ihr Kind, gerade drei Tage alt, ausgesetzt wurde. Da erinnert sich Oedipus des eigenen Orakelspruchs und seiner Tat am Kreuzweg fern der Heimat, wo er einen alten Mann tötete. Jetzt ahnt er die Zusammenhänge; er forscht weiter und erfährt, daß er selbst der ausgesetzte Königssohn gewesen ist und damit zum Vatermörder und Blutschänder wurde. Inzwischen hat sich Jokasta das Leben genommen, Oedipus blendet sich.
O Reichtum, Herrschaft, Kunst (Oedipus); Nicht magst du Rechenschaft, wie ich, dir geben (Kreon).

Carl Orff: Prometheus

Tragödie in einem Akt nach Aischylos – Stuttgart 1968 (Schott)

Kratos (Sprecher) – Bia (stumm) – Hephaistos (Sprecher) – Prometheus (Bar) – Okeanos (Sprecher) – Io Inachis (S) – Hermes (Sprecher) – Die Okeaniden (S nd. A)

HOCHGEBIRGE NAHE DER KÜSTE DES OKEANOS, MYTHISCHE ZEIT

Weil Prometheus den Menschen das Feuer vom Himmel gebracht hat und sie dadurch vor dem Zorn des Göttervaters Zeus rettete, haben ihn die Götter Kratos und Bia durch Hephaistos an einen Felsen schmieden lassen. Die Okeaniden, Töchter des Okeanos, sind herbeigeeilt, um Prometheus zu trösten. Okeanos selbst, der den Rat gibt, sich zu fügen, will sich bei Zeus für ihn verwenden. Prometheus lehnt ab. Er weiß, daß Zeus' Stunde bald geschlagen hat. Io, die von der eifersüchtigen Hera Verfolgte, wird Zeus eines Tages einen Sohn schenken, aus dessen Geschlecht der kommen wird, der Zeus vom Thron stürzt. Der Göttervater will wissen, wer ihm die Herrschaft rauben wird.

Er schickt Hermes, seinen Boten, doch Prometheus schweigt. Auch die Drohung, man werde ihm noch größere Pein zufügen, kann ihn nicht zur Preisgabe seines Geheimnisses bewegen. Da läßt Zeus wutentbrannt einen Blitz herniederfahren. Der Fels spaltet sich entzwei, und Prometheus stürzt mit den Okeaniden in das Dunkel der Unterwelt.

Krzysztof Penderecki (* 1933): **Die Teufel von Loudun**

Oper in 3 Akten nach „The Devils of Loudun" von Aldous Huxley in der Dramatisierung von John Whiting, Libretto von Krzysztof Penderecki – Hamburg 1969 (Schott)

Jeanne, Priorin des Ursulinenordens (S) – Claire, Schwester (Mezzo-S) – Gabriele, Schwester (S) – Louise, Schwester (A) – Philippe, ein junges Mädchen (S) – Ninon, eine junge Witwe (A) – Grandier, Pfarrer von St. Peter (Bar) – Vater Barré, Vikar von Chinon (B) – Baron de Laubardemont (T) – Vater Rangier (B) – Vater Mignon, Beichtvater der Ursulinen (T) – Adam, Apotheker (T) – Mannoury, Chirurg (Bar) – D'Armagnac, Bürgermeister (Sprechstimme) – De Cerisay, Stadtrichter (Sprechstimme) – Prinz Henri de Conde, Gesandter des Königs (Bar) – Vater Ambrose, ein alter Priester (B) – Bontemps, Kerkermeister (Bar) – Gerichtsvorsteher (Sprechstimme) – Ursulinen, Karmeliten, Volk, Kinder, Wachen, Soldaten

DIE STADT LOUDUN IN FRANKREICH IM JAHRE 1634/35

1. Akt: In einer nächtlichen Vision sieht die mißgestaltete Jeanne, Priorin des Klosters der Ursulinen in Loudun, Grandier, den Kanonikus von St. Peter, wie er im Ketzerhemd zum Richtplatz geführt wird. Da erhält sie die Nachricht, daß Grandier nicht bereit ist, Beichtvater der Ursulinen zu werden. Darüber wütend, steigert sie sich in eine hysterische Ekstase. Ihre Wahnvorstellungen übertragen sich auch auf ihre Mitschwestern. Alle glauben sich vom Teufel beherrscht, und Grandier, der seine Nächte mit der Witwe Ninon verbringt und die junge Philippe geschwängert hat, trifft der Vorwurf, Ursache dieser Besessenheit zu sein. Als er sich nun auch noch gegen die von der Pariser Regierung geplante Schleifung der Louduner Stadtbefestigung ausspricht, steht der Kanonikus von St. Peter im zweifelhaften Mittelpunkt des allgemeinen Interesses. – *2. Akt:* Die beschwörende Austreibung böser Geister an den Nonnen verläuft ohne das erwartete Ergebnis. Grandier beteuert, die Priorin nicht zu kennen, macht den Vorschlag, die Geschehnisse im Kloster als infantile Phantastereien abzutun. Wenig später wird er verhaftet, nachdem Jeanne ausgesagt hat, sie sei von ihm verführt worden. – *3. Akt:* Jeanne wird weiter verhört; sie belastet so lange Grandier, bis dieser des Bundes mit dem Teufel, der Unzucht mit Nonnen und der Gotteslästerung angeklagt wird. Obwohl Grandier unmenschliche Folterungen über sich ergehen lassen muß, kommt ein Schuldbekenntnis nicht über seine Lippen. Während er bald darauf in den Flammen verbrennt, erkennt die betende Jeanne, daß ihr Wahn nichts anderes war als die Folge einer nicht erhörten Liebe.

Krzysztof Penderecki: Das verlorene Paradies

Oper in 2 Akten nach John Milton von Christopher Frey – Chicago 1978 (Schott)

Eva (S) – Adam (Bar) – Satan (B) – Die Sünde (Mezzo-S) – Tod (T) – Michael (T) – Gabriel (T) – Messias (Bar) – Milton (Sprechrolle)

HIMMEL, PARADIES, ERDE, HÖLLE

1. Akt: Ausgestoßen aus dem Paradies, betreten Adam und Eva die Welt. Adam beklagt die verlorenen Freuden des Paradieses und weist Eva von sich. Sie fleht ihn an: „Verlaß mich nicht!" Gegenseitig werfen sie sich die Schuld am Sündenfall vor. Die Frage des erblindeten Milton, vor dessen innerem Auge sich die Handlung abspielt: „Wer war's, der sie verführt ...?", versetzt an die brennenden Gestade der Hölle. Dort liegen die gefallenen Engel nach ihrem Sturz aus dem Himmel. Satan fordert sie auf, das Verlorene wieder zurückzugewinnen. Die Teufel Beelzebub, Belial, Moloch und Mammon streiten darüber, wie der Krieg gegen den Himmel zu führen sei. Satan weiß von einer neuen Schöpfung in einer neuen Welt, genannt Mensch. Ein Rückblick zeigt die Menschwerdung Adams durch die Stimme Gottes. In der Hölle beschließen Satan und die gefallenen Engel die Unterwerfung der Erde und den Verderb der Menschenart. Er als einziger ist bereit, den gefährlichen Weg durch das Chaos zur Erde zu wagen. Milton ist erbittert über die Eintracht der Teufel. Gott befiehlt Adam, sich die Erde untertan zu machen, und verbietet ihm, von den Früchten des Baumes der Erkenntnis zu essen. Satan trifft auf seinem Weg zur Erde Sünde und Tod, die ihm vor den Pforten der Hölle den Weg versperren. Den Disput schlichtet die Sünde mit dem Hinweis auf ihre Verwandtschaft: sie, die Sünde, sei nach dem Abfall von Gott aus dem Haupte Satans entsprungen; er, Satan, sei zu ihr in Liebe entbrannt und habe mit ihr den Tod gezeugt. Die Sünde öffnet die Pforten der Hölle, und Satan durcheilt das Chaos auf seinem Weg zu den Menschen. Im Paradies freut sich Adam über die Tiere, die zu Paaren geschaffen sind, und gibt ihnen ihre Namen. Als Adam über seine Einsamkeit klagt, beschließt Gott, ihm eine Gefährtin zu geben: Eva. Sie entdeckt den Garten Eden. Adam folgt ihr. Von einem Berg sieht Satan hinunter in den Garten Eden zu den Menschen, die sich Gott anstelle der gefallenen Engel schuf; er sinnt Böses wider die Menschen. Eva erblickt ihr Spiegelbild im Wasser. Adam entdeckt Evas Schönheit, Eva in Adam den Mann. Satan beobachtet mißgünstig den Ehevollzug des ersten Menschenpaares. Er will in Eva die Neugier wecken, als er hört, wie Adam ihr Gottes Verbot erklärt: nicht vom Baum der Erkenntnis zu essen. Während Adam und Eva schlafen, werden sie von Schutzengeln bewacht. Satan schleicht zu Eva und flüstert ihr zu: „Träume denn von jenes schönen Baumes Frucht ..." Der Erzengel verjagt ihn aus dem Garten Eden. Eva erzählt Adam ihren Traum. Durch Satans Gegenwart verführt, will Eva den Tag getrennt von Adam verbringen. Während sie auseinandergehen, erinnert Adam sie an Gottes Verbot. Die Engel im Himmel beklagen die künftigen Leiden Evas. – *2. Akt:* Milton berichtet von Satans Plänen, sich in Gestalt einer Schlange Eva zu nähern. Eva begrüßt unschuldig die Schlange, überrascht darüber, ein Tier sprechen zu hören. Satan erzählt ihr von der wunderbaren Kraft der Früchte, die am Baum der Erkenntnis wachsen. Er überredet sie, davon zu essen. Der Garten Eden verblaßt. Eva, berauscht vom Genuß der Frucht, entdeckt ihre Sinnlichkeit, ihre Eitelkeit und Eigenliebe. Plötzlich erinnert sie sich an Gottes Verbot. Mehr als die Furcht vor dem Tod plagt sie der Gedanke, Adam könne sie verstoßen. Adam, von unheilvollen Ahnungen getrieben, hat sich auf die Suche nach Eva begeben. Eva erzählt ihm von der wundersamen Begegnung mit der sprechenden Schlange und – zum Entsetzen Adams – vom Genuß der Frucht, der sie, wie sie glaubt, Gott nähergebracht habe. Adam ist entschlossen, mit der todgeweihten Eva zu sterben. In wollüstiger Gier essen sie den verbotenen Apfel und stürzen ineinander. Satan schickt sie ins Paradies. Er selbst will seinen Höllengefährten von seinem Erfolg berichten. Im Garten Eden erwachen Adam und Eva aus tiefem Erschöpfungsschlaf. Sie empfinden zum erstenmal ihre Nacktheit und bedecken ihre Blöße. Eva bittet Adam, sie nicht zu verlassen. Sünde und Tod, nun im Paradies, freuen sich ihres Erfolges. Gottes Stimme verkündet, daß der Mensch für seinen Ungehorsam mit seinem ganzen Geschlecht sterben soll. Dem Zorn Gottes tritt Christus, der Sohn, entgegen. Er ist bereit, sich für die Menschen zu opfern. Adam und Eva verstecken sich. Ihnen ist die Stimme Gottes furchtbar geworden. Gott belegt beide mit seinem Fluch. Sie sinken betend auf die Knie. Angesichts ihrer Reue und aufgrund der Fürbitte von Christus beschließt Gott, die Menschen nicht sofort dem Tode zu überantworten, sondern sie aus dem Paradies zu vertreiben. Er gibt ihnen Hoffnung auf neuen Frieden. Begeistert begrüßt das Höllenvolk seinen erfolgreich zurückgekehrten Führer. Als sie erfahren, daß es ein Apfel war, mit dem er den Menschen überlistet hat, brechen sie in höllisches Gelächter aus. Doch ihr Lachen bleibt ihnen im Hals stecken: sie können nur noch zischen wie Schlangen. Der Erzengel Michael erscheint, um Adam und Eva Gottes Beschluß zu verkünden und sie aus dem Paradies zu führen. Nachdem er Eva in Schlaf versenkt hat, zeigt er Adam in Visionen die Zukunft der Menschen: Brudermord, Pestilenz, Krieg und Sintflut. Tod, Sünde und Satan betrachten triumphierend diese Ereignisse. Schließlich ermahnt Michael die Menschen, ihr Leben mit guten Werken zu nutzen.

Krzysztof Penderecki: Die schwarze Maske

Oper in einem Akt nach dem gleichnamigen Schauspiel von Gerhart Hauptmann, Libretto von Harry Kupfer und vom Komponisten – Salzburg 1986 (Schott)

Silvanus Schuller, Bürgermeister von Bolkenhain (T) – Benigna, seine Frau (S) – Arabella, eine junge Mulattin (S) – Rosa Sacchi, Benignas Vertraute und Hausdame (Mezzo-S) – Jedidja Potter, Jansenist und Diener im Hause des Bürgermeisters (T) – François Tortebat, Hugenotte, Gärtner ebenda (B) – Daga, Magd ebenda (S) – Löwel Perl, Kaufmann, Freund des Bürgermeisters (Bar) – Roberto Dedo, Fürstabt von Hohenwaldau (Bar) – Plebanus Wendt, Pastor in Bolkenhain (B) – Hadank, Organist ebenda (T) – Graf Ebbo Hüttenwächter (B) – Gräfin Laura Hüttenwächter (A) – Schedel (T) – Doktor Knoblochzer (B) – Johnson, ein Halbneger (Sprechrolle) – Eine Altstimme

EIN ABGELEGENER ORT IN SCHLESIEN – BOLKENHAIN – IN EINEM WINTER, 14 JAHRE NACH BEENDIGUNG DES DREISSIGJÄHRIGEN KRIEGES

Im Haus des reichen Bürgermeisters Schuller wird ein Mittagsmahl vorbereitet. Es ist Faschingszeit. Eingeladen ist eine seltsam gemischte Gesellschaft: Juden, jansenistisch-katholische und hugenottisch-protestantische Christen, weltlicher und kirchlicher Adel sowie einfache Bürger. Es hat den Anschein, als könne es zu der beabsichtigten Eintracht zwischen diesen Menschen unterschiedlicher Weltanschauungen kommen. Man begibt sich zu Tisch. Doch die Gespräche verursachen wachsendes Unbehagen. Unter der Oberfläche friedlicher Gastlichkeit, um die sich Schuller bemüht, schwelen Konflikte. Der Organist Hadank platzt mit der Nachricht herein, der Schwarze Tod, die Pest, gehe wieder um. Kaum hat man sich beruhigt, da will die Magd Daga einen Mann gesehen haben, der mit schwarzer Maske über den Gartenzaun gesprungen sei. Benigna, des Bürgermeisters Frau, ist verstört. Ihr Mann versichert, es sei wohl ein Faschingsscherz gewesen. Doch da steht plötzlich die Gestalt mit einer schwarzen Maske im Raum, umtanzt Benigna und verschwindet wieder. Wenig später wird Benignas Ahnung zur Gewißheit: Der geheimnisvolle Fremde ist Johnson. Diesem Neger war sie 15jährig verfallen. Er hatte sie mit dem Sklavenhändler van Geldern verkuppelt, um zu Geld zu kommen. Mit dem von diesem adoptierten Kind aus jener Verbindung erpreßte Benigna Johnson, nachdem er van Geldern ermordet hatte. Die Vergangenheit ist plötzlich gegenwärtig. Benigna bekennt sich zu ihrer triebhaften

Beziehung von damals. Bekannt wird auch, daß sie intime Beziehungen zum Abt gehabt habe. Man findet Jedidja Potter, den Diener – tot. Hat ihn die Pest dahingerafft, oder ist er von Johnson als Mittäter am Mord von Geldern getötet worden? Die Verwirrung ist allgemein. Da wird Benignas Tod gemeldet. Schuller schießt sich eine Kugel in den Kopf. Über sein Haus senkt sich die Nacht des Todes.

Giovanni Battista Pergolesi (1710-1736): **Die Magd als Herrin** (La serva padrona)

Intermezzo in 2 Akten von Gennaro Antonio Federico – Neapel 1733

Uberto, ein alter Junggeselle (B) – Serpina, seine Magd (S) – Vespone, sein Diener (stumme Rolle)

IN NEAPEL UM 1733

1. Akt: Der alte Hagestolz Uberto ist seiner Magd Serpina auf Gnade und Ungnade ausgeliefert. Gerade heute hat sie ihn wieder so lange auf seine Morgenschokolade warten lassen, daß Uberto schließlich seinen Diener Vespone nach Serpina ausschickt, die darauf ihrem Herrn ungehalten erklärt, für die Schokolade sei es zu spät und er müsse nun auf das Mittagessen warten. Verzweifelt droht Uberto, er werde nun heiraten, um sich von der unerträglichen Tyrannei zu befreien. – *2. Akt:* Serpina sieht ihre große Stunde kommen. Sie verkleidet Vespone als kroatischen Offizier Tempesta und läßt ihn bei Uberto um ihre Hand anhalten. Zwar würde sie, wie sie Uberto klagt, mit dem rauhbeinigen Krieger nicht glücklich werden; aber gerade das wäre eine gerechte Strafe für ihr despotisches Verhalten, das sie heftig zu bereuen vorgibt. Nun wird Uberto von Mitleid für seine Magd erfaßt. Als der stammelnde Vespone, dem Serpina als Dolmetscherin dient, nun gar noch 4000 Scudi Mitgift verlangt und heftige Drohungen ausstößt, entschließt sich Uberto, seine Magd selbst zu heiraten. Die Demaskierung Vespones bringt zwar noch einmal Ubertos Entschluß ins Wanken, doch kann Serpina erfolgreich auf die Einlösung seines Heiratsversprechens pochen.

Hans Pfitzner (1869-1949): **Der Arme Heinrich**

Musikdrama in 3 Akten nach Hartmann von Aue von James Grun – Mainz 1895 (Brockh.)

Heinrich, ein deutscher Ritter (T) – Dietrich, einer seiner Mannen (Bar) – Hilde, dessen Weib (S) – Agnes, beider Tochter, 14 Jahre alt (S) – Der Arzt, Mönch im Kloster zu Salerno (B) – Mönche

AUF HEINRICHS BURG IN SCHWABEN UND IM KLOSTER ZU SALERNO UM 1190

1. Akt: Heinrich, ein deutscher Ritter, liegt schwer krank auf seiner Burg in Schwaben, umsorgt einzig von der Frau Hilde und der Tochter Agnes seines treuen Dienstmannes Dietrich. Nur ein einziger Arzt in Salerno, zu dem Dietrich geritten ist, scheint Heinrich Hilfe leisten zu können. Dietrich kehrt mit der Botschaft des Arztes zurück, Heinrich habe sich die Krankheit als Strafe für ein unsinniges Genußleben zugezogen; nur noch der freiwillige Opfertod eines reinen Menschen könne ihm helfen. – *2. Akt:* Agnes will sich für den Ritter opfern. In schweren Auseinandersetzungen mit ihren Eltern erlangt sie deren Zustimmung zum Opfertod ihres einzigen, vierzehnjährigen Kindes. – *3. Akt:* Heinrich, der voller Apathie das Anerbieten des Mädchens angenommen hatte, ist mit Agnes und ihren Eltern am Kloster von Salerno angekommen, wo der Opfertod vollzogen werden soll. Zwar führt der Arzt dem Mädchen ihr Schicksal noch einmal eindringlich vor Augen; Agnes aber läßt sich nicht beirren und folgt dem

Arzt in die Opferkammer, vor deren Tür Heinrich ausgeschlossen bleibt. Plötzlich wird sich Heinrich des Vorganges bewußt. Er will auf die Rettung verzichten, fleht zum Himmel und bricht – wieder im Besitz seiner alten Kraft – die Pforte auf und errettet Agnes vor dem Tode. Der Opferwille des Mädchens und Heinrichs Selbstüberwindung haben das Wunder seiner Heilung bewirkt.

Hans Pfitzner: Die Rose vom Liebesgarten

Oper in 2 Akten, einem Vor- und einem Nachspiel von James Grun – Elberfeld 1901 (Brockh.)

Die Sternenjungfrau mit dem Sonnenkinde, Gottheiten des Liebesgartens (stumm) – Siegnot, ein junger Edeling (T) – Waffenmeister (B) – Sangesmeister (B) – Hüter vom Wintertor (stumm) – Minneleide, Elfe vom Quellenstein (S) – Schwarzhilde (S) und Rotelse (A), Waldweibchen – Moormann (T) – Nachtwunderer, Herr in den Bergen (B) – Edelinge, Edelfrauen, Kinder, Waldweibchen, Moosmänner, Riesen und Zwerge

IM MÄRCHEN IM UND VOR DEM LIEBESGARTEN

Vorspiel: Beim Frühlingsweihefest erhält der junge Edeling Siegnot den Auftrag, den Liebesgarten gegen feindliche Mächte zu schützen; eine unverwelkliche Rose, das Wachtschwert und ein Goldreif sind Symbole seiner Berufung. – *1. Akt:* Während Siegnot vor dem Tor des Liebesgartens Wache hält, entsteigt Minneleide ihrem Brunnen. Beide verlieben sich ineinander, und Siegnot schenkt ihr Rose und Goldreif, doch ist Minneleide zum Eintritt in den Liebesgarten noch nicht reif. Auch Siegnot wird aus dem Liebesgarten ausgestoßen und muß gegen Nachtwunderer kämpfen; zwei Zwerge des dunklen Feindes strecken Siegnot schließlich zu Boden. – *2. Akt:* Im Reich des Nachtwunderers versucht Siegnot weiterhin, die Liebe Minneleides zu erringen. Vor die Wahl gestellt, entweder die Rose zum Liebesgarten zu bringen und damit sich und Siegnot zu befreien oder in der Hand des Nachtwunderers zu bleiben, versagt Minneleide wiederum. Erst als Siegnot die Säulen des unterirdischen Gewölbes einreißt und der zusammenstürzende Palast alles unter sich begräbt, erkennt Minneleide, die als einzige überlebt, ihre Aufgabe. – *Nachspiel:* Gefaßt schreitet Minneleide auf das Wintertor des Liebesgartens zu, um den Opfertod zu erleiden. Entsühnt stirbt sie durch das Schwert des Wächters und gibt dadurch sich und Siegnot das Leben wieder.

Hans Pfitzner: Das Christelflein

Spieloper in 2 Akten nach Ilse v. Stach von Hans Pfitzner – München 1906 (Fürstner Ltd.)

Das Elflein (S) – Das Christkindchen (S) – Der Tannengreis (B) – Knecht Ruprecht (B) – Herr v. Gumpach (Bar) – Frieder, sein Sohn (T) – Trautchen, seine Tochter (Sprechrolle) – Franz (B) – Jochen (T) – St. Petrus (stumm) – Der Dorfarzt (Sprechrolle) – Frau v. Gumpach (stumm) – Tannenjunker, Tannenjungfrauen, Elflein, Engel, Arme, Bedienstete

WALD UND WOHNZIMMER DER GUMPACHS, GEGENWART

1. Akt: Es ist Winter. Ein Elflein verlangt es danach, etwas von der Welt und ihren Menschen zu wissen. Der Tannengreis weiß keine Antwort. Da stapft der Frieder durch den hohen Schnee. Elflein will von ihm wissen, warum die Menschen heute so fröhlich sind. Frieder winkt ab, er hat es eilig. Trautchen, seine Schwester, ist krank, er soll den Arzt holen. Aber auch die Knechte Franz und Jochen und Knecht Ruprecht

wollen Elfleins Fragen nicht beantworten. Da steht das Christkindchen vor ihm und nimmt es mit sich. – *2. Akt:* Es ist Heiligabend. Im Gutshaus des Herrn von Gumpach soll beschert werden. Es dunkelt schon, aber sie haben noch keinen Tannenbaum. Die Kinder sind in Erwartung. Durch die Tür treten das Christkindchen und Elflein; sie bringen den Baum, wollen aber auch die Seele von Trautchen holen. Doch Elflein möchte, da es jetzt die Erde kennt, mit in den Himmel fliegen; es schenkt dem Christkindchen seine Seele, und Trautchen wird gesund.
Als Christ der Herr verkläret war (Knecht Ruprecht); Alle Englein freuen sich (Engel).

Hans Pfitzner: Palestrina

Musikalische Legende in 3 Akten von Hans Pfitzner – München 1917 (Schott)
Giovanni Pierluigi Palestrina, Kapellmeister an der Kirche S. Maria Maggiore in Rom (T) – Papst Pius IV. (B) – Giovanni Morone, Kardinallegat des Papstes (Bar) – Bernardo Novagerio, Kardinallegat des Papstes (T) – Kardinal Christoph Madruscht, Fürstbischof von Trient (B) – Carlo Borromeo, römischer Kardinal (Bar) – Der Kardinal von Lothringen (B) – Abdisu, Patriarch von Assyrien (T) – Anton Brus von Müglitz, Erzbischof von Prag (B) – Graf Luna, Orator des Königs von Spanien (Bar) – Der Bischof von Budoja, italienischer Bischof (T) – Theophilus, Bischof von Imola, italienischer Bischof (T) – Avosmediano, Bischof von Cádiz, spanischer Bischof (B) – Ighino, Sohn Palestrinas, 15 Jahre alt (S) – Silla, Schüler Palestrinas, 17 Jahre alt (Mezzo-S) – Bischof Ercole Severolus, Zeremonienmeister des Konzils von Trient (B) – Fünf Kapellsänger von S. Maria Maggiore in Rom (2 T und 3 B) – Zwei päpstliche Nuntien, die Jesuitengenerale Lainez und Salmerón, der Sekretär des Konzils, Bischof Masarelli von Thelesia, und Giuseppe, der alte Diener Palestrinas (stumme Rollen) – Die Erscheinung Lukrezias, Palestrinas verstorbener Frau (A) – Die Erscheinungen neun verstorbener Meister der Tonkunst (3 T, 3 Bar und 3 B) – Drei Engelstimmen (2 S und ein Mezzo-S)

IN ROM UND TRIENT IM NOVEMBER UND DEZEMBER 1563

1. Akt: Palestrinas Schüler, der siebzehnjährige Silla, hat sich der neuen, aus Florenz kommenden Kunst zugewandt und ein Lied komponiert, das er voller Freude Ighino, dem Sohn des Meisters, vorsingt. Ighino aber ist besorgt, hat doch sein Vater seit dem Tode seiner Frau Lukrezia nicht mehr komponiert. Unbemerkt haben dem Gesang Sillas auch Palestrina und der mit ihm befreundete Kardinal Borromeo zugehört. Borromeo ist gekommen, um Palestrina von den Ereignissen des Trienter Konzils zu berichten; danach besteht die Gefahr, daß die mehrstimmige Musik aufgrund unliturgischer Auswüchse aus der Kirche verbannt wird. Der Kardinal hat den Papst jedoch noch überreden können, vor einer Entscheidung eine Probemesse abzuwarten, die Palestrina komponieren solle. Müde wehrt Palestrina ab, worauf Borromeo erzürnt geht. Plötzlich überkommen den Meister Visionen: er sieht die Erscheinungen neun verstorbener und von ihm verehrter Komponisten und die seiner Frau Lukrezia. In einem Zug schreibt er die Messe auf und sinkt dann erschöpft nieder. – *2. Akt:* Auf dem Konzil von Trient werden die verschiedensten Fragen erörtert. Dabei geraten die geistlichen Herren derart in Erregung, daß die Sitzung aufgehoben werden muß. Borromeo hat inzwischen Palestrina, der seine neue Messe nicht hergeben will, ins Gefängnis werfen lassen. – *3. Akt:* Ighino hat auf die Nachricht von seines Vaters Verhaftung die Messe ausgeliefert, die nun mit großem Erfolg in Gegenwart des Papstes aufgeführt wird. Der Papst bemüht sich sogar selbst zu dem alternden Meister, um ihm zu danken. Auch Kardinal Borromeo sucht bei Palestrina Verzeihung für seine Handlungen. Während Silla in das Lager der Neuerer nach Florenz gegangen ist und

Ighino an dem Jubel des Volkes über die neue Messe Palestrinas teilnimmt, phantasiert der Meister an seiner Hausorgel.

Amilcare Ponchielli (1834-1886): **La Gioconda**

Oper in 4 Akten. Text von Arrigo Boito nach Victor Hugos „Angelo, Tyrann von Padua" – Mailand 1876

La Gioconda, Straßensängerin (S) – Die Blinde, ihre Mutter (A) – Enzo Grimaldo, Edelmann aus Genua (T) – Alvise Badoero, venezianischer Inquisitor (B) – Laura, seine Frau (A) – Barnaba, staatlich angestellter Spitzel (Bar) – Zuane, Gondoliere (T)

VENEDIG IM 17. JAHRHUNDERT

1. Akt: In Venedig wird Karneval gefeiert. In der Menge befindet sich der staatliche Spitzel Barnaba, dessen Liebe zu Gioconda, der Straßensängerin, nicht erwidert wird. Nun will er mit List das Mädchen für sich gewinnen. Er bezichtigt die blinde Mutter Giocondas der Hexerei. Durch ihre Zauberkünste habe der Gondoliere Zuane die jüngste Wettfahrt verloren. Zuane glaubt das und wiegelt das Volk gegen die Blinde auf. Es kommt zu einem Tumult. Enzo Grimaldo, ein Genueser Edelmann, aus Venedig verbannt, versucht, für die alte Frau einzuschreiten. Gioconda liebt ihn, er aber liebt Laura, die Frau des venezianischen Inquisitors. Unwillig läßt sich dieser von Laura überreden, die Blinde freizulassen. Als Dank schenkt sie Laura ihren Rosenkranz. Barnaba gibt nicht auf. Er bemerkt leidenschaftliche Blicke zwischen Laura und Enzo. Gioconda wird Ohrenzeugin eines von Barnaba diktierten Briefes, wonach Enzo mit Laura fliehen will. Sie beschließt, die Rivalin zu töten. – *2. Akt:* Auf dem Schiff, mit dem die Flucht angetreten werden soll, hat sich Gioconda versteckt. In dem Augenblick, als sie Laura erdolchen will, erscheint Alvise Badoero, um die Flucht zu verhindern. Gioconda erkennt an dem Rosenkranz in Laura die Retterin ihrer Mutter und bringt sie, die Masken wechselnd, in Sicherheit. Enzo erklärt sie, Laura habe ihn verlassen. – *3. Akt:* Alvise Badoero verlangt von seiner Frau, sich wegen des Treuebruchs selbst zu vergiften. Anstelle des Gifts nimmt Laura ein Narkotikum – Gioconda hat es ihr zugespielt. Während eines Festes gibt Alvise Badoero seinen Gästen den Blick frei auf die scheintote Laura. Enzo, der maskiert in den Palast eingedrungen ist, wird erkannt und verhaftet. Um Enzo zu retten, verspricht Gioconda Barnaba eine Liebesstunde. – *4. Akt:* Auf der Insel Giudecca ist die immer noch scheintote Laura in ein Versteck gebracht worden. Auch Enzo, der mit Hilfe Barnabas wieder freigekommen ist, erreicht die Insel, um mit Laura zu fliehen. Laura, aus ihrem Schlaf erwacht, und Enzo nehmen Abschied von Gioconda. Jetzt will Barnaba seinen Lohn, doch Gioconda stößt sich vor ihm einen Dolch in die Brust. Sie hört nicht mehr, was Barnaba ihr ins Ohr schreit, daß er ihre Mutter ertränkt habe.

Francis Poulenc (1899-1963): **Gespräche der Karmeliterinnen**

Oper in 3 Akten (12 Bildern). Text vom Komponisten nach dem Drama „Die begnadete Angst" von Georges Bernanos – Mailand 1957

Marquis de la Force (Bar) – Blanche, seine Tochter (S) – Chevalier de la Force, ihr Bruder (T) – Madame de Croissy, Priorin des Klosters der Karmeliterinnen (A) – Madame Lidoine, neue Priorin (S) – Mutter Maria, stellvertretende Priorin (S) – Mutter Johanna (A) – Konstanze, Schwester (S) – Mathilde, Schwester (Mezzo-S) – Beichtvater (T) – Erster Kommissar (B) – 2. Kommissar (Bar) – Javelinot, Arzt (Bar)

KARMELITERINNEN-KLOSTER VON COMPIÈGNE UND PARIS WÄHREND DER FRANZÖSISCHEN REVOLUTION

Blanche de la Force ist im Mädchenalter in das Kloster der Karmeliterinnen eingetreten. Jede Nachricht über die revolutionären Vorgänge versetzt sie in Unruhe – sie ist von sensibler Verfassung, lebt mit der Belastung tragischer Umstände, unter denen sie zur Welt gekommen ist (ihre Mutter starb nach der Entbindung). Sie nennt sich ab sofort „Schwester von der Todesangst Christi". Das Leben im Kloster ist hart und streng, zur Zeit auch bedrückend, da die Priorin auf dem Todeslager liegt. Blanche mahnt ihre Mitschwestern zum glaubensmäßigen Verhalten. Konstanze erschrickt Blanche durch die Mitteilung einer Vision: Sie habe sie beide sterben sehen. Der Zustand der Priorin verschlechtert sich; das Fieber steigt, Bilder des Schreckens stehen vor ihr. Unterdessen will Chevalier de la Force seine Schwester überreden, das Kloster zu verlassen. Blanche bleibt. Die Revolution kommt näher, dringt mit dem Befehl ins Kloster, wonach die Karmeliterinnen sich zur Ausweisung fertigmachen sollen. Die alte Priorin ist tot, die neue verlangt von den Schwestern, das bevorstehende Martyrium gottergeben auf sich zu nehmen. Auch Blanche legt dieses Gelübde ab, erkennt aber bald, daß sie sich darin übernommen hat – sie flieht. In ihrem Pariser Zuhause angekommen, steht sie vor einem ausgeplünderten Palais; ihr Vater ist hingerichtet. Auch jetzt hat Blanche nicht die Kraft, zu den Mitschwestern zurückzukehren. Sie legt ihr Gewand ab, in der Hoffnung, die Revolution zu überleben. Da erfährt sie, daß die Karmeliterinnen auf dem Weg zum Schafott sind. Sie eilt zu ihnen. Eine nach der anderen wird geköpft. Konstanze ist an der Reihe, und ihr folgt Blanche – die Angst ist von ihr genommen.

Sergej Prokofjew (1891-1953): **Die Liebe zu den drei Orangen**

Oper in 4 Akten und einem Vorspiel nach Carlo Gozzi von Sergej Prokofjew – Chicago 1921 (B. & H.)

Der Treff-König, König eines imaginären Königreiches (B) – Der Prinz, sein Sohn (T) – Die Prinzessin Clarisse, Nichte des Königs (A) – Leander, Erster Minister (Bar) – Truffaldino, ein Spaßmacher (T) – Pantalon, Höfling, Vertrauter des Königs (Bar) – Der Zauberer Tschelio, Beschützer des Königs (Bar) – Fata Morgana, Zauberin, Beschützerin Leanders (S) – Linetta (A), Nicoletta (Mezzo-S) und Ninetta (S), in Orangen verzauberte Prinzessinnen – Die Köchin Kreonta (B) – Farfarello, ein Teufel (B) – Smeraldina, eine Negerin (S) – Der Zeremonienmeister (T) – Der Herold (B)

IM MÄRCHEN

Der Prinz ist an einer unheilbaren Hypochondrie erkrankt; nur ein von Herzen kommendes Lachen kann ihn noch retten. Verzweifelt ordnet der König, unterstützt von Pantalon, Truffaldino und dem Zauberer Tschelio, Hoffeste mit Maskeraden und Schwänken an. Leander dagegen, der Erste Minister, möchte den Prinzen beseitigen und erfreut sich dabei der Mithilfe der Prinzessin Clarisse, der Negerin Smeraldina und der Zauberin Fata Morgana. Alle Versuche, den Prinzen zum Lachen zu bringen, sind umsonst, bis Truffaldino die häßliche Hexe Fata Morgana zu Boden wirft. Der Prinz lacht, wird sogleich von der Zauberin verflucht, an einer unstillbaren Sehnsucht nach drei Orangen zu leiden. Sofort macht sich der Prinz zusammen mit Truffaldino auf die Suche. Mit halber Hilfe des Teufels Farfarello gelangen sie auch zu der unheimlichen Köchin Kreonta, der sie mit Hilfe Tschelios die drei Orangen entwenden können. Auf dem Heimweg durch die Wüste öffnet Truffaldino zwei der Orangen, denen je eine Prinzessin entsteigt, die jedoch in der Einöde verdursten. Der dritten

Prinzessin, die aus der vom Prinzen geöffneten Orange entsteigt, bringen Turmwächter das rettende Wasser. Die Hexe Fata Morgana vermag aber die Prinzessin dem Prinzen wieder zu entziehen, indem sie sie in eine Ratte verwandelt. Als der König auf die Ratte schießen läßt, wird sie wieder in die Prinzessin zurückverwandelt, die den Prinzen heiratet und mit ihm den Thron besteigt. Clarisse, Smeraldina und Leander verschwinden in einem Erdspalt.

Sergej Prokofjew: Krieg und Frieden

Oper in 12 Bildern mit einem Prolog nach Leo Tolstois Roman von Mira Mendelson und Sergej Prokofjew – Leningrad 1955 (Alkor)

Tichon (B), Fjodor (T), Anführer der russischen Landwehr – Matwejew (Bar), Wassilissa (Mezzo-S), Flüchtlinge aus Smolensk – Feldmarschall Kutusow (B) – Adjutant Kutusows (T) – Denissow, Oberstleutnant (Bar) – Fürst Andrei Bolkonski (Bar) – Natascha Rostowa (S) – Sonja, ihre Cousine (Mezzo-S) – Der Herr des Hauses (T) – Lakai (T) – Graf Ilja Rostow (B) – Achrossimowa (Mezzo-S), Peronskaja (S), Damen der Gesellschaft – Graf Pierre Besuchow (T) – Hélène, seine Frau (A) – Fürst Anatol Kuragin, Hélènes Bruder (T) – Leutnant Dolochow, Anatols Freund (B) – Kammerdiener (B) – Prinzessin Marja (Mezzo-S) – Métivier (Bar) – Balaga, Kutscher (B) – Dunjascha, Stubenmädchen der Rostows (S) – Gawrilla, Hausdiener der Achrossimowa (Bar) – Napoleon Bonaparte (Bar) – Adjutant des Generals Compans (T) – Adjutant des Marschalls Murat (T) – General Belliard (B) – Adjutant des Prinzen Eugène (T) – Marschall Berthier (Bar) – Marquis de Beausset (T) – General von Bennigsen (Bar) – General Jerwolow (B) – General Barclay de Tolly (T) – General Rajewski (Bar) – Händlerin (Mezzo-S) – Mawra Kusminitschna, Haushälterin (A) – Capitaine Jacqueau (B) – Leutnant Gérard (T) – Marschall Davout (B) – Französischer Offizier (Bar) – Platon Karatajew (T) – Zwei Blödsinnige (T und B) – Zwei französische Schauspielerinnen (S)

RUSSLAND VOR UND WÄHREND DES NAPOLEONISCHEN FELDZUGES

1. bis 12. Bild: Das russische Volk ist fest entschlossen, Napoleon und seine Armee aus dem Land zu vertreiben. Bei den Schanzen von Borodin steht die entscheidende Schlacht bevor. Der russische Regimentskommandeur Andrei Bolkonski trifft die letzten Vorbereitungen, da gehen seine Gedanken zurück in jene Zeit, als er Natascha auf dem Landsitz der Rostows kennenlernte. Die Vergangenheit wird zur Gegenwart: Bald nach einem Ball in Petersburg ist Bolkonski mit Natascha verlobt, doch der alte Fürst Bolkonski ist gegen eine Heirat, ihm sind die Rostows nicht reich genug; er entfernt seinen Sohn für einige Zeit aus Moskau, Natascha brüskiert er – sie bangt um ihre Liebe. Auf einem Empfang im Hause des Grafen Besuchow ist auch der skrupellose Anatol Kuragin. Von dessen Liebeserklärung läßt sich Natascha täuschen; sie soll über die polnische Grenze entführt werden. Anatol wird von seinem Freund Dolochow gewarnt. Obwohl alles gut vorbereitet ist, scheitert die Entführung. Natascha erfährt von Graf Besuchow, daß Anatol verheiratet ist, und nimmt Gift, kann aber gerettet werden. Pierre Besuchow trennt sich von seiner Frau Hélène, die mit den Franzosen sympathisiert; Anatol zwingt er, Moskau zu verlassen. Er selbst will ein neues Leben beginnen. Da kommt die Nachricht, daß Napoleon die russische Grenze überschritten hat. Bei der Erinnerung an diesen Augenblick kehrt Andrei mit seinen Gedanken wieder in die Wirklichkeit zurück. Die Schlacht von Borodin wird geschlagen; die Russen werden weiter ins Land zurückgedrängt. Moskau wird geräumt; die Franzosen ziehen in die menschenleere Hauptstadt ein. Pierre ist einer der wenigen, die zurückgeblieben sind. Er hat vor, Napoleon zu töten. Von Mawra erfährt er, daß sich unter den nach Osten abtransportierten Verwundeten auch Andrei befunden hat. Pierre wird verhaftet. Andrei sieht Natascha noch einmal wieder, sie versöhnen sich, dann stirbt er an den Folgen seiner Verwundung. Doch das russische Volk kann aufatmen: Napoleon und seine Armee ziehen sich nach Westen zurück.

Giacomo Puccini (1858-1924): **Manon Lescaut**

Oper in 4 Akten nach Antoine François Prévost von Luigi Illica, Domenico Oliva, Marco Praga und Giulio Ricordi – Turin 1893 (Ricordi)
Manon Lescaut (S) – Lescaut, ihr Bruder, Sergeant der königlichen Garde (Bar) – Chevalier Renato Des Grieux, Student (T) – Géronte de Ravoir, Königlicher Steuerpächter (B) – Edmond, Student (T) – Der Wirt (B) – Ein Musiker (S) – Ein Ballettmeister (T) – Ein Lampenanzünder (T) – Ein Sergeant der Bogenschützen (B) – Ein Seekapitän (B) – Ein Perückenmacher (stumm) – Bürger, Frauen, Mädchen, Studenten, Musiker, gefangene Frauen, Soldaten, Seeleute

IN FRANKREICH UND AMERIKA UM 1750

1. Akt: Die schöne Manon Lescaut, die auf Wunsch ihres Vaters in ein Kloster gehen soll, macht auf der Fahrt mit ihrem Bruder in Amiens Station. Der Steuerpächter Géronte hat von dem Schicksal Manons, deren auffallende Schönheit ihn interessiert, erfahren und bereitet ihre Entführung vor. Manon aber hat Gefallen an dem schüchternen Studenten Des Grieux gefunden, folgt seiner Einladung zu einem Stelldichein und benutzt mit ihm die von Géronte bestellte Kutsche zur Flucht. – *2. Akt:* Manon hat den armen Des Grieux verlassen und lebt nun im Hause des Steuereinnehmers. Des Grieux aber hat sie noch nicht vergessen und versucht beim Spiel genug Geld für ein Leben mit Manon zu gewinnen. Auch Manon wendet sich ihm wieder zu, als er eines Tages plötzlich bei ihr eintritt. Sie will zum zweiten Male mit ihm fliehen und versucht noch, Geld und Schmuck zusammenzuraffen. Géronte jedoch hat die Polizei gerufen, die Manon in das Gefängnis führt, während Lescaut dem verzweifelten Des Grieux den Degen abnimmt. – *3. Akt:* Manon soll mit dem Schiff deportiert werden. Nachdem ein Befreiungsversuch Des Grieux' mißlungen ist, erreicht dieser, auf dem Schiff mitgenommen zu werden. – *4. Akt:* Seiner Geliebten wegen ist Des Grieux in Amerika in eine blutige Affäre verwickelt worden, die ihn nun mit Manon zur Flucht durch die wasserlose Ebene bei New Orleans zwingt. Erschöpft sinkt Manon zusammen und haucht, ihre Schuld sühnend, in seinen Armen ihr Leben aus.
Wo lebte wohl ein Wesen (Des Grieux); O dieser kalte Reichtum hier (Manon); Einsam, von allen preisgegeben (Manon).

Giacomo Puccini: La Bohème

Oper in 4 Bildern nach Henry Murger von Giuseppe Giacosa und Luigi Illica – Turin 1896 (Ricordi)
Mimi (S) – Rudolf, Poet (T) – Schaunard, Musiker (Bar) – Marcel, Maler (Bar) – Collin, Philosoph (B) – Bernard, der Hausherr (B) – Musette (S) – Parpignol (T) – Alcindor (B) – Ein Sergeant der Zollwache (B) – Studenten, Mädchen, Bürger, Verkäufer, Kellner, Soldaten, Kinder

IN PARIS UM 1830

1. Bild: In ihrer Mansarde leben der Maler Marcel und der Dichter Rudolf in drückender Not; um wenigstens etwas Wärme zu erhalten, müssen sie entweder den letzten Stuhl oder ein Manuskript Rudolfs dem Ofen opfern. Auch Collin kommt mit leeren Händen vom Leihhaus zurück. Nur der Musiker Schaunard bringt plötzlich ungeahnte Reichtümer, die er sich bei einem spleenigen Lord verdient hat. Nachdem sie den Hauswirt, der mit der Mietrechnung auftrat, geschickt vertrieben haben, gehen drei der Freunde ins Café. Nur Rudolf, der später nachkommen will, bleibt im Zimmer, in das nun Mimi tritt, um ihre erloschene Kerze an der seinen anzuzünden. Erschöpft vom Treppensteigen, verweilt die lungenkranke Blumenstickerin; rasch finden die beiden Gefallen aneinander und gehen dann zusammen ins Café. – *2. Bild:* Im Café findet sich schließlich auch die ungetreue Geliebte Marcels, Musette, mit einem neuen Liebhaber ein, den sie aber bald verläßt, um zu Marcel zurückzukehren. Die Rechnung darf allerdings noch der reiche Galan bezahlen. – *3. Bild:* Rudolf hat Mimi verlassen. Sie sucht Marcel auf und klagt ihm ihr Leid. Als Rudolf kommt, versteckt sie sich und muß hören, daß Rudolf sie aufgegeben habe, weil sie hoffnungslos krank sei und er sie nicht unterstützen könne. Nun nimmt Mimi ihrerseits schmerzlichen Abschied von Rudolf, während Musette ihrem Maler wieder einmal davonläuft. – *4. Bild:* Die Freunde sind wieder in ihrer Dachkammer versammelt, als Musette hereintritt und ankündigt, daß Mimi ihr Ende nahen fühle und deshalb Rudolf besuchen wolle. Während die Freunde und Musette forteilen, um für Mimi Arzt, Medizin und einen Muff zu holen, durchleben Mimi und Rudolf noch einmal ihr vergangenes Liebesglück. Dann kehren die Freunde zurück, Mimi legt sich zur Ruhe und stirbt.

Wer klopft? (Mimi, Rudolf); Wie eiskalt ist dies Händchen (Rudolf); Man nennt mich jetzt Mimi (Mimi); Will ich allein (Musette); Lebt wohl, ihr süßen Stunden (Mimi, Musette, Rudolf, Marcel); Ach, Geliebte, nie kehrst du mir wieder (Rudolf, Marcel); Sind wir allein (Mimi, Rudolf).

Giacomo Puccini: Tosca

Musikdrama in 3 Akten nach Victorien Sardou von Luigi Illica und Giuseppe Giacosa – Rom 1900 (Ricordi)

Floria Tosca, berühmte Sängerin (S) – Mario Cavaradossi, Maler (T) – Baron Scarpia, Chef der Polizei (Bar) – Cesare Angelotti (B) – Der Mesner (B) – Spoletta, Agent der Polizei (T) – Sciarrone, Gendarm (B) – Ein Schließer (B) – Ein Hirt (Knabenstimme) – Ein Kardinal (stumm) – Der Staatsprokurator (stumm) – Roberti, Gerichtsbüttel (stumm) – Ein Schreiber (stumm) – Ein Offizier (stumm) – Ein Sergeant (stumm)

IN ROM IM JUNI 1800

1. Akt: Auf der Flucht aus den Kerkern der Engelsburg kommt Angelotti, der ehemalige Konsul der Republik Rom, in die Kirche Sant'Andrea della Valle, wo er Cavaradossi, seinen alten Freund, an einem Magdalenenbild malend, trifft. Schnell ist Cavaradossi bereit, seinem Freund zu helfen. Während Angelotti den Essenskorb des Malers nimmt, erscheint Tosca, die Geliebte des Malers, die an der Magdalena eine Ähnlichkeit mit einer schönen Beterin feststellt, die öfters die Kirche aufzusuchen pflegt; diese Beterin ist Gräfin Attavanti, die Schwester Angelottis. Nur mit Mühe kann der Maler die eifersüchtige Tosca beruhigen und aus der Kirche drängen. Ein Kanonenschuß kündigt an, daß die Suche nach dem Flüchtling begonnen hat; Cavaradossi bringt Angelotti in seine Villa, während der Polizeichef Scarpia die Kirche durchsuchen läßt. Einen Fächer, den er dabei findet, benutzt er, um die wieder erschienene

Tosca zu reizen und das Geständnis ihrer eifersüchtigen Liebe zu Cavaradossi zu erhalten. Nun hat Scarpia die Spur, die über den Maler zu Angelotti führt. – *2. Akt:* Scarpia hat den Maler verhaften lassen. Als Tosca, die der Polizeichef ebenfalls zu sich zitiert hat, die Schreie des Gefolterten aus dem Nebenzimmer hört, gibt sie das Versteck Angelottis preis. Der Maler allerdings stößt nun Tosca von sich und wird von Scarpia zum Tode verurteilt, nachdem er ein revolutionäres Lied auf den Sieg Napoleons bei Marengo gesungen hatte. Gegen das Versprechen ihrer Liebe erwirkt Tosca jedoch beim Polizeichef, daß die Hinrichtung nur scheinbar vollzogen wird; ein Geleitbrief solle dann für die Flucht des Malers mit Tosca sorgen. Als Scarpia auf die Erfüllung ihres Versprechens drängt, sticht sie ihn nieder. – *3. Akt:* Tosca ist zu Cavaradossi geeilt, um ihm die Nachricht zu bringen, er werde nur scheinbar hingerichtet. Nach der Salve des Hinrichtungskommandos muß Tosca jedoch feststellen, daß Scarpia sie betrogen hat: Cavaradossi ist tot. Um den Häschern, die sie wegen der Ermordung des Polizeichefs verhaften wollen, zu entgehen, stürzt sich Tosca von der Engelsburg in die Tiefe.
Wie sich die Bilder gleichen (Cavaradossi); Er für den Galgen (Scarpia); Nur der Schönheit weiht' ich mein Leben (Tosca); Und es blitzten die Sterne (Cavaradossi); Komm, o Tag (Tosca, Cavaradossi).

Giacomo Puccini: Madame Butterfly

Tragödie einer Japanerin in 3 Akten nach David Belasco von Luigi Illica und Giuseppe Giacosa – Mailand 1904 (Ricordi)
Cho-Cho-San, genannt Butterfly (S) – Suzuki, ihre Dienerin (A) – Kate Linkerton (S) – F. B. Linkerton, Marineleutnant der USA (T) – Sharpless, Konsul der USA in Nagasaki (Bar) – Goro, Nakado (T) – Fürst Yamadori (T) – Onkel Bonze (B) – Yakusidé (B) – Ein kaiserlicher Kommissar (Bar) – Der Standesbeamte (B) – Die Mutter Cho-Cho-Sans (Mezzo-S) – Die Base (S) – Die Tante (S) – Das Kind (stumm) – Verwandte, Freunde und Freundinnen Cho-Cho-Sans, Diener

IN NAGASAKI UM 1900
1. Akt: Auf einem Hügel bei Nagasaki erwirbt der amerikanische Marineleutnant Linkerton ein japanisches Landhaus, das er zusammen mit der Geisha Cho-Cho-San, die Butterfly genannt wird, bewohnen will. Heute noch will er sich mit ihr nach japanischem Brauch trauen lassen. Die Warnungen des amerikanischen Konsuls Sharpless, Butterfly sei ein zartes Geschöpf, das ihn innig liebe und jede Untreue sehr ernst nehmen würde, schiebt Linkerton mit leichtem Sinn beiseite. Butterfly erscheint mit Verwandten und Freundinnen, die Trauung wird vollzogen, und alles ist fröhlich, bis Onkel Bonze erscheint und Butterfly verflucht, weil sie durch einen Besuch im Missionshaus dem Glauben ihrer Väter untreu geworden sei. Die Verwandten stimmen in die Verwünschungen ein, so daß Butterfly und Linkerton einsam, aber doch glücklich in ihrer Liebe zurückbleiben. – *2. Akt:* Seit drei Jahren ist Linkerton nicht mehr zu Butterfly, die inzwischen einen Knaben geboren hat, zurückgekommen. Trotzdem glaubt Butterfly noch fest an seine Treue, weist die Werbungen des Fürsten Yamadori ab und will sich auch von Sharpless, der einen Brief von Linkerton erhalten hat, nicht aufklären lassen. Sie ist überzeugt, daß er wieder zu ihr kommen wird, und bereitet sich, als Linkertons Schiff im Hafen anlegt, ihn festlich zu empfangen. – *3. Akt:* Erst am nächsten Morgen kommt Linkerton, allerdings in Begleitung seiner amerikanischen Frau und des Konsuls. Im letzten Augenblick verläßt ihn der Mut, und er beauftragt seine Frau, Butterfly sein Kind abzuverlangen. In japanischem Gehorsam

erklärt sich Butterfly sogar bereit, das Kind an Linkerton selbst herzugeben. Als dann Linkertons suchende Stimme ertönt, wankt sie hinter den Vorhängen, hinter denen sie sich verborgen hatte, hervor und bricht tot zusammen; Butterfly hat sich erdolcht.
Bald sind wir auf der Höhe (Butterfly); Mädchen, in deinen Augen (Butterfly, Linkerton); Eines Tages seh'n wir (Butterfly); Schüttle alle Zweige (Butterfly, Suzuki); Leb wohl, mein Blütenreich (Linkerton); Ehrenvoll sterbe (Butterfly).

Giacomo Puccini: Das Mädchen aus dem goldenen Westen

Oper in 3 Akten nach David Belasco von Carlo Zangarini und Guelfo Civinini – New York 1910 (Ricordi)
Minnie, Wirtin der Bar „Zur Polka" (S) – Jack Rance, Sheriff (Bar) – Dick Johnson (Ramérrez), Führer einer Räuberbande (T) – Nick, Barkellner (T) – Ashby, Agent einer Transportgesellschaft (B) – Sonora (Bar), Trin (T), Sid (Bar), Bello (Bar), Harry (T), Joe (T), Happy (Bar) und Larkens (B), Goldgräber – Billy Jack Rabbitt, Indianer (B) – Wowkle, sein Weib (Mezzo-S) – Jake Wallace, Bänkelsänger (Bar) – José Castro, Mestize, Mitglied der gefürchteten Ramérrez-Bande (B) – Ein Postillon (T) – Goldgräber

IN EINEM GOLDGRÄBERLAGER IN KALIFORNIEN 1849/50

1. Akt: In der Bar „Zur Polka" haben sich die Goldgräber zusammengefunden, um ihrer Langeweile und ihres Heimwehs durch Trinken und Spielen Herr zu werden. Das einzige Mädchen der Goldgräberstadt, die Wirtin Minnie, wird von allen verehrt; sie kümmert sich um die Männer und hält sogar Unterrichts- und Bibelstunden ab. Besonderes Interesse bringen ihr der Sheriff Rance und ein Fremder, der sich Johnson nennt, entgegen. – *2. Akt:* Johnson, der in Wirklichkeit das Haupt der von den Goldgräbern gehaßten und gefürchteten Ramérrez-Bande ist, findet die Zuneigung Minnies. Während er in ihrer Hütte weilt, hören die Goldgräber von seiner Anwesenheit im Ort. Minnie kann Johnson gerade noch verstecken. Nachdem sie jedoch von den Vorwürfen gehört hat, die Johnson gemacht werden, kommt es zu einer Auseinandersetzung. Johnson will sich darauf seinen Verfolgern stellen, wird verwundet und von Minnie wieder in ihre Hütte gerettet. Als der Sheriff in ihre Hütte eindringt, verführt sie ihn zu einem Würfelspiel, dessen Einsatz Johnsons Schicksal sein soll. Durch einen Betrug gewinnt Minnie, und Rance muß Johnson freigeben. – *3. Akt:* Sein Haß läßt Rance jedoch keine Ruhe. Mit seinen Männern stellt er Johnson im Urwald und verurteilt ihn zum Tod durch Erhängen. Im letzten Augenblick kommt Minnie angeritten und bewegt, indem sie jeden einzelnen an die Wohltaten erinnert, die sie ihm erwiesen hat, die Männer dazu, Johnson freizugeben. In der Fremde darf sie mit Johnson ein neues Leben beginnen.
Lasset sie glauben (Johnson).

Giacomo Puccini: Gianni Schicchi

Komische Oper in einem Akt von Gioacchino Forzano – New York 1918 (Ricordi)
Gianni Schicchi (B) – Lauretta, seine Tochter (S) – Magister Spinelloccio, Arzt (B) – Herr Amantio di Nicolao, Notar (Bar) – Pinellino, Schuster (B) – Guccio, Färber (B) – Die Verwandten des verstorbenen Buoso Donati: Zita, genannt die Alte, seine Base (A) – Rinuccio, Neffe der Zita (T) – Gherardo, Neffe des Buoso (T) – Nella, seine Frau (S) – Gherardino, beider Sohn (S) – Betto von Signa, Schwager des Buoso (B) – Simon, Vetter des Buoso (B) – Marco, sein Sohn (Bar) – Ciesca, dessen Frau (A)

IN FLORENZ 1299

An des reichen Buoso Donati Totenbett versammeln sich die Verwandten in Erwartung der Erbschaft. Immer größere Unruhe stört ihre Gebete, heißt es doch, der Verstorbene habe den Mönchen den größten Teil seines Vermögens vererbt. Als Rinuccio endlich das Testament findet, bestätigt sich der Verdacht auf das fürchterlichste: das Kloster ist Universalerbe. Aber der schlaue Gianni Schicchi, der Vater Laurettas, weiß Rat. Noch ist der Tod Buosos nicht bekannt geworden. So kann sich Gianni an seiner Stelle ins Bett legen und in Gegenwart des eilig herbeizitierten Notars Amantio di Nicolao ein neues Testament abfassen, in dem er sich – als den besten Freund des Verstorbenen – reichlich bedenkt. Anschließend jagt Gianni die Verwandten Buosos aus dem Hause, das er sich selber verschrieben hat. Nur Rinuccio als der Verlobte der Lauretta wird weiterhin geduldet.
Väterchen, teures, höre (Lauretta).

Giacomo Puccini: Der Mantel

Musikalisches Drama in einem Akt von Giuseppe Adami – New York 1918 (Ricordi)
Marcel, Besitzer eines Schleppkahnes (Bar) – Georgette, seine Frau (S) – Henri, Hafenarbeiter (T) – Der „Maulwurf", Löscher (B) – Der „Stockfisch", Löscher (T) – Das „Frettchen", die Frau des „Maulwurfs" (Mezzo-S) – Ein Liederverkäufer (T) – Leierkastenmann, Hafengestalten

AUF EINEM SEINE-SCHLEPPKAHN IN PARIS, BEGINN DES 20. JAHRHUNDERTS

Es ist Feierabend. Die Seine-Löscher haben ihre Arbeit beendet. Auf Marcels Schleppkahn gibt es Wein, es wird getanzt, um für Augenblicke das elende Leben zu vergessen. Der Löscher Henri tanzt mit Georgette, der Frau Marcels. Sie haben ein Verhältnis miteinander, verabreden sich für die Nacht. Sie will ein Streichholz entzünden, sobald Marcel schläft. Marcel weiß längst, daß er betrogen wird. Georgette will nicht mehr an Deck bleiben, um – wie früher – mit Marcel unter den schützenden Mantel zu kriechen. Sie sagt, sie sei müde. Marcel starrt aufs dunkle Wasser und steckt sich eine Pfeife an. Henri will darin das verabredete Zeichen Georgettes erkennen, huscht über die Planken und wird von Marcel erwürgt. Georgette kommt an Deck, sie ahnt Schlimmes. Sie will sich in Marcels Mantel hüllen, da rollt ihr der tote Henri entgegen.

Giacomo Puccini: Schwester Angelica

Oper in einem Akt von Gioacchino Forzano – New York 1918 (Ricordi)
Schwester Angelica (S) – Die Fürstin, ihre Muhme (A) – Die Äbtissin (Mezzo-S) – Die Schwester Eiferin (S) – Die Lehrmeisterin der Novizen (Mezzo-S) – Schwester Genoveva (S) – Schwester Osmina (S) – Schwester Dolcina (Mezzo-S) – Die Schwester Pflegerin (S) – Nonnen, Novizen, Almosensucherinnen

IN EINEM NONNENKLOSTER ENDE DES 17. JAHRHUNDERTS

Wegen eines unehelichen Kindes ist Angelica als Schwester in ein Kloster verbannt worden. Nach sieben Jahren wird ihr von der Fürstin, ihrer Tante, eröffnet, daß sie enterbt werde und ihr Kind gestorben sei. Angelica beschließt zu sterben. Während das von ihr selbst gebraute Gift zu wirken beginnt, überfällt sie Reue. Sie erfleht sich die Gnade der Verzeihung. Ihr inbrünstiges Gebet wird erhört. Es zeigt sich die Mutter Gottes mit einem Knaben, der auf die reuige Angelica zukommt und sie in den Himmel führt.

Giacomo Puccini: Turandot

Lyrisches Drama in 3 Akten von Giuseppe Adami und Renato Simoni – Mailand 1926 (Ricordi)

Turandot, eine chinesische Prinzessin (S) – Altoum, Kaiser von China (T) – Timur, entthronter König der Tataren (B) – Der unbekannte Prinz, sein Sohn Kalaf (T) – Liú, eine junge Sklavin (S) – Ping, Kanzler (Bar) – Pang, Marschall (T) – Pong, Küchenmeister (T) – Ein Mandarin (Bar) – Der junge Prinz von Persien (stumm) – Der Scharfrichter (stumm) – Kaiserliche Wachen, Gehilfen des Scharfrichters, Priester, Mandarine, die acht Weisen, Kammerfrauen, Diener, Soldaten, Bannerträger, Musikanten, Schatten der Verstorbenen, Stimmen, Menge

IN PEKING IN VERGANGENEN ZEITEN

1. Akt: Vor den Mauern Pekings drängt sich die Menge, um der Hinrichtung des jungen Prinzen von Persien beizuwohnen. Er hatte um Prinzessin Turandot geworben, die drei gestellten Rätsel, deren Lösung erst die Hand der Prinzessin freigibt, nicht lösen können und war damit dem Henker verfallen. Unter der Menge befinden sich auch, geleitet von der treuen Sklavin Liú, der gestürzte König der Tataren und sein Sohn Kalaf, den er seit dem Verlust seines Thrones nicht mehr wiedergesehen hat. Gerührt schließen sie sich in die Arme. Kalaf aber ist von der nun auftretenden Prinzessin Turandot so entflammt, daß auch er sich trotz der damit verbundenen Gefahr und der Warnungen seines Vaters, Liús, die ihn heimlich liebt, und der drei kaiserlichen Minister Ping, Pang und Pong um ihre Hand bewerben will. – *2. Akt:* Nur widerwillig begeben sich die drei Minister zur neuen Rätselprobe. Auch der Kaiser warnt noch einmal den Bewerber, der als unbekannter Prinz aufgetreten ist. Kalaf besteht auf seiner Werbung und kann dann auch alle drei Rätsel lösen. Nun ist Turandot verzweifelt; sie will sich nicht dem Fremden fügen und bittet ihren Vater, die Satzung aufzuheben. Zwar besteht der Kaiser auf deren Erfüllung, doch will Kalaf die Prinzessin nicht mit Gewalt nehmen. So gibt er ihr ein Rätsel auf: vermag sie bis zum nächsten Morgen seinen Namen zu nennen, so ist er dem Tode verfallen, sie aber frei. – *3. Akt:* Als alle Listen der drei Minister an der Schweigsamkeit Kalafs zuschanden werden, bringen Häscher Timur und Liú angeschleppt, die man mit Kalaf zusammen gesehen hat. Folterungen sollen ihnen den Namen des unbekannten Prinzen abpressen. Da tritt Liú vor, erklärt, sie allein wisse den Namen des Fremden, und gibt sich den Tod. Kalaf will um so weniger auf Turandot verzichten. Er reißt sie in seine Arme, erweicht durch seine Küsse ihr hartes Herz zum Geständnis ihrer Liebe und gibt sich in ihre Hand, indem er nun selbst seinen Namen nennt. Am folgenden Morgen aber erklärt Turandot vor dem versammelten Hof: „Sein Name ist ... Gemahl."

O weine nicht, Liú (Kalaf); Fern in Honau guckt mein Haus (Ping, Pang, Pong); Keiner schlafe! (Kalaf).

Maurice Ravel (1875-1937): **Die spanische Stunde**

Musikalische Komödie in einem Akt von Franc Nohain – Paris 1911 (A. & S.)

Torquemada, Uhrmacher (T) – Concepción, seine Frau (S) – Gonzalvo, ein Schöngeist (T) – Ramiro, Mauleseltreiber (Bar) – Don Iñigo Gómez, Bankier (B)

IN TOLEDO IM 18. JAHRHUNDERT

Meister Torquemada ist in seinem Laden beschäftigt, die Uhr des Mauleseltreibers Ramiro zu reparieren. Eine Stunde muß allerdings Ramiro mindestens noch warten, da Torquemada erst einmal – wie jede Woche um diese Zeit – die Rathausuhren stellen muß. Concepción, die ihren Liebhaber Gonzalvo erwartet, bittet den gutmütigen und kräftigen Ramiro, eine Standuhr auf ihr Zimmer zu bringen. Kaum ist Gonzalvo gekommen, erscheint auch schon wieder Ramiro, so daß Gonzalvo sich nur noch in einer Standuhr verstecken kann. Concepción bittet nun Ramiro, diese Standuhr in ihr Zimmer zu bringen und die andere wieder mit herunterzunehmen. Während die Uhren ausgetauscht werden, betritt Bankier Iñigo die Werkstatt, um seinerseits die Abwesenheit des Uhrmachers bei dessen Frau auszunützen. Auch er muß sich vor Ramiro in einer Standuhr verstecken. Da Concepción von Gonzalvo ohnehin enttäuscht zu sein scheint, läßt sie Ramiro wieder einen Uhrentausch vornehmen. So landet Gonzalvos Uhr wieder in der Werkstatt, während der Bankier nach oben verfrachtet wird. Leider aber ist Iñigo zu dick, so daß er sich nicht mehr aus der Uhr herauswinden kann. Also wird auch er wieder in der Uhr heruntergebracht. Die lockere Concepción nimmt nun Ramiro mit in ihr Zimmer. Als diese beiden wieder in den Laden kommen, hat ihr Mann, der den Schöngeist und den Bankier als Kunden betrachtet, nach seiner Rückkehr vom Rathaus die Zeit ausgenützt, um den schuldbewußten Liebhabern seiner Frau je eine Uhr zu verkaufen. Der starke Ramiro braucht nur noch Iñigo aus seinem Uhrengehäuse zu befreien.

Aribert Reimann (* 1936): **Melusine**

Oper in 4 Akten von Claus H. Henneberg nach dem gleichnamigen Schauspiel von Yvan Goll – Schwetzingen 1971 (Schott)

Melusine (S) – Pythia (A) – Madame Lapérouse (Mezzo-S) – Oleander (T) – Graf von Lusignan (Bar) – Geometer (B) – Maurer (B) – Architekt (T) – Oger (B) – 6 Gäste – 2 Sprechrollen

FRANKREICH VOR DEM 1. WELTKRIEG

1. Akt: Melusine führt an der Seite ihres Mannes Oleander ein jungfräuliches, verträumtes Leben. Sie verbringt Tage und Nächte im Park, der ihr Haus umgibt. Das Gelände ist an den Grafen von Lusignan verkauft worden. Ein Geometer, der das Grundstück zu vermessen kommt, wird von Melusine mit dem Versprechen verwirrt, ihm zu gehören, wenn er den Park unberührt läßt. Der Geometer stürzt von einer Parkmauer und ist tot. – *2. Akt:* Melusine holt sich, um der drohenden Vernichtung des Parks entgegenzuwirken, Rat bei der Beherrscherin der Naturgeister, Pythia, die ihr den Fischschwanz verleiht: „... der dich feit und heiligt. Er verleiht dir unwiderstehliche Anziehungskraft auf die Männer, und du bleibst rein inmitten aller Ausschweifungen." Pythia mahnt sie noch einmal, daß nur Keuschheit zum Ziele verhilft. – Ein Maurer wird von Melusine in den Wahnsinn getrieben. – Der Bau des Schlosses geht nicht voran. Unheimliche Dinge geschehen, die Arbeiter streiken. Der Architekt des Schlosses ist verzweifelt. Hilfeschreie ertönen vom See her. Der Architekt läuft hin und zieht Melusine aus dem Wasser. Auch er verliebt sich in sie. – *3. Akt:* Das Schloß wird eingeweiht. Pythia und Oger, ihr Spießgeselle, erscheinen. Er läßt sich als Lakai engagieren, um so Melusine während des Festes beschützen zu können. Auf dem Empfang begegnen sich der Bauherr des Schlosses, der Graf von Lusignan, und Melusine zum erstenmal. Sie verlieben sich ineinander. Der Architekt stürmt herein und warnt den Grafen vor den Zauberkünsten Melusines. Oger wirft ihn hinaus. Pythia beobachtet, wie Melusine dem Grafen verfällt und er ihr. – *4. Akt:* Der Graf führt Melusine ins Schloß. Melusine verliert ihre Unschuld, bereut aber schon das Geschehene. Als der Graf einen Augenblick hinausgeht, erscheint Oger und verflucht Melusine wegen ihres Verrates. Pythia hat den Park und das Schloß angezündet, damit

alles untergeht. Melusine läuft in die Flammen. Oleander glaubt, der Graf veranstalte ein Feuerwerk. Da kommt der Sekretär des Grafen und berichtet von dem Brand. Man trägt zwei verkohlte Leichen herbei, Oleander erkennt in der einen Melusine.
Weinet, meine Trauerweiden! (Melusine); Du bist ungreifbar wie ein Bach (Graf).

Aribert Reimann: Lear

Oper in 2 Teilen nach W. Shakespeare v. Claus H. Henneberg – München 1978 (Schott)
König Lear (Bar) – König von Frankreich (B) – Herzog von Albany (Bar) – Herzog von Cornwall (T) – Graf von Kent (T) – Graf von Gloster (B) – Edgar, Sohn Glosters (T) – Edmund, Bastard Glosters (T) – Goneril, Regan, Cordelia, Töchter des Königs Lear (S/S/S) – Narr (Sprechrolle) – Bedienter (T) – Ritter (Sprechrolle) – Diener, Wachen, Soldaten

ENGLAND IM MITTELALTER

1. Teil: Der alte Lear ist des Regierens müde. Er will sein Reich unter seinen drei Töchtern aufteilen. Der Tochter will er die größte Gunst erweisen, die ihn am meisten liebt. Cordelia vermag ihrer wahren Liebe keinen Ausdruck zu geben, sie wird verbannt und verläßt mit dem König von Frankreich das Land. Goneril und ihr Mann Albany sowie Regan und Cornwall bekommen zu gleichen Teilen das Erbe zugesprochen. Kent, der Lears Entscheidung mißbilligt, wird geächtet. Mittels einer Intrige veranlaßt der Bastard Edmund – er fälscht einen Brief – seinen Vater, den Halbbruder Edgar zu verstoßen. Kent, als Diener verkleidet, verdingt sich bei Lear, der von seinen Töchtern Goneril und Regan samt Gefolge aus dem Palast geworfen wird. Mit Kent und dem Narren irrt der König durch die Welt. In einer Hütte treffen sie auf den verstoßenen Edgar, der sich aber nicht zu erkennen gibt. Gloster hat den König ausgemacht und bringt ihn nach Dover. Dort rüsten sich die Franzosen zum Kampf gegen Gonerils und Regans Truppen. – *2. Teil:* Als Parteigänger Lears erkannt, wird Gloster von Regan und Goneril geblendet. Goneril nennt ihren Mann Albany einen Feigling und setzt auf die Dienste Edmunds. Im Lager der Franzosen versucht Cordelia, ihren verwirrten Vater zu trösten. Edgar bringt seinen blinden Vater nach Dover. Lear und Gloster begegnen und erkennen sich. Cordelia verspricht ihrem Vater, ihm wieder seine alten Königsrechte zurückzugeben. Edmund holt zum entscheidenden Schlag aus. Er läßt Cordelia und Lear gefangennehmen und befiehlt, Cordelia zu erwürgen. Während sich Albany und Edmund um die Macht streiten, wird Regan von Goneril vergiftet. Edgar rächt im Duell mit Edmund seinen Vater. Edmund stirbt. Goneril gibt auf und nimmt sich das Leben. König Lear bricht über der Leiche seiner Tochter Cordelia zusammen.

Aribert Reimann: Die Gespenstersonate

Kammeroper nach August Strindberg, vom Komponisten und Uwe Schendel eingerichtet – Berlin 1984 (Schott)
Der Alte, Direktor Hummel (B) – Der Student Arkenholz (T) – Der Oberst (T) – Die Mumie, Frau des Oberst (A) – Das Fräulein, ihre Tochter (S) – Johansson, Diener (T) – Die Köchin (A) – Bedienter beim Oberst, die dunkle Dame und stumme Rollen

ZWISCHEN TRAUM UND WIRKLICHKEIT

Arkenholz, der Student, hat die Gabe, Geister der Verstorbenen zu sehen. Der zynische Menschenverächter Hummel gewinnt Interesse an Arkenholz. Obwohl er beim Tod von Arkenholz' Vater eine undurchsichtige Rolle gespielt haben soll, bietet er dem Sohn eine Stellung an. Die Frau des Oberst verbüßt als lebende „Mumie" in einem Schrank seit 20 Jahren ihre Sünden. In ihre Tochter, die in einem Hyazinthenzimmer ein seltsames Leben verbringt, verliebt sich Arkenholz und macht sie damit zugleich zum willigen Werkzeug Hummels. – Bei einem sogenannten Gespenstersouper im Haus des Oberst, zu dem sich auch Hummel Einlaß verschafft hat, entlarvt der Student den Hausherrn als ehemaligen Lakaien und dessen Tochter als Kind Hummels. Hummel wird obendrein von der „Mumie" als „Menschendieb" bezeichnet – er sei schuldig am Tod des Konsuls, versuchte den Studenten zu verführen, habe das Milchmädchen ermordet und sei einst nur ein Diener gewesen. Daraufhin erhängt sich Hummel im Wandschrank der „Mumie". – Zwischen dem Studenten und dem Fräulein entsteht eine zärtliche Beziehung. Zu einer ernsthaften Verbindung kommt es nicht, weil das Fräulein die Forderung nach einem moralischen Leben nicht erfüllen kann – zu tief sind ihre Wurzeln im Erdreich der Verlogenheit angesiedelt: Sie stirbt an der Wahrheit über ihre Vergangenheit.

Hermann Reutter (1900-1985): **Doktor Johannes Faust**

Oper in 3 Akten von Ludwig Andersen – Frankfurt a. M. 1936 (Schott)

Doktor Johannes Faust (Bar) – Wagner, sein Famulus (T) – Mephistopheles (B) – Der Herzog von Parma (T) – Bianca, Herzogin von Parma, im 2. Akt Göttin Venus (S) – Hans Wurst (T) – Gretel (S) – Der gute Geist, auch ein junges Mädchen (S) – Seneschall am herzoglichen Hof (T) – Balzer (T), Rickes (T), Done (B) und Schambes (B), Zecher – Vier Marktweiber, ihre Frauen (2 S und 2 A) – Drei Studenten aus Krakau (T, Bar und B) – Auerhahn (T) und Krumpschnabel (Bar), höllische Geister – Ein Greis (B) – Hofleute, Studenten, Volk, Kinder, gute Geister, Höllengeister

IN MAINZ UND PARMA IM AUSGEHENDEN MITTELALTER

1. Akt: Faust erhält in seiner Studierstube den Besuch dreier Studenten aus Krakau, die ihm ein Buch bringen wollen. Es ist das Zauberbuch „Höllenzwang", mit dessen Hilfe Faust zunächst Auerhahn und Krumpschnabel und dann, nachdem diese seinen Ansprüchen nicht genügen, Mephistopheles herbeizitiert. Dieser will ihm 24 Jahre dienen; Faust muß geloben, vor keinem Priester eine Ehe zu schließen. Als erstes muß Mephistopheles seinen neuen Herrn an den Hof nach Parma bringen und ihm bei seinem Gaukelspiel, mit dem Faust die Herzogin Bianca verführt, vor dem herzoglichen Paar behilflich sein. – *2. Akt:* Hans Wurst, der Diener Fausts, beschließt, seinem Herrn zu kündigen und Gretel zu heiraten. Faust aber verliebt sich selbst in das Mädchen und verstrickt sie in eine unheilvolle Leidenschaft. – *3. Akt:* Vor dem Grab seiner Mutter ersticht Faust einen alten Mann, der ihn zur Reue gemahnt hatte, in der Hoffnung, dadurch den Zorn des Volkes auf sich zu ziehen, getötet zu werden und so der Hölle zu entgehen. Doch Mephistopheles hält die aufgebrachte Menge zurück. Fausts Zeit ist jedoch abgelaufen, die drei Studenten fordern ihr Buch zurück, und Faust fährt um Mitternacht zur Hölle.

Hermann Reutter: Die Witwe von Ephesus

Oper in einem Akt nach einer Erzählung des Petronius von Ludwig Andersen – Köln 1954 (Schott)

Die Witwe (S) – Die Sklavin (S) – Der Soldat (T) – Der Bürgermeister (B) – Der Freund (B) – 2 Schmarotzer (T) – 4 Freundinnen (S und A)

IN EPHESUS

Im kleinasiatischen Ephesus hat sich eine junge, schöne Witwe schon seit Tagen in der Gruft ihres Mannes eingeschlossen, um, als Vorbild der Treue, ihm nachzusterben. Ihre Dienerin wünscht ihr Schicksal zu teilen. Umsonst suchen Freunde und Freundinnen die Witwe zur Umkehr zu bewegen. Um jeder Anfechtung zu begegnen, wirft die Witwe den Schlüssel zur Grabkammer ins Freie. Da dringt durch einen verborgenen Eingang ein kraftvoll-junger Soldat in die Gruft ein. Er muß in der Nähe einen Galgen bewachen, damit nicht die Sippe des Gehängten den Leichnam zu ehrlicher Bestattung stehle. Neugierig, die Vielgenannte zu sehen, ist er nun hergekommen; der Wein, den er den Durstenden reicht, löst auch die Zungen. Als er das Gerücht erwähnt, die junge Witwe habe nach Amazonenart sich selbst verstümmelt, wird er durch Augenschein eines Besseren belehrt – leidenschaftlich umfängt er die Schöne. Doch aufgeschreckt werden sie alle: man hat den Leichnam vom Galgen geraubt: Todesstrafe droht dem pflichtvergessenen Wächter. Da zögert die Witwe nicht, den Leichnam des Gatten hinzugeben, um ein Leben zu retten. Freunde und Volk aus der Stadt strömen herbei, die Totgeglaubte zu ehren. Aber ihre Totenblumen dienen einem Fest des Lebens: dankbar huldigen die Liebenden der Göttin Aphrodite, die sich an ihnen mächtiger erwiesen hat als Artemis.
Artemis, keusche Göttin, lehr mich sterben (Witwe); Zum Hinkel sprach der Gockelhahn: „Die Treue ist kein leerer Wahn!“ (Sklavin).

Hermann Reutter: Der Tod des Empedokles

Concerto scenico in 2 Akten nach dem Fragment einer Tragödie von Friedrich Hölderlin von Hermann Reutter – Schwetzingen 1966 (Schott)
Empedokles (Bar) – Delia (S) – Pausanias (T) – Panthea (Mezzo-S) – Hermokrates (B) – Kritias (Bar) – Manes, ein Ägypter (T) – Agrigentiner

AGRIGENT UND ÄTNA, MYTHISCHE ZEIT

1. und 2. Akt: Das Volk von Agrigent verehrt den weisen Empedokles wie einen König und Gott. Panthea und Delia wissen um die Ahnungen, in denen der Weise lebt; er ahnt seinen Untergang. Diese mögliche Schwächung seiner Macht über das Volk wollen Kritias und Hermokrates, der Priester, für sich nutzen; sie wollen ihn stürzen. Vor dem zusammengerufenen Volk klagen sie ihn und seinen Jünger Pausanias als Abgott an. Das wankelmütige Volk stößt ihn aus. Auf dem Weg zum Gipfel des Ätna trennt Empedokles sich von Pausanias. Er muß seinen Weg der Einsamkeit allein gehen. Auch der Greis, der ihm erscheint und zur Besinnung mahnt, vermag seinen Entschluß nicht zu ändern. Empedokles stürzt sich in den Abgrund. Panthea, Delia und Pausanias beweinen den verehrten Weisen.
In meine Stille kamst du leise wandelnd (Empedokles).

Hermann Reutter: Hamlet

Schauspiel für Musik frei nach William Shakespeare in der Übersetzung von A. W. von Schlegel – Stuttgart 1980 (Schott)
Claudius (Bar) – Hamlet (Bar) – Polonius (T) – Laertes (T) – Horatio (T) – Rosenkranz (T) – Güldenstern (Bar) – Der Geist (T) – 1. Totengräber (B) – 2. Totengräber (Sprechrolle) – Gertrud (A) – Ophelia (S) – Osrick (T) – Marcellus (Bar) – Bernardo (Bar) – Cornelius (Bar) – Voltimand (B) – Ein Bote (T) – Ein Edelmann (Bar)

HELSINGÖR ZU UNBESTIMMTER ZEIT

Hamlet kehrt von seinen Studien in Wittenberg in das Schloß zu Helsingör zurück. Hier ist während seiner Abwesenheit sein Vater, der König Hamlet, von seinem Bruder Claudius ermordet worden. Claudius ist jetzt König, hat Gertrude, die Witwe seines Bruders, geheiratet und versucht nun, seinen Neffen durch Huldbeweise günstig zu stimmen. Aber der Geist des ermordeten Vaters erscheint Hamlet, offenbart ihm, daß er während des Schlafs im Garten durch Gift ermordet worden und nicht, wie offiziell bekanntgegeben wurde, am Biß einer Schlange gestorben sei. Der Geist fordert Rache von Hamlet für den Mord. Doch Hamlet zögert, fühlt sich nicht zur Tat berufen und nicht stark genug. König Claudius und Königin Gertrude, vom seltsamen Wesen des Prinzen erschreckt, haben seine Studiengenossen Rosenkranz und Güldenstern aus Wittenberg kommen lassen. Sie sollen Hamlets Vorhaben ergründen. Der indes lebt düster und sich vor den Mitmenschen versperrend im Schloß, einzig seinem Freund Horatio vertraut er sich an. Auch die Liebe zu Ophelia, der Tochter des Oberkämmerers Polonius, leidet unter Hamlets zwiespältigem Verhalten. Als eine Tänzergruppe im Schloß erscheint, beschließt Hamlet, sich durch eine Darstellung der Ermordung seines Vaters auf dem Theater Gewißheit zu verschaffen. Gespannt beobachtet er während der Aufführung die Mienen des Königspaares, und als er Claudius betroffen sieht, weiß er endgültig, daß der Geist des Vaters keine Wahnerscheinung war. Der König aber ist nun fest entschlossen, Hamlet beiseite zu schaffen. Rosenkranz und Güldenstern sollen ihn nach England begleiten, wo Mörder auf ihn warten. Der Mutter, die Hamlet Vorwürfe wegen seines Verhaltens macht, hält Hamlet die unverhohlene Buhlschaft mit dem Mörder ihres Gatten vor, und als der hinter einem Vorhang das Gespräch belauschende Polonius Hilfe holen will, ersticht Hamlet ihn, in der Meinung, den König vor sich zu haben. Als der König von dem Mord an Polonius erfährt, beschleunigt er die Einschiffung Hamlets. Doch das Schiff wird von Seeräubern überfallen. Hamlet wird gefangengenommen und entgeht so seiner Ermordung. In Helsingör ist inzwischen Ophelia über den Tod ihres Vaters und ihre unglückliche Liebe zu Hamlet wahnsinnig geworden und begeht Selbstmord. Laertes, ihr Bruder, ist auf die Nachricht von Tod seines Vaters hin aus Paris herbeigeeilt. In seiner Wut fordert er Genugtuung vom König. Doch dieser versteht es, den rasenden Laertes gegen Hamlet einzunehmen. Er gewinnt Laertes, Hamlet in einem als Turnier getarnten Duell mit einer in Gift getauchten Waffe umzubringen. Der zurückgekehrte Hamlet – er hat auf dem Schiff den Begleitbrief des Königs gefälscht, und so werden Rosenkranz und Güldenstern statt seiner bei der Ankunft in England ermordet – führt an Ophelias Grab ein Gespräch mit dem Totengräber über die Vergänglichkeit des Lebens: er stürzt sich auf Laertes. Doch gelingt es, die Kämpfenden auseinanderzureißen. Beim Turnier schließlich vollendet sich das Geschick des dänischen Königspaares. Hamlet merkt, nachdem er von Laertes getroffen ist, daß die Spitze der Waffe vergiftet war, entwindet Laertes das Florett, verwundet ihn gleichfalls tödlich und ersticht dann den König. Die Königin nimmt einen Schluck aus einem Pokal mit vergiftetem Wein, der für Hamlet bestimmt war, für den Fall, daß er das Duell lebend überstehen sollte, und stirbt.

Wolfgang Rihm (* 1952): **Jakob Lenz**

Kammeroper Nr. 2 nach Georg Büchners „Lenz“ – Hamburg 1979 (U. E.)
Lenz (Bar) – Oberlin (B) – Kaufmann (T) – Stimmen (S/S/A/A/B/Bar)

IN EINEM PFARRHAUS IM ELSASS IM JAHRE 1778

Bereits mit 26 Jahren ist Jakob Michael Lenz ein bekannter Schriftsteller. In Straßburg ist er dem jungen Goethe freundschaftlich verbunden. Wiederholte Versuche, Freundinnen Goethes für sich zu gewinnen, bleiben erfolglos. Friederike Brions abweisende Haltung hat für Lenz besonders nachhaltige seelische Auswirkungen. Seine Schaffenskraft beginnt nachzulassen. Er folgt Goethe nach Weimar, bricht dort mit ihm und wird aus Weimar ausgewiesen. Es zeigen sich erste Anzeichen geistiger Verwirrung. Lenz begibt sich nach Winterthur zu Kaufmann, einem reichen und zugleich literarisch ambitionierten Verfechter der „Sturm und Drang"-Bewegung. Hier erleidet Lenz neue heftige Anfälle psychopathologischer Art. Auf Anraten Kaufmanns folgt ein längerer Aufenthalt bei Oberlin, einem elsässischen Landpfarrer, der für sein soziales Engagement bekannt ist. Lenz trifft in einem seelisch kritischen Zustand – hier beginnt die Handlung – bei Oberlin ein. Durch umsichtiges Bemühen erreicht Oberlin eine vorübergehende Besserung. Kaufmann besucht Lenz und führt mit ihm eine Auseinandersetzung über den Sinn der Literatur. Als Kaufmann versucht, Lenz zur Rückkehr zu seinen Eltern zu bewegen, löst er bei ihm eine tiefe Krise aus. Im Tod eines Bauernmädchens glaubt Lenz den Tod seiner unerreichbaren Friederike zu erkennen. Lenz hat Halluzinationen und unternimmt Selbsttötungsversuche. Sein Zustand wird immer bedenklicher, er hört Stimmen, äußert sich nur noch in Wortfetzen und bricht schließlich elendig zusammen.

Nikolai Rimskij-Korssakow (1844-1908): **Der Goldene Hahn**

Oper in 3 Akten. Text von Wladimir I. Bjelskij nach einem Gedicht von Alexander Puschkin – Moskau 1909

König Dodon (B) – Prinz Gwidon (T) – General Polkan (B) – Prinz Afron (Bar) – Der Astrologe (CT oder Bar) – Amelfa, Aufseherin (A) – Die Königin von Schemacha (S) – Der Goldene Hahn (S oder T) – Bojaren

IN EINEM MÄRCHENLAND

Prolog: Krähen des Goldenen Hahns. Ein Astrologe verspricht ein Märchenspiel mit der Hauptfigur des Königs Dodon. – *1. Akt:* Ratlosigkeit während der Sitzung des Staatsrats unter dem Vorsitz des unentschlossenen Königs Dodon. Das Märchenreich wird von Feinden bedroht. Man ist sich uneinig darüber, ob angegriffen werden soll oder ob man die Entwicklung noch abwarten könne. Da bietet der Astrologe dem König den Goldenen Hahn an. Er werde feindliche Überfälle durch Krähen und Flügelschlagen rechtzeitig melden. Dodon ist beruhigt und verspricht dem Astrologen die Erfüllung eines Wunsches. Schon schreit der Hahn – dem König war im Traum eine exotisch-schöne Frau erschienen. Er versteht das Zeichen jedoch als Warnung vor dem Feind, schickt seine Söhne mit einem Teil des Heeres in den Krieg. Und wieder schreit der Hahn. General Polkan meldet höchste Gefahr. Da macht sich jetzt auch der König auf, um sein Land zu verteidigen. – *2. Akt:* Auf dem Schlachtfeld stößt Dodon auf die Leichen seiner Söhne. Der Rest des Heeres flieht vor einem immer näher kommenden Ungeheuer. Die Königin von Schemacha erscheint. Von ihrer Schönheit verzaubert, nimmt Dodon sie mit in seinen Palast. Das Volk jubelt. – *3. Akt:* Jetzt will der Astrologe seinen Lohn. Er wünscht sich die neue Königin. Doch Dodon versagt sie ihm, mit dem Zepter tötet er ihn. Der Goldene Hahn fliegt auf den König zu und hackt ihn zu Tode. Finsternis kommt über das Land. Als es wieder dämmert, sind die Königin von Schemacha und der Goldene Hahn verschwunden. – *Epilog:* Der Astrologe erklärt, was sich zugetragen habe, sei nur ein Traum gewesen.

Gioacchino Rossini (1792-1868): **Der Barbier von Sevilla**

Komische Oper in 2 Akten nach Beaumarchais von Cesare Sterbini – Rom 1816
Graf Almaviva (T) – Figaro, Barbier (Bar) – Bartolo, Doktor der Medizin (B) – Rosine, dessen Mündel (S) – Basilio, ihr Musiklehrer (B) – Fiorillo, Diener Almavivas (T) – Ambrosio, Diener Dr. Bartolos (B) – Marzelline, Haushälterin Dr. Bartolos (A) – Ein Notar (stumm) – Ein Offizier (B) – Musikanten, Soldaten

IN SEVILLA IN DER MITTE DES 18. JAHRHUNDERTS

1. Akt: Ein Ständchen, das Graf Almaviva der jungen Rosine bringt, lockt diese zwar auf den Balkon: mit ihr in Verbindung zu treten vermag der Graf jedoch nur, wenn er in das Haus gelangen kann. Rosine steht aber unter der strengen Aufsicht ihres Vormunds, des alten Doktor Bartolo, der sein Mündel wegen ihres Vermögens selber heiraten will. Der findige Figaro rät deshalb dem Grafen, sich als Soldat zu verkleiden und in Bartolos Haus Einquartierung zu suchen. Figaro will als Liebesbote fungieren, geht in seiner Eigenschaft als Barbier zu Bartolo und läßt sich von Rosine einen Brief zustecken, den diese an Almaviva, der ihr nur unter dem bürgerlichen Namen Lindoro bekannt ist, geschrieben hat. Bartolo hat inzwischen von dem Gesangslehrer Basilio erfahren, daß Graf Almaviva seiner Rosine nachstellt, und schildert ihr diesen als einen rechten Schurken. Almavivas Versuch, in dem Haus als Soldat Fuß zu fassen, wird abgeschlagen, da Bartolo als Arzt keine Einquartierung aufnehmen muß. – *2. Akt:* Mehr Glück hat der Graf, als er in Vertretung des angeblich erkrankten Basilio Rosine Gesangsunterricht gibt. Bartolo, den Figaro inzwischen abzulenken sucht, bemerkt aber bald das geheime Einverständnis und will Rosine nun zur sofortigen Ehe mit ihm zwingen. Während er noch zu einigen Vorbereitungen zur Hochzeit forteilt, kommt schon Basilio mit dem Notar. Auch Almaviva und Figaro sind rechtzeitig zur Stelle, so daß die Trauung Rosines mit dem Grafen schon vollzogen ist, als Bartolo wieder auftritt. Zur Entschädigung überläßt der Graf dem geprellten Doktor die Mitgift Rosines.
Sieh schon die Morgenröte (Almaviva); Ich bin das Faktotum der schönen Welt (Figaro); Frag' ich mein beklomm'nes Herz (Rosine); Die Verleumdung, sie ist ein Lüftchen (Basilio); Einen Doktor meinesgleichen (Bartolo); Glück und Huld, mein Herr, zum Gruße (Almaviva, Bartolo); Wie, Basilio (Rosine, Almaviva, Bartolo, Basilio, Figaro).

Gioacchino Rossini: La Cenerentola (Aschenbrödel)

Komische Oper in 2 Akten von Giacomo Ferretti – Rom 1817
Don Ramiro, Prinz von Salerno (T) – Dandini, sein Kammerdiener (Bar) – Don Magnifico, Baron von Montefiascone (B) – Tisbe, seine Tochter (A) – Clorinde, seine Tochter (S) – Angelina, seine Stieftochter (Mezzo-S) – Alidoro, Philosoph, Erzieher des Prinzen (B) – Kavaliere des Prinzen, Damen und Herren der Hofgesellschaft, Pagen, Diener

IM PALAST VON DON MAGNIFICO UND IM SCHLOSS VON DON RAMIRO, MITTE DES 18. JAHRHUNDERTS

1. und 2. Akt: Angelina fristet ihre Tage im Haus ihres Pflegevaters und ihrer Stiefschwestern. Von allen wird sie schlecht behandelt, sie selbst tut dennoch Gutes. Einem Bettler, hinter dem sich der Brautwerber eines Prinzen verbirgt, steckt sie eine Gabe zu. Danach will der Prinz das Mädchen selbst auf die Probe stellen. Während eines Empfanges auf dem Schloß, für den der Prinz seine Kleider mit denen des Stallmeisters getauscht hat, machen die Stiefschwestern dem vermeintlichen Prinzen schöne Augen, während Angelinas Blicke auf dem vermeintlichen Stallmeister ruhen. Der Prinz glaubt sich am Ziel seiner Wünsche. Doch nachdem die Verkleidung aufgedeckt ist, verlangt Angelina ihrerseits eine Probe. Die Liebe des Prinzen will sie nur dann erwidern, wenn er sieht, von welcher Herkunft sie ist. Sie verlangt von ihm, daß er sie suche. Sie gehen auseinander, und der Prinz macht sich auf den Weg. Er findet das schöne Mädchen als „Aschenbrödel". Glücklich schließt er es in seine Arme und macht es zur Prinzessin.

Gioacchino Rossini: Wilhelm Tell

Oper in 4 Akten von Victor Joseph Étienne und Hippolyt Bis – Paris 1829

Geßler, kaiserlicher Landvogt der Schweiz (B) – Rudolph der Harras, sein Vertrauter (T) – Wilhelm Tell (Bar) – Walter Fürst (B) – Melchthal (B) – Arnold, Melchthals Sohn (T) – Leuthold (Bar) – Prinzessin Mathilde von Habsburg (S) – Hedwig, Tells Frau (A) – Gemmy, Tells Sohn (S) – Ein Fischer (T) – Edelleute, Landleute, Fischer, Soldaten

IN DER SCHWEIZ ZU BEGINN DES 14. JAHRHUNDERTS

1. Akt: Zur Hochzeit mehrerer Paare sind in Bürglen an einem Frühlingsmorgen Schweizer Landleute festlich versammelt. In Arnold, einem jungen Schweizer, kämpfen widerstreitende Gefühle, einerseits seine Liebe zu der habsburgischen Prinzessin Mathilde und andererseits der Haß auf das Haus Habsburg als den Bedrücker des Landes. Eilig tritt Leuthold auf; um die Ehre seiner Tochter zu retten, hat er einen Mann des tyrannischen Landvogts Geßler getötet und befindet sich nun auf der Flucht. Als einziger wagt es Wilhelm Tell, ihn über den stürmischen Vierwaldstätter See zu bringen. – *2. Akt:* Arnold trifft Mathilde und bekräftigt seine Liebe, muß aber später erfahren, daß sein Vater ein Opfer der Tyrannei geworden ist. Unter dem Einfluß von Tell und Walter Fürst gelobt er, sein Leben der Freiheit zu weihen. Einen gleichen Schwur leisten bei Nacht auf dem Rütli die Abgesandten der Schweizer Urkantone Schwyz, Uri und Unterwalden. – *3. Akt:* Während Mathilde Arnolds Racheverlangen versteht, versucht Geßler, die Schweizer mit allen Mitteln zu demütigen. Von Tell, der sich weigert, dem Hut des Landvogts seine Reverenz zu erweisen, verlangt er sogar, daß er einen Apfel, der auf das Haupt seines Sohnes Gemmy gelegt wird, durchschießt. Anschließend wird Tell wegen aufrührerischer Reden und Handlungen verhaftet. – *4. Akt:* Arnold, dem die Vereinigung mit Mathilde winkt, stellt sich an die Spitze der Schweizer, die sich von der Herrschaft der Habsburger befreien und deren Zwingburgen zerstören. Tell vermag bei einem Sturm auf dem Vierwaldstätter See seinen Bewachern zu entkommen und Geßler zu töten.

Du meiner Väter niedre Hütte (Arnold).

Camille Saint-Saëns (1835-1921): Samson und Dalila

Oper in 3 Akten von Ferdinand Lemaire – Weimar 1877 (A. & S.)

Dalila (Mezzo-S) – Samson (T) – Oberpriester des Dagon (Bar) – Abimelech, Satrap von Gaza (B) – Ein alter Hebräer (B) – Ein Kriegsbote der Philister (T) – Zwei Philister (T und B) – Philister, Hebräer

IN GAZA IN PALÄSTINA 1150 VOR CHRISTI GEBURT

1. Akt: Lange Zeit haben die Hebräer unter dem Joch der Philister geschmachtet. Als jedoch der Satrap Abimelech seinen Gott Dagon preist und Jehova schmäht, ergreift die Juden ein heiliger Zorn. Unter der Führung von Samson töten sie Abimelech und

jagen die Philister in die Flucht. Nur der Oberpriester des Dagon gibt das Spiel noch nicht verloren und sendet Dalila zu Samson, um diesen zu verführen und seiner Kraft zu berauben. – *2. Akt:* Trotz der Warnungen eines alten Hebräers und der eigenen Gebete um Kraft gegen die Versuchung erliegt Samson den Verführungskünsten Dalilas. Listig weiß sie sogar, ihm das Geheimnis seiner Stärke zu entlocken; es liegt in seinen Haaren, die Dalila dem schlafenden Samson abschneidet. Anschließend liefert sie Samson den Philistern aus. – *3. Akt:* Nach Samsons Fall sind die Hebräer wieder unter die Herrschaft der Philister gekommen. Er wird in der Gefangenschaft geblendet. Nun verlangt der Oberpriester noch, Samson solle dem über Jehova triumphierenden Philistergott Dagon ein Opfer bringen. Unter dem Spott der Philister fleht Samson zu Jehova um seine alte Stärke. Er läßt sich von einem Knaben zwischen die beiden Säulen führen, auf denen das Tempelgebäude ruht, umschlingt sie und bringt sie mit alter Kraft zum Bersten, sich selbst und die Menge der Philister begrabend.
Sieh, mein Herz erschließet sich (Dalila).

Max v. Schillings (1868-1933): **Mona Lisa**

Oper in 2 Akten, mit Vor- und Nachspiel v. Beatrice Dovsky – Stuttgart 1915 (U. E.)
Ein Fremder (Bar) – Eine Frau (S) – Ein Laienbruder (T) – Messer Francesco del Giocondo (Bar) – Messer Pietro Tumoni (B) – Messer Arrigo Oldofredi (T) – Messer Alessio Beneventi (T) – Messer Sandro da Luzzano (Bar) – Messer Masolino Pedruzzi (B) – Messer Giovanni de' Salviati (T) – Mona Fiordalisa, Frau des Francesco (S) – Piccarda, ihre Zofe (A) – Dianora, Francescos Tochter aus erster Ehe (S) – Mona Ginevra ad Alta Rocca (S) – Sisto, Diener Francescos (T) – Volk, Nonnen von Santa Trinità, Mönche von San Marco, darunter Savonarola

IN FLORENZ 1492 UND IN DER GEGENWART

Ein junger Laienbruder erzählt bei der Besichtigung des Palazzo del Giocondo einem neuvermählten Ehepaar – einem älteren Mann mit seiner jungen Frau – die Geschichte der Mona Lisa: Der ältere, reiche Kaufmann Francesco del Giocondo hat die jüngere Fiordalisa geheiratet. Zu seinem Schmerz ist das Lächeln, das Mona Lisa auf dem Bild Leonardo da Vincis zeigt, in ihrer Ehe verschwunden. Erst als Giovanni de' Salviati, der Jugendgespiele Fiordalisas, wieder auftaucht, erblüht auch wieder dieses Lächeln. Francesco ahnt Unheil und muß tatsächlich auch erfahren, daß seine Frau und Giovanni am nächsten Tag fliehen wollen. Als Francesco sie bei einem Stelldichein überrascht, versteckt seine Frau ihren Liebhaber in einem luftdicht verschlossenen Schrank, der zur Aufbewahrung von Perlen dient. Francesco zieht den Schlüssel ab und wirft ihn aus dem Fenster in den Fluß. Zwar bringt Fiordalisas Stieftochter Dianora am nächsten Morgen den Schlüssel, den sie in einem Kahn gefunden hat, ihrer Stiefmutter, doch ist Giovanni bereits erstickt. Mit ihrem geheimnisvollen Lächeln lockt Fiordalisa nun ihren Mann in den Schrank, dessen Tür sie hinter ihm abschließt, so daß er den Tod am selben Ort wie sein Nebenbuhler findet.

Othmar Schoeck (1886-1957): **Penthesilea**

Oper in einem Aufzug nach dem Trauerspiel von Heinrich von Kleist – Dresden 1927 (Bar)
Penthesilea, Königin der Amazonen (Mezzo-S) – Prothoe, Amazone (S) – Meroe, Amazone (S) – Oberpriesterin der Diana (A) – Achilles (Bar) – Diomedes, sein Freund (T) – Ein Herold (Bar) – Ein Hauptmann (Sprechrolle) – Griechen, Amazonen

SCHLACHTFELD WÄHREND DES TROJANISCHEN KRIEGES

Zwischen Griechen und Amazonen tobt der Kampf. Von Achilles besiegt, wankt Penthesilea wund und todesmatt, von der Freundin Prothoe gestützt, über das Schlachtfeld; von den Amazonen nur mit Mühe zurückgehalten, sich in den Fluß zu stürzen, fällt sie schließlich in Ohnmacht. Achilles, schon während des Kampfes von ihren Reizen gefesselt, entbrennt beim Anblick der hilflos Daliegenden vollends, kann aber ihre Liebe nur dadurch gewinnen, daß er die Erwachende im Glauben läßt, ihre Niederlage sei nur ein Traum gewesen, in Wirklichkeit sei er ihr Gefangener. Penthesilea wird in die grausame Wirklichkeit zurückgerissen. Das Kampfgetöse nähert sich wieder, das Kriegsglück scheint sich den Amazonen zuzuneigen; Achilles, nun wieder ganz kriegerischer Held, gezwungen, zu den Waffen zu greifen, ruft ihr zu, ehe er sich abwendet: „Zwar durch die Macht der Liebe bin ich dein, und ewig diese Bande trag' ich fort, doch durch der Waffen Glück gehörst du mir!" Penthesilea will und kann noch immer nicht begreifen. Ihrer Sinne kaum mehr mächtig, beschimpft sie die schon mit gespanntem Bogen auf Achilles eindringenden Amazonen, was die empörte Oberpriesterin veranlaßt, die Würdelose zu verfluchen und für vogelfrei zu erklären. Da erscheint ein Herold, der Penthesilea die Forderung Achilles' überbringt, sich noch einmal mit ihr im Kampf zu messen. Jäh schlagen nun ihre Gefühle in lodernden Zorn um, da sie, ihrer Unterlegenheit sich bewußt, nicht ahnt, daß er ihr unbewaffnet begegnen will. Sie rast ihm mit Hunden, Elefanten und dem ganzen Kriegstroß entgegen, beißt sich mit eigenen Zähnen im Fleisch des von ihrem Pfeil tödlich getroffenen Helden fest und erkennt erst an seiner Leiche das Ungeheure ihrer gräßlichen Tat. Auf ihre Frage: „Wie kam es denn, daß er sich nicht gewehrt?" wird ihr die Antwort der Oberpriesterin zur erschütternden Aufklärung: „Er liebte dich, Unseligste! Gefangen wollt' er sich dir geben!" Und den toten Geliebten küssend, folgt Penthesilea ihm im Tode nach.

Othmar Schoeck: Massimilla Doni

Oper in 4 Akten (6 Bildern). Text von Armin Rüeger nach der gleichnamigen Novelle Honoré de Balzacs – Dresden 1937 (U. E.)

Herzog Cattaneo (T) – Capraja, sein Freund (Bar) – Emilio Memmi, ein junger Edelmann (T) – Fürst Vendramin, sein älterer Freund (Bar) – Genovese, Opernsänger (T) – Tinti, eine Sängerin (S) – Herzogin Massimilla Doni, Verlobte des Herzogs (S) – eine Zofe, ein Page, eine Früchteverkäuferin, ein Gondoliere, ein Zeitungsverkäufer

VENEDIG IM 1. DRITTEL DES 19. JAHRHUNDERTS

1. bis 4. Akt: Die Herzogin Massimilla Doni hat sich nach dem Wunsch ihrer Mutter mit dem Herzog Cattaneo, einem alten reichen Sonderling, verloben müssen. Sie liebt aber den jungen Edelmann Emilio Memmi. Er ist entsetzt, als er sieht, wer ihr Ehemann werden soll. In dieser verzweifelten Stimmung teilt ihm sein Freund, der Fürst Vendramin, mit, daß er durch den Tod seines Onkels reich geworden sei und damit auch in den Palast seiner Vorfahren zurückkehren könne. Emilio bleibt davon unbeeindruckt. – Der Herzog hat seine Verlobte von ihrem Landsitz abgeholt. Sie weiß, daß sie mit ihm nicht glücklich werden kann, zumal er und sein Freund Capraja nichts anderes im Sinn haben als die Kunst. Für Cattaneo ist die Oper seine Welt. – Im Palast, den er für die Sängerin Tinti eingerichtet hat: Es wird geprobt für eine bevorstehende Aufführung. Zwischen dem Herzog, der Tinti und Emilio, der sich als Erbe seines Onkels im Besitz des Palastes glaubt, kommt es zu einer lebhaften Auseinandersetzung. In deren Verlauf zeigt Tinti unverhohlenes Interesse an Emilio und sieht die

Gelegenheit, sich von dem von ihr gehaßten Herzog zu befreien. Sie wirft ihn kurzerhand hinaus und verbringt mit Emilio eine Liebesnacht. Emilio ist hin- und hergerissen, denn sein Herz gehört Massimilla Doni. Was tun? Sein Freund Vendramin weiß Rat: Er bestellt Massimilla in den Palast der Tinti, arrangiert auf geschickte Weise ein Zusammentreffen mit Emilio, die sich bald selig in den Armen liegen, während Tinti Genoveses Liebeswerbungen erhört. Und der Herzog gibt die Heiratspläne mit Massimilla auf – seine alten Tage gehören nun allein der Musik.

Othmar Schoeck: Venus

Oper in 3 Akten. Text von Armin Rüeger nach Prosper Mérimées Novelle „La Vénus d'Ille" – Zürich 1922

Baron de Zarandelle (T) – Horace, sein Neffe (T) – Simone, dessen Braut (S) – Madame de Lauriens, Simones Vormund (A) – Raimond, Freund von Horace (Bar) – Lucile, Simones Freundin (S) – 1. Sekretär (Bar) – 2. Sekretär (Bar) – Hochzeitsgäste, Diener, Kinder

SCHLOSS DES BARONS DE ZARANDELLE

1. Akt: Die Hochzeit von Simone mit Horace steht unmittelbar bevor. Freund Raimond hat seine Bedenken – er kann sich Horace nicht als Ehemann vorstellen. Baron de Zarandelle enthüllt vor den staunenden Gästen eine Venusstatue. Horace ist gebannt; er hat nur noch einen Blick für diese Statue. Nur mit Mühe besinnt er sich auf die Vermählung. – *2. Akt:* Der Hochzeitsball ist in vollem Gange. Horace wirkt abwesend. Er hat eine Erscheinung. Simone unterbricht sein schwärmendes Verhalten. Es wird getanzt. Und wieder wird Horace von der Erscheinung gefangen – es ist die Venus. Ein Gewitter geht nieder. Tumult macht sich breit, und die Gäste verlassen fluchtartig das Schloß. – *3. Akt:* Horace befindet sich außerhalb der Wirklichkeit – für ihn gibt es nur noch die Venus. Raimond, sein Freund, fühlt sich bestätigt: Horace ist nicht für eine Ehe geschaffen.

Arnold Schönberg (1874-1951): **Die glückliche Hand**

Drama mit Musik – Wien 1924 (U. E.)

Ein Mann (Bar) – Eine Frau, Ein Herr (stumme Rollen)

IRGENDWO, ZEITLOS

Der Mann wird von der Menge ermahnt, die Wirklichkeit zur Kenntnis zu nehmen: „Sie ist so: so ist sie und nicht anders. Immer glaubst du dem Traum; immer wieder hängst du deine Sehnsucht ans Unerfüllbare ..." Die Wirklichkeit bedrängt ihn mit aggressivem Lärm und höhnischem Lachen. Ein Weib tritt hervor, dessen Schönheit der Mann huldigt. Der Trank, den die Schöne ihm reicht, bringt nur kurzes Glück, denn schon wendet sie sich einem „Herrn" zu, der sie in seine Arme schließt und mit ihr verschwindet. Sie erscheint wieder und bittet um Verzeihung. Als sie neuerdings entflieht, verharrt der Mann immer noch träumend in verzückter Stellung: „Nun besitze ich dich für immer." Arbeiter sind am Werk. Der Mann hebt ein Stück Gold auf den Amboß und ergreift den Hammer. Ohne die Drohung der gegen ihn aufgebrachten Arbeiter zu beachten, holt er zu einem gewaltigen Schlag aus. Der Amboß birst, doch das Gold ist zum Diamanten geworden. „So macht man Schmuck", sagt er schlicht. Wind und Sturm. Neuerlich erscheinen die Schöne und der Herr. Des Mannes Versuch, an das Weib heranzukommen, mißlingt. Höhnisches Lachen, dann hebt die

Menge an, diesmal anklagend: „Mußtest du's wieder erleben, was du so oft erlebt? Kannst du nicht verzichten?"

Arnold Schönberg: Erwartung

Monodram in einem Akt nach einer Dichtung von Marie Pappenheim für mittlere Stimme – Prag 1924 (U. E.)

AM RAND EINES WALDES

Eine Frau erlebt die Passion ihrer enttäuschten Liebe. Der tragische Konflikt des mit sich uneins gewordenen Individuums erscheint in ihren quälenden Traumgesichtern, die von erotischen Phantasmagorien beherrscht werden, alles in einem Zerrspiegel: Wandert sie wirklich durch einen gespenstischen Wald, den Geliebten zu suchen, liegt sie wirklich in wirren Fieberträumen einer grenzenlosen Eifersucht? Überall sieht sie seltsame Gestalten auftauchen. Entsetzt glaubt sie, den Leichnam des Geliebten zu erkennen. Wie lange war er nicht mehr bei ihr? Hat ihn dieses andere Weib, das ihn ihr stahl, nun noch getötet? Wie wunderbar war diese Liebe, neben der es nichts gab für sie in der Welt: „Der Morgen trennt uns, immer der Morgen. So schwer küßt Du zum Abschied, weiter ein ewiger Tag des Wartens, oh, Du erwachst ja nicht mehr! Tausend Menschen ziehen vorüber, ich erkenne Dich nicht. Alle leben, ihre Augen flammen, wo bist Du? Es ist dunkel, Dein Kuß wie ein Flammenzeichen in meiner Nacht. Meine Lippen brennen und leuchten Dir entgegen. Oh, bist Du da ..."

Arnold Schönberg: Moses und Aron

Oper in 3 Akten von Arnold Schönberg – Zürich 1957 (Schott)

Moses (Sprechrolle) – Aron (T) – Ein junges Mädchen (S) – Eine Kranke (A) – Ein junger Mann (T) – Der nackte Jüngling (T) – Ein anderer Mann (T) – Ephraimit (Bar) – Ein Priester (B) – Vier nackte Jungfrauen (2 S und 2 A) – Stimme aus dem Dornbusch (6 S) – Bettlerinnen und Bettler (A und B) – Einige Greise (T) – Die Ältesten (B) – Die zwölf Stammesfürsten (T und B) – Sechs Solostimmen im Orchester (S, Mezzo-S, A, T, Bar und B)

1. Akt: Moses hat aus dem brennenden Dornbusch die Stimme Gottes vernommen, er solle sein Volk aus der ägyptischen Gefangenschaft befreien und Gott zuführen. Auf seinen Einwand, er sei kein Redner, wird Aron als seine Zunge bestimmt. Das Volk aber bringt dem Gott, der im Gegensatz zu den alten Göttern unsichtbar bleibt, Mißtrauen entgegen, das sich erst löst, als Aron einen Stab in eine Schlange verwandelt, Moses mit Aussatz schlägt und wieder heilt. – *2. Akt:* Moses ist auf den Berg Sinai gezogen und hat sein Volk schon vierzig Tage unter der leichteren Hand Arons gelassen. Die Wünsche nach den alten Göttern werden laut, und Aron, in seinem Glauben an den unsichtbaren Gott noch nicht sehr gefestigt, bildet in seiner Bedrängnis das Goldene Kalb, dessen Anbetung in orgiastischen Szenen endet. Moses, der mit den Gesetzestafeln vom Berge Sinai kommt, bringt das Goldene Kalb durch die Gewalt seines Blickes zum Einstürzen; aber auch er wird von Zweifeln an seiner Sendung überfallen und zerschlägt die Gesetzestafeln. – *3. Akt:* Nachdem Moses wieder seinen festen Glauben gefunden hat, läßt er den gefesselten Aron bringen. Als diesem die Ketten abgenommen werden, stürzt er – unfähig, in der Freiheit zu leben – tot zu Boden. Wunschlos und vereinigt mit seinem Gott, aber auch unbesiegbar, soll das Volk Israel in der Wüste leben.

Dimitri Schostakowitsch (1906-1975): **Die Nase**

Oper in 3 Akten nach der gleichnamigen Novelle von Nikolai Gogol von E. Samjatin, G. Jonin, Al Preiss und D. Schostakowitsch – Leningrad 1930 (U. E.)
Platon Kusmitsch Kowaljoff, Kollegienassessor (Bar) – Iwan Jakowlewitsch, Barbier (Bar) – Praskowja Ossipowna, Frau des Barbiers (A) – Ein Wachtmeister (T) – Iwan, Diener Kowaljoffs (T) – Die Nase in Gestalt eines Staatsrates (T) – Alexandra Grigorjewna Podtotschina (Mezzo-S) – Deren Tochter (S)

ST. PETERSBURG UM 1850

1. bis 3. Akt: Der Barbier Iwan Jakowlewitsch entdeckt beim Frühstück im Brot eine Nase. Sein Weib jagt ihn mit dem Fund aus dem Hause. Doch es ist für ihn nicht leicht, die Nase wieder loszuwerden, denn die Polizei hat ein wachsames Auge. – Der Kollegienassessor Major Kowaljoff erwacht an diesem Morgen ohne Nase. Entsetzt eilt er zum Oberpolizeimeister. Unterwegs sieht er einen Herrn in Uniform, einen Staatsrat. Kowaljoff erkennt, daß dieser niemand anders als seine eigene Nase ist, die zum Gebet in die Kathedrale geht. Kowaljoff spricht den Herrn an, doch es ist schwierig, ihm klarzumachen, daß er die Nase eines anderen sei, und so entwischt die Nase ihrem Besitzer. Kowaljoff eilt zur Annoncenredaktion, um eine Suchanzeige aufzugeben. Doch eine solche Annonce nimmt man nicht an. Kowaljoff flüchtet nach Hause. – Die Polizei fahndet nach der Nase. Polizisten beziehen Wache auf der Poststation, und die Nase erscheint zur Abfahrt. Die Polizisten fahnden nach dem gesuchten Objekt. – Kowaljoff erhält sein Eigentum zurück. Der Arzt kann sie aber nicht wieder an ihrem Platz befestigen. Kowaljoff verdächtigt die Majorin Podtotschina, ihn verhext zu haben, weil er ihre Tochter nicht heiraten will. Er droht in einem Brief mit gerichtlichen Maßnahmen. In Petersburg mehren sich die Gerüchte, daß die Nase noch frei herumlaufe. Jeder will sie gesehen haben, aber keiner findet sie. Über Nacht kehrt jedoch die Nase an ihren Platz zurück. Kowaljoff geht stolz auf die Promenade und begrüßt die Majorin Podtotschina und deren Tochter mit einer „langen Nase".

Dimitri Schostakowitsch: Katerina Ismailowa

Oper in 4 Akten (9 Bildern). Text von Alexander Preiss und vom Komponisten nach der Erzählung Nikolai Leskows „Lady Macbeth von Mzensk" – Leningrad 1934, Moskau 1963 (neue Fassung)
Boris Timofejewitsch Ismailow, Kaufmann (B) – Sinowi Borissowitsch Ismailow, sein Sohn (T) – Katerina Ismailowa, dessen Frau (S) – Pope (B) – Kreispolizeichef (B) – Sergej, neuer Gehilfe bei Ismailows (T) – Ein Gendarm (B) – Ein Nihilist (T) – Ein Betrunkener (T) – Arbeiter, Angestellte, eine Dirne, ein Wachposten

IN DER RUSSISCHEN KLEINSTADT MZENSK UM 1865

1. bis 4. Akt: Die schöne und intelligente Katerina Ismailowa leidet unter ihrem langweiligen, aber eifersüchtigen Ehemann Sinowi und dem menschenverachtenden Schwiegervater. Sie hält sich schadlos, indem sie sich dem neu eingestellten Gehilfen Sergej hingibt. Beim Verlassen von Katerinas Zimmer wird Sergej von Boris entdeckt. Der peitscht ihn bis zur Bewußtlosigkeit und sperrt ihn in einen Kellerraum. Katerina sinnt auf Rache. Sie gibt Boris Rattengift, das sie unter ein Pilzgericht gemischt hat. Boris stirbt. Der Pope singt die Totenklage. – Katerina hat Sergej aus dem Keller befreien können. Jetzt wollen sie heiraten. Inzwischen hat Sinowi vom Liebesverhältnis seiner Frau erfahren. In einem Handgemenge wird er von Sergej getötet und im

Keller versteckt. Die Leute meinen, Sinowi sei auf einem Heimweg im Fluß ertrunken. Der Heirat von Katerina und Sergej steht jetzt nichts mehr im Wege. Doch ein betrunkener Arbeiter findet den toten Sinowi, und Katerina entdeckt die aufgebrochene Kellertür. Bevor sie fliehen kann, schaltet sich der Polizeichef ein. Katerina gesteht. – Mit einer Schar von Zwangsarbeitern sind Katerina und Sergej auf dem Weg in die Deportation. Plötzlich will Sergej von Katerina nichts mehr wissen – ihn hatte allein die reiche Kaufmannsfrau interessiert. Er nimmt sich eine Dirne, die als Beweis seiner Liebe ein Paar Strümpfe haben will – von Katerina bekommt er sie. Herausfordernd bedankt sich die Dirne. Sergejs Gemeinheit bringt Katerina außer Fassung. Sie reißt die Dirne mit sich in den Strom.

Franz Schreker (1878-1934): **Der Schatzgräber**

Oper in einem Vorspiel, 4 Akten und einem Nachspiel – Frankfurt a. M. 1920
Der König (B) – Die Königin (stumm) – Der Kanzler (T) – Der Graf (Bar) – Der Magister (B) – Der Narr (T) – Der Vogt (Bar) – Der Junker (Bar) – Elis, ein fahrender Sänger (T) – Der Schultheiß (B) – Der Schreiber (T) – Ein Wirt (B) – Els, dessen Tochter (S) – Albi, Knecht (T) – Bürger, Landsknechte

EIN KÖNIGREICH IM MITTELMEER

Vorspiel: Der Königin Schmuck ist verschwunden. Um den Preis einer Frau bietet der Narr seine Hilfe an: Der fahrende Sänger Elis, dem sich mit seiner Wunderlaute Schätze offenbaren, soll den Schmuck wieder herbeischaffen. – *1. Akt:* In einer Waldschenke drängt die Tochter des Wirts, Els, den zudringlichen Junker, den sie heiraten soll, ihr den von Hehlern geraubten, Schönheit und Jugend verleihenden Schatz der Königin zu besorgen. Knecht Albi wird nachgeschickt, um den Junker zu stellen und ihn aus dem Weg zu räumen, so wie Els es auch bei anderen Freiern machen ließ. Der fahrende Sänger Elis ist von seiner Wunderlaute in den nahen Wald geführt worden. Dort wird ein Smaragdkettchen gefunden. Elis schenkt es Els. Da meldet Albi, er habe einen Toten entdeckt. Keine Zusammenhänge erkennt Elis in diesen Vorgängen, will gehen, wird aber von Els zurückgehalten. Sie sagt ihm, sie liebe ihn. Wegen Verdachts des Mordes an dem aufgefundenen Unbekannten wird Elis vom Vogt festgenommen. – *2. Akt:* Elis wartet auf dem Marktplatz auf seine Hinrichtung. Der Narr verspricht Els, Elis zu retten. Ihren Dank weist er zurück; er will freiwillig auf die vom König zugesagte Belohnung verzichten. Auf dem Weg zum Galgen flüstert Els Elis zu, daß für ihn Rettung nahe. Er möge nur durch einen Abschiedsgesang Zeit gewinnen. Tatsächlich erscheinen Abgesandte des Königs und befreien Elis. Er verspricht seinerseits, den Schatz der Königin wiederzubeschaffen. Jetzt muß Els damit rechnen, daß der Schmuck bei ihr gefunden wird. Sie beauftragt Albi, Elis die Zauberlaute zu entwenden. – *3. Akt:* Elis ist verzweifelt. Ohne Laute kann er den Schatz nicht wiederfinden. Den übergibt ihm überraschenderweise Els – unter der Bedingung, niemals nach der Lösung des Geheimnisses zu forschen. – *4. Akt:* Festliche Tafel im Schloß. Die Königin hat den Schmuck zurück. Elis wird zum Ritter geschlagen und aufgefordert zu erzählen, wie er den Schatz wiedergewonnen habe. Wie aus heiterem Himmel fordert er ihn für Els zurück. Ihre Verbrechen hatte Albi inzwischen gestanden. Els soll verbrannt werden. Sie wird aber vor dem Flammentod vom Narren gerettet, indem er sie zur Frau fordert – als verspäteten Lohn seiner anfänglichen Hilfsbereitschaft, den Schatz suchen zu lassen. – *Nachspiel:* Els sieht ihr Leben vernichtet. Sie erkrankt. Rührend sorgt der Narr für sie. Um Els das Sterben zu erleichtern, ruft er Elis herbei – der wieder zu sich selbst gefunden hat.

Norbert Schultze (1911-1986): **Schwarzer Peter**

Heitere Oper für große und kleine Leute von Walter Lieck – Hamburg 1936 (VVB)
König Hans (T) – König Klaus (B) – Der Spielmann (Bar) – Der Sterndeuter (T) – Der Hauptmann (Bar) – Roderich (T) – Erika (S) – Königin Margarethe (A) – Der Besenbinder (B) – 1. Amme (A) – 2. Amme (A) – Ein Hauptmann (Bar) – Schäfer, Schneider, Schmied

1. bis 6. Bild: Die Könige Klaus und Hans haben eines ihrer vielen Schwarzer-Peter-Spiele beendet, da wird ihnen die Kunde überbracht, daß sie beide Vater geworden sind. König Klaus, der „nur" Vater einer Tochter ist, erklärt König Hans, der einen Sohn bekommen hat, den Krieg. König Hans ist schwächer, er wird geschlagen und muß das Land verlassen. – Fünfzehn Jahre sind vergangen. Der gänzlich verarmte König Hans ist mit seiner Frau und seinem Sohn Roderich bei einem Besenbinder untergekommen; alle helfen bei der Arbeit und erhalten dafür das Notwendigste zum Leben. Da trifft es sich, daß sich Erika, die Tochter des Königs Klaus, verläuft und Roderich kennenlernt. Zur Wahl eines Bräutigams stellt sich auch Roderich ein. Allen Freiern erklärt Erika, derjenige werde sie zur Frau bekommen, der ihr den schönsten Strauß bringen werde. Und das ist kein anderer als Roderich mit einem Heidekrautbesen. Daraufhin will König Klaus seine Tochter aus dem Haus jagen. Allein gute Worte und ein starker Trank besänftigen ihn wenigstens insoweit, als er sich bereit erklärt, ihr das mitzugeben, was sie im Schloß am liebsten hat; Erika läßt den Vater davontragen. Im Besenbinderhaus wieder aufgewacht, verlangt es König Klaus sogleich nach einem Schwarzer-Peter-Spielchen mit König Hans. Klaus verliert, malt sich bereitwilligst einen Schnurrbart und läßt Erika und Roderich wunschgemäß ein Paar werden.
Schwarzer Peter spiel ich gern! (Könige, Spielmann); Schneide, schneide, schneide rote Heide! (Hans, Roderich, Besenbinder); In den Sternen steht's geschrieben (Sterndeuter); Schwarzer Peter! Siehste woll, da steht er! (Chor).

Friedrich Smetana (1824-1884): **Die verkaufte Braut**

Komische Oper in 3 Akten von Karl Sabina – Prag 1866
Kruschina, ein Bauer (Bar) – Kathinka, seine Frau (S) – Marie, beider Tochter (S) – Micha, ein Grundbesitzer (B) – Agnes, seine Frau (A) – Wenzel, beider Sohn (T) – Hans, Michas Sohn aus erster Ehe (T) – Kezal, Heiratsvermittler (B) – Springer, Direktor einer wandernden Künstlertruppe (T) – Esmeralda, Tänzerin (S) – Muff, ein als Indianer verkleideter Komödiant (B) – Bauern, Bäuerinnen, Artisten, Kinder

IN EINEM GROSSEN DORF IN BÖHMEN UM 1860

1. Akt: Marie und Hans lieben einander und haben sich Treue geschworen. Hans aber ist nur ein armer Knecht, der aus irgendeinem fremden Dorf gekommen ist, und Maries Eltern, Kruschina und Kathinka, haben eine bessere Partie im Auge. Der Heiratsvermittler Kezal will Marie und des reichen Michas Sohn Wenzel zusammenbringen. Auch durch die Absage Maries läßt sich Kezal nicht beirren. – *2. Akt:* Marie lernt im Gasthaus den etwas törichten Wenzel kennen, ohne daß dieser in ihr seine zukünftige Verlobte ahnt. Sie erzählt ihm schreckliche Dinge über Marie und ringt ihm, dem das aufgeweckte Mädchen recht gut gefällt, das schriftliche Versprechen ab, Marie niemals zu heiraten. Hans wird unterdessen von Kezal umworben. Gegen Zahlung von 300 Gulden verzichtet er am Ende auf Marie, allerdings nur unter der Bedingung, daß Marie nur Michas Sohn heiraten dürfe. Kezal versteht darunter natürlich nur den

Wenzel; Hans dagegen meint sich selbst, ist er doch ein Sohn Michas aus dessen erster Ehe, der nur von der bösen Stiefmutter aus dem Haus vertrieben worden ist. – *3. Akt.* Eine Kunstreitertruppe gibt im Dorf Vorstellungen. Wenzel verliebt sich in die Tänzerin Esmeralda und übernimmt auf ihre Bitten die Rolle eines Bären. Marie ist entsetzt über die vermeintliche Treulosigkeit ihres Hans, kann dessen gute Laune gar nicht verstehen und unterschreibt sogar den Ehevertrag mit dem Sohn Michas. Als Hans sich aber zu erkennen gibt und Micha als Bär zum allgemeinen Gespött wird, erhalten Hans und Marie den Segen der Eltern zu ihrem Bund.
Gerne will ich dir vertrau'n (Marie); Mit der Mutter sank zu Grabe (Marie, Hans); Ich weiß euch einen lieben Schatz (Marie, Wenzel); Komm, mein Söhnchen, auf ein Wort (Hans, Kezal); Es muß gelingen (Hans); Endlich allein (Marie); Mein lieber Schatz, nun aufgepaßt (Marie, Hans).

Richard Strauss (1864-1949): **Salome**

Musikdrama in einem Akt von Oscar Wilde – Dresden 1905 (Schott)
Herodes (T) – Herodias (Mezzo-S) – Salome (S) – Jochanaan (Bar) – Narraboth (T) – Ein Page der Herodias (A) – Fünf Juden (4 T und ein B) – Zwei Nazarener (T und B) – Zwei Soldaten (B) – Ein Kappadozier (B) – Ein Sklave (S) – Der Henker (stumm) – Gefolge des Herodes, Sklaven, Musikanten

IN JERUSALEM UM 30 NACH CHRISTI GEBURT

Narraboth hält als Hauptmann der Leibwache des Tetrarchen Herodes Wache vor dem Königspalast; er beobachtet Salome, die am Bankett des Herodes teilnimmt, und verliebt sich in sie. Um den lüsternen Blicken des Tetrarchen, ihres Stiefvaters, zu entgehen, tritt Salome auf die Terrasse, wo sie die Stimme Jochanaans aufhorchen läßt. Der Prophet, der wegen seiner Schmähreden auf das Lasterleben der Königin Herodias in einer Zisterne gefangengehalten wird, verkündet das Kommen Christi. Salome interessiert sich für Jochanaan und erlangt von Narraboth, daß dieser – gegen das ausdrückliche Gebot der Herodias – ihr den Propheten vorführt. Sie will den Mund des Propheten küssen, doch helfen ihr alle Verführungskünste nichts. Zwar stürzt sich Narraboth in sein Schwert, Jochanaan aber wettert weiter gegen die Verderbtheit des Hofes und steigt freiwillig wieder in die Zisterne. Herodes und Herodias treten auf. Die Königin fordert das Haupt des Propheten; doch weigert sich der König, der Jochanaan zwar in sicherem Gewahrsam halten, aus Furcht vor der Wut des Volkes und der möglichen Heiligkeit des unheimlichen Mannes aber nicht töten lassen will. Seine Begierde verführt ihn aber dazu, Salome die Erfüllung eines Wunsches zuzusagen, wenn sie für ihn tanzt. Salome führt ihren Schleiertanz vor und verlangt als Lohn das Haupt des Jochanaan. Auch als Herodes ihr statt dessen die Hälfte seines Reiches bietet, besteht sie auf ihrer Forderung. Entsetzt muß der König nachgeben. Salome erhält auf einer Silberschüssel das Haupt des Propheten, dessen Mund sie wieder und wieder küßt, bis der König Salome töten läßt.
Ah! Du wolltest mich nicht deinen Mund küssen lassen (Salome).

Richard Strauss: Elektra

Tragödie in einem Akt von Hugo v. Hofmannsthal – Dresden 1909 (Schott)
Klytämnestra (Mezzo-S) – Elektra und Chrysothemis (S) – Aegisth (T) – Orest (Bar) – Pfleger des Orest (B) – Die Vertraute (S) – Die Schleppenträgerin (S) – junger Diener (T) – alter Diener (B) – Aufseherin (S) – Fünf Mägde (A, 2 Mezzo-S und 2 S)

N MYKENE NACH DEM TROJANISCHEN KRIEG

Elektra wird im Hause ihrer Mutter schlechter als eine Magd gehalten, fürchtet Klytämnestra doch, daß Elektra ihren Vater Agamemnon rächen wird, den Klytämnestra mit Hilfe ihres Geliebten Aegisth nach der Rückkehr aus dem Trojanischen Krieg ermordet hat. Von ihrer zweiten Tochter Chrysothemis, die sich weicher in ihr Schicksal fügt, droht Klytämnestra dagegen keine Gefahr. Trotz der Warnungen Chrysothemis', Klytämnestra wolle Elektra in den Turm werfen, wartet Elektra das Kommen ihrer Mutter ab. Diese hatte nachts einen schweren Traum, in dem ihr der Sohn Orest rachenehmend erschienen ist. Nun will sie von Elektra wissen, ob ihr ein Opfer vielleicht helfen könne. Beziehungsvoll antwortet diese, daß erst das richtige Blut fließen müsse. Als Elektra schließlich deutlich ausspricht, daß sie und Orest ihre Mutter töten werden, bricht Klytämnestra zusammen. In diesem Augenblick wird ihr ein Bote gemeldet, der den Tod Orests berichtet. Während Klytämnestra ins Haus geht, rüstet sich Elektra, die Tat allein zu vollziehen. Da aber erscheint Orest, der die Nachricht von seinem Tod nur zur Täuschung ausgestreut hat. Unter den anfeuernden Rufen seiner Schwester geht er ins Haus und erschlägt seine Mutter. Aegisth, von Elektra ins Haus gelockt, erleidet das gleiche Schicksal. Triumphierend beginnt Elektra einen rasenden Tanz, der mit ihrem tödlichen Zusammenbruch endet.

Richard Strauss: Der Rosenkavalier

Komödie für Musik in 3 Akten von Hugo v. Hofmannsthal – Dresden 1911 (Schott)
Die Feldmarschallin Fürstin Werdenberg (S) – Baron Ochs auf Lerchenau (B) – Octavian, genannt Quinquin, ein junger Herr aus großem Haus (Mezzo-S) – Herr von Faninal, ein reicher Neugeadelter (Bar) – Sophie, seine Tochter (S) – Jungfer Marianne Leitmetzerin, die Duenna (S) – Valzacchi, ein Intrigant (T) – Annina, seine Begleiterin (A) – Ein Polizeikommissar (B) – Der Haushofmeister bei der Feldmarschallin (T) – Der Haushofmeister bei Faninal (T) – Ein Notar (B) – Ein Wirt (T) – Ein Sänger (T) – Ein Flötist (stumm) – Ein Gelehrter (stumm) – Ein Friseur (stumm) – Dessen Gehilfe (stumm) – Eine adelige Witwe (stumm) – Drei adelige Waisen (S, Mezzo-S und A) – Eine Modistin (S) – Ein Tierhändler (T) – Vier Lakaien der Marschallin (2 T und 2 B) – Vier Kellner (T un 3 B) – Ein kleiner Neger (stumm) – Lakaien, Läufer, Haiducken, Küchenpersonal, Gäste, Musikanten, Wächter, verdächtige Gestalten

IN WIEN WÄHREND DER ERSTEN JAHRE DER REGIERUNG MARIA THERESIAS

1. Akt: Die Feldmarschallin nimmt in ihrem Schlafzimmer die Morgenschokolade zusammen mit ihrem Geliebten, dem wesentlich jüngeren Octavian. Lärm im Vorzimmer läßt sie fürchten, ihr Mann kehre unerwartet bald zurück; aber es ist nur Baron Ochs auf Lerchenau, und Octavian, der sich schon versteckt hatte, kann wieder auftreten, allerdings im Gewand einer Zofe und unter dem Namen Mariandl. Prompt macht Ochs dem Mariandl auf recht plumpe Art den Hof, während er der Marschallin, seiner Verwandten, erzählt, daß er seine zerrütteten Finanzen durch eine Heirat mit Sophie, der Tochter des reichen, aber nicht altadeligen Edlen von Faninal, aufbessern will. Nur der Brautwerber, der der Braut eine silberne Rose zu überbringen hat, fehlt ihm noch, worauf ihm die Marschallin den Octavian empfiehlt. Inzwischen hat das Lever der Marschallin begonnen, ein Tenor und ein Flötist produzieren sich, ein Tierhändler und die Modistin treten auf, drei arme adelige Waisen bitten um Unterstützung. Schließlich bricht der Landjunker auf, und die Marschallin bleibt etwas wehmütig zurück, fürchtet sie doch, daß Octavian seine Liebe bald einer Jüngeren zuwenden wird. – *2. Akt:* Dem Wunsch der Marschallin entsprechend, überreicht

Octavian der jungen Sophie die silberne Rose. Sophie gefällt der Rosenkavalier gut, besser jedenfalls als ihr Bräutigam, vor dessen derben Manieren sie bei Octavian Zuflucht sucht. Dieser provoziert ein Duell mit Ochs und verwundet ihn leicht am Arm. Sobald der Baron verbunden worden ist, erhält er, nachdem Octavian verschwunden ist, ein Briefchen von Mariandl, in dem sie ihn um ein Stelldichein bittet. – *3. Akt:* Wieder als Mariandl verkleidet, trifft Octavian in einem Wiener Lokal zweifelhaften Rufes die letzten Vorbereitungen zu der Komödie, mit deren Hilfe er den Baron kompromittieren will. Kaum ist Ochs zärtlich geworden, treten verdächtige Gestalten auf sowie seine angebliche Frau mit vier Kindern. Der Baron ruft die Polizei, gerät aber in eine derart peinliche Situation, daß Faninal die Verlobung seiner Tochter mit ihm löst. Von der Marschallin ermahnt, zieht sich Ochs, nicht ohne wegen der Doppelrolle Octavian-Mariandl Verdacht geschöpft zu haben, schließlich zurück. Auch die Marschallin resigniert und läßt Sophie und Octavian allein.
Da geht er hin (Marschallin, Octavian); Mir ist die Ehre widerfahren (Sophie, Octavian); Mit ihren Augen voll Tränen (Sophie, Octavian); Mit mir, mit mir keine Nacht dir zu lang (Ochs); Hab' mir's gelobt (Marschallin, Sophie, Octavian); Ist ein Traum (Sophie, Octavian).

Richard Strauss: Ariadne auf Naxos

Oper in einem Vorspiel und einem Akt von Hugo v. Hofmannsthal – Stuttgart 1912 (Schott)
Der Haushofmeister (Sprechrolle) – Ein Musiklehrer (Bar) – Der Komponist (S) – Der Tenor (T) – Ein Offizier (T) – Ein Tanzmeister (T) – Ein Perückenmacher (Bar) – Ein Lakai (B) – Zerbinetta (S) – Primadonna (S) – Harlekin (Bar) – Scaramuccio (T) – Truffaldin (B) – Brighella (T) – Ariadne (S) – Bacchus (T) – Najade (S) – Dryade (A) – Echo (S)

IN WIEN 1750

Vorspiel: Die Einladung eines reichen Mannes in Wien soll sich auf körperliche und geistige Genüsse erstrecken; nach der Tafel soll eine Oper aufgeführt werden. Ein junger Komponist hat den Auftrag erhalten, eine „Ariadne auf Naxos" zu komponieren. Anschließend soll noch ein lustiges Tanzspiel „Die ungetreue Zerbinetta mit ihren vier Liebhabern" folgen. Die Anordnung des Hausherrn, beide Stücke nicht nacheinander, sondern gleichzeitig zu spielen, wirft alle Vorbereitungen um. Der junge Komponist ist verzweifelt, beugt sich dann aber den Vorschlägen der schmeichlerisch-frechen Zerbinetta, die – an Improvisationen gewöhnt – mit ihren Partnern in der Oper mitspielen will, wogegen der Komponist sein Werk durch Streichungen dem Tanzspiel anzupassen hat. – *Oper:* Vor ihrer Höhle auf der öden Insel Naxos liegt Ariadne und trauert, weil Theseus sie verlassen hat. Zerbinetta sendet ihre Tänzerinnen, um Ariadne aufzuheitern. Als Ariadne weiter in ihren Todesgedanken befangen bleibt, bemüht sich Zerbinetta selbst. Doch auch sie und ihre männlichen Kollegen posieren umsonst. Nun erscheint Gott Bacchus selbst; Ariadne sieht in ihm den Todesboten und wendet sich ihm glücklich zu. Umfangen von seiner Liebe, erwacht sie jedoch bald zu neuem Leben. Ihr Glück ist so überschwenglich, daß Ariadne befriedigt auf weitere Störungen verzichtet.
Ein Schönes war (Ariadne); Großmächtige Prinzessin (Zerbinetta).

Richard Strauss: Die Frau ohne Schatten

Oper in 3 Akten von Hugo v. Hofmannsthal – Wien 1919 (Schott)
Der Kaiser (T) – Die Kaiserin (S) – Die Amme (Mezzo-S) – Der Geisterbote (Bar) – Ein Hüter der Schwelle des Tempels (S) – Erscheinung eines Jünglings (T) – Die Stimme des Falken (S) – Eine Stimme von oben (A) – Barak, der Färber (Bar) – Sein Weib (S) – Der Einäugige (Bar), Der Einarmige (B) und Der Bucklige (T), des Färbers Brüder – Sechs Kinderstimmen (2 S, 2 Mezzo-S und 2 A) – Die Stimmen der Wächter in der Stadt (B) – Geisterstimmen, dienende Geister, kaiserliche Diener, Kinder, Fremde

IM ORIENT IN MÄRCHENHAFTEN ZEITEN

1. Akt: Auf der Jagd hatte der Kaiser eine weiße Gazelle verletzt, die sich vor seinen Augen in eine schöne junge Frau verwandelte. Mit ihr, der Tochter des Geisterfürsten Keikobad, hatte sich der Kaiser vermählt. Als Abkömmling des Geisterreiches vermag die Kaiserin keine Kinder zu gebären und keinen Schatten zu werfen. Erlangt sie aber nicht innerhalb eines Jahres diese Fähigkeiten, so muß sie in das Geisterreich zurückkehren, während der Kaiser versteinert. So begibt sich die Kaiserin mit der Amme zu den Menschen, um einen Schatten zu erhalten. Gegen zauberhafte Belohnungen erhandelt die Amme von der armen Färbersfrau deren Schatten, wogegen diese zur Unfruchtbarkeit verurteilt wird. – *2. Akt:* Der Verlust des Schattens entzweit das Färberpaar. Die Kaiserin, die die entsetzlichen Qualen der Menschen mit erleidet, will ihren Schatten wieder hergeben. – *3. Akt:* Auf der Suche nach dem Gericht, wo sie ihre Schuld büßen will, findet die Kaiserin den Kaiser, der bereits versteinert ist; nur seine Augen bergen noch Leben. Doch will die Kaiserin nicht weitere Schuld auf sich laden; sie weist den Schatten der Färbersfrau zurück und erlöst durch ihr Opfer sowohl das Färberspaar als auch den Kaiser, mit dem sie sich nun wieder vereinen kann.

Richard Strauss: Intermezzo

Bürgerliche Komödie in 2 Akten von Richard Strauss – Dresden 1924 (Schott)
Christine (S) – Franzl, ihr Sohn (Kinderrolle) – Hofkapellmeister Robert Storch, ihr Mann (Bar) – Anna, Kammerjungfer (S) – Baron Lummer (T) – Notar (B) – Seine Frau (S) – Kapellmeister Stroh (T) – Kommerzienrat (B) – Justizrat (Bar) – Kammersänger (B) – Ein junges Mädchen (S) – Mädchen, Rodler, Gäste

IN GRUNDLSEE UND WIEN IN DER GEGENWART

1. Akt: Kapellmeister Storch mußte, um seinen Konzertverpflichtungen nachzukommen, seine Frau allein in ihrem Grundlseer Landhaus zurücklassen. Zwar ist Christine recht eifersüchtig, doch lernt sie bald den jungen Baron Lummer kennen, freundet sich mit ihm an und tröstet sich so einigermaßen über die Abwesenheit ihres Mannes hinweg. Ihr Frieden wird allerdings gestört, als das Hausmädchen ein Telegramm bringt, aus dem sie herausliest, daß eine Mieze Maier mit ihrem Mann eine Verabredung hat. Sofort teilt sie Storch in einem Telegramm mit, daß sie sich scheiden lassen will. – *2. Akt:* Storch erhält das Telegramm bei einer Skatpartie, an der auch Kapellmeister Stroh teilnimmt, Stroh kann bald Storch aufklären, daß das Telegramm eigentlich für ihn bestimmt ist und nur durch eine Namensverwechslung an Storch geleitet wurde. Die Aufklärung bei seiner Frau besorgt Storch selbst, wobei es, verursacht durch Christines stürmisches Temperament, zunächst zu einer stürmischen Auseinandersetzung, bald aber zur Versöhnung kommt.

Richard Strauss: Arabella

Lyrische Komödie in 3 Akten von Hugo v. Hofmannsthal – Dresden 1933 (Schott)
Graf Waldner, Rittmeister a. D. (B) – Adelaide, seine Frau (Mezzo-S) – Arabella und Zdenka, ihre Töchter (S) – Mandryka (Bar) – Matteo, Jägeroffizier (T) – Graf Elemer (T), Graf Dominik (Bar) und Graf Lamoral (B), Verehrer Arabellas – Die Fiakermilli (S) – Eine Kartenaufschlägerin (S) – Welko, Leibhusar des Mandryka (Sprechrolle) – Djura und Jankel, Diener des Mandryka (Sprechrollen) – Ein Zimmerkellner (Sprechrolle) – Begleiterin der Arabella (stumm) – Drei Spieler (B) – Ein Arzt (stumm) – Groom (stumm) – Fiaker, Ballgäste, Hotelgäste, Diener

IN WIEN UM 1860

1. Akt: Verarmt leben Waldners in einem Wiener Hotel. Um wenigstens einer ihrer zwei Töchter, nämlich Arabella, eine standesgemäße Heirat zu ermöglichen, wird Zdenka in Knabenkleider gesteckt und Zdenko genannt. Immerhin machen die drei Grafen Elemer, Dominik und Lamoral Arabella den Hof. Ihr treuester Verehrer, der Jägeroffizier Matteo, begegnet einem seltsamen Widerspruch. Während ihn Arabella im persönlichen Umgang recht kalt behandelt, erhält er gleichzeitig warme Liebesbriefe; diese Briefe stammen jedoch nicht von Arabella, sondern von Zdenka, die Matteo liebt und sich des Namens ihrer Schwester bedient, um Matteo in ihrer Nähe zu halten. Arabella empfindet für keinen ihrer Anbeter Liebe; dagegen hat ihr ein Fremder, dem sie auf der Straße begegnet ist, großen Eindruck hinterlassen. Es ist Mandryka, Erbneffe eines steinreichen Onkels, an den Waldner eigentlich seine Tochter verkuppeln wollte. Aber auch der Neffe, der Arabella gewinnen will und sich dem Vater vorstellt, ist willkommen. – *2. Akt:* Auf dem Fiakerball lernen Arabella und Mandryka einander kennen; sehr bald beschließen sie, sich zu heiraten. Nur noch diesen Abend will Arabella ihren alten Verehrern widmen. Matteo ist inzwischen so beunruhigt, daß ihm Zdenka, um ihn zu trösten, einen Brief mit einem Schlüssel, der angeblich zu Arabellas Zimmer paßt, zusteckt. Mandryka hört davon, ist aufs tiefste enttäuscht, wirft sich der Fiakermilli in die Arme und beleidigt Graf Waldner. Dieser dringt jedoch darauf, im Hotel, wohin sich Arabella schon zurückgezogen hat, Aufklärung zu suchen. – *3. Akt:* Im Hotel, wo Matteo inzwischen eine Liebesstunde mit Zdenka, der vermeintlichen Arabella, verbracht hat, kommt es zu weiteren Mißverständnissen. Mandryka und Matteo stehen schon vor einem Duell, als Zdenka erscheint und alles aufklärt. Sogleich bittet Mandryka für sich um die Hand Arabellas und für Matteo um die von Zdenka.
Aber der Richtige (Arabella, Zdenka); Und du wirst mein Gebieter sein (Arabella, Mandryka).

Richard Strauss: Die schweigsame Frau

Komische Oper in 3 Akten nach Ben Jonson von Stefan Zweig – Dresden 1935 (Schott)
Sir Morosus (B) – Seine Haushälterin (A) – Der Barbier (Bar) – Henry Morosus (T) – Aminta, Henrys Frau (S) – Isotta (S) – Carlotta (Mezzo-S) – Morbio (Bar), Vanuzzi (B) und Farfallo (B), Komödianten

IN EINEM VORORT LONDONS UM 1760

1. Akt: Der alte Seekapitän Morosus ist, seit er die Explosion einer Pulverladung auf seinem Schiff mitgemacht hat, von panischer Lärmangst besessen. So kränkt es ihn besonders, daß sein Lieblingsneffe Henry Sänger geworden ist, eine Sängerin geheiratet hat und ihn nun mit seiner Operntruppe heimsucht. Er enterbt den Neffen und beschließt, selbst zu heiraten, wobei ihm der Barbier behilflich sein soll. – *2. Akt:* Unter Assistenz des Barbiers heckt die Operntruppe eine Komödie aus, die den Alten von seiner Geräuschfeindlichkeit heilen soll. Es werden ihm drei Frauen als Heiratskandidatinnen vorgestellt, unter denen sich Morosus Timidia, hinter der sich Henrys Frau Aminta verbirgt, aussucht. Eine Scheintrauung wird vollzogen, und kaum ist Timidia Herrin im Haus, bereitet sie durch Gezänk und Lärmen ihrem neuen Ehemann die Hölle auf Erden. – *3. Akt:* Timidia vollführt einen derartigen Lärm, daß Morosus sofortige Scheidung verlangt. Als ein Scheingericht seine Gründe jedoch nicht für ausreichend erklärt, ist der alte Mann dem Zusammenbruch nahe. Aminta und Henry klären Morosus über die Farce auf; der alte Seemann ist so glücklich, seiner bösen Frau entronnen zu sein, daß er alle Ehegelüste, aber auch alle Lärmangst aufgeben will und Henry wieder als seinen Erben einsetzt.

Richard Strauss: Friedenstag

Oper in einem Akt von Joseph Gregor – München 1938 (Schott)
Kommandant der belagerten Stadt (Bar) – Maria, sein Weib (S) – Wachtmeister (B) – Schütze (T) – Konstabel (Bar) – Musketier (Bar) – Piemonteser (T) – Der Holsteiner, Kommandant der Belagerungsarmee (B) – Bürgermeister (T) – Prälat (Bar) – Frau aus dem Volke (S) – Soldaten, Stadtobere, Frauen, Volk

IN DER ZITADELLE EINER BELAGERTEN STADT AM 24. OKTOBER 1648

In der belagerten Stadt sind Lebensmittel und Munition knapp geworden. Eine Bürgerdeputation, an ihrer Spitze Bürgermeister und Prälat, fordern vom Kommandanten die Übergabe der Stadt an die Belagerer. Der Kommandant aber verweist auf einen Befehl des Kaisers, nach dem die Stadt entweder gehalten oder ausgelöscht werden soll; er vertröstet die Deputation auf Mittag und beschließt, die Zitadelle in die Luft zu sprengen. Wer sein Leben retten will, solle sich in Sicherheit bringen; die anderen will der Kommandant wie sich selbst mit der Zitadelle in die Luft sprengen. In dem Augenblick, in dem der Wachtmeister mit brennender Lunte zu den Pulvervorräten steigen will, ertönen drei Kanonenschüsse. Der Kommandant glaubt, ein feindlicher Angriff stehe bevor, doch erklingt Glockengeläute, und die Belagerer dringen friedlich mit weißen Fahnen und unterstützt von den Bürgern in die belagerte Stadt ein. Nach einigem Zögern nimmt der Kommandant die Hand des gegnerischen Kommandanten, der ihm das Ende des Dreißigjährigen Krieges verkündet.

Richard Strauss: Daphne

Bukolische Tragödie in einem Akt von Joseph Gregor – Dresden 1938 (Schott)
Daphne (S) – Peneios (B) – Gaea (A) – Leukippos (T) – Apollo (T) – Vier Schäfer (T, Bar und 2 B) – Zwei Mägde (S und A) – Schäfer, Mägde, Maskierte des bacchischen Aufzugs

IM ANTIKEN GRIECHENLAND

Daphne, die Tochter des Fischers Peneios und seiner Frau Gaea, fühlt sich stärker der Natur verbunden als den Menschen, deren Feste und Werbungen ihr fremd sind. So erschrickt sie auch vor dem jungen Hirten Leukippos, der am Fest des Gottes Dionysos nach der Vereinigung mit der Geliebten verlangt. Dagegen zieht ihre Furcht vor dem Dunkel den Gott des Lichtes, Apollo, an, der sich ihr in der Gestalt eines fremden Hirten naht. Bewundernd schaut Daphne zu Apollo auf, flieht dann aber vor der Glut seiner Werbungen. Als Daphne auf dem Fest doch mit Leukippos tanzt, kommt es zu einem Streit mit dem eifersüchtigen Apollo, der Leukippos durch einen Pfeilschuß tötet. Durch seine Tat hat der Lichtgott aber auch Daphne, die weinend an der Leiche ihres Gespielen niedersinkt, verloren. Voller Reue bittet Apollo seinen Bruder Dionysos, Leukippos in die Schar seiner Jünger aufzunehmen. Von Zeus erwirkt er die Verwandlung Daphnes in einen unverwelklichen Lorbeerbaum.

Richard Strauss: Capriccio

Konversationsstück für Musik in einem Akt von Clemens Krauss und Richard Strauss – München 1942 (Schott)

Die Gräfin (S) – Der Graf, ihr Bruder (Bar) – Flamand, ein Musiker (T) – Olivier, ein Dichter (Bar) – La Roche, Theaterdirektor (B) – Clairon, Schauspielerin (A) – Monsieur Taupe (T) – Eine italienische Sängerin (S) – Ein italienischer Tenor (T) – Eine junge Tänzerin – Haushofmeister (B) – Diener, Musiker

AUF EINEM SCHLOSS IN DER NÄHE VON PARIS 1775

Im Gartensaale des Schlosses streiten Musik und Dichtung um den Anspruch, die edlere Kunst zu sein. In diesen Streit, der von dem Musiker Flamand und dem Dichter Olivier ausgefochten wird, mischt sich höchst menschliche Eifersucht: beide Künstler bewerben sich um die Gunst der Gräfin. Der Graf, ihr Bruder, umschwärmt gleichzeitig die Schauspielerin Clairon, mit der er zusammen auf der Bühne auftritt. Der Theaterdirektor, ein Mann praktischen Verstandes, versucht die Eifersüchteleien von Dichter und Musiker zu entschärfen, indem er mit beschwörenden Worten fordert, alle Anwesenden mögen sich in einem Kunstwerk vereinen; nicht blasse Schatten, sondern Menschen sollen die Bühne bevölkern. Der allgemeinen Begeisterung verleiht der Graf Ausdruck mit seinem Vorschlag, Musiker und Dichter sollten das Geschehen des heutigen Tages zum Inhalt einer Oper machen, in der alle Anwesenden auftreten werden. Voller Zustimmung ziehen sich die Künstler zurück; sie wollen sich gleich ans Werk machen. Dichter und Musiker erwarten sehnsüchtig den nächsten Tag, an dem die Gräfin bekanntgeben will, für welchen der Bewerber sie sich entschieden hat. Unschlüssig bleibt die Gräfin zurück; für wen und was sie sich auch entscheiden mag, immer wird sie etwas dabei verlieren.

Richard Strauss: Die Liebe der Danae

Heitere Mythologie in 3 Akten von Joseph Gregor – Salzburg 1952 (Schott)

Jupiter (Bar) – Merkur (T) – Pollux, König von Eos (T) – Danae, seine Tochter (S) – Xanthe, ihre Dienerin (S) – Midas (T) – Vier Könige, Neffen des Pollux (2 T und 2 B) – Semele (S), Europa (S), Alkmene (Mezzo-S) und Leda (A), Königinnen – Vier Wächter (B) – Gläubiger des Pollux (T und B) – Gefolge und Diener des Pollux, Gefolge und Dienerinnen der Danae

AUF DER INSEL EOS UND IM VORDEREN ORIENT IN MYTHOLOGISCHEN TAGEN

1. Akt: König Pollux von Eos wird von seinen Gläubigern bedrängt; nur eine reiche Heirat seiner Tochter Danae kann ihn noch retten. So hat er seine vier königlichen Neffen ausgesandt, um den reichen König Midas, dem nach einem Fluch Jupiters alles, was er berührt, zu Gold wird, auf Danae aufmerksam zu machen. Danae selbst will nur den zum Mann nehmen, der sie mit Gold überschütten kann. König Midas erscheint, allerdings in schlichter Kleidung und mit der Behauptung, er, Chrysopher, sei nur der Brautwerber des Königs Midas. Als königlicher Freier tritt Jupiter auf, bei dessen Anblick Danae ohnmächtig wird. – *2. Akt:* Die vier Königinnen erkennen in Jupiter denjenigen, der sich Semele als Wolke, Leda als Schwan, Europa als Stier und Alkmene als Amphitryon genaht hat. Auf ihre Frage, warum er diesmal als Midas auftrete, erklärt Jupiter seine Maske aus der Furcht vor seiner Frau Juno. Er muß allerdings bemerken, daß sich Midas selber in Danae verliebt hat und erneuert zur Warnung seinen Fluch. Wirklich verwandelt Midas' Umarmung Danae in Gold. Vor die Wahl gestellt, sich für den mächtigen Gott Jupiter oder den armen Eseltreiber, der Midas nach Auflösung des Paktes mit Jupiter sein wird, zu entscheiden, wählt Danae mit Midas Liebe und Armut. Die Entscheidung hat gleichzeitig Danae wieder das Leben gegeben. – *3. Akt:* Noch einmal versucht Jupiter Danae, die er inniger als seine früheren Geliebten, die vier Königinnen, liebt. Doch bedeutet Gold für Danae keine Versuchung mehr; sie bleibt bei dem Eseltreiber Midas.

Igor Strawinsky (1882-1971): **Die Nachtigall**

Lyrisches Märchen in 3 Akten von Igor Strawinsky und S. Mitousoff (nach Hans Christian Andersen) – Paris 1914 (B. & H.)

Die Nachtigall (S) – Die Köchin (S) – Der Fischer (T) – Der Kaiser von China (Bar) – Der Kammerherr (B) – Der Bonze (B) – Der Tod (A) – Die japanischen Gesandten (3 T)

IN EINEM MÄRCHENLAND

Die Nachtigall läßt sich überreden, vom Meeresufer in den kaiserlichen Palast umzusiedeln. Zu dieser Zeit wird dem Kaiser eine künstliche Nachtigall geschenkt. Als das Kunstwerk zum erstenmal zu singen anfängt, fliegt die echte Nachtigall fort. Der Kaiser, wütend über soviel Eigenmächtigkeit, verbannt sie aus seinem Reich. Erst als er todkrank wird und die Nachtigall ihm das Leben rettet, indem sie den Tod bittet und bewegt, dem Kaiser Leben und Macht wiederzugeben, hebt der Kaiser den Bann auf. Er will der Nachtigall das höchste Amt im Reich übertragen, doch sie lehnt ab, sie möchte ihre Freiheit behalten. Und so kommt sie jeden Abend wieder und singt vor seinem Fenster.

Igor Strawinsky: Die Geschichte vom Soldaten

Moritat in 2 Teilen von Hans Reinhart nach einer Dichtung von C. F. Ramuz – Lausanne 1918 (Chester)

Der Soldat (Sprechrolle) – Der Teufel (Sprech- un Tanzrolle) – Die Prinzessin (Tanzrolle) – Der Vorleser (Sprechrolle)

ZWISCHEN CHUR UND WALLENSTADT, IRGENDWANN

1. Teil: „Zwischen Chur und Wallenstadt heimwärts wandert ein Soldat. Urlaub hat er vierzehn Tag', wandert, was er wandern mag, über Stock und Stein, sehnt sich längst, daheim zu sein." An einem Bachufer macht er Rast und beginnt auf seiner Geige zu spielen. Plötzlich steht der Teufel vor ihm und bietet für die Geige ein Buch. Handelseinig geworden, verbringen sie noch drei Tage zusammen: Der Soldat lehrt den Teufel das Geigenspiel und der Teufel den Soldaten, in dem Buch des Lebens zu lesen. Nach den drei Tagen muß der Soldat, der in seine Heimat zurückgekehrt ist, erkennen, daß es drei Jahre gewesen sind, die er mit dem Teufel zugebracht hat. Seine Familie kennt ihn nicht mehr wieder, seine Braut hat einen anderen genommen. Und so nimmt er das Buch zur Hand, liest eifrig, wird reich, bleibt aber einsam. Das verdrießt ihn so sehr, daß er einem alten Weib, das der Teufel ist, die Geige entreißt. Doch er hat das Spielen verlernt. Da wirft er sie weg und zerreißt das Buch. – *2. Teil:* Der Soldat ist wieder auf Wanderschaft, auf dem Weg zu einem Schloß. Dort liegt die Königstochter krank darnieder. Wer sie heilt, der bekommt sie zur Frau. Der Soldat will sie haben. Dem Teufel, der sich ebenfalls auf dem Schloß eingefunden hat, nimmt er die Geige weg und spielt damit der Prinzessin auf. Sie wird gesund, und er wandert mit ihr in seine Heimat – noch einmal will er seine Mutter sehen. Da trifft ihn die Rache des Teufels: er schickt ihn in die Hölle.

Igor Strawinsky: Oedipus Rex

Szenisches Oratorium in 2 Teilen nach Sophokles von Jean Cocteau – Paris 1928 (B. & H.)

Oedipus (T) – Jocaste (Mezzo-S) – Kreon (Bar) – Tiresias (B) – Der Bote (Bar) – Der Schäfer (T) – Der Sprecher

GRIECHENLAND IN MYTHISCHER ZEIT

1. und 2. Teil: In Theben herrscht die Pest. Das Orakel von Delphi besagt, daß die Pest aus Theben weiche, sobald der Mörder des früheren Königs Laios gefunden und die Mordtat gesühnt sei. Oedipus verspricht, seinem Volk zu helfen. Jocaste, seine Frau, tritt hinzu. Sie erinnert sich an ein Orakel, an das sie nicht mehr glauben kann: ihr eigener Sohn werde den Vater an einem Kreuzweg umbringen, sie zur Frau nehmen und mit ihr Kinder zeugen. Aus Angst vor dieser Prophezeiung hatte sie damals ihren Sohn Oedipus ausgesetzt. Oedipus wurde vom Korintherkönig Polybos aufgenommen und großgezogen. Die Wahrheit über seine Herkunft erfährt Oedipus erst nach dem Tod des Polybos. Oedipus ahnt jetzt die schreckliche Wahrheit – er selbst hat vor vielen Jahren einen Greis an einem Kreuzweg erschlagen: Laios. Das Orakel hat sich erfüllt. Oedipus richtet sich selbst, indem er sich blendet und Theben verläßt. Jocaste erhängt sich.

Igor Strawinsky: The Rake's Progress (Der Wüstling)

Oper in 3 Akten von Wystan Hugh Auden und Chester Kallman – Venedig 1951 (B. & H.)

Trulove (B) – Ann, seine Tochter (S) – Tom Rakewell (T) – Nick Shadow (Bar) – Mutter Goose (A) – Baba, genannt die Türkenbab (Mezzo-S) – Sellem, Auktionator (T) – Wärter des Irrenhauses (B) – Diener, Dirnen, grölende Burschen, Bürger, Irre

IN ENGLAND IM 18. JAHRHUNDERT

1. Akt: Tom und Ann lieben sich und wollen heiraten. Daß Tom allerdings eine Stellung antreten soll, die ihm Trulove, sein zukünftiger Schwiegervater, besorgt hat, ist ihm nicht ganz recht. Da kommt Nick aus London mit der Nachricht, Toms Onkel sei gestorben und habe ihm sein großes Vermögen hinterlassen. Nick erbietet sich, Tom so zu dienen wie vorher dem Onkel; Höhe des Lohnes und Zeitpunkt der Auszahlung werde er später mitteilen. Tom nimmt von Ann Abschied und geht mit Nick nach London, wo ihn Nick zunächst in Mutter Gooses Freudenhaus einführt. Von Sorge um Tom erfüllt, macht sich Ann nach mehreren Monaten eines Nachts nach London auf, um ihrem Geliebten beizustehen. – *2. Akt:* Tom hat inzwischen das Leben eines Wüstlings geführt. Um zu beweisen, daß ihm Lüsternheit und Gewissen fremd sind, heiratet er auf Nicks Rat die Türkenbab, ein wüstes, mit einem langen Vollbart versehenes Weib, die Attraktion der Jahrmärkte. Den Einzug der Türkenbab in Toms Londoner Villa muß Ann miterleben; erschüttert wendet sie sich ab. Das Leben mit der Türkenbab ist für Tom fürchterlich. Durch eine angebliche Erfindung, in die er auf Nicks Empfehlung den Rest seines Vermögens steckt, wird Tom finanziell ruiniert. – *3. Akt:* Bei der Versteigerung des Hauses verrät die Türkenbab Ann, daß Tom sie noch immer liebe. Ann möge ihm beistehen. Wirklich kann Ann Tom helfen, als er mit Nick, der sich als Gehilfe des Satans enthüllt, um seine Seele ein Kartenspiel beginnen muß. Tom gewinnt, und Nick sinkt in das für Tom vorbereitete Grab. Ein letzter Fluch Nicks bringt Tom ins Irrenhaus, wo er sein Leben beschließen wird.

Franz von Suppé (1819-1895): **Boccaccio**

Komische Oper in 3 Akten von F. Zell und R. Genée – Wien 1879 (Weinberger)
Giovanni Boccaccio (T oder A) – Pietro, Prinz von Palermo (T) – Scalza, Barbier (B) – Beatrice, seine Frau (S) – Lotteringhi, Faßbinder (Bar) – Isabella, seine Frau (S) – Lambertuccio, Gewürzkrämer (Bar) – Personella, seine Frau (Mezzo-S) – Fiametta, beider Ziehtochter (S) – Leonetto, Student (Bar) – Buchhändler (Bar) – Studenten, Komödianten

FLORENZ 1331

1. bis 3. Akt: Florenz ist in zwei Lager gespalten. Für die Bürger des einen sind die Novellen Boccaccios amüsanter Gesprächsstoff, für die des anderen ein Ärgernis. Denn das, was der Dichter in seinen Novellen beschreibt, geht meist auf wahre Begebenheiten zurück. So überrascht der Barbier Scalza beinahe seine Frau bei einem amourösen Abenteuer mit Boccaccio und dessen Freund Leonetto. Die beiden täuschen ein Duell vor, um die Situation zu bereinigen. Beim Kirchgang trifft Boccaccio auf Fiametta und verliebt sich in sie. Der Sohn des Herzogs von Neapel, Pietro, kommt nach Florenz, er soll hier die Tochter des Herzogs heiraten. Zuvor will er – als Student verkleidet – mit Florentiner Frauen noch einige Abenteuer haben, so wie sie in Boccaccios Novellen geschildert sind. In seiner Verkleidung muß er sich allerdings erst einmal eine Verprügelung durch Florentiner Spießbürger gefallen lassen, da sie ihn für den Novellenschreiber halten. Auch ein Buchhändler, der Boccaccio-Werke verkauft, bekommt den Zorn der Bürger zu spüren. – Boccaccio, Leonetto und Pietro haben Wut und Enttäuschung im Wein ertränkt. Wieder in Laune, bringen sie Isabella und Personella ein Ständchen, Boccaccio widmet sich besonders Fiametta. Der schöne Augenblick findet durch den aufwachenden Faßbinder Lotteringhi ein Ende. Seine schöne Frau Isabella spielt die Entrüstete – sie beklagt sich über den nächtlichen Lärm – und treibt ihren Mann aus dem Haus. Lotteringhi kehrt zurück, entdeckt Pietro in einem seiner Fässer, wird aber von ihm und Isabella übertölpelt. Derweil sitzt der Gewürzkrämer Lambertuccio in einem Baum und verfolgt, wie im Traum, das Treiben der liebenden Paare. Die Volkswut hat sich noch immer nicht gelegt. Der herzogliche Bote wird für den gesuchten Dichter gehalten. Dessen Auftrag lautet, Fiametta, die in Wahrheit eine Tochter des Herzogs ist, an den Hof zurückzubringen, damit sie Pietro, den Prinzen von Palermo, heiratet. Während Boccaccio und seine Freunde die unglückliche Fiametta aus ihrer mißlichen Lage befreien wollen, wird der Verfasser der frechen Novellen erkannt. Zu guter Letzt wird der Dichter zum Literaturprofessor ernannt und erhält Fiamettas Jawort.
Wonnevolle Kunde (Walzer); Immerzu undici, dodici, tredici, Mia bella fiorentina; Hab' ich nur deine Liebe (Fiametta).

Heinrich Sutermeister (* 1910): **Romeo und Julia**

Oper in 2 Akten von Heinrich Sutermeister – Dresden 1940 (Schott)
Romeo, Sohn des Montague (T) – Julia, Tochter des Capulet (S) – Balthasar, Romeos alter Diener (Bar) – Gräfin Capulet, Julias Mutter (A) – Die Amme (A) – Fürst von Verona (Bar) – Pater Lorenzo, Franziskaner (B) – Capulet (B), Montague (Sprechrolle), die Häupter zweier Adelshäuser – Graf Paris, ein junger Edelmann (Tanzrolle) – Der Bediente (T) – Der Hirtenknabe (Sprechrolle) – Eine Knabenstimme (A) – Vier verliebte Paare – Volk, Stimmen

IN VERONA NACH 1300

1. Akt: Auf der Piazza dei Signori in Verona kämpfen die beiden Adelshäuser Montague und Capulet gegeneinander. Das Dazwischentreten des Fürsten von Verona kann zwar die Auseinandersetzung beenden, der Haß aber wird nicht gemildert. Romeo, Mitglied des Hauses Montague, hat aus Versehen eine Einladung zum Maskenfest in das Haus der Capulets erhalten. Dort verliebt er sich in Julia Capulet, die auch ihrerseits sogleich in Liebe für ihn entbrennt. Um so größer ist ihre Angst, daß Romeo von den Ihren erkannt und in einen Kampf verwickelt wird. Während vier verliebte Paare ein Ständchen bringen, schwören sie sich unwandelbare Treue. – *2. Akt:* Um den Frieden zwischen den verfeindeten Geschlechtern herzustellen, ist Pater Lorenzo bereit, Romeo und Julia zu trauen. Julia soll aber schon vorher auf Wunsch ihrer Familie mit dem Grafen Paris vermählt werden. Pater Lorenzo gibt ihr darauf ein Mittel, das sie für 36 Stunden scheintot werden läßt. Sie trinkt es, bricht zusammen und wird in den Katakomben aufgebahrt. Romeo dringt in das Grabmal ein und ersticht sich an Julias Seite, die er für tot hält. Als Julia erwacht, bricht ihr das Herz.

Heinrich Sutermeister: Raskolnikoff

Oper in 2 Akten nach dem gleichnamigen Roman von F. M. Dostojewsky; von Peter Sutermeister – Stockholm 1948 (Schott)
Raskolnikoff, ein mittelloser Student (T) – Raskolnikoffs zweites Ich (Bar) – Raskolnikoffs Mutter (A) – Rasumichin, Raskolnikoffs Freund (Sprechrolle) – Marmeladoff, ehemaliger Staatsbeamter (B) – Frau Marmeladoff (S) – Sonja, deren Tochter (S) – Lene und Poletschka, Sonjas kleine Schwestern (Kinderrollen) – Ein Bärenführer (Bar) – Ein Polizist (Bar) – Eine Wucherin (Sprechrolle) – Ein Kleinbürger (Sprechrolle) – Ein Knabe, Begleiter des Bärenführers (stumm) – Zwei Männer (Sprechrollen)

ST. PETERSBURG, ZWEITE HÄLFTE DES 19. JAHRHUNDERTS

1. Akt, 1. Bild: Der Student Raskolnikoff wird von schrecklichen Gedanken geplagt. Sein Elend hat ihn bis an den Rand des Wahnsinns getrieben. Er sieht Bilder, hört Stimmen. Sein Freund Rasumichin bringt ihm einen Brief seiner Mutter; sie will ihn besuchen. Der betrunkene Hauswirt Marmeladoff und dessen schwindsüchtige Frau dringen lärmend in Raskolnikoffs Mansardenzimmer und machen sich gegenseitig den Vorwurf, die Armut in der Familie verschuldet zu haben. Während Rasumichin davoneilt, um für seinen Freund etwas zu essen zu holen, verläßt auch Raskolnikoff seine ärmliche Behausung. Er ist verwirrt, ratlos. Da meldet sich seine innere Stimme; sie rät ihm, sich am Schicksal zu rächen, eine Rachetat werde ihm Geld einbringen, viel Geld, um seinem Elend zu entfliehen. – *2. Bild:* Auf einem Rummelplatz beobachtet Raskolnikoff, wie Sonja, die Tochter der Marmeladoffs, eine Wucherin um Geld angeht. Er selbst versetzt bei der Alten seine Uhr. Und wieder reißt ihn seine innere Stimme in eine andere Welt: Mord allein könne ihn retten. Und mit einer Axt geht

Raskolnikoff in das Haus der Wucherin und erschlägt sie. – *3. Bild:* Raskolnikoff ist wieder in seiner Mansarde. Marmeladoff ist bei einem Unfall tödlich verletzt worden; sterbend bittet er Sonja, die durch seine Schuld zur Dirne wurde, um Verzeihung. – *2. Akt, 4. Bild:* Raskolnikoffs Mutter ist angekommen. Doch was sie zu ihm sagt, hört Raskolnikoff kaum, so sehr steht er unter dem Eindruck seiner Tat. – *5. Bild:* Während der Trauerfeier für Marmeladoff vertraut sich Raskolnikoff Sonja an, die ihm rät, sich der Polizei zu stellen. Doch davon will Raskolnikoff nichts wissen. – *6. Bild:* Am Ufer der Newa irrt die todkranke Frau Marmeladoff mit ihren Kindern umher; sie hat den Verstand verloren, die Kinder tanzen, hoffen auf Geld. Auch Raskolnikoff irrt am Fluß entlang. Die Versprechungen seiner inneren Stimme, seines zweiten Ichs, sind nicht in Erfüllung gegangen; er ist arm geblieben, ist ärmer als zuvor. In einer Anwandlung hellwacher Geistesgegenwart macht er sich mit Sonja auf den Weg, um sich zu stellen. Er will seine Tat freiwillig sühnen.
Die Schatten werden länger (Raskolnikoff); Trallala, Trallala (Frau Marmeladoff).

Heinrich Sutermeister: Madame Bovary

Oper in einem Prolog und 2 Akten nach Gustav Flaubert von Heinrich Sutermeister – Zürich 1967 (Schott)
Maria Bovary (S) – Charles Bovary, ihr Gatte (B) – Bauer Rouault, ihr Vater (Bar) – Rudolf Boulanger (Bar) – L'Heureux, Modehändler (T) – Félicité, Magd (S) – Schwester Lehrmeisterin (A) – Der Präfekt (T) – Ein Arzt (B) – Der blinde Drehorgelspieler (Bar) – Ein Junge (Knabenstimme) – 2 Bauernmädchen (S und Mezzo-S) – 2 Laienschwestern (S und Mezzo-S) – Stimme der Virginie (S) – Stimme der Beatrice (S) – Stimme der Héloïse (Mezzo-S) – 3 Modemodelle (Tänzerinnen) – Laienschwester – Dorfpfarrer – Bürgermeister – Honoratioren, Tanzgruppe

EINE FRANZÖSISCHE KLEINSTADT IM JAHRE 1847

1. bis 2. Akt: Die ohne Mutter aufgewachsene Maria, die einen Hang zu Ausflügen in die Welt der Phantasie hat, verbringt einige Jahre im Kloster. Ins Elternhaus zurückgekehrt, muß sie erkennen, daß es mit dem Vater, dem trunksüchtigen Bauern Rouault, kein Auskommen gibt. In ihrer Verzweiflung heiratet sie den viel älteren Landarzt Bovary. Der Ehealltag wird für sie allerdings zur Qual; Maria zieht sich immer mehr von den Menschen zurück, hat bald keinen Sinn mehr für die Wirklichkeit und glaubt sogar, Stimmen zu hören. Da begegnet ihr während des Festes der Gutsbesitzer Rudolf Boulanger, der Maria besitzen, aber nicht heiraten möchte. Die Episode endet damit, daß Maria an der Welt verzweifelt. Boulanger hat sich aus dem Staub gemacht; jetzt will sein Freund L'Heureux Maria für sich gewinnen. Maria ist dem Wahnsinn nahe, in ihr erstarrt alles zu lebloser Kälte. Ihre Phantasmagorien leiten zur Wirklichkeit über. Schwestern finden Maria im Schnee: jede Hilfe kommt zu spät. Sterbend hält sie das Kruzifix in den Händen in der Hoffnung, jetzt in Gott Ruhe zu finden.
Ich schlafe nicht (Maria); Bonsoir, Madame (L'Heureux).

Ambroise Thomas (1811-1896): **Mignon**

Oper in 3 Akten nach Goethe von Michel Carré und Jules Barbier – Paris 1866
Mignon (Mezzo-S) – Philine (S) – Wilhelm Meister (T) – Lothario (B) – Laertes (T) – Friedrich (T) – Jarno (B) – Der Fürst (T) – Der Baron (Bar) – Antonio (Sprechrolle) – Ein Souffleur (Sprechrolle) – Ein Bedienter (Sprechrolle) – Zigeuner, Schauspieler, Herren und Damen, Bürger, Bauern und Bäuerinnen

IN DEUTSCHLAND UND ITALIEN UM 1790

1. Akt: Während Lothario, ein alter fahrender Sänger, der vor Jahren seine Tochter verloren hat, in einem Wirtshausgarten ein Lied singt, kommt ein Zigeunertrupp vorbei. Jarno, der Anführer, befiehlt Mignon, einen Eiertanz vorzuführen, und droht ihr, als sie sich weigert, mit Schlägen. Wilhelm Meister, ein reicher junger Wiener, empfindet Mitleid mit dem Mädchen und kauft sie frei; aus Dankbarkeit besteht Mignon darauf, Meister in Knabenkleidern als Diener zu begleiten. Philine und Laertes, zwei Mitglieder einer Schauspielertruppe, erregen das Interesse Meisters, der sich sogleich in die leichtsinnige Philine verliebt. Einer Einladung des Barons Rosenberg an die Schauspieler, auf seinem Schloß einige Vorstellungen zu geben, schließt sich Meister in der Rolle eines Dichters an. – *2. Akt:* In ihrem Boudoir reizt Philine Meister durch ihr kokettes Spiel. Mignon wird eifersüchtig und zieht, als Philine und Meister abgegangen sind, ein Kleid Philines an. So verwandelt, stürzt sie Philines Freund Friedrich in den Arm, als dieser vor Eifersucht auf Meister den Degen ziehen will. Meister weiß nun, daß Mignon ihn liebt, und beschließt, sich von ihr zu trennen. Im Schloßpark trifft sie Lothario, der ihren kaum geäußerten Wunsch aufnimmt und das Schloß anzündet. Auch Meister kommt in den Schloßpark sowie Philine, die Mignon mit einem Auftrag nochmals ins Schloß schickt. Meister vermag die Bewußtlose gerade noch aus dem Feuer zu retten. – *3. Akt:* Meister hat mit Lothario die kranke Mignon nach Italien gebracht. Auf dem Stammsitz des verschollenen Grafen Cypriani erlangt Lothario sein Gedächtnis wieder: er selbst ist der verschollene Graf. Mignon aber erkennt an Schmuckstücken und Gebetbuch, daß sie seine geraubte Tochter ist. Vater und Tochter umarmen sich; auch Meister bekennt seine Liebe zu Mignon.

Kennst du das Land (Mignon); Ihr Schwalben in den Lüften (Mignon, Lothario); Leb wohl, Mignon (Meister); Wie ihre Unschuld (Meister).

Michael Tippett (* 1905): **Wenn das Eis bricht**

Oper in 3 Akten vom Komponisten – London 1977 (Schott)

Lev, Lehrer, 50 Jahre alt (B) – Nadia, seine Frau (S) – Yuri, beider Sohn, Student (Bar) – Gayle, Yuris weiße Freundin (S) – Hannah, Gayles schwarze Freundin, Krankenschwester (Mezzo-S) – Olympion, Hannahs Boyfriend, ein farbiger Meisterathlet (T) – Luke, ein junger Arzt an Hannahs Krankenhaus (T) – Ein Polizeileutnant (Bar) – Astron, ein psychedelischer Heilsverkünder (S/T)

UNSERE WELT, ZWEITE HÄLFTE DES 20. JAHRHUNDERTS

In einer Flughafenhalle erwartet Nadia ihren Mann Lev, der nach zwanzig Jahren Lagerhaft als politischer Gefangener freigekommen ist. Ihr Sohn Yuri kann ihre Gefühle nicht teilen. Er hat kaum eine Erinnerung an seinen Vater. Auch Yuris Freundin Gayle und deren schwarze Freundin Hannah, eine Krankenschwester, kommen auf den Flughafen. Sie erwarten Olympion, einen schwarzen Meisterathleten, dessen Fans die Halle überfluten. Yuri versucht vergeblich, Gayle zurückzuhalten. Sie schließt sich Olympion an. Die Massen entfernen sich, und Nadia steht Lev allein gegenüber. In ihrer Wohnung kommen sie erst ins Gespräch. Unterdessen wird Olympion von seinen Fans gefeiert. Yuri ist Gayle gefolgt, die sich wie in Ekstase dem schwarzen Idol zu Füßen wirft. Schwarze und Weiße geraten aneinander. Yuri wird von Olympion niedergeschlagen. Gayle mit sich zerrend und voller Haß gegen seinen Vater, kommt er zu Hause an. Lev, Nadia, Yuri und Gayle – alle gehen ihren Gedanken nach. Von draußen dringen Rassenparolen herein. Nadia sieht im Geiste einen Totentanz. Auch Hannah und Olympion werden in die Ereignisse hineingerissen. Schwarzer und weißer Mob geraten aneinander, Schüsse fallen. Die Polizei erscheint. Olympion und Gayle sind tot, Yuri schwer verletzt. Die Vorkommnisse haben Nadias Lebenswillen gebrochen, bald darauf stirbt sie. Heilssucher strömen zusammen, um ihren psychedelischen Gott Astron zu schauen. Lev holt Yuri aus dem Hospital ab – Vater und Sohn finden zueinander: das Eis ist gebrochen.

Peter Tschaikowsky (1840-1893): **Eugen Onegin**

Lyrische Szenen in 3 Akten nach Alexander Puschkin von Konstantin Schilowsky – Moskau 1879

Larina, Gutsbesitzerin (Mezzo-S) – Tatjana (S) und Olga (A), deren Töchter – Filipjewna, Wärterin (A) – Eugen Onegin (Bar) – Lenski (T) – Fürst Gremin (B) – Ein Hauptmann (B) – Saretzki (B) – Triquet, ein Franzose (T) – Guillot, Kammerdiener (stumm) – Landleute, Ballgäste, Offiziere, Gutsbesitzer

AUF LARINAS LANDGUT UND IN ST. PETERSBURG UM 1820

1. Akt: Zum Erntedankfest kommt auf das Gut der Witwe Larina der Dichter Lenski, der mit der lebensfrohen Olga verlobt ist. In seiner Begleitung befindet sich Eugen Onegin, Gutsnachbar der Familie Larina und Erbe eines großen Vermögens. Auf Tatjana macht Onegin einen so tiefen Eindruck, daß sie ihre Scheu überwindet und ihm einen glühenden Liebesbrief schreibt. Die Amme Filipjewna will den Brief besorgen. Onegin glaubt jedoch, sein rastloses Wesen nicht an die reine Tatjana fesseln zu dürfen, und gibt dies der tiefbeschämten Tatjana zu verstehen. – *2. Akt:* Lenski hat seinen Freund zu einem Hausball bei Larina mitgenommen. Die Klatschsucht einiger älterer Damen über sein Verhältnis zu Tatjana ärgert Onegin derart, daß er, um seinen Freund für die aufgezwungene Einladung zu strafen, sich mehr als schicklich mit dessen Braut Olga beschäftigt. Aufgestachelt von Saretzki, fordert Lenski Onegin zum Duell. Onegin, der seinen Kammerdiener Guillot als Sekundanten mitbringt, findet die konventionelle Forderung zwar albern, feuert aber doch einen Schuß ab, der den Dichter tödlich verletzt. – *3. Akt:* Auf einem Ball im Petersburger Palais des Fürsten Gremin trifft Onegin Tatjana als Gattin des Fürsten wieder. Onegin erkennt die ganze Sinnlosigkeit seines früheren Verhaltens und bestürmt Tatjana mit seinen Anträgen. Von ihren früheren Gefühlen hingerissen, schwankt Tatjana einen Augenblick, besinnt sich aber dann doch auf ihre jetzigen Pflichten und läßt Onegin allein zurück.

Und sei's mein Untergang (Tatjana); Sie schrieben mir (Onegin); Wohin seid ihr entschwunden (Lenski); Ein jeder kennt die Lieb' auf Erden (Gremin).

Peter Tschaikowsky: Mazeppa

Oper in 3 Akten. Libretto nach Alexander Puschkins Poem „Poltawa" – Moskau 1884

Mazeppa, Pan und Hetman der Ukraine (Bar) – Kotschubej, Pan in der Ukraine (B) – Ljubov, seine Frau (Mezzo-S) – Maria, seine Tochter (S) – Andrej (T) – Orlik, Vertrauter Mazeppas (B) – Iskra, Kotschubejs Freund (T) – Ein betrunkener Kosak (T)

ANFANG DES 18. JAHRHUNDERTS IN DER UKRAINE

1. bis 3. Akt: Der gestandene Mazeppa liebt die viel jüngere Maria, die Tochter seines Freundes Kotschubej. Dieser widersetzt sich der Bitte Mazeppas, seine Tochter zu heiraten. Der Streit artet zu einem wilden Tumult aus. Mazeppa ruft seine Soldaten herbei, stellt Maria vor die Entscheidung, und zum Erstaunen aller wählt sie Mazeppa und nicht ihre Familie. – Die Mutter Marias, Ljubov, drängt ihren Mann zur Rache;

er soll Mazeppa töten. Stattdessen beschließt Kotschubej, Mazeppas verräterische Pläne mit Schweden dem Zaren zu hinterbringen. Andrej, ein abgeblitzter Bewunderer Marias, ist bereit, die Botschaft nach Moskau zu bringen. – Kotschubejs Plan ist danebengegangen – die Gunst des Zaren bleibt weiterhin auf seiten Mazeppas. Ihm werden Kotschubej und Andrej ausgeliefert. Beide sollen hingerichtet werden. – Mazeppa bringt es nicht übers Herz, Maria von der bevorstehenden Hinrichtung ihres Vaters zu unterrichten. Sie ihrerseits ist begeistert von seinen Plänen, sich mit den Schweden zu verbünden. Mazeppa hat das Haus verlassen. Ljubov tritt ein. Im Laufe des Gesprächs stellt sich heraus, daß Maria von der Hinrichtung ihres Vaters nichts weiß. Sie eilt davon, um Kotschubej zu retten. Sie kann das Unheil aber nicht mehr verhindern. – Mazeppas Soldaten sind in der Schlacht von Poltawa durch die Truppen Zar Peters besiegt worden. Mazeppa und Orlik, sein Vertrauter, werden flüchtend von Andrej gestellt. Mazeppa erschießt Andrej. Maria, die von den Vorgängen in den Wahnsinn getrieben wird, bricht über der Leiche ihres Jugendfreundes zusammen.

Peter Tschaikowsky: Pique Dame

Oper in 3 Akten nach Alexander Puschkin von Modest Tschaikowsky – St. Petersburg 1890

Hermann (T) – Graf Tomsky (Bar) – Fürst Jeletzky (Bar) – Tschekalinsky (T) – Ssurin (B) – Tschaplitzky (T) – Narumoff (B) – Festordner (T) – Die Gräfin (Mezzo-S) – Lisa (S) – Pauline (A) – Gouvernante (A) – Mascha (S) – Spaziergänger, Gäste, Masken, Wärterinnen, Gouvernanten, Kinder, Spieler

IN ST. PETERSBURG IN DER ERSTEN HÄLFTE DES 19. JAHRHUNDERTS

1. Akt: Hermann, ein armer Offizier, ist in eine schöne Unbekannte verliebt, die er bei einem Spaziergang mit seinen Kameraden Tschekalinsky und Ssurin als die Verlobte Lisa seines Regimentskameraden Fürst Jeletzky kennenlernt. Lisas Großmutter, eine reiche Gräfin, soll beim Spiel am Hofe der Pompadour ihr großes Vermögen durch die Kenntnis dreier Gewinnkarten gewonnen haben. Diese Kenntnis soll „Pique Dame“, wie die Gräfin genannt wird, ihrem Manne mitgeteilt haben; einem Dritten jedoch sollen die Karten den Tod bringen. Um Lisa zu gewinnen, ist Hermann fest entschlossen, das Geheimnis der Karten zu erfahren und damit ein Vermögen zu erringen. Auch Lisa hat an Hermann Gefallen gefunden und gibt sich ihm hin. – *2. Akt:* Zu einem zweiten Stelldichein gibt Lisa während eines Maskenballes Hermann die Schlüssel zum Zimmer ihrer Großmutter, von wo Hermann zu ihr kommen soll. Hermann aber bleibt im Zimmer der Großmutter und verlangt von ihr Auskunft über die drei Karten. Als die Gräfin sich weigert, bedroht er sie mit der Pistole. Die alte Dame stirbt an der Aufregung, und Lisa, die hinzukommt, weist Hermann, den sie für den Mörder hält, aus dem Haus. – *3. Akt:* In der Kaserne erscheint Hermann der Geist der Gräfin und nennt ihm die Karten: Drei – Sieben – As. Bei einem Treffen, um das ihn Lisa brieflich gebeten hat, denkt Hermann nur an die Karten und verhält sich so merkwürdig, daß Lisa den Tod im Fluß sucht. Hermann eilt zum Spiel, gewinnt auf Drei eine große Summe, verdoppelt auf Sieben den Einsatz und gewinnt abermals. Als beim drittenmal jedoch statt des As die Pique Dame fällt, erdolcht sich Hermann schließlich.

Weshalb so schweigsam (Jeletzky); Als deine Liebe du mir schenktest (Jeletzky); Bald ist es Mitternacht (Lisa).

Giuseppe Verdi (1813-1901): **Nabucco**

Oper in 4 Akten von Temistocle Solera – Mailand 1842
Nabucco, König von Babylon (Bar) – Abigail, vermeintliche erstgeborene Tochter Nabuccos, in Wirklichkeit eine Sklavin (S) – Fenena, Tochter Nabuccos (S) – Zaccaria, der Hohepriester der Hebräer (B) – Anna, seine Schwester (S) – Ismael, Neffe des Königs von Jerusalem (T) – Der Oberpriester des Baal (B) – Abdallo, ein Diener Nabuccos (T) – Volk

IN JERUSALEM UND BABYLON 587 VOR CHRISTI GEBURT

1. Akt: Bei den Hebräern, die im Krieg mit Babylon liegen, befindet sich Fenena, die Tochter des babylonischen Herrschers Nabucco. Sie hat einst Ismael, den Neffen des Königs Sedica von Jerusalem, aus babylonischer Gefangenschaft gerettet. Nun will Ismael Fenena, deren Liebe er erwidert, vor Argem bewahren und vertraut sie dem Schutz des Hohenpriesters Zaccaria an. Mit den ersten Kriegern Babylons dringt Abigail in den Tempel ein. Mit der Behauptung, die älteste Tochter Nabuccos zu sein, hat sich die ehemalige Sklavin eine beherrschende Stellung errungen. Auch sie liebt Ismael und will darum Fenena töten. Fenenas königlicher Vater bringt ihr jedoch noch rechtzeitig Rettung. – *2. Akt:* Aufgestört durch die Nachricht, Fenena habe die Hebräer freigelassen, ruft der Oberpriester des Baal Abigail zur Königin aus; das Volk wird durch die falsche Nachricht, Nabucco sei im Kampf gefallen, besänftigt. Als aber Abigail von Fenena die Krone fordert, erscheint Nabucco, setzt sich selbst wieder die Krone aufs Haupt, ruft sich als Gott aus und wird für diese Freveltat mit Wahnsinn geschlagen, worauf Abigail die Herrschaft übernimmt. – *3. Akt:* Der Oberpriester Baals und Abigail verurteilen Fenena zusammen mit den Hebräern zum Tode. Nabucco, der sich dem Urteil über seine geliebte Tochter widersetzt, wird gefangengesetzt. Zaccaria gibt unterdessen den Juden Hoffnung und verheißt ihnen den Sieg. – *4. Akt:* Die Angst um Fenena nimmt die Schatten von Nabuccos Geist. Nachdem er sich zum Gott der Hebräer bekannt hat, eilt er an der Spitze seiner Krieger in die Gärten des Baal, wo Fenena und die Hebräer geopfert werden sollen. Vor Jehovas Macht fällt das Bild des Götzen Baal in sich zusammen; sterbend betet auch Abigail zu Jehova, dessen Volk befreit in die Heimat zurückkehren darf.
Flieg, Gedanke, getragen von Sehnsucht; Welche Klage muß ich nun vernehmen (Chor der Gefangenen).

Giuseppe Verdi: Ernani

Oper in 4 Akten nach Victor Hugos Schauspiel „Hernani" von Francesco Maria Piave – Venedig 1844 (U. E.)
Ernani, Rebell (T) – Don Carlos, König von Spanien (Bar) – Don Ruy Gomez de Silva (B) – Elvira, seine Nichte (S) – Johanna, deren Vertraute (S) – Don Riccardo, Waffenträger des Königs (T) – Jago, Anführer bei Silva (B) – Ein Anführer (B) – Ein Anhänger Ernanis (T)

SPANIEN UND AACHEN 1519

1. bis 4. Akt: Die Fürstin Elvira wird von drei Männern umworben: von ihrem Vormund und Onkel Silva, von Don Carlos, dem König von Spanien, und von dem von ihr geliebten Ernani, der als eigentlicher Herzog von Aragonien mit dem König in Fehde liegt, weil dieser ihn um seine Besitztümer gebracht hat. Ernani ist entschlossen, Elvira zu entführen. Es kommt zum Kampf, in dessen Verlauf die rebellischen Ernani-Anhänger von den königlichen Truppen geschlagen werden. Allein Ernani

kann entkommen und wird als tot gemeldet. Jetzt willigt Elvira in eine Ehe mit dem greisen Silva ein. Kurz vor der Hochzeit taucht Ernani als Pilger verkleidet wieder auf und wird von Silva gastfreundlich aufgenommen. Bald weiß er, daß ihn Elvira noch immer liebt. Als Zeichen ihrer Liebe will sie sich am Altar das Leben nehmen. Silva entdeckt die Liebenden und schwört ihnen Rache. Zur selben Stunde fordert König Carlos, ihm Elvira auszuliefern. Silva kommt der Aufforderung nicht nach, er besteht auf seinem Gastrecht. Verhindern kann er aber nicht, daß der König Elvira als Geisel nimmt. Jetzt verbünden sich Ernani und Silva, sie wollen Elvira befreien und den König töten. Dazu kommt es nicht. Der in Aachen zum Kaiser gewählte König überrascht die Verschwörer. Ernani gibt sich nun als Herzog von Aragonien zu erkennen, und Elvira ist bereit, mit ihm zu sterben. Der Kaiser indes begnadigt alle. Er macht Ernani wieder zum Herzog und gibt ihm die Erlaubnis, Elvira zu heiraten.
Ernani, Ernani, rette mich (Elvira); Aufgewacht ist Kastiliens Löwe (Chor).

Giuseppe Verdi: Macbeth

Oper in 4 Akten nach William Shakespeare von Francesco Maria Piave – Florenz 1847
Duncan, König von Schottland (stumm) – Malcolm, sein Sohn (T) – Macbeth (Bar) und Banquo (B), Feldherren des Königs – Lady Macbeth (S) – Macduff, ein schottischer Edler (T) – Kammerfrau der Lady Macbeth (Mezzo-S) – Fleance, Banquos Sohn (stumm) – Ein Arzt (B) – Ein Diener Macbeths (B) – Ein Mörder (B) – Ein Herold (B) – Hexen, Geister, schottische Edle und Flüchtlinge, Mörder, Soldaten

IN SCHOTTLAND IM 11. JAHRHUNDERT

1. Akt: Nach einer siegreich geschlagenen Schlacht lagern Macbeth und Banquo, die beiden Feldherren des schottischen Königs Duncan, auf einer Heide. Hexen umgeistern sie und sagen ihnen die Zukunft voraus: Macbeth wird König, Banquo Vater von Königen. Lady Macbeths Ehrgeiz ist entfacht, und als König Duncan auf ihrem Schloß zu Gast ist, beredet sie ihren Mann, Duncan zu ermorden. – *2. Akt:* Malcolm, der Sohn des ermordeten Königs, ist geflohen, wodurch er der Tat verdächtigt wird. So fällt Macbeth die Krone Schottlands zu. Noch aber lebte Banquo und sein Sohn, der nach der Prophezeiung König werden wird. Abermals von Lady Macbeth angestachelt, bereitet Macbeth einen Anschlag gegen Banquo und Fleance vor. Banquo stirbt, doch Fleance kann entkommen. Macbeth wird darauf vom Geist des meuchlerisch Gemordeten verfolgt. – *3. Akt:* Unruhig geworden, holt sich Macbeth von den Hexen neue Auskunft: Seine Herrschaft wird dauern, solange nicht der Wald von Birnam gegen ihn vorrücke, und ihn werde keiner besiegen, der von einem Weibe geboren sei. – *4. Akt:* Auch Lady Macbeth wird nun von Geistern verfolgt; sie endet im Wahnsinn. Malcolm und Macduff, ein schottischer Edler, dessen Familie dem Wüten Macbeths zum Opfer gefallen ist, haben Krieger um sich gesammelt, mit denen sie das Schloß des Macbeth angreifen. Zu ihrem Schutz tragen die Krieger Baumäste, so daß Macbeth erlebt, wie der Wald von Birnam gegen ihn vorrückt. Als er sich zum Zweikampf mit Macduff stellt, muß er auch noch erfahren, daß dieser nicht geboren, sondern aus dem Leibe seiner Mutter geschnitten wurde. Macbeth fällt, Malcolm wird König.
Dieser Flecken kommt immer wieder (Lady Macbeth, Kammerfrau, Arzt).

Giuseppe Verdi: Luise Miller

Oper in 3 Akten nach Friedrich v. Schiller von Salvatore Cammarano – Neapel 1849
Graf von Walter (B) – Rudolf, sein Sohn (T) – Amalia, Herzogin von Ostheim, Nichte des Grafen (A) – Wurm, Sekretär des Grafen (B) – Miller, ein alter Soldat außer Diensten (Bar) – Luise, seine Tochter (S) – Laura, ein Bauernmädchen, ihre Freundin (S) – Ein Bauer (T) – Hofdamen, Pagen, Diener, Leibwache, Landleute

IN TIROL IN DER ERSTEN HÄLFTE DES 18. JAHRHUNDERTS

1. Akt: Luise und Rudolf, von dem sie nicht weiß, daß er der Sohn des Grafen von Walter ist, haben sich in Liebe gefunden. Zwar soll Luise eigentlich den Sekretär Wurm und Rudolf die einflußreiche Amalia, Herzogin von Ostheim, heiraten, doch haben sich beide Treue gelobt, wobei Luise die Unterstützung ihres ehrenhaften Vaters Miller findet, wogegen der Graf alle Mittel anwenden will, um seinen Sohn zu einer standesgemäßen Heirat zu zwingen. – *2. Akt:* Der Graf hat Miller einkerkern lassen. Aus Sorge um ihren Vater gibt Luise dem Druck Wurms nach, erklärt dem Grafen und Amalia, daß sie stets nur Wurm geliebt habe, und schreibt einen Brief ähnlichen Inhalts an Wurm, der jedoch Rudolf hinterbracht werden soll. – *3. Akt:* Luise hat an Rudolf einen Brief geschrieben, in dem sie ihn bittet, gemeinsam mit ihr aus dem Leben zu scheiden. Auf Bitten ihres Vaters, der aus dem Gefängnis entlassen wurde, vernichtet sie jedoch diesen Brief. Während sie im Gebet versunken ist, betritt Rudolf ihr Zimmer und gießt den Inhalt eines Fläschchens in eine Tasse Milch. Nachdem er und Luise davon getrunken haben, teilt ihr Rudolf mit, daß sie in wenigen Minuten sterben werden. Angesichts des Todes kann sie ihm noch einmal ihre Liebe bekennen. Rudolf vermag noch, den Sekretär Wurm, der mit Rudolfs Vater ins Zimmer tritt, zu erstechen; dann sinkt er tot neben Luise nieder.

Giuseppe Verdi: Rigoletto

Oper in 4 Akten nach Victor Hugo von Francesco Maria Piave – Venedig 1851
Der Herzog von Mantua (T) – Rigoletto, sein Hofnarr (Bar) – Gilda, dessen Tochter (S) – Graf von Monterone (B) – Graf von Ceprano (Bar) – Die Gräfin, seine Gemahlin (S) – Marullo (Bar) und Borsa (T), Höflinge – Sparafucile, ein Bravo (B) – Maddalena, seine Schwester (A) – Giovanna, Gildas Gesellschafterin (A) – Ein Gerichtsdiener (B) – Ein Page der Herzogin (Mezzo-S) – Hofgesellschaft, Diener, Wachen

IN MANTUA UND UMGEBUNG IM 16. JAHRHUNDERT

1. Akt: Der Herzog von Mantua hält einen Ball ab, auf dem er die Gräfin Ceprano verführen will; Rigoletto, sein zynischer und allseits gehaßter Hofnarr, rät ihm laut, den Grafen zu verhaften und die Gräfin zu entführen. Rigoletto aber hat auch einen schwachen Punkt, eine Geliebte, wie die Hofleute glauben, die sich über diese Frau für Rigolettos spitze Worte rächen wollen. Als sich Rigoletto noch über den Grafen Monterone, dessen Tochter der Herzog verführt hat, lustig macht, verflucht ihn der Graf. – *2. Akt:* Auf dem Heimweg zu seinem Haus, wo keine Geliebte, sondern seine geliebte Tochter Gilda seiner wartet, trifft der Narr den Mörder Sparafucile, der sich erbietet, gegen ein Entgelt den Nebenbuhler Rigolettos zu beseitigen. Rigoletto achtet nicht darauf, geht nach Hause, schärft seiner Tochter und ihrer Gesellschafterin ein, das Haus nur zum Kirchgang zu verlassen, und geht, nachdem er verdächtige Geräusche gehört hat, wieder auf die Straße, während der Herzog in der Maske eines armen Studenten bei Gilda eindringt und deren Liebe findet. Rigoletto trifft auf der Straße die Hofleute, die des Narren vermeintliches Liebchen rauben wollen. Dem Narren

aber erzählen sie, sie wollten die Gräfin Ceprano entführen. Mit verbundenen Augen hält Rigoletto sogar noch die Leiter und merkt erst zu spät, daß seine Tochter, nicht die Gräfin, entführt worden ist. – *3. Akt:* Die Höflinge haben Gilda in den Palast gebracht, wo Rigoletto sie wiederfindet. Voller Scham beschwört sie ihren Vater, den Herzog, den sie noch immer liebt, zu verschonen. – *4. Akt:* Rigoletto ist mit Sparafucile in Verbindung getreten, wobei er auch seine Tochter von der Treulosigkeit des Herzogs, der mit Sparafuciles Schwester Maddalena ein Verhältnis hat, überzeugen kann. Sparafucile soll den Herzog töten und die Leiche Rigoletto in einem Sack übergeben, während Gilda nach Verona fliehen soll. Maddalena aber bittet für den als Offizier verkleideten Herzog, so daß Sparafucile, um seinen Auftraggeber zu befriedigen, Gilda, die sich für den immer noch geliebten Herzog opfert, niederstößt. Rigoletto erhält den Sack mit dem Opfer und kann gerade noch die letzten Worte seiner Tochter vernehmen.
Freundlich blick' ich (Herzog); Teurer Name, dessen Klang (Gilda); Feile Sklaven (Rigoletto); Wenn ich an Festestagen (Gilda, Rigoletto); O wie so trügerisch (Herzog); Holdes Mädchen, sieh mein Leiden (Gilda, Maddalena, Herzog, Rigoletto).

Giuseppe Verdi: Der Troubadour

Oper in 4 Akten von Salvatore Cammarano und Leone Emanuele Bardare – Rom 1853
Leonore, Gräfin von Sargasto, Palastdame (S) – Inez, ihre Vertraute (S) – Graf von Luna (Bar) – Ferrando, sein Anhänger (B) – Azucena, Zigeunerin (A) – Manrico, ein Troubadour (T) – Ruiz, Manricos Vertrauter (T) – Ein alter Zigeuner (B) – Ein Bote (T) – Soldaten, Zigeuner, Diener, Nonnen

IN DER BISCAYA UND IN ARAGONIEN UM 1410

1. Akt: Ferrando erzählt den Wachen die Geschichte des Hauses Luna. Danach hatte der alte Graf zwei Söhne, von denen der eine als Kind von einer Zigeunerin mit Krankheit geschlagen wurde. Als die Zigeunerin ihre Tat auf dem Scheiterhaufen büßte, raubte ihre Tochter Azucena einen der Grafensöhne und warf ihn in den lodernden Scheiterhaufen. Allerdings geht das Gerücht, die junge Zigeunerin habe in der Eile ihr eigenes Kind in die Flammen geworfen und der Grafensohn, der Bruder des Grafen Luna, sei noch am Leben. – Leonore liebt den Troubadour Manrico und hofft, ihn im Park zu treffen. In der Dunkelheit stürzt sie jedoch dem Grafen Luna in die Arme und läßt ihn die Verwechslung merken, als Manrico auftritt. Luna zieht den Degen gegen seinen Todfeind, den er schon auf dem Schlachtfeld bekämpft hat. Fechtend gehen sie ab. – *2. Akt:* Im Zigeunerlager trifft Manrico seine Mutter Azucena, die jedoch Zweifel an seiner Herkunft weckt. Ein Bote berichtet, Manrico sei mit der Verteidigung der Festung Castellor beauftragt worden. Auf die Nachricht, Leonore habe von seinem Tod gehört und wolle den Schleier nehmen, stürzt er davon und kann Luna, der Leonore entführen will, den Raub abjagen. – *3. Akt:* Luna, der Castellor belagert, hat Azucena gefangengenommen. Um die Mutter zu befreien, unternimmt Manrico einen Ausfall, wobei er in die Hände Lunas fällt. – *4. Akt:* Luna hat Manrico und Azucena zum Tode verurteilt. Um ihren Geliebten zu retten, eilt Leonore herbei und bietet Luna für die Freiheit Manricos sich selbst als Preis. Doch nimmt sie, um dem verhaßten Luna nicht lebend zu gehören, Gift. Manrico, der zuerst glaubt, Leonore liebe Luna, erfährt noch von ihr die Größe ihres Opfers. Luna jedoch hat zugehört und läßt Manrico hinrichten. Von Azucena, die Luna zwingt, der Hinrichtung Manricos beizuwohnen, erfährt Luna, daß er soeben seinen eigenen Bruder getötet habe.

Es glänzte schon das Sternenheer (Leonore, Inez); Lodernde Flammen schlagen zum Himmel (Azucena); Ihres Auges himmlisch Strahlen (Luna); Daß nur für mich dein Herz erbebt (Manrico); Lodern zum Himmel (Manrico); In deines Kerkers tiefe Nacht (Leonore); Sieh meiner heißen Tränen Flut (Leonore, Luna); In uns're Heimat kehren wir wieder (Azucena, Manrico).

Giuseppe Verdi: La Traviata

Oper in 3 Akten nach Alexandre Dumas von Francesco Maria Piave – Venedig 1853
Violetta Valéry (S) – Flora Bervoix (Mezzo-S) – Annina, Violettas Dienerin (Mezzo-S) – Alfred Germont (T) – Georg Germont, sein Vater (Bar) – Gaston, Vicomte von Létorières (T) – Baron Douphal (Bar) – Marquis von Obigny (B) – Doktor Grenvil (B) – Josef, Violettas Diener (T) – Ein Diener Floras (Bar) – Ein Kommissionär (B) – Gesellschaft, Masken, Diener, Matadore, Pikadore, Zigeunerinnen

IN PARIS UND UMGEBUNG UM 1840
1. Akt: Im Hause Violettas, der hervorragendsten Erscheinung der Pariser Halbwelt, findet eine Abendgesellschaft statt, zu der sich auch Alfred Germont einfindet. Eine leidenschaftliche Liebe zu Violetta ergreift Alfred. Auch Violetta, bisher mehr an die realistischeren Züge der Liebe gewöhnt, empfindet Zuneigung für Alfred, dessen selbstlose Liebe sie mit der Erlaubnis wiederzukommen belohnt. – *2. Akt:* Violetta hat ihr Leben geändert und befindet sich seit drei Monaten mit Alfred auf ihrem Landgut. Allerdings sind auch ihre Einnahmen weggefallen. Als Alfred durch die Zofe davon hört, eilt er nach Paris, um Violetta aus der Verlegenheit zu helfen. Unterdessen kommt Alfreds Vater zu Violetta und führt ihr eindringlich vor Augen, welche gesellschaftlichen Schwierigkeiten Alfreds Verhältnis mit ihr seiner Familie und vor allem seiner Schwester bringe. Violetta entsagt daraufhin, hinterläßt Alfred einen Brief, in dem sie ihm ihre Rückkehr zu ihrem früheren Leben mitteilt, und begibt sich wieder nach Paris. Alfred findet eine zufällig hinterlassene Einladung zu einem Ball bei Violetta, erscheint bei ihr und beleidigt sie vor der versammelten Gesellschaft. Ohnmächtig bricht Violetta zusammen, während Alfred von seinem Vater weggeführt wird. – *3. Akt:* Violettas ohnehin schwankende Lebenskraft ist durch diese Ereignisse verhängnisvoll untergraben worden. Als Alfred, den sein Vater über seinen Irrtum aufgeklärt hat, zu ihr kommt, um Verzeihung zu erlangen, kann er sie nur noch in seinen Armen sterben sehen.
Gott schenkte eine Tochter mir (Violetta, Georg); Hat dein heimatliches Land (Georg); Lebt wohl jetzt (Violetta); O laß uns fliehen (Violetta, Alfred).

Giuseppe Verdi: Die sizilianische Vesper

Oper in 5 Akten von Eugène Scribe und Charles Duveyrier – Paris 1855
Guido de Montfort, Gouverneur von Sizilien (Bar) – Sire de Béthune, französischer Offizier (B) – Graf Vaudemont, französischer Offizier (B) – Arrigo, ein junger Sizilianer (T) – Giovanni da Procida, ein sizilianischer Arzt (B) – Herzogin Elena (S) – Ninetta, ihre Dienerin (A) – Danielli, Sizilianer (T) – Manfredo, Sizilianer (T) – Thibaut (T) und Robert (B), französische Soldaten – Sizilianer und Sizilianerinnen, französische Offiziere und Soldaten, Hofstaat des Montfort

IN PALERMO 1282

1. Akt: Gegen die französische Zwangsherrschaft auf Sizilien hat sich eine Verschwörung gebildet. An ihrer Spitze stehen die Herzogin Elena, deren Bruder von dem französischen Gouverneur Montfort ermordet wurde, und Arrigo, dessen furchtloses Wesen den Gouverneur mit so starker Sympathie berührt, daß er den Jüngling, allerdings vergebens, zum Freund zu gewinnen sucht. – *2. Akt:* Die Aufstandsbewegung erhält neuen Auftrieb durch die Rückkehr des Arztes Procida aus der Verbannung. Als Arrigo Elena seine Liebe gesteht, fordert diese ihn auf, den Gouverneur zu ermorden. Arrigo wird zu einem Fest des Gouverneurs eingeladen, lehnt aber schroff ab und wird verhaftet. – *3. Akt:* Den Beteuerungen des Gouverneurs, daß Arrigo sein Sohn sei, schenkt dieser keinen Glauben. Als jedoch bei einem Maskenfest die Verschwörer den Gouverneur ermorden wollen, verrät Arrigo im Widerstreit der Gefühle den Anschlag. Die Verschwörer mit Elena an der Spitze werden verhaftet. – *4. Akt:* Montfort will den Verschwörern verzeihen, wenn sich Arrigo als sein Sohn bekennt. Dieser ist dazu erst bereit, als die Gefangenen hingerichtet werden sollen. Versöhnt umarmen sich Vater und Sohn, der mit Elena vereint wird. Nur Procida bleibt unversöhnlich. – *5. Akt:* Er teilt Elena mit, daß die Verschwörer beim Läuten der Vesperglocken die Franzosen überfallen würden. Im Kampf zwischen ihrer Liebe zu dem Sohn des Gouverneurs und den Verpflichtungen den Verschwörern und ihrem ermordeten Bruder gegenüber schwankend, gibt Elena diese Botschaft nicht an Arrigo weiter. Die Glocken werden geläutet, die Sizilianer stürzen sich auf die Franzosen, Montfort und Arrigo fallen, Elena gibt sich den Tod mit ihrem Dolch.

O mein Palermo (Procida); In Glanz und Pracht regier' ich hier (Gouverneur); Als ich mein Herz dir zugewendet (Arrigo, Gouverneur); Wie soll ich euch, ihr Treuen, danken (Elena).

Giuseppe Verdi: Simone Boccanegra

Oper in einem Vorspiel und 3 Akten von Francesco Maria Piave – Venedig 1857

Simone Boccanegra, Korsar im Dienste der Republik Genua, später Erster Doge von Genua (Bar) – Jacopo Fiesco, Edelmann aus Genua, später unter dem Namen Andrea (B) – Paolo Albiani (Bar) und Pietro (B), Männer des Volkes – Maria, Fiescos Tochter, später unter dem Namen Amelia Grimaldi (S) – Gabriele Adorno, Genueser Edelmann (T) – Ein Hauptmann der Bogenschützen (T) – Eine Magd Amelias (S) – Krieger, Seeleute, Volk, Senatoren, Hofstaat, Dienerschaft

IN GENUA UND UMGEBUNG IN DER MITTE DES 14. JAHRHUNDERTS

Vorspiel: Die Volkspartei Genuas will Simone Boccanegra zum Dogen wählen. Boccanegra will das Amt nur annehmen, weil ihm dann der adelsstolze Fiesco nicht mehr die Hand seiner Tochter Maria verweigern kann. Auf ein Versöhnungsangebot Boccanegras verlangt Fiesco, das Versteck des Kindes zu erfahren, das Maria dem ehemaligen Korsaren geboren hat. Dieser kann aber nur mitteilen, daß das Kind seiner Pflegerin geraubt worden ist. Als Boccanegra Maria aus dem Palast ihres Vaters befreien will, stellt er fest, daß Maria gestorben ist. – *1. Akt:* Boccanegras Tochter Maria ist von der reichen Familie Grimaldi aufgezogen worden und gilt unter dem Namen Amelia als deren Kind. Boccanegra erkennt in ihr, als er als Brautwerber für seinen Kanzler Paolo die inzwischen Zwanzigjährige aufsucht, sein Kind. Da Amelia aber ihr Herz dem jungen Edelmann Adorno zugewendet hat, muß der Doge Paolo einen abschlägigen Bescheid geben. Paolo läßt daraufhin Amelia durch den Bravo Lorenzino entführen. Adorno und Fiesco, der in der Maske eines Paters Andrea Haupt der gegen den Dogen verschworenen Adelspartei ist, töten dabei den Bravo. Der Verdacht, Auftraggeber der Entführung gewesen zu sein, fällt auf Boccanegra, der jedoch seinen Kanzler während einer Sitzung dazu zwingt, den Schuldigen zu verfluchen. – *2. Akt:* Paolo mischt einem Trunk für Boccanegra Gift bei und versucht überdies, Fiesco und Adorno für einen Mord am Dogen zu gewinnen. Während Fiesco ablehnt, stimmt Adorno, der den Dogen für den Geliebten Amelias hält, dem Plan zu. Als er jedoch von Boccanegra über dessen wahres Verhältnis zu Amelia aufgeklärt wird, stellt er sich auf seine Seite und hilft, den Aufstand der Adelspartei niederzuschlagen. – *3. Akt:* Schon geschwächt von der Wirkung des von Paolo eingegebenen schleichenden Giftes, gibt Boccanegra Fiesco, trotz dessen Führerschaft beim Aufstand, die Freiheit und erzählt ihm, daß er jetzt seine vor zwanzig Jahren geraubte Tochter in Amelia gefunden habe. Mit Fiesco versöhnt, segnet er noch als Sterbender den Bund seiner Tochter mit Adorno, den er zu seinem Nachfolger bestimmt.

Giuseppe Verdi: Ein Maskenball

Oper in 3 Akten nach Eugène Scribe von Antonio Somma – Rom 1859

Graf Richard von Warwick, Gouverneur von Boston (T) – René, ein Kreole, Offizier (Bar) – Amelia, Renés Frau (S) – Ulrica, Wahrsagerin (A) – Oscar, Page (S) – Silvano, Matrose (Bar) – Samuel (Bar) und Tom (B), Verschwörer – Ein Richter (Bar) – Ein Diener Amelias (T) – Hofleute, Offiziere, Verschworene, Matrosen, Diener, Masken

IN BOSTON UND UMGEBUNG AM ENDE DES 17. JAHRHUNDERTS

1. Akt: Graf Richard, der Gouverneur von Boston, hält Audienz. Auf der Liste der Einladungen für einen Maskenball entdeckt er voller Freude den Namen Amelias, der Frau seines besten Freundes René, die er heimlich liebt. Eine andere Liste mit den Namen der Verschwörer, die ihm nach dem Leben trachten, will er dagegen nicht sehen. Ein Dekret, mit dem die Wahrsagerin Ulrica verbannt werden soll, interessiert ihn so, daß er sich mit Gefolge, aber in Verkleidung, zu ihr begibt. Dort erfährt er zufällig, daß auch Amelia ihn liebt. Ulrica prophezeit ihm, daß er durch den sterben werde, der ihm als nächster die Hand reichen wird. René tritt auf und begrüßt Richard durch Handschlag. – *2. Akt:* Um Mitternacht treffen sich Amelia und Richard an der Richtstätte, wo Amelia ein Liebeskraut pflücken will, und gestehen sich ihre Liebe. René tritt auf, um seinen Freund vor einem Anschlag zu warnen, und verspricht, die Dame, die ihren Schleier übergeworfen hat, in die Stadt zu geleiten, ohne mit ihr zu sprechen oder sie anzusehen. Unterwegs stellen sich ihm jedoch die Verschwörer entgegen, die in der Enttäuschung über ihren mißglückten Anschlag wenigstens wissen wollen, wer sich unter dem Schleier verbirgt. Zwar will René seine Dame verteidigen, doch hebt diese freiwillig den Schleier; René erkennt seine eigene Frau. – *3. Akt:* Um allen Versuchungen zu entgehen, beschließt Richard, René mit seiner Frau nach England zu senden. Dieser hat sich aber bereits auf die Seite der Verschwörer geschlagen und sticht den Gouverneur bei einem Maskenball nieder. Sterbend beteuert Richard noch Amelias Unschuld und verzeiht seinem Mörder.

Ha, welche Wonne (Richard); Mit starrem Angesicht (Oscar); König des Abgrunds, zeige dich (Ulrica); O sag, wenn ich fahr' (Richard); Nur Scherze sind's und Possen (Oscar, Ulrica, Richard, Samuel, Tom); Der Tod sei mir willkommen (Amelia); Ja, nur du hast dies Herz mir entwendet (René); Doch heißt dich auch das Pflichtgebot (Richard); Laßt ab mit Fragen (Oscar).

Giuseppe Verdi: Die Macht des Schicksals

Oper in 4 Akten von Francesco Maria Piave – St. Petersburg 1861

Der Marchese von Calatrava (B) – Leonora di Vargas, seine Tochter (S) – Don Carlos di Vargas, sein Sohn (Bar) – Alvaro (T) – Der Pater Guardian (B) – Fra Melitone, Pförtner (B) – Preziosilla, eine junge Zigeunerin (Mezzo-S) – Mastro Trabucco, Maultiertreiber und Hausierer (T) – Ein Alkalde (B) – Ein Chirurgus (T) – Curra, Leonoras Zofe (Mezzo-S) – Franziskanermönche, Maultiertreiber, spanische und italienische Soldaten, Marketenderinnen, Dirnen, Landleute, Pilger, Bettler

IN SPANIEN UND ITALIEN UM 1750

1. Akt: Leonora liebt den aus einer vornehmen Inka-Familie stammenden Mestizen Alvaro. Da ihr Vater diese Verbindung ablehnt, beschließen sie die gemeinsame Flucht, bei der sie vom Vater überrascht werden. Durch einen unglücklichen Zufall löst sich aus der Pistole Alvaros ein Schuß, der den Marchese tödlich trifft. – *2. Akt:* Bei der Flucht vor Don Carlos, Leonoras Bruder, wurden Alvaro und Leonora getrennt. Leonora zieht sich Männerkleider an und bittet, da sie Alvaro für tot hält, in einem Franziskanerkloster um Schutz. Die Mönche nehmen sie auf, geloben Schweigen und weisen ihr eine weit abgelegene Einsiedelei zu. – *3. Akt:* Alvaro ist zu den spanischen Truppen gegangen, wo er unter dem Namen Herero wegen seiner Heldentaten berühmt geworden ist. Sein Freund ist der Offizier de Bornos, den er eines Tages vor dem Tode retten konnte. Als Alvaro sich nach einem Gefecht tödlich verwundet glaubt, übergibt er seinem Freund ein versiegeltes Päckchen Briefe mit der Bitte, es zu verbrennen. Durch Zufall erfährt de Bornos, daß das Päckchen Briefe Leonoras enthält; de Bornos aber ist Don Carlos, der seinen Todfeind Alvaro, als dieser wieder genesen ist, zum Duell fordert. Alvaro weigert sich zunächst, nimmt dann doch die Forderung an und beschließt schließlich, nachdem Don Carlos von der Wache verhaftet worden ist, in ein Kloster zu gehen. – *4. Akt:* Als Mönch Raffaele hat Alvaro im Kloster Frieden gefunden, der jäh durch das Auftreten von Don Carlos gestört wird. Carlos reizt Alvaro, in dem er noch immer den Schänder der Familienehre sieht, derart, daß dieser endlich zur Waffe greift und Don Carlos vor einer Einsiedelei schwer verwundet. Auf sein Rufen erscheint Leonora in Frauenkleidern, sie erkennen sich, und Carlos erdolcht mit letzter Kraft seine Schwester.

Die du verklärt im Himmelslicht (Alvaro); In dieser feierlichen Stunde (Alvaro, Carlos); O du Verräter! Meineidiger! (Alvaro, Carlos); Frieden, Frieden (Leonora).

Giuseppe Verdi: Don Carlos

Oper in 4 Akten nach Friedrich v. Schiller von Josephe Méry und Camille du Locle – Paris 1867

Philipp II., König von Spanien (B) – Elisabeth von Valois, seine Gemahlin (S) – Don Carlos, Infant von Spanien (T) – Prinzessin Eboli (Mezzo-S) und Gräfin von Aremberg (stumm), Damen der Königin – Rodrigo, Marquis von Posa, Malteserritter (Bar) – Graf von Lerma (T) – Tebaldo, Page der Königin (S) – Ein königlicher Herold (T) – Der Großinquisitor (B) – Ein Mönch, früher Kaiser Karl V. (B) – Eine Stimme von oben (S) – Hofstaat, Abgeordnete, Pagen, Wachen, Mönche, Soldaten, Volk

IN SPANIEN UM 1560

1. Akt: In dem Kloster, in das sich der frühere Kaiser Karl V. als Mönch zurückgezogen hat, beklagt Don Carlos, der Infant, daß er seine Braut Elisabeth von Valois an seinen Vater Philipp II. verloren hat. Sein treuer Freund, Marquis Posa, rät ihm, jetzt alle

Kraft an die Befreiung Flanderns zu wenden. Durch Posas Vermittlung gewährt Königin Elisabeth ihrem früheren Verlobten eine Aussprache, die zu dem beiderseitigen Geständnis ihrer Liebe führt. Die Königin hat sich jedoch bereits wieder auf ihre Pflicht besonnen, als der König auftritt. Voller Mißtrauen gegen Frau und Sohn bittet er Posa, dessen offene Rede für die unterdrückten Niederlande ihn von den menschlichen Qualitäten des Marquis überzeugt hat, auf Elisabeth und Carlos ein wachsames Auge zu haben. – *2. Akt:* Carlos begibt sich zu einem Stelldichein, zu dem ihn – wie er vermutet – die Königin geladen hat. Als er statt dessen Prinzessin Eboli trifft, läßt er sie seine Enttäuschung fühlen. Bei einer Ketzerverbrennung gerät Carlos wegen der Selbständigkeit Flanderns mit seinem Vater in Streit und zieht den Degen. Einzig Posa wagt es, dem Befehl Philipps nachzukommen und Carlos zu entwaffnen. – *3. Akt:* Der Großinquisitor fordert den Tod des Infanten und dessen Freundes. Nach hartem Kampf muß der König der geistlichen Gewalt nachgeben. Durch den Verrat der Prinzessin Eboli, deren Liebe zu Carlos sich in Haß gewandelt hat, erfährt der König von der Liebe zwischen Kronprinz und Stiefmutter. Elisabeth verbannt die Prinzessin in ein Kloster. – *4. Akt:* Posa hat kompromittierende Briefe aus Flandern an Carlos als seine eigenen ausgegeben, um den Infanten zu retten. Vor den Augen seines Freundes findet er dafür den Tod, während Carlos die Freiheit erhält. Voller Abscheu für den Mord schleudert Carlos seinem Vater die Wahrheit ins Gesicht. Er will in Flandern das Werk seines Freundes fortsetzen. Als er sich vor dem Kloster St. Just von Elisabeth verabschiedet hat, erscheinen Philipp und der Großinquisitor, um Carlos zu verhaften. Doch erscheint der frühere Kaiser unter der Pforte und zieht Don Carlos in die Geborgenheit des Klosters.
Sie hat mich nie geliebt (Philipp); Verhängnisvoll war das Geschenk (Eboli); Schon sehe ich den Tag erscheinen (Posa); Frankreich, du edles Land (Elisabeth).

Giuseppe Verdi: Aida

Oper in 4 Akten von Antonio Ghislanzoni – Kairo 1871
Der König (B) – Amneris, seine Tochter (Mezzo-S) – Aida, äthiopische Sklavin (S) – Radames, Feldherr (T) – Ramphis, Oberpriester (B) – Amonasro, König von Äthiopien und Aidas Vater (Bar) – Ein Bote (T) – Eine Tempelsängerin (S) – Priester, Priesterinnen, Minister, Soldaten, Hauptleute, Beamte, Sklaven, äthiopische Gefangene, Volk

IN THEBEN UND MEMPHIS ZUR ZEIT DER PHARAONEN
1. Akt: Am Hofe der Pharaonen lebt unerkannt als Sklavin Aida, die Tochter König Amonasros von Äthiopien. Sie liebt Radames; er erwidert ihre Liebe und hofft, von einem Feldzug, für den er als Feldherr bestimmt worden ist, als Sieger heimzukehren, um als Lohn Aidas Freilassung und ihre Hand zu erlangen. Auch Amneris, die Pharaonentochter, liebt Radames und verflucht Aida, als sie Radames' Liebe zu der Sklavin bemerkt. Aida ist in einen Zwiespalt ihrer Gefühle gestürzt, kämpfen doch ihr Vater und ihr Geliebter gegeneinander. – *2. Akt:* Radames hat gesiegt. Unter den Gefangenen, die im Triumphzug vorgeführt werden, befindet sich auch König Amonasro, der jedoch seine Stellung verleugnen kann. Auf Bitten des siegreichen Feldherrn werden die Gefangenen freigelassen. Nur Aida und Amonasro werden als Geiseln zurückgehalten. Als Lohn für seine Taten soll Radames mit Amneris vermählt und zum Thronfolger ernannt werden. – *3. Akt:* Im Isistempel treffen sich Aida und Radames, der, um die Heirat mit Amneris hinauszuschieben und die Erlaubnis zur Ehe mit Aida zu erhalten, zu neuem Kampf ausziehen will. Unter dem Einfluß ihres Vaters beredet Aida Radames zur Flucht und bringt ihn dazu, den ägyptischen

Kriegsplan zu verraten. Als Amonasro, der die Liebenden belauscht hat, auftritt und sich als König zu erkennen gibt, kommt Radames die Schwere seines Verrates zum Bewußtsein. Vor Amneris und dem Oberpriester, die hinzukommen, deckt er die Flucht Aidas mit ihrem Vater, während er sich selbst den Verfolgern stellt. – *4. Akt:* Trotz der flehentlichen Bitten Amneris', die Radames immer noch liebt, wird der Feldherr von drei Priestern dazu verurteilt, in einem der unterirdischen Gewölbe des Tempels lebendig eingemauert zu werden. Nachdem sich die Steine hinter Radames geschlossen haben, tritt ihm Aida entgegen, um gemeinsam mit dem Geliebten zu sterben.

Holde Aida (Radames); Als Sieger kehre heim (Aida); Wohl war das Los der Waffen feindlich (Aida, Amneris); Bald kommt Radames (Aida); Wehe, mein Vater (Aida, Amonasro); Ich seh' dich wieder (Aida, Radames); Ihr, o Priester, begingt ein Verbrechen (Amneris); Es hat der Stein (Aida, Radames).

Giuseppe Verdi: Othello

Oper in 4 Akten nach William Shakespeare von Arrigo Boito – Mailand 1887

Othello, Mohr, Befehlshaber der venezianischen Flotte (T) – Jago, Fähnrich (Bar) – Cassio, Hauptmann (T) – Rodrigo, vornehmer Venezianer (T) – Lodovico, Gesandter der Republik Venedig (B) – Montano, der Vorgänger Othellos in der Statthalterei Cyperns (B) – Ein Herold (B) – Desdemona, Othellos Gattin (S) – Emilia, Jagos Frau (Mezzo-S) – Soldaten, Seeleute, Edeldamen und Nobili, Volk

IN EINER HAFENSTADT AUF CYPERN AM ENDE DES 15. JAHRHUNDERTS

1. Akt: Siegreich kehrt Othello vom Türkenfeldzug nach Cypern zurück, wo ihn seine Gemahlin, die aus einer vornehmen venezianischen Familie stammende Desdemona, erwartet. Alles Volk jubelt dem schwarzen Feldherrn zu, nur zwei Feinde bedauern seine glückliche Rückkehr: Jago, der sich bei einer Beförderung zugunsten Cassios übergangen glaubt, und Rodrigo, der einst Desdemona umworben hatte. Jago heckt einen finsteren Plan aus und macht zunächst den arglosen Cassio derart betrunken, daß dieser – von Rodrigo gereizt – zum Degen greift und den dazwischentretenden Montano verwundet. Auf den Bericht Jagos hin enthebt Othello Cassio seines Postens. – *2. Akt:* Jago rät Cassio, Desdemona um Fürbitte bei Othello zu ersuchen. Gleichzeitig senkt Jago den Keim der Eifersucht in des Mohren Seele, so daß Othello, als Desdemona sich für Cassio verwendet, mißtrauisch wird. Jago verspricht dem rasenden Feldherrn, Beweise für seinen Verdacht herbeizuschaffen. – *3. Akt:* Jago läßt den Mohren ein Gespräch mit Cassio belauschen. Zwar erzählt Cassio dabei von seinem Liebchen Bianca, doch deutet Othello, der vollständig unter dem Einfluß des diabolischen Jago steht, alle Bemerkungen auf Desdemona. Jago hat Cassio überdies ein Seidentuch Desdemonas in die Hände gespielt, das dieser in dem Glauben, es käme von Bianca, arglos vorzeigt. Der Mohr ist nun von Desdemonas Schuld überzeugt und verursacht vor einer Gesandtschaft der Republik Venedig eine Szene, während der er Desdemona auf den Boden schleudert und sich selbst in Krämpfen windet. Jago gibt seinen von Othello erhaltenen Auftrag, Cassio zu ermorden, an Rodrigo weiter. – *4. Akt:* Desdemona hat sich zur Ruhe gelegt, als Othello erscheint und sie trotz der Beteuerungen ihrer Unschuld erdrosselt. Gleich darauf stürzt Emilia, die Frau Jagos, herein mit der Meldung, Cassio habe den ihn angreifenden Rodrigo getötet. Auf ihre Hilferufe erscheinen auch Jago und Cassio. Othello erfährt nun die Wahrheit, schickt dem fliehenden Jago noch Verfolger nach, küßt seine schuldlos gemordete Frau und ersticht sich mit seinem Dolch.

O komm, mein liebes Becherlein (Jago); Nun in der nächt'gen Stille (Desdemona, Othello); Ich glaub' an einen Gott (Jago); Bei des Himmels eh'rnem Dache (Othello); Meine Mutter hatte eine arme Magd (Desdemona); Jeder Knabe kann dies Schwert mir entreißen (Othello).

Giuseppe Verdi: Falstaff

Lyrische Komödie in 3 Akten nach W. Shakespeare v. Arrigo Boito – Mailand 1893
Sir John Falstaff (Bar) – Ford, Alices Mann (Bar) – Fenton (T) – Dr. Cajus (T) – Bardolf (T) und Pistol (B), in Falstaffs Diensten – Mrs. Alice Ford (S) – Ännchen, ihre Tochter (S) – Mrs. Quickly (A) – Mrs. Meg Page (A) – Der Wirt vom „Gasthaus zum Hosenbande" (stumm) – Robin, Falstaffs Page (stumm) – Ein kleiner Page Fords (stumm) – Bürger, Volk, Diener, Masken, Kobolde, Feen, Hexen

IN WINDSOR UM 1400

1. Akt: Der dicke Ritter Falstaff, der sich wegen seiner Leibesfülle für höchst anziehend hält, will seinen finanziellen Verhältnissen mittels zarter Beziehungen zu Alice Ford und Meg Page aufhelfen. Allerdings halten seine beiden Diener Bardolf und Pistol, zwei abenteuerliche Gesellen, den Handel plötzlich für so unehrenhaft, daß sie ihre Stellung kündigen und Falstaffs Absichten gegen klingende Münze an Ford verraten. Alice und Meg, die zwei hübschen Frauen wohlhabender Bürger, bekommen trotzdem die Briefe Falstaffs, stellen rasch fest, daß sie bis auf die Anrede gleich sind, und verabreden eine kräftige Abfuhr für den lüsternen Ritter. – *2. Akt:* Ford führt sich bei Falstaff als Brown ein, biedert sich an und erfährt, daß dieser mit seiner Frau bereits ein Stelldichein ausgemacht hat. Bei dem Rendezvous muß sich Falstaff plötzlich vor dem angeblich heimkommenden Ehemann verstecken. Dieser kommt aber tatsächlich mit seinen männlichen Bekannten, um das Haus zu durchsuchen. So stecken die Frauen Falstaff in einen Wäschekorb und werfen ihn aus dem Fenster in einen Wassergraben. Triumphierend kann Alice ihrem Mann den durchweichten Ritter zeigen. Weniger erbaut ist Ford jedoch, daß seine Tochter Ännchen und Fenton, den er nicht leiden kann, das Durcheinander auf ihre Weise genutzt haben. – *3. Akt:* Falstaff aber soll noch vor ganz Windsor lächerlich gemacht werden. Mit einem großen Geweih auf der Stirn soll Falstaff Alice um Mitternacht im Park treffen, wohin sich um diese Zeit kein Einwohner Windsors aus Furcht vor dem sagenhaften Jäger Herne wage. Maskiert findet sich aber dort eine große Gesellschaft ein, die mit Falstaff so lange ihre recht handfesten Späße treibt, bis dieser seinen betrunkenen Diener Bardolf erkennt. Aber nicht nur der lüsterne Ritter ist der Geprellte, sondern auch Ford, der seine Tochter Ännchen mit Dr. Cajus verbinden wollte und statt dessen unwissentlich Ännchen mit ihrem geliebten Fenton verheiratet.
Brav, alter Hans (Ford, Falstaff); Du Welt (Falstaff).

Richard Wagner (1813-1883): **Das Liebesverbot**

Komische Oper in 3 Akten nach Shakespeares „Maß für Maß" von Richard Wagner – Magdeburg 1836
Friedrich, ein Deutscher, in Abwesenheit des Königs Statthalter von Sizilien (Bar) – Luzio und Claudio, Edelmänner (T) – Antonio und Angelo, deren Freunde (T und B) – Isabella, Claudios Schwester (S) – Marianna, Klosternovizin (S) – Brighella, Chef der Sbirren (B) – Danieli, Wirt (Bar) – Dorella, früher Isabellas Kammerzofe (S) – Pontio Pilato (T) – Gerichtsherren, Sbirren, Einwohner von Palermo

PALERMO IM 16. JAHRHUNDERT

Die Sizilianer können es nicht fassen: Friedrich, ein deutscher Statthalter, überzieht in Abwesenheit des Königs seine Befugnisse – er verbietet den Karneval mit allen seinen Freuden. Liebe werde gar mit dem Tod bestraft. Von dem jungen Edelmann Claudio wird bekannt, daß er wegen Übertretung des Liebesverbotes hingerichtet werden soll. Claudios hübsche Schwester Isabella unternimmt den Versuch, ihren Bruder zu retten, sie bittet Friedrich um Begnadigung. Friedrich ist bereit, Claudio zu schonen, sofern sie, Isabella, ihm zu Willen ist. Sie willigt ein, aber nur zum Schein. Zum Karneval, den das Volk trotz Verbots feiert, arrangiert Isabella eine Begegnung zwischen Friedrich und seiner Frau Marianna, die maskiert das Spiel der Entlarvung mitmacht. Friedrich ist vor aller Augen der Blamierte, Karnevals- und Liebesverbote werden wiederaufgehoben.

Richard Wagner: Rienzi, der letzte der Tribunen

Große tragische Oper in 5 Aufzügen nach Edward Lytton Bulwer von Richard Wagner – Dresden 1842

Cola Rienzi, päpstlicher Notar (T) – Irene, seine Schwester (S) – Steffano Colonna, Haupt der Familie Colonna (B) – Adriano, sein Sohn (Mezzo-S) – Paolo Orsini, Haupt der Familie Orsini (Bar) – Raimondo, päpstlicher Legat (B) – Baroncelli (T) und Cecco del Vecchio (Bar), Bürger Roms – Ein Friedensbote (S) – Ein Herold (T) – Gesandte, römische Nobili, Bürger und Bürgerinnen, Friedensboten, Priester und Mönche, römische Trabanten, Tänzerinnen und Tänzer

IN ROM IN DER MITTE DES 14. JAHRHUNDERTS

1. Aufzug: Adriano Colonna kann die Entführung Irenes, der Schwester des römischen Tribunen Rienzi, durch Paolo Orsini verhindern. Adriano, Mitglied eines der edelsten Geschlechter Roms, schließt mit dem von den römischen Nobili bekämpften Rienzi Freundschaft und verlobt sich mit dessen Schwester. Im Kampf gegen die Nobili weiß Rienzi das Volk unter Baroncelli und Cecco del Vecchio sowie durch den Legaten Raimondo die Kirche hinter sich. – *2. Aufzug:* Rienzi hat die Nobili besiegt und empfängt die Vertreter der Bürgerschaft, Friedensboten und die Gesandten, unter denen er die deutschen Abgesandten verstimmt wegen seiner Forderung, Rom müsse auch bei der Wahl des Kaisers, der auch denTitel „König von Rom“ führt, gehört werden. Ein Mordanschlag Orsinis wird aufgedeckt, die beteiligten Nobili werden zum Tode verurteilt, aber durch die Milde Rienzis wieder begnadigt. – *3. Aufzug:* Die Nobili haben wieder den Kampf gegen Rienzi aufgenommen. Noch einmal kann er das Volk auf seine Seite ziehen und den Kampf gewinnen. Als dieses Mal aber Adrianos Vater unter den Toten ist, schlägt sich Adriano zu den Feinden Rienzis. – *4. Aufzug:* Kaiser und Kirche haben sich gegen Rienzi gewandt. Als er die Laterankirche betritt, wirft Raimondo den Bann der Kirche gegen ihn. Unter dem Einfluß von Cecco und Baroncelli und geführt von Adriano, flieht auch das Volk seinen Tribunen. Nur Irene ist Rienzi noch geblieben. – *5. Aufzug:* Noch einmal will Rienzi vom Kapitol zum Volk sprechen. Brände werden gegen ihn geschleudert, und Rienzi, Irene sowie Adriano, der Irene retten will, werden unter den Trümmern des zusammenbrechenden Kapitols begraben.

Allmächt'ger Vater, blick herab (Rienzi).

Richard Wagner: Der Fliegende Holländer

Romantische Oper in 3 Aufzügen von Richard Wagner – Dresden 1843

Der Holländer (Bar) – Daland, ein norwegischer Seefahrer (B) – Senta, seine Tochter (S) – Erik, ein Jäger (T) – Mary, Sentas Amme (A) – Der Steuermann Dalands (T) – Mannschaft des Holländers und Dalands, Mädchen

AN DER NORWEGISCHEN KÜSTE UM 1650

1. Aufzug: Vom Sturm wird Daland in die Bucht Sandwike verschlagen, wo er das Schiff des Fliegenden Holländers trifft. Der Holländer ist mit seiner Mannschaft zum ewigen Leben auf Erden verflucht. Alle sieben Jahre darf er an Land gehen und sich eine Frau suchen, deren treue Liebe ihn und seine Leute erlösen würde. Sogleich bietet ihm Daland gegen die unermeßlichen Reichtümer, die das Schiff des Holländers mit sich führt, die Hand seiner Tochter Senta. Als der Wind günstig steht, brechen beide Schiffe auf. – *2. Aufzug:* Senta sitzt mit den Mädchen in der Spinnstube zusammen und singt die Ballade des Holländers, dessen Geschick und Person sie seit jeher seltsam angezogen haben. Ihre seltsame Schwärmerei schreckt ihre Umgebung, darunter auch den jungen Jäger Erik, der sich schon länger um Senta bemüht. Sobald ihr Vater mit dem Holländer eintritt, fühlt sie sich dem Fremden verbunden. So kommt es sehr schnell zur Verlobung. – *3. Aufzug:* Erik hat noch nicht alle Hoffnungen auf Senta aufgegeben und erinnert sie an ihr früher gegebenes Eheversprechen. Der mißtrauische Holländer hat sie belauscht und glaubt sich, wie schon oft, auch von Senta verraten. Trotz ihrer Beschwörungen sticht er mit seinem Schiff in See. Treu bis zum Tod steigt Senta auf eine Felsenklippe und stürzt sich ins Meer. Der Holländer ist erlöst, sein Schiff versinkt, seine Gestalt und die Sentas steigen himmelwärts.

Mit Gewitter und Sturm (Steuermann); Die Frist ist um (Holländer); Steuermann, laß die Wacht (Matrosenchor); Summ und brumm (Chor der Mädchen); Fühlst du den Schmerz (Senta, Erik); Wie aus der Ferne (Senta, Holländer).

Richard Wagner: Tannhäuser und der Sängerkrieg auf der Wartburg

Romantische Oper in 3 Aufzügen von Richard Wagner – Dresden 1845

Hermann, Landgraf von Thüringen (B) – Tannhäuser (T) – Wolfram von Eschenbach (Bar) – Walther von der Vogelweide (T) – Biterolf (B) – Heinrich der Schreiber (T) – Reinmar von Zweter (B) – Elisabeth, Nichte des Landgrafen (S) – Venus (S) – Ein junger Hirt (S) – Vier Edelknaben (2 S und 2 A) – Thüringische Ritter, Grafen und Edelleute, Edelfrauen, ältere und jüngere Pilger, die drei Grazien, Jünglinge, Sirenen, Nymphen, Amoretten, Bacchantinnen, Satyren und Faune

IM HÖRSELBERG, VOR UND AUF DER WARTBURG AM ANFANG DES 13. JAHRHUNDERTS

1. Aufzug: Gegen den Widerstand der Liebesgöttin befreit sich Tannhäuser, wie der Minnesänger Heinrich von Ofterdingen auch genannt wird, aus ihren Banden und verläßt den Hörselberg. Der Ruf „Mein Heil liegt in Maria" löst ihn von Venus und versetzt ihn in das Tal vor der Wartburg. Betend treffen ihn hier der Landgraf und seine Jagdgefährten, zu deren Freundeskreis Tannhäuser früher gehört hat. Ihrer Aufforderung, wieder mit auf die Wartburg zu ziehen, widersteht er, bis Wolfram ihm berichtet, daß Elisabeth Tannhäuser schmerzlich vermissen würde. – *2. Aufzug:* Elisabeth eröffnet den Sängerkrieg auf der Wartburg und nimmt, was seit Tannhäusers Aufbruch zum Hörselberg nicht mehr geschehen war, daran teil. Alle Sänger preisen in ihren Liedern die ideale Liebe, nur Tannhäuser steigert sich bei seinem Lied auf Frau

Venus in eine sinnliche Verzückung, die die Frauen aus dem Saal treibt und die Ritter empört zum Schwert greifen läßt. Elisabeth rettet Tannhäuser vor dem Tod, doch muß er sich auf die Pilgerfahrt nach Rom begeben. – *3. Aufzug:* Treu wartet Elisabeth auf die Rückkehr Tannhäusers, der jedoch in den Reihen der Pilger, mit denen er aufgebrochen war, bei deren Wiederkunft fehlt. Vor dem Marienbild fleht sie, ihr Leben als Sühne für seine Schuld anzunehmen. Die Begleitung und das Werben des getreuen Wolfram weist Elisabeth zurück. Gebrochen kommt Tannhäuser im Tal an. Er hat vom Papst nur den Bescheid erhalten, wie ein Bischofsstab nie wieder grünes Laub treiben würde, könne er keine Erlösung erlangen, und will nun wieder in den Venusberg zurück. Doch mahnt ihn Wolfram an Elisabeth, deren Leiche von der Wartburg herabgetragen wird. Als Tannhäuser sterbend an der Leiche Elisabeths niedersinkt, bringen Pilger den ergrünten Bischofsstab herbei. Tannhäuser ist erlöst.
Dich, teure Halle (Elisabeth); Freudig begrüßen wir (Einzugschor); Gar viel und schön (Landgraf); Blick' ich umher (Wolfram); Beglückt darf nun (Pilgerchor); Allmächt'ge Jungfrau (Elisabeth); O du mein holder Abendstern (Wolfram); Inbrunst im Herzen (Tannhäuser); Heil! Der Gnade Wunder (Chor der jüngeren Pilger).

Richard Wagner: Lohengrin

Romantische Oper in 3 Aufzügen von Richard Wagner – Weimar 1850
Heinrich der Vogler, deutscher König (B) – Lohengrin (T) – Elsa von Brabant (S) – Herzog Gottfried, ihr Bruder (stumm) – Friedrich von Telramund, brabantischer Graf (Bar) – Ortrud, seine Gemahlin (Mezzo-S) – Der Heerrufer des Königs (Bar) – Vier brabantische Edle, Gefolgsleute des Telramund (2 T und 2 B) – Vier Edelknaben (2 S und 2 A) – Sächsische, thüringische und brabantische Grafen und Edle, Edelfrauen, Edelknaben, Mannen, Frauen, Knechte

IN ANTWERPEN IN DER ERSTEN HÄLFTE DES 10. JAHRHUNDERTS
1. Aufzug: Telramund klagt vor König Heinrich Elsa von Brabant an, sie habe ihren spurlos verschwundenen Bruder Gottfried ermordet, um mit ihrem unbekannten Buhlen den Thron Brabants zu besteigen. Da sich keine Beweise für oder gegen die Behauptung finden lassen, soll in einem Gottesgericht entschieden werden, auf wessen Seite das Recht ist. Auf den dritten Ruf des Herolds und nach inbrünstigem Gebet Elsas erscheint in einem von einem Schwan gezogenen Nachen ein unbekannter Ritter: Lohengrin, der für Elsa kämpfen will, unter der Bedingung, daß sie ihm ihre Hand reiche und nie nach seinem Namen frage. Lohengrin siegt, schenkt aber Telramund das Leben. – *2. Aufzug:* Ortrud, Telramunds Gattin und Tochter der ursprünglich das Land beherrschenden Friesenfürsten, sät, unterstützt von Telramund, im Volk, aber auch im Herzen Elsas, Zweifel an der Herkunft und Reinheit des unbekannten Ritters. Noch vermag Lohengrin das Volk von seiner Ritterschaft zu überzeugen. – *3. Aufzug:* Trotz der abermaligen Warnungen Lohengrins stellt Elsa im Brautgemach die Frage nach seinem Namen und seiner Herkunft. Telramund stürzt herein, um sich für seine Niederlage zu rächen, wird aber von Lohengrin niedergestreckt. Vor dem König und der versammelten Ritterschaft beantwortet Lohengrin Elsas Frage. Er bekennt sich als Lohengrin, als einen der vom Gral gesandten Ritter, die die Unschuld verteidigen sollen, aber nur unerkannt wirken dürfen. Ortrud frohlockt, hat sie doch Lohengrin vertrieben und damit auch die Erlösung von Elsas Bruder Gottfried, den sie in den Schwan verwandelt hat, verhindert. Das Gebet Lohengrins aber verwandelt den Schwan wieder in Gottfried. Ortrud sinkt tot nieder, und Lohengrin entschwindet in seinem nun von einer Taube gezogenen Nachen. Entseelt sinkt auch Elsa zu Boden.

Nun sei bedankt, mein lieber Schwan (Lohengrin); Nie sollst du mich befragen (Lohengrin); Treulich geführt (Brautchor); In fernem Land (Lohengrin); Mein lieber Schwan (Lohengrin).

Richard Wagner: Tristan und Isolde

Handlung in 3 Aufzügen von Richard Wagner – München 1865

Tristan (T) – König Marke (B) – Isolde (S) – Kurwenal (Bar) – Melot (T) – Brangäne (Mezzo-S) – Ein Hirt (T) – Ein Steuermann (Bar) – Stimme eines jungen Seemanns (T) – Schiffsvolk, Ritter, Knappen, Frauen

AUF TRISTANS SCHIFF, IN CORNWALL UND IN DER BRETAGNE UM 1000

1. Aufzug: Tristan hatte einst Morold, der bei König Marke Tribut einholen wollte, erschlagen und sein Haupt zu Morolds Braut Isolde nach Irland zurückgeschickt. Eine Wunde, die Tristan bei dem Zweikampf geschlagen worden war, konnte nur von Isolde geheilt werden. So hatte sich Tristan Isolde als Spielmann Tantris genähert, war von ihr erkannt und geheilt worden; seither liebten sich Tristan und Isolde. Nun war Tristan ein zweites Mal ausgezogen, um für seinen Onkel Marke Isolde als Braut heimzuholen. Kurz vor der Ankunft des Schiffes beschließt Isolde, Tristan einen Todestrank zu reichen und mit ihm gemeinsam aus dem Leben zu scheiden. Isoldes Dienerin Brangäne aber mischt einen Liebestrank, unter dessen Wirkung Tristan und Isolde ihre Liebe gestehen. – *2. Aufzug:* Trotz Brangänes Warnungen vor einer Falle finden sich die beiden Liebenden auf König Markes Burg zusammen, während der König mit seinem Gefolge zur Jagd reitet. Unvermutet kehrt die Jagdgesellschaft zurück, König Marke entdeckt den Verrat seiner Frau und seines Freundes, Tristan stellt sich Melot zum Kampf und wird schwer verwundet. – *3. Aufzug:* Kurwenal, der treue Gefolgsmann Tristans, hat seinen auf den Tod verwundeten Herrn auf dessen Stammburg Kareol gebracht. Auch hat er Isolde, die allein Tristans Wunde heilen kann, benachrichtigt. Traumartig erlebt Tristan die Geschichte seiner Liebe zu Isolde; er verflucht den Liebestrank und reißt, als ihm Isoldes Ankunft gemeldet wird, die Verbände von seinen Wunden, so daß er bei Isoldes Eintritt mit ihrem Namen auf seinen Lippen stirbt. König Marke ist mit Melot seiner Frau gefolgt. Kurwenal erleidet im Kampf mit Melot, den er tötet, selber tödliche Wunden. Marke erfährt von Brangäne von der Vertauschung des Trankes, kommt aber zu spät, um die Liebenden zu vereinen. Isolde stirbt an Tristans Seite.

Einsam wachend in der Nacht (Brangäne); Tatest du's wirklich (Marke); Wie sie selig, hehr und milde (Tristan); Mild und leise, wie er lächelt (Isolde).

Richard Wagner: Die Meistersinger von Nürnberg

Handlung in 3 Aufzügen von Richard Wagner – München 1868

Hans Sachs, Schuster (Bar) – Veit Pogner, Goldschmied (B) – Kunz Vogelsang, Kürschner (T) – Konrad Nachtigall, Spengler (B) – Sixtus Beckmesser, Stadtschreiber (B) – Fritz Kothner, Bäcker (Bar) – Balthasar Zorn, Zinngießer (T) – Ulrich Eißlinger, Gewürzkrämer (T) – Augustin Moser, Schneider (T) – Hermann Ortel, Seifensieder (B) – Hans Schwarz, Strumpfwirker (B) – Hans Foltz, Kupferschmied (B) – Walther von Stolzing, ein junger Ritter aus Franken (T) – David, Sachsens Lehrbube (T) – Eva, Pogners Tochter (S) – Magdalena, Evas Amme (A) – Ein Nachtwächter (B) – Bürger und Frauen aller Zünfte, Gesellen, Lehrbuben, Mädchen, Volk

IN NÜRNBERG IN DER MITTE DES 16. JAHRHUNDERTS

1. Aufzug: Der junge Ritter Walther von Stolzing hat sich in Eva Pogner, die Tochter des Goldschmieds, verliebt. Auf seine Frage, ob sie noch ledig sei, erfährt er, daß sie dem Sieger des morgigen Preissingens der Meistersinger zugesprochen werden soll. Walther beschließt, sich am Wettsingen zu beteiligen, und läßt sich von dem Lehrbuben David in den komplizierten Regeln unterweisen. Pogner setzt auch die Zulassung des Ritters durch, dessen Freiungslied dann allerdings so wenig den strengen Vorschriften entspricht, daß Beckmesser, Walthers Rivale bei Eva, zahlreiche Verstöße ankreiden kann und die Meister trotz des Widerspruchs des Schusters Hans Sachs Walthers Bewerbung ablehnen. – *2. Aufzug:* Hans Sachs, auf den das Lied Walthers Eindruck gemacht hat, überlegt, wie er Eva und Walther helfen kann. Zunächst aber verhindert er die unbedachte Flucht des Liebespaares. Als Beckmesser kommt, um Eva ein Ständchen zu bringen, stört ihn Sachs zuerst mit einem eigenen Lied, um dann jeden Fehler Beckmessers durch einen Hammerschlag anzumerken. Schließlich kommt es auf der Straße zwischen Lehrbuben, Gesellen, Meistern und Nachbarn zu einer heftigen Prügelei, bei der Beckmesser recht in Mitleidenschaft gezogen wird. Als das Nachtwächterhorn ertönt, holt Sachs Walther zu sich ins Haus. – *3. Aufzug:* Walther hat in der Nacht einen Traum gehabt, den er unter Anleitung des Schusters in einem Lied darstellt. Beckmesser sieht den Zettel liegen und nimmt ihn mit Erlaubnis Sachsens mit, um danach sein Preislied vorzutragen. Doch entstellt er es beim Vortrag auf der Festwiese derart, daß er nur Hohn erntet. Von Sachs aufgefordert, trägt dann Stolzing das Preislied mit viel Erfolg vor. Auf des Schusters Zureden nimmt Walther auch die Meisterkette an. Walther und Eva sinken sich in die Arme.

Am stillen Herd zur Winterszeit (Walther); Fanget an! (Walther); Was duftet doch der Flieder (Sachs); Wahn, Wahn, überall Wahn (Sachs); O Sachs, mein Freund (Eva); Selig wie die Sonne (Eva, Magdalena, Walther, David, Sachs); Wach auf (Chor); Morgendlich leuchtend im rosigen Schein (Walther); Ehrt Eure deutschen Meister (Chor).

Richard Wagner: Das Rheingold

Vorabend zu dem Bühnenfestspiel „Der Ring des Nibelungen" von Richard Wagner – München 1869

Wotan (Bar), Donner (Bar), Froh (T) und Loge (T), Götter – Alberich (Bar) und Mime (T), Nibelungen – Fasolt und Fafner, Riesen (B) – Fricka (Mezzo-S), Freia (S) und Erda (A), Göttinnen – Woglinde (S), Wellgunde (S) und Floßhilde (A), Rheintöchter – Nibelungen

1. Bild: In der Tiefe des Rheines liegt das Rheingold der Sage verborgen, bewacht im Auftrag ihres Vaters Wotan von den Rheintöchtern Woglinde, Wellgunde und Floßhilde. Nur wer der Liebe entsagt, kann das Rheingold besitzen und sich daraus einen Ring schmieden, der dem Besitzer unermeßliche Kraft verleiht. Der Zwerg Alberich entlockt den Rheintöchtern das Geheimnis, verflucht die Liebe und verschwindet mit dem Gold in die Tiefe. – *2. Bild:* Die Riesen Fafner und Fasolt haben den Göttern die Burg Walhall erbaut und sich als Lohn Freia, die Göttin der Jugend und Schönheit, ausbedungen. Freia aber ist den Göttern lebensnotwendig, ist sie es doch, die die Götter vor Alter und Tod bewahrt. Die Riesen wollen Freia jedoch nur wieder hergeben, wenn sie das Rheingold bis zum Abend erhalten. – *3. Bild:* Alberich ist durch die Macht des Ringes Herr der Nibelungen geworden, mit deren Hilfe er über die Erde und die Götter siegen will. Durch seine Prahlsucht verführt, fällt Alberich jedoch in die Hände der Götter Wotan und Loge. – *4. Bild:* Als Lösegeld muß Alberich den

Nibelungenschatz, seine Tarnkappe und den Ring, den er mit dem Fluch belastet, daß jeder, der ihn besitzt, durch ihn umkommt, hergeben. Gegen die Freilassung Freias geben die Götter die Schätze an die Riesen weiter. Fasolt ergreift den Ring, worauf Fafner seinen Bruder erschlägt und mit den Schätzen davoneilt. Der Fluch ging zum erstenmal in Erfüllung. Die Götter schreiten über einen Regenbogen nach Walhall.
Weiche, Wotan, weiche (Erda).

Richard Wagner: Die Walküre

Erster Tag des Bühnenfestspiels „Der Ring des Nibelungen" – München 1870
Siegmund (T) – Hunding (B) – Wotan (Bar) – Sieglinde (S) – Brünnhilde (S) – Fricka (Mezzo-S) – Helmwige (S), Gerhilde (S), Ortlinde (S), Waltraute (Mezzo-S), Siegrune (Mezzo-S), Roßweiße (Mezzo-S), Grimgerde (A) und Schwertleite (A), Walküren

1. Aufzug: Erschöpft sucht Siegmund vor seinem Verfolger in einer Hütte Zuflucht, wo sich herausstellt, daß er zu seinem Todfeind Hunding geraten ist. Dieser will Siegmund zwar über Nacht Herberge geben, fordert ihn aber für den nächsten Morgen zum Kampf heraus. Den waffenlosen Siegmund weist Hundings Frau auf ein Schwert hin, das ein Unbekannter bei ihrer Hochzeit bis zum Heft in eine Esche gestoßen hat. Siegmund vermag das Schwert Nothung herauszubrechen. In Hundings Frau Sieglinde findet er seine Zwillingsschwester wieder, die, zur Ehe mit dem ungeliebten Hunding gezwungen, sich in leidenschaftlicher Liebe mit Siegmund vereinigt. – *2. Aufzug:* Wotan beauftragt die Walküre Brünnhilde, seine und der Göttin Erda Tochter und Siegmund, den er einst – wie auch Sieglinde – als Wälse über die Erde wandelnd gezeugt hat, in ihren Schutz zu nehmen. Fricka jedoch verlangt die Bestrafung der Geschwister, haben sie doch Ehebruch und Blutschande begangen. Zwar setzt sich Fricka durch, doch beschließt Brünnhilde, gegen den neuen Befehl Wotans, Siegmund zu schützen. So muß Wotan eingreifen und das Schwert Nothung zerbrechen, obwohl er einst gehofft hatte, Siegmund würde ihm mit Hilfe Nothungs den Nibelungenschatz wiedererringen. Siegmund fällt, Brünnhilde trägt die ohnmächtige Sieglinde zu Fricka, um deren Verzeihung zu erlangen, und auch Hunding stirbt auf Wotans Befehl. – *3. Aufzug:* Sieglinde will zunächst auch sterben, klammert sich aber, als sie von Brünnhilde hört, daß sie Siegmunds Sohn Siegfried gebären wird, ans Leben. Mit den Resten von Siegmunds Schwert begibt sie sich in den Wald, in dem Fafner den Nibelungenhort hütet. Brünnhilde aber wird für ihren Frevel ihrer Göttlichkeit entkleidet und auf einem Felsen in Schlaf versetzt. Sie soll dem Mann, der sie dort findet, angehören. Auf ihre Bitten umgibt Wotan den Felsen mit einem Flammenmeer, das nur ein Held zu durchschreiten wagen wird.
Winterstürme wichen dem Wonnemond (Sieglinde, Siegmund); Siegmund! Sieh auf mich (Brünnhilde, Siegmund); Walkürenritt; Feuerzauber.

Richard Wagner: Siegfried

Zweiter Tag des Bühnenfestspiels „Der Ring des Nibelungen" – Bayreuth 1876
Siegfried (T) – Mime (T) – Der Wanderer (Bar) – Alberich (Bar) – Fafner (B) – Erda (A) – Brünnhilde (S) – Stimme des Waldvogels (S)

1. Aufzug: Der Schmied Mime, Alberichs Bruder, hat der sterbenden Sieglinde den neugeborenen Siegfried abgenommen und bei sich aufgezogen. Nun ist Siegfried zum Jüngling herangewachsen und zerbricht mit starker Hand jedes Schwert, das Mime

schmiedet. Von Wotan erfährt Mime, daß er den Tod erleiden wird von einem, de „das Fürchten nicht gelernt hat“; dieser könne auch aus den Trümmern das Schwer Nothung wieder schmieden. Siegfried kommt nach Hause, zeigt auch bei der grausigen Geschichte von dem Drachen Fafner, die Mime erzählt, keine Furcht und schmiede sich aus Nothungs Trümmern ein neues Schwert, mit dem er den Amboß zerschlägt Mime beschließt daraufhin, Siegfried den Drachen töten zu lassen, Ring und Tarnkappe in seinen Besitz zu bringen und Siegfried dann durch Gift zu töten. – *2. Aufzug* Siegfried kann nach kurzem Kampf den Drachen Fafner töten. Ein Tropfen von dessen Blut, der ihm auf die Zunge geraten ist, läßt ihn die Sprache der Vögel verstehen. So erfährt er auch von Mimes bösen Absichten. Siegfried erschlägt den Schmied, holt sich Tarnkappe und Ring aus der Höhle des Drachen und begibt sich auf die Suche nach Brünnhilde, von der ihm die Vögel erzählt haben. – *3. Aufzug:* Wotan fühlt das Ende der Götter nahen und erwählt den Wälsungen Siegfried zum Erben. Auf seinem Weg zu Brünnhilde zerschlägt Siegfried den Welteschespeer, den ihm Wotan entgegenhält, und durchschreitet das Flammenmeer, das die schlafende Brünnhilde umgibt. Er weckt Brünnhilde auf und verbindet sich der Wotanstochter in Liebe.
Nothung, Nothung, neidliches Schwert (Siegfried); Daß der mein Vater nicht ist (Siegfried); Heil dir, Sonne! Heil dir, Licht (Brünnhilde, Siegfried).

Richard Wagner: Götterdämmerung
Dritter Tag des Bühnenfestspiels „Der Ring des Nibelungen“ – Bayreuth 1876
Siegfried (T) – Gunther (Bar) – Hagen (B) – Alberich (Bar) – Brünnhilde (S) – Gutrune (S) – Waltraute (A) – Drei Nornen (S, Mezzo-S und A) – Woglinde (S), Wellgunde (Mezzo-S) und Floßhilde (A), Rheintöchter – Mannen, Frauen

Vorspiel: Auf dem Felsen der Walküren spinnen die Nornen am Schicksal der Welt. Wotan hat die Weltenesche fällen und ihre Trümmer um Walhall türmen lassen. Mit den Stücken des von Siegfried zerbrochenen Speeres wird er den Scheiterhaufen anzünden und das Ende der Götter herbeiführen. Alberichs Fluch wird erlöschen, sobald die Rheintöchter das Rheingold und den Ring zurückerhalten haben. Das vor dem Gemach Brünnhildes und Siegfrieds gespannte Seil reißt, die Nornen, deren Wissen um das Schicksal der Welt abgeschnitten ist, stürzen in die Tiefe. Aus dem Gemach treten Siegfried und Brünnhilde, die ihrem Geliebten ihren Schild und ihr Roß Grane schenkt, während er ihr den Nibelungenring hinterläßt und in die Welt zieht. – *1. Aufzug:* Siegfried ist an den Hof der Gibichen gelangt, wo ihm Gutrune, die Schwester König Gunthers, einen Vergessenstrunk kredenzt. Er vergißt Brünnhilde und begehrt Gutrune zum Weib. Dafür soll er dem König Brünnhilde als Weib gewinnen. Von dem feierlichen Schwur, der die Abmachungen bekräftigt, schließt sich nur Hagen, der Halbbruder Gunthers und Sohn Alberichs, aus. Die Walküre Waltraute erzählt ihrer Schwester Brünnhilde von dem bevorstehenden Ende der Götterwelt, das nur durch die Rückgabe des Nibelungenringes an die Rheintöchter abgewendet werden könne. Doch weigert sich Brünnhilde, das Liebespfand Siegfrieds herzugeben. Mit Hilfe der Tarnkappe naht ihr Siegfried in der Gestalt Gunthers. Er entreißt Brünnhilde den Ring und unterwirft sie damit dem König. – *2. Aufzug:* Auf der Gibichenburg entdeckt Brünnhilde den Ring an Siegfrieds Hand. Nun erkennt sie den Betrug und hetzt Hagen, der schon von Alberich gegen Siegfried aufgestachelt wurde, und Gunther zum Mord an Siegfried. Von ihr erfährt Hagen auch die einzige verwundbare Stelle an Siegfrieds Rücken. – *3. Aufzug:* Umsonst warnen die Rheintöchter Siegfried vor dem Fluch des Ringes; auch ihre Warnungen, er werde noch am

gleichen Tag sterben, schlägt er in den Wind. Hagen mischt einen Trunk, der Siegfried die Erinnerung wiedergibt. Nachdem Siegfried seine früheren Erlebnisse mit Brünnhilde berichtet hat, stößt ihm Hagen den Speer in den Rücken. Gunther will dem Toten den Ring vom Finger ziehen und wird von Hagen erschlagen. Nun erkennt Gutrune die Untat ihrer Familie; mit einem Fluch gegen Hagen sinkt sie an Siegfrieds Leiche zusammen. Brünnhilde läßt für Siegfried einen Scheiterhaufen errichten und stürzt sich mit ihrem Roß Grane in die Flammen. Als Hagen den Rheintöchtern den Ring entreißen will, ziehen sie ihn mit sich in die Tiefe. Auch Walhall steht in Flammen, die Götterdämmerung ist gekommen, Götter und Welt sind erlöst.
Seit er von dir geschieden (Waltraute); Hoi-ho! Ihr Gibichtsmannen (Hagen und Chor); Brünnhilde, heilige Braut (Siegfried); Starke Scheite schichtet mir dort (Brünnhilde).

Richard Wagner: Parsifal

Bühnenweihfestspiel in 3 Aufzügen von Richard Wagner – Bayreuth 1882
Amfortas (Bar) – Titurel (B) – Gurnemanz (B) – Parsifal (T) – Klingsor (Bar) – Kundry (S) – Zwei Gralsritter (T und B) – Vier Knappen (S, A und 2 T) – Eine Stimme aus der Höhe (A) – Blumenmädchen, die Brüderschaft der Gralsritter, Jünglinge und Knaben

IN SPANIEN UM 900

1. Aufzug: Amfortas, der Hüter des Grals, war gegen Klingsor ausgezogen, einen abgewiesenen Gralsritter, der in der Nachbarschaft ein Reich errichtet hat und die fromme Ritterschaft durch buhlerische Blumenmädchen ihren hohen Aufgaben abspenstig machen will. Aber auch Amfortas erlag den Künsten der schönen Kundry, wurde seines heiligen Speeres beraubt und mit einer Wunde geschlagen, die nur durch die erneute Berührung mit dem Speer heilt. Rettung soll Amfortas kommen von einem „reinen Toren, durch Mitleid wissend". Gurnemanz vermutet in Parsifal, der nur den Namen seiner Mutter Herzeleide nennen kann, den Retter und nimmt ihn mit auf die Gralsburg. Als Parsifal jedoch durch die heiligen Handlungen kein Wissen erlangt, stößt ihn Gurnemanz wieder aus dem Tempel – *2. Aufzug:* Klingsor hat Kundry ausgeschickt, um Parsifal, der in sein Reich eingedrungen ist, zu verführen. Als ihn jedoch Kundry küßt, gelangt er zum Bewußtsein seiner Sendung und kann den heiligen Speer zurückgewinnen. Der Zaubergarten versinkt. – *3. Aufzug:* Auf der Suche nach dem Gral stößt Parsifal nach langen Irrfahrten auf Gurnemanz und Kundry, die ihr Leben nun der Reue weihen will. Gurnemanz erkennt in Parsifal den Erlöser des Amfortas, salbt ihn zum Gralskönig und führt ihn mit Kundry auf die Gralsburg. Hier liegt Amfortas und bittet die Ritter, ihn zu töten, da er nicht mehr wagt, das Heiligtum, dessen Anblick Heldenkraft und Jugend verleiht, seinen Rittern zu enthüllen. Da tritt Parsifal herein und berührt mit dem Speer die Wunde, die sich sogleich schließt. Er übernimmt das Amt des entsühnten Amfortas, hält mit den Rittern das Liebesmahl und erlöst Kundry durch die Taufe.
Titurel, der fromme Held (Gurnemanz); Nur eine Waffe taugt (Parsifal); Zum letzten Liebesmahle (Chor); Karfreitagszauber.

Richard Wagner: Die Feen

Romantische Oper in 3 Akten nach Carlo Gozzi von Richard Wagner – München 1888
Der Feenkönig (B) – Ada, eine Fee (S) – Farzana, Fee (A) – Jemina, Fee (S) – Arindal, König von Tramond (T) – Lora, seine Schwester (S) – Morald (Bar) – Gernot (B) –

Drolla, Loras Zofe (S) – Gunther (T) – Harald (Bar) – Ein Bote (Bar) – Stimme Grona des Zauberers (B) – Geister, Feen, Krieger

IN EINEM MÄRCHENLAND

1. bis 3. Akt: Der König Arindal kann nur dann die Fee Ada zur Frau bekommen, wenn er sich Prüfungen unterzieht und sie auch besteht. Vor allem darf er die Fee nicht nach ihrem Namen fragen. Das tut er aber, und die Fee erstarrt zu Stein. Arindal gibt nicht auf. Er will sein Versagen wiedergutmachen und ist bereit, die größten Opfer auf sich zu nehmen, um Ada doch noch für sich zu gewinnen. Ein Zauberer kommt ihm zu Hilfe. Ada wird aus ihrer Verwandlung erlöst, und Arindal kann mit ihr Unsterblichkeit erringen.

Carl Maria v. Weber (1786-1826): **Abu Hassan**

Komische Oper in einem Akt von Franz Carl Hiemer – München 1811

Kalif Harun al Raschid (Sprechrolle) – Zobeïde, seine Gemahlin (Sprechrolle) – Abu Hassan, Liebling des Kalifen (T) – Fatime, seine Gemahlin (S) – Omar, Wechsler (B) – Mesrur, Vertrauter des Kalifen (Sprechrolle) – Zemrud, Zobeïdes Zofe (Sprechrolle) – Gläubiger Abu Hassans, Gefolge

IN BAGDAD ZUR ZEIT VON TAUSENDUNDEINER NACHT

Abu Hassan und seine Frau Fatime haben ihr letztes Geld verbraucht. Niemand findet sich mehr, der dem ohnehin mit Schulden überhäuften Paar noch Geld leihen würde; nur der Wechsler Omar würde sich für die Gunst Fatimes erkenntlich zeigen. Lieber aber wollen sie durch einen Trick aus dem Kalifen und seiner Frau Geld herausholen. So meldet Hassan dem Kalifen das Ableben seiner Frau Fatime, während Fatime ihrerseits sich bei Zobeïde als trauernde Witwe vorstellt. Beide erhalten ein Geldgeschenk und Brokat, wie es beim Tod eines nahen Verwandten üblich ist. Der Kalif und seine Frau geraten aber in Streit darüber, wer denn nun zuerst gestorben sei. Da Mesrur und Zemrud darüber keine befriedigende Auskunft liefern können, begeben sich der Kalif und Zobeïde zu dem verstorbenen Paar. Als der Kalif demjenigen 1000 Dukaten bietet, der Auskunft darüber zu geben vermag, wer zuerst gestorben sei, springt Hassan, der sich ebenso wie seine Frau als tot ausgegeben hat, auf und beteuert, daß er der erste gewesen sei. Auch Fatime wird wieder lebendig. Da der Kalif einen Spaß versteht, werden Hassan die 1000 Dukaten ausgezahlt, während der lüsterne Omar vom Hof verbannt wird.

Carl Maria v. Weber: Der Freischütz

Romantische Oper in 3 Akten von Johann Friedrich Kind – Berlin 1821

Ottokar, regierender Fürst (Bar) – Kuno, fürstlicher Erbförster (B) – Agathe, seine Tochter (S) – Ännchen, eine junge Verwandte (S) – Kaspar (B) und Max (T), Jägerburschen – Ein Eremit (B) – Kilian, ein reicher Bauer (T) – Samiel, der schwarze Jäger (Sprechrolle) – Vier Brautjungfern (S) – Jäger, Landleute, Gefolge, Brautjungfern, Musikanten, Erscheinungen

IN BÖHMEN KURZ NACH BEENDIGUNG DES DREISSIGJÄHRIGEN KRIEGES

1. Akt: Der Jägerbursche Max hat in der letzten Zeit großes Weidmannspech gehabt; heute beim Sternschießen hat er sogar so versagt, daß der Bauer Kilian Schützenkönig wird und Max nur Spott erntet. Morgen aber soll Probeschießen sein, von dessen

gutem Ausgang abhängt, ob Max Agathe, die Tochter seines Försters Kuno, und die Försterstelle erhält. Seine Verzweiflung macht sich der andere Jägerbursche, der mit den finsteren Mächten im Bunde stehende Kaspar, zunutze. Er führt Max die Zielsicherheit einer Freikugel vor und überredet ihn, um Mitternacht in die Wolfsschlucht zu kommen, um Kaspar beim Gießen der Freikugeln zu helfen. – *2. Akt:* Im Försterhaus wartet Agathe mit ihrer Freundin Ännchen auf Max. Ein herunterfallendes Bild versetzt Agathe in heftige Unruhe. Max kommt, eilt aber bald wieder weg mit der Begründung, er müsse noch einen Hirsch, den er bei der Wolfsschlucht geschossen habe, heimholen. Kaspar hat unterdessen in der Wolfsschlucht mit dem schwarzen Jäger Samiel verabredet, daß er noch drei Jahre leben dürfe, wenn er ihm morgen drei Opfer – Max, Agathe und ihren Vater – zuführt; im anderen Falle ist Kaspar gleich dem Bösen verfallen. Max findet sich ein und gießt unter allerlei Spuk mit Kaspar sieben Freikugeln, von denen Kaspar drei behält. – *3. Akt:* Unter düsteren Vorahnungen kleidet sich Agathe, die einen bedrückenden Traum gehabt hat, mit Hilfe Ännchens bräutlich an. Max schießt mit viel Erfolg drei Freikugeln beim Probeschießen ab. Auch Kaspar sendet drei Kugeln in die Luft, so daß nur noch die siebente Kugel übrigbleibt, die der Böse nach seinem Belieben lenken kann. Max zielt auf eine weiße Taube, doch Agathe und Kaspar brechen zusammen. Der Böse hatte Agathe die Kugel zugedacht; ein Eremit hat sie jedoch durch sein Dazwischentreten vor dem Tod bewahrt, der dafür Kaspar trifft. Der Fürst will Max des Landes verweisen, gewährt ihm dann aber auf Fürsprache des Eremiten ein Probejahr, nach dessen Ablauf ihm Agathe die Hand reichen wird. Der Probeschuß soll abgeschafft werden.
Schau der Herr mich an als König (Kilian); Nein, länger trag' ich nicht die Qualen (Max); Hier im ird'schen Jammertal (Kaspar); Kommt ein schlanker Bursch gegangen (Ännchen); Wie nahte mir der Schlummer (Agathe); Einst träumte meiner sel'gen Base (Ännchen); Wir winden dir (Chor der Brautjungfern); Was gleicht wohl auf Erden (Jägerchor).

Carl Maria v. Weber: Euryanthe

Romantische Oper in 3 Akten von Helmine v. Chézy – Wien 1823 (A. & S.)
König Ludwig VI. (B) – Adolar, Graf von Nevers (T) – Euryanthe von Savoyen, seine Braut (S) – Rudolf, ein Ritter (T) – Lysiart, Graf von Forest (Bar) – Eglantine von Puiset, Tochter eines Empörers (Mezzo-S) – Bertha, ein Landmädchen (S) – Ritter, Edelfrauen, Pagen, Herolde, Landleute, Soldaten, Jäger

AUF SCHLOSS PRÉMÉRY UND BURG NEVERS 1110

1. Akt: Beim Friedensfest auf Schloß Préméry preist Adolar seine in der Ferne weilende Braut Euryanthe. Lysiart aber behauptet, daß er auch Euryanthe zur Untreue verführen kann. Die heuchlerische Eglantine, die selbst Absichten auf Adolar hegt, schleicht sich in das Vertrauen Euryanthes ein. – *2. Akt:* Zwar kann Lysiart Euryanthe nicht verführen, doch verbündet er sich mit Eglantine, die ihm einen Euryanthe geraubten Ring als Beweis für deren Untreue übergibt. Er zeigt am Hofe den Ring vor, worauf Adolar Euryanthe, die sich nicht zu verteidigen vermag, von sich stößt. – *3. Akt:* Als Adolar Euryanthe im Wald töten will, züngelt eine Schlange auf. Euryanthe stellt sich schützend vor den Geliebten, der darauf die Schlange töten kann. Nun bringt Adolar es aber nicht mehr über sich, Hand an Euryanthe zu legen. Er überläßt sie ihrem Schicksal. König Ludwig VI. findet die völlig erschöpfte Euryanthe und erfährt von ihr den Verrat Eglantines. Verfolgt von ihren Untaten, gesteht Eglantine dem König ihren Betrug an Euryanthe. Lysiart, der sie heiraten sollte, ersticht sie und wird als

Mörder abgeführt. Jetzt können Euryanthe, deren Unschuld erwiesen ist, und Adolar heiraten.

Carl Maria v. Weber: Oberon

Romantische Oper in 3 Akten von James Robinson Planché – London 1826

Oberon, König der Elfen (T) – Titania, seine Gemahlin (stumm) – Puck (A) und Droll (Sprechrolle), seine dienstbaren Geister – Meermädchen (Mezzo-S) – Harun al Raschid, Kalif von Bagdad (Sprechrolle) – Rezia, seine Tochter (S) – Fatime, die Sklavin und Gespielin (Mezzo-S) – Babekan, persischer Prinz (Sprechrolle) – Mesru, Haremswächter (stumm) – Almansor, Emir von Tunis (Sprechrolle) – Roschana, seine Gemahlin (Sprechrolle) – Nadine, deren Sklavin (Sprechrolle) – Abdallah, Seeräuber (Sprechrolle) – Kaiser Karl der Große (Sprechrolle) – Hüon von Bordeaux, Herzog von Guienne (T) – Scherasmin, der Knappe (Bar) – Feen, Elfen, Meermädchen, Geister, Gefolge, Haremsdiener, Gartenhüter, Sklaven, Janitscharenmusiker, Wachen, Seeräuber

IN FRANKEN, BAGDAD UND TUNIS 806

1. Akt: Wegen der Frage, wer unbeständiger sei, Mann oder Weib, haben sich der Elfenkönig Oberon und seine Frau Titania entzweit. Versöhnen wollen sie sich erst, wenn sie ein Menschenpaar gefunden haben, das seine beständige Treue in Glück und Unglück bewiesen habe. Von Puck hört Oberon, daß der Ritter Hüon in Notwehr einen Sohn Karls des Großen getötet und zur Strafe vom Kaiser den Befehl bekommen habe, in Bagdad denjenigen, der zur Linken des Kalifen sitzt, zu töten und die Kalifentochter Rezia als seine Braut zu entführen. Oberon hofft, in diesem Paar den Grund zur Versöhnung mit Titania zu finden, und läßt Hüon alle Hilfe angedeihen. So zeigt er der schönen Rezia, die zur Ehe mit dem ihr verhaßten Babekan gezwungen werden soll, das Bild Hüons, auf den diese sofort alle Hoffnungen setzt. – *2. Akt:* Gemäß seinem Auftrag tötet Hüon den Prinzen Babekan und entführt Rezia, während sein Knappe Scherasmin an Fatime, Rezias Sklavin, Gefallen findet und sie mitnimmt. Puck aber wühlt die Wellen auf und läßt das Schiff der Liebenden stranden. Überdies werden sie getrennt, als der Seeräuber Abdallah Rezia entführt. – *3. Akt:* Hüon, Fatime und Scherasmin sind in den Garten des Emirs von Tunis verschlagen worden, Rezia muß sich im Palast der Werbungen Almansors erwehren. Die entthronte Lieblingsfrau des Emirs versucht Hüon zu verführen. Obwohl Hüon sich standhaft weigert, wird er, da ihn der Emir im Zimmer seiner Frau angetroffen hat, zum Tode verurteilt. Rettend kann Scherasmin mit Oberons Horn eingreifen. Die Liebenden werden von Kaiser Karl zusammengegeben, auch Oberon kann sich mit Titania versöhnen.

Ozean, du Ungeheuer (Rezia).

Kurt Weill (1900-1950): **Die Dreigroschenoper**

Stück mit Musik in einem Vorspiel und 3 Akten nach John Gay von Bert Brecht – Berlin 1928 (Suhrkamp)

Macheath, genannt Mackie Messer – Jonathan Jeremiah Peachum, Besitzer der Firma „Bettlers Freund" – Celia Peachum, seine Frau – Polly Peachum, seine Tochter – Brown, Polizeichef von London – Lucy, seine Tochter – Spelunken-Jenny, Hure – Smith, Konstabler – Straßenbanditen, Bettler, Huren, Konstabler

N LONDON AM ANFANG DES 18. JAHRHUNDERTS

1. Akt: Der berüchtigte Bandit Macheath, genannt Mackie Messer, feiert in einem Pferdestall Hochzeit mit Polly Peachum, der Tochter des Bettlerkönigs von London. Um das Fest zu verschönern, schaffen die Mitglieder von Macheaths Bande allerlei gestohlene Geschenke herbei. Auch der Polizeichef Brown, mit dem Mackie Messer den Krieg zusammen verlebt hat, kommt zu der Feier. Dagegen fehlen Pollys Eltern, deren Vater sogar schwört, als ihm von Pollys Hochzeit berichtet wird, Macheath bei der nächsten Gelegenheit der Polizei zu übergeben. – *2. Akt:* Geängstigt von den Drohungen ihres Vaters, bittet Polly Mackie Messer, sich einige Zeit verborgen zu halten. Er geht daraufhin in ein Bordell nach Turnbridge, wo ihn seine alte Freundin Jenny der Polizei ausliefert. Im Gefängnis bekommt Macheath den Besuch Pollys und Lucys, der Tochter des Polizeichefs, die ihm zur Flucht verhilft. Die beiden Frauen geraten um den Anspruch, Mackie Messers Frau zu sein, in eine Rauferei. – *3. Akt:* Mit der Drohung, die bevorstehenden Krönungsfeierlichkeiten durch eine Großaktion seiner Bettler zu stören, zwingt Peachum den Polizeichef, Macheath erneut zu verhaften. Macheath wird zum Tode verurteilt und erwartet schon mit der Schlinge um den Hals die Vollstreckung des Urteils, als ein reitender Bote des Königs ihm die Freiheit wiedergibt und ihn in den Adelsstand erhebt.

Und der Haifisch, der hat Zähne (Moritatensänger); Meine Herren, heute sehen Sie mich (Polly als Seeräuber-Jenny); John war darunter (Macheath, Brown); Da ist nun einer (Frau Peachum); In einer Zeit, die längst vergangen ist (Jenny, Macheath); Ihr Herrn, die ihr uns lehrt (Jenny, Macheath, Eine Stimme); Ihr saht den weisen Salomo (Jenny); Ihr Menschenbrüder, die ihr nach uns lebt (Macheath).

Kurt Weill: Aufstieg und Fall der Stadt Mahagonny

Oper in 3 Akten von Bertolt Brecht – Leipzig 1930 (U. E.)

Leokadja Begbick (Mezzo-S oder A) – Fatty, der Prokurist (T) – Dreieinigkeitsmoses (Bar) – Jenny (S) – Jim Mahoney (T) – Jack (T) – Bill, genannt Sparbüchsenbill (Bar) – Joe, genannt Alaskawolfjoe (B) – Tobby (T) – Sechs Mädchen (S und A) – Die Männer von Mahagonny

DIE STADT MAHAGONNY, GEGENWART

1. Akt: Die Stadt Mahagonny verdankt ihre Gründung in einer einsamen Gegend drei steckbrieflich Verfolgten: der Begbick, dem „Prokuristen“ Fatty und dem Dreieinigkeitsmoses. Ihre Absicht ist, in der Netzestadt, was ihr Name besagt, das Gold einzufangen, das die Männer in den Flüssen gefunden haben. Nachdem sich in der Stadt Jenny mit sechs Mädchen niedergelassen hat, sorgt der Ruf des angeblich alles Erlaubten für ihre Anziehungskraft. Ihr erliegen auch Jim Mahoney und drei Holzfäller aus Alaska. Bei der Begrüßung zieht Begbick die Mädchen heran. Jims Wahl fällt auf Jenny. Dem Aufstieg der Stadt folgt eine Krise, und viele ziehen fort. Begbick muß bleiben, da sie überall polizeilich gesucht wird. Auch Jim ist des Betriebes in der Stadt überdrüssig. Erst nachdem er seine Wut ausgetobt hat, geleiten ihn seine Kameraden zurück. Das Land wird von einem Taifun heimgesucht. In der Stunde höchster Not glaubt Jim die Gesetze menschlicher Glückseligkeit gefunden zu haben, die darin bestehen, daß alles erlaubt und nichts verboten ist. – *2. Akt:* Mahagonny ist verschont geblieben. Jim Mahoneys Gesetze finden Anklang. Überall herrscht Hochbetrieb. Des Lebens Inhalt ist auf Essen und Saufen, Lieben und Sport beschränkt. So stirbt ein Freund Mahoneys beim Essen, ein anderer wird totgeboxt. Nach einem Trinkgelage, zu dem Jim alle Männer eingeladen hat, kann er die Zeche nicht bezahlen, worauf ihn die Begbick einsperren läßt. – *3. Akt:* Das schlimmste Verbrechen besteht in Mahagonny darin, kein Geld zu haben. Jim hat sich dessen schuldig gemacht und wird zum Tode verurteilt. Jim beharrt auf seiner Lehre des ausgesprochenen Lebensgenusses noch kurz vor seiner Hinrichtung. In treuer Befolgung dieser Lehre wird das Leben in der Stadt immer ausgelassener und unerträglicher. Es kommt zur Demonstration gegen die Teuerung. Der Fall der Stadt Mahagonny ist unaufhaltsam.

Jaromir Weinberger (1896-1967): **Schwanda, der Dudelsackpfeifer**

Volksoper in 2 Akten von Miloš Kareš – Prag 1927

Schwanda (Bar) – Dorota, seine Frau (S) – Babinsky, ein Räuber (T) – Königin (Mezzo-S) – Magier (B) – Richter (T) – Scharfrichter (T) – Teufel (B) – Des Teufels Famulus (T) – Höllenhauptmann (T) – Zwei Landsknechte (T und B) – Gefolge der Königin, Landvolk, Volk, Teufel und Teufelinnen, Hexen und Höllengeister

IN BÖHMEN ZUR MÄRCHENZEIT

1. Akt: Vor den Landsknechten hat sich der Räuberhauptmann Babinsky auf dem Bauernhof Schwandas versteckt. Besonders angetan hat es ihm die junge und hübsche Bäuerin Dorota. Beim Essen beredet Babinsky den Bauern, mit ihm zu ziehen, um die Königin des Nachbarlandes von ihrem Eisherz zu befreien. Wirklich gelangen sie zu der Königin, in deren Herz durch Schwandas Dudelsackspiel wieder Wärme und Liebe dringen. Sie will Schwanda heiraten und läßt schon die Hochzeit vorbereiten, als Dorota erscheint. Erzürnt läßt die Königin den Dudelsackpfeifer von einem Gericht zum Tode verurteilen. Der Magier, der seine Herrschaft über die Königin durch Schwanda bedroht sah, entwendet den Dudelsack und macht Schwanda dadurch wehrlos. Babinsky aber kommt ihm zu Hilfe; er vertauscht das Schwert des Henkers gegen einen Strohwisch und nützt die dadurch entstehende Verwirrung, um seinem Freund den Dudelsack zuzustecken. Nun kann sich Schwanda wieder befreien und das Volk mit Hilfe seines Spiels in die Stadt bringen, die Babinsky hinter den Einwohnern zuriegelt. Auf Dorotas Vorhaltungen aber schwört Schwanda, daß ihn gleich der Teufel holen solle, wenn er der Königin auch nur einen Kuß gegeben habe. Die Erde tut sich auf, Schwanda verschwindet, und Babinsky muß jetzt – der schönen Dorota zuliebe – seinen Freund auch noch aus der Hölle holen. – *2. Akt:* Standhaft weigert sich Schwanda in der Hölle, dem Teufel aufzuspielen. Durch eine Vision Dorotas verführt, unterschreibt er aber schließlich doch einen Pakt mit dem Bösen. Da aber kommt Babinsky, spielt mit dem Teufel Karten und gewinnt so lange, daß ihm der Teufel schließlich den Dudelsackspieler doch ausliefern muß. Babinsky liefert Schwanda bei Dorota ab und zieht, da er bei der schönen Bäuerin ja doch keine Gegenliebe findet, weiter.

Es geht von Mund zu Mund (Babinsky); Auf unsrem Hof daheim (Dorota); Wie kann ich denn vergessen (Schwanda); Polka.

Hugo Wolf (1860-1903): **Der Corregidor**

Oper in 4 Akten nach Pedro d'Alarcon von Rosa Mayreder – Mannheim 1896 (U. E.)

Don Eugenio de Zuniga, Corregidor (T) – Juan Lopez, Alkalde (B) – Pedro, dessen Sekretär (T) – Tonuelo, Gerichtsbote (B) – Repela, Diener des Corregidor (B) – Tio Lukas, Müller (Bar) – Ein Nachbar (T) – Donna Mercedes, Corregidora (S) – Frasquita, Frau des Müllers (Mezzo-S) – Duenna der Corregidora (A) – Manuela, Magd bei Lopez (Mezzo-S) – Bischof mit Gefolge, Gesinde, Musikanten

IN ANDALUSIEN 1804

1. Akt: Im Einvernehmen mit seiner Frau belauscht der Müller Lukas ein Gespräch des alten Corregidor, des Amtsrichters, mit des Müllers Frau Frasquita. Frasquita versucht, die Anstellung ihres Neffen zu erreichen, und macht den Corregidor, der ihr schon länger nachstellt, immer verliebter. Als der Corregidor schließlich hinfällt, erscheint der Müller und hebt ihn auf. Wütend beschließt der Corregidor, sich zu rächen, und schickt seinen Diener Repela mit einem geheimen Befehl zum Alkalden. – *2. Akt:* Nachdem der Alkalde den Müller zu einer Vernehmung zu sich beordert hat, taucht der Corregidor bei Frasquita auf, worauf diese davonläuft, um ihren Mann aus der Stadt zu holen. Der Corregidor schickt ihr Repela nach, um sie zurückzuholen, und legt sich, da er in den Bach gefallen ist und völlig durchnäßte Kleider hat, ins Bett des Müllers. Lukas hat inzwischen den Alkalden unter den Tisch getrunken und ist entflohen. – *3. Akt:* Lukas und seine Frau verfehlen sich. Er kommt nach Hause, findet den Corregidor in seinem Bett, zieht sich dessen Kleider an und geht zur Corregidora. Repela hat Frasquita doch noch eingeholt und kommt mit ihr ebenfalls zurück. Als Lukas hier auch nicht ist, zieht sich der Corregidor die Kleider des Müllers an und geht mit den anderen auf die Suche nach dem Müller in die Stadt. – *4. Akt:* Als sie an das Haus des Corregidor kommen, erfahren sie, daß der Herr bereits zu Hause sei. Der Corregidor, der immer noch die Kleider des Müllers anhat, wird von den Dienern für einen Betrunkenen gehalten und kräftig verprügelt. Endlich klärt sich alles auf, und jeder der beteiligten Ehepartner ist froh, daß seine Ehre nicht angetastet worden ist.
In solchen Abendfeierstunden (Lukas); In dem Schatten meiner Locken (Frasquita); Herz, verzag nicht (Corregidor).

Ermanno Wolf-Ferrari (1876-1948): **Die neugierigen Frauen**

Musikalische Komödie in 3 Akten nach Goldoni von L. Sugana – München 1903 (Weinberger)

Ottavio, reicher venezianischer Bürger (B) – Beatrice, seine Frau (A) – Rosaura, beider Tochter (S) – Florinda, deren Verlobter (T) – Pantalone, reicher Kaufmann (B) – Lelio (Bar) und Leandro (T), Freunde Pantalones – Eleonora, Lelios Frau (S) – Colombina, Beatrices Zofe (S) – Arlecchino, Pantalones Diener (B) – Weitere Freunde Pantalones (T und B) – Diener, Volk

VENEDIG, MITTE DES 18. JAHRHUNDERTS

1. bis 3. Akt: Beatrice, Rosaura, Eleonora und Colombina möchten nur zu gerne wissen, was sich in Pantalones Haus abspielt. Dort haben sich die Männer aber zu nichts anderem als einem Spielchen und Plauderstündchen zusammengefunden. Auch in Zukunft wollen sie bei solchen Anlässen ohne Frauen sein, vor allem beim großen Souper, das am Abend stattfinden soll. Da entdeckt Eleonora im Rock ihres Mannes zwei Schlüssel zu Pantalones Haus, auch Colombina und die junge Rosaura sind geschickt genug, in den Besitz von Schlüsseln zu kommen. Pantalone ahnt, was die Frauen vorhaben. Am Abend läßt er die schlüssellosen Männer in sein Haus, die Frauen kommen selbst mit den Schlüsseln nicht weiter als in die Vorhalle, dort werden sie überwältigt. Doch der Diener Arlecchino, der in Colombina verliebt ist, hilft ihnen, in einen Raum zu gelangen, von wo aus sie die Männer belauschen können. Unter dem Druck der Frauen gibt die Tür, gegen die sie ihre Ohren pressen, nach, und die neugierigen Weiber stehen vor ihren Männern, die sich gerade zum Souper niedergesetzt haben. Das nicht eingeplante Zusammentreffen endet in einer herzlichen Versöhnung.

Ermanno Wolf-Ferrari: Die vier Grobiane

Musikalisches Lustspiel in 3 Akten nach Carlo Goldoni von Luigi Sugana und Giuseppe Pizzolato – München 1906 (Weinberger)
Lunardo, Antiquitätenhändler (B) – Margarita, seine zweite Frau (A) – Lucietta, Lunardos Tochter (S) – Maurizio, Kaufmann (B) – Filipeto, sein Sohn (T) – Marina, Filipetos Tante (S) – Simon, Kaufmann, deren Mann (B) – Cancian, ein reicher Bürger (B) – Felice, seine Frau (S) – Conte Riccardo, ein fremder Edelmann (T) – Eine junge Magd Marinas (S)

IN VENEDIG 1800

1. Akt: Lunardo ist wie seine Altersgenossen ein biederer Ehemann, der, bei aller Liebe zu Frau und Tochter, glaubt, er müsse, um sich Respekt zu verschaffen, in der Familie als Grobian auftreten. So kommt er nach Hause und teilt Margarita mit, er habe zum Abendessen drei Biedermänner mit ihren Frauen eingeladen und überdies die Verlobung seiner Tochter Lucietta mit Filipeto mit dessen Vater Maurizio, der auch zu den Geladenen gehört, ausgemacht. Die jungen Leute dürften sich allerdings – nach Ansicht der Väter – vor der Verlobung nicht sehen. Margarita und Filipetos Tante Marina scheinen darüber jedoch anderer Ansicht zu sein. Marina und ihr Mann Simon erhalten, nachdem Filipeto gegangen ist, weiteren Besuch: Felice, begleitet von ihrem Mann Cancian und dem Edelmann Riccardo, der vor allem das Mißtrauen Simons weckt. – *2. Akt:* Während die vier Grobiane unter sich sein wollen, schmieden ihre Frauen einen Plan, wie sich Lucietta und Filipeto kennenlernen können. Filipeto wird verkleidet als Mädchen in Riccardos Gesellschaft zu den Damen geführt. Schnell freunden sich die jungen Leute an. Bald kommen die Männer jedoch hinter diese Heimlichkeiten. Der Abend endet mit einer wilden Jagd, die Maurizio hinter seinem Sohn veranstaltet. – *3. Akt:* Während die Männer noch in Lunardos Antiquitätenladen beraten, wie sie ihre Frauen für deren Unbotmäßigkeit bestrafen können, drehen diese – mit Felice an der Spitze – den Spieß um und halten ihren Männern eine Standpauke. Lucietta und Filipeto werden mit ihrem Einverständnis zusammengegeben und verabschieden sich mit dem Verlobungskuß.

Ermanno Wolf-Ferrari: Susannens Geheimnis

Intermezzo in einem Akt von Enrico Golisciano – München 1909 (Weinberger/Bars)
Graf Gil (Bar) – Gräfin Susanne, seine Gemahlin (S) – Sante, Diener (stumm)

IN PIEMONT UM 1900

Kurze Zeit erst sind Graf Gil und die junge Susanne verheiratet, und schon hat sie ein Geheimnis. Sie scheint ohne Wissen ihres Mannes auszugehen, sicher um – wie Gil vermutet – einen Mann zu treffen. Sein Verdacht wird dadurch bestärkt, daß er im Haus gelegentlich Zigarettenrauch wahrnimmt. Als er eines Abends den verräterischen Geruch auch an den Kleidern seiner Frau entdeckt, beschließt er, sie auf frischer Tat zu ertappen. Er zieht sich an und geht aus, um nach kurzer Zeit unvermutet wieder heimzukommen. Der Geruch ist verstärkt da, aber trotz eifrigster Untersuchung läßt sich kein weiterer Beweis für die Anwesenheit eines fremden Mannes finden. Vor Wut zerbricht Gil seinen Schirm und geht wieder ab, um nach kurzer Zeit unvermutet zum Fenster hineinzuspringen. Da seine Frau eine Hand hinter ihrem Rücken verbirgt, greift er blitzschnell danach und verbrennt sich die Finger an einer Zigarette: Susanne ist eine passionierte Raucherin, die ihr Laster vor ihrem bis dahin nicht rauchenden Mann verbergen wollte.

Ermanno Wolf-Ferrari: Die schalkhafte Witwe

Komische Oper in 3 Akten nach Goldoni von M. Ghisalberti – Rom 1931
Rosaura, reiche junge Witwe (S) – Mylord Runebief, Engländer (Bar) – Monsieur Le Bleau, Franzose (T) – Don Alvaro von Kastilien, Spanier (B) – Graf von Bosco Nero, Italiener (T) – Marionette, Rosauras französische Zofe (S) – Arlecchino, Diener im Gasthaus (Bar) – Birif, Diener Mylords (B) – Folletto, Lakai des Grafen (T) – Diener Alvaros (Bar) – Diener, Dienerinnen, Kellner, Volk

VENEDIG, MITTE DES 18. JAHRHUNDERTS

1. bis 3. Akt: Die reiche Witwe Rosaura hat die Absicht, wieder zu heiraten. Um sie bewerben sich seit geraumer Zeit ein Engländer, ein Franzose, ein Spanier und ein Italiener. Mit gleich großer Zuvorkommenheit begegnen sie alle Rosaura, die aber nicht so recht weiß, wem sie ihr Jawort geben soll. Da entschließt sie sich, die vier Bewerber auf die Probe zu stellen. Auf einem Fest erscheint sie zuerst in der Kleidung einer Engländerin, dann in der einer Französin und später in der einer Spanierin und einer Italienerin. Allein der Italiener widersteht den Reizen seiner „Landsmännin" und wird von ihr zum Mann genommen.

Isang Yun (* 1917): **Der Traum des Liu-Tung**

Oper in einem Akt nach einem chinesischen Lehrstück aus dem 14. Jahrhundert von Ma-Chi-Yuan – Berlin 1965 (B. & B.)
Liu-Tung, ein Student (Bar) – Ching-Yang, ein Eremit (Kao, alter Diener, Oberrichter, Holzhacker, Bandit) (Bar) – Pien-Fu, ein Händler (Kuei, Henker) (T) – Yü-Chan, Frau des Händlers (Tsui-Wo) (S) – Frau Wang, Wirtin der Herberge (Frau Po) (Mezzo-S) – Tung-Hua, ein Unsterblicher (B)

IM MITTELALTERLICHEN CHINA

Vorspiel: In den Gefilden der Seligen haben die Himmlischen Liu-Tung zum Jünger des Tao bestimmt. Der Eremit Ching Yang wird entsandt, ihn zu dieser Lehre zu bekehren. In der Herberge der alten Wang rastet ein Händler mit seiner jungen Frau. Hier trifft auch der Eremit auf Liu-Tung. Der ehrgeizige Liu-Tung verlacht die Lehren des Tao und legt sich schlafen. Der Eremit geleitet seine Träume. – *1. Traumbild:* Liu-Tung nimmt Abschied von seiner Gattin Tsui-Wo, um ins Feld zu ziehen. Sein Schwiegervater Kao überreicht ihm einen Becher Wein. Liu-Tung bittet seine Gattin, ihm die Treue zu halten. Um seiner Stimme mächtig zu bleiben angesichts der bevorstehenden Schlacht, schwört er dem Wein ab. – *2. Traumbild:* Tsui-Wo hat die Ehe gebrochen und empfängt ihren Liebhaber Kuei. Der heimkehrende Liu-Tung überrascht beide; Kuei flieht, und Liu-Tung will sein Weib töten. Der Kinder wegen aber hält ihn sein Diener von der Tat zurück. Ernüchtert schwört Liu-Tung der Liebesleidenschaft ab. – *3. Traumbild:* Im kaiserlichen Gerichtssaal wird Liu-Tung zum Tode verurteilt, da er seinem Volk gegenüber Schuld auf sich geladen und um Geldes willen Verrat geübt hat. Bei der Vollstreckung des Urteils schreitet der Eremit ein, denn den Göttern gebühre die Rache für solche Tat. – *4. Traumbild:* Am Ende mit seinen Kräften, irrt Liu-Tung auf einer einsamen Landstraße umher. Er begegnet dem Holzfäller Lu, der ihn auf den Weg des Tao führen will. Liu-Tung begreift nicht. Der Holzfäller weist ihm den Weg zu einer Hütte. Deren Bewohnerin kann Liu-Tung nicht aufnehmen, da ihr Sohn alle erschlägt, die des Weges kommen. Der Sohn erscheint und tötet Liu-Tung. Wer allen Freuden des Lebens entsagt habe, könne auch dem Leben selbst entsagen. – *Nachspiel:* Liu-Tung erwacht in der Herberge. In dem Eremiten erkennt er die Gestalten seiner Träume: den Schwiegervater Kao, den alten Diener, den Oberrichter, den Holzfäller und seinen Mörder. Nun begreift er den Sinn seines Traumes und ist zum Tao bekehrt.

Isang Yun: Geisterliebe

Oper in 2 Akten von Harald Kunz – Kiel 1971 (B. & B.)
Erzählerin, eine Schamanin (A) – Pan Hon-San, ein junger Gelehrter (T) – Son-Long, ein Dämon (auch in Gestalt des Mandarins Tschang und des Mönchs Tsiä-Tse) (B) – Ah-Hsiu, eine Füchsin (Geistermädchen) (S) – Liang-Kung, eine Füchsin (Geisterfrau) (Mezzo-S)

IM FERNEN OSTEN

1. Akt: Pan Hon-San, ein junger Gelehrter, der die Existenz von Geistern für unmöglich hält, lebt fleißig allein seinen wissenschaftlichen Studien. Das ist nicht im Sinne des Dämons Son-Long. Er verwandelt sich in den Mandarin Tschang, dessen Haus Pan Hon-San bewohnt, der sich auch dann nicht von seiner Meinung abbringen läßt, als ihm der Dämon in Gestalt des Mandarins erklärt, er habe sein Haus wegen der Geister verlassen. Auch das geisterhafte Spiel von zwei Füchsinnen kann Pan Hon-San nicht von seinen Studien ablenken. Erst als die Füchsinnen in Gestalt von liebreizenden Dienerinnen ihr Wesen treiben und Pan Hon-San, durch die freundliche Hilfe des Dämons Son-Long verwandelt, in Liebe zu ihnen entbrennt, entfaltet sich die Macht der Geister. Die Füchsinnen freuen sich; sie sehen sich am Ziel ihrer Wünsche angelangt: durch die Liebe zu einem Menschen können sie zu einem höheren Wesen werden. – *2. Akt:* Der Dämon Son-Long, in der Gestalt des Bettelmönchs Tsiä-Tse, tut den nächsten Schritt; er beschwört Pan Hon-San, die Füchsinnen durch seine Liebe zu erlösen. Es gelingt ihm, daß der verwandelte Pan Hon-San die Göttin Hsiu Wang-Mu bittet, die Füchsinnen in Frauen zu verzaubern. In der Vereinigung mit ihnen erfährt Pan Hon-San die „unbewußte Sehnsucht" und stirbt. Denn „Geisterliebe bringt den Tod".
Ah! Wie bin ich verwandelt (Ah-Hsiu); Wunder der Göttin! (Pan Hon-San).

Alexander von Zemlinsky (1871-1942): **Kleider machen Leute**

Musikalische Komödie in einem Vorspiel und 4 Bildern nach Gottfried Kellers gleichnamiger Novelle – Wien 1910, Prag 1922 (neue Fassung)
Wenzel Strapinski, ein Schneidergeselle (T) – Sein Meister (Sprechrolle) – Erster Schneidergeselle (T) – Zweiter Schneidergeselle (B) – Der Amtsrat (B) – Nettchen, seine Tochter (S) – Melchior Böhni, Prokurist (Bar) – Adam Litumlei, Notar (B) – Frau Litumlei (Mezzo-S) – Polykarpus Federspiel, Stadtschreiber (T) – Der ältere Sohn des Hauses Häberlein & Cie (T) – Frau Häberlein (Mezzo-S) – Der jüngere Sohn des Hauses Pütschli-Nivergelt (Bar) – Der Wirt (B) – Die Wirtin (S) – Die Köchin (Mezzo-S) – Der Kellner (T) – Der Kutscher (B) – Prologus (Sprechrolle)

IM SCHWEIZERISCHEN GOLDACH, ANFANG DES 19. JAHRHUNDERTS

Der Schneidergeselle Wenzel Strapinski, in Seldwyla arbeitslos geworden, ist auf dem Weg nach Goldach. Unterwegs wird er von einem Kutscher mitgenommen. Vor dem Wirtshaus in Goldach angekommen, wird der mit elegantem Mantel und einer Pelzmütze ausstaffierte Strapinski von der Bevölkerung empfangen wie ein vornehmer Herr. Strapinski ist verwirrt, auch der Kutscher wundert sich. Weil sein Passagier in dieser aufregenden Lage das Zahlen vergißt, zumindest das Wort eines Dankes, beschließt der Kutscher, Strapinski einen Streich zu spielen – er stellt ihn als einen polnischen Grafen vor. – Im Wirtshaus wird der arme Schneidergeselle tatsächlich wie ein vornehmer Herr behandelt. Die Männer nehmen ihn in ihre Stammtischrunde auf, die Frauen machen ihm schöne Augen. Auch der Amtsrat läßt ihn sich vorstellen. Nettchen, seine Tochter, empfindet gar Zuneigung für den „Grafen". Melchior Böhni, Prokurist in der Firma Quandt & Sohn, der auf Nettchen aus ist, bemerkt die zerstochenen Finger Strapinskis – er will in Seldwyla Nachforschungen anstellen. Unterdessen ist der „Graf" durch den Wirt mit allem versorgt worden, woran man einen vornehmen Herrn erkennen kann – Schlafröcke, Pantoffeln, Nachthemden, Taschentücher, Seife, Pasten und Pomaden stehen ihm reichlich zur Verfügung. – Der Amtsrat hat zum Essen geladen. Nettchen singt; die Liebesworte bezieht Strapinski zu Recht auf sich. Böhni ist bester Laune, aber er verrät das Ergebnis seiner Nachforschungen nicht. Strapinski versucht seinen ungewollten Adel loszuwerden, will sich davonschleichen, wird aber von Nettchen zurückgehalten. Sie gesteht ihm, von Böhni beobachtet, ihre Liebe. Der Amtsrat stellt die Verliebten als Verlobte vor – seine Tochter ist jetzt eine Adlige, so meint er. Es wird ein großes Fest vorbereitet. – Vor der Verlobungsgesellschaft wird zu Ehren des Paares die Pantomime „Kleider machen Leute" aufgeführt, mit der Absicht seiner Neider, Strapinski als den zu entlarven, der er ist: ein Schneidergeselle. Strapinski, von allen Seiten verhöhnt, erklärt mit dem Mute der Verzweiflung, daß es der Kutscher war, der ihn als Grafen ausgegeben habe – von Hochstapelei könne keine Rede sein; allein seine Zuneigung für Nettchen habe ihn davon abgehalten, sich zu erkennen zu geben. Und Nettchen wird die Frau des Schneidergesellen Wenzel Strapinski.

Bernd Alois Zimmermann (1918-1970): **Die Soldaten**

Oper in 4 Akten nach dem gleichnamigen Schauspiel von Jakob M. R. Lenz – Köln 1965 (Schott)

Wesener, ein Galanteriehändler (B) – Marie, seine Tochter (S) – Charlotte, seine Tochter (Mezzo-S) – Weseners alte Mutter (A) – Stolzius, Tuchhändler (Bar) – Stolzius' Mutter (A) – Obrist Graf von Spannheim (B) – Desportes, ein Edelmann (T) – Ein junger Jäger (Schauspieler) – Pirzel, ein Hauptmann (T) – Eisenhardt, ein Feldprediger (Bar) – Haudy, Hauptmann (Bar) – Mary, Hauptmann (Bar) – 3 junge Offiziere (T) – Die Gräfin de la Roche (Mezzo-S) – Der junge Graf, ihr Sohn (T) – Andalusierin, Bedienerin (Tänzerin) – 3 Fähnriche (Tänzer) – Madame Roux (stumm) – Der Bediente der Gräfin de la Roche (Schauspieler) – Der junge Fähnrich (Schauspieler) – Der betrunkene Offizier (Schauspieler) – 3 Hauptleute (Schauspieler) – 18 Offiziere und Fähnriche mit den Aufgaben: rhythmisches Sprechen und Bedienen des „Schlagzeug-Arsenals" – Ballett.

FRANZÖSISCH-FLANDERN, GESTERN, HEUTE, MORGEN

1. Akt: Der Galanteriehändler Wesener ist mit seinen Töchtern Marie und Charlotte von Armentières nach Lille übergesiedelt. Marie liebt den Tuchhändler Stolzius, den sie in Armentières in Liebeskummer zurückgelassen hat. Aber auch der Baron Desportes, ein junger Offizier in französischen Diensten, umwirbt Marie, doch Vater Wesener erlaubt es nicht, daß sich beide gemeinsam in der Öffentlichkeit zeigen, obwohl er die gehobene Standesehre seiner Tochter ganz gerne sehen würde. So rät er Marie, die Verbindung mit Stolzius aufrechtzuerhalten und zugleich auf Desportes' Antrag zu warten. Marie ist es nicht wohl ums Herz. – *2. Akt:* Das Verhältnis zwischen

Desportes und Marie ist bekannt geworden. Im Kaffeehaus von Armentières muß sich Stolzius verletzende Anspielungen gefallen lassen. Nach einem Briefwechsel mit Marie löst er die Verlobung, ist aber entschlossen, es Desportes heimzuzahlen. – *3. Akt:* Auch Desportes hat Marie verlassen. Stolzius ist Bursche bei Mary, einem Kameraden von Desportes, geworden. Er darf annehmen, daß er auf diesem Wege Desportes am ehesten begegnet. Marie ist inzwischen in den Ruf gekommen, ein „Soldatenmensch“ zu sein. Nach einer Episode mit Mary, der sie ebenfalls im Stich läßt, konzentriert sich ihre Hoffnung auf einen jungen Grafen, doch auch dieses Verhältnis ist nicht von Dauer. – *4. Akt:* Marie ist ein Straßenmädchen geworden. Desportes trifft mit seinem Kameraden Mary zusammen. Amüsiert unterhalten sie sich über ihr Schicksal. Stolzius ist in der Nähe. Mit einer vergifteten Suppe schickt er seinen einstigen Widersacher in den Tod, er selbst nimmt sich das Leben. Marie irrt verloren durch die Welt. Am Ufer der Lys bettelt sie um Almosen und wird von ihrem Vater nicht erkannt.
Oh, du sollst mir's bezahlen (Stolzius); Wie ich dir sage, es ist eine Hure von Anfang an gewesen (Desportes).

Udo Zimmermann (* 1943): **Der Schuhu und die fliegende Prinzessin**

Oper in 2 Teilen nach Peter Hacks von Udo Zimmermann und Eberhard Schmidt – Dresden 1976 (DVfM)
Der Schuhu (Bar) – Die fliegende Prinzessin (S) – 1. Sopran/Schneidersfrau – 2. Sopran – 3. Sopran – 1. Alt/Nachbarin – 2. Alt – 3. Alt – 1. Tenor/Bürgermeister – 2. Tenor/Oberster Schneckenhirt und Schuhuloge – 3. Tenor/Erster Spinatgärtner – 1. Baß/Schneider und König von Tripolis – 2. Baß/Kaiser von Mesopotamien – 3. Baß/Herzog von Coburg-Gotha und Starost von Holland – Dorfleute, Wachposten, Schnecken, Spinatpflanzen, Krieger, Spatzen, Gelehrte

MÄRCHENWELT
1. Teil: Ein armes Schneiderehepaar erwartete sein zehntes Kind. Statt des Kindes wird ihm ein Ei geboren. Zum Taufpaten bestellt der Schneider den Bürgermeister. Als dieser, mit vielen anderen Gästen zum Taufschmaus geladen, den Umstand erkennt, fühlt er sich zum Narren gehalten. Ein Jahr später gelingt es dem Schmied, das Ei aufzuschlagen. Heraus kommt der Vogelmensch Schuhu. Seine besondere Fähigkeit besteht darin, aus wenig viel machen zu können. Er hilft seinem Vater gegen den Bürgermeister und macht ihn zu einem reichen Mann. Der Vater weist ihn jedoch trotzdem aus dem Haus. Der Schuhu meint, große Gaben erforderten einen großen Herrn. Er begibt sich nach Coburg-Gotha, um in die Dienste des Großherzogs aufgenommen zu werden. Der Hofschuhuloge hält ihn für einen Betrüger und weist ihn ab. Nun wendet sich der Schuhu an den Kaiser von Mesopotamien, einen Bruder des Großherzogs von Coburg-Gotha. Beide Brüder liegen im Kriegszustand miteinander, weil sie sich wegen der unterschiedlichen Farbe ihrer Bärte gezankt haben. Der Schuhu stellt drei Rätsel, die alle Gelehrten des Kaisers nicht beantworten können. Daraufhin wird er Nachtwächter im 17. kaiserlichen Garten, wo er auf seinem Horn spielt. In Tripolis hört die Tochter des Königs, die fliegende Prinzessin, das Hornspiel des Schuhu. Voller Sehnsucht fliegt sie rasch nach Ktesiphon und singt ein Lied. Der Schuhu verliebt sich in sie, ohne sie gesehen zu haben. Am Abend fliegt er seine Runden und singt von seiner Liebe. Daraufhin verliebt sich die Prinzessin in Schuhu, ohne daß sie ihn gesehen hat. – *2. Teil:* Kaiser und Großherzog hoffen, durch eine reiche Heirat so viel Geld zu erlangen, daß ihre militärische Überlegenheit gesichert ist. Vergeblich halten die Hochzeitswerber bei der fliegenden Prinzessin an. Sie liebt den unbekannten

Sänger von Ktesiphon. Kaiser und Großherzog erkennen, daß der Schuhu ihnen in die Quere gekommen ist, und verbünden sich gegen ihn. Sie verfolgen den ausgeflogenen Schuhu mit ihrer Heeresmacht. In einer Seeschlacht vernichtet Schuhu die Flotten des Kaisers und des Großherzogs. In Tripolis begegnen sich der Schuhu und die fliegende Prinzessin zum ersten Mal. Sie feiern Hochzeit und leben glücklich miteinander. Da legt eines Tages der reiche Starost von Holland in Tripolis an. Die Prinzessin verliebt sich in ihn und folgt ihm nach Holland. Dort muß sie erkennen, daß sie vom Pferd auf den Esel gekommen ist, und sehnt den geliebten Schuhu herbei. Dieser hat inzwischen auf einem Berg über den Wolken ein Land entdeckt, in dem die Menschen der Erfüllung ihrer Wünsche nach Glück und vollkommener Harmonie leben können. Er befreit die Prinzessin aus der Macht des Starosten, und beide leben künftig in dem friedlichen Reich über den Wolken.

Udo Zimmermann: Die wundersame Schustersfrau

Oper in 2 Akten nach dem gleichnamigen Bühnenwerk von Federico García Lorca von Enrique Beck – Schwetzingen 1982 (DVfM)

Schustersfrau (S) – Schuster (B-Bar) – Gelbe Nachbarin (S) – Grüne Nachbarin (S) – Violette Nachbarin (Mezzo-S) – Rote Nachbarin (A) – Schwarze Nachbarin (A) – 2 Töchter der roten Nachbarin (S/S) – Küstersfrau (Mezzo-S) – Bürgermeister (B) – Don Amsel (T) – Bursche mit Schärpe (T) – Bursche mit Hut (Bar) – Knabe (Mezzo-S)

ANDALUSIEN ODER ANDERSWO

1. Akt: Eine junge Frau ist seit drei Monaten mit einem beträchtlich älteren Mann verheiratet. Aber nicht das Alter ist der Grund für die Spannungen, sondern gegensätzliche Lebenshaltungen und Erwartungen. Immer auf der Suche nach etwas, was sie nicht benennen kann, schafft sich die Schustersfrau ihre eigene Welt, die ihr die Wirklichkeit unerträglich erscheinen läßt. Nur ein kleiner Junge gewinnt durch seine kindliche Phantasie und Unbefangenheit ihre Zuneigung. Für den Schuster verdichtet sich die Angst vor der Umwelt zu einem Schreckensbild. In seiner tiefen Ausweglosigkeit vom überheblichen Bürgermeister verlacht, von dem lüsternen Don Amsel angewidert und vom Burschen mit der Schärpe, der seiner Frau nachstellt, verunsichert, sieht der Schuster – in Verkennung der wahren Situation – seine Ehe zerstört und verläßt das Haus. Die Schustersfrau bricht weinend zusammen. Scheinheilig kommen die Nachbarn, um sie zu trösten. Der kleine Junge versucht, einen Schmetterling zu fangen, der für die Schustersfrau zum Sinnbild für Ungezwungenheit und Freiheit wird. – *2. Akt:* Die Schustersfrau hat ihre Wohnung zu einer Schenke umgeräumt, um ihren Lebensunterhalt zu verdienen. Verehrer weist sie brüsk zurück, sie versteht sich weiterhin als Ehefrau des Schusters, der, als Puppenspieler verkleidet, zurückkehrt. Eine Messerstecherei wird der Schustersfrau zur Last gelegt. In ihrer Erregung beklagt sie ihr Unglück und gesteht, daß sie ihren Mann über alles liebt. Der Puppenspieler gibt sich zu erkennen. Beide fallen sich in die Arme.

Zur Geschichte der Operette

Die leichte Unterhaltung ist keine Erfindung unserer Tage. Schon im 6. vorchristlichen Jahrhundert, also rund 100 Jahre vor dem klassischen Lustspiel des Aristophanes, wird das Volk während der Dionysos-Feiern in der dorischen Komödie durch derbe Späße und verhöhnende Angriffe auf Repräsentanten des Staates ebenso in Stimmung gebracht wie durch kleine Spiele, in denen der eingewanderte sizilianische Dichter Epimarchos die Götter verspottet. Auch die Kirche des Mittelalters kann es auf die Dauer nicht verhindern, daß in die strenge Form ihrer heiligen Spiele im und vor dem Gotteshaus belustigende Elemente eindringen. Schrittmacherdienste leisten darin die Apostelfiguren, die plötzlich ihr ehrwürdiges Schreiten aufgeben und zum Grabe des Herrn eine Art Wettlauf veranstalten. Das wirkt komisch und gefällt.

Ähnlich ist der Vorgang auf musikalischem Sektor. Die seriöse Oper Italiens steckt noch in ihren Anfängen, da schieben sich zwischen ihre Akte leichtgewichtige Unterhaltungen, Einzelszenen, die bald darauf zur komischen Oper (Opera buffa und Opéra comique) führen. Zusammen mit der englischen Balladenoper und dem deutschen Singspiel werden sie als die wesentlichen Vorläufer der Operette angesehen. So ist die Operette die natürliche, wenn auch etwas spät sich einstellende Schwester der Oper, ein Bühnenstück mit lyrisch-sentimentaler oder heiter-beschwingter Musik und Tanz, in dem die Dialoge gesprochen werden, die Handlung unkompliziert, das Happy-End vorauszusehen ist und Konflikte, meist am Schluß des zweiten Aktes, ohne seelische Belastung für das Publikum bleiben.

Der Geburtsort der Operette ist Paris, ihr Begründer ein Organist: Florimond Ronger Hervé (1825-1892), der in seinem kleinen Theater „Folies Concertantes" komische Musikparodien aufführt. Musiquettes werden sie genannt. Sie regen Jacques Offenbach (1819-1880), den späteren Komponisten von „Hoffmanns Erzählungen", an, sich mit dem neuen Genre zu befassen. 1855 stellt er in seinem Privattheater „Les Bouffes Parisiens" die beiden Einakter „La Nuit Blanche" und „Les deux Aveugles" vor. Es sind Singspiele echt französischen Zuschnitts. Erstmals als Operette bezeichnet Offenbach den Einakter „La Rose de Saint-Flour" (1856). Und ihm folgt mit „Orpheus in der Unterwelt" 1858 der Prototyp der großen, abendfüllenden Operette: Die Ouvertüre macht gleich mit den handlungstragenden Melodien bekannt, Chor und Ensemble haben die Oper zum Vorbild, die Tanzeinlagen (Cancan) liefern den mitreißenden Schwung zur Krönung der Aktschlüsse. Als Librettisten sichert sich Offenbach die Mitarbeit von Hector Crémieux, Henri Meilhac und Ludovic Halévy. Während in „Orpheus in der Unterwelt“ und in der „Schönen Helena“ mit verstecktem Spott das antike Göttervolk behandelt werden, werden in „Pariser Leben“ und „Roi Carotte“ in beißender Ironie die gesellschaftlichen und politischen Zustände aufs Korn genommen.

Offenbach erobert sich bald Wien, das mit dem Dreigestirn Suppé, Millöcker, Strauß, zur zweiten bedeutenden Station in der Geschichte der Operette wird. Während die musikalische Form der neuen Gattung beibehalten ist, ändert sich ihr Charakter: österreichische Eigenart fließt in das französische Schema. Auf der Bühne geht es ab sofort gemütlicher, gemütvoller, herzlicher, aber auch derber zu. Franz v. Suppé (1819-1895)greift mit Vergnügen nach der Posse, jenem volksnahen Theater, das sich durch mutterwitzigen Humor und angeborene Ehrlichkeit auszeichnet. Ihm gelingt es, gallischen Esprit, italienische Drolligkeit und den sentimentalen Charme des kaiserlichen Wien musikalisch auf einen Nenner zu bringen. Von Suppé debütiert mit „Pensionat“ (1860); es folgen „Zehn Mädchen und kein Mann“, „Flotte Burschen“ und die heute noch gespielten Operetten „Die schöne Galathee“ (1865), „Fatinitza“ (1876) sowie die sehr erfolgreiche „Boccaccio“ (1879).

Was für Suppé der Theatermann und Bühnendichter Johann Nestroy (1801-1862) gewesen ist, bedeutet für Karl Millöcker (1842-1899) Ludwig Anzengruber (1839-1889), der Hauptvertreter des österreichischen Volksstückes. Aus dieser Zusammenarbeit erklärt sich vor allem Millöckers Neigung zu Bauern- und Schmugglergeschichten („Das verwunschene Schloß“ und „Gasparone“), ohne daß er durch diese kräftigen Vorlagen zu einer naturalistischen Musiksprache verführt worden wäre. Im Gegenteil: Seine Melodien sind von einer umfangenden, gefälligen Leichtigkeit, vor allem im „Bettelstudent“ (1882), der ihn über Nacht zu einem berühmten Mann macht. Auf den Spielplänen gehalten hat sich aber auch die von Theo Mackeben bearbeitete Operette „Die Dubarry“.

Nachhaltig übertroffen werden Suppé und Millöcker von Johann Strauß (1825-1899). Er sorgt im „goldenen Zeitalter“ der Operette für den unbestrittenen Höhepunkt; er wird zum unangefochtenen Meister des Wiener Charmes. Nicht mehr der ungezügelte Cancan der französischen Operette Offenbachs, sondern der 1786 erstmals öffentlich aufgeführte Walzer ist jetzt die musikalisch belebende und treibende Kraft. Der Dreivierteltakt beherrscht die Szene. Und es spricht für das hohe kompositorische Vermögen von Johann Strauß, daß neben seinem Paradestück „Fledermaus“ (Text von Meilhac und Halévy) auch Operetten mit schwächeren Libretti („Eine Nacht in Venedig“, „Der Zigeunerbaron“ und „Wiener Blut“) heute noch ihren großen Freundeskreis haben.

Die klassische Wiener Operette hat ihre bemerkenswerten Ausläufer: Carl Zeller („Der Vogelhändler“) und Carl Michael Ziehrer („Die Landstreicher“) erreichen zwar nicht die Qualität ihrer Vorgänger; ihre Stücke, die jetzt vorwiegend in Wirtsstuben, auf Dorfplätzen und Landstraßen spielen, zählen jedoch zum Bestand der bevorzugt aufgeführten Operetten. Ihnen zuzurechnen ist auch noch „Der Opernball“ von Richard Heuberger.

Wirtschaftspolitische Kontakte mit dem Fernen Osten lassen, etwa um die gleiche Zeit, in England eine elegant-unterhaltende Nebenlinie der Festlandsoperette entstehen: Arthur Seymour Sullivan (1842-1900) und Sidney Jones (1861-1946) befriedigen modische Bedürfnisse durch exotisch gefärbte Werke („Der Mikado“, „Die Geisha“).

Eine gänzlich andere Luft weht in Berlin. Dort wird mit schmissig-parodierenden Marschrhythmen und der Posse wie dem Schwank nahekommenden Sujets das 20. Jahrhundert eingeleitet. Einen Stern erster Ordnung setzt Paul Lincke (1866-1946) mit seiner „Frau Luna“ an den Operettenhimmel. Eduard Künnecke (1885-1953) greift mit dem „Vetter aus Dingsda“ noch einmal auf Stilmittel der komischen Oper zurück, Fred Raymond (1900-1954) steht mit seiner „Maske in Blau“ der Revue nahe, Walter Kollo (1878-1940) bedient sich in seinen Operetten ausgiebig des Schlagers, Leon Jessel (1871-1942) steuert mit seinem „Schwarzwaldmädel“ bäuerliches Milieu bei, und Ralph Benatzky bringt mit „Meine Schwester und ich“ und „Im Weißen Rößl“ das alte Singspiel zu neuen Ehren.

Einen zweiten Frühling erlebt die Wiener Operette durch Franz Lehár (1870-1948). Er ist mit seinen melodienreichen Tanzoperetten, in der die Neigung zur großen Rühroper stets mitläuft, der stärkste Vertreter im sentimentalen „silbernen Operettenzeitalter“. Seine musikalisch gesunde „Lustige Witwe“ wird ein Welterfolg, aber auch seine auf Sentimentalität abgestimmten Werke (u. a. „Friederike“) sind aus dem Repertoire der Bühnen nicht mehr wegzudenken. Lehärs Konkurrent ist Oscar Straus (1870-1954), der in seinem „Wal zertraum“ noch einmal die Walzerseligkeit eines Johann Strauß be schwört. Leo Fall dagegen sucht und findet sein Glück in einer musikalisch herzhafteren Stil („Der fidele Bauer“). Belebende Kräft führen der matter werdenden Wiener Operette Paul Abraham (1892 1960), Emerich Kálmán (1882-1953) und Nico Dostal (1895-1981) zu die mit „Victoria und ihr Husar“, „Gräfin Mariza“ und „Csárdásfür stin“ die landläufige Vorstellung ungarischer Mentalität und Musi (Csárdás) auf die Bühne bringen. 1969 wird in Bregenz die „Hochzei am Bodensee“ des 1975 gestorbenen Robert Stolz uraufgeführt. Da an die Tradition der Wiener Operette anknüpfende Werk ist bis heut der letzte bemerkenswerte Versuch geblieben, das Repertoire der nur gerade 140 Jahre alten Gattung zu erweitern. Ungeachtet dessen ha sich die Operette gegenüber dem jungen Musical überraschend gu behauptet. G. H.

Operettenführer

Paul Abraham (1892-1960): **Viktoria und ihr Husar**

Operette in einem Vorspiel und 3 Akten von Emmerich Földes, Alfred Grünwald und Fritz Löhner-Beda – Wien 1930 (Dreiklang)

Viktoria (S) – Graf Ferry Hegedüs auf Doroszoma, ihr Bruder (T) – O Lia San, seine Verlobte (S) – Stefan Koltay, Husarenrittmeister (T) – John Cunlight, Gesandter der USA (Bar) – Riquette, Viktorias Kammerzofe (S) – Jancsi, Koltays Bursche (T) – Béla Pörkölty (Bar) – Ein japanischer Priester (Bar) – Tokeramo Yagani, japanischer Attaché – Ein russischer Offizier – Bedienstete, Offiziere, Soldaten, Kosaken, Zofen, Gäste, Kuli, japanische Kavaliere, japanische und ungarische Mädchen

IN SIBIRIEN, JAPAN, RUSSLAND UND UNGARN NACH 1918

Vorspiel: Der ungarische Rittmeister Stefan Koltay ist mit seinem Burschen Jancsi in russische Gefangenschaft geraten, aus der sie jedoch durch die Bestechung einer Wache entfliehen können. – *1. Akt:* Der amerikanische Gesandte in Tokio, Cunlight, feiert seine Versetzung nach Petersburg. Da trifft Koltay ein, stellt sich unter dem Namen Czaky vor und erkennt in Viktoria, der Gattin des Gesandten, seine frühere Verlobte wieder. Viktoria hatte in Ungarn die Nachricht erhalten, daß Koltay gefallen sei; nach einer langen Trauerzeit war sie dann mit Cunlight die Ehe eingegangen. Nun nimmt Cunlight, der Koltay in die Heimat verhelfen will, den Husaren nichtsahnend nach Petersburg mit. – *2. Akt:* In Petersburg kann Koltay auch Viktoria nicht veranlassen, ihren Mann zu verlassen. Als die Russen Koltay erkennen, verschmäht er die Hilfe Cunlights und stellt sich dem Feind. – *3. Akt:* Cunlight erfährt die Wahrheit und gibt Viktoria frei. Sie kehrt in ihre Heimat zurück und trifft beim Weinlesefest in dem Dorf Doroszoma Koltay. Beide können nun den Bund fürs Leben schließen.
Meine Mama war aus Yokohama (O Lia San); Nur ein Mädel gibt es auf der Welt (Koltay); Ja, so ein Mädel, ungarisches Mädel (Foxtrott); Reich mir zum Abschied noch einmal die Hände (English Waltz); Pardon, Madame, ich bin verliebt (English Waltz).

Paul Abraham: Die Blume von Hawaii

Operette in 3 Akten von Alfred Grünwald, Fritz Löhner-Beda und Emmerich Földes – Leipzig 1931 (Dreiklang)

Laya, Prinzessin von Hawaii (S) – Prinz Lilo-Taro (T) – Reginald Harald Stone, Kapitän der amerikanischen Marine (T) – Raka, eine junge Hawaianerin (S) – Jim Boy, amerikanischer Jazzsänger (T) – Suzanne Provence, seine Partnerin (gespielt von der Darstellerin der Prinzessin Laya) – Lloyd Harrison, amerikanischer Gouverneur von Hawaii – John Buffy, sein Sekretär (T) – Bessie Warthington, seine Nichte (S) – Admiral Makintosh – Kanako Hilo, ein vornehmer Hawaianer – Laya und Lilo-Taro, zwei Kinder (A) – Leutnant Sunny Hill – Kadett Bobbie Flipps – Oberkellner Perroquet – Chun-Chun, chinesischer Diener – Lilian, eine junge Dame – Tänzerinnen, Sänger, Marineoffiziere, Kadetten, Gesellschaft, Volk

IN HONOLULU UND MONTE CARLO UM 1930

1. Akt: Seit Hawaii unter amerikanischer Herrschaft steht, lebt die angestammte Königsfamilie im Exil. Prinzessin Laya, ein Mitglied des Königshauses, will nach

Hawaii zurückkehren, gibt sich als die Jazzsängerin Suzanne Provence aus und tritt mit deren Partner Jim Boy die Überfahrt an. In Hawaii erwartet die königstreue Partei die Prinzessin, darunter auch der Prinz Lilo-Taro, der seit seiner Kindheit mit Laya verlobt ist. Von ihm erfahren der Gouverneur und Kapitän Stone, der sich auf der Überfahrt in Laya verliebt hat, wer die vermeintliche Jazzsängerin in Wirklichkeit ist. – *2. Akt:* Um der Inthronisation der Prinzessin vorzubeugen, verlangt der Gouverneur zunächst, daß Laya eine Abdankungsurkunde unterzeichnet und, nach Layas Weigerung, daß Stone Laya verhaftet. Stone lehnt aber ab, und Laya muß, um diesen vor den Folgen der Gehorsamsverweigerung zu retten, nun doch die verlangte Urkunde unterzeichnen. Gleichzeitig erkennt sie aber auch, daß sie Lilo-Taro liebt. – *3. Akt:* In Monte Carlo treffen sich Stone, Laya und Lilo-Taro wieder. Stone wird durch Glück im Spiel für sein Unglück in der Liebe entschädigt, während Laya und Lilo-Taro nur noch der Liebe leben wollen und allen Königshoffnungen entsagt haben.
Blume von Hawaii; My golden Baby; Bin nur ein Jonny.

Paul Abraham: Ball im Savoy

Operette in einem Vorspiel und 3 Akten von Alfred Grünwald und Fritz Löhner-Beda – Berlin 1932 (Dreiklang)
Madeleine de Faublas (S) – Marquis Aristide de Faublas, ihr Mann (T) – Tangolita, eine argentinische Tänzerin (A) – Mustapha Bey, türkischer Botschaftsattaché (T) – Daisy Darlington, Jazzkomponistin (S) – Archibald, Kammerdiener bei Aristide (Bar) – Célestin Formant, Referendar – Mizzi aus Wien, Blanca aus Prag, Lucia aus Rom, Mercedes aus Madrid, Trude aus Berlin und Ilonka aus Budapest, geschiedene Frauen des Mustapha Bey – Pomerol, Ober im „Savoy“ – Monsieur Albert, Chef eines Pariser Modesalons – Ernest Bennuet, Freund Célestins – Bébé, Zofe Madeleines – Gäste bei Faublas, Hotelgäste, Hotelpersonal, Ballgäste, Tänzerinnen

IN VENEDIG, NIZZA UND PARIS UM 1930

Vorspiel: Madeleine und Aristide befinden sich auf ihrer Hochzeitsreise in Venedig. – *1. Akt:* Anschließend lassen sie sich in Nizza nieder, wo Aristide von der Tänzerin Tangolita, seiner früheren Freundin, die Aufforderung bekommt, sich mit ihr auf einem Ball im „Savoy“ zu treffen. Aristide muß der Aufforderung nachkommen, hatte doch bei der Trennung Tangolita statt einer Abfindung die Zusicherung verlangt, sich mit ihr nach ihrem Wunsch jederzeit zu treffen. – *2. Akt:* Damit Aristide ungestört Tangolita treffen kann, inszenieren er und sein Freund Mustapha Bey einen Schwindel, den aber Madeleine durchschaut. Sie geht daraufhin auch ins „Savoy“, flirtet mit dem jungen Referendar Célestin Formant und erregt noch einen Skandal, indem sie ihrem Mann öffentlich erklärt, sie wäre ihm untreu. – *3. Akt:* Aristide reicht Scheidungsklage ein. Als Vertreter des gegnerischen Anwalts erscheint Célestin, der Aristide aufklärt, daß ihm seine Frau gar nicht untreu war, worauf sich die beiden wieder versöhnen.

Edmond Audran (1842-1901): **Die Puppe**

Operette in 3 Akten und einem Vorspiel von Maurice Ordonneau – Paris 1896
Hilarius, Puppenfabrikant – Frau Hilarius, dessen Gattin – Alesia, beider Tochter (S) – Guduline, Gesellschafterin – Maximius, Vorsteher eines Konvents (B) – Lancelot, Aguelet, Balthasar, Benoist u. Basilius, Mitglieder des Konvents – Baron Chanterelle – Loremois, sein Freund – Heinrich, Lehrling – Pierre und Jacques, Diener bei Chanterelle – Marie, Stubenmädchen

IM KONVENT, BEI HILARIUS UND BEI CHANTERELLE

Vorspiel: Die Mitglieder des Konvents sind in große Not geraten, die nur dann gelindert werden kann, wenn Lancelot, der noch als Novize im Konvent lebt, von seinem Onkel, dem Baron Chanterelle, die Summe erhält, die ihm der Onkel für den Fall seiner Heirat ausgesetzt hat. Lancelot aber darf als zukünftiger Konventuale nicht heiraten, höchstens eine der ungewöhnlich menschenähnlichen Puppen, wie sie der Puppenfabrikant Hilarius zum Verkauf anbietet. – *1. Akt:* Hilarius hat soeben eine Puppe angefertigt, die sprechen, singen und tanzen kann und seiner Tochter Alesia verblüffend gleicht. Als Lancelot nun diese Puppe erwerben will, hat ihr Alesia gerade einen Arm ausgerissen und muß nun selber die Rolle der Puppe übernehmen. Um Hilarius zu täuschen, wird schnell seine Brille versteckt. Lancelot läßt sich Alesia, die sich inzwischen in ihn verliebt hat, in gutem Glauben einpacken. – *2. Akt:* Lancelot stellt seinem erfreuten Onkel seine Braut vor; schnell wird eine Trauung vollzogen, und Lancelot erhält von seinem Onkel die versprochenen 100 000 Francs. – *3. Akt:* Im Konvent herrscht große Freude über das Ergebnis der geglückten Täuschung. Lancelot darf sogar die vermeintliche Puppe in sein Zimmer mitnehmen, wo ihn Alesia erst am nächsten Morgen über ihre wahre Natur aufklärt. Auch er findet nun Gefallen an der Situation und verläßt als Ehemann den Konvent.

Ich kann tanzen, singen, plaudern (Alesia); Ja, Zufriedenheit, fromme Heiterkeit sind die gold'nen Sterne der Lebenszeit (Maximius).

Ralph Benatzky (1884-1957): **Im Weißen Rößl**

Singspiel in 3 Akten nach einem Lustspiel von Kadelburg und Blumenthal von Hans Müller und Eric Charell sowie Robert Gilbert. Musikalische Einlagen von Hans Frankowski, Robert Gilbert, Bruno Granichstaedten und Robert Stolz – Berlin 1930 (Dreiklang)

Josepha Vogelhuber, Wirtin „Zum weißen Rößl" (S) – Leopold Brandmeyer, Zahlkellner (T) – Wilhelm Giesecke, Fabrikant – Ottilie, seine Tochter (S) – Sigismund Sülzheimer (T) – Dr. Otto Siedler, Rechtsanwalt (T) – Prof. Dr. Hinzelmann – Klärchen, seine Tochter (S) – Franz, Kellner – Gustel, Piccolo (S) – Kathi, Briefträgerin (S) – Zenzi, Kuhmagd (A) – Die Wirte „Zur Post", „Zum Wilden Mann", „Zur Alpenrose"; Hochzeitspaar, Bürgermeister, Oberförster, Lehrer, Reiseführer (Bar), Dampferkapitän, zwei Hausdiener, der Kaiser und sein Leibkammerdiener

VOR DEM GASTHOF „ZUM WEISSEN RÖSSL" AM WOLFGANGSEE IM SALZKAMMERGUT VOR 1914

1. Akt: Der Kellner Leopold bemüht sich unverdrossen um die Gunst seiner Chefin, der Wirtin Josepha Vogelhuber, die aber ein Auge auf ihren Stammgast, Rechtsanwalt Dr. Siedler, den sie noch heute erwartet, geworfen hat. Dieser wiederum interessiert sich für Ottilie, die soeben mit ihrem Vater, dem Berliner Trikotagefabrikanten Giesecke, im „Weißen Rößl" abgestiegen ist. – *2. Akt:* Auch der Konkurrent Gieseckes, der alte Sülzheimer, ist mit seinem Sohn angekommen. Um endlich dem Konkurrenzkampf zwischen den beiden Firmen ein Ende zu bereiten, faßt er eine Ehe seines Sohnes mit der Tochter Gieseckes ins Auge. Dr. Siedler, der Rechtsbeistand Gieseckes ist, verspricht seine Unterstützung, ohne ernstlich daran zu denken, Ottilie einem andern zu überlassen. Sigismund indessen aber bemüht sich lieber um das reizende Klärchen, die Tochter des armen Professors Hinzelmann. Leopold schließlich läßt alle Hoffnung auf Josepha fahren, als er diese bei der Ankunft des Kaisers neben Dr. Siedler stehen sieht und von ihr nun gar noch entlassen wird. – *3. Akt:* Durch die Intervention

des Kaisers löst sich alles aber in Wohlgefallen: Leopold erhält seine Josepha, Dr. Siedler seine Ottilie und Sigismund sein Klärchen.
Was kann der Sigismund dafür, daß er so schön ist (Sigismund); Im Weißen Rößl am Wolfgangsee (Walzer); Erst wann's aus sein wird mit aner Musi (Heurigenlied); Es muß was Wunderbares sein; Die ganze Welt ist himmelblau; Mein Liebeslied muß ein Walzer sein.

Ralph Benatzky: Meine Schwester und ich

Lustspiel in 2 Akten mit einem Vor- und Nachspiel von Berr und Verneuil – Berlin 1930 (Dreiklang)
Dr. Roger Fleuriot, Bibliothekar (T) – Dolly Fleuriot, seine Frau, eine geborene Prinzessin Saint-Labiche (S) – Gerichtspräsident (T) – Verteidigerin – Gerichtsdiener (Bar) – Zwei Beisitzer – Henriette, Gesellschafterin der Prinzessin (A) – Irma, Verkäuferin – Graf Lacy de Nagyfaludi (T) – Filosel, Inhaber eines Schuhgeschäfts – Charly, Kammerdiener (Bar) – Ein Kunde – Ein Minister und dessen Frau

IM GERICHTSSAAL (VOR- UND NACHSPIEL), BIBLIOTHEKSAAL, SCHUHGESCHÄFT

Vorspiel: Wegen unüberwindlicher Abneigung will sich Dr. Fleuriot von seiner Frau Dolly, einer geborenen Prinzessin Saint-Labiche, scheiden lassen. Der Gerichtspräsident will dazu die Vorgeschichte der jungen Ehe kennenlernen. – *1. Akt:* Dr. Fleuriot, Bibliothekar der Prinzessin, hat einen Ruf an die Musikakademie Nancy erhalten. Dolly, die den jungen Gelehrten liebt, versieht ihn mit einem Brief und einem Ring, den er bei ihrer Schwester Geneviève, die in Nancy Schuhverkäuferin sei, abgeben soll. – *2. Akt:* In Nancy wird Dolly von Filosel als Geneviève, die es natürlich gar nicht gibt, eingestellt. Dr. Fleuriot überbringt Ring und Brief und verliebt sich sofort in das einfache Mädchen, als das Dolly nun auftritt. Dolly hat ihr Ziel erreicht, und es kommt zur Heirat. – *Nachspiel:* Die Scheidung wird abgelehnt, da das Gericht erkennt, daß auch Roger seine Dolly liebt.
Mein Mädel ist nur eine Verkäuferin (Roger).

Ralph Benatzky: Bezauberndes Fräulein

Lustspiel in 4 Bildern nach einem Schwank von Paul Gavault – Wien 1933 (Dreiklang)
Annette, das bezaubernde Fräulein (S) – Der Papa (Bar) – Der Direktor (Bar) – Luise, seine Tochter (A) – Paul (T) – Felix (T) – Rosette (S) – Julie (A) – Der Chauffeur Annettes (Bar) – Hektor, Annettes Verlobter – Ein Kollege Pauls (Bar) – Ein Kellner

AUF DEM LANDSITZ PAULS, IM MINISTERIUM UND AM FLUSS

1. Bild: Paul, ein braver Beamter, möchte Luise, die er mit ihrem Vater, seinem Chef, morgen in seinem Landhaus erwartet, heiraten. Vergeblich wendet sich Pauls Freund Felix dagegen. Beide gehen schlafen, werden aber mitten in der Nacht von Annette und ihrem Chauffeur, die eine Autopanne haben, mit der Bitte um Hilfe geweckt. Felix will der Tochter eines millionenschweren Schokoladenkönigs gern helfen; Paul dagegen ist wenig entzückt, muß aber Annette doch aufnehmen. – *2. Bild:* Auch am Morgen kann Paul die Besucherin nicht loswerden, zumal dieser ihr unfreundlicher Gastgeber gut gefällt. So muß Paul erleben, wie sein Direktor beim Anblick des bezaubernden Fräuleins umkehrt und mit Luise das Haus verläßt. Aber auch Annettes Verlobter Hektor, der gleich darauf mit ihrem Vater erscheint, löst aus Eifersucht seine Verlo-

bung. – *3. Bild:* Paul hofft noch, seinen Direktor zu versöhnen, wird aber aus seinem Dienst entlassen, als Annette auftaucht und Paul in Gegenwart des Direktors einen freundschaftlichen Kuß gibt. Das Angebot des Schokoladenkönigs, seine Tochter zu heiraten, lehnt Paul ab, nachdem er dahinter das Wirken seines Freundes Felix vermutet. – *4. Bild:* Paul will sich im Fluß das Leben nehmen. Da taucht rettend Annette auf: im Kleid der Heilsarmee erklärt sie ihm, daß sie auf all ihr Geld verzichtet habe. Nun erkennt auch Paul seine Liebe zu ihr und schließt sie in die Arme.
Ach Luise! Kein Mädchen ist wie diese (Paul); Hokuspokus-Fidibus (Felix).

Nico Dostal (1895-1981): **Clivia**

Operette in 3 Akten von Charles Amberg und F. Maregg – Berlin 1933 (Thalia-Erdmann)
Clivia Gray, Filmschauspielerin (S) – Juan Damigo (T) – Jola, seine Base (S) – Lelio Down, Reporter (T) – E. W. Potterton, Finanzmann (Bar) – Caudillo (Bar) – Ein Solotenor – Eine Baritonstimme – Drei Herren (T und 2 B) – Kasulke – Valdivo, Kriminalinspektor – Diaz, Hauptmann – Leute vom Film, Girls, Gauchos, Offiziere, Soldaten, Bediente

IN DER MITTELAMERIKANISCHEN PHANTASIEREPUBLIK BOLIGUAY IN DER GEGENWART

1. bis 3. Akt: Olivera, der Staatspräsident von Boliguay, stört durch seine Politik die Pläne des nordamerikanischen Finanzgewaltigen E. W. Potterton, der ihn deshalb stürzen will. Potterton will unerkannt nach Boliguay gelangen und gründet zu diesem Zweck eine Filmgesellschaft, die in der kleinen Republik einen Film drehen soll. An der boliguayanischen Grenze stößt Potterton aber auf unerwartete Schwierigkeiten. Nachdem der männliche Star, der hinter Pottertons Absichten gekommen ist, seinen Kontrakt gekündigt hat, heißt es, daß Ausländer keine Einreise- und Arbeitserlaubnis erhalten. Potterton hat den rettenden Gedanken, einen Boliguayaner zu suchen, der gegen eine reichliche Bestechungssumme Clivia Gray, den weiblichen Star, in einer Scheinehe heiratet. In Juan Damigo wird der Mann gefunden, der merkwürdigerweise aber eine Entschädigung ablehnt. Clivia wird boliguayanische Staatsangehörige, und die Gesellschaft erhält die Einreise- und Filmerlaubnis. Als Potterton jedoch den Aufstand, den er sorgfältig vorbereitet hat, auf einen bestimmten Termin festsetzen will, wird er mit Clivia überraschend verhaftet. Juan Damigo ist nämlich in Wirklichkeit der Staatspräsident. Inzwischen lieben sich Juan und Clivia und wollen ihre Scheinehe zu einer richtigen umgestalten. Um Clivia auf die Probe zu stellen, gibt ihr der Staatspräsident Gelegenheit zur Flucht. Sie will jedoch bei ihm bleiben. Jubelnd begrüßt das Volk seinen Präsidenten und dessen Frau.

Nico Dostal: Monika

Operette in 3 Akten von Hermann Hermecke – Stuttgart 1937 (Dreiklang)
Dr. med. Horst-Dietrich Gundelach (T) – Alexander Gundelach, Landrat a. D. (Bar), und Clementine (A), seine Eltern – Kommerzienrat Marquardt (B) – Ottilie, seine Frau (A) – Vera, ihre Tochter (S) – Peter Geislinger, der zehnjährige Erbe des Geislingerhofes (S) – Monika (S), Rosel (A) und Mariele (S), seine Schwestern – Michael Geislinger, ihr Onkel (Bar) – Anton Gruber, Dorfschullehrer (T) – Der Sonnenwirt (B) – Jakob Gäbele, ein Bauer (Bar) – Ein Mädchen (S) – Eine Magd (A) – Ein Bursche (T) – Ralf Kröger, Maler und Bildhauer (B) – Frau von Grützmacher (A) – Der

„Wohlauf“ (Bar) – Lemke, ein Diener – Ein Baron – Bauern, bürgerliche Gesellschaft, Musikanten, Diener, Kinder

IM SCHWARZWALD UND IN EINER NORDDEUTSCHEN STADT UM 1935

1. Akt: Zur Hochzeit Marieles, eines der Geislingermädchen, hat der Sonnenwirt das fehlende Geld hergeliehen. Er würde die Schuld gerne streichen, wenn ihn eine der Schwestern, Rosel oder Monika, zum Mann nehmen würde. Beide aber haben ihr Herz schon vergeben – Rosel dem Lehrer Gruber und Monika dem jungen Arzt Horst-Dietrich Gundelach, den sie sogar kurz entschlossen begleitet, als er zu seinen Eltern nach Norddeutschland fährt. – *2. Akt:* Die Eltern Gundelach hatten gehofft, daß ihr Sohn Vera Marquardt, die Tochter des Kommerzienrates, heiratet, und sind wenig beglückt über Monikas Ankunft. Vera allerdings ist mit dem Maler und Bildhauer Ralf Kröger eng befreundet. Auf einer Gesellschaft, zu der auch der Sonnenwirt, Lehrer Gruber und Monikas Onkel Michael aus dem Schwarzwald erschienen sind, gibt Horst-Dietrich seine Verlobung mit Monika bekannt. Als aber der Sonnenwirt protestiert, hüllt sich Monika in Schweigen. Horst-Dietrich glaubt sich hintergangen, und Monika fährt wieder nach Hause in den Schwarzwald. – *3. Akt:* Alle Briefe Horst-Dietrichs an Monika werden von ihrem Onkel, der immer noch auf eine Heirat Monikas mit dem Sonnenwirt hofft, abgefangen. Durch die Vermittlung des Lehrers Gruber kommt Horst-Dietrich wieder in das Schwarzwälder Dorf und trifft Monika, die sich nun endgültig dem jungen Arzt zuwendet.
Ein Walzer zu zwei'n (Walzer); Dein bin ich immerdar (Horst-Dietrich).

Nico Dostal: Die ungarische Hochzeit

Operette in einem Vorspiel und 3 Akten nach Koloman Mikszáth von Hermann Hermecke – Stuttgart 1939 (Dreiklang)

Janka von Kismarty (S) – Josef (Bar) und Frusina (A) von Kismarty, ihre Eltern – Graf Stefan Bardossy (T) – Arpád Erdödy, sein Kammerdiener (T) – Etelka, ein Bauernmädchen (S) – Kaiserin Maria Theresia – Desider, Edler von Pötök, Stefans Onkel (Bar) – Anton von Halmay, Stefans Freund (B) – Stimme eines Hirten (B) – Ein Protokollschreiber (Bar) – Baron von Linggen, Kammerherr – Der Schloßhauptmann von Preßburg – Rittmeister Baron von Kießling, Kurier der Kaiserin – Leutnant von Werth, sein Begleiter – Eine Schankwirtin – Anna, Magd – 6 Mädchen, Küster, Großknecht, Gefolge der Kaiserin, ungarische Adelsgesellschaft, Offiziere, Soldaten, Hofgesellschaft, Diener, Kolonisten, Bauern, Zigeuner

IN UNGARN UM 1750

Vorspiel: 300 Kolonisten, die die Kaiserin nach Ungarn gesandt hat mit dem Versprechen, sie erhielten dort hübsche Mädchen als Frauen, beschweren sich, daß ihnen der Stuhlrichter Kismarty nur alte und häßliche Weiber zur Heirat angeboten habe. Graf Stefan Bardossy soll den Fall untersuchen. – *1. Akt:* Kismarty und seine Frau Frusina wollen den kaiserlichen Abgesandten täuschen und lassen 14 der schönsten Mädchen, darunter auch ihre Tochter Janka, als Ehekandidatinnen auftreten. Graf Stefan, der sich als Bauer verkleidet hat, verliebt sich in Janka, was aber deren Mutter gar nicht paßt, da sie ihre Tochter keinem Bauern zur Frau geben will. – *2. Akt:* Stefans Onkel Desider und Jankas Mutter Frusina möchten die Heirat verhindern, was ihnen auch gelingt, als Janka erfährt, wer Stefan in Wirklichkeit ist. Sie fühlt sich von Stefan belogen und schiebt bei der Hochzeit ihre Magd Anna unter. Zu spät bemerkt Stefan die Täuschung. – *3. Akt:* Die Kaiserin, die Stefan um Auflösung der Ehe gebeten hat,

will nur zustimmen, wenn er eine andere Frau findet, die ihn wirklich liebt. Da siegt Jankas Liebe über ihren Zorn, und sie erklärt sich bereit, Stefan zu heiraten.
Ungarmädel lieben, daß Atem dir vergeht (Csárdás).

Nico Dostal: Manina

Operette in 4 Bildern von Hans Adler und Alexander Lix – Berlin 1942 (Crescendo)
Hella von Liechtenau (S) – Carla von Liechtenau (S) – Gräfin Amelia Wederott-Peutingen, ihre Tante (A) – Fiametta (A) – Mario Zantis, ein Dichter (T) – Ronni (T) – Obersthofmarschall (B) – Gusti, Franzi, Nelli und Walli von Liechtenau (Mezzo-S und A) – Bürgermeister (B) – Ferdinand, Diener der Gräfin – Bebscho, Gärtner bei Mario – Ein Offizier – Minister, Hofdamen, Wirt, Fischer, Soldaten, Polizei, Städter, Bauern

IN WIEN UND CATATEA UM 1900

1. Bild: Hella von Liechtenau begibt sich nach Catatea, um König Jalomir zu heiraten, obwohl sie ihm keine besondere Zuneigung entgegenbringt. In Catatea interessieren sie nur die Dichtungen Mario Zantis'. – *2. Bild:* Während der König bei seiner Geliebten, der Chansonette Fiametta, weilt, besucht Hella den Dichter Mario, der in ihr die Heldin seines Gedichtes Manina verehrt. Beide verlieben sich ineinander und verbringen die Nacht zusammen. Am nächsten Morgen wird Mario wegen eines Spottgedichtes auf den König verhaftet und verbannt. – *3. Bild:* König Jalomir hat nach zwei Jahren zugunsten Hellas abgedankt. Auf einem Volksfest trifft diese Mario, der heimlich zurückgekehrt ist. Als sie vorgibt, ihn nicht zu kennen, lehnt er die Begnadigung ab. – *4. Bild:* Hella dankt ab und findet endgültig zu Mario.
So schön wie du (Mario); Ich such' in jeder Frau Manina (Mario); Ich habe nur an dich gedacht (Hella); Offenbar kommt es doch nur auf eins bei der Sache an (Carla, Ronni).

Edmund Eysler (1874-1949): **Bruder Straubinger**

Operette in 3 Akten von M. West und J. Schnitzer – Wien 1903 (Weinberger)
Landgraf Philipp (T) – Landgräfin Lola, seine Frau – Fräulein von Himmlisch, Hofdame – Oculi, ein wildes Mädchen (S) – Exzellenz Naup, Hofintendant – Rückemich, Ratsherr – Bruder Straubinger (T) – Schwudler, Schaubudenbesitzer – Liduschka, seine Frau – Wimmerer, Stadtschreiber – Bierschopf, Ratsdiener – Bonifaz, Deserteur – Damen und Herren vom Hofe, Offiziere, Bürger, Handwerksburschen, Diener

AM RHEIN IM 18. JAHRHUNDERT

1. Akt: Die Rückkehr des Landgrafen aus dem Felde zieht allerlei Volk in die Stadt, darunter auch den Rosengärtner Straubinger und den Deserteur Bonifaz. Um seine Aussichten auf eine Anstellung zu verbessern, stiehlt Bonifaz dem Straubinger seinen Ausweis, mit dem er sich dann auch prompt mit Erfolg um den Posten eines Rosengärtners beim Ratsherrn Rückemich bewirbt. Straubinger kann nun nur noch beim Schaubudenbesitzer Schwudler unterkriechen, der ihn als alten Veteranen ausstaffiert und – versehen mit dem Militärpaß von Straubingers Großvater – dem Landgrafen vorführt. Der Schwindel glückt: Straubinger erhält eine Rente; das „wilde Mädchen" Oculi, die ihm nichtsahnend als Pflegerin beigegeben wird, bekommt von dem Landgrafen, dem das Mädchen gut gefällt, ein Gehalt ausgesetzt; Schwudler wird Hofballarrangeur. – *2. Akt:* Schwudler, der sich über die Flucht seiner Frau mit dem Ratsdiener Bierschopf freut, macht die Landgräfin auf das Interesse ihres hohen Gemahls an Oculi aufmerksam. Zur Sicherheit will die Landgräfin das Mädchen mit Bonifaz verheiraten.

Oculi aber will nicht, liebt sie doch den Bruder Straubinger, der nun sicher ist, daß Oculi seine alte Liebe Marie ist, und das schöne Mädchen selber heiratet. – *3. Akt:* Aber noch ist die Landgräfin der Treue ihres Mannes nicht sicher. Deshalb lauert sie in Begleitung ihrer Hofdamen dem Landgrafen vor der Hütte des neuvermählten Paares auf. Ehe sie aber ihren Mann ertappt, kann sie noch die Freude erleben, mit der Straubinger seinen Ausweis, den Bonifaz heimlich zurückgebracht hat, entdeckt und seine Verkleidung wegwirft.
In München eine Kellnerin (Straubinger); Man nennt das wilde Mädchen mich (Oculi); Küssen ist keine Sünd' (Walzer).

Edmund Eysler: Die gold'ne Meisterin

Operette in 3 Akten nach dem Lustspiel „Die gold'ne Eva" von Koppel-Ellfeld und Schönthan von Julius Brammer und Alfred Grünwald – Wien 1927 (Bloch)
Margarete, eine reiche Goldschmiedswitwe (S) – Comtesse Giulietta – Portschunkula, Haushälterin (Mezzo-S) – Christian, Goldschmiedgeselle (T) – Ritter Fridolin von Gumpendorf (T) – Graf Jaromir von Greifenstein (T) – Der Altgeselle (B) – Friedl, Lehrbub (S) – Wenzel, Geselle – Bruder Ignatius – Bruder Peregrini – Bruder Severinus – Herren und Damen, Gäste, Bürgerinnen und Bürger, Musikanten, Soldaten, Troubadoure, Küfer, Schankburschen, Laternenbuben, Mägde, Gesellen, Lehrbuben

WIEN UND KLOSTERNEUBURG AM ANFANG DES 16. JAHRHUNDERTS

1. Akt: Margarete, hübsch und adelssüchtig, hat gestern auf dem Adelsball, den sie maskiert besucht hat, von einem Tänzer die schönsten Komplimente erhalten. Zu ihrer Enttäuschung erfährt sie nun, daß dieser Tänzer, der sie für eine Prinzessin gehalten haben soll, nur ihr kunstreicher Geselle Christian war. Heute aber hat sie nun wirklich das Glück, von dem Herrn Jaromir von Greifenstein den Hof gemacht zu bekommen. Daß dieser durch eine Heirat mit der reichen Margarete nur seine mißlichen Verhältnisse sanieren will, glaubt sie Christian natürlich nicht. – *2. Akt:* Sie wird in ihrem Glauben bestärkt von ihrer Haushälterin Portschunkula, der Fridolin von Gumpendorf, ein Kumpan Jaromirs, im Rausch die Ehe versprochen hat. Christian jedoch entlarvt den schäbigen Grafen Jaromir, als er in der Verkleidung des Posthalters Paradeiser, des Großvaters einer von Jaromir verlassenen Braut, diesen zum Abzug zwingt. Obwohl sich Margarete mit Christian wieder versöhnen will, nimmt er seinen Abschied. – *3. Akt:* Im Stiftskeller von Klosterneuburg, wo sich Margarete mit ihren Gesellen und Lehrbuben, aber auch Christian und die beiden Ritter einfinden, greift der gute Bruder Ignatius klärend ein. Margarete und Christian finden sich in Liebe, Gumpendorf wird sein Portschunkula gegebenes Heiratsversprechen einlösen, und auch Jaromir wird zu seiner Braut, die zur reichen Erbin geworden ist, zurückkehren.
Gräfin sein, Fürstin sein! (Margarete); Du liebe, gold'ne Meisterin (Walzer); In Grinzing is a Gasserl (Walzer).

Leo Fall (1873-1925): **Die Dollarprinzessin**

Operette in 3 Akten nach einem Lustspiel von Gatti-Trotha von A. M. Willner und Fritz Grünbaum – Wien 1907 (Weinberger)
John Couder, Präsident eines Kohlentrusts – Alice, seine Tochter – Daisy Gray, seine Nichte (S) – Tom, sein Bruder – Dick, sein Neffe – Fredy Wehrburg (T) – Hans Freiherr von Schlick – Olga, Chansonette – Miß Thompson – James, Kammerdiener – Bill, Chauffeur – Stenotypistinnen, Chansonetten, Gäste, Diener, Gepäckträger

IN NEW YORK UND ALICEVILLE IN KANADA VOR 1914

1. Akt: Zur Erhöhung seines Ansehens nimmt der steinreiche John Couder Europäer, möglichst noch vornehmer Herkunft, in seine Dienste: Hans Freiherr von Schlick ist Reitlehrer, Fredy Wehrburg, ein deutscher Auswanderer, sein Sekretär, und Olga, seine jüngste Erwerbung, gibt sich als russische Gräfin aus, obwohl sie, wie Hans und Fredy gleich merken, nur eine Chansonette ist. Auch die persönlichen Neigungen der Familie Couder zielen auf Europäer: Couder bewirbt sich um Olga, seine Nichte Daisy bemüht sich erfolgreich um die Liebe von Hans, während Alice ein intensives, aber hochnäsiges Interesse für Fredy hegt. – *2. Akt:* Obwohl auch Fredy Alice geneigt ist, stößt ihn ihre Art, über ihn zu verfügen, so ab, daß er das Haus verläßt und sich auch durch eine hohe Mitgift nicht umstimmen läßt. Erfolgreicher ist Daisy, die beschließt, Hans zu heiraten, und mit ihm wie Bruder und Schwester zusammenleben will, dafür allerdings von Couder verstoßen wird. Couder selber bekommt ohne Schwierigkeiten seine „Gräfin" Olga. – *3. Akt:* Fredy ist nach Kanada gegangen, wo er es als Geschäftsmann zu einigem Erfolg gebracht hat. Da er Alice nicht vergessen kann, tritt er unter einem Vorwand mit Couder in Verbindung. Als Fredy dann mit Alice zusammentrifft, söhnen sich beide aus und bekennen ihre Liebe. Auch Hans kann den alten Couder, der seine Heirat mit Olga längst bereut hat, versöhnen, indem er Olga überredet, sich gegen eine ansehnliche Abfindung wieder scheiden zu lassen.

Leo Fall: Der fidele Bauer

Operette in 2 Akten und 1 Vorspiel v. Victor Léon – Mannheim 1907 (Zürich A. G.)
Lindoberer, Bauer vom Lindoberhof (Bar) – Vinzenz, sein Sohn (T) – Matthäus Scheichelroither (T oder Bar) – Annamirl (S) und Stefan (T), seine Kinder – Zopf, die Dorfobrigkeit – Die rote Lisi, Kuhdirn (S) – Heinerle, ihr Bub (S) – Geheimer Sanitätsrat von Grumow (Bar) – Victoria, seine Frau (A) – Horst, Husarenleutnant (Bar), und Friederike (S), deren Kinder – Bauern, Mägde, Knechte, Kaufleute, Studenten, Bediente, Gaukler

IM DORF OBERWANG IN OBERÖSTERREICH UND IN WIEN 1896 UND 1907

Vorspiel: Der fidele Bauer Scheichelroither will seinen Sohn studieren lassen, Pfarrer soll der Stefan werden, und der reiche Lindoberer schießt etwas Geld zu, wenn es gar nicht mehr langt. – *1. Akt:* Nach elf Jahren kommt Stefan, zwar nicht als Pfarrer, aber immerhin als Arzt, wieder in sein Heimatdorf. Hier fühlt er sich allerdings nicht mehr wohl und schämt sich etwas seiner Verwandtschaft. Er will nicht einmal, daß Vater und Schwester zu seiner Hochzeit kommen: in ein paar Tagen wird er nämlich in Berlin die Tochter des vornehmen Geheimrats von Grumow heiraten. – *2. Akt:* Stefan ist Professor in Wien geworden. Hier lebt er glücklich mit seiner Frau, die er noch nicht über seine bäuerliche Abkunft aufgeklärt hat. Plötzlich kommen aber nicht nur die Verwandten seiner Frau, sondern auch seine eigenen – unter Führung Lindoberers – in Wien an. Stefan ist äußerst verlegen, seine Schwiegereltern sind empört, und nur Friederike, seine Frau, nimmt sich der Familie ihres Mannes an. Als aber die Grumows schließlich noch die Scheidung Friederikes von Stefan verlangen, faßt sich dieser endlich ein Herz und bekennt sich zu seiner Familie. Sein Vater allerdings will gehen, um das Glück seines Sohnes nicht zu stören. Da aber lenken Friederikes Eltern ein, und es kommt zur allgemeinen Versöhnung.
Heinerle-Duett; Jeder fragt sein Pinkerl.

Leo Fall: Brüderlein fein

Alt-Wiener Singspiel in einem Akt von Julius Wilhelm – Wien 1909 (Weinberger)
Josef Drechsler, Domkapellmeister (T) – Toni, seine Frau (S) – Gertrud, Haushälterin – Die Jugend

IN WIEN UM 1840

Josef Drechsler, ehemals Komponist und Kapellmeister des Leopoldstädter Theaters, feiert mit seiner Frau das 40jährigen Jubiläum ihrer Hochzeit. Als auf einer Spieluhr das Lied „Brüderlein fein" abläuft, denken sie zurück an die längst vergangene Zeit, als Drechsler diese Melodie für die Gestalt der Jugend in Raimunds Märchen „Der Bauer als Millionär" komponierte. Da tritt plötzlich die Gestalt der Jugend auf und läßt die beiden noch einmal ihren ersten Hochzeitstag erleben. Nachdem die Traumerscheinung verschwunden ist, gehen die alten Leute gemeinsam zur Kirche.
Brüderlein fein; Nicht zu schnell und nicht zu langsam (Walzer).

Leo Fall: Der liebe Augustin

Operette in 3 Akten von Rudolf Bernauer und Ernst Welisch – Berlin 1912 (Dreiklang/Zürich A. G.)
Bogumil, Regent von Thessalien (B) – Helena, seine Nichte (S) – Jasomirgott, deren Kammerdiener (Bar) – Anna, dessen Tochter (S) – Gjuro, Ministerpräsident (T) – Nicola, Fürst von Mikolics (T) – Augustin Hofer, Klavierlehrer (T) – Pasperdu, Advokat – Sigiloff, Gerichtsvollzieher (T) – Matthäus, Klosterpförtner (B) – Hofdamen, Hofherren, Parlamentsmitglieder, Beamte, Offiziere, Soldaten, Diener, Zofen, Brautjungfern

IN THESSALIEN VOR 1914

1. Akt: Der Hof von Thessalien unter seinem leichtlebigen Fürsten Bogumil steht vor dem Bankrott, der nur durch eine Heirat Helenas mit dem reichen Fürsten Nicola abgewendet werden könnte. Helena jedoch liebt ihren Musiklehrer Augustin, der aber nicht nur bürgerlicher Herkunft, sondern auch mit ihrer Milchschwester Anna verlobt ist. – *2. Akt:* Nachdem Nicola in Thessalien eingetroffen ist, versucht der alte Jasomirgott, alle Widerstände aus dem Wege zu räumen, und beredet Augustin zur Abreise mit Anna. Helena überredet jedoch Augustin zum Bleiben und ernennt ihn, nachdem er erfahren hat, daß Nicola den Fürsten Bogumil um die Apanage betrügen will, bei ihrer Verlobungsfeier zu ihrem Ehrenkavalier. – *3. Akt:* Am Tage der Hochzeit erzählt der Pförtner des Klosters, in dem die Feier stattfinden soll, Bogumil und Jasomirgott von einem Muttermal, das er bei der Geburt der Prinzessin an dieser gesehen haben will. Das Muttermal trägt aber Anna. Die Kinder sind also vertauscht worden, und nun wird die Verwechslung rückgängig gemacht: Anna heiratet den Fürsten Nicola, und Helena fällt Augustin zu.
Laß dir Zeit (Augustin); Und der Himmel hängt voller Geigen (Helena, Augustin).

Leo Fall: Die Rose von Stambul

Operette in 3 Akten von Julius Brammer und Alfred Grünwald – Wien 1916 (Weinberger)
Kondja Gül (S) – Exzellenz Kamek Pascha, ihr Vater (Bar) – Achmed Bey (T) – Midili Hanum (S) – Fridolin Müller (T) – Müller sen. aus Hamburg (B) – Güzela, Fatme, Emine, Durlane und Sobeide (S) – Bül-Bül (Mezzo-S) – Djamileh (A) – Desiré, Kond-

jas Gesellschafterin – Lydia Cooks, Midilis Gesellschafterin – Black, ein amerikanischer Journalist – Sadi, Haushofmeister – Gesellschaft, Hotelgäste, Hotelpersonal

IN KONSTANTINOPEL UND IN DER SCHWEIZ VOR 1914

1. Akt: Achmed Bey, der Sohn eines türkischen Ministers, hegt zahlreiche Reformabsichten, besonders hinsichtlich der Stellung der Frau in der Ehe, die er in Romanform und unter dem Pseudonym André Léry in französischer Sprache veröffentlicht. – *2. Akt:* Zu den Verehrerinnen André Lérys gehört auch Kondja Gül, die Tochter von Exzellenz Kamek Pascha, der ihre Heirat mit Achmed Bey verabredet. Kondja muß gehorchen, obwohl sie nicht weiß, daß Achmed mit Léry identisch ist. Ihren inneren Widerstand aber kann Achmed nicht brechen: Kondja verweigert sich ihm in der Hochzeitsnacht. – *3. Akt:* Um André Léry zu treffen, fährt Kondja in die Schweiz, wo sie zunächst zu ihrer bitteren Enttäuschung hört, daß André verheiratet ist. Um so größer ist ihre Freude, als sie dann feststellt, daß sie ja die Frau Andrés ist.
O Rose von Stambul (Achmed Bey).

Leo Fall: Madame Pompadour

Operette in 3 Akten v. Rudolph Schanzer und Erich Welisch – Wien 1923 (Dreiklang)
Der König (Bar) – Marquise von Pompadour, seine Geliebte (S) – Belotte, ihr Kammermädchen (S) – Collin, ihr Haushofmeister (T) – Joseph Calicot, Dichter (T) – Graf René, sein Freund (T) – Madeleine, dessen Frau (A) – Maurepas, Polizeiminister (Bar) – Poulard, Spitzel (T) – Prunier, Wirt – Boucher (B) – Tourelle (B) – Der österreichische Gesandte (T) – Hofgesellschaft, Bohémiens, Soldaten, Grisetten

IN PARIS IN DER MITTE DES 18. JAHRHUNDERTS

1. Akt: Den Parisern ist Madame Pompadour, die Geliebte des Königs, zu mächtig geworden; sogar Spottgedichte aus der Feder des revolutionären Dichters Calicot sind schon erschienen. Da will es der Zufall, daß sie – inkognito und nur begleitet von ihrem Kammermädchen Belotte – in der Schenke „Zum Musenstall" in Graf René, einem Freund Calicots, einen liebenswürdigen Verehrer findet; Calicot bewirbt sich inzwischen um Belotte. Als die Pompadour in dem Wirtshaus auch den Polizeiminister, der ihren Abenteuern auf der Spur ist, entdeckt, rät sie ihm, die Empörer, zu deren Beobachtung sie hier sei, sofort zu verhaften. Gnädig erlöst sie dann beide aus der Haft und übernimmt René in ihr Leibregiment. – *2. Akt:* Voller Sorge um ihren Mann ist Madeleine nach Paris gekommen, wo sie Hilfe bei der Pompadour, der ihr unbekannten Halbschwester, sucht. Plötzlich tritt König Ludwig auf, entdeckt René im Schlafzimmer seiner Geliebten und läßt ihn verhaften, worauf die Pompadour ihre weitere Hilfe bei den Staatsgeschäften versagt und eine Truhe mit Akten in das Arbeitszimmer des Königs schaffen läßt. – *3. Akt:* Der König hat Calicot als den vermeintlichen Liebhaber der Pompadour zum Tode verurteilt. Der Verdacht wird jedoch entkräftet, als man Calicot in der Aktentruhe findet. Auch die Pompadour kann ihre Unschuld beweisen, indem sie René als den Gatten ihrer Schwester zu erkennen gibt.
Laridi, laridou; Joseph, ach Joseph, was bist du so keusch!?; Heut' könnt' einer sein Glück bei mir machen.

Jean Gilbert (1879-1942): **Die keusche Susanne**

Operette in 3 Akten von Georg Okonkowsky, Alfred Schönfeld und Robert Gilbert – Magdeburg 1910 (Zürich A. G.)

Susanne Fleuron (S) – Fleuron, Parfümfabrikant, ihr Mann (Bar) – René Wildhagen (T) – Baron Konrad von Felseneck (B) – Clementine, seine Frau (A) – Pauline (S) und Paul (T), ihre Kinder – Professor Hintzmeyer (Bar) – Rosa, seine Frau (A) – Oberkellner Krause (Bar) – Eine Zofe (S) – Ein Wachtmeister (Bar) – Ein Piccolo – Stammgäste des „Palais de Danse", Professoren, Studenten, Ballgäste, Gesellschaft, Polizisten

IN BERLIN UM 1900

1. Akt: Susanne Fleuron hat den Tugendpreis sowie den Ehrentitel „Die keusche Susanne" erhalten, obwohl weder ihr Leben noch das ihrer Bekanntschaften den Erwartungen entspricht, die an die Trägerin dieses Titels geknüpft werden können. – *2. Akt:* Durch Zufall trifft sich die Gesellschaft in dem Nachtlokal „Palais de Danse". Felseneck flirtet mit Rosa, ohne zu wissen, daß sie die Frau seines Freundes Hintzmeyer ist. Zur Empörung des Barons sind sogar seine Kinder in dem zweifelhaften Lokal – ja, Paul wird sogar Hand in Hand mit Susanne angetroffen. Es entsteht eine derartige Auseinandersetzung, daß die Polizei den Baron und seinen Sohn vorübergehend mit auf die Wache nimmt. – *3. Akt:* Bei einem neuerlichen Zusammentreffen im Hause Felseneck versichern sich alle Beteiligten, daß sie das Nachtlokal nur aufgesucht hätten, um die dort weilenden Nachtschwärmer dem Lotterleben zu entziehen. Als auch der Oberkellner Krause ein Schweigegeld erhalten hat, ist der Schein gewahrt, und alle sonnen sich in ihrer Tugend und der der „keuschen Susanne".
Wenn der Vater mit dem Sohne (Marsch); Wenn die Füßchen sie heben (Walzer).

Jean Gilbert: Die Kinokönigin

Operette in 8 Bildern von Georg Okonkowsky und Julius Freund, Neufassung von Robert Gilbert und Per Schwenzen – Hamburg 1913 (A. & S.)
Delia Gill, Stummfilmstar (S) – Rüdiger von Perlitz, Kultusminister (Bar) – Auguste, seine Frau (A) – Annie, beider Tochter (S) – Viktor Mathusius, kgl. Hofschauspieler (T) – Edelhard von Edelhorst (T) – Emil Pachulke, Wachtmeister – Eichwald, Filmregisseur – Lehmann, Kameramann – Wurst-Maxe – Krause – Eine Göre vom Wedding – Ein Boy

BERLIN IM JAHRE 1910

1. bis 8. Bild: Der preußische Kultusminister Rüdiger von Perlitz hat etwas gegen Filmleute, auch gegen Delia Gill, die gerade mitten in Kameraaufnahmen steckt. Perlitz ist überhaupt ein gestrenger Herr. So läßt er einen gewissen Max Marder verhaften, der politisch vorlaute Artikel schreibt, ahnt aber nicht, daß er mit ihm seinen zukünftigen Schwiegersohn hinter Schloß und Riegel gebracht hat, der nun zur geplanten Verlobungsfeier nicht erscheinen kann. Die Braut findet allerdings einen Tröster. Es ist der Filmschauspieler Viktor Mathusius, der in seinem Kostüm als k. u. k. Oberleutnant dem Kultusminister in die Arme läuft. Mathusius will Braut Annie ins Hotelzimmer bringen. Ein Kurzschluß setzt den Fahrstuhl außer Betrieb. Die Situation ist peinlich, Mathusius erweist sich als Gentleman, Vater Perlitz zwingt ihn zur Verlobung. Inzwischen hat sich Delia, durch Frau von Perlitz' Vermittlung, an den Kultusminister herangepirscht. Rüdiger von Perlitz ist vom Charme der Kinokönigin hingerissen, eilt zu ihr ins Atelier und wird dort als Liebhaber heimlich gefilmt. Bald darauf lädt die Delia-Filmgesellschaft zur Galavorführung ein. Kultusminister Rüdiger von Perlitz und Frau Auguste und die Hautevolee Berlins blicken erwartungsvoll auf die Leinwand. Was sie sehen, ist nicht der erwartete Spielfilm, sondern sind die dokumentarischen Aufnahmen vom Seitensprung des Ministers. Großer Skandal. Der

Minister dankt ab. Delia hat letztendlich gesiegt. Die richtigen Paare finden schließlich zueinander.
Auf jeder Leinwand lebe ich (Delia); Das Glück wohnt manchmal im Hotel (Annie, Viktor).

Walter W. Goetze (1883-1961): **Ihre Hoheit – die Tänzerin**

Operette in 3 Akten von Richard Bars und Oscar Felix – Stettin 1919 (Bars)
Die Herzogin von Tyllberg (S) – Baronesse Helma, ihre Freundin (S) – Baron von Stein, Haushofmeister der Herzogin (Bar) – Bolko von Wellhofen, sein Neffe (T) – Hans von Mayburg, ein Junker (T) – Cimboletto, Direktor einer Ballettgruppe (B) – Anita, Kammerzofe der Herzogin

IN EINER ALTEN RESIDENZ, ENDE DES 18. JAHRHUNDERTS
1. Akt: Der Haushofmeister der Herzogin von Tyllberg, Baron von Stein, will bei Ihrer Hoheit für seinen Neffen um die Stelle eines Leutnants der Leibgarde nachsuchen. Doch der Schwerenöter Bolko verliebt sich in die angebliche „Kammerzofe der Herzogin", die in Wirklichkeit deren Jugendfreundin Baronesse Helma ist. Die Herzogin findet indes Gefallen an dem Offizier Hans von Mayburg, der aus Spanien zurückgekehrt ist, mit Kummer im Herzen. Ihn hat dort eine Zigeunertänzerin enttäuscht. Ein Medaillon mit ihrem Bild und einem Abschiedsbrief wird von der Herzogin entdeckt. Sie faßt den Plan, den Offizier zu prüfen. – *2. Akt:* In einem verdunkelten Zelt bringt die Herzogin, als Tänzerin Marietta verkleidet, mit ihrem Charme alle Offiziere des Hofes durcheinander. Auch Hans läßt sich von ihren Reizen gefangennehmen, erklärt aber der „Marietta", daß sein Herz der Herzogin gehöre. – *3. Akt:* Bolko, der die Baronesse Helma nach wie vor als Kammerzofe kennt, will das Mädchen heiraten. Dazu kommt es auch. Zur Hochzeit erhält Bolko von der Herzogin ein Landgut. Hans von Mayburg wird Leutnant der herzoglichen Leibgarde und erfährt zu seinem Erstaunen, daß Ihre Hoheit die Tänzerin war.
Im Rausch des Glücks; Wenn schöne Frauen träumen.

Walter W. Goetze: Der goldne Pierrot

Operette in 8 Bildern von Oskar Felix und Otto Kleinert – Berlin 1934 (Allegro)
Peter Sander, Weingutsbesitzer (Bar) – Edith, seine Tochter (S) – Horst Brenkendorf (T) – Grit Wasconi, Filmschauspielerin (S) – Ferdi Larsen (T) – Minna, Zofe bei Edith – Heinrich Schmitz – Ein Funkreporter – Ein Empfangschef – Ein Narr – Winzerinnen, Winzer, Faschingsmasken, Gesellschaft, Kellner, Musiker

IN EINER GROSSEN STADT AM RHEIN UM 1930
1. Bild: Der Elferrat unter Peter Sander berät über die Frage, wer sich unter der Maske des goldnen Pierrot verberge, der im Karneval plötzlich auftaucht und ebenso schnell unerkannt verschwindet. – *2. Bild:* Die Herren des Elferrats glauben dem goldnen Pierrot auf der Spur zu sein, finden aber nur eine täuschend ähnlich nachgeahmte Puppe. – *3. Bild:* Edith Sander, der goldne Pierrot, kann der Entlarvung durch ihren Vater, den sie mit der Filmschauspielerin Grit Wasconi ertappt, und Ferdi Larsen nur dadurch entgehen, daß sie sich als Frau Horst Brenkendorfs ausgibt. – *4. Bild:* Horst, in dem Sander seinen zukünftigen Schwiegersohn sieht, spricht in der Familie vor. – *5. Bild:* Horst hat mit dem goldnen Pierrot eine Verabredung, bei der er sich auch darüber äußert, wie er sich die Ehe mit Edith vorstellt. – *6. Bild:* Als Pierrot tritt in

einem Tanzlokal Grit Wasconi auf, während sich Edith als Kavalier verkleidet hat und von Horst nicht erkannt wird. – *7. Bild:* Am Abend seiner Hochzeit mit Edith folgt Horst einer Aufforderung des Pierrots, zu einem Rendezvous zu kommen. Edith, die die Einladung ja selber geschickt hat, ist bitter enttäuscht über die Untreue ihres Mannes. – *8. Bild:* Es stellt sich heraus, daß Horst wußte, daß der goldne Pierrot und seine Frau identisch sind; dieses Mal war Edith selber die Gefoppte.
Die Welt ist schön und muß sich drehn (Grit); Man spielt nicht mit Herzen (English Waltz).

Florimond Hervé (1825-1892): **Mamzelle Nitouche**

Operette in 3 Akten von Henri Meilhac und A. Millaud – Paris 1883
Denise de Flavigny (A) – Célestin (Bar) – Graf Fernand de Champaltreux, Leutnant (Bar) – Graf von Château-Gibus, Major (B) – Mutter Therese, Leiterin eines Pensionats (A) – Corinne, Sängerin (S) – Lydia (S) – Dorival (T) – Loriot, ein Offizier (B) – Ein Intendant – Ein Regisseur – Theatervolk, Soldaten, Schülerinnen

IN EINER FRANZÖSISCHEN PROVINZSTADT UM 1850

1. Akt: Célestin ist nicht nur ein tugendhafter Musiklehrer einer Klosterschule für junge Damen, sondern zugleich Operettenkomponist und Liebhaber der Sängerin Corinne. Eine seiner Schülerinnen im Kloster ist die tugendhafte Denise de Flavigny, die außerhalb des Klosters ebenfalls recht abenteuerlustig ist und deshalb den Namen Nitouche („Die Scheinheilige") führt. Als Célestin den Auftrag erhält, Denise zu ihrem zukünftigen Mann, dem Grafen Fernand de Champaltreux, zu bringen, benutzen der Lehrer und seine Schülerin erst einmal die Freiheit, um die Uraufführung von Célestins Operette anzusehen. – *2. Akt:* Denise hat diese Operette heimlich studiert und kann einspringen, als Célestines Freundin Corinne sich nach dem ersten Akt weigert weiterzusingen. Vor Célestins Rivalen in der Gunst der Sängerin, dem Grafen von Château-Gibus, muß er mit Denise fliehen. – *3. Akt:* Bei der Flucht geraten die beiden in eine Kaserne, wo sie Graf Fernand kennenlernen, um dann in das Kloster zurückzukehren. Fernand will nun auf Denise verzichten, da er glaubt, in der Sängerin „Mamzelle Nitouche" seine große Liebe gefunden zu haben. Denise gibt sich als Nitouche zu erkennen, und beide werden glücklich.

Richard Heuberger (1850-1914): **Der Opernball**

Operette in 3 Akten nach Victor Léon und Hugo von Waldberg – Wien 1898 (Weinberger)
Angèle Aubier (S) – Paul Aubier, ihr Mann (T) – Marguérite Duménil (S) – Georges Duménil, ihr Mann (T) – Hortense, Kammermädchen (S) – Henri, Marinekadett (A) – Beaubuisson, Rentier (B) – Madame Beaubuisson (A) – Feodora, Chansonette – Oberkellner Philippe (B) – Germain, Diener – Jean, Baptiste und Alfonse, Kellner – Ballbesucher in Masken

IN PARIS UM 1900

1. Akt: Paul Aubier aus Orléans, der mit seiner Frau Angèle zu Besuch bei Marguérite und Georges Duménil weilt, möchte von Georges in das Pariser Nachtleben eingeführt werden. Diese Gelegenheit benutzt Marguérite, um zu erfahren, wie es mit der Treue ihres Mannes bestellt sei. Sie diktiert ihrer Zofe Hortense zwei Briefe, durch die Georges und Paul zu einem Stelldichein mit einer vornehmen, aber anonym bleibenden

Dame zum Opernball eingeladen werden; als Zeichen soll ein rosa Domino dienen. Hortense schreibt noch einen dritten Brief gleichen Inhalts, den sie dem Kadetten Henri zuschickt. – *2. Akt:* Die drei Männer erscheinen auf dem Opernball – ebenso Angèle, Marguérite und Hortense in ihren rosa Dominos, was zu den schlimmsten Verwechslungen führt. – *3. Akt:* Als Paul und Georges nach Hause kommen, erfahren sie zufällig, wer sie zum Opernball eingeladen hat. Sie drehen den Spieß um, und Paul macht Angèle heftige Vorwürfe wegen ihres Ballbesuches. Da stellt sich heraus, daß Paul und Georges Hortense geküßt haben; beide Männer geloben reuvoll Besserung.
Komm mit mir ins Chambre séparée! (Walzer).

Georg Jarno (1868-1920): **Die Försterchristl**

Operette in 3 Akten von Bernhard Buchbinder – Wien 1907 (Eichmann)
Hans Lange, Förster – Christine, seine Tochter (S) – Kaiser Joseph II. (T) – Graf Kolonitzky, Generaladjutant – Graf Gottfried von Leoben, Obersthofmeister – Kammerherr von Reutern – Baronesse Agathe von Othegraven, Hofdame – Graf Sternfeld, Hauptmann (Bar) – Komtesse Josefine, seine Schwester (S) – Franz Földesy, Gutsverwalter bei Sternfeld (T) – Peter Walperl, Schneidergeselle (T) – Minka, Zigeunerin – Hofdamen und Hofherren, Bürger und Bauern, Gendarmen, Gardisten, Lakaien, Zigeuner, Zigeunermusikanten

AN DER UNGARISCHEN GRENZE UND IN WIEN 1764

1. Akt: Der Förster Hans Lange erwartet zu seinem 70. Geburtstag viele Gäste. Auch Christl will heim zum Vater, begegnet aber vorher im Walde dem Kaiser Joseph, den sie nicht erkennt und tüchtig auszankt, weil er unbefugt in dem Revier gejagt hat. Am Forsthaus stellt sich auch der Schneidergeselle Walperl ein, der durch seine vorgeblichen Beziehungen zum Hofe Christl zu gewinnen hofft. Deren Gunst besitzt jedoch der Verwalter Franz Földesy. Als aber Graf Sternfeld erfährt, daß seine Schwester Komtesse Josefine ein Auge auf Földesy geworfen hat, kommt es zum Streit zwischen den beiden Männern, der mit der Verhaftung des Verwalters endet, nachdem Walperl ihn noch als Deserteur gebrandmarkt hat. – *2. Akt:* Christl ist in Begleitung Walperls in Wien eingetroffen und erhofft in einer Audienz beim Kaiser Rettung für Földesy. Durch Vermittlung des jungen Jägers, den sie im Wald getroffen hat, wird sie auch vorgelassen. Sie erkennt im Kaiser den jungen Jäger wieder, kann die Freilassung Földesys erwirken, hat aber nun ihr Herz an den Kaiser verloren, der sie beim Hofball sogar zum Tanz bittet. – *3. Akt:* Obwohl der Kaiser Földesy zum Oberförster ernannt hat, denkt Christl an keine Ehe mehr. Erst die Bitte Josephs vermag sie dann doch zu einer Heirat mit Földesy zu bewegen.

Leon Jessel (1871-1942): **Schwarzwaldmädel**

Operette in 3 Akten von August Neidhardt – Berlin 1917 (Bloch)
Blasius Römer, Domkapellmeister (Bar) – Hannele, seine Tochter (S) – Bärbele, seine Bedienstete (S) – Jürgen, Wirt vom „Blauen Ochsen“ (B) – Lorle, seine Tochter (S) – Malwine von Hainau (S) – Hans (T) – Richard (T) – Die alte Traudel, Bärbels Tante – Theobald (T) – Schmußheim, ein Berliner – Musikanten, Bauern, Bäuerinnen

ST. CHRISTOPH IM SCHWARZWALD

1. Akt: Der alternde, verwitwete Domkapellmeister Blasius Römer hat sich mit seiner Tochter Hannele in das Schwarzwalddorf zurückgezogen, wo er Befriedigung im

Sammeln alter Volkstrachten findet. Für das morgige Cäcilienfest hat auch Bärbele von ihm ein schönes Kleid bekommen, was sie ihm spontan mit einem Kuß lohnt. Aber auch Fremde haben sich zu dem Fest eingefunden, darunter zwei junge Herren aus Berlin, die sich als Wandermusikanten verkleidet haben. Der eine von ihnen, Hans, ist nämlich auf der Flucht vor seiner Verehrerin Malwine von Hainau, die sich aber auch noch zum Fest einstellt. – *2. Akt:* Als der Festtag beginnt, ist der alte Römer immer noch verwirrt von dem Kuß, den ihm Bärbele gegeben hat. Bärbele aber hat sich in den frischen Hans verliebt, hat er sie doch vor den Schlägen ihrer Tante bewahrt und ihr den Zutritt auf dem Tanzboden, den ihr die Burschen des Dorfes streitig machen wollten, erwirkt. Die allgemeine Ausgelassenheit endet in einer wilden Rauferei. – *3. Akt:* Am folgenden Tag will der Bürgermeister die Urheber des Tumults ermitteln. Da stellt sich bei der Zeugenvernehmung heraus, daß sich Richard inzwischen mit Hansens Verehrerin Malwine verlobt hat. Auch Hans und Bärbele haben sich gefunden, und der alte Römer muß den späten Irrtum seines Herzens einsehen.
Malwine, ach Malwine, du bist wie eine Biene (Richard); Mädle aus dem schwarzen Wald, die sind nicht leicht zu haben (Ensemble); Wenn die Sonn' am Himmel lacht; O Bli-, Bla-, Blasius.

Sidney Jones (1869-1946): **Die Geisha**

Operette in 3 Akten von Owen Hall, Harry Greenbank und Hans Herbert Pudor – London 1896; Neufassung von Hans Herbert Pudor – Bremerhaven 1956 (VVB)
Wun-Hsi, chinesischer Besitzer des Teehauses „Zu den 10 000 Freuden" – Mimosa-San, Geisha – Kiki-San, Geisha – Kapitän Donald Morton – Reginald Fairfax, 1. Offizier auf dem Luxusdampfer „Oceana" – John B. Huston, 2. Offizier – Harry S. Cunningham, 3. Offizier – Billy J. Stanley, Navigationsoffizier – Jack Thomas Mason, Funkoffizier – Sam O'Brien, Schiffsarzt – Hiro Katana, junger Japaner – Gladys Grant, Schauspielerin – Juliette Durand, Dolmetscherin – Mrs. Daisy Hurst – Jane, Stubenmädchen bei Fairfax – Ein alter Japaner – Ein Kuli – Offiziere, Gäste, Geishas, Tänzerinnen, Japaner, Teemädchen

IN NAGASAKI UND SAN FRANZISKO IN DER GEGENWART

1. Akt: Fairfax führt seine Freunde zu dem Teehaus „Zu den 10 000 Freuden", wo auch Mimosa-San als Geisha tätig ist. Fairfax hat sich in Mimosa verliebt und veranlaßt sie, mit ihm zu fliehen, obwohl sich der junge Japaner Katana heftig um Mimosa bemüht. – *2. Akt:* Fairfax ist ein Jahr mit Mimosa verheiratet und veranstaltet anläßlich seiner Beförderung zum Kapitän ein Gartenfest, zu dem er auch die Schauspielerin Gladys Grant eingeladen hat. Mimosa entdeckt, daß Fairfax sie mit Gladys betrügt, und entflieht. Huston, der Freund von Fairfax, hat zu der Gesellschaft auch Juliette Durand mitgebracht, eine Französin, die ehemals als Dolmetscherin in Wun-Hsis Teehaus wirkte und nun Tänzerin in San Franzisko ist. Juliette und Huston freunden sich schnell an. – *3. Akt:* Mimosa will wieder als Geisha in das Teehaus zurück und weist die Liebe des treuen Katana, der auf sie gewartet hat, von sich. Fairfax aber hat inzwischen seinen Fehler eingesehen und erringt mit Hilfe Juliettes nochmals Mimosas Herz. Juliette hat sich als Stewardeß anheuern lassen und läßt Huston nicht mehr aus den Augen; gerührt von der Liebe Mimosas zu Fairfax, wollen nun auch sie heiraten.

Emerich Kálmán (1882-1953): **Die Csárdásfürstin**

Operette in 3 Akten von Leo Stein und Béla Jenbach – Wien 1915 (Weinberger)

Sylva Varescu, die Csárdásfürstin (S) – Leopold Maria Fürst von und zu Lippert-Weylersheim (Bar) – Fürstin Anhilte, seine Frau (A) – Edwin Ronald, beider Sohn (T) – Komtesse Stasi, Nichte der Fürstin (S) – Graf Boni Kancsianu (T) – Feri von Kerekes, genannt Feri Bacsi (B) – Notar Kiss (B) – Eugen von Rohnsdorf, Oberleutnant – MacGrave, Botschafter – Sektionschef von Billing – Gräfin Tscheppe – Baronin Elsner – Oberkellner – Ein Zigeunerprimás – Ein Groom – Kavaliere, Gesellschaft, Varietédamen, Lakaien, Varietéorchester, Zigeunerkapelle

IN BUDAPEST UND WIEN VOR 1914

1. Akt: Am Abend vor ihrer Abreise nach New York feiert die Chansonette Sylva Varescu noch einmal mit ihren Verehrern. Darunter befindet sich auch der junge Fürst Edwin, der sich mit Sylva schon in geheimem Einverständnis gefunden hat. Sein Vater will jedoch die Affäre beenden, verlangt die Rückkehr seines Sohnes nach Wien und seine Verlobung mit der Komtesse Stasi. Als Gegenzug diktiert Edwin einem Notar ein Eheversprechen mit Sylva und begibt sich nach Wien. Der Fürst hat jedoch schon Verlobungskarten Edwins mit Stasi drucken lassen, die Graf Boni Sylva zeigt; Sylva wirft den Ehekontrakt zu Boden und fährt nach Amerika. – *2. Akt:* Da Sylva Edwins Briefe unbeantwortet gelassen hat, ist er mit einer Ehe mit Stasi einverstanden. Zu ihrer Verlobungsfeier erscheinen auch Graf Boni und Sylva, die dieser als seine Frau ausgibt. In der Erwartung, sein Vater werde Sylva als Gräfin eher akzeptieren, stellt Edwin Sylva dem Fürsten vor. Sylva ist darüber aber so empört, daß sie erklärt, sie sei weiterhin Sylva Varescu, und entschwindet. – *3. Akt:* Nun aber entdeckt Graf Boni seine Liebe zu Stasi und erhält auch glücklich ihr Jawort. Durch Bonis Vermittlung finden auch Sylva und Edwin wieder zueinander; sie erhalten sogar den väterlichen Segen, als bekannt wird, daß Fürstin Anhilte in ihrer Jugend auch Chansonette war.
Machen wir's den Schwalben nach (Walzer); Ganz ohne Weiber geht die Chose nicht (Marsch); Ja, so ein Teufelsweib fängt dich mit Seel' und Leib (Marsch); Mädchen gibt es wunderfeine (Chor).

Emerich Kálmán: Gräfin Mariza

Operette in 3 Akten von Julius Brammer und Alfred Grünwald – Wien 1924 (Octava)
Gräfin Mariza (S) – Graf Tassilo Endrödy-Wittemburg (T) – Lisa, seine Schwester (S) – Baron Koloman Zsupán, Gutsbesitzer aus Varasdin (T) – Fürstin Bozena Guddenstein zu Clumetz (A) – Penizek, ihr Kammerdiener – Fürst Populescu – Karl Stephan Liebenberg – Tschekko, ein alter Diener Marizas – Berko, Zigeuner – Dorfkinder, Gäste, Gesellschaft, Tänzerinnen, Zigeuner, Bauern

AUF DEM SCHLOSSGUT DER GRÄFIN IN UNGARN UM 1922

1. Akt: Graf Tassilo ist in finanziellen Nöten; er hat seine Offizierslaufbahn aufgeben und seine Güter verpfänden müssen. Um das Geld für die Mitgift seiner Schwester Lisa, die von alldem nichts wissen soll, aufzubringen, arbeitet er noch als Verwalter unter dem Namen Török auf dem Gut der Gräfin Mariza, die er erst zu sehen bekommt, als sie ihre angebliche Verlobung mit dem Baron Koloman Zsupán feiert. Zsupán aber interessiert sich bald mehr für Tassilos Schwester Lisa, während sich dieser in Mariza verliebt. –*2. Akt:* Mariza hat an ihrem Verwalter Gefallen gefunden, erfährt aber eines Tages, daß er ja ein Graf ist und hält ihn nun für einen Mitgiftjäger. Sie wirft Tassilo dies öffentlich vor und schickt ihn – großzügig entlohnt – fort. – *3. Akt:* Tassilos reiche Tante, die Fürstin Guddenstein, hat von seiner mißlichen Lage gehört und heimlich die verpfändeten Güter zurückgekauft. So ist Tassilo aller Schul-

den ledig und kann, ohne in den Verdacht der Mitgiftjagd zu geraten, nochmals um Mariza anhalten – dieses Mal mit Erfolg. Lisa und Zsupán werden ebenfalls ein Paar.
Komm, Zigan, komm, Zigan, spiel mir was vor! (Tassilo); Komm mit nach Varasdin; Grüß mir die reizenden Frauen im schönen Wien! (Walzer); Einmal möcht' ich wieder tanzen (Walzer); Wenn es Abend wird (Walzer).

Emerich Kálmán: Die Zirkusprinzessin

Operette in 3 Akten von Julius Brammer und Alfred Grünwald – Wien 1926 (Octava)
Fürstin Fedora Palinski (S) – Fedja Palinski, bekannt als „Mister X" (T) – Prinz Sergius Wladimir (Bar) – Baron Peter Brusowsky, sein Adjutant – Mabel Gibson, Zirkusreiterin (S) – Graf Sakusin, Rittmeister – Leutnant Petrowitsch – Direktor Stanislawski – Carla Schlumberger, Hotelbesitzerin (A) – Toni Schlumberger, ihr Sohn (T) – Samuel Preßburger – Luigi Pinelli, Regisseur – Gesellschaft, Offiziere, Zirkusvolk, Diener, Kellner

IN ST. PETERSBURG UND WIEN VOR 1914

1. Akt: Fedja, der sich in die schöne Fedora, die Braut seines Onkels, verliebt hatte, war von diesem Onkel enterbt worden. Da er auch seine Offizierslaufbahn aufgeben mußte, fand er letzte Rettung als Kunstreiter im Zirkus unter dem Decknamen Mister X. Fedora ist nach kurzer Zeit Witwe geworden; einen Antrag des Prinzen Sergius wehrt sie mit der Bemerkung ab, eher nähme sie einen Zirkusreiter zum Manne als ihn. Sergius will sich rächen und fordert Mister X auf, unter dem Namen eines Prinzen Korrossof zu einem Souper zu erscheinen, wo Fedja sofort das Interesse Fedoras erweckt. – *2. Akt:* Um seine Rache zu vollenden, überbringt Prinz Sergius Fedora einen gefälschten Zarenbefehl, nach dem sie sich unverzüglich verheiraten müsse. Er rät ihr auch, den Prinzen Korrossof zu nehmen. Mister X ist ebenfalls einverstanden, verlangt jedoch von Sergius, dieser müsse vor der Heirat Fedora über seine Person aufklären. Sergius unterläßt jedoch die Aufklärung, und Fedora erfährt erst nach der Hochzeit, wer Korrossof alias Mister X alias Fedja wirklich ist. Enttäuscht verläßt sie ihn. – *3. Akt:* Obwohl sich Sergius auch weiterhin um die Gunst Fedoras bemüht, siegt deren Liebe zu Fedja über ihren gekränkten Stolz. In Wien bekennt sie sich zu Fedja.
Zwei Märchenaugen (Fedja); Leise schwebt das Glück vorüber (Langsamer Walzer); Im Boudoir der schönsten Frau (Langsamer Walzer).

Rudolf Kattnig (1895-1955): **Balkanliebe**

Operette in 4 Bildern von E. Kahn und Bruno Hardt-Warden – Leipzig 1937 (Crescendo)
Marko Franjopan, verbannter Fürst von Illyrien (T) – Zlata Juranitsch (S) – Branco Juranitsch, ihr Vater – Gräfin Daniela von Durazzo (stumme Rolle) – Baron Niko Bakschitsch (T) – Graf Jorgowan Schenoa – Lotte, eine Wiener Vorstadtchansonette (S) – Altgraf Bobby aus Wien – Gräfin Floßhilde, seine Frau – Alfonso Boccini-Montraalt, Präfekt von Venedig – Gorin, Korsarenführer – Ein Kellner – Ein Kammerdiener – Ein Hoteldirektor – Korsaren, Hotel- und Ballgäste, Hotelpersonal, Gondolieri, Lakaien, Sportgirls

AUF DEM BALKAN, IN VENEDIG UND ARLBERG IN TIROL UM 1930

1. Bild: Die Gräfin Durazzo hat Marko Franjopan, den rechtmäßigen Fürsten von Illyrien, von seinem Thron verjagt. Unter der Führung Brancos kämpft eine Gruppe für Marko, der auch bald zu ihnen stößt. Als Marko aber hört, daß die Gräfin eine Liste aller seiner Anhänger besitzt, geht er nach Venedig, um diese Liste an sich zu bringen. Unterdessen versucht Graf Schenoa, der eine Rettung des Landes nur in der Heirat Markos mit der Gräfin sieht, Markos Verlobte Zlata zum Verzicht auf Marko zu bewegen. Scheinbar ist Zlata einverstanden. – *2. Bild:* Zlata hat mit dem Schiff der Korsaren die Jacht der Gräfin überfallen und die Gräfin gefangengenommen. Nun gibt sie sich in Venedig als Gräfin Durazzo aus und ist bitter enttäuscht, als sich Marko für die angebliche Gräfin sehr interessiert. – *3. Bild:* Auf einem Empfang nähert sich Marko wieder der angeblichen Gräfin, die sich nun als Zlata zu erkennen gibt und Marko verächtlich an seine Pflicht dem Vaterland gegenüber erinnert. – *4. Bild:* Marko hat in Illyrien gesiegt. Schwere Kämpfe kostet es ihn aber noch, ehe er Zlata wieder für sich gewonnen hat.

Leise erklingen die Glocken vom Campanile (Barkarole); Heimat, mit der Seele grüß' ich dich (Marko); Hast du mich schon ganz vergessen? (Zlata); Das macht nur jener gewisse und zärtliche Zauber einer Frau (Walzer).

Walter Kollo (1878-1940): **Drei alte Schachteln**

Operette in einem Vorspiel und 3 Akten von Rideamus (Fritz Oliven) und Hermann Haller – Berlin 1916 (Kollo)

Charlotte Krüger (S) – Ursula Krüger (S) – Klaus Kersting (T) – Auguste, Köchin bei Krügers (S) – Cornelius Hasenpfeffer, Sergeant – Brigitte – Rittmeister von Treskow – 3 Freundinnen von Ursula (Mezzo-S) – 4 Mauerblümchen, Damen, Kinder, Offiziere, Soldaten

IN POTSDAM AM ANFANG DES 19. JAHRHUNDERTS

Vorspiel: Charlotte Krüger, jung und reizend, ist in den Referendar Klaus Kersting verliebt und erwartet seinen Heiratsantrag. Kersting aber will sich nur verabschieden und Soldat werden. – *1. Akt:* Nach zehn Jahren kommt Kersting als Hauptmann zurück und lädt die merklich gealterte Charlotte, ihre Schwester Ursula und sogar die Köchin Auguste, deren Bräutigam Hasenpfeffer mit Klaus Kersting aus dem Feld gekommen ist, zum Regimentsball ein. Trotz einiger Bedenken Charlottes sagen die „drei alten Schachteln" zu. – *2. Akt:* Charlotte hat sich als Ursulas Nichte Dörte jung und hübsch zurechtgemacht und verdreht Kersting den Kopf; sie läßt ihn aber wissen, daß er für sie zu alt sei, und tanzt mit dem jungen Rittmeister von Treskow. – *3. Akt:* Die auffallende Ähnlichkeit zwischen Charlotte und „Dörte" hat Kerstings Zweifel geweckt. Als er nun die Schwestern besucht, muß Auguste die Rolle der Dörte übernehmen, spielt sie aber so schlecht, daß Kersting seinen Verdacht bestätigt findet. Charlotte und Klaus Kersting finden sich nun zum Bund fürs Leben.

Drei alte Schachteln, zierlich und fein (Charlotte, Ursula, Auguste); Ach Gott, was sind die Männer dumm.

Walter Kollo: Die Frau ohne Kuß

Lustspiel in 3 Akten von Richard Keßler und Willy Kollo – Berlin 1926 (Kollo)

Dr. Ernst Hartwig, Frauenarzt (T) – Lotte Lenz, seine Sekretärin – Prinz Hussein Dschahangir (T) – Georg Langenbach, Fabrikbesitzer – Fritz Sperling, Porträtmaler – Otto, Diener bei Hartwig – Ein Bote des Standesamtes

IN HARTWIGS PRAXIS IN BERLIN

1. Akt: Lotte Lenz, die seit einiger Zeit als Sekretärin bei Dr. Hartwig arbeitet, wird von dessen Freunden, dem Fabrikanten Langenbach und dem Maler Sperling, heftig verehrt, während Dr. Hartwig, ein eingefleischter Junggeselle, nur an seinen Beruf denkt und in Lotte nichts anderes als eine besonders tüchtige Arbeitskraft sieht. Er bemerkt auch nicht, daß Lotte nur für ihn Augen hat. Als ein Ruf zu ärztlicher Hilfeleistung, den der ehrgeizige Hartwig vom persischen Fürstenhaus in Teheran erhält, mit der Bedingung, die Ehefrau mitzubringen, verknüpft ist, beschließt er auf Lottes Rat, mit ihr eine leicht lösbare Scheinehe einzugehen. Formlos wird eine eilige Trauung vollzogen. – *2. Akt:* Lottes Bemühungen, Hartwigs Neigung auf der Reise zu erringen, scheinen gescheitert. Tatsächlich hat er sich in sie verliebt, was Lotte auch erfährt, als sie, um Hartwigs Eifersucht zu erregen, nicht nur ihre alten Verehrer mobilisiert, sondern auch den heißblütigen Prinzen Hussein aus Teheran nach Berlin kommen läßt. – *3. Akt:* Nun müssen sie jedoch erfahren, daß ihre eilige Eheschließung rechtlich nicht gültig ist. Daraufhin besteht Hussein auf einer mit Hartwig getroffenen Abmachung, nach der er Lotte heiraten darf, sobald sie nicht mehr an Hartwig gebunden ist. Die Liebe des Paares überwindet aber auch diesen Widerstand: Hussein und die anderen Verehrer Lottes resignieren.

Persische Rose (Hussein); Das ist der Frühling von Berlin (Marsch).

Eduard Künneke (1885-1953): **Das Dorf ohne Glocke**

Singspiel in 3 Akten nach einer ungarischen Legende von Arpad Pasztor – Berlin 1919 (Dreiklang)

Vater Benedikt, der Pfarrer (B) – Sofie, seine Wirtschafterin (A) – Baron Erwin von Lertingen (Bar) – Steffi, seine Frau (S) – Peter, ein Schmiedegeselle (T) – Eva, seine Braut (S) – Resi, Kellnerin (S) – Die Wirtin (S) – Klein-Lieschen, ein Bauernmädel (S) – Der Ortsvorsteher (Bar) – Der Schmied (Bar) – Der Lehrer (Bar) – Dessen Frau (S) – Der Müller (B) – Dessen Frau (Mezzo-S) – Andreas, Müllerknecht (T) – Der Wirt (Bar) – Der Krämer (T) – Der Nachtwächter (B) – Ein Jude – Ein Kutscher – Vier Engel – Bauern und Bäuerinnen

IN EINEM DORF IN SIEBENBÜRGEN AM ENDE DES 18. JAHRHUNDERTS

1. Akt: Zu seinem 50jährigen Priesterjubiläum erhält Vater Benedikt von seinen Pfarrkindern 500 Gulden, die für ein neues Kirchengeläut bestimmt sind; seit einem Türkeneinfall ist nämlich das Dorf ohne Glocke. Sogleich will sich Vater Benedikt in die Stadt aufmachen, um die neue Glocke zu beschaffen. Da entdeckt er auf dem Kirchplatz ein unglückliches Paar, den Schmiedegesellen Peter und seine Braut Eva, die sich trennen müssen, weil Peter in seinem Dorf kein Auskommen findet. Damit sie aber doch hier einen Hausstand gründen können, schenkt der Pfarrer Eva und Peter die 500 Gulden. – *2. Akt:* Der Pfarrer hält sich in seinem Haus versteckt, und schon laufen nach einigen Tagen böse Gerüchte durch das Dorf. Der Schmied, dem sich Sofie anvertraut hat, will helfen. Um dem Pfarrer die 500 Gulden zu übergeben, bietet er seine Schmiede zum Verkauf an. Als aber Peter die Schmiede kaufen will, wird er als Räuber verdächtigt und nur durch das Eingeständnis des Pfarrers gerettet. Da man aber Vater Benedikt seine gute Absicht nicht glaubt, beschließt er, am nächsten Morgen sein Dorf zu verlassen. – *3. Akt:* Helfend greift Baron Erwin von Lertingen ein; er hat die Glocke gekauft und in der Nacht heimlich im Turm aufhängen lassen. Als die Gemeinde die Glocke entdeckt, eilt sie herbei, um ihren gütigen Vater Benedikt zu versöhnen.

Wenn die Knospen sprießen (Eva, Peter); Ohne Zweifel hat der Teufel die Mädel gemacht (Resi).

Eduard Künneke: Der Vetter aus Dingsda

Operette in 3 Akten von Hermann Haller und Rideamus (Fritz Oliven) nach einem Lustspiel von M. Kempner-Hochstädt – Berlin 1921 (Dreiklang)
Julia de Weert (S) – Hannchen, ihre Freundin (S) – Josef Kuhbrot, Julias Onkel (B) – Wilhelmine, genannt Wimpel, seine Frau (A) – Egon von Wildenhagen (T) – Zwei Fremde (T) – Karl (Bar) und Hans (B), Diener

AUF SCHLOSS DE WEERT IN HOLLAND UM 1920

1. Akt: Julia de Weert, eine reiche Erbin, wird von ihren Verwandten mit verschiedenen Heiratsprojekten bedrängt. Ihr einer Vormund, Josef Kuhbrot, möchte, daß sie seinen Neffen August heiratet; Egon von Wildenhagen, der zweite Vormund, dagegen denkt an seinen Sohn Egon. Julia aber will ihrem Vetter Roderich, der vor sieben Jahren nach „Dingsda", einen Ort in Indien, ausgewandert ist, die Treue halten. Da sie zudem soeben volljährig geworden ist, nimmt sie einen verspäteten Wanderer, der sich als armer Wandergeselle vorgestellt hat, in ihr Schloß auf. – *2. Akt:* Dieser Fremde ist der von Josef herbestellte Vetter August, gibt sich jedoch am nächsten Morgen als der ersehnte Roderich aus. Als aber der alte Wildenhagen in Erfahrung bringt, daß der wirkliche Roderich „Dingsda" zwar verlassen hat, sich aber noch auf See befindet, muß August gehen, obwohl Julia inzwischen an ihm Gefallen gefunden hat. – *3. Akt:* Am folgenden Tage erscheint ein zweiter Fremder, der echte Roderich, der sich für Julias Freundin interessiert und sich deshalb als August Kuhbrot ausgibt. Als er außerdem erzählt, Roderich habe sich mit einer anderen verlobt, gibt Julia ihren Jungmädchentraum auf. Roderich kann sich nun zu erkennen geben. August kehrt zurück und feiert Verlobung mit der glücklichen Julia.
Ich bin nur ein armer Wandergesell' (August); Sieben Jahr lebt' ich in Batavia (August); Ganz unverhofft kommt oft das Glück (Walzer); Strahlender Mond.

Eduard Künneke: Glückliche Reise

Operette in 3 Akten von Max Bertusch und Kurt Schwabach – Berlin 1932 (Allegro)
Lona Vonderhoff (S) – Monika Brink (S) – Robert von Hartenau (T) – Stefan Schwarzenberg (T) – Homann – Regierungsrat Walter Hübner – Peter Brangersen – Sarah (A) – Manager Bielefeld – Frau Maschke – Käthe Hinz, Ludmilla Mayer, Lehrling Paul, Angestellte in Homanns Reisebüro – Angestellte, Barmixer, Mestizen, Gesellschaft, Girls

ARGENTINIEN UND BERLIN UM 1930

1. Akt: Robert und Stefan, zwei ehemalige Offiziere, haben sich nach dem Ersten Weltkrieg in Argentinien als Farmer eine neue Existenz aufgebaut. Nun treibt sie die Sehnsucht nach zwei deutschen Mädchen zurück über den Ozean, stehen sie doch in Briefwechsel mit Monika, die sich als reiche Dame ausgibt, und Lona. Ihre Hoffnungen beruhen jedoch auf einer Täuschung: Monika ist eine einfache Angestellte in Homanns Reisebüro und hat auch im Namen ihrer Freundin und Kollegin Lona geschrieben, die von alldem nichts weiß und mit dem Regierungsrat Hübner verlobt ist. – *2. Akt:* Nichtsahnend haben sich die beiden Freunde mit den jungen Damen in Wannsee verabredet, wo nun durch das Dazwischentreten Homanns, des Chefs des Reisebüros,

der doppelte Schwindel herauskommt. – *3. Akt:* Robert und Stefan haben aber doch Gefallen an den Mädchen gefunden und nehmen sie auf eine „glückliche Reise" als ihre zukünftigen Frauen mit nach Argentinien.
Glückliche Reise (Marsch); Warum? Weshalb? Wieso? (Foxtrott); Am Amazonas (Foxtrott); Nacht muß es sein (Tango); Drüben in der Heimat (Tango); Jede Frau geht so gerne mal zum Tanztee (Rumba).

Joseph Lanner (1801-1843): **Alt-Wien**

Operette in 3 Akten von G. Kadelburg und Julius Wilhelm – Wien 1912
Franzi (S) – Leopold Stelzer (T) – Andreas Stöckl (Bar) – Nußberger (B) – Anselm, Fürst von Reichenau – Anastasia von Hanstein, seine Schwester – Prinzessin Felizitas, ihre Tochter (A) – Marquis Pasqualini (Bar) – Gastwirt Hampel (B) – Polizeirat Haberditzl (B) – Die Sali-Tant' (A) – Rechnungsrat Fabian (Bar) – Tanzmeister, Komtessen, Gäste, Kammerdiener, Stutzer, Diener, Kellnerinnen

IN WIEN UM 1840

1. Akt: Franzi ist die brave Hilfe in der kleinen Weinwirtschaft des alten Andreas Stöckl, dessen Tochter sie zu sein glaubt; verlobt ist sie mit Leopold Stelzer, der zur Zeit als Rekrut dient. Dieses Idyll wird gestört, als Franzi erfährt, daß sie gar nicht Stöckls Tochter, sondern ein Findelkind ist und daß der Fürst von Reichenau Ansprüche auf sie erhebt. – *2. Akt:* Obwohl Franzi erfahren hat, daß es ihr Leopold mit der Treue nicht so genau nimmt, fühlt sie sich in ihrer neuen Rolle – als Tochter des Fürsten und damit als Komtesse – nicht so recht wohl. Besonders die weitere Verwandtschaft will die wiedergefundene Fürstentochter nicht als ebenbürtig anerkennen. – *3. Akt:* Auf dem Weg nach einem Schloß in Böhmen ist Franzi in dem Wirtshaus ihres Heimatdorfes abgestiegen, wo sie nun zu hören bekommt, daß ihr der Leopold doch die ganze Zeit über treu war. Gleichzeitig stellt sich auch heraus, daß Franzi doch nicht die Tochter des Fürsten von Reichenau, sondern die des Gastwirts Hampel ist. So können Franzi und Leopold doch heiraten und die Wirtschaft des alten Stöckl übernehmen.
Schwalberl, mein alles, mein Schatz (Leopold).

Alexander Charles Lecocq (1832-1918): **Giroflé – Girofla**

Operette in 3 Akten von Albert Vanloo und Eugen Letterrier – Paris 1874 (A. & S.)
Don Boléro Alcazaras, Gouverneur einer französischen Kolonie in Afrika (T) – Aurora, seine Frau (A) – Giroflé und Girofla, ihre Töchter (S, dargestellt von einer Sängerin) – Pedro (T) und Paquita (S), in Boléros Diensten – Marasquin (T) – Mourzouk (Bar) – Zwei Vettern der Familie Boléro (Mezzo-S) – Ein Piratenhäuptling (Bar) – Admiral Matamoros – Hochzeitsgäste, Dienerschaft, Piraten, Araber

IN EINER KLEINEN FRANZÖSISCHEN KOLONIE IN AFRIKA AM ENDE DES 18. JAHRHUNDERTS

1. Akt: Giroflé und Girofla, die täuschend ähnlichen Zwillingsschwestern, sollen heute verheiratet werden. Marasquin, Sohn eines reichen Bankiers und Bräutigam Giroflés, ist bereits anwesend, während der andere Freier, der Araberhäuptling Mourzouk, noch erwartet wird. Marasquin will aber nicht länger warten, und so begibt sich die Familie zur Trauung. Nur Girofla bleibt zurück und wird von Piraten geraubt. Als nun noch Mourzouk eher als erwartet kommt, nützen die Eltern die Ähnlichkeit ihrer Töchter aus und schieben Giroflé dem Araber bei der Trauung unter. – *2. Akt:* Während der Admiral Matamoros zur Verfolgung der Piraten ausgeschickt wird, findet das Hochzeitsmahl statt – jedoch ohne die beiden jungen Ehefrauen, denn auch Giroflé haben die Eltern, um jede peinliche Situation auszuschließen, einstweilen eingeschlossen. Giroflé entwischt jedoch, wird von ihren Vettern überrascht, mit Wein berauscht gemacht und tritt nun den beiden Ehemännern gegenüber. Aber noch einmal wird die Situation gerettet, als sich Giroflé ihrem richtigen Gatten anschließt. – *3. Akt:* Noch immer hat der Admiral Girofla nicht zurückgebracht, und Giroflé muß wieder die Rolle ihrer Schwester übernehmen. Bei einem Alleinsein mit Mourzouk kann sie sich nur noch in eine Ohnmacht flüchten. Als sich die Eltern schließlich entschließen, den wilden Araber über den wahren Sachverhalt aufzuklären, entspinnt sich ein heftiger Streit über die Frage, wem denn Giroflé nun angehören soll. Im letzten Augenblick tritt der siegreiche Admiral mit der geretteten Girofla auf.

Franz Lehár (1870-1948): **Die lustige Witwe**

Operette in 3 Akten von Viktor Léon und Leo Stein – Wien 1905 (Dobl./Bloch; Glocken)

Hanna Glawari (S) – Graf Danilo Danilowitsch, Gesandtschaftssekretär (T) – Baron Mirko Zeta, pontevedrinischer Gesandter in Paris (T oder Bar) – Valencienne, seine Frau (S) – Camille de Rosillon (T) – Vicomte Cascada (T) – Raoul de St. Brioche (T) – Bogdanowitsch, pontevedrinischer Konsul (Bar) – Kromow, Gesandtschaftsrat (Bar) – Pritschitsch, Oberst (Bar) – Njegus, Kanzlist (B) – Sylviane Bogdanowitsch und Olga Kromow (Mezzo-S) – Praskowia Pritschitsch (A) – Eine Dame (Mezzo-S) – Ein Diener – Pariser und pontevedrinische Gesellschaft, Guslaren, Musikanten, Grisetten, Diener

IN PARIS UM 1900

1. Akt: Hanna Glawari, eine junge und sehr reiche Witwe, wird bei einem Fest in der pontevedrinischen Gesandtschaft in Paris von den anwesenden Junggesellen heftig umschwärmt. Baron Zeta möchte sie vor einer Ehe mit einem Pariser zurückhalten, um ihr Vermögen dem finanzschwachen pontevedrinischen Staat zu erhalten. Deshalb soll Graf Danilo sich um Hanna bewerben. Dieser liebt Hanna zwar seit ihrer Jungmädchenzeit, will aber nicht den Anschein erwecken, als sei er hinter ihrem Geld her, und begnügt sich damit, Hannas andere Verehrer zu vertreiben und ihr bei einem Tanz wortlos seine Empfindungen mitzuteilen. – *2. Akt:* Valencienne, die Frau Zetas, gerät in eine kompromittierende Situation: sie hat Rosillon, der sich um sie bewirbt, einen Abschiedskuß in einem Pavillon versprochen. Als jedoch der Pavillon vor den Gästen geöffnet wird, tritt Hanna anstelle ihrer Freundin Valencienne heraus und erklärt sich mit Rosillon für verlobt. – *3. Akt:* Als Zeta erfährt, wer tatsächlich mit Rosillon im Pavillon war, will er sich scheiden lassen. Er wirbt um Hannas Hand, zieht sich jedoch sofort zurück, als er erfährt, daß Hanna bei einer Heirat ihr Vermögen verliert. Nun kann Danilo erfolgreich um Hannas Hand anhalten. Die „lustige Witwe" hat ohnehin die ganze Zeit nur Danilo im Sinn gehabt und klärt ihn jetzt auf, daß sie ihr Vermögen bei einer Heirat zwar verliert – aber nur an ihren neuen Ehegatten, an Graf Danilo.

Da geh' ich zu Maxim (Danilo); Hab' in Paris mich noch nicht ganz akklimatisiert (Hanna); Ich bin eine anständige Frau (Valencienne); Komm in den kleinen Pavillon (Rosillon); Ja, das Studium der Weiber ist schwer (Marsch); Vilja-Lied.

Franz Lehár: Der Graf von Luxemburg

Operette in 3 Akten von A. M. Willner und Robert Bodanzky – Wien 1909 (Glocken)
Angèle Didier (S) – Gräfin Stasa Kokozow – Juliette Vermont (S) – René Graf von Luxemburg (T) – Fürst Basil Basilowitsch – Armand Brissard, Maler (T) – Pawel von Pawlowitsch, russischer Botschaftsrat (T) – Sergej Mentschikoff, Notar (Bar) – Pelegrin, Beamter (B) – Kavaliere, Diener, Hotelangestellte, Modelle, Maler, Konservatoristinnen

IN PARIS UM 1908

1. Akt: Fürst Basil ist vor einer Verehrerin, der Gräfin Kokozow, nach Paris geflüchtet, wo er sich in die berühmte Sängerin Angèle Didier verliebt. Da die Vorschriften des russischen Hofes seiner Heirat mit einer Bürgerlichen entgegenstehen, bewegt er René, einen verarmten Adeligen, zu einer Scheinehe mit Angèle, die ihm dadurch ebenbürtig werden soll. Die Scheinehe soll drei Monate dauern, während deren sich René Angèle nicht nähern darf. Er erhält dafür 500 000 Francs. – *2. Akt:* Nach drei Monaten kehrt René nach Paris zurück und lernt, getarnt als Baron von Reval, Angèle kennen und lieben, ohne daß er in ihr seine Frau erkennt. Als Fürst Basil seine Verlobung mit Angèle bekanntmacht, geben sich René und Angèle zu erkennen. – *3. Akt:* Obwohl sich Angèle und René lieben, steht einer Ehe das Ehrenwort entgegen, das René an die Einhaltung seiner Abmachungen mit Basil bindet. Erlösung bringt die Gräfin Kokozow mit einem Ukas des Zaren, nach dem Basil die Gräfin heiraten muß. Da gleichzeitig die Beschlagnahme von Renés russischen Gütern aufgehoben worden ist, kann er die 500 000 Francs zurückzahlen und mit Angèle die wirkliche Ehe eingehen.
Lieber Freund, man greift nicht nach den Sternen (Angèle); Bist du's, lachendes Glück (Walzer); Wir bummeln durchs Leben; Mädel klein, Mädel fein.

Franz Lehár: Zigeunerliebe

Operette in 3 Akten von A. M. Willner und Robert Bodanzky – Wien 1910 (Glocken)
Zorika (S) – Peter Dragotin, ihr Vater, Gutsbesitzer (Bar) – Josnel Bolesku (T) – Jozsi, Spielmann, ein Zigeuner (T) – Jolan (S) – Kajetan (T) – Ilona von Körsöshaza, Gutsbesitzerin (S) – Mihaly, Gastwirt – Moschu, Kammerdiener – Julcsa, Zorikas Amme – Ungarische und rumänische Gesellschaft, Bürgermeister, Offiziere, Bauern, Zigeuner, Kellner

IN RUMÄNIEN UND UNGARN AM ANFANG DES 19. JAHRHUNDERTS

1. Akt: Bei ihrer Verlobungsfeier mit Jonel Bolesku zeigt sich Zorika recht widerspenstig; sie kann sich gar nicht mit dem Gedanken an eine Heirat mit Jonel vertraut machen und verweigert ihm sogar den Verlobungskuß. Viel lieber würde sie mit dem Zigeunermusiker Jozsi auf und davon gehen. Nachdem ihr erster Fluchtversuch mißglückt ist, kann sie noch einmal aus dem Saal entweichen, während der leichtherzige Jozsi mit Ilona kokettiert. Zorika läßt sich unterdessen am Ufer des Czerna nieder und schöpft Wasser aus dem Fluß, dessen Genuß nach einer alten Sage einer Braut im Traum die Zukunft entschleiern soll. – *2. Akt:* In zwei Jahren hat sie bei den Zigeunern traurige Erfahrungen gemacht. Jozsi gibt sich mit jedem Mädchen ab, das ihm über den Weg läuft; er liebt sie nicht mehr und weigert sich, sie zu heiraten. Alle Verwandten haben sich von Zorika abgekehrt, und sie kann diese als Außenstehende nur heimlich um ihr Glück beneiden. – *3. Akt:* Die zwei Jahre waren jedoch nur ein Traum. Zorika erwacht wieder und kehrt, geheilt von ihrer Liebe zu dem Zigeuner, als glückliche Braut zur Verlobungsfeier und an die Seite Jonels zurück.

Franz Lehár: Frasquita

Operette in 3 Akten von A. M. Willner und Heinz Reichert – Wien 1922 (Weinberger/Glocken)
Frasquita, ein Zigeunermädchen (S) – Dolly Girot (S) – Aristide Girot, Fabrikdirektor und Dollys Vater – Armand Mirabeau, sein Neffe (T) – Hippolyt Gallipot, Privatgelehrter (T) – Sebastiano, ein junger Zigeuner – Zigeuner, Gendarmen, Tänzerinnen, Varietégäste

IN BARCELONA UND PARIS UM 1920

1. Akt: Aristide Girot erwartet am Hafen die Ankunft seines Neffen Armand, dem er seine Tochter Dolly zugedacht hat. Mit Armand kommt auch dessen Freund Hippolyt Gallipot, der sogleich die Zuneigung Dollys findet, während sie in Armand nur den Lebemann sieht. Zwischen Frasquita, die mit ihren Zigeunern auch am Hafen aufgetaucht ist, und einem einheimischen Mädchen entspinnt sich ein Streit, den Armand schlichtet. Als er bemerkt, daß ihm dabei ein goldenes Zigarettenetui abhanden gekommen ist, beschuldigt er Frasquita des Diebstahls. Diese schwört ihm Rache, die er auch durch eine Entschuldigung nicht abwenden kann, und versucht, ihn sich ihr hörig zu machen. – *2. Akt:* In einem Nachtlokal bekennt sich Armand zu seiner Liebe zu Frasquita, die hier als Tänzerin engagiert ist, und zerreißt damit alle Bande zu seiner Verlobten Dolly und Girot. Frasquita kostet ihre Rache aus und macht Armand eifersüchtig. Als dieser darauf aus dem Saal stürzt, fühlt jedoch auch Frasquita, daß sich ihr Haß in Liebe verwandelt hat. – *3. Akt:* Um Armand zu versöhnen, sucht sie ihn in seiner Wohnung auf, wird aber von ihm abgewiesen. Helfend greift Aristide Girot, dessen Tochter sich inzwischen mit Hippolyt verheiratet hat, ein und führt die beiden durch eine List zusammen.
Schatz, ich bitt' dich, komm heut' nacht (Armand).

Franz Lehár: Paganini

Operette in 3 Akten von Paul Knepler und Béla Jenbach – Wien 1925 (Glocken)
Niccolò Paganini (T) – Maria Anna Elisa, Fürstin von Lucca (S) – Fürst Felice Bacchiocci (T) – Bella Giretti, Primaballerina an der Oper zu Lucca (S) – Marchese Giacomo Pimpinelli (T) – Bartucci, Paganinis Impresario – Gräfin de Laplace (A) – Graf Hédouville, General – Ein fürstlicher Jäger (Bar) – Beppo und Foletto (Bar) – Anita, eine Tänzerin – Wirt – Corallina, Wirtin – Landvolk, Hofgesellschaft, Tänzerinnen, Soldaten, Diener, Schmuggler, Dirnen

IM FÜRSTENTUM LUCCA AM ANFANG DES 19. JAHRHUNDERTS

1. Akt: Auf dem Weg nach Lucca hat der berühmte Geigenvirtuose Paganini in dem Dorf Capannari Station gemacht. Hier trifft er auf die Fürstin Elisa, eine Schwester Napoleons, die sich sogleich von dem Spiel und der Person des großen Meisters gefangen zeigt, zumal ihr Mann sich lieber mit anderen Damen, augenblicklich der Tänzerin Bella Giretti, beschäftigt. Auch der stürmische Paganini erliegt dem Charme der Fürstin, die gegen das Verbot ihres Mannes ein Auftreten Paganinis in Lucca durchsetzt. – *2. Akt:* Sechs Monate hat Elisa Paganini in Lucca festgehalten, als sie einen Befehl Napoleons erhält, in dem die sofortige Entfernung des Geigers verlangt wird. Da sie außerdem eine Neigung Paganinis für die Tänzerin Bella feststellt, verfügt sie seine Verhaftung, die sie dann – wiederum betört von Paganinis Spiel – noch einmal abwendet. – *3. Akt:* Paganini ist nun doch vom Hofe geflohen und will mit Hilfe der Schmuggler über die Grenze des Fürstentums. Ein letztes Mal sucht ihn hier die Fürstin

auf, um von ihm Abschied zu nehmen. Beeindruckt von dieser Liebe und ermahnt von seinem Impresario, zieht Paganini von dannen. Fortan will er nur noch seiner Kunst leben.
Liebe, du Himmel auf Erden; Niemand liebt dich so wie ich; Gern hab' ich die Frau'n geküßt (Paganini).

Franz Lehár: Der Zarewitsch

Operette in 3 Akten nach Zapolska-Scharlitt von Béla Jenbach und Heinz Reichert – Berlin 1927 (Glocken)
Sonja (S) – Der Zarewitsch (T) – Mascha (S) – Iwan, der Leiblakai, Maschas Mann (T) – Der Großfürst (Bar) – Der Ministerpräsident – Bardolo – Lina – Soldaten, Offiziere, Damen des Hofes, Wachen, Dienerinnen und Diener

IN ST. PETERSBURG UND NEAPEL UM 1894

1. Akt: Das frauenfeindliche Verhalten des Zarewitschs bereitet dem St. Petersburger Hof große Sorgen. Da der Zarewitsch in Kürze verheiratet werden soll, beschließt der Ministerpräsident, den jugendlichen Fürsten durch eine Geliebte auf die Ehe vorzubereiten. Sonja, ein Ballettmädchen, das dem Zarewitsch in der Uniform eines tscherkessischen Soldaten bei einer Theateraufführung aufgefallen war, soll diese Rolle übernehmen. Doch finden die beiden jungen Menschen nur in platonischer Freundschaft zueinander. – *2. Akt:* Aus der Freundschaft ist Liebe geworden, die sogar die bevorstehende Heirat des Zarewitschs mit einer standesgemäßen Braut bedroht. Auch eine Intrige des Großfürsten kann die Liebenden nicht trennen. – *3. Akt:* Sonja und der Zarewitsch sind nach Neapel geflohen, wo sie ihr Glück ungestört genießen. Da erscheint der Großfürst und fordert Sonja auf, ihr persönliches Glück dem Wohl des Vaterlandes unterzuordnen. Als außerdem noch die Nachricht eintrifft, daß der Zar gestorben ist und der Zarewitsch die Nachfolge antreten muß, beugen sich die Liebenden und trennen sich für immer.
Einer wird kommen (Sonja); Es steht ein Soldat am Wolgastrand (Zarewitsch); Hab' nur dich allein (Zarewitsch).

Franz Lehár: Friederike

Singspiel in 3 Akten von Ludwig Herzer und Fritz Löhner – Berlin 1928 (Glocken)
Friederike Brion (S) – Goethe (T) – Salomea Brion (S) – Johann Jakob Brion, Pfarrer von Sesenheim, und seine Frau Magdalene (A), die Eltern von Friederike und Salomea – Lenz (T) – Karl August, Großherzog von Sachsen-Weimar – Die Studenten Weyland, Herse, Stilling und Engelsbach, Goethes Freunde – Madame Schöll – Hauptmann von Knebel, Prinzenerzieher – Ein Postillon – Gesellschaft, Bauern, junge Mädchen, Kinder

IN SESENHEIM UND STRASSBURG 1771 UND 1779

1. Akt: Bei den Pfarrersleuten Brion und ihren Töchtern Friederike und Salomea haben sich Goethe, derzeit Student der Rechtswissenschaften in Straßburg, und seine Freunde Lenz, Weyland, Herse, Stilling und Engelsbach angekündigt. Besonders die beiden Schwestern sind glücklich über den Besuch, wird doch Salomea von Weyland umschwärmt, während Friederike in Goethe ihren Geliebten gefunden hat. Friederikes Glück ist allerdings getrübt, da ihr Goethe, veranlaßt durch eine unheilvolle Prophezeiung, zunächst einen Kuß verweigert. – *2. Akt:* Friederike und Salomea sind zu einem

Gegenbesuch in Straßburg eingetroffen. Alles findet sich glücklich vereint, als Hauptmann von Knebel mit einer Berufung Goethes an den Weimarer Hof auftritt. Goethe will verzichten, weil dieser ehrenvolle Ruf mit der Bedingung verknüpft ist, Goethe könne die Stellung nur als Lediger annehmen. Friederike jedoch will nicht der Zukunft ihres Freundes im Wege stehen und kokettiert so lange mit Goethes Studienfreunden, bis dieser gekränkt aufbricht. – *3. Akt:* In Begleitung seines Dienstherrn, des Großherzogs Karl August, kommt Goethe nach acht Jahren wieder nach Sesenheim. Eine Begegnung mit Friederike überzeugt Goethe von ihrer beständigen Liebe, doch muß er wehmütig Abschied nehmen.
Blicke ich auf deine Hände (Friederike, Goethe); O wie schön, wie wunderschön (Goethe); O Mädchen, mein Mädchen (Goethe); Warum hast du mich wachgeküßt (Friederike); Sah ein Knab' ein Röslein stehen.

Franz Lehár: Das Land des Lächelns

Romantische Operette in 3 Akten nach Victor Léon von Ludwig Herzer und Fritz Löhner – Berlin 1929 (Glocken)
Graf Ferdinand Lichtenfels, Feldmarschalleutnant – Lisa, seine Tochter (S) – Lore, seine Nichte – Prinz Sou-Chong (T) – Mi, seine Schwester (S) – Graf Gustav von Pottenstein, Husarenoberleutnant (T) – Exzellenz Hardegg, seine Tante – Tschang, Oheim Sou-Chongs – Fu-Li, Sekretär der chinesischen Gesandtschaft – Obereunuch – Mandarine, Offiziere, Herren und Damen der Gesellschaft, junge Mädchen, Dienerinnen

IN WIEN UND PEKING 1912

1. Akt: Lisa, die heftig umschwärmte Tochter des Grafen Lichtenfels, hat ihr Herz an den chinesischen Prinzen Sou-Chong verloren. Selbst der Husarenoffizier Gustav von Pottenstein, der bisher als ihr aussichtsreichster Bewerber galt, vermag sie nicht umzustimmen. So gibt sie auch Prinz Sou-Chong ihre Liebe zu erkennen, als er – zum Ministerpräsidenten gewählt – plötzlich abreisen muß. – *2. Akt:* Lisa ist dem Prinzen nach Peking gefolgt, wo sie zwar in Sou-Chongs Schwester Mi eine aufrichtige Freundin findet, von dem einflußreichen Onkel Tschang jedoch als nicht ebenbürtig angesehen wird. Tschang verlangt sogar, daß sich Sou-Chong den Traditionen seiner Heimat beugt und vier chinesische Prinzessinnen heiratet. Lisas Liebe verwandelt sich in Erbitterung. – *3. Akt:* Der Prinz hält Lisa im Palast gefangen. Auch ein Fluchtversuch mißlingt, und Lisa hat nach den Landesgesetzen die Todesstrafe zu erwarten. Da aber erkennt Sou-Chong, daß er Lisas Liebe auf immer verloren hat und gibt sie frei.
Wer hat die Liebe uns ins Herz gesenkt (Lisa, Sou-Chong); Meine Liebe, deine Liebe (Lisa, Sou-Chong); Immer nur lächeln (Sou-Chong); Von Apfelblüten einen Kranz (Sou-Chong); Dein ist mein ganzes Herz (Sou-Chong); Im Salon zur blau'n Pagode (Mi).

Franz Lehár: Schön ist die Welt

Operette in 3 Akten von Ludwig Herzer und Fritz Löhner – Wien 1931 (Glocken)
Der König – Graf Sacha Karlowitz, sein Flügeladjutant – Kronprinz Georg (T) – Herzogin Maria Brankenhorst – Elisabeth Prinzessin von und zu Lichtenberg, ihre Nichte – Mercedes del Rossa, Primaballerina (S) – Direktor des „Hôtel des Alpes“ – Obersthofmeister der Herzogin – Ein Jazzsänger – Ein Oberkellner – Ein Groom bei Mercedes – Hotelgäste, Herren und Damen, Hotelpersonal, Girls und Boys

IM „HÔTEL DES ALPES“ UND IN DEN TIROLER ALPEN

1. Akt: Der König wünscht seinen Sohn Georg mit der Prinzessin Elisabeth zu verheiraten. Er verspricht sich Hilfe durch eine Reise, die er inkognito mit seinem Adjutanten Graf Sacha in das Hotel unternimmt, wo schon Georg, aber auch Elisabeth und ihre Tante abgestiegen sind. Die beiden jungen Leute sind dem Plan durchaus abgeneigt, obwohl sie sich inzwischen kennengelernt und Gefallen aneinander gefunden haben, wobei beide jedoch ihre wahre Identität verborgen haben. Der Kronprinz gibt sich sogar als einfacher Jäger aus. Im Hotel wohnt auch die brasilianische Tänzerin Mercedes del Rossa, die das verliebte Interesse Seiner Majestät findet. Mercedes aber ist die Frau des Grafen Karlowitz, der dem König seine Ehe noch nicht gebeichtet hat. – *2. Akt:* Elisabeth und Georg befinden sich auf einer Bergwanderung, als er aus einem mitgenommenen Radio plötzlich die Nachricht vernimmt, daß Prinzessin Elisabeth in Begleitung eines Bergführers, womöglich eines Hochstaplers, verschwunden sei und gesucht würde. So erfährt er, wer seine Begleiterin wirklich ist und bekennt ihr seine Liebe, nachdem sie vorher noch einen Sturm und einen Lawinensturz glücklich überstanden haben. – *3. Akt:* Bei ihrer Rückkehr in das Hotel zeigt sich Elisabeth entschlossen, nur ihren Bergkameraden, niemals aber Prinz Georg zu heiraten. Nun gibt sich Georg zu erkennen; die allgemeine Freude ist groß. Auch Graf Karlowitz erhält die königliche Zustimmung zu seiner Ehe mit Mercedes.
Liebste, glaub an mich (Georg); Schön ist die Welt (Walzer).

Franz Lehár: Giuditta

Operette in 5 Bildern von Paul Knepler und Fritz Löhner – Wien 1934 (Glocken)
Giuditta (S) – Manuele, ihr Mann – Octavio, Hauptmann (T) – Anita, Fischermädchen (S) – Pierrino, Obsthändler (T) – Antonio, Leutnant – Edward Lord Barrymore – Der Herzog – Ein Adjutant – Ibrahim, Besitzer eines Nachtlokals – Professor Marini – Lolitta, Tänzerin – Bürger, Offiziere, Soldaten, Gäste, Tänzerinnen, Musikanten, Straßensänger, Kellner

IM WESTLICHEN MITTELMEERRAUM UM 1930

1. Bild: Giuditta, eine schöne, aber auch leichtsinnige Frau, verläßt ihren Mann Manuele. – *2. Bild:* Mit dem Hauptmann Octavio geht sie nach Nordafrika. – *3. Bild:* Octavio wird zu einem Feldzug gegen die aufrührerischen Berber eingezogen. Der Abschied von Giuditta wird ihm besonders schwer, muß er doch fürchten, daß sie sich inzwischen einem anderen hingibt. – *4. Bild:* Als Octavio aus dem Feld zurückkehrt, findet er Giuditta in einem Nachtlokal. Sie flirtet mit Lord Barrymore und gibt sich für Schmuck hin. Verzweifelt wird Octavio Pianist in einer Hotelbar. – *5. Bild:* Octavio hat es bis zum Pianisten in einem Luxushotel gebracht. Eines Tages erscheint hier Giuditta mit ihrem neuen Freund, einem Herzog. Octavio muß den beiden beim Essen vorspielen; doch scheitert jeder Versuch Giudittas, Octavio aufs neue zu verführen.
Freunde, das Leben ist lebenswert (Octavio); Du bist meine Sonne (Octavio); Meine Lippen, sie küssen so heiß.

Paul Lincke (1866-1946): **Frau Luna**

Operette in 2 Akten von Heinz Bolten-Baeckers – Berlin 1899 (Apollo)
Frau Luna (S) – Prinz Sternschnuppe (T oder B) – Stella, Zofe (S) – Fritz Steppke (T) – Theophil – Frau Pusebach – Marie, Nichte (S) – Lämmermeier – Pannecke, Rentier – Venus (S) – Mars (A) – Mondgroom (S) – Sterne, Mondschutzmänner

IN BERLIN UND AUF DEM MOND

1. Akt: Der Mechaniker Steppke bastelt an einem Ballon, mit dem er zum Mond fliegen will. Nach einem Streit mit seiner Wirtin, Frau Pusebach, die ihm kündigt und die Verlobung ihrer Nichte mit Steppke rückgängig machen will, erlebt Steppke einen aufregenden Traum. Mit seinen Partnern Lämmermeier und Pannecke fliegt er zum Mond; Frau Pusebach, die auf Pannecke ein Auge geworfen hat, klammert sich im letzten Moment an den Ballon und wird mitgenommen. Auf dem Mond treffen sie auf Theophil, der für das pünktliche Auf- und Untergehen des Mondes zu sorgen hat. Da Theophil kürzlich erst bei einem Ausflug auf die Erde mit Frau Pusebach geflirtet hat und nun die Eifersucht seiner Mondfreundin fürchtet, läßt er die Mondreisenden verhaften; Frau Pusebach und Pannecke verspricht er allerdings die sichere Rückkehr auf die Erde. – *2. Akt:* Im Mondpalast werden die Reisenden Frau Luna vorgestellt, die sich sofort heftig um die Gunst Steppkes bemüht. Als auch Pannecke und Lämmermeier sich mit den weiblichen Bewohnern des Weltalls anfreunden, sieht Sternschnuppe keinen anderen Weg, als Marie auch noch heraufzuholen. Dadurch wird Steppke von seiner „himmlischen" Liebe geheilt und mit seinen Freunden in Sternschnuppes Sphärenauto auf die Erde zurückgebracht, während Frau Luna ihre Gunst wieder dem Prinzen Sternschnuppe zuwendet.

Das macht die Berliner Luft, Luft, Luft; Schenk mir doch ein kleines bißchen Liebe, Liebe; Schlösser, die im Monde liegen; O Theophil, o Theophil (Walzer).

Paul Lincke: Im Reiche des Indra

Operette in 2 Akten von Heinz Bolten-Baeckers und Hans Brennecke – Berlin 1899 (Apollo)

Königin Sita (S) – Bhimo, Fähnrich ihrer Leibgarde (S) – Gaya (S) und Jaska (A), Amazonen der Königin – Kanischka, ihre Mutter, Kommandeuse der Amazonen – Gustav Steinbock, ein Berliner Reporter (T) – König Muckipur (B) – Puffetius, Haushofmeister (T) – Dessen Doppelgänger (stumm) – Sakaratscheika, Kriegsminister (B) – Karabatschi, Leibarzt (T) – Dschajadewa, Kultusminister (Bar) – Ein Tambourmajor – Hofdamen, Amazonen, Pagen, Garde, Tänzer, Tänzerinnen, Hofstaat, Traumfiguren

AUF DEM INSELREICH MUCKIPUR

1. Akt: Bhimo, Fähnrich der Leibgarde der Königin, hat sich in seine Herrin verliebt. Als er Sita ein Ständchen bringen will, wird er vom Haushofmeister Puffetius dem König verraten; Bhimo muß fliehen. Aber auch der König hat seine Schwierigkeiten in der Ehe, wie er dem Berliner Reporter Gustav Steinbock erzählt. Sitas Vater habe ihn als Schwiegersohn wegen seines Reichtums ausgewählt. Sita aber liebe nur Helden und habe sich ihm seit der Hochzeit verweigert. Steinbock, der die Königin fotografieren möchte, erhält die Unterstützung Bhimos, der ihm auch einen schutzbringenden Ring verschafft. – *2. Akt:* Steinbock ist es gelungen, die Königin im Bade zu fotografieren. Als der König, der währenddessen seine Frau in einem Kriege verteidigen mußte, davon hört, will er Steinbock den Tigern zum Fraß vorwerfen. Aber der Ring rettet den Reporter. Auch Muckipur besitzt nämlich einen solchen Ring. Da nach einer alten Sage die Träger der beiden Ringe das gleiche Schicksal erleiden, bittet der König Steinbock, seinen Ring der Königin auszuhändigen, die nun unauflöslich an den König gebunden ist. Steinbock darf dafür nach Berlin zurückkehren.

Guido Masanetz (* 1914): **In Frisco ist der Teufel los**

Operette in 4 Akten von Otto Schneidereit und Maurycy Janowski – Berlin 1962 (Henschel)

Anatol Brown, Barkassenführer (T) – Virginia West, Kellnerin im „Nevada" (S) – Kay, Steuermann, ihr Bruder (Bar) – Chica, Tänzerin, seine Braut (Tanzrolle) – Ben Benson, Spediteur (Sprechrolle) – Xonga Miller, Besitzerin des „Tampico" (Sprechrolle) – Jonas, alter Seemann (B) – Bessie, eine Negerin (A) – Patrick Plock, Polizei-Sheriff (Sprechrolle) – Sharp, Sour, Begleiter der Xonga Miller (singende Schauspieler) – Dr. Spinner, Irrenarzt (singender Schauspieler) – Shefferson, Notar (Sprechrolle) – Irrenwärter, Arbeiter

IM SAN FRANCISCO DER 30ER JAHRE

Der Barkassenführer Anatol Brown hat erfahren, daß er der einzige Erbe des verstorbenen Hotelbesitzers Wight ist und daß er damit das „Nevada"-Hotel geerbt hat. Bevor er jedoch Besitzer dieses Unternehmens werden kann, muß er eine Schuldenlast von 10 000 Dollar innerhalb weniger Stunden an die Gläubigerin Xonga Miller zahlen, sonst bekommt sie das „Nevada" zugesprochen. Um den unliebsamen Erben beiseite zu räumen, erscheint auf Betreiben Xongas ein Psychiater, doch Anatol Browns Freunde inszenieren eine Schlägerei, und Brown kann entkommen. Er und seine Gruppe sammeln unter den Seeleuten im Hafen. Kurz vor Mitternacht fehlen jedoch 496 Dollar an der zu begleichenden Summe. Xonga Miller fühlt sich bereits als Besitzerin des Hotels. Sie lädt alle ein, auf ihre Kosten zu trinken. Diese Situation kommt Brown wie gerufen, er nimmt die Erbschaft an. Jedes Glas, das von Browns Freunden getrunken wird, muß die Millerin nunmehr an Brown bezahlen. Mit dieser Einnahme wird die Restschuld getilgt, und Brown ist glücklicher Besitzer des Hotels, das er in ein Seemannsheim umbauen wird.

Karl Millöcker (1842-1899): **Das verwunschene Schloß**

Operette in 5 Bildern von Alois Berla – Wien 1878

Coralie, eine Sängerin (S) – Graf von Geiersburg – Großlechner, ein reicher Bauer – Mirzl, seine Tochter (S) – Seppl (T) und Andredl (T), zwei Bauernburschen – Die alte Traudel – Regerl, ihre Enkelin – Lamotte, Haushofmeister des Grafen – Simon, Kreuzwirt – Freunde des Grafen, Freundinnen Coraliens, Bauern, Jäger

IN TIROL AM ENDE DES 18. JAHRHUNDERTS

1. Bild: Graf von Geiersburg, der vor Jahren wegen eines Duells des Landes verwiesen wurde, ist heimlich auf sein Schloß zurückgekehrt und feiert rauschende Feste. Die Einwohner des Dorfes glauben, es spuke auf dem Schloß; nur der Knecht des Bauern Großlechner, Seppl, hält nichts von dem Aberglauben. Da Seppl, der Verlobte Mirzls, dem Haushofmeister Lamotte, der Mirzl schon lange nachstellt, im Wege steht, hetzt dieser den Bauern gegen seinen treuen Knecht auf. So muß der „Freigeist" Seppl das Dorf verlassen; nur Andredl begleitet ihn. – *2. Bild:* Die beiden suchen bei der alten Traudel, die weithin im Ruf einer Hexe steht, Unterschlupf, werden aber von ihrer Enkelin Regerl auf das Schloß verwiesen. – *3. Bild:* Während auf dem Schloß ein wildes Gelage stattfindet, wagen Seppl und Andredl den Aufstieg. Als erstes begegnen sie der Sängerin Coralie, der Geliebten des Grafen, die den Burschen erzählt, alle Festteilnehmer seien verwünscht und könnten nur dadurch erlöst werden, daß Andredl jede der anwesenden Damen küßt. Andredl wagt sich an die Aufgabe und bringt den Grafen derart auf, daß nur Coralie das Schlimmste verhüten kann. – *4. Bild:* Seppl wird im

Schloß zurückgehalten, während Andredl bewußtlos zu Regerl gebracht wird. Trotz der Einflüsterungen des Haushofmeisters, alles sei nur ein böser Traum gewesen, geht Andredl am nächsten Morgen mit Mirzl auf die Suche nach Seppl. – *5. Bild:* Als die Bauern nun auch noch das Schloß stürmen, droht dem Grafen die Verhaftung, der er sich nur durch die Heirat mit Coralie entziehen kann. Auch Mirzl und Seppl können sich nun verbinden, während Andredl zu Regerl geht.

Karl Millöcker/Theo Mackeben (1897-1953): **Die Dubarry**

Operette in 9 Bildern nach Paul Knepler, J. M. Welleminsky, F. Zell und Richard Genée von Hans Martin Cremer – Wien 1879; Neufassung Theo Mackeben – Berlin 1931 (Crescendo)

Marie Jeanne Beçu, später Gräfin Dubarry (S) – Margot (S) und Lucille, ihre Freundinnen – Madame Labille, Inhaberin eines Putzmachersalons – Marquis de Brissac (T) – Graf Dubarry (Bar) – Die Marschallin von Luxemburg – Die Schwestern Verrières – König Ludwig XV. (Bar) – Herzog von Choiseul, Ministerpräsident – Prinz von Soubise – Herzog von Lazun – Radix von Saint-Fox – Baron Chamard – René Lavallery, Maler (T) – Pierre, sein Freund – Lebell, Leibdiener des Königs – Damen und Herren, Zofen, Diener, Putzmacherinnen, Pariser

IN PARIS UNTER DER REGIERUNG VON LUDWIG XV.

1. Bild: Im Putzmachersalon der Madame Labille erscheint der Marquis de Brissac und lädt Margot und ihre Freundinnen ein, darunter auch Marie Jeanne Beçu, die soeben von einem geschäftlichen Ausgang zurückkehrt. Bei diesem Ausgang hat sie nicht nur den Maler René Lavallery kennengelernt, sondern sich auch die Hüte stehlen lassen. Um ihrer Strafe zu entgehen, entweicht sie durchs Fenster. – *2. Bild:* René und Jeanne haben sich in einem Vergnügungspark wiedergetroffen und sich ihre gegenseitige Liebe gebeichtet. Da erblickt auch Graf Dubarry das Paar. Er ist auf der Suche nach einer neuen Mätresse für König Ludwig XV., die die alternde Pompadour ersetzen soll, und faßt sogleich die reizende Putzmacherin dafür ins Auge. – *3. Bild:* René und Jeanne leben zusammen, sind aber in Geldverlegenheit geraten, die sich Graf Dubarry für seine Pläne zunutze zu machen weiß. René ist über das Entgegenkommen Jeannes empört und wirft sie aus seinem Atelier. – *4. Bild:* Brissac veranlaßt einige Herren, darunter auch Graf Dubarry, zu einem Besuch des Etablissements der Schwestern Verrières. – *5. Bild:* Graf Dubarry trifft in dem Etablissement Jeanne wieder, bezahlt ihre Spielschulden und nimmt sie mit sich. – *6. Bild:* Jeanne wird mit dem Bruder des Grafen Dubarry verheiratet und erhält als Gräfin Dubarry eine vornehme Erziehung. – *7. Bild:* König Ludwig hat ein von René gemaltes Bild der Dubarry erhalten und will diese nun selber kennenlernen. – *8. Bild:* Die Dubarry hat die Gunst des Königs gewonnen. Als Wohnsitz wird ihr Schloß Trianon zugewiesen. – *9. Bild:* Die Dubarry bleibt allen Intrigen zum Trotz die Favoritin des Königs, der auch der mächtige Ministerpräsident Choiseul weichen muß.

Ja, so ist sie, die Dubarry (Jeanne); Ich schenk' mein Herz nur dem allein (Jeanne).

Karl Millöcker: Der Bettelstudent

Operette in 3 Akten von F. Zell und Richard Genée – Wien 1882

Palmatica Gräfin Nowalska (A) – Laura (S) und Bronislawa (S), ihre Töchter – Symon Rychmanowicz (T) – Jan Janicki (T) – Oberst Ollendorf, Gouverneur von Warschau (Bar) – Graf Bogumil Malachowski, Palmaticas Vetter (B) – Eva, seine Frau (A) –

Enterich, sächsischer Invalide und Kerkermeister (T) – Studenten, Edelleute, Bürger Offiziere, Soldaten, Bauern, Gefängniswärter, Gefangene

KRAKAU 1704

1. Akt: Oberst Ollendorf ist von Laura schwer gekränkt worden; sie hat ihm einen Kuß auf die Schulter mit dem Schlag ihres Fächers vergolten. Da sie nur einen polnischen Fürsten heiraten will, glaubt er ein Mittel zur Rache zu besitzen. Aus polnischen Gefangenen, die wegen Aufstandes gegen die sächsische Herrschaft eingekerkert sind, wählt er Symon Rychmanowicz, den „Bettelstudenten", aus. Er soll gegen das Versprechen der Freiheit als Fürst Wybicki die Gunst Lauras erringen, was dem eleganten Symon auch bald gelingt. Als sein Sekretär findet Jan Janicki – angeblich Student, tatsächlich aber der aufständische Graf Opalinski – das Interesse von Lauras Schwester Bronislawa. – *2. Akt:* Ein Brief Symons an Laura, in dem er sie über seine Identität aufklären will, wird von Ollendorf abgefangen. So schließen beide die Ehe, ohne daß Laura weiß, wer Symon wirklich ist. Auch Symon erfährt nicht, daß Laura seinen Brief nicht erhalten hat. Erst das Auftreten seiner früheren Mitgefangenen offenbart den Betrug. Symon will fliehen, wird aber von Jan zurückgehalten. – *3. Akt:* Jan war nämlich zum Schein auf ein Angebot Ollendorfs eingegangen, ihm gegen 200 000 Taler den Führer des polnischen Aufstandes, Herzog Kasimir, auszuliefern. Gerade aber diese Summe fehlt den Aufständischen. So läßt sich Symon als Herzog Kasimir verhaften, worauf Laura, die nun ihre Liebe zu Symon erkannt hat, um Gnade für ihn fleht. Im rechten Moment schließlich erobert der echte Graf Kasimir die Burg, befreit Symon und verleiht ihm die Grafenwürde.
Ach ich hab' sie ja nur auf die Schulter geküßt (Ollendorf); Ich knüpfte manche zarte Bande an (Symon); Ich setz' den Fall (Symon, Laura); Ich hab' kein Geld, bin vogelfrei.

Karl Millöcker: Gasparone

Operette in 3 Akten nach F. Zell und Richard Genée von Eduard Rogati – Wien 1884
Carlotta, verwitwete Gräfin von Santa Croce (S) – Der Gouverneur von Sizilien – Conte Erminio Saluzzo, sein Sohn (T) – Caboleno Nasone, Bürgermeister von Syrakus (B) – Sindulfo, sein Sohn (T) – Benozzo, Wirt und Chef einer Schmugglerbande (T) – Sora, seine Braut, Zofe bei Carlotta (S) – Zenobia (A) – Marietta (Mezzo-S) – Massaccio, Onkel Benozzos (Bar) – Luigi, Erminios Diener – Herren und Damen, Bürger, Bauern, Fischer, Frauen von Syrakus, Carabinieri, Tänzerinnen

IN UND BEI SYRAKUS UM 1820

1. Akt: Die Schmuggler, die in der Umgebung von Benozzos Waldschenke ihr Unwesen treiben, versuchen, den Verdacht der Polizei auf den Räuber Gasparone zu lenken, und unternehmen deshalb einen Überfall auf die Gräfin Carlotta, die jedoch von Erminio befreit wird. Nasone, der mit der Polizei hinzukommt, glaubt in Erminio den Räuber Gasparone gefunden zu haben und ist über Carlottas Sympathien für ihren Befreier wenig erbaut, zumal er die reiche Gräfin mit seinem leichtfertigen Sohn Sindulfo verheiraten möchte. Sindulfo, der sich lieber mit Sora abgibt, ist mit dem Gedanken jedoch erst einverstanden, als er von der großen Erbschaft hört, die die Gräfin gemacht hat. – *2. Akt:* Carlotta ist mit ihrem Herzen mehr bei Erminio als bei ihrem Verlobten Sindulfo. Allerdings schöpft auch sie Verdacht, als Erminio sie vor Sindulfo warnen will und sich der Verhaftung durch Nasone nur durch die Flucht entziehen kann. Erminio kehrt zurück und fordert von Carlotta eine Million Zechinen – anscheinend in seiner Eigenschaft als Räuber Gasparone, in Wirklichkeit jedoch,

um sie vor Sindulfo, der ja nur auf ihr Geld aus ist, zu bewahren. Trotz Erminios Verhalten verhilft sie ihm wieder zur Flucht, als Nasone erneut mit Polizisten auftaucht. – *3. Akt:* Als sich Sindulfo auf Betreiben seines Vaters von Carlotta abwendet, erkennt diese die Absicht Erminios und schließt ihn in die Arme, nachdem er – aller Gefahr zum Trotz – wieder um sie geworben hatte. Erminio wird von Nasone beobachtet, verhaftet und in das Gefängnis abgeführt. Nun stellt sich aber heraus, daß Erminio der Sohn des Gouverneurs ist und daß der echte Gasparone schon lange auf dem Festland im Kerker eingeschlossen ist.
Er soll dein Herr sein! Wie stolz das klingt (Walzer); Dunkelrote Rosen bring' ich dir zum Gruß (Walzer).

Oskar Nedbal (1874-1930): **Polenblut**

Operette in 3 Bildern von Leo Stein – Wien 1913 (Dobl./Bloch)
Pan Jan Zarémba, Gutsherr (B) – Heléna, seine Tochter (S) – Wanda Kwasinskaja, Tänzerin (S) – Jadwiga Pawlowa, ihre Mutter (A) – Graf Boléslaw (Bolo) Baranski (T) – Bronio von Popiel, sein Freund (T) – Edelleute, Freunde Baranskis, Bauern, Mägde, Musikanten, Lakaien, Pfändungskommission

IN WARSCHAU UND AUF DEM GUTE BARANSKIS

1. Bild: Auf einem Ball soll der flotte Lebemann Graf Bolo, der seine Besitzungen an den Rand des Ruins gebracht hat, mit Heléna, der Tochter des reichen Zarémba, bekannt gemacht werden. Bolo jedoch will seine Freiheit nicht in einer Ehe aufgeben, zumal er sich für die Tänzerin Wanda interessiert, deren Gunst auch sein bester Freund Bronio von Popiel zu erringen hofft. Auch Zarémba vermag Bolo nicht von der Nützlichkeit einer Verbindung mit seinem Hause zu überzeugen. Fasziniert von Bolo und enttäuscht zugleich, zieht sich Heléna zurück. – *2. Bild:* Zarémba sinnt auf Rache und erscheint als Hauptgläubiger Bolos mit einer Pfändungskommission auf dessen Gut. Nun beschließt Bolo, eine energische Bauernmagd, die ihm Popiel empfohlen hat, als Wirtschafterin anzunehmen und mit ihrer Hilfe sein Gut wieder hochzubringen. Diese Magd ist Heléna. – *3. Bild:* Heléna hat innerhalb eines Jahres das verkommene Gut Bolos wieder zu Wohlstand gebracht. Bolo hat seinen Lebenswandel gebessert und trägt nun Heléna, die er als Wirtschafterin „Myrinia" kennt, seine Hand an. Der Einspruch Wandas kann ihn nicht umstimmen. Sie muß sich mit Popiel bescheiden.

Edmund Nick (1891-1974): **Das kleine Hofkonzert**

Musikalisches Lustspiel in 3 Akten von Paul Verhoeven und Toni Impekoven – München 1935 (Meisel)
Christine Holm (Mezzo-S) – Leutnant Walter von Arnegg (T) – Hofmarschall von Arnegg, sein Vater – Hanne (S) – Der Apotheker und seine Frau Mona, Hannes Eltern – Jakob, Provisor – Serenissimus – Knipps, ein armer Poet – Herr Zunder – Der Hofkapellmeister (Bar) – Oberst von Flumms – Seine Frau – Der Hofmedikus – Knipps' Wirtin – Der Polizeiminister – Ein Witwer – Der Bürgermeister – Eine Schildwache – Ein Wirt – Bibliothekar – Kammerherr – Soldaten, Hofstaat, Bürger, Dienerschaft, Musikanten

IN EINER KLEINEN DEUTSCHEN RESIDENZ UM 1840

1. Akt: Bei der Durchsuchung der Postkutsche am Eingang der Stadt wird Christine Holm von Leutnant Walter von Arnegg zuvorkommend behandelt, während der

Kaufmann Zunder, der Schmuggelware mit sich führt, recht scharf angefaßt wird. Zunder beschwert sich bei den Honoratioren der Stadt über die Bevorzugung Christines, von der inzwischen bekanntgeworden ist, daß sie unehelich geboren ist und in der Stadt nach ihrem Vater forschen will. Walter stellt sich vor Christine und gibt sie als seine Braut aus. – *2. Akt:* Walters Vater, der Hofmarschall, ist allerdings wenig begeistert über die Verlobung seines Sohnes und veranlaßt die Ausweisung Christines, die Walter auch noch selber vornehmen soll. Walter aber will lieber seinen Dienst quittieren. Rasch schlägt die Stimmung jedoch zu Christines Gunsten um, als die Sängerin für das morgige Hofkonzert erkrankt und Christine, die ja Sängerin ist, vom Hofmarschall gebeten wird, die Vertretung zu übernehmen. – *3. Akt:* Serenissimus ist bei einem Empfang von Christine so eingenommen, daß er ihr alle Hilfeleistung bei der Suche nach ihrem Vater verspricht. Zum Gefallen der Hofchargen, die sich die Arbeit erleichtern wollen, und auf einen spontanen Einfall Christines übernimmt der alte Dichter Knipps für 500 Gulden die Vaterschaft. Christine klärt allerdings Serenissimus über den beabsichtigten Schwindel auf; als sie ihm noch einige Hinweise über ihren Vater geben kann, erinnert sich Serenissimus, daß er seinerzeit Christines Mutter, eine Sängerin, sehr gut gekannt hat. Er will nun doch lieber Gras über die Sache wachsen lassen, verspricht, sich von nun an wie ein Vater um Christine zu kümmern, und erhebt sie und den Dichter Knipps in den Adelsstand, so daß sie Walter heiraten kann.
Leben ohne Liebe kann man nicht (Walzer); Noch mal jung sein, noch mal dumm sein (Walter); Dich, nur dich hat das Schicksal mir auserwählt (Christine, Walter).

Jacques Offenbach (1819-1880): **Die Verlobung bei der Laterne**

Singspiel in einem Akt nach Michel Carré und Léon Battu – Paris 1857
Michel, ein junger Bauer (T) – Liese, dessen Mündel (Mezzo-S) – Hanne (S) und Katrine (Mezzo-S), zwei junge Witwen – Arkadius, Nachtwächter

VOR MICHELS BAUERNHOF

Liese, Wirtschafterin bei ihrem Vetter und Vormund Michel, wird von ihm trotz ihres Fleißes nur mit harten Worten bedacht. Er ist eifersüchtig, soll doch Liese heimlich einen Brief zur Post gebracht und im „Goldenen Ochsen“ mit einem gewissen Franz getanzt haben. Als Michel den beiden Witwen Hanne und Katrine, die ein Auge auf ihn geworfen haben, erzählt, daß er heiraten wolle und deshalb seinen Onkel Martin brieflich um Geld gebeten habe, kommt Liese mit dem Antwortschreiben. So erfahren sie, daß ihm der Onkel einen Schatz zugedacht hat, den er heute beim Vesperläuten unter dem Nußbaum finden werde. Auch Liese hat von Onkel Martin einen Brief bekommen, in dem es heißt, daß sie heute abend beim Vesperläuten unter dem Nußbaum ihren zukünftigen Mann treffen werde. Abends setzt sie sich also auf die Bank unter dem Nußbaum und schläft ein; nun kommt Michel auf der Suche nach seinem Schatz und sieht den Brief, der Liese auf dem Schoß liegt. Michel liest den Brief und erkennt nun, auf welchen Schatz ihn der Onkel hinweisen will. Liese erwacht, und beide finden sich unter der Laterne des Nachtwächters als glückliches Paar.
Ja, ich hör' die Vesper läuten (Liese, Hanne, Katrine, Michel); Ach, die böse, böse Sieben (Hanne, Katrine).

Jacques Offenbach: Orpheus in der Unterwelt

Operette in 2 Akten von Hector Crémieux – Paris 1858
Eurydice (S) – Orpheus (T) – Aristeus-Pluto (T) – Jupiter (Bar) – „Die öffentliche Meinung“ (A) – Hans Styx (T) – Diana (S) – Venus (S) – Cupido (Mezzo-S) – Merkur (T) – Morpheus (S) – Juno (S) – Mars (B) – Hebe (S) – Bacchus (stumme Rolle) – Götter, Göttinnen, Dämonen

IM ANTIKEN GRIECHENLAND, AUF DEM OLYMP UND IN DER UNTERWELT

1. Akt: Pluto, der Gott der Unterwelt, will die schöne Eurydice für sich gewinnen. Er verwandelt sich in den Honighändler Aristeus, macht sich Eurydice gefügig und nimmt mit Hilfe eines teuflischen Tricks Eurydice mit zurück in die Unterwelt. Orpheus ist über den Tod seiner Frau Eurydice nicht besonders unglücklich, hatten sich doch die beiden Eheleute gänzlich zerstritten. Nun hofft er, sich seiner Freundin Chloe ungestört erfreuen zu können. Da aber die öffentliche Meinung von ihm verlangt, daß er seine Frau von den Göttern zurückerbitte, muß er auf den Olymp steigen, wo er die Götter gerade im heftigsten Streit findet. Juno meint nämlich, ihr Mann Jupiter habe Eurydice entführt. Als aber die Wahrheit ans Licht kommt, verordnet Jupiter, daß Pluto Eurydice an Orpheus zurückgeben solle. Jupiter, der sich selber heimliche Hoffnungen auf Eurydice macht, will deswegen sogar in die Unterwelt steigen. – *2. Akt:* Eurydice, die in der Unterwelt von Hans Styx, der früher Prinz von Arkadien war, bewacht wird, macht die Bekanntschaft Jupiters, der als goldgeflügelte Fliege zu ihr dringt. Entführen darf er sie jedoch nicht, da er ja ihre Freigabe an Orpheus versprochen hat. Um Eurydice doch noch für sich zu gewinnen, verlangt Jupiter, daß sich Orpheus beim Auszug aus dem Totenreich und beim Überqueren des Totenflusses Styx nicht nach seiner Frau umschaut. Als Orpheus, dem ja recht wenig an seiner Frau liegt, dazu gar keine Anstalten macht, schleudert Jupiter einen Blitz, der Orpheus so blendet, daß er sich nach Eurydice umwendet. Damit hat er sie endgültig verloren. Im Einklang mit der öffentlichen Meinung darf er nach Hause fahren. Eurydice wird dem Dienst des Gottes Bacchus geweiht.
Als ich noch Prinz war in Arkadien (Hans Styx).

Jacques Offenbach: Fortunios Lied

Operette in einem Akt von Hector Crémieux und Ludovic Halévy – Paris 1861
Fortunio, Advokat und Notar – Marie, seine Frau (S) – Valentin (S) – Paul Friquet (T) – Eduard, Max, Louis und Karl (Soprane) – Babette (A) – Vier junge Mädchen

IN PARIS UM 1700

Der alternde Advokat Fortunio hat in Marie noch eine junge Ehefrau gefunden. In seiner Jugend war er ein berühmter Herzensbrecher, der auch vor verheirateten Frauen nicht haltmachte und sie durch ein Liebeslied von geradezu magischer Wirkung betörte. Jetzt ist Fortunio alt geworden und fürchtet selber um die Tugend seiner Frau. Da entdecken seine Schreiber zufällig Fortunios Lied. Sie wollen es ausprobieren und locken den Advokaten aus dem Haus. Aber Valentin spürt bei Marie keine Wirkung, und auch Paul, der das Lied an Babette ausprobiert, wird enttäuscht. Wütend kommt der eifersüchtige Fortunio nach Hause und zieht Marie mit sich fort. Als diese aber vom Balkon eine Rose vor Valentins Füße fallen läßt, merkt auch dieser, daß Fortunios Lied noch seinen Zauber besitzt.

Jacques Offenbach: Die schöne Helena

Operette in 3 Akten von Henri Meilhac und Ludovic Halévy – Paris 1864 (A. & S.)
Paris, Sohn des Königs Priamus (T) – Helena, Gemahlin des Menelaus (S) – Menelaus, König von Sparta (T) – Agamemnon, König der Könige (Bar) – Klytämnestra, seine Frau – Orestes, beider Sohn (A) – Pylades, dessen Freund (Mezzo-S) – Achilles, König (T) – Ajax I., König von Salamis (T) – Ajax II., König von Lokris (T) – Kalchas, Groß-Augur des Jupiter (B) – Philocomes, Diener im Tempel des Apoll – Eutykles, Schlosser – Bacchis, Helenas Vertraute (Mezzo-S) – Leaena, Parthenis, Thetis (Soprane) – Volk, Dienerschaft, Wachen, Sklaven, Klageweiber, Tänzerinnen, Flötenspielerinnen, Spielleute

IN SPARTA UND NAUPLIA VOR DEM TROJANISCHEN KRIEG

1. Akt: Die Königin Helena, die Gemahlin des Königs Menelaus, ist in ihrer Ehe, in der die Liebe bereits erkaltet ist, wenig glücklich und erfleht sich von der Göttin Venus eine glühende neue Liebe. Sie hat gehört, daß dem Schäfer Paris für sein Urteil beim Schönheitswettbewerb der Göttinnen das schönste Weib versprochen worden sei, und nimmt an, daß nur sie dieses Weib sein könne. Wirklich kommt auch Paris am Tage des Adonisfestes nach Sparta, versichert sich der Hilfe des Groß-Auguren Kalchas, erweckt das Interesse Helenas und siegt zudem noch bei einem Wettstreit, indem er alle drei gestellten Fragen beantworten kann. Kalchas aber verkündet, daß Menelaus nach dem Willen der Götter unverzüglich nach Kreta reisen müsse. – *2. Akt:* Vier Wochen später kehrt er heim und findet Helena und Paris in einer unzweideutigen Situation. Menelaus ruft die Fürsten zusammen, die ihn nur notdürftig trösten können. Paris muß fliehen. – *3. Akt:* Helena hat sich gekränkt an den Strand von Nauplia zurückgezogen, denn ihr Erlebnis mit Paris war ja – nach ihrer Behauptung – nur ein Traum. Auch die allgemeine Stimmung richtet sich gegen Menelaus, da doch der Beziehung zwischen Helena und Paris ein Gebot der Göttin Venus zugrunde liege und folglich die Vertreibung des Paris' eine Sünde gewesen sei. Da trifft ein Schiff ein mit einem fremden Groß-Auguren, der verkündet, Helena müsse auf Gebot der Venus eine Schiffsreise nach Kythere machen. Nachdem Helena das Schiff bestiegen hat und dieses schon ein Stück vom Ufer entfernt ist, gibt sich darauf der fremde Groß-Augur als Paris zu erkennen, der Helena nun entführt. Die zurückgebliebenen Fürsten beschließen daraufhin den Trojanischen Krieg.

Jacques Offenbach: Pariser Leben

Operette in 5 Akten nach Henri Meilhac und Ludovic Halévy – Paris 1866
Baron von Gondremark, Gutsbesitzer aus Schweden (Bar) – Baronin Christine, seine Frau (S) – Raoul von Gardefeu (T) – Pompa di Matadores, ein reicher Brasilianer (T) – Metella, eine Kokotte (A) – Gabriele, Handschuhmacherin (S) – Jean Frick, Schuster (T) – Pauline, Stubenmädchen (S) – Bobinet Chicard (T) – Joseph Partout, Fremdenführer (T) – Urbain, Diener (B) – Prosper, Bedienter (T) – Gontram Chaumière (Bar) – Witwe Quimper-Karadec (Mezzo-S) – Madame Folle-Verdure, ihre Nichte (Mezzo-S) – Clara (S), Leonie (A) und Louise (A), Nichten des Portiers von Mme. Quimper-Karadec – Reisende, Gäste, Dienerschaft, Bahnpersonal

IN PARIS UM 1865

1. Akt: Baron von Gondremark und seine Frau Christine wollen das vielgerühmte Pariser Leben kennenlernen. In der Verkleidung eines Fremdenführers empfängt sie am Bahnhof der Lebemann Raoul von Gardefeu, der es auf Christine abgesehen hat. –

2. Akt: Unter dem Vorwand, sie befänden sich in der Dépendance des Grandhotels, quartiert er sie in seiner Wohnung ein, wobei seine Freunde die Hotelgäste spielen und die Gondremarks in einem ersten Fest in das Pariser Leben einführen. Der Baron interessiert sich schon für Metella, die frühere Freundin Gardefeus. – *3. Akt:* Das nächste Fest – nur für Männer – gibt Gardefeus Freund Bobinet in der Wohnung seiner Tante Quimper-Karadec, die sich gerade auf Reisen befindet. – *4. Akt:* Unterdessen will Gardefeu sein Glück bei Christine versuchen, die jedoch von der immer noch eifersüchtigen Metella aufgeklärt wird. Außerdem ist Madame Quimper früher von ihrer Reise zurückgekommen, hat die Bescherung in ihrer Wohnung gesehen und sich sogleich mit Christine, die sie von früher her kennt, in Verbindung gesetzt. Beide wechseln die Kleider. So werden nacheinander Gardefeu und Baron Gondremark von einer alten Frau statt von der erwarteten jungen Christine empfangen. – *5. Akt:* Bei einem Ball, den am nächsten Tag der reiche Pompa di Matadores gibt, erhofft sich Gondremark noch Chancen bei Metella, muß aber dann enttäuscht erkennen, welche Streiche ihm gespielt worden sind, und fordert nun Gardefeu zum Duell. Alles Unheil kann aber noch abgewendet werden, zumal der Baron vom Pariser Leben doch recht angetan ist.
Ich stürz' mich in den Strudel 'nein (Gondremark); Frou-frou (Pauline).

Jacques Offenbach: Die Insel Tulipatan

Operette in einem Akt von Henri Chivot und Alfred Duru – Paris 1868
Alexis, Erbprinz von Tulipatan (S) – Cacatois XXII., Herzog von Tulipatan, sein Vater (T oder B) – Hermosa (T) – Groß-Seneschall Romboidal (T) und Theodorina (A), ihre Eltern – Offiziere, Hofbeamte, Diener, Volk

AUF DER INSEL TULIPATAN

Nachdem der Herzog Cacatois schon zwei Töchter hat, erwartet er unbedingt einen Sohn als Erben des Thrones. Aber das Kind ist wieder ein Mädchen, was man allerdings dem Herzog verbirgt. So wächst Alexis, der weibliche Erbprinz, als schönes, scheues und schüchternes Wesen heran. Umgekehrt ging es dem Groß-Seneschall Romboidal und seiner Frau Theodorina, die einem gesunden Knaben das Leben schenkte, diesen aber aus Angst vor dem Militärdienst als Mädchen unter dem Namen Hermosa aufzieht. Hermosa hat natürlich männliche Charakterzüge und bringt in ihrer Leidenschaft Alexis so weit, daß dieser ihr eine Liebeserklärung macht. Zum allgemeinen Schrecken müssen jetzt nicht nur die Kinder, sondern auch der Herzog aufgeklärt werden. Dieser ist aber nicht sehr ungehalten, hat er doch jetzt einen Grund, nochmals zu heiraten, um endlich einen wirklichen und männlichen Thronerben zu zeugen.

Jacques Offenbach: Die Banditen

Operette in 3 Akten von Henri Meilhac und Ludovic Halévy – Paris 1869
Falsacappa, Räuberhauptmann (T) – Fiorella, seine Tochter (S) – Fragoletto, ein Pächter, ihr Mann (T) – Die Prinzessin von Granada (S) – Graf von Gloria-Cassis, Kammerherr der Prinzessin (T) – Adolf von Valladolid, Page der Prinzessin (S) – Der Fürst von Braganza (Bar) – Antonio, Schatzmeister des Fürsten (T) – Baron von Campotasso, Oberstallmeister des Fürsten (T) – Kapitän Baron von Bramarbasso (B) – Pietro (T), Carmagnola (T), Barbavano (B) und Domino (T), Banditen – Fiametta (S), Zerlina (S), Bianca (A) und Cicinella (A), Bäuerinnen – Pipo, Gastwirt (T) – Pipa, seine Frau (S) – Pipetta, ihre Tochter (S) – Herzogin von Aleobano (S) – Marquise von

Málaga (S) – Ein Hofmeister (B) – Ein Kurier – Ein Diener – Räuber, Polizisten, Bäuerinnen, Köche, Kavaliere, Hofdamen, Pagen

IN ITALIEN UM 1700

1. Akt: Die bevorstehende Hochzeit der Prinzessin von Granada mit dem Fürsten von Braganza verspricht für die Banditen ein reicher Fischzug zu werden. Sie wollen Fiorella, die Tochter ihres Anführers Falsacappa, als die Prinzessin ausgeben und dafür den Brautpreis von 3 Millionen Franken in Staatspapieren einheimsen. – *2. Akt:* Die Räuber überfallen den Gasthof, in dem die Begegnung der beiden Gesandtschaften stattfinden soll, sperren die Prinzessin und ihre Begleitung ein und ziehen in deren Kleidung als Spanier dem Fürsten von Braganza entgegen. – *3. Akt:* Der Fürst erkennt allerdings in der angeblichen Prinzessin das Räubermädchen, das ihn vor einiger Zeit aus der Gefangenschaft der Räuber befreit hatte. Das Unglück will es, daß außerdem die Prinzessin mit ihrer Begleitung entkommen konnte und am Hofe erscheint. Die Dankbarkeit des Fürsten rettet aber die Banditen vor dem Tode; sie werden amnestiert, Falsacappa wird sogar zum Polizeichef ernannt. So haben die Räuber keinen Schaden erlitten, zumal die Kasse des fürstlichen Schatzmeisters ohnehin keine 3 Millionen Franken mehr enthielt.

Jacques Offenbach: Madame Favart

Operette in 3 Akten von A. Duru und H. Chivot, Neufassung von Heinrich Voigt – Paris 1878 (Henschel/A. & S.)

Charles-Simon Favart, Dichter und Komponist (B) – Justine Favart, seine Frau (S) – Major Cotignac (B) – Suzanne, seine Tochter (S) – Gaston Prédault (T) – Der Marquis von Pont-Sablé (T) – Ein Gastwirt – Ein Sergeant – Ein Offizier

IN ARRAS UND DOUAI IM JAHRE 1750

1. Akt: In Arras trifft der Dichter und Komponist Favart seine junge Frau Justine wieder. Der Marschall von Sachsen hatte ihr nachgestellt und sie, weil sie ihn nicht erhörte, in ein Kloster verbannt. Ihr ist die Flucht aus dem Kloster gelungen. Das Ehepaar Favart lernt den Major Cotignac kennen, dessen Tochter Suzanne von Gaston Prédault geliebt wird. Aber der Major will einer Heirat seiner Tochter nur zustimmen, wenn es diesem gelingen sollte, beim Gouverneur Marquis von Pont-Sablé die Stelle eines Polizeileutnants für sich zu bekommen. Gaston aber hat beim Gouverneur kein Glück. Justine Favart kommt zu Hilfe. Sie läßt sich bei Pont-Sablé anmelden, gibt sich als Gastons Gattin aus, wird empfangen, gefällt und verschafft Gaston die Ernennung zum Leutnant. Dieser zeigt sich dankbar, indem er das verfolgte Ehepaar als „Personal" engagiert. – *2. Akt:* Die Favarts leben nun unter falschem Namen als Bedienstete Gastons und seiner Frau Suzanne in Douai. Da erscheint Pont-Sablé, einerseits um nach der entflohenen Mme. Favart zu fahnden, andererseits um der schönen „Gattin" Gastons seine Aufwartung zu machen. Gezwungenermaßen müssen alle Komödie spielen, bis Pont-Sablé schließlich die Zusammenhänge zu begreifen beginnt. In Suzanne vermutet er Mme. Favart; sie muß ihm in das Heerlager des Marschalls von Sachsen folgen. Favart gibt sich zu erkennen und schließt sich ihr an. – *3. Akt:* Im Feldlager des Marschalls von Sachsen sollen die Favarts vor dem Marschall Theater spielen, anschließend will der Marschall die flüchtige Bekanntschaft mit Justine auffrischen. Suzanne ist verzweifelt. Gerade noch rechtzeitig erscheint Mme. Favart mit Gaston, beide in Verkleidung. Zwar ist die Vorstellung damit gerettet; Gaston und Suzanne werden jedoch am Lagerausgang als „verdächtige Subjekte" verhaftet. Alles

wäre beinahe gescheitert – hätte Mme. Favart nicht dem König gebeichtet, der im Lager erscheint, um der Aufführung beizuwohnen, und sein Wohlwollen gefunden.
Ich bin das kleine Leiermädchen.

August Pepöck (1887-1967): **Hofball in Schönbrunn**

Operette in 3 Akten von Josef Wenter und Bruno Hardt-Warden – Berlin 1937 (Dreiklang)
Fanny Elßler, Primaballerina des kaiserlichen Balletts (S) – Napoleon Franz, Herzog von Reichstadt, Sohn Napoleons I. (T) – Dorette, Zofe Fannys (S) – Jan, Kammerdiener des Herzogs von Reichstadt (T) – Friedrich von Gentz, Hofrat der Staatskanzlei (T) – Kaiser Franz I. – Marie Louise, seine Tochter, Witwe Napoleons I. – Fürst Clemens Metternich, österreichischer Staatskanzler – Gräfin Orlowska – Graf Coulaincourt (T) – Fürst Lobkowitz, Baron von Eglofstein, Graf Landskorn und Freiherr von Török, Verehrer Fannys – Ein Inspizient – Ein Tanzordner – Ein Theaterdiener – Ein Feuerwehrmann – Ein Lakai – Gesellschaft, Ballett, provenzalische Sänger, Hoflakaien, Bühnenarbeiter, Wachtposten

IN WIEN UM 1830

1. Akt: Nach einer Aufführung des Balletts „Der weiße Schmetterling“ wirft der Herzog von Reichstadt der Primaballerina Fanny Elßler ein Rosenbukett zu. Fanny erfährt in der Pause von ihrem Verehrer, dem alternden Baron von Gentz, daß der einzige Sohn Napoleons in Schloß Schönbrunn wie ein Staatsgefangener gehalten wird. Fanny, die den jungen Herzog von seinen politischen Träumen abbringen soll, empfindet bald eine heftige Zuneigung zu dem Herzog, die dieser ebenso erwidert. – *2. Akt:* Zur Vorbereitung der Flucht des Herzogs ist Graf Coulaincourt heimlich aus Paris in Wien angekommen. Der Herzog vertraut Fanny seine Pläne an, wird aber dabei von der Gräfin Orlowska, einer Spionin des Staatskanzlers Metternich, belauscht. – *3. Akt:* Die Flucht des Herzogs mißglückt; er wird in den Ballsaal zurückgebracht und darf noch einen letzten Walzer mit Fanny tanzen, die am nächsten Morgen auf Metternichs Befehl nach London abreisen muß.
Mädel, die Lieb' kommt im Polkaschritt (Dorette, Jan); Ich kenn' einen Offizier (Walzer); Laß dich noch einmal umarmen (Walzer); O sieh, Geliebte, wie ruhet das Meer (Tango).

Fred Raymond (1900-1954): **Maske in Blau**

Große Operette in 6 Bildern von Heinz Hentschke und Günther Schwenn – Berlin 1937 (Bloch)
Evelyne Valera, Plantagenbesitzerin (S) – Juliska Varady (S) – Armando Cellini, Kunstmaler (T) – Josef Fraunhofer (T) – Franz Kilian – Marchese Cavalotti – Gonzala, Majordomus bei Evelyne – Pedro dal Vegas – José, Gaucho – Ein Wirt – Empfangschef im „Grand Hôtel“ – Ein Zeitungsverkäufer – Ein Postreiter – Maler, Hotelgäste, Hotelpersonal, Diener, südamerikanisches Volk, Gauchos

IN SAN REMO UND AM RIO NEGRO IN ARGENTINIEN

1. Bild: Der Kunstmaler Armando Cellini verliebt sich auf einem Maskenball in eine Unbekannte, die ihm verspricht, in einem Jahr wiederzukommen; er schenkt ihr dafür einen Ring. Ein Bild „Maske in Blau“, das Armando nach der Unbekannten malt, macht ihn berühmt. – *2. Bild:* Evelyne Valera, die unbekannte Maske, gibt sich als

argentinische Plantagenbesitzerin zu erkennen. – *3. Bild:* Pedro dal Vegas, der seine Schulden durch eine Heirat mit der reichen Evelyne loswerden will, entwendet ihr den Ring und gibt ihn, angeblich in ihrem Auftrag, Armando zurück. – *4. Bild:* Armando ist so betroffen, daß er der öffentlichen Bekanntmachung seiner Verlobung mit Evelyne widerspricht. Evelyne reist auf ihre Hazienda, begleitet von Vegas, der weiterhin gegen Armando intrigiert. Evelynes Majordomus Gonzala dagegen bleibt mit Freunden Armandos in Verbindung. – *5. Bild:* Armando hat erfahren, welch betrügerisches Spiel Vegas treibt, und begibt sich auf die Reise zu Evelyne. Vegas reitet ihm entgegen, um Armando unterwegs abzufangen. – *6. Bild:* Armando rechnet mit Vegas ab und kommt auf die Hazienda, wo er sich mit Evelyne aussöhnt.
Ja, das Temp'rament; Die Juliska, die Juliska aus Buda-, Budapest; Frühling in San Remo (Evelyne); Schau einer schönen Frau nie zu tief in die Augen (Armando); Sassa.

Fred Raymond: Saison in Salzburg

Operette in 5 Bildern nach Max Wallner und Kurt Feltz – Kiel 1938 (Bloch)
Alois Oberfellner, Wirt „Zum Salzburger Nockerl" – Steffi Oberfellner, seine Nichte (S) – Vroni Staudinger, Mehlspeisköchin im Hotel „Mirabell" (S) – Erika Dahlmann (S) – Christian Dahlmann, Besitzer einer Pneu-Fabrik, ihr Vater – Frank Rex (T) – Olga Rex, Chefin der Rex-Autowerke, seine Tante – Toni Haberl, Besitzer vom Gasthaus „Zum Blauen Enzian" (T) – Max Liebling, Parfümeriefabrikant (T) – Friedrich Wilhelm Knopp, Chauffeur Franks – Ein Fremdenführer (T) – Ein Zitherspieler (T) – Ein Bauernbursch (T) – Ein Hoteldirektor (T) – Stasi, Kellnerin – Ein Hotelportier – Ein Bergführer – Ein Auktionator – Kellner, Gäste, Einheimische, Bauern, Barmixer

IN SALZBURG UND UMGEBUNG

1. Bild: Toni Haberl, der Wirt „Zum Blauen Enzian", möchte den Gasthof „Zum Salzburger Nockerl", den der derzeitige Besitzer Alois Oberfellner heruntergewirtschaftet hat, ersteigern und Veronika Staudinger (Vroni) als Geschäftsführerin – und als seine Frau – einsetzen. Besonders bekümmert über diese Aussichten ist Steffi Oberfellner, die Nichte des Nockerlwirts. Gerade jetzt hat sie den Bergführer Franz Rieger kennengelernt, hinter dem sich allerdings niemand anderer verbirgt als Frank Rex, der in dieser Verkleidung seiner Verehrerin Erika Dahlmann entgehen will. Erika ihrerseits wird von Max Liebling umworben. – *2. Bild:* Frank gibt seinem Chauffeur Knopp den Auftrag, das „Salzburger Nockerl" zu ersteigern; Steffi wird als Geschäftsführerin eingesetzt, und Frank läßt sich von ihr als Hausbursche engagieren. – *3. Bild:* Nach verschiedenen Streitereien und Verwechslungen geht Vroni, die sich mit Max Liebling verlobt hat, zu den „Salzburger Nockerln", während Steffi sich mit Toni verlobt und nun Köchin im „Enzian" wird; Frank und Erika schließlich sind auch miteinander verlobt. – *4. Bild:* Franks Tante, die reiche Olga Rex, ist eingetroffen, um Ordnung zu schaffen. – *5. Bild:* Als Paare finden sich: Frank und Steffi, Max Liebling und Erika Dahlmann, Vroni und Toni sowie Vater Dahlmann und Tante Olga.
Und die Musik spielt dazu (Slowfox); Mein Herz war auf Reisen (Steffi); Wenn der Toni mit der Vroni (Ländler); Salzburger Nockerln.

Just Scheu (1903-1956): **Pariser Geschichten**

Musikalisches Lustspiel in 3 Akten von Just Scheu und Ernst Nebhut – Braunschweig 1954 (Bloch)

Arlette, Tänzerin – Pierre, Finanzminister – Sissi, Tänzerin – Jean Potin, Geschäftemacher – Madame Dubonnet, Hotelbesitzerin – Antoine, ein Jüngling (alle Rollen dargestellt von singenden Schauspielern)

IN PARIS VOR 1900

1. Akt: Jede der beiden Tänzerinnen Arlette und Sissi erhält schon seit Wochen jeden Tag einen schönen Blumenstrauß. Sissis Blumen kommen von ihrem Freund Jean Potin, während Arlette sich die Blumen selber schickt, aber als Gerücht ausstreut, sie bekäme ihren Strauß von dem Finanzminister. Arlette hat es nämlich satt, sich von ihren Kolleginnen als Mademoiselle „Hat-keinen" verspotten zu lassen. Eines Tages erscheint aber der Finanzminister, der von seinem angeblichen Verhältnis mit Arlette gehört hat, tatsächlich mit einem Strauß Margeriten. Arlette gesteht ihm die Wahrheit und wirft, nachdem sich Pierre wieder verabschiedet hat, die Blumen zum Fenster hinaus. Sie fallen auf Pierres Hut, so daß er an eine Aufforderung wiederzukommen glaubt. Arlette erhält einen Liebesbrief ohne Unterschrift. – *2. Akt:* Jean Potin will sich die Bekanntschaft Arlettes mit dem Finanzminister zunutze machen. Er ist ständig in dunkle Machenschaften verwickelt und will den Minister im Zusammenhang mit der Panamagesellschaft, die vor dem Zusammenbruch steht, mit 100 000 Francs bestechen. Arlette warnt jedoch Pierre vor dem skrupellosen Potin. Pierre nimmt zum Schein die Bestechung an, läßt sich beim Präsidenten der Republik melden, will aber vorher noch eine Stunde in Arlettes Schlafzimmer ruhen. – *3. Akt:* Als plötzlich Antonie, ein junger Mann, in Arlettes Wohnzimmer eindringt, hält sie ihn für den anonymen Liebesbriefschreiber. Tatsächlich hat Antoine aber ein Attentat auf den Minister, den er für bestochen hält, unternommen, um Schlimmeres zu verhüten. Der Minister aber ist unverletzt und taucht nun wieder auf. Nachdem zunächst Potin Antoine als Geheimpolizisten, der den Schutz des Ministers übernommen hat, vorstellt, versucht Arlette Antoine dadurch zu retten, daß sie ihn als ihren Liebhaber ausgibt. Der Beweis sei der Liebesbrief; den hatte aber der Minister geschrieben. Nun überbringt Madame Dubonnet die Botschaft, die Panamagesellschaft sei zusammengebrochen. Potin entflieht ins Ausland; Pierre erklärt dem Präsidenten seinen Rücktritt, wird Steuerberater und heiratet Arlette, während Sissi sich mit Antoine tröstet.

Friedrich Schröder (1910-1972): **Hochzeitsnacht im Paradies**

Operette in 8 Bildern von Heinz Hentschke und Günther Schwenn – Berlin 1942 (Schaeffers)

Regine (S) – Dr. Ulrich Hansen, ihr Mann (T) – Veronika, Regines Freundin (S) – Poldi Oberländer, Sportreporter (T) – Doña Dolores, genannt Dodo, Tänzerin (S) – Dajos Lajos Földesy, Dodos Impresario (B) – Felix Wachtel, Bonbonfabrikant, Regines Onkel – Professor Fisch (Bar) – Ein Hotelportier (Bar) – Romano Pico, ein Gondoliere – Präsident eines Tennisklubs – Zofe, Schlosser, Gondoliere, Boxer, Publikum, Hochzeitsgäste, Diener, spanische Tänzerinnen, Hotelgäste, Hotelpersonal, Tennisspieler, Volk aus Venedig

IN EINER DEUTSCHEN GROSS-STADT UND IN VENEDIG

1. Bild: Felix Wachtel und Dajos Földesy geraten als Zuschauer bei einem Boxkampf in Streit. – *2. Bild:* Regine und Dr. Hansen wollen heute heiraten. Die Braut und die Hochzeitsgäste sind versammelt, nur Ulrich Hansen fehlt noch. Die Tänzerin Dodo, Hansens frühere Freundin, will die Hochzeit verhindern, wird aber von Onkel Felix im Keller eingesperrt. Endlich erscheint auch der Bräutigam – *3. Bild:* Onkel Felix

versucht durch Vermittlung von Földesy Dodo für sich zu gewinnen. Irrtümlich glaubt Regine, ihr Mann habe sich mit Dodo getroffen und verweigert ihm den Zutritt zu ihrem Schlafzimmer. Hansen siedelt in das Hotel „Paradies" über; Regine, die inzwischen von ihrer Zofe über den Irrtum aufgeklärt worden ist, folgt ihm. – *4. Bild:* Dodo hat sich mit Felix angefreundet. Hansen versucht, seinen Ärger über Regine im Alkohol zu ertränken. – *5. Bild:* Infolge einer Verwechslung der Zimmer glaubt Regine, ihr Mann betrüge sie mit Dodo, während Poldi, Veronikas Freund, glaubt, diese habe sich mit Hansen eingelassen. – *6. Bild:* Hansen versucht, seine Frau über die verschiedenen Mißverständnisse aufzuklären, wird aber von Dodo gestört. Verärgert will er sich allein auf die Hochzeitsreise nach Venedig begeben. Enttäuscht von Poldi, schließt sich Veronika an. – *7. Bild:* Regine und Poldi reisen den beiden nach. – *8. Bild:* Beim Fest der Gondolieri kommt es zu einer Versöhnung der verschiedenen Paare.
Ein Glück, daß man sich so verlieben kann; Es kommt auf die Sekunde an; So stell' ich mir die Liebe vor; Ich spiel' mit dir.

Norbert Schultze (1911-1986): **Käpt'n Bay-Bay**

Musikalisches Lustspiel in 3 Akten von Iwa Wanja, Fritz Graßhoff und Norbert Schultze – Hamburg 1957 (Sikorski)
Kapitän i. R. Heinrich Lüthgens, genannt „Käpt'n Bay-Bay" (B) – Marionka, seine Haushälterin – Madame Goulou (S) – Heidi (S) – Kattewitt (T) – Nick Schepperton, Kriminalschriftsteller (T) – Joe – Pit und Pat, Polizisten – Fatme, Tänzerin – Scheich Ibn Hazim = Schiffskoch Blacky Blue – Hafeninspektor = Teppichhändler Ibn Ben Mustafa – Zigarrenhändler = Ganove Cobby – Briefträger = Höllenportier – Straßenbahner = Pilot – Segelmacher = Funker – Matrosen, leichte Mädchen, Ganoven, Fischermädchen, Diener, Pagen, Girls, Maniküredamen, Eunuchen, Odalisken, Beduinen, Haremsfrauen, Stewardessen, Schokolademädchen, Auswanderer

IN HAMBURG UND IN EINER TRAUMWELT

1. Akt: An seinem 70. Geburtstag empfängt Käpt'n Bay-Bay mancherlei Besuch. Schließlich setzt er sich ermüdet in seinen Traumstuhl, der ihn zu den Abenteuern seiner Vergangenheit zurückführt. So bringt ihn der fliegende Schaukelstuhl in die Seemannskneipe der rassigen Madame Goulou auf Zanzibar, in das „Hotel zur Hölle" und in die bescheidene Kammer der kleinen Heidi. – *2. Akt:* Mit Heidi kommt er auch nach Afrika, wo er und Heidis Verlobter zunächst eingesperrt werden, dann aber auf die Suche nach Heidi gehen können, die inzwischen von Mädchenhändlern nach Kairo geschafft worden ist. Auf der Suche erleben sie einen Flugzeugabsturz und sind dem Verdursten in der Wüste nahe, um dann von einem befreundeten Scheich gerettet und mit Kamelen ausgestattet zu werden. – *3. Akt:* Sie entdecken Heidi in einem Teppichladen in Kairo; aber erst auf dem Piratenschiff „Saigonga" gelingt ihnen deren Befreiung, nach der Käpt'n Bay-Bay aufwachen und seinen Geburtstag weiterfeiern kann.

Robert Stolz (1880-1975): **Zwei Herzen im Dreivierteltakt** (Der verlorene Walzer)

Operette in 3 Akten nach W. Reisch und Fr. Schulz von Paul Knepler, Robert Gilbert und J. M. Welleminsky – Zürich 1933 (Dreiklang/Zürich A. G.)
Anny Lohmayer, eine Operettendiva (S) – Toni Hofer, Komponist (T) – Hedi Mahler (Mezzo-S) – Mizzi Reitmayr, Soubrette (S) – Nicki Mahler und Vicki Mahler, Librettisten (T) – Ein Theaterdirektor – Blaustingl, Theatersekretär – Weigl, Theaterdiener – Franz Gschwendtner, Heurigensänger (Bar) – Brigitte, Wirtschafterin bei

Mahlers (Mezzo-S) – Baron Hartenberg – Fredy Pachinger – Dr. Mitislav Isakiewicz, Notar – Kammersänger Blinder – Inspizient – Fekete, Komponist – Anna, Köchin bei Hofer – Heurigenwirt – Wirtshausgäste, Kellner, Theatervolk, Choristinnen

IN WIEN UM 1930

1. Akt: Trotz mancher Schwierigkeiten haben die Brüder Nicki und Vicki Mahler das Libretto einer neuen Operette beendet. Auch der Komponist, Toni Hofer, ist mit seiner Arbeit so weit fertig, daß die Operette von einem Theater schon zur Uraufführung angenommen wird. Nur einen zugkräftigen Walzer muß Toni noch schreiben. Aber gerade jetzt überwirft er sich mit seiner Muse, der Sängerin Anny Lohmayer, der ihre Rolle nicht paßt. Das Zerwürfnis ist endgültig, als ihr Toni auch noch ein Lied vom Scheiden überreicht. Um Tonis Einfallskraft wiederzuerwecken, rät ihm der Heurigensänger Gschwendtner zu einer neuen Freundin. – *2. Akt:* Nach den Vorstellungen der Librettisten soll die Soubrette Mizzi Reitmayr diese Rolle übernehmen. Aber Hedi Mahler, die Schwester Nickis und Vickis, interessiert sich schon lange für Toni und dringt nun zu ihm vor – allerdings als „Fee Florabella". Toni ist entzückt von dem reizenden Mädchen, spielt ihr auch etwas vor und komponiert plötzlich den fehlenden Walzer, worauf Hedi wieder verschwindet. – *3. Akt:* Toni will den Brüdern Mahler den Walzer vorspielen, hat ihn aber total vergessen. Die Verzweiflung wird immer größer, je mehr der Tag der Uraufführung naht. Bei der Generalprobe aber taucht die Fee Florabella wieder auf und singt den verlorenen Walzer. Natürlich wird sie auch noch Tonis Frau, obwohl die beiden Brüder Mahler, die inzwischen erfahren haben, daß Hedi gar nicht ihre Schwester ist, sich auch in Hedi verliebt hatten.
Zwei Herzen im Dreivierteltakt (Walzer); Du bist meine schönste Träumerei (Blues); Das ist der Schmerz beim ersten Kuß (Slowfox).

Robert Stolz: Hochzeit am Bodensee

Operette in 3 Akten nach der Operette „Himmelblaue Träume" von Robert Gilbert und Armin L. Robinson – Bregenz 1969

Blümle, Besitzer des „Seehotels" am Bodensee (B) – Franz (T) – Francesco (T) – François (T), seine Söhne – Gretl, Hotelsekretärin (S) – Harry Hell, Film- und Fernsehstar (T) – Ilonka Vorös, seine Partnerin (S) – Liesl, ein junges Mädchen aus Wien (S) – Heide, ein junges Mädchen aus Hamburg (S) – Rösli, ein junges Mädchen aus Basel (S) – Köble, Portier – Walpurga, Köchin – Hans Martin, ein junger Schauspieler – Lobmeyer, Fernsehregisseur

AM BODENSEE, GEGENWART

1. bis 3. Akt: Am Bodensee ist Hochsaison. Film- und Fernsehstar Harry Hell ist zu Aufnahmen im „Seehotel" abgestiegen, dessen Besitzer Blümle ebenso in die Hotelsekretärin Gretl verliebt ist wie seine drei Söhne Franz, Francesco und François. Es kommt zu Eifersuchtsszenen, weil sich auch Hell für Gretl interessiert. Beide unternehmen sogar eine Bootsfahrt, auf der sie von einem Gewitter überrascht werden. In einer Hütte finden sie Zuflucht. Und obwohl Franz als verkleideter Fährmann mit von der Partie ist, gestehen sich die beiden ihre Liebe. Tags darauf werden die Fernsehaufnahmen fortgesetzt. Für den Schauspieler Hans Martin probt Hell mit der gerade eingetroffenen Filmschauspielerin Ilonka Vorös. Gretl wird Zeugin dieser Liebesszene, fühlt sich hintergangen und gibt aus Trotz Hotelbesitzer Blümle ihr Jawort. Der Schauspieler Hans Martin trifft ein. Mit Ilonka Vorös probt er die gleiche Szene, die zu dem Mißverständnis geführt hat. Da erkennt Gretl die Zusammenhänge und fällt

Harry Hell um den Hals. Auch die übrigen Paare finden zueinander: Der Franz nimmt sich die Liesl aus Wien, François die Heide aus Hamburg und Francesco das Rösli aus Basel.
An so einem Tage wie heute (Gretl); Sag du, sag du zu mir (Gretl, Hell).

Karlheinz Strasser (* 1901): **Der rote Pedro**

Operette in 6 Bildern von Susanne Materleitner – Kiel 1952 (Büssow)
Enita Montega, Revuestar (S) – Erika Miller, ihre Sekretärin (S) – Alessandro Casseno, Konzertagent (T) – Cesar Borgia, sein Vetter (T) – Jack MacLeglook, Versicherungsbeamter – Perreiro, Herbergswirt (B) – Der rote Pedro, Banditenchef – Juanito, sein Spießgeselle – José da Gomez, Staatspräsident – Dessen Frau – Ein Empfangschef – Ein Detektiv – Gesellschaft, Banditen, Mädchen, Hotelpersonal, Hotelgäste, Presseleute

IN NEW YORK UND SÜDAMERIKA

1. Bild: Der Konzertagent Casseno hat dem berühmten Revuestar Enita Montega ein verlockendes Angebot für Südamerika gemacht. Wenn sie das Angebot nicht annimmt, ist er ruiniert. Bis jetzt hat Enita nicht geantwortet. Als sie dann die Nachricht erhält, der rote Pedro, ein berüchtigter Bandit, habe ihren Bruder gegen ein Lösegeld von 500 000 Dollar entführt und seine Farm in Südamerika zerstört, fährt sie mit ihrer Sekretärin Erika Miller sofort nach Südamerika. – *2. Bild:* Als roter Pedro verkleidet, überfällt Casseno die beiden Damen in einer südamerikanischen Bar und entführt sie. – *3. Bild:* Auf Grund einer Wette, die ihn vor dem Ruin retten soll, verlangt Casseno, daß Enita auf einem Diplomatenball singt. Als er jedoch erfährt, daß sie über die Wette Bescheid weiß, verzichtet er auf ihren Auftritt, zumal er sich inzwischen in Enita verliebt hat. – *4. Bild:* Der echte rote Pedro hat von seinem Nachahmer erfahren. Als er Enita begegnet, wird er zudringlich und erhält eine Ohrfeige, wofür sich Enita später beim falschen Pedro, bei Casseno, entschuldigt. – *5. Bild:* Casseno fordert den roten Pedro auf, den Diplomatenball zu besuchen und dort das wertvolle Diamantenhalsband der Präsidentin zu „bewundern". – *6. Bild:* Auf dem Ball merkt Enita, daß die Polizei dem roten Pedro auf der Spur ist. Da sie glaubt, Casseno sei der rote Pedro, will sie ihm Gelegenheit zur Flucht geben. Als schließlich der echte rote Pedro verhaftet wird, findet sie in Liebe zu Casseno.

Oscar Straus (1870-1954): **Ein Walzertraum**

Operette in 3 Akten nach Hans Müller von Felix Dörrmann und Leopold Jacobson – Wien 1907 (Dobl./Eirich/Zürich A. G.)
Prinzessin Helene (S) – Leutnant Niki (T) – Franzi Steingruber, Dirigentin einer Damenkapelle (S) – Joachim XIII., regierender Fürst von Flausenthurn, Helenes Vater (B) – Graf Lothar, Neffe des Fürsten (T) – Friederike von Insterburg, Oberkammerfrau (A) – Leutnant Montschi (Bar) – Wendolin, Hausminister (Bar) – Sigismund, Leiblakai (Bar) – Die Tschinellenfifi und die Geigerin Annerl, Mitglieder einer Damenkapelle – Eduard, ein Kammerdiener – Hofstaat, Hofgesinde, Ehrenjungfrauen, österreichische Offiziere, Mitglieder einer Damenkapelle

IM FÜRSTENTUM FLAUSENTHURN UM 1905

1. Akt: Prinzessin Helene hat in Wien den Leutnant Niki kennengelernt und heute auf Schloß Flausenthurn geheiratet. In der ganz anderen Atmosphäre Flausenthurns und in der Würde eines Prinzgemahls ist dem feschen Wiener aber derart unbehaglich

geworden, daß er Helene erklärt, er fühle sich zur Ehe ungeeignet, und auf getrennten Schlafzimmern besteht. Als er noch dazu aus einem nahe gelegenen Lokal Wiener Walzer hört, schleicht er sich mit seinem Freund Leutnant Montschi davon. Graf Lothar aber hat ihn beobachtet und verfolgt ihn, nachdem er noch die Prinzessin vom Verschwinden ihres Mannes verständigt hat. – *2. Akt:* Im Restaurationspark hat sich Niki schnell mit der Leiterin der Damenkapelle, Franzi Steingruber, angefreundet. Helene, der Fürst und Lothar treffen auch ein. Während der Fürst der Tschinellenfifi den Hof macht, bemüht sich Lothar ebenfalls um Franzi. Als er keinen Erfolg hat, kommt Helene mit Franzi ins Gespräch und versucht zu erfahren, was denn das bei den Männern so erfolgreiche „Wienerische“ eigentlich sei. Franzi erfährt von den Gästen, daß ihr Offizier Niki zu den Fürstlichkeiten gehört, und entsagt. Als dann der Walzertraum erklingt, tanzen Helene und Niki zusammen. – *3. Akt:* Verschleiert kommt nun Franzi jeden Tag aufs Schloß, um mit Hilfe der Oberkammerfrau Friederike von Insterburg in Küche, Kleidung und Einrichtung das „Wienerische“ zu schaffen. Bald fühlt sich Niki auch in der so geänderten Atmosphäre Flausenthurns zu Hause. Graf Lothar aber hat die regelmäßig aufs Schloß kommende verschleierte Dame bemerkt und wittert eine Liebschaft Nikis, nach deren Enthüllung er doch noch Helene und die Thronfolgerschaft zu erringen hofft. Seine Hoffnungen werden jedoch kläglich enttäuscht, und Franzi geht mit ihrer Kapelle zu dem sehnlich erhofften Gastspiel nach Wien.
Da draußen im duftigen Garten (Walzertraum-Melodie); O du lieber (Niki); Ich hab' einen Mann (Helene).

Oscar Straus: Der letzte Walzer

Operette in 3 Akten von Julius Brammer und Alfred Grünwald – Berlin 1920 (Dreiklang)
General Miecu Krasinski (Bar) – Baron Ippolith Mrkowitsch Baschmatschkin, sein Neffe (T) – Gräfin Alexandrowna Nastasja Opalinski, Generalswitwe (A) – Vera Lisawetta (S), Annuschka (S), Babuschka (S), Hannuschka (Mezzo-S) und Petruschka (A) Opalinski, ihre Töchter – Prinz Paul (Sprechrolle) – Graf Dimitry Wladimir Sarrasow (T) – Kapitän Kaminski (Bar), Oberleutnant Swietzinski (T), Leutnant Labinski (Bar) und Fähnrich Arsinski (Bar), Offiziere der Garde – Der Adjutant des Prinzen (Sprechrolle) – Onkel Jaroschkin (Sprechrolle) – Chochotte, Lolo und Sylvette, Tänzerinnen des Warschauer Opernballetts (Sprechrollen) – Wladek, ein Diener (Sprechrolle) – Gäste, Herren und Damen der Gesellschaft, Tänzerinnen, Diener

IN UND BEI WARSCHAU IM WINTER 1910

1. Akt: General Krasinski will zum drittenmal heiraten und feiert auf seinem Schloß mit seiner Braut Vera Lisawetta Polterabend. Anwesend sind auch einige Offiziere, die zur Bewachung des auf dem Schloß inhaftierten Grafen Dimitry Sarrasow abgestellt sind. Dimitry hatte eine junge Dame vor den Nachstellungen des Prinzen Paul beschützt, war daraufhin zum Tode verurteilt worden und soll am nächsten Tag hingerichtet werden. Die Offiziere erwirken von Krasinski die Einladung Dimitrys zum Ball. Er darf sogar, nachdem er sein Ehrenwort, nicht zu fliehen, gegeben hat, seinen letzten Walzer tanzen. – *2. Akt:* Bei der Demaskierung erkennt Dimitry in der Braut des Generals die Dame, derentwegen ihn Prinz Paul zum Tode verurteilen ließ. Sie verlieben sich ineinander, und Vera verhilft Dimitry zur Flucht. Doch kehrt Dimitry, der ja seine Ehre verpfändet hat, zurück und läßt sich abführen. – *3. Akt:* Prinz Paul hat seine Absichten auf Vera noch nicht aufgegeben und läßt sich leicht von ihr betören, als sie ihn für kurze Zeit um das Kommando über das Schloß bittet. Als sie diese Zeit benutzt, um sich mit Dimitry trauen zu lassen, gibt der Prinz sein Spiel verloren. Vera und Dimitry aber verlassen Rußland.

Johann Strauß (1825-1899): **Tausendundeine Nacht**

Phantastische Operette in einem Vorspiel und 2 Akten von Leo Stein und Carl Lindau, bearbeitet von Ernst Reiterer – Wien 1906, Neufassung der Operette „Indigo" – Wien 1871 (Weinberger)

Fürst Suleiman Ben Akbar (T) – Mossu, Fischer (T) – Eddin Abu Hassarak, Oberzeremonienmeister und Privatsekretär des Fürsten (T) – Mahmud Nerin, Großwesir (Bar) – Leila, seine Nichte (S) – Wally, Eddins Braut (S) – Fioly, Orient-Stutzer (T) – Dunim, Haremshüter – Kiossim, Diener bei Ormuz – Ein Märchenerzähler

IN EINEM ORIENTALISCHEN PHANTASIELAND

Vorspiel: Der Fischer Mossu sieht dem Fürsten des Landes so ähnlich, daß niemand die beiden voneinander zu unterscheiden vermag. Dieser Fürst will sein Land modernisieren. Vor allem will er die Vielweiberei abschaffen. Der Großwesir hingegen lehnt alle Reformen ab. Leila, die den Fürsten liebt, ihn aber verlassen hat, weil sie ihn nicht mit anderen Frauen teilen will, sucht den Fürsten Suleiman auf, um sich für immer von ihm zu verabschieden. Verschleiert wird sie ihm als Scheherezade vorgestellt, die in der Lage ist, ihn wie eine Märchenerzählerin aus 1001 Nacht in eine andere Welt zu versetzen, in eine Traumwelt. – *1. Akt* (Traum): Dem Fürsten Suleiman erscheint Leila. Glücklich fallen sich beide in die Arme. Doch da muß Suleiman erfahren, daß sie die Frau des Fischers Mossu ist. Die Ähnlichkeit Mossus mit dem Fürsten hatte Leila dazu bewogen, den Fischer zu heiraten. – *2. Akt:* Suleiman hat sich als Fischer verkleidet und sucht Leila vor der Fischerhütte auf. Sie glaubt, Mossu vor sich zu haben. Dem echten Mossu wird das Regieren, das er für den echten Fürsten übernommen hatte, zuviel; er verläßt den Palast und begibt sich ebenfalls zur Fischerhütte, will sich zu erkennen geben, doch Leila, die ihn an einem Zeichen auf dem Arm erkannt hat, verleugnet ihn. Suleiman will wissen, warum sie so gehandelt hat: „Weil ich dich liebe, dich nur allein", antwortet sie. – Der Fürst erwacht aus dem Traum, sieht Leila vor sich und entscheidet sich für sie – allein, während Mossu gewonnen wird, noch einmal den Fürsten zu spielen, um zum Schein auf die Pläne des Großwesirs einzugehen, der noch immer nichts von Reformen wissen will.

Johann Strauß: Die Fledermaus

Operette in 3 Akten nach Henri Meilhac und Ludovic Halévy von Carl Haffner und Richard Genée – Wien 1874 (Weinberger/A. & S.)

Gabriel von Eisenstein, Rentier (T) – Rosalinde, seine Frau (S) – Adele, ihre Zofe (S) – Alfred, Gesangslehrer (T) – Dr. Falke, Notar (Bar) – Prinz Orlowsky (A) – Frank, Gefängnisdirektor (Bar) – Frosch, Gerichtsdiener – Dr. Blind, Rechtsanwalt (B) – Ida, Adeles Schwester (Mezzo-S) – Ein Kammerdiener – Ein Gerichtsdiener – Kavaliere, junge Damen, Ballgesellschaft, Masken, Bedienstete

IN EINEM BADEORT IN DER NÄHE EINER GROSS-STADT UM 1875

1. Akt: Der Rentier Gabriel von Eisenstein muß wegen Beleidigung einer Amtsperson eine mehrtägige Gefängnisstrafe absitzen, will sich aber – auf Vorschlag seines Freundes Dr. Falke – noch eine Nacht bei Prinz Orlowsky amüsieren. So verläßt er abends

seine Frau Rosalinde in Frack und Zylinder, um am Morgen gleich seine Strafe antreten zu können. Rosalinde hat ihrer Zofe Adele freigegeben, da sie Besuch erwartet – ihren früheren Verehrer nämlich, den Gesangslehrer Alfred, der sich auch gleich nach seinem Eintreffen mit Wein und im Schlafrock Eisensteins häuslich niederläßt. Die Strafe läßt nicht auf sich warten: Der Gefängnisdirektor Frank erscheint, um Eisenstein persönlich abzuholen, und Alfred muß, um Rosalindes Ehre zu retten, als Eisenstein ins Gefängnis. – *2. Akt:* Bei Prinz Orlowsky hat inzwischen Dr. Falke, der an einem Fasching in der Verkleidung einer Fledermaus einem Scherz Eisensteins zum Opfer fiel, die „Rache einer Fledermaus“ vorbereitet. Dazu treten die verschiedenen Personen unter falschen Namen und Berufen auf. Adele gibt sich als Künstlerin aus, Eisenstein nennt sich Marquis Renard und freundet sich schnell mit Frank an, den Dr. Falke ebenfalls herbeigerufen hat und der sich Chevalier Chagrin nennt. Schließlich taucht noch Rosalinde in einer Maske als ungarische Gräfin auf. Eisenstein flirtet heftig mit seiner Frau, die unterdessen seine Taschenuhr an sich nimmt. Morgens um 6 Uhr geht die Gesellschaft auseinander. – *3. Akt:* Bei Frank ist kurz darauf großer Betrieb. Nach Adele, die sich als zukünftige Künstlerin produziert, erscheint Eisenstein, der zunächst erfahren muß, daß der Chevalier Chagrin der Gefängnisdirektor ist. Außerdem kann er nicht beweisen, daß er Eisenstein ist, da ihn ja Frank, der den vermeintlichen Eisenstein doch selbst abgeholt hat, als Marquis Renard kennt. Nun spielt Eisenstein den Advokaten Blind und verhört seine Frau und Adele, wird aber recht kleinlaut, als Rosalinde ihm die Taschenuhr vorweist. Die Rache der Fledermaus ist gelungen; Eisenstein muß zudem noch seine Haftstrafe absitzen.
Täubchen, das entflattert ist (Alfred); Trinke, Liebchen, trinke schnell (Alfred); Spiel' ich die Unschuld vom Lande (Adele); Mein Herr Marquis (Adele); Glücklich ist, wer vergißt; Brüderlein, Brüderlein und Schwesterlein.

Johann Strauß: Eine Nacht in Venedig

Operette in 3 Akten von F. Zell und Richard Genée – Berlin 1883 (Weinberger)
Herzog Guido von Urbino (T) – Senator Bartolomeo Delaqua (B) – Barbara Delaqua, seine Frau (S) – Annina, eine Fischerstochter, Barbaras Milchschwester (S) – Caramello, Leibbarbier des Herzogs (T) – Pappacoda, Makkaronikoch (Bar) – Ciboletta, Zofe bei Delaqua (A) – Agricola Barbaruccio (A) – Ein Herold (Bar) – Senator Barbaruccio – Senator Testaccio – Constantina Testaccio – Enrico Piselli, Seeoffizier, Delaquas Neffe – Centurio, ein Page – Balbi, ein Diener – Peppino, ein Junge – Senatoren und ihre Frauen, Kavaliere, Gäste, Musikanten, Diener, Masken, Gondoliere, Matrosen, Fischer, Volk

IN VENEDIG UM 1750

1. Akt: Herzog Guido von Urbino, der gefürchtete Frauenverführer Venedigs, lädt die vornehmsten Familien zu einem Fest ein. Um seine Frau vor den Nachstellungen des Herzogs in Sicherheit zu bringen, schickt der Senator die schöne Barbara in das Kloster Murano. Barbara aber will sich lieber mit ihrem Freund Enrico vergnügen und veranlaßt ihre Milchschwester Annina, an ihrer Stelle in die Gondel zu steigen. Aber gerade auf Barbara hat es der Herzog abgesehen; Caramello, der Gondoliere, soll ihm die Senatorin zuführen, wobei des Herzogs Barbier Caramello ihm behilflich sein soll. – *2. Akt:* Annina, die der Herzog für Barbara halten muß, aber ist die Geliebte Caramellos, der sich nun genötigt sieht, Annina und den Herzog unter dauernder Beobachtung zu halten. Zu allem Überfluß hat Delaqua die Zofe Ciboletta als seine Frau mit auf das Fest genommen. Als die beiden Frauen zusammentreffen, besteht

Annina darauf, daß sie Barbara sei. Da Ciboletta auch sonst die Erwartungen Delaquas nicht erfüllt, begibt er sich auf die Suche nach seiner richtigen Frau. – *3. Akt:* Auf dem Markusplatz tauscht Barbara, die sich hier mit ihrem Kavalier unterhalten hat, schnell den Domino mit Ciboletta und erklärt ihrem Mann, daß Enrico sie gerade noch vor dem Gondoliere habe retten können, der sie entführen wollte. Der Herzog erfährt nun, wer seine Barbara in Wirklichkeit war und ernennt Caramello, um die reizende Annina immer in seiner Nähe haben zu können, zu seinem Verwalter.
Komm in die Gondel, mein Liebchen (Caramello); Kommt, kommt, ihr holden Frauen (Herzog); Sei mir gegrüßt, du holdes Venetia (Herzog); Treu sein, das liegt mir nicht (Herzog); Hoch von San Marco der Glocken Geläut.

Johann Strauß: Der Zigeunerbaron

Operette in 3 Akten nach M. Jokai von J. Schnitzer – Wien 1885 (Weinberger)
Saffi, Zigeunermädchen (S) – Czipra, eine alte Zigeunerin (A) – Sandor Barinkay, ein junger Emigrant (T) – Koloman Zsupán, ein reicher Schweinezüchter (Bar) – Arsena, seine Tochter (S) – Graf Peter Homonay (Bar) – Mirabella, Erzieherin Arsenas (A) – Ottokar, ihr Sohn (T) – Graf Carnero, königlicher Kommissär (Bar) – Zwei Mädchen (S und A) – Der Bürgermeister von Wien – Zigeuner, Bauernvolk, Soldaten, Schiffsknechte, Ratsherren, Gesellschaft, Pagen

IN SÜDUNGARN UND IN WIEN AM ANFANG DES 18. JAHRHUNDERTS

1. Akt: Sandor Barinkay, der Sohn eines nach den Türkenkriegen aus dem Lande verbannten Gutsbesitzers, wird wieder in seine väterlichen Besitzungen eingesetzt. Auf dem Gut hat sich in den vergangenen Jahren der reich gewordene Schweinezüchter Zsupán breitgemacht. Barinkay, der um die Hand Arsenas anhalten will, belauscht ein Gespräch, in dem sie Ottokar, dem Sohn ihrer Erzieherin, erklärt, sie würde nur einen Baron heiraten. Barinkay, den die Zigeuner als ihren Woiwoden stürmisch begrüßt haben, stellt sich daraufhin als „Baron der Zigeuner“ vor und gibt bekannt, daß er sich mit dem schönen Zigeunermädchen Saffi verlobt habe. – *2. Akt:* Mit Hilfe von Saffi und Czipra hat Barinkay einen Schatz gefunden, den er seinem Vaterland für den Krieg gegen Spanien zur Verfügung stellt. Zsupán und Ottokar dagegen haben den Wein der Werber angenommen und müssen nun selber in den Krieg ziehen. Als der kaiserliche Sittenkommissär Saffi und Barinkay wiederholt Vorwürfe wegen ihres illegitimen Zusammenlebens macht, enthüllt Czipra durch ein Dokument das Geheimnis, daß Saffi kein Zigeunerkind, sondern die Tochter des letzten türkischen Paschas ist. Barinkay, der nicht um ein Fürstenkind werben will, geht nun gleichfalls zu den Soldaten. – *3. Akt:* Barinkay hat sich so tapfer geschlagen, daß er geadelt wird und seinen Schatz wiedererhält. Nun kann er Saffi heiraten, während Ottokar sich mit Arsena verlobt.
Ha, seht, es blinkt, es winkt, es klingt! (Walzer); Wer uns getraut (Saffi, Barinkay); Borstenvieh und Schweinespeck; Ja, das Schreiben und das Lesen (Zsupán).

Johann Strauß: Wiener Blut

Operette in 3 Akten von Victor Léon, Leo Stein und Adolf Müller – Wien 1899 (Weinberger)
Gabriele Gräfin Zedlau (S) – Balduin Graf Zedlau, ihr Mann, Gesandter von Reuß-Greiz-Schleiz in Wien (T) – Franziska (Franzi) Cagliari, Tänzerin (S) – Kagler, Karussellbesitzer, ihr Vater (B) – Fürst Ypsheim-Gindelbach, Premierminister von

Reuß-Greiz-Schleiz (Bar) – Pepi Pleininger, Probiermamsell (S) – Joseph, Kammerdiener (T) – Zwei Wäschermadel (S und A) – Graf Bitowski – Sein Haushofmeister – Anna, Stubenmädchen der Cagliari – Drei Diplomaten – Ein Fiakerkutscher – Ein Wirt – Ein Grenadier – Ein Deutschmeister – Ein Kellner – Gesellschaft, Komtessen, Fürstlichkeiten, Pagen, Wiener, Kellner, Herolde, Schrammelmusiker

IN WIEN UM 1815

1. Akt: Der Graf Zedlau, jüngst noch ein recht braver Provinzler, hat sich in Wien schnell zu einem Lebemann entwickelt. Seiner Geliebten, der Tänzerin Cagliari, hat er sogar seine Sommervilla zur Verfügung gestellt. Nun will ihn sein Premierminister Fürst Ypsheim-Gindelbach wieder auf den rechten Weg führen. Er bringt allerdings alles heillos durcheinander, hält Franzi für die Gräfin, die Gräfin für Franzi und kann die Situation nur noch dadurch retten, daß er – auf Bitten des Grafen – der Gräfin die Tänzerin Franzi als seine eigene Frau vorstellt. – *2. Akt:* Die beiden Frauen aber haben Verdacht geschöpft. Jede hält die andere für die Geliebte des Grafen, und sie bekämpfen sich gegenseitig, bis sie sich gemeinsam gegen Pepi Pleininger, den neuesten Schwarm des Grafen, wenden. Pepi wenigstens klärt die Gesellschaft, die sich beim Grafen Bitowski versammelt hat, auf, wer denn nun die wirkliche Gräfin ist. Leider überwirft sich aber auch das unschuldige Mädchen mit ihrem Joseph. – *3. Akt:* Immerhin folgt Pepi dem Grafen in eine Laube, wo sie Joseph, der den Grafen vor der Ankunft der Gräfin, Franzis und des Ministerpräsidenten warnen will, aufstöbert. Während sich Franzi um den Fürsten bemüht, erregt die Gräfin, indem sie vorgibt, sie sei in Begleitung eines anderen Mannes, so die Eifersucht des Grafen, daß dieser alle anderen Frauen vergißt und seiner Gemahlin ewige Treue schwört. Den Fürsten aber hat Franzi für sich gewonnen.
Wiener Blut, eig'ner Saft, voller Kraft, voller Glut (Walzer).

Josef Strauß (1827-1870): **Frühlingsluft**

Operette in 3 Akten von Karl Lindau und Julius Wilhelm – Wien 1903
Dr. Gustav Landtmann, Rechtsanwalt (T) – Emilie, seine Frau (S) – Vinzenz Knickebein, deren Vater (B) – Apollonia, seine Frau (A) – Berta, ein Backfisch, Apollonias Nichte (Mezzo-S) – Hanni, Dienstmädchen (S) – Baron von Fallersee – Ida, seine Frau (S) – Felix, ein Gymnasiast, Knickebeins Neffe (Bar) – Fritz Hildebrandt (T), Maier (B) und Max (T), Schreiber bei Dr. Landtmann – Isabella Negrelli, Directrice einer Tanzgruppe – Dannhauser, Geschäftsführer bei „Sacher" – Wastl, Kellner – Schreiber, Tänzerinnen, Gäste, Kellner

IN WIEN UM 1900

1. Akt: Der Scheidungsanwalt Dr. Landtmann hat ein eigenes Rezept für zerbrochene Ehen. Er gibt sich den Anschein, als sei er in seine Klientinnen verliebt, und macht dadurch deren Männer derart eifersüchtig, daß sich die zerstrittenen Paare wieder zusammenfinden. Seiner Frau Emilie ist er dabei natürlich treu ergeben. Im Augenblick bearbeitet er den Fall der Baronin Ida von Fallersee. Da Emilie der Treue ihres Mannes aber doch nicht ganz traut, hat sie ihre Eltern zu Hilfe gerufen. Mit ihnen erscheint auch das Dienstmädchen Hanni, das den Kanzleischreiber Hildebrandt einmal als Hanni, ein anderes Mal in vornehmer Verkleidung als Gräfin Harbach betört. – *2. Akt:* Als Gräfin Harbach verabredet sich Hanni mit Hildebrandt im Prater, während der alte Knickebein nicht nur Hanni, sondern auch der Ballettmeisterin Isabella Negrelli den Hof macht. Isabella ist ebenfalls eine Klientin Landtmanns, der ihr eine Auftrittserlaubnis verschaffen soll. Ida Knickebein kann jedoch den rein geschäftlichen Charakter der Beziehungen ihres Schwiegersohnes zu Isabella und der Baronin Ida nicht glauben. – *3. Akt:* Emilie und Ida begeben sich zur Beobachtung in den Prater, wo sich Landtmann mit der Baronin unterhält. Der eifersüchtige Baron dagegen wird von Hanni, der falschen Gräfin Harbach, umgarnt. Als nun Mutter Knickebein und ihre Tochter auch noch den alten Knickebein mit Isabella tanzen sehen, fällt erstere in Ohnmacht, während sich Ida nur noch auf den Baron stützen kann. Landtmann und Knickebein drehen nun den Spieß um, beschimpfen den Baron und halten ihren Frauen eine Standpauke wegen ihrer angeblichen Untreue. Eine allgemeine Versöhnung beschließt die Verwirrungen, die die Frühlingsluft angerichtet hat.

Arthur Sullivan (1842-1900): **Der Mikado**

Operette in 2 Akten von W. S. Gilbert – London 1885
Der Mikado von Japan – Nanki-Puh, sein Sohn (T) – Ko-Ko, Oberhofhenker – Die Schwestern Yum-Yum (S), Pitti-Sing und Piep-Bo, seine Mündel – Katisha, Hofdame (S) – Puh-Bah, hoher Beamter – Pish-Tush, ein Großer des Hofes – Edle, Wachen, Pensionärinnen, Volk

IN DER STADT TITIPU IN JAPAN IM 15. JAHRHUNDERT

1. Akt: Der Sohn des Mikados ist das erste Opfer eines neuen Sittengesetzes seines Vaters: er hat sich der Hofdame Katisha gegenüber so höflich benommen, daß der Vater dahinter eine Liebelei vermutet; jetzt soll er die Hofdame heiraten. Nanki-Puh aber liebt nur Yum-Yum, die er jetzt in der Verkleidung eines wandernden Sängers aufsucht. In Titipu muß er erfahren, daß ihr Vormund Ko-Ko sie selber heiraten will. Ko-Ko aber ist in Schwierigkeiten: er hat als kaiserlicher Oberhenker zu wenig Hinrichtungen ausgeführt und muß, will er nicht selber der Strafe verfallen, innerhalb von vier Wochen jemanden hinrichten. So schlägt er Nanki-Puh, den er ja nicht erkannt hat, vor, er solle sich lieber nicht aus Liebeskummer umbringen, sondern vier Wochen auf Ko-Kos Kosten üppig leben und sich dann hinrichten lassen. Nanki-Puh ist unter der Bedingung einverstanden, daß er in diesen vier Wochen mit Yum-Yum verheiratet sein dürfe, was der bedrängte Ko-Ko auch zugesteht. – *2. Akt:* Als der Kaiser auf Betreiben Katishas nach der ausstehenden Hinrichtung fragt, erklärt Ko-Ko, er habe einen gewissen Nanki-Puh hinrichten lassen. Nun droht Ko-Ko der Tod wegen Ermordung des Thronfolgers. Dieser, der ja noch lebt, rät Ko-Ko, sich um die Gunst Katishas zu bewerben; Ko-Ko hat Erfolg, und sein Leben ist gerettet, als Nanki-Puh – inzwischen mit Yum-Yum verheiratet – sich dem Kaiser stellt. Nun ist auch der Mikado glücklich, daß sein Sohn noch am Leben ist, und erkennt Yum-Yum als Ehefrau des Thronfolgers an.
Ich kehre den Humor auf jeden Fall hervor (Mikado); Die Sonne lacht in Strahlenpracht (Yum-Yum).

Franz v. Suppé (1819-1895): **Die schöne Galathee**

Komisch-mythologische Oper in einem Akt von Poly Henrion (Leopold K. Dittmar Kohl v. Kohlenegg) – Wien 1865
Galathee, eine Statue (S) – Pygmalion, ein junger Bildhauer (T) – Ganymed, sein Diener (Bar oder T) – Mydas, Kunstmäzen (T)

IM ATELIER PYGMALIONS AUF ZYPERN IM ALTERTUM

Pygmalion hat eine Statue der Nymphe Galathee angefertigt, die er streng verborgen hält. Während Pygmalion im Tempel der Venus ist, kommt Mydas in sein Atelier und erhält von Pygmalions Diener Ganymed durch Bestechung Zugang zu der Statue. Sofort will er sie erwerben, wird aber von Pygmalion davongejagt, der die Statue nach Anrufung der Göttin Venus zum Leben erweckt. Die schöne Galathee ist aber nun recht anspruchsvoll und leichtfertig. Bald stellt sie Ganymed nach, während Mydas von ihr eine Ohrfeige erhält und Pygmalion sich wie ein Sklave um sie bemühen muß. Als sie gar Ganymed und Mydas zum Essen einlädt und sich dabei ziemlich schlecht benimmt, schließlich gar davonläuft, wendet sich der enttäuschte Pygmalion wieder an Venus, diesmal jedoch mit der Bitte, Galathee wieder in Stein zu verwandeln. Venus erfüllt seine Bitte, und Pygmalion verkauft die Statue ohne Zögern an Mydas.
Meinem Vater Gordias (Mydas).

Franz v. Suppé: Banditenstreiche

Komische Oper in 3 Akten nach B. Boutonnier von Ludwig Bender und August Peter Waldenmaier – Wien 1867
Babbeo, Bürgermeister (B) – Lidia, seine Tochter (S) – Stella, ihre Freundin (S) – Gaetano, Lidias Bräutigam (Bar) – Doktor Tondolo, Schulmeister (T) – Spaccamonti, Gemeindeschreiber (B) – Lelio aus Aversa, ein reicher Freier (T) – Malandrino, Banditenhauptmann (T) – Ein junger Räuber (A) – Eine Räuberbraut (S) – Hochzeitsgäste, Nachbarn, Gesinde, Banditen, Banditenbräute

EIN HAFENSTÄDTCHEN IM GOLF VON NEAPEL AM ANFANG DES 19. JAHRHUNDERTS

1. Akt: Gaetano und Lidia wollen heiraten. Lidias Vater aber, der habgierige Bürgermeister Babbeo, hält die jungen Leute immer noch hin, hofft er doch, daß der reiche Lelio seine Tochter nehmen will. In seiner Not wendet sich Gaetano an den Banditenhauptmann Malandrino, der als Beschützer der Liebenden gilt. – *2. Akt:* Malandrino ist in der Stadt angekommen und rettet den Schulmeister, der zum Empfang Lelios ausgeschickt worden ist, vor seinen eigenen Banditen. Auch gibt er sich selber als Lelio aus, überfällt mit Doktor Tondolo den echten Lelio, raubt ihn aus und läßt Lelio als Räuber Malandrino in das Gefängnis einliefern. Malandrino dagegen wird von Babbeo als der vermeintliche zukünftige Schwiegersohn freudig empfangen. Lidia spielt die Komödie mit, während Stella sich in Lelio, den sie für den Räuberhauptmann hält, verliebt. – *3. Akt:* Als am Hochzeitsmorgen auch Spaccamonti mit dem wirklichen Lelio eintrifft, läßt Malandrino die Maske fallen. Er zwingt Babbeo, der Heirat Lidias mit Gaetano zuzustimmen, plündert die Hochzeitsgäste aus und schenkt Gaetano und Lidia einen Teil der gemachten Beute. Lelio ist mit dieser Lösung zufrieden und heiratet Lidias Freundin Stella.
Südliche Sonne, blauer Himmel (Malandrino); Süß lockt ihr Bild (Malandrino).

Franz v. Suppé: Fatinitza

Operette in 3 Akten nach F. Zell und Richard Genée von Eduard Rogati – Wien 1876
Graf Timofey Kantschukoff, bulgarischer General – Fürstin Lydia, seine Nichte (S) – Manja, Marketenderin (S) – Wladimir Michailoff, Leutnant (T) – Julian von Golz, Berichterstatter einer deutschen Zeitung – Izzet Pascha, Gouverneur der Festung Ipsala – Offiziere, Soldaten, Haremsdamen, Tänzerinnen, Volk

IN DER TÜRKEI UND IN BULGARIEN UM 1877

1. Akt: Vor einem Jahr hatte Leutnant Wladimir die Fürstin Lydia kennengelernt und sich sogleich in sie verliebt. Alle seine Annäherungsversuche scheiterten damals jedoch an der Aufmerksamkeit von Lydias Onkel, dem General Kantschukoff, bis Wladimir auf den Gedanken kam, sich als Türkenmädchen Fatinitza zu Lydia zu schleichen. Aber auch diese Rolle mußte er bald aufgeben, als sich der General in die angebliche Türkin verliebte. Nun ist Wladimir bei den bulgarischen Truppen, die die türkische Festung belagern, und erhält den Besuch seines alten Bekannten Julian von Golz, der die damalige Geschichte inzwischen zu einem Bühnenstück ausgearbeitet hat. Als man sich gerade an die Aufführung der Komödie macht, erscheint plötzlich Lydia mit ihrem Onkel, der sich prompt wieder in Fatinitza, dargestellt von Wladimir, verliebt. Ein Überfall der Türken entführt Lydia und Fatinitza in die Festung. – *2. Akt:* Fatinitza kann entfliehen und die Bulgaren gerade noch rechtzeitig in das türkische Lager führen, ehe der Pascha von Lydia ein Schäferstündchen erpreßt. – *3. Akt:* Auch jetzt kann Wladimir Lydia noch nicht gewinnen, hat doch der General seine Nichte bereits anderweitig versprochen. Da stellt sich Wladimir dem General als Bruder Fatinitzas vor und erhält von diesem die Zusicherung, Lydia heiraten zu dürfen, wenn Fatinitza dafür dem General die Hand reiche. Noch einmal tritt Wladimir als Fatinitza auf und gibt sich dem General zu erkennen, der nun alle Einwände gegen die Verbindung Wladimirs mit Lydia fallenläßt.

Arno Vetterling (1903-1963): **Liebe in der Lerchengasse**

Operette in 3 Akten von Hermann Hermecke – Magdeburg 1936 (Dreiklang)

Ludwig Heller, Dichter und Bibliothekar (T) – Charlotte Zibelius (S) – Franz Xaver Zibelius, Geheimer Hofrat a. D., ihr Vater (B) – Wendolin Teitmayer, Maler, Hellers Freund (T) – Euphrosine Schnakenbrück (A) – Therese Schnakenbrück, ihre Nichte (S) – Madeleine Chauchat, Primaballerina (S) – Reichsgraf von Sterneck, ihr Liebhaber (Bar) – Ignaz Grammelhuber, Notar (B-Bar) – Ein fremder Seemann (Tobias Schnakenbrück) (Bar) – Veronika, Dienerin bei Zibelius

IN MÜNCHEN UM 1830

1. Akt: Auf den jungen Dichter Ludwig Heller wartet bei seiner Verheiratung ein reiches Erbe. Vorerst ist er aber noch als Bibliothekar und Lehrer Charlottes bei dem griesgrämigen Hofrat Zibelius beschäftigt, der ihn sofort entläßt, als Ludwig um Charlottes Hand anhält. Zu Hause wartet Ludwigs Wirtin Euphrosine Schnakenbrück, deren Mann schon lange auf einer Seefahrt verschollen ist und die ein Auge auf Ludwig geworfen hat. – *2. Akt:* Ludwig Heller erfährt, daß er noch am gleichen Tage eine Eheerklärung abgeben müsse, weil sonst sein Erbe verfalle. Charlotte wird erst in drei Monaten mündig, und eine Hoffnung, daß ihr Vater doch noch sein Jawort geben würde, verflüchtigt sich bald. So bleibt Ludwig nur der Ausweg, Euphrosine vorübergehend und zum Schein als Braut zu benennen. Euphrosine ist damit einverstanden. – *3. Akt:* Charlotte, die der Hofrat heimlich in ein Kloster gebracht hat, ist nach drei Monaten zurückgekehrt, aber Euphrosine weigert sich nun, auf Heller zu verzichten. Wendolin Teitmayer, der Freund Ludwigs und Initiator der Komödie, verkleidet sich als Seemann und zwingt so als Tobias Schnakenbrück Euphrosine zum Verzicht auf Ludwig. Als der echte Tobias auftaucht, tritt Wendolin allerdings nicht ungern zurück. Charlotte ist inzwischen mündig geworden und wird nun endlich Hellers Frau.

Als Großpapa einst die Großmama (Gavotte); Versuch mit mir dein Glück am Manzanares (Tango); Mich liebt die schönste Frau (Heller).

Carl Zeller (1842-1898): **Der Vogelhändler**

Operette in 3 Akten von M. West und L. Held – Wien 1891
Briefchristl (S) – Kurfürstin Marie (S) – Adam, Vogelhändler aus Tirol (T) – Baron Weps, Kurfürstlicher Wald- und Wildmeister (Bar) – Graf Stanislaus, sein Neffe (T) – Baronin Adelaide (A) – Frau Nebel, Wirtin – Jette, Kellnerin – Schneck, Dorfschulze (T) – Emmerenz, seine Tochter – von Scharrnagel, Kammerherr – Professor Süffle (T) – Professor Würmchen (Bar) – Quendel, Hoflakai – Tiroler, Pfälzer, Bauern, Hofgesellschaft

IN DER RHEINPFALZ UM 1700

1. Akt: Baron Weps soll im kurfürstlichen Wildpark eine Jagd vorbereiten, muß aber erfahren, daß die Bauern beim Wildern alle Wildschweine abgeschossen haben. Gegen einen ansehnlichen Geldbetrag, den er für seinen stets mit Schulden überhäuften Neffen Graf Stanislaus braucht, ist er jedoch bereit, dem Kurfürsten eine zahme Sau zutreiben zu lassen. Als die Jagd abgesagt wird, läßt er, um zu dem Geld zu kommen, sogar seinen Neffen als Kurfürsten auftreten und Christl, die für ihren Verlobten die Stellung eines Hof-Menagerie-Inspektors erbitten will, in einem Pavillon in heimlicher Audienz empfangen. Natürlich erfährt Christls Bräutigam, der Tiroler Vogelhändler Adam, von dem Stelldichein mit dem angeblichen Kurfürsten; er wendet sich empört von ihr ab und erkürt als seine neue Braut eine Bauerndirn namens Marie, mit der er gescherzt hat, ohne zu bemerken, daß sich hinter Marie die verkleidete Kurfürstin verbirgt. – *2. Akt:* Adam soll auf die Befürwortung der Kurfürstin die Hofstelle erhalten, stellt sich aber bei der vorausgehenden Prüfung absichtlich dumm, denn er will nicht – wie er glaubt – die Stellung dem Treubruch der Christl mit dem Kurfürsten verdanken. Nun erfährt auch die Kurfürstin Marie von dem Schwindel, den Stanislaus veranstaltet hat, und stellt diesen vor die Wahl, entweder seinen Beruf als Offizier aufzugeben oder die Christl zu heiraten. Stanislaus wählt das letztere. – *3. Akt:* Doch wendet sich alles zum Guten. Christl mag Stanislaus nicht heiraten und zieht mit Adam nach Tirol. Graf Stanislaus aber wird seine Schulden durch eine Heirat mit der reichen Baronin Adelaide los.
Ich bin die Christl von der Post (Christl); Schenkt man sich Rosen in Tirol (Adam, Kurfürstin); Wie mein Ahn'l zwanzig Jahr (Adam); Grüeß enk Gott, alle miteinander (Adam).

Carl Zeller: Der Obersteiger

Operette in 3 Akten von M. West und L. Held – Wien 1894
Martin, Obersteiger (T) – Nelly, Spitzenklöpplerin, seine Verlobte (S) – Komtesse Fichtenau (S) – Fürst Roderich, Majoratsherr (T) – Zwack, Bergwerksdirektor (T) – Elfriede, seine Frau (A) – Strobl, Wirt (T) – Dusel, Materialverwalter (Bar) – Tschida, Salinenadjunkt (T) – Bergleute, Spitzenklöpplerinnen, Festgäste, Bürger

IN ÖSTERREICH AN DER DEUTSCH-BÖHMISCHEN GRENZE UM 1840

1. Akt: Da die Marienzeche keinen Ertrag mehr abwirft, begeben sich zunächst Fürst Roderich – inkognito als Bergvolontär – und dann der Bergwerksdirektor Zwack mit Frau Elfriede zur Inspektion. Zwack will nebenbei noch seine Jugendliebe Julia Fahnenschwinger und ihre gemeinsame Tochter aufsuchen; beide sind jedoch schon lange weggezogen. Der Obersteiger der Zeche ist Martin, ein tüchtiger, aber auch leichtsinniger Mann, der seine Kollegen zu einem Streik aufhetzt und deswegen entlassen werden muß. Auch seiner Verlobten, der Spitzenklöpplerin Nelly, ist er nicht

treu, stellt er doch der Komtesse Fichtenau, die sich unter dem Namen Julia Fahnenschwinger bei Nelly verbirgt, nach. Julia allerdings verliebt sich in den Volontär Roderich, während Martin mit einer Kapelle durch die Lande zieht und das Geld verjubelt, das er noch für die Entdeckung einer Silbermine erhalten hat. – *2. Akt:* Martin hat Elfriede, der Frau des Bergwerksdirektors Zwack, den Hof gemacht und darf mit seiner Musikkapelle bei einem festlichen Abend spielen. Auch Julia und Nelly sind anwesend und werden abwechselnd für die Geliebte des Fürsten Roderich gehalten, der sich Julia zu erkennen gegeben hat; auch diese weiß, daß der Volontär ein Fürst ist, während Martin dem Zwack beibringt, Julia sei seine gesuchte uneheliche Tochter. – *3. Akt:* Nachdem Zwack entlassen worden war, hatte er sich Nelly genähert, während seine Frau Elfriede hinter Martin her war. Fürst Roderich löst aber endlich alle Verwicklungen. Zwack wird wieder eingesetzt, seine Frau muß zu ihm zurückkehren, Martin und Nelly heiraten, und Martin wird wieder ein tüchtiger Obersteiger.
Wo sie war, die Müllerin, zog es auch den Fischer hin (Martin).

Carl Michael Ziehrer (1843-1922): **Die Landstreicher**

Operette in einem Vorspiel und 2 Akten von L. Krenn und Karl Lindau – Wien 1899 (Dobl./Eirich)

Berta Fliederbusch (A) – August, ihr Mann (Bar) – Fürst Adolar Gilka (Bar) – Mimi, Tänzerin (S) – Assessor Roland (T) – Anna Gratwohl (S) – Gratwohl, ein Wirt, ihr Vater (B) – Mucki von Rodenstein, Premierleutnant (T) – Rudi von Muggenheim, Secondeleutnant (Bar) – Kampel, Gerichtsdiener (B) – Leitgeb, Hotelier (T) – Seine Frau (A) – Stöber, Dirigent eines Männergesangvereins (T) – Lajos von Geletneky, Maler (Bar) – Ein Stubenmädchen – Ein Kellner – Ein Bursche – Ein Radfahrerpaar – Tänzerinnen, Prozeßzuhörer, Bauern, Sommerfrischler, Gesangverein, Zitherspieler, kostümierte Gäste

IN OBERBAYERN VOR 1914

Vorspiel: Den verhafteten Landstreichern August und Berta Fliederbusch gelingt es, Fürst Gilka und dessen Freundin, die Tänzerin Mimi, die dem Amtsrichter den Verlust einer Perlenkette melden wollen, zu täuschen, die beiden in eine Arrestzelle einzusperren und in deren Oberkleidung zu entkommen. – *1. Akt:* In einem kleinen Ort kassieren die Fliederbuschs zunächst den Finderlohn für die von ihnen gefundene Perlenkette. Dann spielt Fliederbusch einen Juwelier, bei dem der Fürst eine Nachahmung der Perlenkette in Auftrag gegeben hat, da er Mimi natürlich nicht die echte Kette schenken will. Mimi hat aber doch die richtige Kette in die Hand bekommen. Da erscheint der Assessor, der die Fliederbuschs schon einmal hinter Schloß und Riegel gebracht hat. Wieder können sich die beiden retten: Sie lassen den Fürsten als Hochstapler verhaften und verschwinden in den Uniformen der Leutnants Mucki und Rudi. – *2. Akt:* Nun will sich der Fürst die beiden Landstreicher dienstbar machen; sie sollen ihm das Original der Perlenkette von Mimi verschaffen und dieser dafür die Imitation unterschieben. Der Tausch gelingt auch, das Gerichtsverfahren gegen die Fliederbuschs wird niedergeschlagen, und der Fürst nimmt sie in seine Dienste. Allerdings muß er noch eine traurige Erfahrung machen: die echte Perlenkette ist auch eine wertlose Imitation.

Zur Geschichte des Musicals

Seit rund 35 Jahren hat die Operette in Deutschland Konkurrenz. Das Musical, ein Zweig des amerikanischen Unterhaltungstheaters, ist zur gesicherten Verkaufsware geworden. Es konnte zwar nicht, wie anfänglich vermutet, Top-Werke wie die „Lustige Witwe", die „Fledermaus", „Im Weißen Rößl", die „Csárdásfürstin" oder den „Vogelhändler" ins Abseits drängen, erspielte sich aber einen respektablen Marktanteil. Lehár und Strauß gehören nach wie vor zu den Publikumsfavoriten, haben jedoch in den Musical-Komponisten Frederick Loewe, Cole Porter, Jerry Herman, Jerome Kern, Jerry Bock und Irving Berlin hartnäckige Mitstreiter um die Gunst des Publikums. Allein zwischen 1955 und 1975 zählten u. a. „My Fair Lady", „Kiss me Kate", „Hallo Dolly", „Annie get your Gun" und „Show Boat" zu den Stücken mit mehr als 300 Aufführungen. „Anatevka", mit dem fünf Jahre lang ununterbrochen durch die Bundesrepublik gezogen wurde, konnte in den 70er Jahren mit 2 845 Vorstellungen alle bisherigen Musical-Erfolge am Broadway brechen.
Neue Maßstäbe indes hat in den letzten 15 Jahren Andrew Lloyd Webber gesetzt. Die Erfolgsvorboten des englischen Komponisten waren seine Musicals „Jesus Christ Superstar" und „Evita", und in den 80er Jahren griff er mit „Cats", „Starlight Express" und „Phantom der Oper" geradezu zu den Sternen. Gegen Ende 1993 liefen vier Musicals Webbers gleichzeitig auf Londons Bühnen: „Cats" seit 12 Jahren, „Starlight Express" seit neun und „Phantom der Oper" seit sieben, dazu das Frühwerk „Joseph And The Amazing Technicolor Dreamcoat". Bereits 1992 hatte sich Webber vor Mozart an die Spitze der deutschsprachigen Bühnenstatistik gesetzt.
Die starke Resonanz sowohl auf des Broadways liebstes Kind als auch auf die europäische Nebenlinie ist die natürliche Reaktion einer Generation, deren Weltbild sich durchgreifend geändert hat. Es bestätigt sich wieder einmal, daß Theaterspielen in einem mittelbaren Zusammenhang steht mit den Verhältnissen, die sich aus gesellschaftlichen und politischen Vorgängen ergeben. Das Theater sucht nach neuen Formen, sein Publikum zu erreichen. Im besonderen Maße trifft das für das Schauspiel zu, aber auch für die sogenannte Unterhaltung. Bezeichnend ist es, daß die Operette spätestens seit Ende des Zweiten Weltkrieges von ihrem Besitzstand leben muß. Kompositorisches Neuland ist kaum hinzugewonnen worden, dennoch hält man

generell der Gattung die Treue. Der Anteil der jüngeren Theatergänger, so hat es den Anschein, will sich nicht mehr dem schönen Schein märchenhafter Operetten-Stories und ihrer zahm-rieselnden Musik aussetzen. Er will es nicht „happy-endlich", sondern so wie das Leben ist.

Von dieser lebensnahen Machart ist im Kern das Repertoire der Musicals. Anfänglich war es über Jahrzehnte hinweg nichts anderes als die amerikanische Nachfolgerin der europäischen Operette. Heute ist es ein Schaustück mit Musik, das weder nach dem alten Nummernschema abläuft noch die klassischen Paare Sänger-Sängerin und Buffo-Soubrette kennt. Die Personen sind Menschen, wie sie uns jeden Tag begegnen können. Ihre Lieder, Songs und Tänze sind (im Gegensatz zur Operette) Teile der Handlung. Milieu und Ablauf der Handlung werden vom Thema bestimmt, das Liebe, Politik, Krieg, Bürokratie, Rassismus, Religion, Jugend, Autorität heißen kann. Eine Garantie für zugkräftige Libretti ist vor allem dort gegeben, wo Produzenten von Musicals auf Werke klassischer oder zeitgenössischer Literaten zurückgreifen. So liefern Shaw mit „Pygmalion" die Geschichte zu „My Fair Lady" und Shakespeare mit „Der Widerspenstigen Zähmung" den Stoff zu „Kiss me Kate".

Anders und unterschiedlich ist Andrew Lloyd Webber verfahren: Für sein rockendes Opern-Musical „Jesus Christ Superstar" hat er Kapitel des Neuen Testaments benutzt. Das Rock-Musical „Evita" basiert auf Geschichtsfakten. Die revuehaft ausgeformte Geschichte von „Cats" geht auf Katzengedichte von T. S. Eliot zurück. Das Libretto für das Show-Musical „Starlight Express" wurde nach Texten aus den Eisenbahnbüchern eines englischen Pfarrers geschrieben und das für „Phantom der Oper" nach dem französischen Roman „Le Fantôme de l'Opéra" von Gaston Leroux.

Mit dem kürzlich geadelten Webber hat Europa heute eine starke Speerspitze im konkurrierenden Wettstreit mit den USA. Aber auch die Vorfahren des amerikanischen Musicals waren einst aus Europa gekommen: In der Mitte des 18. Jahrhunderts wandert die englische Balladenoper nach Amerika aus und stellt sich dort mit Gay-Pepuschs „Beggar's Opera" als vulgäres, gesellschaftskritisches Gegenstück zur höfisch geprägten italienischen Oper vor. Rund ein Jahrhundert später folgen ihr die französische Operette und an der Wende zum 20. Jahrhundert die erfolgreichsten Werke von Lehár nach. Die eigentliche Geschichte des Musicals beginnt um 1900, als die Komponisten Victor Herbert und George M. Cohan mit „The

fortune teller“ und „Forty-Five-minutes from Broadway“ der europäischen Importware mit eigenen Bühnenstücken entgegentreten.
Nach Auffassung amerikanischer Theatergeschichtler hat aber schon 1866 mit der New Yorker Aufführung des auf äußerliche Wirkung bedachten Schaustücks „The black crook“ in der Musik von Operti die Entwicklung des Musicals eingesetzt. Bald darauf dringen in diese operettenähnlichen Arrangements die spöttisch-aktuellen Couplets der Vaudevilles ein, jener Art des Unterhaltungstheaters französischen Ursprungs, die als Stimme des Volkes definiert werden kann. Showcharakteristische Züge erhält die Anfangsform des Musicals ebenso durch den Einbau von Szenen, in denen weiße Darsteller auftreten, die singend und tanzend das Leben der Farbigen nachahmen, wie durch die Übernahme derber Komik aus Burlesken italienischer Herkunft. Aber auch Pantomime, Ballett, Jazz, Revue und Varieté sind an der weiteren Entwicklung des Musicals beteiligt.
Im Jahre 1927 hebt sich in New York der Vorhang zu „Show Boat“, das von Siegfried Schmidt-Joos als das erste wirkliche Musical im modernen Sinn bezeichnet wird. Aus urheberrechtlichen Gründen ist dieser Urtyp des amerikanischen Musicals aber erst vier Jahrzehnte danach in Deutschland zu sehen, und zwar 1970. Die Städtischen Bühnen von Freiburg sind es, die das von Oscar Hammerstein nach einem Roman von Edna Ferber geschriebene „Show Boat“ in einer Fassung aufführen, in der gegenüber dem Original das Verhältnis der Amerikaner zu den Negern auf deutsche Einsichten zugeschnitten ist. Die Musik von Jerome Kern bleibt unangetastet. Der längst populär gewordene Song „Old Man River“ bekommt Sonderbeifall.
Nun ist es üblich geworden, beim amerikanischen Musical zwischen „europäischen“ und landestypischen Produktionen zu unterscheiden. Jerome Kern gehört mit seinen Vorgängern Victor Herbert („The wizard of the Nile“, „Sweethearts“), Karl Hoschna („Madame Sherry“) und dem aus der Tschechoslowakei stammenden Rudolf Friml („The three Musketeers“, „The Firefly“) u. a. m. zur Gruppe der „Europäer“, die gleich Richard Rodgers („Jumbo“) mehr oder weniger die Liebe in allen Formen zum Hauptthema haben. Den dramaturgischen Rahmen bilden vielfach geschichtliche Handlungen. Die Musik erinnert hauptsächlich an europäische Operettenvorbilder, auch wenn mitunter die Neigung zu opernhafter Orchestrierung besteht. Das vorläufige Ende dieser „europäischen“ Linie ist mit Frederick Loewes „My Fair Lady“ (1956) und „Camelot“ erreicht.

George M. Cohan ist kurz nach der Jahrhundertwende der erste Vertreter des amerikanischen, landeseigenen Musicals. Mit „Little Johnny Jones“ und „The Royal Vagabond“ vertont er Bühnenstücke, die bis in die 40er Jahre für George Gershwin („Porgy and Bess“) und Cole Porter („Anything goes“) grundsätzlich richtungsweisend sind: Die Handlungen haben mehr städtischen Charakter, vorzugsweise eingesetzt wird die Parodie, Jazzrhythmen bestimmen den Bewegungsablauf der Musik. Die jüngsten Produktionen dieser amerikanischen Linie stammen von Frank Loesser („The most happy fella“) und Meredith Willson („The music man“). Ansätze zu Musicals, in denen der Tanz ein vorrangiger Bestandteil der Handlung ist, gibt es seit Mitte der 30er Jahre. So in Richard Rodgers' „On Your Toes“. Und „Oklahoma“ vom selben Komponisten ist das Bindeglied zu Leonard Bernsteins Ballett-Musicals „On the Town“ und „West Side Story“.
Seit den 40er Jahren wird den Themen der Handlung wieder die größere Aufmerksamkeit gewidmet. Kurt Weill („Street scene“, „Lady in the dark“), Burton Lane („Finnian's rainbow“) u. a. schreiben die Musik zu Bühnenstücken, in denen soziale und gesellschaftliche Probleme behandelt werden. Hier rückt das Musical musikalisch in die Nähe opernhafter Aussage. Literarische Vorlagen (Romane und Schauspiele) liegen vielfach den amerikanischen Musicals der 60er Jahre zugrunde.
Etwa zur gleichen Zeit steuert auch Europa seine ersten eigenen Produktionen bei: „Irma la Douce“ durch die Französin Marguerite Monnot, „Salad Days“ durch den Engländer Julian Slade, „Feuerwerk“ durch den Schweizer Paul Burkhard, „Katharina Knie“ durch den Deutsch-Engländer russischer Herkunft Mischa Spoliansky, „Träume vom Glück“ durch den Österreicher Erwin Halletz u. a. m. Und in den letzten fünfzehn Jahren haben auch deutsche Komponisten kräftig an der Geschichte des Musicals mitgeschrieben: Franz Grothe („Wirtshaus im Spessart“), Paul Kuhn („Schinderhannes“), Peter Kreuder („Wedding-Mary“), Gerd Natschinski („Casanova“), Charly Niessen („Trio zu viert“) u. a. m. Aber auch nach noch so beachtlichen Publikumserfolgen in Berlin, München, Zürich, St. Gallen, Hamburg, Wien, Freiburg, Gelsenkirchen, Konstanz, Karlsruhe – alles Städte, in denen das Musical besonders gefördert wird – ist auch heute noch nicht abzusehen, welchen Weg die neue Spielart gehen wird. Bleibt sie bei der perfekt präsentierten Mischform, die ungeniert Elemente traditioneller Theatergattungen verwendet, oder

bildet sich durch Verschmelzung der verschiedensten Unterhaltungsformen doch noch eine eigenständige, unverwechselbare neue Gattung heraus?
Zur Zeit hat das Musical jedenfalls Hochkonjunktur. Zwei Beispiele aus dem deutschsprachigen Raum: In Zürich-Oerlikon sind Webbers „Cats" bis Ende 1993 ein Renner gewesen, und in Bochum wurde eigens ein Musical-Theater gebaut, speziell für die deutsche Erstaufführung von „Starlight Express". Dieses Webber-Werk brachte es in fünf Jahren auf 3,2 Millionen Besucher. G. H.

Musicalführer

Burt Bacharach (* 1928): **Das Schlüsselkarussell** (The Apartment)

Musical von Neil Simon nach dem Film „The Apartment" – New York 1968 (Bloch)
Chuck Baxter – Fran Kubelik – Karl, ihr Bruder – Mister Sheldrake, Personalchef – Miß Olson, seine Sekretärin – Mister Dobitch – Sylvia, seine Freundin – Mister Kirkeby – Ginger, seine Freundin – Mister Eichelberger – Vivien, seine Freundin – Jesse Vanderhof – Miß Kreplinski, Sprechstundenhilfe – Dr. Dreyfuß, Arzt – Marge MacDougall

NEW YORK IN UNSERER ZEIT

Chuck Baxter, einer von 31 259 Angestellten einer New Yorker Versicherungsgesellschaft, wäre seinen Vorgesetzten wohl kaum aufgefallen, wenn er nicht der glückliche Besitzer eines Einzimmerappartements gewesen wäre. Um seiner Karriere etwas auf die Sprünge zu helfen, stellt er den verheirateten Vorgesetzten seine Wohnung zur Verfügung. Zuerst ist es nur Dobitch, der Leiter der Abteilung Hypotheken und Darlehen, dem Baxter gefällig ist, später vielen anderen. Sein Bett ist bald derart belegt, daß er kaum noch eine Nacht in seinen vier Wänden verbringen kann. Selbst Sheldrake, der Personalchef, erbittet sich den nun von Hand zu Hand gehenden Schlüssel. Baxter kommt auch dieser Bitte nach und – wird zum Direktionsassistenten befördert. Doch als dann auch die von ihm verehrte Fran Kubelik mit jenem Personalchef sein Zimmer in Anspruch nehmen will, pfeift Baxter auf alle Karriere – er gibt den Wohnungsschlüssel nicht mehr heraus. Das imponiert Fran Kubelik; sie wird zur Erfüllung von Baxters Träumen.

Irving Berlin (1888-1989): **Annie get your gun**

Ein Musical in 2 Akten von Herbert und Dorothy Fields – New York 1946 (Bloch)
Charlie Davenport – Dolly Tate – Winnie Tate – Tommy Keeler – Frank Butler – Annie Oakley – Oberst William F. Cody (Buffalo Bill) – Häuptling Sitting Bull – Weitere kleine Rollen

IN DEN AMERIKANISCHEN STAATEN OHIO, MINNESOTA UND NEW YORK

1. und 2. Akt: Annie lebt mit ihren vier kleinen Geschwistern einsam in den Wäldern von Ohio. Annie schießt Wachteln und Schneehühner, von denen sie sich ernähren. – Annie nimmt an einem öffentlichen Wettschießen teil und besiegt den berühmten Scharfschützen Frank Butler. Buffalo Bill engagiert Annie als neue Attraktion für seine „Wild West Show". – Annie ist der unbestrittene Star in Buffalo Bills Show, die mit Shanghai Bills „Fernost-Show" konkurriert. Unterwegs auf den Tourneen lernt Annie viele Menschen und Städte kennen und verliebt sich in Frank Butler, der in ihr aber auch die große Rivalin sieht. – Annies höchste Ehrung ist die Aufnahme in den Stamm der Sioux-Indianer als „Tochter honoris causa" des Häuptlings Sitting Bull. Am selben Tag aber verläßt Frank Butler, durch Annies sensationellen Aufstieg getroffen, Annie und Buffalo Bill und schließt sich der Truppe von Shanghai Bill an. – Viele Monate sind vergangen. Annie triumphierte mit Buffalo Bill in Europa; Frank ist der Star der „Fernost-Show" geworden. Bei einer großen Begrüßungsparty in New York sollen beide Shows zu einer Show vereinigt werden. – „Wenn die beiden Shows verschmolzen

werden, dann können Frank und ich uns auch ein bißchen verschmelzen", meint Annie. Allerdings bringt der Anblick von Annies vielen Medaillen Frank wieder in Rage, und voller Zorn aufeinander beschließen beide ein neuerliches Wettschießen. – Sitting Bull, der weise Häuptling, lehrt Annie den Weg zu ihrem Glück: „Wenn du schießt daneben, du gewinnst Frank, sei zweitbeste, Annie." Mit Annies absichtlichem Fehlschuß finden die beiden zueinander. Auch die zwei Shows fusionieren zu einer großen Doppel-Show unter dem Motto: „There's no Business, like Show Business!"
Weil es ganz von selber geht (Annie und Kinder); Denn am Schießeisen beißt keiner an (Annie); Ther's No Business, Like Show Business (Charlie; Buffalo, Frank und Annie).

Leonard Bernstein: Wonderful Town

Musical in 2 Akten von Joseph Fields und Jerome Chodorov nach ihrer Komödie „My Sister Eileen" – New York 1953
Ruth Sherwood – Eileen, ihre Schwester – Appopolous, Wohnungsvermieter – Lonigan, Polizist – Wreck Loomis, Footballspieler – Helen, seine Freundin – Mrs. Wade, ihre Mutter – Robert Baker, Redakteur – Speedy Valente, Betreiberin eines Nachtclubs – eine Dirne, ein Reiseleiter, Reporter, Kellner, Betrunkene

NEW YORK IM SOMMER 1930

1. und 2. Akt: Ruth und Eileen Sherwood haben sich vorgenommen, etwas aus ihrem Leben zu machen. Sie wechseln ihren Wohnort – heraus aus dem stillen Columbus in Ohio, hinein in das pulsierende New York. Dort mieten sie einen Kellerraum, der sich als ehemalige Behausung einer Dirne herausstellt. Für die Männer ist das immer noch eine Adresse, und so stellen sich Typen ein, die Ruth und Eileen in Verlegenheit bringen. Eileen kommt gar in den Verdacht, selbst eine solche zweifelhafte Adresse zu sein, wird verhaftet, kommt aber mit Hilfe ihrer Schwester Ruth wieder frei. Ihr ist es zwischenzeitlich gelungen, bei einer Zeitung als Redakteurin unterzukommen. Als Schriftstellerin eine Chance für sie, Karriere zu machen. Auch Eileen hat Glück – sie wird von einem Nachtclub als Unterhalterin engagiert; zur Bühne wollte sie schon immer. Und dann stellt sich „happy-endlich" auch die Liebe ein: Zwischen Eileen und dem Redakteur Baker, zwischen Appopolous, dem Wohnungsvermieter, und Ruth.

Leonard Bernstein: Candide

Musical in einem Akt von Hugh Wheeler nach dem gleichnamigen Roman von Voltaire – New York 1956 (neue Fassung 1974)
Voltaire/Dr. Pangloss/Gouverneur/Der Weise (in einer Person) – Candide – Kunigunde – Maximilian – Paquette – Die alte Dame – Huren, Sklavinnen, Sünderinnen, Seeräuber, Soldaten, Matrosen

18. JAHRHUNDERT: IN EUROPA, AUCH ANDERSWO, ZUR ZEIT DES FRANZÖSISCHEN SCHRIFTSTELLERS UND PHILOSOPHEN FRANÇOIS-MARIE AROUET, GENANNT VOLTAIRE

Aufklären über die Dinge der Welt, das war die beherrschende Geisteshaltung im 18. Jahrhundert Europas. Die Vernunft wurde als das Eigentliche des menschlichen Wesens angesehen. Ausgehend von Spinoza in Holland über Newton in England, setzte der Franzose Voltaire der neuen Weltauffassung eine kritisch-spöttische Krone auf. Zum Beispiel in seinem Roman „Candide ou l'optimisme". Eingangs des Musicals liest der Autor daraus. Damit ist die Geschichte auf die Bahn gebracht. Voltaire, der in die Gestalt von Dr. Pangloss schlüpft – Pangloss steht für den deutschen Philosophen Leibniz –, gibt seinen Zuhörern zu verstehen, allein Pangloss sei der rechte Geist, dem man sich anvertrauen kann, um die ideale Welt zu erfahren. Candide, Kunigunde, Paquette und Maximilian gehen mit Pangloss auf die große Entdeckungsreise, von Deutschland nach Portugal, Argentinien und Frankreich, um die Lehre von der besten aller Welten zu überprüfen. Dabei müssen sie eine Reihe von Abenteuern überstehen. Sie geraten gar in Lebensgefahr, Candide seinerseits wird zum Mörder. Die vier jungen Leute gewinnen und verlieren. Fazit ihrer Weltüberprüfung: „Die Welt ist schrecklich. Ideologien und Glaubenssätze können ihr nicht helfen. Wir können nur arbeiten, unseren eigenen Garten bestellen." Und damit hat das Musical, wenigstens im Glauben an das Gute im Menschen, die pessimistische Satire Voltaires umgebogen.

Leonard Bernstein (1918-1990): **West Side Story**

Ein Musical frei nach Shakespeares „Romeo und Julia" von Jerome Robbins – New York 1957

Tony (Romeo) – Maria (Julia) – Die Jets, Halbstarkenbande (Einheimische) – Die Sharks, Halbstarkenbande (zugewanderte Puertoricaner)

IN EINEM ARMENVIERTEL VON NEW YORK, GEGENWART

Zwei Banden jugendlicher Rowdies, die einheimischen Jets und die zugewanderten Sharks aus Puerto Rico, sind – wie einst die Montagues und Capulets in Verona – bis aufs Messer miteinander verfeindet. Niemand denkt an Verständigung, keiner will die Aussöhnung. Es herrscht, wo immer die Banden aufeinandertreffen, rohe Gewalt. Der tiefe Haß äußert sich in Straßenschlachten, die meist blutig ausgehen. Das Schicksal will es, daß Maria, die Schwester des Bandenführers der Sharks, Tony liebt, der ein Angehöriger der Jets ist. Der Anführer der Jets wird von Marias Bruder erstochen, Tony tötet daraufhin den Mörder. Die Rache der Sharks ist um so grausamer: sie erschießen Tony. Erschüttert stehen die Rowdies beider Banden vor ihren Opfern. Sie werfen Messer und Revolver weg und reichen sich die Hände.

Maria (Tony); Amerika.

Jerry Bock (* 1928): **Anatevka** (Fiddler on the Roof)

Musical nach der Erzählung „Tevje, der Milchmann" von Sholem Aleichem von Joseph Stein – New York 1964

Tevje, ein Milchmann – Golde, seine Frau – Zeitel, Hodel, Chava, Sprintze, Bielke, ihre Töchter – Jente, Heiratsvermittlerin – Frumah Sarah – Oma Zeitel – Schandel – Mottel Kamzoil – Perchik – Lazar Wolf, Metzger – Motschach, Gastwirt – Rabbi – Mendel, sein Sohn – Nachum, der Bettler – Awram – Wachtmeister – Fedja, ein Russe – Sascha, ein russischer Sänger – Der Fiedler – Russentänzer – Flaschentänzer – Dorfbewohner

RUSSLAND IM JAHRE 1905

In Anatevka, einem kleinen, armseligen Dorf mitten in Rußland, wo ein Häuflein von Juden eine neue Heimat gefunden hat, werden die Vorbereitungen für den Sabbat getroffen, auch im Hause des Milchmanns Tevje, der ein gläubiger Diener seines Gottes ist, viel von Tradition hält, Golde zur Frau hat und Vater von fünf erwachsenen Töchtern ist, die unbedingt unter die Haube müssen. Für Zeitel, die Älteste, bietet sich

der wohlhabende Fleischer Wolf an, doch sie ist schon mit dem armen Schneider Mottel heimlich verlobt. Und Mottel bekommt sie auch zur Frau. Das ganze Dorf feiert Hochzeit. Die ausgelassene Stimmung wird jäh unterbrochen, als sich russische Demonstranten ihres Auftrags entledigen: sie machen das Dorf dem Erdboden gleich. Tevje hält Zwiesprache mit seinem Gott, aber auch der hat keine Erklärung für das, was den Einwohnern von Anatevka zugefügt worden ist. Doch das Leben geht weiter. Perchik, ein revolutionärer Student aus Kiew, der seit einiger Zeit im Dorf eine neue Welt verkündet, will den Zaren vom Thron stürzen. Zuvor hält er um die Hand der Tochter Hodel an, zieht aus und wird bald darauf nach Sibirien verbannt. Hodel packt ihr Bündel, um seine Frau zu werden. Aber auch Tevje, dessen Tochter Chava einen Russen zum Mann hat, muß mit der Familie Anatevka verlassen, auf Befehl des Zaren, innerhalb von nur drei Tagen. Und wieder macht er sich auf, eine neue Heimat zu suchen.
Wenn ich einmal reich wär' (Tevje).

Paul Burkhard (1911-1977): **Feuerwerk**

Musical in 3 Akten von Eric Charell, Jürg Amstein und Robert Gilbert nach dem Lustspiel „Der schwarze Hecht" von Emil Sautter – München 1950 (Zürich A. G.)
Albert Oberholzer, Fabrikant (B) – Karline, seine Frau (S) – Anna, ihre Tochter (S) – Alexander Oberholzer, genannt Obolski, Zirkusdirektor (Bar) – Iduna, seine Frau (S) – Fritz Oberholzer, Landwirt (T) – Berta, seine Frau (A) – Gustav Oberholzer, Regierungsrat (T) – Paula, seine Frau (A) – Heinrich Oberholzer, Professor (T) – Klara, seine Frau – Herbert Klusmann, Schiffsreeder – Lisa, seine Frau (A) – Kati, Köchin (A) – Josef, Diener (B) – Robert Fischer, Gärtner (T) – Stallmeister, Manegediener, Zirkusleute, Kinder

IN EINER RESIDENZSTADT UM 1900

1. Akt: Zum 50. Geburtstag des Fabrikanten Albert Oberholzer findet sich die Verwandtschaft ein – eine recht biedere Gesellschaft, in die plötzlich Alexander Oberholzer, der Bruder Alberts, der als Knabe von zu Hause ausgerissen war, mit seiner rassigen Frau Iduna einbricht. Alexander hat es bis zum Direktor des Zirkus „Obolski" gebracht. Ein Feuerwerk im Garten lenkt die Gesellschaft vorübergehend von den beiden Neuankömmlingen ab. – *2. Akt:* Anna allein ist von der Zirkusverwandtschaft fasziniert; sie will auf einmal Trapezkünstlerin werden und läßt sich auch von ihrem Verehrer Robert nicht von ihren Vorstellungen abbringen. – *3. Akt:* Idunas Anwesenheit hat jetzt auch die Männer verwandelt. So kommt es zum Aufstand ihrer Frauen, vor dem Iduna und Alexander Obolski weichen müssen. Anna aber sind die Augen geöffnet worden: sie will nur noch ihren liebsten Robert und erhält von ihrem Vater den Segen.
Oh, mein Papa war eine wunderbare Clown (Iduna); Heute hab' ich Flügel (Walzer).

Paul Burkhard: Hopsa

Musical von P. Baudisch, R. Gilbert und A. Robinson – 1935, Neufassung Wiesbaden 1957
Perkins, Bürgermeister – Gloria, seine Tochter – Miß Phipps, Lehrerin – Bill Carter, Lehrer – Mary Miller, Hopsa – J. G. Brown, ein Regisseur – Ellery King, Detektiv – Volk, jung und alt

IN DEN 50ER JAHREN DES 20. JAHRHUNDERTS, IN EINER AMERIKANISCHEN KLEINSTADT UND IN NEW YORK

Die temperamentvolle Hopsa – sie hat weder Vater noch Mutter – kommt immer wieder auf neue Streiche, die sie ihren Lehrern und Mitschülern spielt. Diesmal hat sie es zu arg getrieben. Der Bürgermeister schaltet sich persönlich in die Angelegenheit ein. Carter, der junge Lehrer, bricht eine Lanze für die wilde Hopsa. Er hat nur wenig Erfolg, auch sind seine Aussichten, Gloria, die Tochter des Bürgermeisters, zur Frau zu bekommen, jetzt gering geworden. So als hätten sie nur auf einen Anlaß gewartet, die Stadt zu verlassen, siedeln Gloria, Carter und später auch Hopsa nach New York über, um die große Welt kennenzulernen, um vielleicht Karriere zu machen. Gloria und Hopsa verschreiben sich dem Theater; sie werden gar Konkurrentinnen. Das größere Theaterglück widerfährt Gloria. Hopsa wird aber voll entschädigt: sie wird die Frau Carters, dem überraschend eine ansehnliche Erbschaft ins Haus flattert.

Ferenc Farkas (* 1905): **Piroschka**

Musical (Singspiel) in 2 Teilen von Karlheinz Gutheim nach dem gleichnamigen Buch von Hugo Hartung – Kaiserslautern 1970 (U. E.)

István Rácz, Stationschef von Hódmezövásárhelykutasipuszta – Piroschka, seine Tochter – Dr. János von Csiky, Landarzt – Ilonka, seine Frau – Julcsa, Dienstmädchen bei Csiky – Der alte Sedlmayr, ein Patient – Sándor Kis, Dorffaktotum – Ein Hochzeitsgast beim Windmüller – Andreas Hartwig, ein deutscher Student – Greti Wettstein – Nationalrat Hermann Wettstein, ihr Onkel – François, sein Chauffeur – Hochzeitsgäste, Zigeunermusikanten, Dorfbewohner und Kinder

IN EINEM DORF IN SÜDUNGARN UND AM PLATTENSEE IM JAHRE 1923

1. und 2. Teil: Andreas Hartwig, ein deutscher Student aus Hameln, macht Ferien in einem kleinen Dorf in Südungarn. Dort lernt er Piroschka, die patente Tochter des Bahnhofsvorstehers Rácz, kennen. Er nennt sie bald Pirri, sie ihn Andi. Doch was sie füreinander empfinden, davon sprechen sie nicht. Und so ist es für Piroschka eine Enttäuschung, als Andreas einen Abstecher an den Plattensee macht, um die junge Schweizerin Greti Wettstein zu besuchen, der er kürzlich in Budapest begegnet ist. – Zwei Wochen sind vergangen. Piroschka und Andreas haben kaum mehr ein Wort miteinander gewechselt. Die Maisernte hat begonnen, und Andreas' Ferienzeit ist zu Ende. Piroschka ist traurig – sie liebt. Ihr Herz wird noch trauriger, wenn sie daran denkt, daß in dem Zug, mit dem Andreas nach Deutschland zurückkehren will, auch Greti Wettstein ist. Dennoch ist sie bereit, den D-Zug, der gewöhnlich freie Durchfahrt hat, in der Nähe ihres Dorfes halten zu lassen, damit Andreas zusteigen kann. Sie weiß, wie man das macht, ihr Vater hat es ihr beigebracht. – Es ist Nacht. Das Signal steht auf Rot. Eine Sternschnuppe. Piroschka und Andreas wünschen sich etwas. In der Ferne leises Zuggeräusch. Da gibt Andreas vor, seine Fahrkarte vergessen zu haben. Er rennt davon, zum Bahnhof. Das Zuggeräusch kommt näher. Da geht das Signal auf Grün. Der D-Zug von Budapest rast vorbei. Wenig später sinken sich Piroschka und Andreas in die Arme.

Im Grunewald, im Grunewald ist Holzauktion (Andreas).

George Gershwin (1898-1937): **Porgy and Bess**

Musical-Oper in 3 Akten von du Bose Heyward und Ira Gershwin – New York 1935 (Gershw.)

Porgy, ein verkrüppelter Neger (Bar) – Bess, eine junge Negerin (S) – Sporting Life, Rauschgifthändler und Schmuggler (T) – Crown, ein gutverdienender, aber brutaler Neger (Bar) – Jake, ein Fischer, Besitzer des Bootes „Möwe" (Bar) – Clara, seine Frau, Mutter eines kleinen Sohnes (S) – Robbins, ein junger Fischer (T) – Serena, seine Frau (S) – Peter, ein alter Honigverkäufer (T) – Maria, seine Frau (Mezzo-S) – Jim (Bar), Mingo (T) und Nelson (T), Fischer – Lily und Annie, Negerinnen (Mezzo-S) – Scipio, Negerjunge (Sprechrolle) – Eine Erdbeerfrau (Mezzo-S) – Ein Krabbenverkäufer (T) – Mr. Archdale, ein weißer Rechtsanwalt (Sprechrolle) – Simon Frazier, ein Negeradvokat (Bar) – Ein Leichenbestatter (Bar) – Ein Leichenbeschauer (Sprechrolle) – Ein Detektiv (Sprechrolle) – Polizisten, Kinder, Volk

IN CHARLESTON IN SOUTH CAROLINA IN DER GEGENWART

1. bis 3. Akt: Beim Würfelspiel erschlägt in der Trunkenheit der brutale Hafenarbeiter Crown den Fischer Robbins. Crown muß vor der Polizei fliehen. Seine Geliebte, die hübsche und leichtfertige Bess, schlägt das Angebot des Rauschgifthändlers Sporting Life, seine Geliebte zu werden, aus und wendet sich an Porgy, einen allgemein beliebten, verkrüppelten Bettler, der Bess schon lange liebt. Bess wird Porgys Geliebte, sie bessert ihren Lebenswandel und faßt eine aufrichtige Zuneigung zu dem verkrüppelten Bettler. Als eines Nachts Crown wieder auftaucht, um Bess mit sich zu nehmen, setzt sich Porgy zur Wehr; er stößt Crown ein Messer in den Rücken und erwürgt ihn schließlich. Am nächsten Tag wird Porgy von der Polizei zu einer Vernehmung geholt. In ihrer Verzweiflung schenkt Bess den Beteuerungen Sporting Lifes, Porgy würde nie wieder freigelassen, Glauben und folgt dem Rauschgifthändler nach New York. Nach einer Woche kehrt Porgy, dem die Polizei keine Schuld nachweisen konnte, nach Hause zurück. Als er erfährt, daß Bess mit Sporting Life nach New York gegangen ist, macht er sich, um sie zu suchen, mit seinem Handkarren auf den Weg.
Sommerzeit (Clara; auch Bess); Mein Mann ist tot (Serena); Ich hab' zwar nichts (Porgy); Bess, nun bist du meine Frau (Porgy); Es kommt nicht immer so (Sporting Life); O Bess! Oh, wo ist Bess? (Porgy); O Gott, das ist mein Weg (Porgy, Chor).

Franz Grothe (1908-1982): **Moral**

Musical von Günther Schwenn nach der gleichnamigen Komödie von L. Thoma – Gelsenkirchen 1974

Ninon de Hauteville – Fritz Beermann, Rentier – Lina, seine Frau – Effie, beider Tochter – Hans-Jakob Dobler, ein junger Dichter – Adolf Bolland, Kommerzienrat – Klara, seine Frau – Dr. Hauser, Justizrat – Otto Wasner, Gymnasialprofessor – Frau Lund – Fräulein Koch-Pinneberg – Betty, Dienstmädchen – Freiherr von Simbach, Polizeipräsident – Assessor Ströbel – Reisacher, Schreiber – Schmuttermaier, Polizeikommissär – Erbprinz Emil – Baron Botho von Schmettau, sein Adjutant

IN EINER KLEINEN RESIDENZSTADT, ANFANG DES 20. JAHRHUNDERTS

Die Bürger der Residenzstadt Emilsburg machen ihren Feierabendbummel, während im Rauchzimmer des Reichstagskandidaten und Präsidenten des Sittlichkeitsvereins, Fritz Beermann, tüchtig debattiert wird. Der Dichter Hans-Jakob Dobler erläutert die Grundlagen zu seinem Romanerstling, Gymnasialprofessor Otto Wasner singt ein Loblied auf die altgermanischen Lösungen von Verkehrsproblemen, und Fritz Beermann hat sich, wie kann es anders sein, wieder einmal an seinem Lieblingsthema von Sitte und Moral festgebissen. Da stört die Nachricht von der Verhaftung der Lebedame Ninon de Hauteville das Gespräch. Auch in Emilsburg soll sie private Kundschaft bis in die höchsten Kreise gehabt haben. Und so wird Assessor Ströbel in seinem Untersuchungseifer sofort zurückgepfiffen. Vertuschung ist jetzt das Gebot der Stunde. Aus Notizen des Polizeipräsidenten geht hervor, daß die Forderungen der Hauteville unverschämt, aber durchaus erfüllbar sind. Und sie werden erfüllt, durch Fritz Beermann, der im Namen des Sittlichkeitsvereins 15 000 Mark an Kaution und Entschädigung lockermacht. Die Lebedame verläßt triumphierend ihr so erfolgreiches Terrain. Für den glücklichen Abschluß des Falles werden Beermann und andere von Emil dem Gütigen ausgezeichnet.

Franz Grothe: Das Wirtshaus im Spessart

Musical von Curt Hanno Gutbrod, Günther Schwenn und Willy Dehmel nach dem gleichnamigen Film – Gelsenkirchen 1977 (Desch)

Franziska – Wilhelm Graf von Sandau, ihr Vater – Baron von Sperling, ihr Verlobter – Barbara, Zofe – Der Hauptmann – Knoll – Funzel – Korporal – Bettina, Räuberliebchen – Bullenbeißer – Lulatsch – Parucchio – Pfarrer Haug – Felix – Peter – Obrist von Teckel – Wirt

IM SPESSART UM 1800

Franziska, Gräfin von Sandau, ihr Verlobter, Baron von Sperling, und die Zofe Barbara sind im Spessart unter die Räuber gefallen. Sie werden in ein nahe gelegenes Wirtshaus gelockt und erpreßt – ein hohes Lösegeld sollen sie zahlen. Die Gräfin kann jedoch in den Kleidern des Handwerksburschen Felix entkommen, der derweil, als Gräfin verkleidet, in der Hand der Räuber bleibt. Franziska ist ungehalten darüber, daß ihr Vater, Wilhelm Graf von Sandau, das Lösegeld nicht zahlen will, und schließt sich daraufhin den Räubern an. Deren Hauptmann entpuppt sich als Kavalier. Was seine derzeitige Beschäftigung angeht, so dient sie allein dazu, sich wieder in den Besitz des Geldes zu bringen, das einst seine Familie dem Grafen von Sandau geliehen hat. Inzwischen hat der Hauptmann den Rollentausch durchschaut und sich in Franziska verliebt. Graf von Sandau kommt den Forderungen der Räuber nach. Franziska heiratet Ferdinand von Rupertsburg – den Räuberhauptmann, der seinem Schwiegervater die Schuldsumme erläßt.

Marvin Hamlisch (* 1944): **A Chorus Line**

Musical in einem Akt von James Kirkwood und Nicholas Dante nach einer Idee von Michael Bennett – New York 1975

Zach, Choreograph und Produzent – Barbara, Bebe, Connie, Cassie, Diana, Judy, Kristine, Lois, Maggie, Tricia, Vicki (Tänzerinnen) – Bobby, Butch, Don, Al, Frank, Greg, Larry, Mike, Paul, Richie, Tom (Tänzer)

NEW YORK, AUF EINER BROADWAY-BÜHNE

Keine leichte Aufgabe für den Produzenten und Choreographen Zach, aus Bewerbern vier Tänzerinnen und ebenso viele Tänzer für seine neue Show herauszufinden, denn tanzen können sie fast alle. Aber Zach will diesmal mehr. Er unterzieht sie einem außergewöhnlichen Test: Sie sollen ihm verraten, warum sie sich dem Theater, insbesondere dem Ballett verschrieben haben. Und er will von ihnen wissen, was sie sich mit ihrer Arbeit auf der Bühne vom Leben erhoffen. Zach erfährt die sonderlichsten Motive, die dazu führten, sich für den harten Weg einer außerordentlichen Kunstgattung zu entscheiden. Er bekommt aber auch zu hören, was er hören möchte: Tanzen aus Liebe zum Tanz. Diana ist es, die es für andere mit ausspricht. Zach nominiert seine acht Tänzerinnen und Tänzer. Die Show kann steigen.

Jerry Herman (* 1932): **Hallo Dolly**

Ein Musical in 2 Teilen nach „The Matchmaker“ von Thornton Wilder von Michael Stewart – New York 1964 (Bloch)

Mrs. Dolly Gallagher Meyer – Ernestina – Ambrose Kemper – Horace Vandergelder – Ermengarde – Cornelius Hackl – Barnaby Tucker – Irene Molloy – Minnie Fay – Mrs. Rose – Rudolph – Richter – Protokollführer

IN NEW YORK, GEGENWART

1. und 2. Teil: Witwe Dolly Meyer, geborene Gallagher, macht Reklame. Sie verspricht auf Plakaten und höchstpersönlich auf den Straßen von New York, Damen und Herren aus besten Familien unter den ehrenvollsten Umständen diskret miteinander bekannt zu machen zwecks Eheschließung. Heute hat sie allerdings keine Zeit für den gewohnten Schnelldienst, sie muß nach Yonkers, wo sie den wohlbekannten Halbmillionär Horace Vandergelder unter die Haube bringen will, der sein Interesse an Irene Molloy, der Hutmacherin, angemeldet hat. Doch Dolly Meyer hat anderes im Sinn. Sie macht Herrn Vandergelder, seines Zeichens Futtergroßhändler, begierig, die Universalerbin Ernestina Money kennenzulernen, die es gar nicht gibt. „Und was geschieht“, so baut Vandergelder vor, „wenn ich mich einerseits gegen Mrs. Molloy entscheide und mir andererseits diese Miß Money mißfällt?“ Nun, dann – so versichert Dolly – habe sie immer noch einen Namen auf ihrer Liste, einen Namen, den sie so gut kenne wie den ihren. Und es kommt, wie es kommen soll: Dolly weiß alles so einzurichten, daß sich Vandergelder am Ende keine idealere Frau denken kann als seine eigene Heiratsvermittlerin.

Ich schub's ein bißchen hier (Dolly); Es kann oft ein Moment sein (Cornelius).

Birger Heymann (* 1943): **Linie 1**

Musikalische Revue von Volker Ludwig – Berlin 1986 (Autoren)

Das Mädchen – Der Junge im Mantel – Besentamile, Lola, Mücke, Erich, Schlucki – Lady – Bambi – Kleister – Lumpi – Risi – Bisi – Skin – Mondo – Verwirrter – Verklemmter – Buletten-Trude – Veit – Hermann – Chantal – Referent – Fremdenführer – Sozialdemokratin – Angestellter – Junge mit Walkman – Maria – Sängerin – Frau mit Paket – Empörter – Junge Türkin – Johnnie u. a. m.

BERLIN – VOR DER WIEDERVEREINIGUNG, AUF STATIONEN DER LINIE 1

Ein junges Mädchen aus der westdeutschen Provinz erwartet ein Kind – von einem Rockmusiker aus Berlin, mit dem sie drei Wochen lang zusammen war. Sie flieht aus ihrem engen Zuhause, hofft, in der geteilten Stadt Johnnie zu finden. Aber die Anschrift in Kreuzberg, die er angegeben hat, ist falsch. Enttäuscht, aber nicht kopflos, sucht das „Wessi-Mädchen“ den Kontakt mit der Großstadt. Es schläft in den Verkehrskatakomben der U-Bahn, wird von einem Zuhälter angesprochen, von Spießern beschimpft, erlebt, wie sich eine Rauschgiftsüchtige unter die Räder wirft, gerät in den Kern von Pennern und Säufern, von Kriminellen. Viele öffnen sich dem Mädchen, haben Vertrauen zu ihm, erzählen ihre Geschichte. Die U-Bahn ist nicht nur ein Mittel, um vom Bahnhof Zoo nach Kreuzberg zu kommen. Sie ist zugleich sowohl der Ort des weltstädtischen Figurenpersonals als auch die Metapher für das Überleben in einer

Welt der Nicht-Identität. Kleines Glück am Ende: Ein junger, schüchterner Mann nimmt sich des Mädchens aus der Provinz an. Der doch noch aufgespürte Johnnie entzieht sich seinen Pflichten.

Birger Heymann: Eins Zwei Drei

Musical in 2 Akten nach der gleichnamigen Komödie von Ferenc Molnár – Berlin 1989 (Theawest)

MacNorris – Melanie – Stiller – Hildegard – Scarlett – Mischa – Barenski – Budowskaja – Borowski – Mr. Hazeltine – Mrs. Hazeltine – Dr. Bauer – Chauffeur, Herrenschneider, Schuhmacher, Hemdenmacher, Putzmacherin – Putzfrau Berta

BERLIN 1960 IM ABFÜLL-ABLEGER DES COLD-DRINKS

1. und 2. Akt: Cola-Manager MacNorris will seiner Zentrale im fernen Atlanta imponieren: Um den Ostblock wirtschaftlich zu erobern, hat er mit einer russischen Limonaden-Kommission Verhandlungen aufgenommen. MacNorris schwelgt in Utopie – der Nutzbarmachung des schier unermeßlichen Ostraums. Der überseeische Cola-Boß Hazeltine jedoch ist von MacNorris' euphorischen Plänen weit weniger angetan. Ihm liegt vielmehr daran, seine vergnügungssüchtige Teenagertochter Scarlett mit dem tollen Pflaster Berlin bekannt zu machen. MacNorris wird mit dieser Aufgabe betraut. Um über die umtriebige Cola-Tochter auf dem laufenden zu sein, hat MacNorris das Faktotum Stiller mit der Observierung beauftragt. Offensichtlich geht es Scarlett in der Riesenstadt wohl. Sie hat inzwischen überraschenderweise den Russen Mischa geheiratet. MacNorris sieht sämtliche Felle wegschwimmen und handelt. Er läßt Mischa kurzerhand am Brandenburger Tor verhaften. – Mit Hilfe von Melanie soll es nach Moskau gehen; Scarlett hat schon die Koffer gepackt. Indes setzt MacNorris alle Hebel in Bewegung, um die „rote Ehe“ zu torpedieren. Da erfährt er, daß Scarlett schwanger ist. MacNorris disponiert um: Russische Handelspartner helfen ihm, Mischa aus dem Knast im östlichen Sicherheitsdienst in den Westen zu schaffen. Hier angekommen, wird Mischa mitteleuropäisch ausstaffiert. MacNorris sieht sich schon als Gewinner, aber er rechnet nicht mit der höheren Einsicht von Cola-Boß Hazeltine ...

John Kander (* 1927): **Cabaret**

Musical v. Joe Masteroff nach einem Schauspiel v. John van Druten – New York 1966

Sally Bowles – Der Conférencier – Cliff Bradshaw – Ernst Ludwig – Fräulein Schneider – Herr Schultz – Fräulein Kost – Ein Zollbeamter – Ein Chauffeur

BERLIN, ANFANG DER 30ER JAHRE

Der amerikanische Schriftsteller Cliff Bradshaw hat am Silvestertag des Jahres 1929 auf seiner Reise nach Berlin Ernst Ludwig, einen jungen Deutschen, kennengelernt. Im Kit-Kat-Club verliebt sich Cliff in die attraktive Cabaret-Sängerin Sally Bowles. Beide verleben eine glückliche Zeit, bald erwartet Sally ein Kind. Sie wird von Ernst Ludwig überredet, Geld für die NSDAP aus dem Ausland nach Deutschland zu schmuggeln, um damit sein Einkommen aufzubessern. Cliff und Ernst Ludwig sind kurz darauf Gäste auf einer Verlobungsfeier. Zur Unterhaltung singt der Verlobte Schultz, ein jüdischer Obsthändler, ein jüdisches Lied. Für den überzeugten Nationalsozialisten Ernst Ludwig ist es unverständlich, daß die Zimmervermieterin, das Fräulein Schneider, diesen Juden heiraten will. Cliff ist über Ernst Ludwigs Haltung entsetzt. Er gibt ihm das beim Schmuggel verdiente Geld zurück. Es kommt zu einer handgreiflichen Auseinandersetzung zwischen den beiden. Cliff distanziert sich von Ernst Ludwig. Sally will er mit nach Amerika nehmen; sie will nicht. Sie eröffnet ihm, daß sie das Kind nicht mehr bekommen wird. Enttäuscht verläßt Cliff Berlin. Sally kehrt auf die Bretter der Cabaret-Bühne zurück.

John Kander: Sorbas

Musical von Joseph Stein und Fred Ebb nach dem Roman „Alexis Sorbas" von Nikos Kazantzakis – New York 1968 (Bloch)

Sorbas – Nikos – Madame Hortense – Erzählerin – Surmelina, eine junge Witwe – Mavrodani, Bürgermeister – Pavli, sein Sohn – Manolakos, sein Vetter – Georgi, italienischer Admiral – Fivos, russischer Admiral – Konstandi, französischer Admiral – Arbeiter und Polizisten

PIRÄUS UND AUF KRETA UM 1920

Nikos, Universitätsdozent und Schriftsteller, hat auf Kreta eine stillgelegte Mine geerbt. Auf dem Weg dorthin nimmt er die Dienste des Griechen Sorbas an, der seine Familie verlassen hat. Auf Kreta nehmen sie Wohnung bei der französischen, nicht mehr auftretenden Chansonette Hortense. Von Sorbas wird sie umworben. In der Stadt, wo er Baumaterial für das Bergwerk besorgen soll, bringt er das Geld seines Arbeitgebers durch. Der Inhalt eines Briefes, den Hortense zugestellt bekommt, erweckt bei ihr die Hoffnung auf eine Heirat mit Sorbas. Derweil macht sich Nikos zum Haus der jungen Witwe Surmelina auf. Da sieht er Pavli, den Sohn des Bürgermeisters, davonlaufen. Seinerseits identifiziert Pavli Nikos als seinen Nebenbuhler und begeht Selbstmord – er stürzt sich ins Meer. Sein Vater Mavrodani schwört Rache. Er hat leichtes Spiel, die abergläubischen Dorfbewohner gegen die Witwe, als Ursache des tragischen Unglücks, aufzuwiegeln. Ihr verwehrt er den Besuch des Gottesdienstes und ersticht sie. Nikos verläßt enttäuscht Kreta, geht nach Athen zurück. Dort dämmert ihm aber auch, daß es im Leben nicht nur ums Geldverdienen geht – durch Sorbas ist ihm eine freiere Welt erschlossen worden.

John Kander: Chicago

Musical von Fred Ebb und Bob Fosse nach dem gleichnamigen Bühnenstück von Maurine D. Watkins – New York 1975 (Bloch)

Der Conférencier – Roxie Hart – Amos, ihr Mann – Fred Casely, ihr Geliebter – Velma Kelly, Varietékünstlerin – Billy Flinn – Mary Sunshine – Morton, Gefängnisaufseherin – Liz, Annie, June, Hunyak, Mona (Insassinnen des Gefängnisses) – Kitty – Harry, ihr Mann – Reporter, Gerichtsdiener, Richter, Fans von Velma, Fans von Roxie

Roxie Hart hat ihren untreuen Liebhaber, den Möbelverkäufer und Vorstadtgigolo Fred Casely, mit sechs Schüssen getötet. Ihren einfältigen Mann Amos überredet sie dazu, vor der Polizei zu Protokoll zu geben, er sei der Mörder. Sie hat aber nicht mit dem pfiffigen Inspektor Fogarty gerechnet – er deckt die richtigen Zusammenhänge auf, und die Mörderin wird ins Cook-County-Frauengefängnis eingeliefert. Dort trifft sie auf eine Menge anderer Mörderinnen. Der unbestrittene Star unter ihnen ist Velma Kelly, die Varietékünstlerin. Velma und Roxie freunden sich an. Nach ihrer Entlassung will Velma Roxie mit zum Varieté nehmen. Einem Anwalt gelingt es mit einem Trick, die beiden freisprechen zu lassen. Ihr Ziel ist es, Karriere im Showgeschäft zu machen.

John Kander: The Rink

Musical in 2 Akten von Terrence McNally und Fred Ebb – New York 1984 (Bloch)
Anna – Angel, ihre Tochter – Dino, ihr Vater – Lenny, Annas Freund – Kleines Mädchen, Angels Tochter
1. und 2. Akt: Angel, vor sieben Jahren mit ihrem Freund nach Kalifornien durchgebrannt, ist wieder zu Hause. Zur Ruine heruntergekommen ist die damals von ihren Eltern betriebene Rollschuhbahn (The Rink). Arbeiter sind dabei, die einst blühende Vergnügungsstätte abzureißen – im Auftrag von Angels Mutter Anna. Sie will damit einen Schlußstrich unter ihre Vergangenheit ziehen. Angels Rückkehr löst in ihr Erinnerungen aus, vor allem an Dino (Antonelli), den Vater Angels, dessen Charme sie vor 30 Jahren erlegen war. Um den Rink zu verkaufen, hat Anna die Unterschrift ihrer Tochter gefälscht. Angel geht mit ihrer Mutter ins Gericht – es ist ihre Absicht, die Rollschuhbahn, das Sinnbild ihrer Kindheit, zu retten. Zwischen beiden kommt es zu einem heftigen Streit, man wird handgreiflich. Sie brechen in Tränen aus und versöhnen sich. Angel ist reifer geworden. Für ihre Mutter bringt sie Verständnis auf, für eine vom Leben gebeutelte Frau, die von ihrem Mann, Angels Vater, verlassen wurde und sich mit anderen Männern tröstete. Da betritt ein kleines Mädchen die Rollschuhbahn. Es ist Angels Tochter. Der Rink ist plötzlich Nebensache; er wird den Arbeitern zum Abbruch überlassen. Für Anna, Angel und Lenny ist die Vergangenheit abgehakt – sie wollen ein neues Leben beginnen.

Jerome Kern (1885-1945): Show Boat

Musical in 2 Akten nach dem gleichnamigen Roman von Edna Ferber von Oscar Hammerstein II – New York 1927 (Weinberger)
Käpt'n Andy Hawks – Parthy Ann Hawks, seine Frau – Magnolia, seine Tochter – Gaylord Ravenal – Julia – Steve, ihr Mann – Joe – Queenie – Ellie – Frank – Pete – Rubber Face – Windy – Jim – Jake – 1. Bärenjäger – 2. Bärenjäger – Sheriff – Der junge Mann mit der Gitarre – Der Portier im Trocadéro – Ein Hotelportier – Ein Wirt – Zwei Ausrufer

AM UFER DES MISSISSIPPI, UM 1885

1. und 2. Akt: Das Theaterschiff „Cotton Blossom" hat in Natchez angelegt. Andy, der Kapitän des Show Boat und Direktor der Komödiantengruppe, lädt zum Abend zur Vorstellung ein. Da gibt es Ärger wegen Julia, der Attraktion der Truppe. Steve, ihr Mann, gerät mit dem Steuermann Pete in Streit, weil dieser seiner Frau immerfort nachstellt. Pete rächt sich; er hinterbringt, daß auf dem Schiff gesetzeswidrig ein Weißer mit einer Negerin verheiratet ist. Das Ehepaar wird verhaftet, die Truppe ist ohne Hauptdarsteller. Da verliebt sich Magnolia, die Tochter des Kapitäns, in den Spieler Gaylord Ravenal, der sich als blinder Passagier auf das Schiff geschlichen hat. In seiner großen Verlegenheit läßt Andy die beiden die Rollen der verhafteten Hauptdarsteller übernehmen. Bald darauf sind Magnolia und Gaylord verheiratet. Doch wenige Jahre später hat Gaylord seine Frau schon wieder verlassen. Magnolia schlägt sich mit Töchterchen Kim recht und schlecht durchs Leben. In Chicago versucht sie ihr Glück. Im „Trocadéro" singt sie auf Anstellung. Julia, die hier ihren Job gefunden hat, erkennt ihre ehemalige Kollegin, kündigt, um Magnolia eine Chance zu geben. Andy hat inzwischen seine Tochter ausfindig gemacht, erlebt im „Trocadéro" eine erfolgreiche Magnolia und holt sie zurück aufs Theaterschiff, auch zurück zu Gaylord Ravenal.
Ol' Man River (Joe).

Peter Kreuder (1905-1981): **Madame Scandaleuse**

Musical in 3 Akten von Ernst Nebhut – Wien 1958 (Crescendo)
Hélène – Sir Horace Sargent, Attaché der englischen Botschaft – Gaby, Hélènes Tochter – Marcel de la Grange, Staatssekretär – André, sein Sohn, Gabys Verlobter – Pierre Lalou, ein Bohemien – Jean, Diener – Chinita – Generalissimo Rodrìguez, Kriegsminister – López, Handelsminister – Don Frederico, ein Agent – Ein Polizist

AN DER RIVIERA UND IN MITTELAMERIKA

1, bis 3. Akt: Die attraktive Hélène, eine Dame um vierzig, hat die Heiratsanträge des englischen Diplomaten Sir Horace, des Malers Pierre Lalou und des französischen Diplomaten de la Grange, dessen Sohn André mit Hélènes Tochter Gaby verlobt ist, sämtlich ausgeschlagen. Sie kann es sich leisten, sie ist reich; ihr Mann – im Duell getötet – hat ihr Silberminen in Mittelamerika hinterlassen, so gibt sie an. Indes die Grundlage ihres Reichtums ist ein „Haus", dessen Besitzerin sie ist und in dessen zwielichtigem Milieu der Präsident der amerikanischen Republik seine Geschäfte abwickelt – mit eben jenen Herren, denen Hélène einen Korb gegeben hat, mit Sir Horace und de la Grange, die sich nun auch auf handelspolitischem Gebiet als Rivalen gegenüberstehen. Auch Lalou, der Hélènes wahre Existenz herausfinden konnte, erscheint auf der Bildfläche. Es kommt zu harten Auseinandersetzungen, es wird sogar geschossen. Doch am Ende wendet sich alles zum besten. Mutter und Tochter helfen dem Schicksal zwar etwas nach, aber wer sich mag, der bekommt sich auch.
Wir reden viel zuviel von Liebe (Hélène).

Paul Kuhn (* 1928): **Schinderhannes**

Musical von Klaus Wirbitzky nach dem gleichnamigen Schauspiel von Carl Zuckmayer – Karlsruhe 1979 (Fischer)
Schinderhannes, Räuberhauptmann – Kaspar Bückler, sein Vater – Gottverdippelche, dessen Haushälterin – Blasius Trommelvater, Bänkelsänger – Julchen und Margaret, seine Töchter – Adam, ein Gendarm – Räuberbande des Schinderhannes, Bauern, Handwerker, Soldaten

HUNSRÜCK UND MAINZ ANFANG DES 19. JAHRHUNDERTS

Schinderhannes, sein eigentlicher Name: Johann Bückler, kämpft auf eigene Kappe gegen die Franzosen, die linksrheinische deutsche Gebiete besetzt halten. In den Wäldern des Hunsrücks hat sich eine Räuberbande um ihn geschart. Mit ihr verfolgt er das Ziel, den Reichen abzunehmen, was sie zuviel haben, um es an die Ärmsten weiterzugeben. Schinderhannes wird zum Volkshelden, auch wenn er mit Gewalt vorgeht. Aber was wird auf die Dauer aus einem Häuflein Mutiger? Es unterliegt in diesem Fall der Übermacht der französischen Truppen. Schinderhannes flieht über den Rhein, nachdem ein Kopfgeld auf ihn ausgesetzt ist. In Preußen ist er als tapferer Mann willkommen. Mit Julchen, der Tochter des fahrenden Bänkelsängers, soll ein neues Leben begonnen werden. Dazu kommt es nicht. Schinderhannes wird von Benzel und dem Roten Fink, zwei von seinen ehemaligen Gesinnungsgenossen, verraten und in Mainz hingerichtet.

Mitch Leigh (* 1928): **Der Mann von La Mancha**

Ein ernstes Musical in 2 Teilen von Dale Wasserman nach dem Roman „Don Quixote" von Miguel de C. Saavedra Cervantes – New York 1965 (Bloch)

Don Cervantes (Don Quixote) – Fabio, Diener von Cervantes (Sancho Pansa) – Aldonza, Magd (Dulcinea) – Fermina, Magd (Antonia, Don Quixotes Nichte) – Der „Gouverneur" (Der Wirt) – Maria, seine Frau (Leocadia, Don Quixotes Haushälterin) – Der „Herzog" (Dr. Carrasco) – Anselmo (Padre Perez) – Paco (Barbier) – Pedro, Juan, Tenorio, José, Maultiertreiber – Frazco (Rozinante) – Anita (Grauchen) – Soldaten, Männer der Inquisition, Spiegelritter, Zigeuner

SPANIEN, ENDE DES 16. JAHRHUNDERTS

1. und 2. Teil: Der Dichter Cervantes und sein Diener Fabio sind von den Handlangern der Inquisition in das Verlies geworfen worden. Dort werden sie von Dieben, Mördern und sonstigem Gesindel vor Gericht gestellt. Cervantes bekennt sich als Idealist. Um sich aber fürs erste vor der Verurteilung zu retten, erwirkt er sich die Erlaubnis, den Mitgliedern der Unterwelt seine Verteidigung vorzuspielen. Dazu benutzt er Stationen seines noch ungedruckten Romans. Er wird zum Don Quixote und sein Diener Fabio zum Knappen Sancho Pansa. Den Häftlingen gefällt das Spiel der beiden irrsinnigen Weltverbesserer. Sie erleben mit dem ungleichen Paar den Kampf gegen die Windmühlen und die Abenteuer mit dem Ritterfräulein Dulcinea. Die phantastische Darstellung wird durch Rückblenden in die Wirklichkeit des Gefängnisses unterbrochen: Angehörige wollen Don Quixote aus seiner Gefangenschaft befreien. Der „Ritter von der traurigen Gestalt" muß aber seine Rolle zu Ende spielen: seine Begegnung mit dem goldhelmigen Barbier, die vernichtende Niederlage im Kampf mit dem Spiegelritter und sein Sterben. Don Quixote verwandelt sich in die Gestalt des Cervantes zurück. Die Wirklichkeit hat ihn wieder, er steht vor den Mächtigen der Inquisition. Seinem dichterischen Wunschbild wird der Garaus gemacht – an die Stelle der idealistischen Illusion treten die lebenswidrigen Tatsachen.

Frank Loesser (1910-1969): **Guys and Dolls**

Musical von Jo Swerling und Abe Burrows nach Geschichten von Damon Runyon – New York 1950

Prima Prima Johnson, genannt Benny – Sky Masterson – Sarah Brown, Hauptmann der Heilsarmee – Nathan Detroit – Adelaide, seine Freundin und Nachtclubsängerin – Mathilda B. Cartwright, General der Heilsarmee – Rusty Charlie, Spieler – Tänzerinnen, Musikerinnen, ein Kellner, Showgirls

NEW YORK UND HAVANNA IN DEN 50ER JAHREN

Nathan Detroit braucht Geld, 1 000 Dollar. Er will sich eine Garage anmieten, um darin Glücksspiele zu veranstalten. Nathan verleitet Sky Masterson zu einer Wette, die ihm das nötige Geld einbringen soll. Sky macht mit, denn er ist sich sicher, daß es ihm gelingt, Sarah Brown, die Heilsarmistin, für eine Reise nach Havanna zu erwärmen. In der Tat, es gelingt, nur ist Sarah entrüstet, als sie erfährt, daß sie nur das Objekt einer Wette war. Sarah ist nach New York zurückgekehrt, da macht die Polizei Razzia. Sie stürmt die Mission, in die Sarah Sky und seine Freunde zum Würfelspiel eingeladen hat – bei aller Entrüstung über die Wette mag sie Sky. Er sie ebenfalls. Er wird gar Mitglied der Heilsarmee, als Wiedergutmachung an Sarah. Sie heiraten ebenso wie Nathan Adelaide, der er, irgendwann, irgendwo, aus Verlegenheit die Ehe versprochen hatte.

Frederick Loewe (1904-1988): **My Fair Lady**

Musical in 2 Akten nach Bernard Shaw von Alan Jay Lerner – New York 1956 (Chappell, N. Y.)

Prof. Henry Higgins – Eliza Doolittle – Alfred P. Doolittle – Oberst Pickering – Freddy Eynsford-Hill – Mrs. Higgins – Mrs. Pearce – Zoltan Karpathy – Harry – Jamie – Mrs. Hopkins – Mrs. Eynsford-Hill – Ein Mann aus Selsey – Ein Mann aus Hoxton – Vier Cockneys – Drei Straßenakrobaten – Kneipwirt – Barmixer – Butler bei Higgins – Mrs. Higgins' Zofe – Blumenmädchen – Königin von Transsylvania

IN LONDON

1. Akt: Vor dem Royal Opera House stößt das arme, einfache Blumenmädchen Eliza mit dem Dialektforscher Higgins und dem Sanskritforscher Oberst Pickering zusammen. Zwar nimmt Higgins Anstoß an Elizas vulgärer Sprache, erklärt aber, daß er ihr innerhalb eines halben Jahres ein einwandfreies Englisch beibringen und sie dadurch zur Dame erziehen könne. Eliza nimmt Higgins beim Wort und sucht ihn am folgenden Tag auf. Er behält sie als Schülerin bei sich; Pickering will die Ausbildung bezahlen. Als Elizas Vater, der heruntergekommene Alfred Doolittle, davon hört, versucht er zunächst, Higgins zu erpressen, gibt sich aber dann mit einer geringen Abfindung zufrieden. Nach anfänglichen Schwierigkeiten erlernt Eliza eine fehlerlose Aussprache, worauf Higgins und Pickering sie beim Rennen in Ascot in die gute Gesellschaft einführen. Eliza fällt aber in die alten Sprachgewohnheiten zurück, was Freddy Eynsford-Hill, ein Mitglied der Gesellschaft, nicht hindert, sich in sie zu verlieben. Sechs Wochen später ist Elizas Ausbildung abgeschlossen, so daß Higgins und Pickering sie bei einem großen Ball vorstellen können. – *2. Akt:* Der Erfolg Elizas beim Ball hat zwar die beiden Herren befriedigt, doch Eliza ist nun über ihre weitere Zukunft sehr besorgt, zumal Higgins ihre heimliche Zuneigung nicht erwidert. Sie verläßt ihn und will Freddy heiraten. Da entdeckt auch Higgins seine Zuneigung zu dem Mädchen, das er nach einer erregten Aussprache bei seiner Mutter dazu bringt, Freddy aufzugeben und wieder zu ihm zu ziehen.

Es grünt so grün (Eliza und Higgins); Ich hätt' getanzt heut nacht (Eliza); Bringt mich pünktlich zum Altar (Doolittle); Ohne dich (Eliza); Ich bin gewöhnt an ihr Gesicht (Higgins)

Frederick Loewe: Camelot

Musical von Alan Jay Lerner nach einem Roman von Terence Hanbury White – New York 1960 (Chappell)

König Artur – Königin Guinevere – Lancelot – Merlin, des Königs Erzieher – Mordred, König Arturs illegitimer Sohn – König Pellinore – Der Geist Nimue – Die Feenkönigin Morgan – Tom, ein Knappe – Ritter, Pagen, Knappen, Herolde, Nonnen

ENGLAND UND FRANKREICH IN SAGENHAFTER ZEIT

Prinzessin Guinevere hat König Artur, der vom Ideal höherer Ethik träumt, geheiratet, ohne ihn recht zu lieben. In dem Augenblick, da sie den König wegen seines aufrichtigen Charakters zu schätzen beginnt, trifft der französische Ritter Lancelot in Camelot ein. Er und die Königin verlieben sich ineinander. Lancelot entzieht sich der Situation, indem er die Burg verläßt, kehrt aber nach einigen Jahren wieder in die Tafelrunde der Ritter zurück und muß erfahren, daß er die Königin noch immer liebt. Mordred, der illegitime Sohn Arturs, erkennt die Chance, seinem Vater den Thron streitig zu machen. Er fällt ins Land ein, bringt die Liebenden in seine Gewalt und zwingt den König – nach den von ihm eingeführten Gesetzen –, seine Frau zum Feuertod zu verurteilen. Lancelot kann aber Guinevere befreien – beide fliehen nach Frankreich. Sie geht in ein Kloster. Der König zieht widerstrebend gegen Lancelot in den Krieg. Seine Idee von friedlicher Verständigung und gegenseitiger Achtung scheint zum Scheitern verurteilt zu sein. Hoffnung, sie doch noch zu verwirklichen, kommt auf, als vor der Schlacht ein Knappe den König bittet, ihn zum Ritter zu schlagen. Der König kommt der Bitte nach und entsendet den jungen Ritter nach England, wo er der neuen Idee zum Durchbruch verhelfen soll.

Frederick Loewe: Gigi

Musical von Alan Jay Lerner nach dem gleichnamigen Roman von Sidonie-Gabrielle Colette – New York 1973 (Bloch)

Honoré Lachailles – Gaston, sein Neffe – Gigi – Inez Alvarez (Mamita), ihre Großmutter – Tante Alicia – Liane d'Exelmans – Butler Charles – Manuel – Tanzlehrer – Empfangschef – du Fresne und Duclos (Rechtsanwälte) – Hotelangestellte

PARIS UND TROUVILLE UM DIE JAHRHUNDERTWENDE

Der steinreiche Fabrikant Honoré Lachailles erzählt die Geschichte der Gigi: Das kleine Pariser Mädchen wächst in ärmlichen Verhältnissen auf, erzogen von seiner strengen Großmutter. Ab und zu kommt Gaston, der vermögende Neffe Lachailles', vorbei, bringt etwas Abwechslung in den Alltag und genießt die ihm fremde Atmosphäre. Für ihn ist Gigi so ganz anders als die sogenannten Damen des Lebens, von denen er ansonsten begehrt wird. In jüngster Zeit besucht Gigi ihre Tante Alicia, eine ehemalige Grand Cocotte. Dort soll sie mit dem freieren Leben vertraut gemacht werden. Aber Gigi ist dafür nicht zugänglich. Während eines Aufenthaltes im Badeort Trouville wird Gaston bewußt, daß Gigi gar nicht mehr das kleine Mädchen ist. Tante Alicia sieht die Chance, etwas von dem Reichtum der Lachailles abzubekommen – sie macht in einem Schnellverfahren Gigi zu einer Dame. Tatsächlich will Gaston sie als seine Geliebte haben. Gigi lehnt brüsk dieses Ansinnen ab, obwohl es ihr, vertragsmäßig abgesichert, finanzielle Vorteile bringen würde. Gaston ist wie vor den Kopf gestoßen, fühlt sich aber stärker denn je von Gigi angezogen – er hat gar seine Liebe zu ihr entdeckt. Im „Maxim" erkennen beide, daß sie eigentlich in diese sensationslüsterne Welt nicht passen – Gaston bittet die Großmutter um Gigis Hand. Mamita willigt ein.

Galt MacDermot (* 1928): **Hair**

Musical in 2 Akten von Gerome Ragni und James Rado – New York 1967

Berger, ein junger Mann – Claude, sein Freund – Sheila, junges Mädchen – Jeanie, junges Mädchen – Junge Männer, junge Mädchen

IRGENDWO, GEGENWART

Das Mädchen Sheila und die Freunde Claude und Berger haben eine Sexgemeinschaft. Jeanie – sie weiß nicht, wer sie geschwängert hat – liebt Claude. Und alle anderen vergnügen sich gerade mit denjenigen, die ihnen für den Augenblick gefallen. Die totale Freiheit ist Trumpf. Man berauscht sich an Drogen, pfeift auf die Gesellschaft, hat lange Haare, protestiert gegen Krieg und Rassenwahn, propagiert und praktiziert Liebe zu zweit und in der Gruppe. Mahnend erhebt das Establishment den Finger, die Regierung schaltet sich ein, doch die „Blumenkinder" halten es auch fernerhin mit dem

freien Leben. Allein Claude muß der Welt der Hippies ade sagen; er wird Soldat. Eine Uniform, ein kahlgeschorener Schädel und Befehle sind sein Los. So sieht er seine Freunde wieder. Doch sie sehen ihn nicht. Für sie ist er gestorben – tot.
Wenn der Mond im siebten Hause steht; Schwarz, Weiß, Gelb, Rot, macht den Krieg mit Liebe tot; Laßt die Sonne, laßt den Sonnenschein in euch hinein; Ich bin ein Farbiger (Songs).

Marguerite Monnot (1903-1961): **Irma la Douce**

Musical in 2 Akten von Alexandre Breffort – Paris 1956 (Strassegg)
Irma la Douce – Nestor le Fripé – Bob – Jojo – Amazonen-Annie – Persil – Kiki, die Kosakin – Roberto – Carmen I – Bonbon – Carmen II – Hypolite – Inspektor – Professor Dudu – Ankläger – Verteidiger – Wärter – 5 Kunden – Gerichtsvollzieher – Arzt – Matrose – Die Tigerin-Straßenmädchen – Polizisten, Passanten

PARIS AM MONTMARTRE, GEGENWART

1. und 2. Akt: Der Jurastudent Nestor le Fripé liebt das hübsche Straßenmädchen Irma. Um sie allein zu besitzen, erfindet er den besser zahlenden Oscar, den er selber spielt. Doch Nestor hat die Rechnung ohne die Wirtin gemacht. Irma liebt nun beide. Also muß Oscar wieder aus der Welt geschafft werden. Eines Morgens fischt die Polizei einige Kleidungsstücke aus der Seine – es sind Oscars Kleider. Der Verdacht fällt allein auf Nestor; er wird verhaftet, des Mordes angeklagt und auf die Teufelsinsel verbannt. Nicht lange, und es gelingt ihm zu fliehen. Er macht in Schottland Zwischenstation, um bald darauf wieder in Paris aufzutauchen. Um vor der Polizei sicher zu sein, spielt er noch einmal seinen Nebenbuhler Oscar. Die Behörde stellt fest, daß Oscar keinem Mord zum Opfer gefallen ist, daß er lebt. Und damit ist auch Nestor kein Mörder mehr. Er kehrt in die Arme von Irma, der Süßen, zurück, macht sie zur Mutter und sich zum Vater von zwei allerliebsten Kindern.
Nobel von Natur, stämmig von Statur (Nestor).

Gerd Natschinski (* 1928): **Casanova**

Musical in 33 Kurzszenen von Helmut Bez und Jürgen Degenhardt – Berlin 1976 (VEB)
Casanova – Der Abt – Andrea Memmo – Bernardo Memmo – Capretta – Catarina, seine Tochter – Abbé de Bernis – Magdalena – Manuzzi, Händler und Spion – Lorenzo, Kerkermeister – Marquise d'Urfe – Calzabigi, Schriftsteller – Chevalier d'Arginy – Gräfin Montmartel – Therese, ihre Nichte – Marquise de Pompadour – Martianna Corticelli – Clairmont, Casanovas Diener – Lord Pembroke – Lord Grosvenor – Friedrich II. von Preußen – Anna Binetti, Tänzerin – Mönche, Bürger, Polizisten, Soldaten

VENEDIG, PARIS, LONDON, POTSDAM, WARSCHAU UM DIE MITTE DES 18. JAHRHUNDERTS

Casanova ist vor seinen Verfolgern in ein Kloster geflüchtet. Dort erzählt er, in Form einer Beichte, sein wechselvolles Geschick der jüngsten zehn Jahre. – Venedig: Casanova hat sein Herz an die venezianische Patriziertochter Catarina Capretta verloren. Für sie will er sein Leben neu beginnen. Da Catarina aber schon einem Advokaten versprochen ist, versteckt sie ihr Vater vor Casanova in einem Kloster auf Murano. Casanova will sie von dort entführen. Das Vorhaben scheitert, Casanova wird verhaftet. Aus den Bleikammern gelingt ihm die Flucht. – Paris: Abbé de Bernis, Außenminister von Pompadours Gnaden, führt Casanova in die Gesellschaft ein. Als Chevalier de Seingalt gewinnt er großen Einfluß. Spekulationen machen ihn reich. Alles weiß er in klingende Münze umzusetzen. Die Neider treten auf den Plan. Von Bernis gewarnt, entgeht Casanova durch Flucht einer Verhaftung. – London: Casanova wird zum Opfer. Eine Prostituierte wird ihm zum Verhängnis, gar zum Hahnrei wird er gemacht. Casanova stellt den Sinn des Lebens in Frage. – Berlin: Bei Friedrich dem Großen will Casanova spartanisch leben lernen. Doch das geht daneben, und er versucht im Osten neues Glück. – Warschau: Casanova bekommt, was er will: Liebe und Glück. Nach einer Affäre mit einer Tänzerin kommt es mit einem Grafen zum Duell. Der wird verwundet, Casanova muß abermals fliehen. – Casanova ist am Ende seiner sogenannten Beichte. Von dem polnischen Grafen, der sich von der Verwundung erholt hat, wird Casanova aufgenommen. Sein Plan: seine Memoiren zu schreiben.

Lotar Olias (1913-1990): **Charleys neue Tante**

Ein Musical in 3 Akten nach Brandon Thomas von Gustav Kampendonk – Hamburg 1965 (Esplanade)

Konsul Kottmann, Aktionär und Aufsichtsratsmitglied – Dr. Otto Dernburg, Generalmanager für Im- und Export Südamerika – Carlotta Ramìrez – Mona, ihre Sekretärin – Empfangschef – Peter, Chauffeur von Dernburg – Nils Bergström, Onkel von Ulla – Ulla Bergström, seine Nichte – Britta Madsen, Ullas Freundin – Charley Sallmann – Ralf Dernburg, Bruder von Dr. Dernburg und Charleys Freund – Wolke, Faktotum bei Charley und Ralf – August Sallmann, Vater von Charley – Hotelpage

STAAT IN MITTELEUROPA, GEGENWART

Dr. Otto Dernburg, Generalmanager für Im- und Export Südamerika, lernt – nach geschäftlichen Verhandlungen mit Konsul Kottmann – eine Dame kennen, die ihrer Millionen wegen allgemein umworben wird. Bevor es aber zu näheren Kontakten kommt, hilft er seinem jüngeren Bruder Ralf und dessen Freund Charley Sallmann aus großer Verlegenheit. Er läßt sich durch seinen Chauffeur Peter Damenkleider besorgen, um auf einer Party, welche die beiden jungen Herren für ihre neuen Bekanntschaften, Ulla und Britta, arrangiert haben, als die zum Schein angekündigte Tante Charleys aufzukreuzen. Dr. Dernburg spielt seine Rolle so überzeugend, daß er in peinliche Bedrängnis gerät, als ihm sowohl Nils Bergström, Ullas Onkel, als auch August Sallmann, der Vater von Charley, ernsthaft den Hof machen. Indes, die Dame, mit der Dr. Dernburg Bekanntschaft gemacht hat, platzt in die Gesellschaft, erkennt in der Robe ihr eigenes Kleid, durchschaut das Spiel und spielt ein bißchen mit. Um so größer ist die Überraschung, als sich herausstellt, daß sie die echte Tante, die reiche Kaffeemilli aus Rio, ist.

Arrivederci, my darling (Britta, Ralf, Ulla, Charley); Abends singt in Rio der Senhor (Dernburg, Britta, Ulla).

Lotar Olias: Prairie-Saloon

Musical in 3 Bildern von Heinz Wunderlich – Hamburg 1958 (Esplanade)

Jimmy – Claire – Mrs. Pennywater – Judy, ihre Nichte – Lilli, eine Chansonette – Skip – Butch – Pinky, Barkeeper – Sheriff G. Pearson – Doc

IM „WILDEN WESTEN", GEGEN ENDE DER VERGANGENEN 80ER JAHRE

Voller Geheimnisse ist die Prärie: In Horse City hat es in den letzten sieben Jahren viele Tote gegeben, mehr als zu früheren Zeiten. Drei verbrannten schlafend auf Nixons Farm, zwei kamen bei einem Überfall auf eine Postkutsche ums Leben, dann der Bursche, der noch irgendwo draußen am Baum hängt, und ein paar andere. Für jeden von ihnen stellt Mrs. Pennywater, die Besitzerin des Prairie-Saloons, Blumen in die Vase. Eines Tages hat auch der Sheriff ein Messer im Kreuz. Er stirbt in den Armen von Jimmy, der mit seiner Schwester mehr durch Zufall in die gottverlassene Gegend gekommen ist. Jimmy beginnt sich bald für die geheimnisvollen Morde zu interessieren. Da er nur unklare Auskünfte über seine Person gibt, kommt er selbst in den Verdacht, der Killer zu sein, und das, obwohl er auf Judy, die Nichte der Pennywater, ein Auge geworfen hat. Weiter zittert die Prärie unter den Hufschlägen; verwegene, gnadenlose Männer jagen einander. Auch Jimmy versucht, dem Killer auf die Spur zu kommen. Von einem nächtlichen Ausritt kehrt er verwundet zurück. Judy setzt ihm die Pistole auf die Brust; sie will den Fremden zum Mann. Jimmy sagt ja, doch er läßt nicht locker, Licht in das Dunkel der geheimnisvollen Mordserie zu bringen. Auf seine Frage, wo der Killer steckt, bekommt er plötzlich eine überraschende Antwort ...
Ja, so ein Western (Doc); Mississippi-Lilli (Lilli).

Lotar Olias: Millionen für Penny

Ein Musical in 2 Akten von Max Colpet – München 1967
Penny Touchwood – Lord – Sig – Alfredo – O'Brian – Rusty – Wirtin – Miller, Theaterbesitzer – Harrison, amerikanischer Businessman – Buddy – Inspektor – Green, Bankbeamter – Ein Polizist – Polizisten – Tänzer, Tänzerinnen

DIE BÜHNE EINES THEATERS IN NEW YORK, GEGENWART

1. und 2. Akt: Drei Gauner, der Einbrecher und Heiratsschwindler „Lord", der heruntergekommene Souffleur Sig und Alfredo, der Maler, haben sich auf der Bühne eines geschlossenen Theaters häuslich eingerichtet, um Falschgeld herzustellen. Sie bringen den ersten gefälschten 100-Dollar-Schein durch Penny Touchwood unters Volk, die sich von der Gaunerbande arglos als Schauspielerin hat engagieren lassen. Penny bekommt aber Streit mit ihren Wirtsleuten. Nach dem Verhör durch die Polizei lädt sie den Sergeanten O'Brian zur „Premiere" ein. O'Brian platzt schon früher ins Theater, und das Gaunertrio, das sich als Kopf eines Theaterunternehmens ausgegeben hat, sieht sich gezwungen, echte Probenarbeit vorzuschwindeln. Mit Mr. Miller, der sein Theater verkaufen will, wird man insofern handelseinig, als man für ihn 1 000 Dollar in einer Kassette deponiert. Jetzt müssen die Gauner überzeugender als zuvor den Eindruck eines soliden Unternehmens vortäuschen: Alfredo, der ein Auge auf Penny geworfen hat, malt die Werbeplakate, der „Lord" baut seine alte Freundin Rusty ins Stück ein. Man probt mit Feuereifer. Doch O'Brian hat die Burschen durchschaut. Er verständigt den Polizeiinspektor, und die drei Gauner müssen sich ihr Sündenregister anhören. In Penny erkennt der Kassierer Green das Mädchen wieder, das bei ihm in der Bank den falschen 100-Dollar-Schein gewechselt hat. Indes, für die Polizei ist die Überraschung groß, als sich die 1 000 Dollar aus der Kassette als echtes Geld herausstellen. Der „Lord" war so schlau gewesen, die falschen Geldscheine gegen gutes Geld aus dem Kartenvorverkauf auszutauschen. Die Polizei macht lange Gesichter, die Proben werden wiederaufgenommen, und jedermann ist davon überzeugt, daß Penny bald Millionen begeistern wird.

Cole Porter (1892-1964): **Kiss me Kate**

Musical in 2 Teilen von Samuel und Bella Spewack, Cole Porter und Günther Neumann – New York 1948 (Bloch)
Lilli Vanessi = Katharina (Mezzo-S) – Fred Graham = Petrucchio (Bar) – Ann Lane = Bianca (A) – Bill Calhoun = Lucentio (Bar) – Paul, Garderobier (B) – Hattie, Garderobiere (A) – Zwei Ganoven (Bar) – Der erste Freier = Gremio (B) – Der zweite Freier = Hortensio (T) – Harry Trevor = Baptista – Harrison Howell, Finanzier – Ein Sängerpaar (Mezzo-S und Bar) – Zwei Neger (B) – Ein Inspizient – Ein Bühnenportier – Boten, Sänger und Tänzer, Volk von Padua

IN NEW YORK 1950 MIT DEM BÜHNENGESCHEHEN IN PADUA UM 1500

1. und 2. Teil: Fred Graham, Regisseur und Hauptdarsteller in Shakespeares Stück „Der Widerspenstigen Zähmung", probt mit seinem Ensemble, in dem sich auch seine geschiedene Frau Lilli Vanessi befindet. Lilli ist augenblicklich verlobt mit dem alternden Harrison Howell, der als Finanzier der Inszenierung eine bedeutende Rolle spielt. Fred dagegen flirtet sehr zum Mißvergnügen Lillis mit Ann Lane, deren Partner Bill Calhoun Urheber besonderer Schwierigkeiten ist. Er hat nämlich beim Spiel 1 000 Dollar verloren und einen Schuldschein mit Freds Namen unterzeichnet; jetzt tauchen zwei Ganoven auf und verlangen von dem erstaunten Fred die Einlösung des Schuldscheins. Natürlich lehnt Fred ab. – Ein Blumenstrauß, den Fred in Anns Garderobe geschickt hat, ist versehentlich bei Lilli abgegeben worden. Fred erklärt Lilli, daß die Blumen selbstverständlich für sie bestimmt seien. Die Vorstellung beginnt, und Lilli spielt vor Freude über die Blumen besonders gut. In einer Pause findet sie jedoch Zeit für das Briefchen, das in den Blumen versteckt und für Ann bestimmt war. Sie bekommt einen Wutanfall, ohrfeigt Fred auf offener Szene und wird dafür von diesem übers Knie gelegt. Außerdem will sie nicht weiterspielen und bittet Howell telefonisch, mit dem nächsten Flugzeug zu ihr zu kommen. Fred kann die Aufführung aber noch retten; er versichert den beiden Ganoven, die 1 000 Dollar zu zahlen, wenn diese dafür sorgen, daß das Stück zu Ende gespielt wird. Mit vorgehaltenen Pistolen wird Lilli gezwungen weiterzuspielen. – Als sich „Der Widerspenstigen Zähmung" dem Ende zuneigt, ist auch Lilli so weit gezähmt, daß sie von dem langweiligen Howell nichts mehr wissen will und lieber wieder zu Fred kommt.
Schlag nach bei Shakespeare.

Cole Porter: Can-Can

Ein Musical in 2 Akten von Abe Burrows – New York 1953 (Bloch)
Gerichtsdiener – Gerichtsschreiber – Polizeibeamte – Richter Paul Barriere – Gerichtspräsident Henri Marceaux – Richter Aristide Forestier – Claudine – Gabriele – Marie Célestine – Hilaire Jussac – Boris Adzinidzinadze – Hercule – Theophile – Etienne – Kellner – La Mome Pistache – Zweiter Kellner – Kaffeehauskellner – Kaffeehausgast – Gefängniswärter – Modell-Mimi – Arzt – Staatsanwalt – Sekundant

PARIS IM JAHRE 1893, AUF DEM MONTMARTRE

1. und 2. Akt: Der gerade in sein Amt eingeführte Anwalt Aristide Forestier will sich auf dem Montmartre an Ort und Stelle von den Gepflogenheiten überzeugen. Dabei lernt er nicht nur den Can-Can kennen, der wegen seines „exhibitionistischen und unanständigen" Ausdrucks von der „Liga gegen zunehmende Verwilderung der Pariser Trottoirsitten" bekämpft wird, sondern verliebt sich auch in La Mome Pistache, die attraktive Besitzerin des Nachtlokals „Bal du Paradis". Das eine wie das andere

stürzt den jungen Juristen in Gewissenskonflikte. Er muß erfahren, wie schwer es ist, Pflicht und Liebe in Einklang zu bringen. Schon berichten die Zeitungen darüber, daß der Polizei unwiderlegbare Beweise vorliegen, wonach Richter Forestier bereits seit vielen Jahren der heimliche Lasterfürst vom Montmartre ist. Nach einem Künstlerfest, vor dem Aristide gewarnt hat, verliert Pistache ihre Lizenz für das Nachtlokal. Aristide besorgt ihr Geld, damit sie das Gesetz umgehen und einen Betrieb aufmachen kann, der bei Tag eine Wäscherei ist und des Nachts zum Bumslokal wird. Pistache ist glücklich; sie glaubt, „ganz Paris träumt (mit ihr) von der Liebe". Da wird Aristide vor den Richter zitiert. Er wird beschuldigt, „ohne behördliche Erlaubnis und zu ungesetzlichem Zweck" ein Cafélokal eröffnet zu haben. Um Pistache zu schonen, gibt er aber an, der alleinige Eigentümer des Etablissements zu sein. Das Gericht kann ihm das Gegenteil beweisen. Der Beweis ist Pistache selbst, die den Gerichtssaal betritt und sich als Mitschuldige bekennt. „Ist es aber unsittlich, Tänze zu veranstalten, die fröhlich machen?" Mit diesen Worten legt Pistache ihr schwarzes Cape ab und präsentiert einen Can-Can. Diesem ehrlichen Plädoyer kann sich kein Geschworener verschließen: der Tanz, den ganz Paris liebt, wird freigesprochen.
C'est magnifique (Pistache und Aristide); Ganz Paris träumt von der Liebe (Pistache und Chor).

Cole Porter: Seidenstrümpfe

Musical von George S. Kaufman, Leueen MacGrath und Abe Burrows nach dem Bühnenstück „Ninotschka" von Melchior Lengyel – New York 1955 (Weinberger)
Bibinski, Iwanow, Brankow, russische Delegation – Boroff, russischer Komponist – Steve Canfield, amerikanischer Filmproduzent – Ninotschka, Leutnant – Janice Dayton, amerikanischer Filmstar – Hotelmanager – Alexis, Hotelportier – Pierre Bouchard, Zimmerkellner – Markovitsch, Kulturkommissar in Moskau – Vera, Tänzerin – Fabour, Besitzer eines Modesalons – Jackson, Filmregisseur – Hotelgäste, Hotelpersonal, Musiker, Tänzer und Tänzerinnen, russische Wachen, Funktionäre

PARIS UND MOSKAU IN DEN 30ER JAHREN

Leutnant Nina Joschenko, genannt Ninotschka, hat den Auftrag, den russischen Komponisten Boroff aus Paris nach Moskau zurückzuholen. Das erweist sich für die sowjetische Kommissarin als äußerst schwierig, zumal Boroff von der anderen Seite, einer amerikanischen Gesellschaft, für die Musik zu einem Film gewonnen werden kann. Außerdem lenkt Janice Dayton, die Hauptdarstellerin des Films, Boroff von Ninotschkas Bemühungen ab, ihn zu bewegen, nach Rußland zurückzukehren. Ninotschka wird ihrerseits von dem Filmproduzenten Steve Canfield umflirtet. Unter dem Eindruck der westlichen Verhältnisse verwandelt sich die östliche Funktionärin in eine für Komplimente aufgeschlossene Frau, vergißt aber darüber nicht, was ihr aufgetragen ist. Dennoch kann sie es nicht verhindern, daß ihre Genossen Bibinski, Iwanow und Brankow (mit Steve) in Paris ein russisches Lokal aufmachen, statt auftragsgemäß ein sowjetisches Kultur- und Propagandazentrum einzurichten. Inzwischen ist aus Steves Flirt mit Ninotschka Liebe geworden. Moskau fällt auf einen Trick des Filmproduzenten herein – Ninotschka kann nun offiziell in Paris bleiben.

Richard Rodgers (1902-1979): **Oklahoma**

Musical in 2 Akten nach dem Schauspiel „Green Grow the Lilacs" von Lynn Riggs von Oscar Hammerstein II – New York 1943

Jud Fry, Farmarbeiter – Curly, Cowboy – Laurey, Farmermädchen

IM GEBIET DES HEUTIGEN BUNDESSTAATES OKLAHOMA, ANFANG DES 19. JAHRHUNDERTS

1. und 2. Akt: Zwischen dem Arkansas und Red River muß hart gearbeitet werden. Der Ackerbau ist in diesem meist trockenen Steppenland ein schweres Brot. Dennoch ist Oklahoma, das „schöne Land“, schon ein halbes Jahrhundert, bevor es von der amerikanischen Unionsregierung als Besiedlungsland offiziell ausgewiesen ist, Ziel vieler, die sich hier ihren Unterhalt verdienen wollen. Zu ihnen gehört auch der Arbeiter Jud Fry, der auf einer Farm arbeitet. Nach Feierabend konzentrieren sich seine Gedanken allein auf das hübsche Farmermädchen Laurey. Laurey aber entscheidet sich für den flotten Cowboy Curly. Es wird Hochzeit gemacht. Man trinkt, ist fröhlich und ausgelassen. Da kommt es plötzlich zu einem Streit, den der abgewiesene Jud Fry vom Zaun gebrochen hat. Fry stirbt an den Folgen einer Verletzung, die er während der Auseinandersetzung sich selbst zugezogen hat. Dennoch muß sich Curly vor Gericht verantworten, wird aber wegen erwiesener Unschuld von dem Verdacht des Mordes freigesprochen.
Oh, was ein schöner Morgen; Die Leute werden sagen, daß wir uns lieben.

Richard Rodgers: South Pacific

Ein Musical in 3 Akten von O. Hammerstein II und J. Logan – New York 1949
Joseph Cable, amerikanischer Offizier – Emile de Becque, Pflanzer – Nellie Forbush, Krankenschwester – Weitere kleine Rollen

INSEL IM PAZIFISCHEN OZEAN IM JAHR 1942

1. bis 3. Akt: Seit dem 8. Dezember 1941 befindet sich Japan mit den USA und England im Kriegszustand. Anfang des Jahres 1942 erobern die Japaner Batavia und Java, besetzen die Philippinen und nehmen Singapur ein. Unter MacArthurs Kommando bereiten sich die Amerikaner auf den Gegenangriff vor. Aber noch haben die japanischen Truppen im Südpazifik die Oberhand. Eine Insel nach der anderen wird von ihnen in Besitz genommen. Der amerikanische Offizier Joseph Cable ist damit beauftragt worden, auf einer der Inseln eine Station einzurichten, um die Truppenbewegungen der Japaner auszumachen. Er will sich dazu eines Mannes namens Emile de Becque bedienen, der als Pflanzer mit der Gegend vertraut ist. De Becque ist aber seine Liebe zu der Krankenschwester Nellie Forbush wichtiger als die Durchführung dieses Unternehmens. Doch Nellie kann sich nicht entschließen, de Becque zu heiraten – er hat Kinder aus einer Ehe mit einer Farbigen. Da schließt sich der Pflanzer Cable an. Beide entledigen sich ihres Auftrages. De Becque meldet den Angriff der Japaner und daß Cable gefallen sei. Nellie glaubt jetzt auch nicht mehr an die Rückkehr de Becques und nimmt dessen Kinder in ihre Obhut. Für diese Großmut wird sie reichlich belohnt: de Becque lebt und kehrt nach vielen Monaten in die Heimat zurück.
Jünger als der Frühling.

Richard Rodgers: The King and I

Ein Musical von Oscar Hammerstein II nach dem Roman „Anna und der König von Siam“ von Margaret Landon – New York 1951 (Block)
Der König von Siam – Anna Leonowens, Erzieherin – Sir Edward Ramsey, englischer Diplomat – Sklavin Tuptim – Prinz Tschululonkorn, Sohn des Königs

IM KÖNIGREICH SIAM UM 1860

Anna Leonowens, eine englische Witwe, ist nach Siam gerufen worden, um die Kinder des Königs zu unterrichten. Anna beläßt es nicht bei der Unterrichtung der Kinder; sie macht den exotischen Herrscher mit der europäischen Kultur und Zivilisation bekannt in der Absicht, ihn für eine allem Neuen aufgeschlossene Lebenshaltung zu gewinnen. Ihre Mission stößt auf den erwarteten Widerstand. Jahrtausendealte Traditionen erweisen sich als uneinnehmbares Bollwerk. Es kommt zwischen ihr und dem König zu einigen ernsthaften Auseinandersetzungen. Der König ist allerdings klug genug, die Vorschläge der englischen Erzieherin auf ihre Verwertbarkeit zu prüfen, auch wenn er zur gleichen Stunde die Anordnung trifft, eine Sklavin, die entfliehen wollte, nach alten Regeln zu züchtigen. Anna indes läßt nicht nach in ihren Bemühungen, den König von der Richtigkeit ihrer Anschauungen zu überzeugen. Der König liegt im Sterben; Anna sieht sich endgültig um die Früchte ihrer Arbeit gebracht. Da wird ihr jedoch gemeldet, daß es des Königs Wunsch ist, sein Land in Zukunft von seinem Sohn nach den konkreten Vorstellungen von Anna Leonowens regieren zu lassen.
Irgendwo in der Ferne (Kinder); Ich steh' wie ein Zinnsoldat (Anna und Kinder).

Richard Rodgers: The Sound of Music

Musical nach den „Erinnerungen" von Maria Augusta Trapp von Howard Lindsay und Russel Crouse – New York 1959
Maria Rainer, Postulantin des Salzburger Nonnbergklosters – Die Äbtissin – Schwester Margareta – Schwester Berthe – Schwester Sophie – Baron Georg Trapp, ehemaliger U-Boot-Kapitän – Liesl, Friedrich, Louisa, Kurt, Brigitta, Marta, Gretl, seine Kinder aus erster Ehe – Baronesse Elsa Schraeder, seine Verlobte – Max Detweiler – Rolf Gruber – Frau Schmidt, Haushälterin – Franz, Hausdiener – Ursula – Herr Zeller – Baron Elberfeld – Admiral von Schreiber

ÖSTERREICH IM JAHRE 1938

In Österreich sind die deutschen Truppen einmarschiert, die Eingliederung in das Deutsche Reich hat begonnen. Die Novizin Maria ist aus dem Kloster in die Welt zurückgekehrt und hat im Hause des verwitweten Barons von Trapp die Stelle eines Kindermädchens angenommen. Trapp bekommt aus politischen Gründen Ärger mit seiner Verlobten Elsa. Er kann sich als ehemaliger Offizier mit den neuen Verhältnissen nicht abfinden – er leistet passiven Widerstand und wird verfolgt. Trapp und Maria können sich mit den Kindern in ein Kloster retten. Dort lassen sie sich trauen. Danach gelingt ihnen die Flucht in die Freiheit – ihr Ziel ist Amerika.

Harold Rome (* 1908): **Fanny**

Musical von S. N. Behrman und Joshua Logan nach Marcel Pagnols „Marius"-Trilogie – New York 1954 (Desch)
César, Besitzer einer Hafenkneipe – Marius, sein Sohn – Honorine, Fischhändlerin – Fanny, ihre Tochter – Panisse, Segelmacher – Césariot – Der Admiral – Ein Maat – Eine Tänzerin – Fischer, Seeleute

MARSEILLE, 20. JAHRHUNDERT

Marius hat wieder einmal Sehnsucht nach dem Meer. Er verläßt seine Familie, obwohl seine Freundin Fanny, die Tochter der Fischhändlerin Honorine, von ihm ein Kind erwartet. Mutter Honorine überredet ihre Tochter, den gutmütigen alten Segelmacher Panisse zu heiraten. Das Kind wird auf den Namen César-Marius getauft. Marius kommt von der See zurück und meldet Vaterschaftsansprüche an. Vater César gibt dem pflichtvergessenen Sohn allerdings zu verstehen, daß er seine moralischen Rechte auf Fanny und das Kind verspielt habe: Solange der Segelmacher lebe, habe dessen Ehe mit Fanny Gültigkeit. Marius verläßt abermals Marseille. Aber auch Césariot, nun 12 Jahre alt, ist eines Tages verschwunden, auch er hat die ewige Sehnsucht nach der Weite des Meeres im Blut. Doch er wird von Marius aufgespürt und seinen Eltern zurückgebracht. Als reifer Mann erfährt Marius in der Großherzigkeit des sterbenden Panisse, daß das schönste am Fortgehen das Heimkommen ist.

Harvey Schmidt (* 1929): **40 Grad im Schatten**

Musical in 2 Akten (9 Bildern) nach dem Bühnenstück „Der Regenmacher" von N. Richard Nash – New York 1963 (Bloch)

Bill Starbuck – Lizzie Curry – H. C. Curry – Noah Curry – File – Snookie Updegraff – Lilly Ann – Toby – Mr. Jessen – Ein Pfarrer – Ein Bauernjunge – Ein gastierender Rundfunkansager – Jimmy Curry

THREE-POINT, EIN DORF IRGENDWO IM MITTLEREN WESTEN VON NORDAMERIKA, 20. JAHRHUNDERT

1. und 2. Akt: Es ist ein Tag wie jeder andere im Leben der Einwohner von Three-Point, wenn Sommerzeit ist; man stöhnt unter der glühenden Sonne und wartet auf Regen. Man vertreibt sich die Stunden mit Picknicks auf Wiesen unter Bäumen. Lizzie Curry, 30 Jahre alt, ist die Seele des Dorfes. Dem verwitweten Vater führt sie den Haushalt, ihren Brüdern Jim und Noah ersetzt sie die Mutter, allen hilft sie, alles kann sie, nur sich einen Mann besorgen, das kann sie nicht. Da kommt der Prahlhans und Träumer Bill Starbuck ins Dorf. Er verspricht für 100 Dollar Regen innerhalb von 24 Stunden und küßt Lizzie. Sie ist glücklich, für wenige Stunden, denn Starbuck wird von der Polizei gesucht. Sheriff File, der Lizzie liebt, drückt ein Auge zu, er läßt den Fremden laufen. Und Lizzie? „Paps, o Paps, was soll ich tun?" Sie entscheidet sich für File. Sie geht auf ihn zu, wortlos schließt er sie in seine Arme. Und der Zufall will es, daß es blitzt und donnert. Zum erstenmal in seinem Leben hat Starbuck es geschafft: Regen für 100 Dollar innerhalb von 24 Stunden!

Ich will nicht viel vom Leben (Lizzie); Regen ist Regen (Starbuck); Herrliche Dinge geschehen bei Nacht (Ensemble).

Harvey Schmidt: I Do! I Do! (Das Musikalische Himmelbett)

Ein Musical nach Jan de Hartogs Komödie „The Fourposter" von Tom Jones – New York 1966 (VVB)

Sie (Agnes) – Er (Michael)

IRGENDWO, IRGENDWANN

Agnes und Michael sind jung und verliebt; sie tauschen Jugenderinnerungen aus und heiraten. Mittelpunkt ihres gemeinsamen Schlafzimmers ist das altersgraue große Himmelbett. Agnes ist scheu und aufgeregt; sie stellt Michael indiskrete Fragen. Ihre Liebe aber wird sichtbar. Bald ruft Michael nach dem Arzt. Genau um zwei Uhr sieben am Morgen werden sie Eltern: ein Junge – und nicht lange, da sind sie zu viert: eine Tochter. Die Kinder werden größer, Michael hat Erfolg als Schriftsteller. Nach einer

Party, die ihm zu Ehren gegeben wird, kommt es zwischen Agnes und Michael zu einem Streit, in dessen Verlauf er einen kleinen Seitensprung gesteht. Zur Strafe muß er eine Nacht auf der Couch in der Bibliothek verbringen. Er meditiert und kommt zu dem Schluß, daß es bei den Frauen doch rascher bergab geht als bei den Männern. Agnes schäumt vor Wut. Mit nichts anderem als mit einem Scheckbuch verläßt sie das Haus, und Michael bringt die Widerstrebende zurück ins Himmelbett. – Jahre sind vergangen. Es ist Silvester. Agnes und Michael haben sich's gemütlich gemacht. Sie sitzen im Ehebett, werfen Papierschlangen und träumen von der Zukunft: Wie wird es sein, wenn die Kinder einmal verheiratet sind? Bald sind sie verheiratet, und Michael ist unglücklich; er beklagt sich über den Trottel von Schwiegersohn, Agnes überkommt die Depression. Beide entschließen sich, das Haus zu verlassen. Sie packen die Koffer, allein das große Himmelbett bleibt zurück – vielleicht für ein neues junges, verliebtes Paar? Unter einem Kissen wird es eine Flasche Champagner finden – von Michael.

Andrew Lloyd Webber (* 1948): **Jesus Christ Superstar**

Rock-Oper von Tom O'Horgan nach der Bibel – New York 1971

Judas Ischariot – Jesus Christus – Maria Magdalena – Kaiphas und Annas, Hohepriester – Simon Zelot – Pontius Pilatus – Petrus – Mädchen am Feuer – Herodes – Soldaten, Volk

JERUSALEM IN BIBLISCHEN TAGEN

Jesus hat noch sieben Tage zu leben. Das jüdische Volk sieht in ihm den großen Propheten, es hofft auf den Sohn des lebendigen Gottes, während Kaiphas mit seinen Priestern darauf sinnt, ihn um den Nimbus zu bringen, und die Jünger unsicher an ihm werden zu lassen. Mehr denn je befindet sich Maria Magdalena in Jesus' Nähe. Die Pharisäer sorgen für Unruhe, die Römer werden vorgeschickt, um Jesus den Prozeß zu machen. Kaiphas überredet Judas, Jesus für gutes Geld zu verraten. Nach dem letzten Abendmahl wird Jesus im Garten Gethsemane gefangengenommen, verhört, gefoltert. Judas bereut seine Tat, nimmt sich das Leben. Das aufgepeitschte Volk will Jesus hängen sehen. Der einst so begeisternde Held nimmt das Kreuz auf sich und stirbt auf Golgatha.

Andrew Lloyd Webber: Evita

Rock-Musical in 2 Akten von Tim Rice nach Lebensstationen der zweiten Frau des argentinischen Staatspräsidenten Juan Peron – London 1978

Eva Peron – Juan Peron – Magaldi – Che, ein Student – Perons einstige Geliebte – Volk, Militär

ARGENTINIEN ZWISCHEN 1934 UND 1952

1. und 2. Akt: Eva Peron ist tot. Unter wehklagender Anteilnahme des Volkes, unter ihm der Student Che, wird sie zu Grabe getragen. (Che, ein Gegner des Peron-Regimes, fungiert in der Rückblende als kritischer Beobachter:) Nachtclub in Evas Heimatort Junin im Jahre 1934. Eva bittet den Sänger Agustin Magaldi, mit dem sie eine kurze Affäre hatte, sie nach Buenos Aires mitzunehmen. Dort angekommen, wendet sie sich von ihm ab, steigt mit Hilfe zahlreicher Männer gesellschaftlich auf. Sie betätigt sich als Fotomodell, Rundfunksprecherin und wird auch Schauspielerin. Während eines Wohltätigkeitskonzerts für die Opfer eines Erdbebens begegnen sich Eva (Duarte) und

Juan Peron. Sie fühlen sich füreinander bestimmt. Eva drängt Juan, für die Präsidentschaft zu kandidieren. Am 4. Juni übernimmt Peron die Macht. Mehr gehuldigt wird aber Eva – das Volk ist fasziniert von ihrer bezaubernden Erscheinung. Sie nutzt die Stunde, gewinnt immer mehr Einfluß, tritt für die Ärmsten ein. Che indes will ihre persönlichen Machtgelüste erkannt haben. Er weist darauf hin, daß sich an der schwierigen Lage des Volkes nichts geändert habe. Auch die Gründung einer Eva-Peron-Stiftung geht ins Leere. Die politische Situation verschlimmert sich. Eva will Vizepräsidentin werden. Ihre Kandidatur zieht sie schon bald zurück, nachdem sie weiß, daß sie unheilbar an Krebs leidet. Noch einmal ziehen die Ereignisse des Lebens an ihr vorüber. Die Nation trauert um eine ungewöhnliche Frau.

Andrew Lloyd Webber: Cats

Musical in 2 Teilen frei nach Katzengedichten aus T. S. Eliots „Old Possum's Book of Practical Cats" – London 1981
Bombalurina – Cassandra – Demeter – Grizabella – Gumbie – Griddlebone – Jellylorum – Jemima – Rumpelteazer – Tantomile – Victoria – Alonzo – Rumpus Cat – Coricopat – Gus – Growltiger – Mistoffelees – Mungojerrie – Ghenghis – Munkustrap – Old Deuteronomy – Plato – Macavity – Pouncival – Quaxo – Rum Tum Tugger – Skimble – Tumblebrutus – Bustopher – Jones (alles Katzen) – Hunde

LONDON, EIN MÜLLHAUFEN
1. und 2. Teil: Der graue Kater Munkustrap ist der Spielleiter; er führt durch das Stück mit Katzen menschlicher Denk- und Verhaltensweisen. Es ist ein Kaleidoskop, eine theatralische Beschreibung von Charakteren ohne eine durchlaufende Story: Die Katzen freuen sich unbändig auf den alljährlich stattfindenden Ball, das sogenannte Jellicle-Fest. Wie immer geht es wieder darum, jene Katze zu küren, die zu einem zweiten Leben im Katzenhimmel aufsteigen darf. Die Konkurrenz bei so vielen Katzen ist groß. Die sich eine Chance ausrechnen, spielen sich von ihrer besten Seite auf. Andere produzieren sich in mehr oder weniger guten Eigenschaften: Gumbie macht sich als Gouvernante verdient um die Erziehung von Mäusen und Schaben. Rum Tum Tugger dünkt sich als Playboy unwiderstehlich. Der vornehme Bustopher Jones liebt das Wohlleben. Mungojerrie und Rumpelteazer bestätigen sich als listige Strolche. Gus träumt von seinen vergangenen Theatererfolgen. Growltiger stellt romantischen Damen nach. Macavity ist ein Mitglied der verbrecherischen Unterwelt. Mistoffelees erfreut die Gesellschaft durch Zauberkünste. Old Deuteronomy ist ein allseits geliebter Ratgeber. Und Grizabella? Einst war sie schön und umschwärmt. Weise Zurückhaltung führt ihr überraschenderweise neue Freunde zu – die Außenseiterin wird zur Königin des Balls ausgerufen; sie ist es, der ein zweites Leben im Katzenhimmel geschenkt wird.

Andrew Lloyd Webber: Starlight Express

Musical in 2 Akten von Richard Stilgoe (Text) – London 1984
Rusty, junge Dampflok – Papa, alte Dampflok – Greaseball, Diesellok – Bobo, Schnellzug aus Frankreich – Hashamoto, Schnellzug aus Japan – Espresso, Schnellzug aus Italien – Ruhrgold, Schnellzug aus Deutschland – Turnov, Schnellzug aus Rußland – Electra, E-Lok – Red Caboose, Bremswagen – Krupp, Chauffeur- und Panzerwagen – Joule, Sprengstoffwagen – Purse, Geldwagen – Volta, Kühlwagen – Wrench, Kranwagen – Ashley, Raucherwagen – Buffy, Bar- und Buffetwagen – Dinah, Speise-

wagen – Pearl, 1.-Klasse-Wagen – Dustin, Kohletender – Flat Top, Steinwaggon – Rocky 1, 2, 3, Frachtwagen

IRGENDWO IN UNSERER ZEIT

1. und 2. Akt: Ein Tag geht zu Ende, es wird Abend. Die Mutter ermahnt ihren Sohn, die Eisenbahn aus der Hand zu legen und ins Bett zu gehen. Doch im Traum setzt der Junge sein phantasievolles Spiel fort. So beginnt die Reise in eine märchenhafte Zauberwelt, in der nichts unmöglich scheint. Lokomotiven und Waggons nehmen menschliche Züge an – lieben und leiden, siegen oder verlieren. – In einen imaginären Bahnhof fahren Züge ein; sie melden sich an zur Weltmeisterschaft der Lokomotiven. Jede Lok muß einen Partner haben, der als Anhänger mit ihr fährt. – Herausforderer und Titelverteidiger zugleich ist der protzige Diesel Greaseball, der wie Elvis rockt und die Herzen der weiblichen Anhänger gleich reihenweise erobert. Selbstbewußt und verführerisch präsentiert sich die hypermoderne E-Lok Electra im glitzernden Laserlicht. Starke Konkurrenten für die liebenswerte, aber technisch veraltete Dampflok Rusty. – Zug um Zug stellen sich nun die weiteren Bewerber um den Weltmeisterschaftstitel vor: Der spritzige Charmeur Bobo aus Frankreich, gefolgt vom disziplinierten Hashamoto aus Japan. Espresso fährt temperamentvoll aus Italien vor, und pünktlich wie ein deutscher Beamter zieht Ruhrgold in den Bahnhof ein. Auch Rußland ist vertreten mit dem gemütvollen Turnov. – Und sie alle finden ihre Partnerinnen. Dinah, der Speisewagen, folgt fasziniert dem kräftigen Diesel; Volta, der Kühlwagen, Buffy, der Buffetwagen, Ashley, der Rauchwaggon, und Joule, der Sprengstoffwagen – sie alle gehen mit an den Start. – Die schöne Pearl, der 1.-Klasse-Wagen, entscheidet sich überraschend für Electra. Ein harter Schlag für Rusty, der plötzlich, von Pearl verlassen, ganz allein dasteht – chancenlos in den Augen der anderen. Rusty verliert den Mut, zweifelt an sich selbst. – Doch da springt Papa, die alte Dampflok, ein. Anstelle von Rusty nimmt er für die Dampfloks die Herausforderung an: Gegen arrogante High-Tech und protzige Macho-Methoden. Mit ihm fährt Dustin, der schwergewichtige Kohletender. – Und los geht's. Start. Lichter blitzen, Helme funkeln. Der Wettkampf der internationalen Züge ist in vollem Gange. Auf dem Rollschuh-Parcours eilen die Lokomotiven mit ihren Anhängern in atemberaubendem Tempo. Aber nicht jeder kämpft mit fairen Mitteln. Besonders Caboose, der intrigante Bremswagen, spielt ein falsches Spiel. Seine Bremsmanöver führen dazu, daß das letzte, entscheidende Rennen wiederholt werden muß. – Die alte Dampflok wirft zwar einige Konkurrenten aus dem Rennen, doch bei dem furiosen Tempo geht Papa die Puste aus. Für den letzten Durchgang fehlt ihm die Kraft. Wird nun Rusty für die Gattung der Dampfloks antreten? – Niemand glaubt so recht an die kleine, unscheinbare Lokomotive. Doch da ist STARLIGHT EXPRESS, der legendäre Zug der Züge, unsichtbar, doch stets gegenwärtig. Er vermittelt Rusty unter einem Himmel voller Sterne das, worauf es in diesem Wettbewerb ebenso ankommt wie im Leben: daß der Glaube an sich selbst Größeres bewirken kann als pure Muskelkraft und imposante Technik. So tritt Rusty zum Finale an. Und Pearl beginnt zu begreifen, wem ihre wahre Liebe gilt. (Nach der Londoner Originalproduktion in der deutschen Einrichtung des Starlight Express Theaters Bochum)

Andrew Lloyd Webber: Das Phantom der Oper

Musical in 2 Akten von Richard Stilgoe/Webber (Libretto) nach dem Roman „Le Fantôme de l'Opéra" von Gaston Leroux – London 1986

Das Phantom (T) – Christine Daaé (S) – Raoul, Vicomte de Chagny (Bar) – Monsieur André (T) – Monsieur Firmin (B) – Carlotta Giudicelli (S) – Ubaldo Piangi (T) – Madame Giry (Mezzo-S) – Meg Giry, Tänzerin – Monsieur Reyer (T) – Madame Firmin (S) – Don Attilio (B) – Auktionator, Sklaventreiber, Hofdame, Prinzessin, Wirtsfrau, Pagen, Livrierter, Feuerwehrmann, Wirt u. a.

DIE BÜHNE DER PARISER OPER 1905

Bei einer Auktion werden Utensilien vergangener Tage versteigert, auch ein riesiger Kronleuchter. Der schwebt an die Decke des Theaters in dem Augenblick, als er als Angebot aufgerufen wird. Und damit beginnt die Rückblende ins Jahr 1871. Man probt die Oper „Hannibal“, während das Phantom der Oper Mitglieder des Ensembles in Angst und Schrecken versetzt. Die Sopranistin Carlotta wird nur knapp von einem herabfallenden Ausstattungsteil verfehlt. Die junge Sängerin Christine Daaé springt ein, hat großen Erfolg. Ihrer Freundin Meg gesteht sie, daß sie einen geheimnisvollen Lehrer habe: den „Engel der Muse“. Vor seinem Tode hatte ihr Vater ihr die Erscheinung dieses Engels versprochen. Das Phantom zeigt sich zum ersten Mal. Christine hält es für den Engel und folgt ihm in die Katakomben der Oper. Das Phantom beschwört sie, seine Liebe zu erwidern. Christine demaskiert den vermeintlichen „Engel der Muse“ und blickt in ein grausam entstelltes Gesicht, hat ein häßliches Monstrum, von unerfüllter Liebe gequält, vor sich. Christine kann entrinnen. Das Phantom verlangt, sie in einer Hauptrolle zu sehen. Als dennoch Carlotta in „Il Muto“ singt, versagen ihre Stimmbänder, und ein Bühnenmeister wird getötet. Christine rettet sich mit ihrer Jugendliebe, Raoul, dem Vicomte de Chagny, auf das Dach der Oper – sie gestehen sich ihre Liebe. Für das Phantom ist das Verrat. Als unmißverständliche Warnung läßt es den Kronleuchter herabstürzen, direkt vor die Füße Christines. – Einige Monate später. Während eines Maskenballs legen die beiden Operndirektoren Rechenschaft ab von der so erfolgreich verlaufenen Saison. Das Phantom erscheint als roter Tod und übergibt Monsieur André die Partitur seiner Oper „Don Juan“. Hinter der Bühne erfährt Raoul von Madame Giry, daß das Phantom einst als häßliche Attraktion auf Jahrmärkten vorgeführt wurde, dabei sei es ein Genie. Die Direktoren nehmen die Oper zur Aufführung an, beschließen aber auch, das Phantom zu töten. Christine ist verzweifelt. Das Phantom ist auf ihren Spuren. Wieder ergreift sie die Flucht, mit Raoul. In der Schlußszene von „Don Juan“ wird Ubaldo Piangi ermordet aufgefunden – das Phantom steht anstelle Piangis in dessen Kostüm zur großen Liebesszene mit Christine auf der Bühne. In den Katakomben der Oper stellt es sie vor die Wahl: Liebe oder Raoul muß sterben ... Wie wird Christine Daaé entscheiden?

Meredith Willson (1902-1984): **Music Man**

Ein Musical in 2 Akten (24 Bildern) von Meredith Willson und Franklin Lacey – New York 1957 (Strassegg)

Charlie Cowell – Harold Hill – Vier Vertreter – Bürgermeister Shinn – Ewart Dunlop – Oliver Hix – Jacey Squires – Olin Britt – Marcellus Washburn – Tommy Djilas – Elisabeth Paroo – Mrs. Paroo – Winthrop Paroo – Eulalia Mackecknie Shinn – Zaneeta Shinn – Amaryllis Shinn – Locke, Polizist – Alma Hix – Maud Dunlop – Ethel Toffelmeier – Mrs. Squires – Mrs. Jones – Miß Martin – Miß Tuttle – Bürger von River City, Halbstarke

RIVER CITY IM AMERIKANISCHEN BUNDESSTAAT IOWA, 1912

1. und 2. Akt: Harold ist in River City eingetroffen, um, wie schon in anderen Städten, arglose Bürger hinters Licht zu führen. Er gibt sich als Professor der Musik aus, macht den Leuten weis, Kintopp sei eine Sünde, und empfiehlt ihnen, statt dessen eine Kinderkapelle zu gründen. Obwohl er sich durch keinerlei Papiere legitimieren kann, gelingt es ihm, Väter und Mütter zum Kauf von Instrumenten und zur Anschaffung von Uniformen zu überreden. Er kassiert als Anzahlung für in Aussicht gestellten Unterricht gute Dollars, doch vergebens wartet das Städtchen auf das erste öffentliche Auftreten der Kinderkapelle. Statt dessen stellt Harold der Bibliothekarin und Musiklehrerin Elisabeth Paroo nach, die aber seine Hochstapelei durchschaut. Die Situation wird kritisch, vor allem nachdem Charlie Cowell, Vertreter für Ambosse, in River City angekommen ist, um – wie er sagt – den guten Ruf aller Vertreter der Vereinigten Staaten von Amerika vor diesem Schwindler zu schützen. Die aufgebrachten Bürger wollen ihr Geld zurückhaben. Sie sind im Begriff, Harold Hill zu teeren und zu federn. Da geschieht das Überraschende: Die Kinderkapelle marschiert zum Marktplatz, und Elisabeth Paroo gesteht dem Schwindler Harold Hill ihre Liebe. Sie weiß ihn vor den Bürgern mit guten Gründen zu verteidigen: „Wie sah es bei uns in Iowa aus, bevor Harold Hill hier ankam – Leben ist in unser River City durch ihn gekommen."

Leute, hört mir alle mal zu (Hill); Good night, mein Jemand (Elisabeth).

Judd Woldin (* 1925): **Raisin**

Musical von Robert Nemiroff und Charlotte Zaltzberg nach dem Bühnenstück „A Raisin in the Sun" von Lorraine Hansberry – New York 1973

Lena Younger – Walter Lee, ihr Sohn – Ruth, seine Frau – Travis, sein Sohn – Beneatha Younger, seine Schwester – Josef Asagai, afrikanischer Austauschstudent – Willie Harris – Bobo Jones – Ein Bargirl – Der Pastor – Die Frau des Pastors – Karl Lindner, Präsident des Clybourne-Park-Vereins

CHICAGO IN DEN 50ER JAHREN

Im Negerviertel von Chicago Southside beginnt der Tag. Ruth weckt ihren Sohn Travis zur Schule, ruft ihren Mann Walter zum Frühstück. Walter Lee ist Chauffeur, aber er hat größere Pläne. Mit dem in Aussicht gestellten Versicherungsgeld seines Vaters will er in ein Alkoholgeschäft einsteigen. In einer Bar feiert Walter voreilig seinen neuen Job als Teilhaber eines Alkoholvertriebs. Da eröffnet Mama Younger ihrer Familie, daß sie mit dem Versicherungsgeld ihres Mannes im Quartier der Weißen ein kleines Haus gekauft habe. Walter ist verzweifelt, sein Traum vom neuen Job ist dahin. Nach Tagen findet Mama Younger ihren Sohn in einer Bar und gesteht ihm ihren Fehler ein. Sie gibt ihm das Geld, hält 3 000 Dollar für das Medizinstudium seiner Schwester Beneatha zurück und leistet eine Anzahlung auf das Haus. Die Youngers freuen sich auf die Veränderung, da kommen zwei schlechte Nachrichten: Walters Geschäftspartner sind mit dem Geld durchgebrannt, und die Weißen wollen die schwarzen Youngers nicht in ihrem Viertel dulden. Walter Lee setzt sich aber durch: Er besteht auf dem Hauskauf, den Handel mit Alkohol läßt er – zur Freude seiner Mutter – sausen.

Vincent Youmans (1898-1946): **No, no, Nanette!**

Musical in 3 Akten von F. Mandel, O. Harbach und I. Caesar – New York 1925

Jimmy Smith, Verleger und Buchdrucker – Mary, seine Frau – Nanette, eine Waise – Billy Early, Rechtsanwalt – Lilian, seine Frau – Tom Parker, Verehrer von Nanette –

George, Diener bei Smith – Betty, Winnie, Flora (Vergnügungsdamen) – Miß Coller, Sekretärin bei Smith

LONDON UND DIE INSEL WIGHT, GEGENWART

1. bis 3. Akt: Allzugerne möchte die prüde Mary Smith aus ihrer Pflegetochter Nanette eine brauchbare, brave Hausfrau machen. Doch Nanette liebt das unbekümmerte Leben ebenso wie Marys Mann Jimmy, seines Zeichens Verleger und Buchdrucker, der schon so manchen Seitensprung auf seinem Konto hat. Aber das soll nicht mehr so weitergehen. Während einer Party im Sommerhaus auf der Insel Wight – so beschließt Jimmy in reuevoller Anwandlung – will er mit seinem Freund Billy von den Nebenfrauen Betty, Winnie und Flora Abschied nehmen. Doch Jimmy hat die Rechnung ohne die Ehefrauen und Nanettes Verehrer Tom gemacht. Sie überfallen das Liebesnest und stellen die Verdutzten zur Rede. Mary durchschaut die Sache aber nur halb und hält Billy für den Seitenspringer, während sie ihren Jimmy damit beauftragt, die verworrene Situation in Ordnung zu bringen. Billy ist auch bereit, die finanziellen Forderungen der Vergnügungsdamen zu erfüllen; seine Frau zeigt sich versöhnungsbereit. Da wird bei Billy ein Papier entdeckt, wonach er seine Frau nach jedem Schäferstündchen mit einem Geschenk entschädigt hat. Doch die "Dokumente" gehören Jimmy, der jetzt fürwahr nicht mehr anders kann, als Farbe zu bekennen. Mary, seine Frau, macht ihm keine Szene, im Gegenteil: Sie hat vor, aus sich ab sofort eine liebenswertere Frau zu machen. Und Nanette und Tom werden ein Paar.
Nein, nein, Nanette, das schickt sich nicht (Mary und Chor).

Biographien

Abendroth, *Hermann*, Dirigent, *19.1.1883 Frankfurt a. M., ✝29.5.1956 Jena; wirkte als Kapellmeister in München, Lübeck u. Essen, ging 1915 nach Köln, wo er eine einflußreiche Tätigkeit als Leiter der Gürzenich-Konzerte, Dirigent der Konzertgesellschaft u. der Musikalischen Gesellschaft u. als Direktor des Konservatoriums entfaltete. 1934 übernahm er das Gewandhausorchester in Leipzig, wurde 1945 musikalischer Oberleiter in Weimar, 1949 auch Dirigent des Leipziger Rundfunksymphonieorchesters.

Abraham, *Paul*, Komponist, *2.11.1892 Apatin (Ungarn), ✝6.5.1960 Hamburg; studierte in Budapest u. machte sich einen Namen als Komponist zahlreicher Operetten, Musicals und Filmmusiken. Am bekanntesten wurden *Victoria und ihr Husar* (1930) u. *Die Blume von Hawaii* (1931), *Ball im Savoy* (1932).

Adam, *Adolphe*, Komponist, *24.7.1803 Paris, ✝3.5.1856 Paris; Schüler von Reicha u. Boieldieu, begann er als Komponist mit Werken für Klavier u. Harmonium, verlegte sich dann ab 1829 auf das Schreiben von Opern u. Balletten, die ihm bald glänzende Erfolge brachten. 1847 übernahm er die Klavierklasse seines Vaters am Pariser Konservatorium. Von seinen 53 Bühnenwerken haben sich *Der Postillon von Longjumeau* (1836) u. *Wenn ich König wär'* (1853) mit ihren eingängigen Melodien bis heute auf dem Opernspielplan gehalten, ebenso sein Ballett *Giselle* (1841); in seiner *Nürnberger Puppe* (1852) regt sich bereits der spritzige Geist der späteren frz. Operette à la Offenbach.

Albéniz, *Isaac*, Komponist u. Pianist, *29.5.1860 Camprodón (Spanien), ✝16.6.1909 Cambo-les-Bains; auf seinen Konzertreisen trat er vor allem als Interpret seiner eigenen, frühimpressionistischen Klavierwerke auf, denen neben einigen Opern u. Zarzuelas die Hauptbedeutung seines Schaffens zukommt. Er greift als einer der ersten Komponisten seines Landes auf die spanische Volksmusik zurück u. schreibt *Cantos de España* (Klavierstücke, eines davon der bekannte *Tango*), *Suite española* u. a.

d'Albert, *Eugen*, Komponist u. Pianist, *10.4.1864 Glasgow, ✝3.3.1932 Riga; studierte in London, Wien u. bei Liszt in Weimar. Trotz glänzender Erfolge als Pianist, vornehmlich als zu seiner Zeit unerreichter Beethoveninterpret, widmete er sich mehr und mehr der Komposition. Sind seine Instrumental- u. Klavierwerke wie auch die meisten seiner Opern in Vergessenheit geraten, so ist doch neben *Die toten Augen* (1916) seiner veristischen Oper *Tiefland* (1903) ihr Bühnenerfolg treu geblieben.

Albrechtsberger, *Johann Georg*, Komponist u. Musiktheoretiker, *3.2.1736 Klosterneuburg, ✝7.3.1809 Wien; er befaßte sich als Hoforganist (1772) u. Kapellmeister (1792) am Wiener Stephansdom nicht nur mit der Komposition von Messen, Oratorien u. Motetten, sondern hinterließ noch eine Vielzahl von Kammermusiken, Präludien u. Fugen für Orgel u. Klavier. Sehr geschätzt war A. als Lehrer (Beethoven zählte 1794 zu seinen Schülern); sein theoretisches Hauptwerk *Gründliche Anweisung zur Komposition* (1790 u. 1818) erschien auch in engl. u. frz. Sprache.

Allegri, *Gregorio*, Komponist, 1582 - 17.2.1652 Rom; war seit 1628 Sänger in der päpstlichen Kapelle, für die er auch Messen, Motetten u. andere Kirchengesänge schrieb; gelangte zu gewisser Berühmtheit durch ein für die Karwochenliturgie bestimmtes 9stimmiges wechsel- chöriges *Miserere*, das lange Zeit ausschließliches Eigentum der Sixtina blieb, bis es der engl. Musikforscher Ch. Burney nach seiner it. Studienreise 1771 erstmals in London veröffentlichte.

Ansermet, *Ernest*, Dirigent, *11.11.1883 Vevey, ✝20.2.1969 Genf; studierte in Lausanne, Paris u. Genf, wo er 1918 das „Orchestre de la Suisse Romande" gründete. A. ist, besonders mit seinem eigenen Orchester, als Dirigent moderner Musik hervorgetreten, war aber ein erklärter Gegner der Atonalität. Sein Buch „Grundlagen der Musik im menschlichen Bewußtsein" erschien 1961.

Auber, *Daniel François Esprit*, Komponist, *29.1.1782 Caen, ✝12./13.5.1871 Paris; ursprünglich zum Kaufmannsberuf bestimmt, wandte er sich nach einigen unter anderem Namen erschienenen erfolgreichen Kompositionsversuchen unter Cherubini eingehenden Musikstudien zu. Seine ersten Erfolge als Opernkomponist setzten um 1820 ein, doch erst mit der *Stummen von Portici* (1828) gelang der auch für die Entwicklung der frz. „Großen Oper" entscheidende Wurf; ihr hinreißendes Temperament gab bei der Brüsseler Aufführung 1830 den Ausschlag zur Erhebung Belgiens. Eine glückliche Verschmelzung von frz. Grazie und it. Belcanto zeigt die komische Oper *Fra Diavolo* (1830); seine späteren Spielopern fallen merklich dagegen ab. A. wurde 1842 Direktor des Pariser Konservatoriums, 1857 Hofkapellmeister Napoleons III.

Audran, *Edmond*, Komponist, *11.4.1842 Lyon, ✝17.8.1901 Tierceville; studierte in Paris, wurde dann Organist und Kirchenkapellmeister in Marseille u. wandte sich 1879 in Paris vornehmlich der Komposition von Operetten zu: *Le Grand Mogol* (1877), *Oncle Célestin* (1891), *La duchese de Ferrare* (1895) und *La Poupée* (Die Puppe, 1896).

Bacharach, *Burt*, Komponist, *12.5.1928 in Kansas City (Missouri); er studierte in Montreal und in Santa Barbara (Kal.), war Schüler von D. Milhaud, B. Martinu u. H. Cowell, arbeitete als Pianist und Arrangeur und schrieb Schlager und Filmmusik. Von seinen Bühnenwerken hat sich u. a. das Musical *Promises* nach dem Film *The Apartment* durchgesetzt, das in Deutschland unter dem Titel *Schlüssel-Karussell* bekanntgeworden ist.

Badings, *Henk*, Komponist, *17.1.1907 Bandung (Java); ursprünglich Geologe u. Dozent für Paläontologie in Delft, wurde er Kompositionsschüler von Pijper u. trat seit 1930 als Anhänger der jungniederländischen Schule mit Werken von stark persönlicher, betont polyphoner Prägung hervor: 8 Symphonien, Konzerte für Klavier, Violine, Cello, Orgel u. Saxophon, Kammermusik, Opern u. Ballette, Oratorien, auch elektronische Musik.

Balakirew, *Milij*, Komponist, *21.12.1836 (2.1.1837) Nischnij Nowgorod, ✝16. (29.) 5.1910 St. Petersburg; lebte seit 1855 in St. Petersburg als Klavierlehrer u. Komponist. Unter seiner Führung schlossen sich ↗Mussorgskij, Cui, ↗Rimskij-Korsakow u. ↗Borodin zu der Gruppe der „Fünf" (das „Mächtige Häuflein") zusammen, die einen strengen Nationalismus auf ihre Fahne schrieb u. die russ. Volksmusik als Inspirationsquelle für die Kunstmusik nutzbar zu machen suchte. 1862 gründete er eine „Musikalische Freischule", leitete deren Orchesterkonzerte, 1867-69 auch die der Kaiserlich-russischen Musikgesellschaft u. war 1883-94 Direktor der Hofsängerkapelle. Für seine Ouvertüren, Symphonischen Dichtungen u. Klavierphantasien griff B. auch auf spanische, tschechische u. orientalische Themen zurück; am bekanntesten ist seine orientalische Klavierphantasie *Islamej* (1869).

Barber, *Samuel*, Komponist, *9.3.1910 West Chester (Penn., USA), ✝23.1.1981 New York City; besuchte das Curtis Institute of Music in Philadelphia u. wurde ein vielbeachteter Komponist der jüngeren amerikanischen Generation, dessen Werke unter namhaften Dirigenten zur Aufführung gelangten: Symphonien, Violin- u. Cellokonzert, Adagio für Streicher (1936), *Capricorn Concerto*, Ballett *Medea* (1946), Oper *Vanessa* (1959, Text von Menotti), Kammermusik, Chöre u. Lieder.

Bartók, *Béla*, Komponist, *25.3.1881 Nagyszentmiklós (Ungarn), ✝26.9.1945 New York; studierte an der Budapester Musikakademie, wurde dort 1908 Professor für Klavier u. setzte sich seit 1922 in zunehmendem Maße als Interpret für seine Werke ein. 1940 sah er sich aus politischen Gründen gezwungen, nach den USA zu emigrieren. B. ist neben Schönberg, Webern u. Strawinsky einer der bedeutendsten Repräsentanten der Neuen Musik. Ausgehend von der Spätromantik eines Liszt u. Brahms, empfing er entscheidende Eindrücke von Debussy, später auch von Schönberg und Strawinsky; seine letzten Kompositionen zeigen eine Rückkehr zur romantischen Tradition. Stärkste Impulse zur Entwicklung seiner persönlichen Tonsprache in ihrer rhythmischen u. harmonischen Differenziertheit gab jedoch die osteuropäische Volksmusik, deren Erforschung er sich durch viele Studienreisen u. wertvolle Aufsätze mit Leidenschaft annahm. Hauptwerke: 14 Bagatellen u. Sonatine für Klavier (1908, 1914), *Allegro barbaro* (1911), Oper *Herzog Blaubarts Burg* (1911), Ballette *Der holzgeschnitzte Prinz* (1916) u. *Der wunderbare Mandarin* (1919), *Tanzsuite* (1923), 3 Klavierkonzerte (1926, 1930, 1945), *Cantata profana* (1930), *Musik für Saiteninstrumente, Schlagzeug u. Celesta* (1936), Sonate für 3 Klaviere u. Schlagzeug (1937), *Divertimento* für Streicher (1939), 6 Streichquartette (1908-39), Sonate für Violine solo (1944), Konzert für Orchester (1943). Wertvolle Bereicherungen der musikpädagogischen Literatur sind die Sammlungen von leichten Klavierstücken (1908-26), der *Mikrokosmos* (1926-37) u. die 44 Duos für 2 Violinen; daneben hinterließ er eine Fülle von Volksliedbearbeitungen.

Beecham, *Thomas* (Sir), Dirigent, *29.4.1879 Liverpool, ✝8.3.1961 London; gründete 1906 in London ein eigenes Orchester u. machte sich in den Jahren 1903–28 sehr verdient um das Bekanntwerden der Opern Mozarts, Verdis, Wagners u. Strauss' in England. 1928 übernahm er das „London Symphony Orchestra", gründete dann das „London Philharmonic Orchestra", nach dem Kriege das „Royal Philharmonic Orchestra", mit denen er durch Konzertreisen u. Schallplattenaufnahmen internationalen Ruf erlangte.

Beethoven, *Ludwig van*, Komponist, getauft 17.12.1770 Bonn, ✝26.3.1827 Wien; Großvater und Vater waren Mitglieder der kurfürstlichen Kapelle in Bonn. Schon früh zeigte sich B.s außergewöhnliche Musikbegabung, doch die Versuche seines ehrgeizigen Vaters, ihn als

Wunderknaben heranzubilden, schlugen fehl. Die nachhaltigste musikalische Ausbildung verdankte B. dem Bonner Hoforganisten Gottlob Neefe, der ihn schon bald als Gehilfen in der Kirche u. als Generalbaßspieler in der Hofkapelle heranzog. 1787 schickte man ihn zu Mozart nach Wien, doch die Erkrankung seiner Mutter zwang ihn noch im gleichen Jahr zur Rückkehr. 1792 ermöglichte ihm der Kurfürst einen zweiten Studienaufenthalt in Wien, diesmal, um bei Haydn in die Lehre zu gehen. Doch B. fand bei diesem nicht die erwartete Förderung; so suchte er sich sein handwerkliches Rüstzeug bei anderen Lehrern (Albrechtsberger, Salieri) zu verschaffen. Als 1794 infolge des Revolutionskrieges das Bonner Unterstützungsgehalt ausblieb, hatten sich seine Verhältnisse in Wien bereits recht günstig gestaltet. Dank der Empfehlungen seines rheinischen Gönners, Graf Waldstein, wurde er rasch in den Wiener Adelskreisen heimisch, glänzte in ihren Salons als Klaviervirtuose u. fand bald Anerkennung seiner Kompositionen. Eine von seinen fürstlichen Freunden ausgesetzte Jahresrente u. der Ertrag seiner Werke sicherten ihm die Stellung eines freien, unabhängigen Künstlers. Seit 1795 stellte sich das Ohrenleiden ein, das sein Leben mehr und mehr verdüsterte, seiner Konzerttätigkeit ein Ende setzte u. ihn zum menschenscheuen Sonderling werden ließ (1802 *Heiligenstädter Testament*). 1819 erlosch sein Gehör völlig, so daß er im Verkehr mit der Umwelt auf Konversationshefte angewiesen war. Seit 1825 erschütterte ein Leberleiden seine Gesundheit, dem er schließlich erlag. In B. findet die Epoche der Wiener Klassik ihren Abschluß. Spiegeln die frühen Werke noch unverkennbar seine Auseinandersetzung mit dem Stil Haydns, Mozarts, aber auch der Mannheimer u. Berliner Instrumentalmusik, so vollzieht sich mit der „Eroica" (1803) der Durchbruch zu seiner unverwechselbar eigenen, von einem gewaltigen subjektiven Gestaltungs- u. Ausdruckswillen durchwalteten Tonsprache. Das Sonatensatzschema wird bei B. zum beherrschenden Prinzip erhoben, das in mannigfacher Umgestaltung alle anderen Formen durchdringt, wie auch die thematische Dialektik eine bis zur letztmöglichen Ausschöpfung u. Verarbeitung führende Intensivierung erfährt. Die Durchführung wächst zum Kernstück der Form aus. Zugleich gewinnt die musikalische Sprache in ihren rhythmischen, dynamischen u. klanglichen Mitteln eine bis dahin unerhörte Ausdrucksfähigkeit seelischen Erlebens. In seinen Spätwerken weicht der leidenschaftliche u. kämpferische Individualismus einem verinnerlichten, nach überpersönlichen Bindungen strebenden (kontrapunktische Arbeit), abgeklärten Altersstil von äußerster formaler u. motivischer Konzentration, der seine reinste Verwirklichung in den 5 letzten Klaviersonaten u. den 5 letzten Streichquartetten gefunden hat.

Sein Schaffen umfaßt: 9 Symphonien (I C-Dur op. 21 [1799], II D-Dur op. 36 [1802], III Es-Dur op. 55 *Sinfonia eroica* [1803], IV B-Dur op. 60 [1806], V c-Moll op. 67 [1808], VI F-Dur op. 68 *Sinfonia pastorale* [1808], VII A-Dur op. 92 [1812], VIII F-Dur op. 93 [1812], IX d-Moll op. 125 mit Schlußchor aus Schillers Ode „An die Freude" [1824]; 5 Klavierkonzerte; Violinkonzert D-Dur op. 61 (1806); Ouvertüren, darunter *Coriolan* op. 62 (1807); Oper *Fidelio* (1804/15, mehrfach umgearbeitet, mit einer Fidelio- und 3 Leonoren-Ouvertüren); Musik zu Goethes „Egmont" op. 84 (1810); 2 Ballette; Chorwerke, darunter *Missa solemnis* op. 123 (1823), Messe C-Dur op. 86 (1807); an Kammermusik u. a. 16 Streichquartette, 2 Streichquintette, Streich- und Klaviertrios, Septett Es-Dur op. 20 (1800), 10 Violinsonaten, 5 Cellosonaten; 32 Klaviersonaten, 33 Klaviervariationen, darunter *33 Veränderungen über einen Walzer von Diabelli* op. 120 (1823), Lieder. Dazu sind etwa 50 Jugendwerke ohne Opuszahl überliefert.

Bellini, *Vincenzo*, Komponist, *3.11.1801 Catania, †24.9.1835 Puteaux bei Paris, nach dem Studium in Neapel verlegte er sich ab 1825 mit Erfolg auf das Schreiben von Opern, die ihm den Weg nach den Opernzentren Mailand u. Paris öffneten u. von denen *Die Nachtwandlerin*, *Norma* (beide 1831) u. *Die Puritaner* (1835) bis heute ihren Ruf behielten. B. setzte dem effektvollen Belcanto Rossinis eine lyrische, ganz auf den Wohlklang der menschlichen Stimme abgestellte Melodik entgegen.

Bellman, *Carl Michael*, Dichter u. Sänger, 4.2.1740–11.2.1795 Stockholm; war Lotteriebeamter u. führte das Leben eines Bohemiens. Seine teils ernsten, teils burlesken Dichtungen, die er mit eigenen, auch aus Opernarien u. Volksmusik entlehnten Melodien versah, sind noch heute in Schweden lebendig.

Benatzky, *Ralph*, Komponist, *5.6.1884 Mährisch-Budwitz, †17.10.1957 Zürich; studierte in Prag u. München, lebte seit 1938 in New York, zuletzt in der Schweiz. Von seinen zahlreichen Operetten war am erfolgreichsten *Im weißen Rößl* (1931).

Bennett, *Richard Rodney*, Komponist, *29.3.1936 Broadstairs (Grafschaft Kent); studierte in London an der Kgl. Musikakademie u. bei Pierre Boulez in Paris. Von der Schönberg-Schülerin Elizabeth Lukyens beeinflußt, ist er zum Vertreter einer „schönklingenden" seriellen Musik geworden. Er schrieb u. a.:

Opern (*Ballade im Moor* [The Mines of Sulphur, 1965], *Napoleon kommt*), Orchesterwerke, Kantaten, Klaviermusik.

Berg, *Alban,* Komponist, 9.2.1885–24.12.1935 Wien; machte bereits als 15jähriger seine ersten Kompositionsversuche, die Schönberg veranlaßten, ihn als Schüler anzunehmen (1904-10). Seine nicht sehr zahlreichen, aber höchst bedeutsamen Werke zeigen ihn neben Schönberg und Webern als künstlerisch überzeugendsten Repräsentanten des musikalischen Expressionismus, vor allem mit den beiden Opern *Wozzeck* (1917/21, nach G. Büchner) u. *Lulu* (1928/35, nach F. Wedekind, seit 1979 mit vervollständigter Orchestrierung des 3. Aktes durch Friedrich Cerha). Ferner sind zu nennen: 3 Orchesterstücke (1914), Kammerkonzert für Violine, Klavier u. 13 Bläser (1923/25), *Lyrische Suite* (1925/26), Violinkonzert (1935), Orchestergesänge (nach Altenberg 1912) u. *Der Wein* (nach Baudelaire 1929).

Berio, *Luciano,* Komponist, *1925 Oneglia (Italien); Schüler von Dallapiccola, Mitgründer u. Leiter des Studio di Fonologia Musicale in Mailand, tritt seit 1950 mit seriellen u. ab 1956 mit elektronischen Kompositionen hervor. Er schrieb u. a.: *Magnificat* (Chorwerk, 1950), *Nones* für Orchester (1956), *Mutazioni* (1956), *Prospettive* (1957), *Allelujah II* für 5 Orchestergruppen (1958), *Différences* für 5 Instrumente u. Tonband (1959), *Tempi concertati* für Flöte, Violine, 2 Klaviere und 4 Instrumentalgruppen (1960), *Quaderni I* für Blasinstrumente, Schlagzeug, Harfen und Celesta und *II* für Orchester, *Momenti* (elektronisch), *Epifanie* für Sopran und Orchester (Vokalfassung der *Quaderni II* und II) (1961), *Esposizione*, szenische Handlung für Tonband, 14 Instrumente, Mezzosopran und 2 Kinderstimmen (1963), *Sincronie* für Streichquartett (1964), *Quaderni III* für Orchester (1965), *Chemins* für Harfe u. Orchester (1965), *Sinfonia* für 8 Singstimmen u. Orchester (1968), Musiktheatralische Aktionen *Un Re in ascolto* (Salzburg 1984).

Berlin, *Irving* (eigentlich Israel Baline), amerikanischer Komponist russischer Abstammung, *11.5.1888 Temum (Sibirien); 22.9.1989 New York. Trat zuerst als Sänger auf Straßen und in Cafés auf, schrieb bald Schlager, eröffnete in New York ein Theater, in dem er Musicals und Operetten aufführte. Er selbst schrieb die Musik zu den Musicals *Annie get your gun* (1946), *Mister President* (1962), ferner Songs, wie *God Bless America* und *White Christmas.*

Berlioz, *Hector,* Komponist, *11.12.1803 La Côte-Saint-André, ✝8.3.1869 Paris; von den Eltern zum Arzt bestimmt, fühlte er sich zur Musik hingezogen, nahm in Paris Unterricht u. war bereits mit eigenen Kompositionen, darunter die meisterliche *Symphonie fantastique* (1830), an die Öffentlichkeit getreten, als er 1830 den 1. Rom-Preis erlangte, der ihm einen zweijährigen Studienaufenthalt in Italien einbrachte. Dort entstanden *Lélio oder Die Rückkehr zum Leben* (1831), Fortsetzung der *Symphonie fantastique* u. die Ouvertüre *König Lear*; ein Niederschlag dieser Zeit ist auch *Harold in Italien* (1834). Nach Paris zurückgekehrt, war er gezwungen, als Feuilletonist u. Bibliothekar am Konservatorium seinen Lebensunterhalt zu bestreiten. Da ihm sein Vaterland die Anerkennung versagte, versuchte er ab 1842 durch Konzertreisen nach Deutschland, Österreich, Rußland u. England seine wirtschaftliche u. künstlerische Lage zu bessern. In Liszt u. Schumann fand er beredte Mitstreiter für sein neues Stilprinzip, die Programmusik. B. sucht in seinem Werk eine Synthese zu schaffen zwischen der von Beethoven übernommenen Symphonieform u. außermusikalischen programmatischen Vorstellungen; seine „Idée fixe" dient ihm dabei als neues Mittel musikalischer Verklammerung. Gleichzeitig steigert er die Ausdruckskraft durch nuancierte Instrumentation bis zum Einsatz überdimensionaler Chor- u. Orchestermassen. B. wurde einer der nachhaltigsten Anreger für die Musik des späten 19. Jh. Von seinen Werken mögen noch genannt werden: Opern *Benvenuto Cellini* (1838), *Die Trojaner* (1859) u. *Béatrice et Bénédict* (1862), *Fausts Verdammung* (1846) u. *Die Kindheit Christi* (1854), die Chorsymphonie *Romeo u. Julia* (1839), *Te Deum* (1835), *Requiem* (1837), die Ouvertüren *Der römische Karneval* (1844) u. *Der Korsar* (1845); der musikhistorisch bedeutende *Traité d'instrumentation et d'orchestration moderne* (1844) u. seine Memoiren (1870).

Bernstein, *Leonard,* amerikanischer Komponist und Dirigent, *25.8.1918 Lawrence (Massachusetts), ✝14.10.1990 New York. Studierte an der Harvard-Universität Komposition u. Klavier, am Curtis Institute of Music in Philadelphia Dirigieren. 1941–42 lehrte er in Boston, wurde stellvertretender Leiter des Symphonieorchesters am Berkshire Music Center und 1943 Zweiter Dirigent des New Yorker Philharmonischen Orchesters. Beim selben Orchester übernahm er 1957 die Chefposition. Seit 1967 war er bis zu seinem Tode Gastdirigent in aller Welt, komponierte Orchester- und Instrumentalwerke, weltliche und geistliche Musik und vor allem die überall bekannte Musik für die Musicals *On the Town* (1944), *Wonderful Town* (1953), *Candide* (1956) und *West Side Story* (1957).

Bialas, *Günter,* Komponist, *19.7.1907 Bielschowitz (Oberschlesien); war Musikstudienrat in Breslau, nach dem Kriege Kompositionslehrer an der Weimarer Musikhochschule und ab 1947 an der Musikakademie Detmold. Seit 1959 ist er in gleicher Eigenschaft an der Musikhochschule München tätig. Er schrieb mehrere Konzerte, *Serenata* für Streichorchester (1955), Jazz; *Promenade* für Klavier u. Orchester (1956), *Invocationen* (1957), Kammer- musik, Kantaten, Lieder u. die Opern *Hero und Leander* (1966) u. *Die Geschichte von Aucassin und Nicolette* (1969), *Der gestiefelte Kater* (1975) u. *Aus der Matratzengruft* (1992).

Bibalo, *Antonio*, Komponist, *18.1.1922 Triest; studierte in seiner Heimatstadt Klavier und Komposition sowie in London speziell die Zwölftonttechnik. Er schrieb Orchester- und Chorwerke, Konzerte, Kammermusik und Bühnenwerke. Mit den Opern *Das Lächeln am Fuße der Leiter* (1965), *Fräulein Julie* (1976) und *Gespenster* (1981) wurde B. auch in Deutschland bekannt.

Biber, *Heinrich Ignaz Franz* (v. Bibern), Violinist u. Komponist, *12.8.1644 Wartenberg (Böhmen), ✝3.5.1704 Salzburg; war seit 1670 Mitglied der fürsterzbischöflichen Kapelle in Salzburg, in der er bis zum Kapellmeister (1684) aufstieg u. 1690 vom Kaiser geadelt wurde. Als einer der ersten Violinvirtuosen, die ihre Kunst durch Reisen bekannt machten, erreichte er die Bewunderung der Zeitgenossen durch seine Fertigkeit im doppelgriffigen Spiel, das er durch die Anwendung der ↗Scordatura wirksam zu steigern wußte. Er schrieb zahlreiche Violin-, 3- bis 5stimmige Sonaten u. Partiten, Kirchenmusik u. Opern.

Binchois, *Gilles*, Komponist, *um 1400 Mons (Hennegau), ✝1460; war Soldat, wird aber 1430 in den Listen der burgundischen Hofkapelle als Kaplan geführt und gilt neben Dufay als der Hauptmeister der 3stimmigen Chansons des frühen 15. Jahrhunderts.

Bizet, *Georges*, Komponist, *25.10.1838 Paris, ✝3.6.1875 Bougival bei Paris; trat schon als 9jähriger in das Pariser Konservatorium ein, wo er bei Halévy (seinem späteren Schwiegervater) Komposition studierte u. das er 1857 mit dem Rom-Preis verließ. Er begann in Italien mit dem Schreiben von Opern, doch fanden *Die Perlenfischer* (1863) u. *Das schöne Mädchen von Perth* (1867) beim Pariser Publikum wenig Anklang; ebenso erging es seiner als zu veristisch abgelehnten Oper *Carmen* (1875, nach Mérimée), die erst mit der Wiener Aufführung von 1875, 3 Monate nach B.s Tod, ihren durchschlagenden Erfolg hatte u. heute zu den meistgespielten Werken der gesamten Opernliteratur gehört. Von seinen übrigen Werken haben sich nur die 2 Suiten aus der Bühnenmusik zu Daudets „L'Arlésienne" (1837) u. die C-Dur-Symphonie im Konzertprogramm gehalten.

Blacher, *Boris*, Komponist, *6.1.1903 Newchang (China), ✝30.1.1975 Berlin; lehrte in Dresden u. Berlin u. war seit 1953 Direktor der Berliner Musikhochschule. B.s Musik zeichnet sich aus durch klangliche Transparenz u. profilierte Rhythmik, die er durch sein Kompositionsprinzip der „variablen Metren" zum formbildenden Faktor bestimmt. Er schrieb u. a.: die Ballette *Harlekinade* (1939), *Chiarina*, *Lysistrata*, *Hamlet* (alle 1950), *Der erste Ball*, *Tristan* u. *Der Mohr von Venedig* (1955), die Oratorien *Der Großinquisitor* (1948) u. *Romeo und Julia*; die Opern *Die Flut* (1947), *Die Nachtschwalbe* (1948), *Preußisches Märchen* (1950), *Abstrakte Oper Nr. 1* (1953), *Rosamunde Floris* (1960), *Zwischenfälle bei einer Notlandung* (1966) u. *200 000 Taler* (1969); die Kantate *Traum vom Tod und vom Leben;* 1 Requiem (1958); 2 Klavierkonzerte u. die Paganini-Variationen.

Bliss, *Arthur*, Komponist, *2.8.1891 London, ✝27.3.1975 ebd.; hatte 1924-44 die Leitung der Musikabteilung der BBC inne u. wurde 1953 „Master of the Queen's Music". B. formte die Anregungen, die er von Ravel, Strawinsky u. dem Spätromaniker Elgar empfing, zu einer persönlichen Tonsprache. Bekannt wurden seine *Farbensymphonie* (1922), die Chorsymphonie *Morgenhelden* (1930) u. die Oper *The Olympians* (1948). Weitere Werke: *Piano Sonata* (1951), *Meditations on a Theme of John Blow* (1953), Violinkonzert (1955), *Discourse for Orchestra* (1957), das Ballett *Lady of Shalott* (1958), die Oper *Tobias and the Angel* (1960), die Kantaten *Mary of Magdala* (1963), *The Golden Cantata* (1964), *River Musik* (1967), der Liederzyklus *Angels of the Mind* (1968) u. *Concertino for Cello and Orchestra* (1969).

Blomdahl, *Karl-Birger*, Komponist, *19.10.1916 Växjö (Schweden), ✝14.6.1968 Stockholm; studierte dort sowie in Frankreich u. Italien u. konnte sich neben seinem Lehrer H. Rosenberg einen eigenen Platz in der zeitgenössischen Musik Schwedens erwerben. Er schrieb u. a.: die Kantaten *Im Saal der Spiegel* (1953) u. *Anabase* (1956), die Ballettsuite *Sisyphos* (1954), die Weltraumoper *Aniara* (1959), *Die Geschichte des großen Computer* (1968), Symphonien, Kammermusik u. Filmmusiken.

Bock, *Jerry*, Komponist, *23.11.1928 New Haven; hatte zuerst privaten Klavierunterricht, später studierte er an der Universität von Wisconsin Musik. Erste größere Arbeiten waren drei Songs für die Broadway-Revue „Catch a Star". Die Musical-Produktion begann er mit

Mr. Wonderful (1956); es folgten *Fiorello* (1959) und *The Fiddler on the Roof* (*Anatevka*, 1964), sein bisher größter Erfolg in Europa. 1970 kam sein Musical *The Rothschilds* heraus.
Böhm, *Karl*, Dirigent, *28.8.1894 Graz, ✝14.8.1981 Salzburg; studierte Jura in Graz (Dr. jur.) u. Musik in Wien, war in Graz, München, Darmstadt, Hamburg, 1934-43 in Dresden als Operndirigent tätig, hatte 1943 bis 1945 u. 1954-56 die Direktion der Staatsoper Wien inne u. wirkte meist als Gastdirigent (Salzburger Festspiele). B. machte sich vor allem durch seine vorbildlichen Aufführungen von Mozart- und Strauss-Opern einen Namen.
Boieldieu, *François-Adrian*, Komponist, *16.12.1775 Rouen, ✝8.10.1834 Jarcy bei Paris; ermuntert durch die günstige Aufnahme zweier Singspiele, die er schon mit 18 Jahren schrieb, ging er nach Paris, wo seine komischen Opern, besonders der *Kalif von Bagdad* (1800), großen Anklang fanden. 1798 erhielt er die Stelle eines Klavierlehrers am Konservatorium, doch unglückliche Eheverhältnisse veranlaßten ihn, sein Glück am St. Petersburger Hof (1803-10) zu suchen. 1817 wurde er am Pariser Konservatorium Professor für Komposition. Von seinen vielen späteren Opern war nur noch der *Weißen Dame* (1825), einem Hauptwerk der frz. Romantik, dauernder Erfolg beschieden.
Boito, *Arrigo*, Komponist u. Opern-Librettist, *24.2.1842 Padua, ✝10.6.1918 Mailand. Studierte in Mailand, begeisterte sich für Beethoven u. Richard Wagner. Seine Oper *Mefistofele* (1868) – nach Goethes „Faust“ – wird gelegentlich gespielt. Eine 2. Oper (*Nerone*), von Toscanini abgeschlossen, hat sich nicht durchgesetzt. Nachhaltigere Wirkungen mit dem Abfassen von Textbüchern für Opern.
Borodin, *Alexander*, Komponist, *30.10. (11.11.) 1833, ✝15. (27.) 2.1887 St. Petersburg; war Militärarzt u. seit 1864 Professor für Chemie in St. Petersburg. B. schloß sich 1862 Balakirews „Mächtigem Häuflein“ u. dessen Zielsetzung einer nationalruss. Musik an u. schrieb unter deren Einfluß seine Hauptwerke: die Oper *Fürst Igor* (1869 begonnen, von Rimskij-Korssakow u. Glasunow vollendet. Die *Polowetzer Tänze* waren als Balletteinlage für diese Oper bestimmt), 2 Symphonien (1869, 1876), *Eine Steppenskizze* aus Mittelasien (1880), 2 Streichquartette u. Lieder.
Boulez, *Pierre*, Komponist und Dirigent, *25.3.1925 Montbrison. Schüler von Messiaen u. Leibowitz (Komposition), wirkte von 1948-58 als musikalischer Leiter der Truppe Barrault-Renaud, war von 1960-63 Dozent an der Musikakademie Basel und trat auch als Dirigent und Pianist an die Öffentlichkeit. 1966 dirigierte er zum ersten Mal den *„Parsifal“* in Bayreuth. 1969 wurde er Chefdirigent des New York Philharmonic Orchestra. Ab 1977 widmete er sich vornehmlich der Musikforschung in Paris. Als Komponist gehört er zu führenden Bekennern neuer Musik. Ausgehend von Debussy, Berg u. Webern, sucht er immer wieder nicht nur die Harmonik, sondern auch Rhythmik, Metrik u. Dynamik seriell zu bestimmen. Er schrieb u. a.: *Structures* für 2 Klaviere, *Polyphonie X* für 18 Instrumente, den Zyklus *Le marteau sans maître*, *Sequenzen* für 12stimmigen Chor, Kantaten, Klaviersonaten, *Pli selon pli*, *Improvisation sur Mallarmé* u. *Domaines pour clarinette et quelques instruments*. Außerdem: *Piece for Dr. K.* für Blas-, Streich- und Tasteninstrumente, *Cummings ist der Dichter* für Instrumental- und Vokalstimmen, ein Stück zum Tode von Adorno, *Rituel – in memoriam Maderna* für Orchester und *Notations* für Orchester.
Braunfels, *Walter*, Komponist, *19.12.1882 Frankfurt a. M., ✝19.3.1954 Köln; er studierte in seiner Heimatstadt, danach in Wien und zuletzt in München. Von 1925-50 (mit politisch bedingter Unterbrechung) war er Direktor der Musikhochschule Köln. B. schrieb vor allem Vokalwerke. Besonders erfolgreich war er mit seiner Oper *Die Vögel* nach Aristophanes (1920).
Bresgen, *Cesar*, österreichischer Komponist, *16.10.1913 Florenz, ✝7.4.1988 Salzburg; Schüler von äHaas, lehrte seit 1939 am Salzburger Mozarteum. B. machte sich sehr verdient um die Jugendmusik; er schrieb Kinderopern *Das Dornröschen* (1942), *Der Igel u. der Bräutigam* (1950), *Der Mann im Mond* (1958), die Oper *Der Engel von Prag (1978)*, Kantaten *(Bauernhochzeit*, *Maihymnus*, *Requiem für Anton Webern)*, eine Choral- u. eine Frescobaldi-Symphonie, Konzerte, Liederzyklen u. Spielmusiken sowie das Oratorium *De tempore* (1974).
Bridge, *Frank*, Komponist u. Dirigent, *26.2.1879 Brigthon, ✝10.1.1941 Eastbourne; wirkte seit 1910 in London als Opern- u. Konzertdirigent u. trat auch als Gastdirigent in Amerika hervor. Von seinen Kompositionen wurden bekannt: die Oper *Christmas Rose*, die Tondichtungen *Isabelle* (1907) u. *Summer* (1914) u. die Suite *The Sea* (1911).
Britten, *Benjamin*, Komponist, *22.11.1913 Lowestoft (Suffolk), ✝4.12.1976 Aldeburgh (Suffolk); erregte 1937 erste Aufmerksamkeit durch seine *Variationen über ein Thema von* (seinem Lehrer) *Bridge*. Nach 3jährigem Aufenthalt in Amerika lebte er seit 1942 in Aldeburgh u. widmete sich der Komposition u. der Aufführung seiner Werke als Dirigent u. Klavierbegleiter (meist des Tenors P. Pears). Un-

gewöhnliche Einfühlungsgabe für seine dichterischen Vorlagen u. melodische Gestaltungskraft, gepaart mit einem sicheren Instinkt für Dramatik u. orchestrale Wirksamkeit, sichern vor allem seinem musikdramatischen Werk u. der Vokalmusik einen hervorragenden Platz; seine Opern *Peter Grimes* (1945), *Der Raub der Lukrezia* (1946), *Albert Herring* (1947), *Die Bettleroper* (1948), *Billy Budd* (1951, nach Melville), *Gloriana* (1953), *The Turn of the Screw* (1954, nach Henry James), seine *Simple Symphony* (1934), *Illuminations* (1939), *Serenade für Tenor, Horn u. Streichorchester* (1943), *Sinfonia da Requiem* (1940) u. das instruktive Variationswerk *The Young Person's Guide to the Orchestra* (1945) u. a. fanden auch internationalen Widerhall; ebenso seine jüngeren Werke: die Oper *Ein Sommernachtstraum* (1960), *War Requiem* (1962), *Psalm 150* (1963), *Cantata Misericordium* (1963), *Symphonie für Violoncello und Orchester* (1964) und die Oper *Curlew River* (1964). B.s letzte Kompositionen: 3 Geistliche Spiele (1964-66), die Fernsehoper *Geistergeschichte* (1968) u. die Oper *Der Tod in Venedig* (1973).

Bruch, *Max*, Komponist, *6.1.1838 Köln, †2.10.1920 Berlin; entfaltete ab 1862 eine weitreichende Dirigententätigkeit u. wurde 1891 an die Berliner Akademie der Künste als Professor für Komposition berufen. Seine zahlreichen, einst sehr geschätzten, romantischen Chorwerke, u. a. *Frithjof* (1864), *Das Lied von der Glocke* (1878), ebenso seine Oper *Loreley* (1863), sind heute vergessen, während sein 1. Violinkonzert g-Moll (1868) sich auch jetzt noch großer Beliebtheit erfreut.

Bülow, *Hans* Guido Freiherr v., Pianist u. Dirigent, *8.1.1830 Dresden, †12.2.1894 Kairo; machte sich zuerst als Pianist (Schüler von Liszt) einen Namen, wurde Parteigänger Wagners, der ihn nach München zog u. ihm die Uraufführung des *Tristan* (1865) und der *Meistersinger* (1868) anvertraute. Als sich das Freundschaftsverhältnis wegen Wagners Beziehungen zu seiner Frau Cosima (Liszts Tochter) trübte, zog er sich nach Florenz zurück, begann 1872 erneut zu reisen u. setzte sich dann als Direktor des Meininger Hoforchesters (1880-85) u. als Konzertdirigent in Hamburg u. Berlin für das Werk Brahms' ein. B.s künstlerische Persönlichkeit prägte entscheidend den Typus des modernen Orchesterleiters, der sich ausschließlich in den Dienst der Interpretation des Kunstwerks stellt.

Burkhard, 1) *Willy*, Komponist, *17.4.1900 Leubringen bei Biel, †18.6.1955 Zürich; lehrte seit 1928 am Berner, seit 1942 am Züricher Konservatorium, bekannt vor allem durch seine Chorwerke *Das Gesicht Jesaias* (1935), *Das Jahr* (1943), *Die Sintflut* (1955) u. die Oper *Die schwarze Spinne* (1948, nach J. Gotthelf).
2) *Paul*, Komponist, *21.12.1911 Zürich, †6.9.1977 Zell (Zürich); war Kapellmeister, erlangte aber erst größere Bedeutung als einer der weniger europäischen zeitgenössischen Erneuerer der musikalischen Komödie. Von seinen Werken wurden weithin bekannt die Revueoperette *Hopsa* (1935) und die Komödie *Feuerwerk* (1950, zweite Fassung von *Der schwarze Hecht*) mit dem Lied: *Oh, mein Papa*. Sein jüngstes Werk ist die Oper *Ein Stern geht auf aus Jakob* (musikalische und dramatische Darstellung der Vorgänge um Christi Geburt), 1970 in Hamburg uraufgeführt.

Burian, *Emil Frantisek*, Komponist, *11.4. (6.) 1904 Pilsen, †9.8.1959 Prag; studierte am dortigen Konservatorium, gründete 1933 ein Theater, um u. a. mit seinen musiktheatralischen Ideen bekannt zu machen. Er schrieb Opern (*Marysa*, *Der Krieg*), Ballette, Bühnen-, Film- u. Hörspielmusiken, Kammermusik, Lieder.

Burt, *Francis*, Komponist, *28.4.1926 London; studierte in London und Berlin; er schrieb u. a. Orchesterwerke, Kammermusik u. die Oper *Volpone* (1960).

Busch, *Fritz*, Dirigent, *13.3.1890 Siegen, †14.9.1951 London; war als Theater- u. Konzertdirigent in Riga, Aachen u. Stuttgart tätig; vor allem aber erlebte die Dresdner Oper 1922-33 unter ihm durch bedeutende Uraufführungen u. vorbildliche Neuinszenierungen der Spätopern Verdis eine Zeit hoher Blüte. Nach seiner Absetzung 1933 emigrierte er nach Argentinien u. wirkte auch in Skandinavien, England (Glyndebourne-Festspiele) u. Amerika.

Busoni, *Ferruccio*, Komponist u. Pianist, *1.4.1866 Empoli, †27.7.1924 Berlin; erwarb sich auf weltweiten Konzertreisen als Virtuose einen glänzenden Ruf, war in Helsinki, Moskau, Boston, Wien u. Bologna als Klavierpädagoge tätig u. übernahm 1920 eine Meisterklasse für Komposition an der Berliner Akademie der Künste. Als Komponist suchte B. auf der Verehrung der Kunst Bachs u. Mozarts eine „junge Klassizität" aufzubauen. Neben vielen Klavierwerken (*Fantasia contrapuntistica* 1910), virtuosen Bearbeitungen von Werken Bachs, Kadenzen, sind seine Opern *Arlecchino* (1918), *Turandot* (1919) u. *Dr. Faust* (1925, von Ph. Jarnach vollendet) sowie vor allem seine umstrittene Schrift *Entwurf einer neuen Ästhetik der Tonkunst* (1907, 1916) von großer Bedeutung.

Caccini, *Giulio*, Sänger u. Komponist, *um 1550 Rom, †10.12.1618 Florenz; stand seit 1564 als Sänger u. Harfenist im Dienste der Medici u. nahm an den Bestrebungen der Florentiner Camerata u. damit an der Schaffung des monodischen Stils führenden Anteil durch seine *Nuove musiche* (1603 u. 1611, Arien und Solomadrigale). Er schrieb außerdem 2 *Eurydice*-Opern (allein 1602, mit Peri 1600).

Caldara, *Antonio*, Komponist, *um 1670 Venedig, ✝28.12.1736 Wien; war Cellist in Venedig, Wien, Rom, Madrid u. stieg 1716 in Wien zum Vizekapellmeister auf. Er hinterließ neben Kirchenwerken mehr als 80 Opern, über 30 Oratorien u. für die Geschichte der Sonatenform interessante Solo- u. Triosonaten.

Cannabich, *Johann Christian*, Komponist, getauft 28.12.1731 Mannheim; ✝20.1.1798 Frankfurt am Main; Schüler von Stamitz u. Jommelli, wurde 1758 Konzertmeister u. 1774 Direktor der Instrumentalmusik des Mannheimer Hoforchesters, mit dem er 1778 nach München übersiedelte. Er schrieb mehrere Opern, eine Reihe von Balletten, Konzerte u. Kammermusik u. führte besonders in seinen über 90 Symphonien die Tradition der Mannheimer Schule durch eine stärkere instrumentale Differenzierung des thematischen Aufbaus weiter.

Casella, *Alfredo*, Komponist, *25.7.1883 Turin, ✝5.3.1947 Rom; Schüler von Fauré, lehrte 1915-23 am Liceo musicale di S. Cecilia in Rom u. war auch als Pianist, Dirigent u. Musikkritiker tätig. Von seinen Werken, in denen er auf der Grundlage des it. Barock eine moderne national-it. Musik anstrebt, wurden am bekanntesten die Opern *La donna serpente* (1931) u. *Il seserto tentato* (1937), das Ballett *La Giara* (1924), Orchester- u. Klaviermusik.

Castelnuovo-Tedesco, *Mario*, Komponist, *3.4.1895 Florenz, ✝16.3.1968 Beverly Hills (Los Angeles); Schüler von Pizzetti, lebte seit 1939 als Komponist u. Musikschriftsteller in den USA. Er schrieb eine Oper *Mandragola* (1923) die Ballette *The Octroon Ball* (1947) u. *Naomi and Ruth* (1947), Filmmusiken, Orchesterwerke, Konzerte, Klavierstücke u. Lieder.

Catalani, *Alfredo*, Komponist, *19.6.1854 Lucca, ✝7.8.1893 Mailand. Studierte in Paris und Mailand, wirkte als Kompositionslehrer und schrieb u. a. die Opern *Loreley* (1890) und *La Wally* (1892).

Cavalieri, *Emilio del*, Komponist, 1550 - 11.3.1602 Rom; setzte als einer der ersten Musiker den bezifferten Baß für Rezitative in Opern u. Oratorien ein. Sein bedeutendstes Werk: das szenische Oratorium mit Symbolcharakter *Rappresentazione di anima e di corpo* (1600; 1968 Salzburg).

Cavalli, *Francesco* (eig. Caletti-Bruni), Komponist, *14.2.1602 Crema, ✝14.1.1676 Venedig; war 1617 unter Monteverdi Sänger an San Marco in Venedig, stieg hier 1640 zum zweiten, 1665 zum ersten Organisten auf u. erhielt 1668 die Kapellmeisterstelle. C. ist neben Cesti der bedeutendste Vertreter der venezianischen Oper; von seinen 42 Opern brachten ihm vor allem *Giasone* (1649), *Serse* (1654) u. *Ercole amante* (1662, Festoper zur Vermählung Ludwigs XIV.) auf den it. Bühnen u. in Paris größte Erfolge.

Cerha, *Friedrich*, Komponist, *17.2.1926 Wien; er studierte an der Musikakademie seiner Heimatstadt Komposition bei A. Uhl, ist Mitbegründer und Dirigent des Ensembles „die reihe“ für Konzerte neuer Musik, Professor für Komposition, Notation und Interpretation neuer Musik an der Hochschule für Musik und darstellende Kunst in Wien. C. schrieb u. a. Orchester- und Vokalwerke, die Bühnenwerke *Baal* (1974/1979) sowie *Netzwerk* (1981) u. vollendete die Instrumentation des 3. Aktes von A. Bergs Oper *Lulu*. 1987 wurde in Graz die Oper *Der Rattenfänger* uraufgeführt.

Cesti, *Marc'Antonio*, Opernkomponist, getauft 5.8.1623 Arezzo, ✝14.10.1669 Florenz; Franziskanermönch, Domkapellmeister in Volterra sowie Kapellmeister in Innsbruck und am Kaiserhof in Wien. C. ist neben Cavalli einer der bedeutendsten Opernkomponisten des 17. Jahrhunderts, jedoch lyrischer und kantabler als dieser. Hauptwerk ist die Prunkoper *Il pomo d'Oro* (1667).

Chabrier, *Alexis Emanuel*, Komponist, *18.1.1841 Ambert, ✝13.9.1894 Paris; war Jurist u. Staatsbeamter, wurde einer der ersten Wagner-Anhänger in Frankreich u. fand vor allem mit seinen Opern *Gwendoline* (1886), *König wider Willen* (1889) u. der Rhapsodie *España* (1883) großen Anklang.

Chatschaturjan, *Aram*, Komponist, *6.6.1903 Tiflis, ✝1.5.1978 Moskau; armenischer Herkunft, studierte am Moskauer Konservatorium, war seit 1937 in öffentlichen Stellungen tätig, erhielt zahlreiche Auszeichnungen u. wurde 1951 Professor am Moskauer Konservatorium, 1966 „Doktor der Kunst“. C., dessen Musik stark von dem armenischen u. russischen Volksgut bestimmt wird, gehört zu den führenden sowjetischen Komponisten. Sein Klavierkonzert (1937) u. sein Ballett *Gajaneh* (1942; mit dem *Säbeltanz*) wurden weltbekannt. Ferner: 2 Symphonien, eine Oper, das Chorwerk *Poem für Stalin*, Solokonzerte, Kammermusik, Schauspiel- u. Filmmusiken u. Lieder (darunter die armenische Nationalhymne). 1956 vollendete er das Ballett *Spartak*. Zu seinen letzten Arbeiten gehörte das dreiteilige Konzert *Rhapsodies* für Violine, Cello, Klavier u. Orchester.

Cherubini, *Luigi*, Komponist, *8.9.1760 Florenz, ✝15.3.1842 Paris; begann als Kirchenmusikkomponist streng polyphonen Stils, fand dann seit 1780 mit seinen Opern in Italien,

London u. Paris große Beachtung. Seit seiner Übersiedlung nach Paris (1788) vertiefte er seinen Stil unter dem Eindruck der Werke Glucks u. der Wiener Klassik durch feinere motivische Arbeit, reichere harmonische Farbigkeit u. stärkere dramatische Ausdruckskraft. Von den Pariser Opern eroberten sich *Lodoiska* (1791), *Médée* (1797) u. *Les deux journées* (*Der Wasserträger*, 1800) auch die deutschen Bühnen, während ihm die Pariser Große Oper wegen Napoleons Ungnade verschlossen blieb. Dadurch entmutigt, wandte er sich wieder mehr der Kirchenmusik zu (*Große Messe* F-Dur 1808, 2 *Requiem* 1817, 1836); Vorzügliches leistete er auch auf dem Gebiete der Kammermusik (6 Streichquartette). Nach der Restauration wurde C. 1816 Kompositionsprofessor, 1821 Direktor des Conservatoire.

Cikker, *Ján*, Komponist, *29.7.1911 Neusohl (Tschechoslowakei); studierte in Prag u. Wien; war von 1939-49 Kompositionslehrer am Konservatorium Preßburg. Außer Orchesterwerken, Kammer-, Film- u. Bühnenmusik schrieb er die Opern *Auferstehung* (1961), *Abend, Nacht und Morgen* (1963) sowie *Spiel von Liebe und Tod* (1967), *Coriolanus* (1974) u. *Das Erdbeben in Chili* (1978).

Cimarosa, *Domenico*, Komponist, *17.12.1749 Aversa bei Neapel, ✝11.1.1801 Venedig; machte sich seit 1772 in Neapel u. Rom als Komponist von Buffoopern einen Namen. Nach Aufenthalt in Petersburg (1789-92) übernahm er 1792 in Wien die Hofkapellmeisterstelle und brachte hier sein bekanntestes Werk *Die heimliche Ehe* (1792) zur Aufführung. 1799 war er in den neapolitanischen Aufstand verwickelt, wurde verurteilt, später wieder begnadigt u. starb auf der Reise nach Rußland. Neben 64 Opern schrieb er noch 5 Oratorien, Kantaten u. Klaviersonaten.

Cohan, *George Michael*, Komponist, *4.7.1878 Providence (Rhode Island), ✝5.11.1942 New York; Autodidakt, wurde im Showgeschäft groß, trat 1901 mit dem Vaudeville-Sketch „The Governor's Son" zum erstenmal an die New Yorker Öffentlichkeit. 1904 erster Broadway-Erfolg mit *Little Johnny Jones*. Weitere wichtige Stationen seines Musical-Schaffens: *Fortyfive Minutes from Broadway* (1906) u. *The Royal Vagabond* (1919).

Copland, *Aaron*, amerikanischer Komponist und Dirigent, *14.11.1900 Brooklyn, ✝2.12.1990 Westchester. Schüler von Boulanger, setzte er sich 1928-31 in seinen Konzerten für zeitgenössische amerikanische Musik ein, lehrte bis 1952 an der Harvard-Universität u. war auch als Musikschriftsteller tätig. Jazz u. am. Folklore sind die charakteristischen Stilmittel seiner Musik. Bekannt wurden die Ballette *Billy the Kid* (1938), *Rodeo* (1942) u. *Appalachian Spring* (1944), die Opern *The second Hurricane* (1937) u. *The Tender Land* (1954), *El Salón México* für Orchester (1936), Klarinettenkonzert (1948, für B. Goodman), Filmmusik. Weitere Werke: *Symphonie Ode* (1955), *Piano Fantasy* (1957), *Orchestral Variations* (1958), *Nonet* (1960), *Connotations for Orchestra* (1962) und *Music for a Great City* (1964), ferner *Inscape for Orchestra* (1967), *Three Latin American Sketches* (1971) und Musik zu den Filmen *The City* sowie *Of Mice and Men.*

Cornelius, *Peter*, Komponist, 24.12.1824-26.10.1874 Mainz; er schloß sich der „Neudeutschen Schule" an, ging 1852 nach Weimar zu Liszt, unter welchem 1858 die Uraufführung der komischen Oper *Der Barbier von Bagdad* stattfand, dem 1865 in Weimar *Cid* folgte. 1865 zog ihn Wagner nach München als Theorielehrer an die neugegründete königliche Musikschule. Trotz des übermächtigen Einflusses von Liszt u. Wagner fand C. zu einem persönlichen Stil, der ihn sein Bestes in Liedern (*Weihnachtslieder*, 1870) leisten ließ.

Dallapiccola, *Luigi*, Komponist u. Pianist, *3.2.1904 Pisino, ✝19.2.1975 Florenz; studierte am Konservatorium Florenz, an dem er seit 1934 eine Klavierklasse leitete. Als neben Nono namhaftester italienischer Vertreter der Zwölftonmusik schrieb er die Opern *Nachtflug* (1940, nach A. de Saint-Exupéry) u. *Der Gefangene* (1949), das Ballett *Marsyas* (1948), die Chorwerke *Gesänge aus dem Kerker* (1941), *Job* (1950), Orchester-, Kammer- u. Klaviermusik. Zu seinen jüngeren Werken gehören: *Tartiniana* (1951), *Quaderno musicale di Annalibera* (1952), Goethe-Lieder (1953), *Tartiniana seconda* (1956), *Concerto per la notte di Natale* (1957), *Requiescant* (1958), Fünf Canti (1960) u. die Kantate *Parole di San Paolo* (1964). 1968 wurde seine Oper *Odysseus* in Berlin uraufgeführt.

Debussy, *Claude*, Komponist, *22.8.1862 St.-Germain-en-Laye, ✝25.3.1918 Paris; er studierte am Pariser Konservatorium, erhielt 1884 den Rom-Preis u. ließ sich nach dem 3jährigen Italienaufenthalt als Komponist, Pianist, Dirigent u. Musikkritiker dauernd in Paris nieder. Seine Musik stellt das wichtigste Brückenglied zwischen Spätromantik u. Neuer Musik dar. Ausgehend von Fauré, Gounod, Franck, auch Chopin u. Wagner, entwickelte er, inspiriert durch die frz. Malerei u. durch russ. u. ostasiatische Musik, einen impressionistischen, auf feinste klangliche, harmonische u. dynamische Nuancierung abgestimmten Stil. Hauptwerke dieser Periode sind *Prélude à l'après-midi d'un faune* (1892/94), Streichquartett (1893), *Pour le piano* (1896/1902), *Trois Nocturnes für Orche-*

ster (1897/99) u. die Oper *Pelléas et Mélisande* (1902, nach Maeterlinck). Mit *La Mer* (1903/05) und den *Images pour orchestre* (1906/12) tritt ein Stilwandel zu klanglich schärfer umrissenen, mehr melodisch-linearen Konturen ein, Stilmerkmale, die sich in seinen Spätwerken noch verdichten u. D. in die Nähe von Strawinsky rücken: je eine Sonate für Cello (1915), für Flöte, Harfe u. Viola (1915) u. für Violine (1916/17), das Ballett *Jeux* (1911); an Klavierwerken *Childrens corner* (1906/08), *Préludes* (1910/13), *Douze Etudes* (1915), *En blanc et en noir* (1915) u. a.; ein Mysterienspiel *Le Martyre de St. Sébastien* u. Lieder, darunter *Fêtes galantes I, II* (1892, 1904), *Chansons de Bilitis* (1897), *3 Ballades de F. Villon* (1910), *Trois Chansons de Ch. d'Orléans* (1908).

Delibes, *Léo*, Komponist, *21.2.1836 St. Germain-du-Val, ✝16.1.1891 Paris; begann als Theaterakkompagnist, war 1862-71 Organist, 1865-72 zweiter Chordirektor der Großen Oper u. wurde 1881 Professor für Komposition am Conservatoire. Von seinen Bühnenwerken haben sich die Opern *Le roi l'a dit* (1873) u. *Lakmé* (1883), speziell aber die Ballette *Coppélia* (1870) u. *Sylvia* (1876) gehalten.

Delius, *Frederick*, Komponist, *29.1.1862 Bradford (Yorkshire), ✝10.6.1934 Grez-sur-Loing (Seine-et-Marne); studierte 1886-88 am Leipziger Konservatorium, ging 1888 nach Paris und trat seit 1897 als Komponist hervor. Er schrieb Instrumental- und Vokalwerke sowie 6 Opern, darunter *Romeo und Julia auf dem Dorfe* (1907), nach Gottfried Keller.

Dessau, *Paul*, Komponist, *19.12.1894 Hamburg, ✝28.6.1979 (Ost-)Berlin; studierte in Berlin, war Kapellmeister in Köln, Mainz u. Berlin, lebte von 1939-48 in den USA, ließ sich bald darauf in Ost-Berlin nieder u. wurde 1952 Mitglied der Deutschen Akademie der Künste Berlin-Ost. D. schrieb Opern (*Die Verurteilung des Lukullus* [1951]; *Puntila* [1966], *Lanzelot* [1969], *Einstein* [1972], *Leonce und Lena* [1978]), Orchesterwerke, Kammermusik, Lieder, Film- u. Bühnenmusiken.

Dittersdorf, *Karl Ditters v.*, Komponist, *2.11.1739 Wien, ✝24.10.1799 Schloß Rothlhotta bei Neuhof (Böhmen); er wuchs im Hause des Prinzen von Hildburghausen auf, unternahm als Violinvirtuose mit Gluck eine Konzertreise nach Italien, war in der Folge Kapellmeister des Bischofs von Großwardein (1765-69) u. des Breslauer Fürstbischofs in Johannisburg (1769-96). Neben einigen Oratorien, über 100 Symphonien, Konzerten u. vorzüglicher Kammermusik sind seine damals äußerst beliebten volkstümlichen Singspiele (*Doktor u. Apotheker* [1786]) für die Geschichte der deutschen Oper von Bedeutung.

Dohnányi, *Ernst v.*, Komponist u. Pianist, *27.7.1877 Preßburg, ✝Februar 1960 New York; Klavierschüler d'Alberts, war an den Musikhochschulen Berlin (1903-15) u. Budapest (1915-20) als Klavierlehrer tätig, leitete 1919-44 die Konzerte der Philharmonischen Gesellschaft in Budapest, wurde nach einem Amerikaaufenthalt Kompositions- u. Klavierlehrer der Budapester Musikakademie, 1934 deren Direktor; seit 1948 lebte er in Amerika. Er schrieb Bühnenwerke (u. a. die Tanzpantomime *Der Schleier der Pierrette* [1910]), Variationen über ein Kinderlied für Klavier u. Orchester (1914), Orchester- u. Kammermusik spätromantischen Stils.

Donizetti, *Gaetano*, Komponist, 29.11.1797–8.4.1848 Bergamo; seine Opernerfolge begannen 1818 in Venedig mit *Enrico conte di Borgogna*, dem in den nächsten 26 Jahren mit fast unglaublicher Geschwindigkeit neben Kirchenmusik, Symphonien u. Kammer- u. Klaviermusik weitere 70 Opern folgten. Nach dem Tode seines Rivalen Bellini war D.s Ruhm in Italien u. Paris unbestritten. Die Opera seria *Lucia di Lammermoor* (1835) brachte ihm eine Kompositionsprofessur am Konservatorium Neapel, *Linda di Chamounix* (1842) in Wien den Titel eines Hofkomponisten ein. Sein Bestes leistete er indessen auf dem Gebiet der Opera buffa; *Der Liebestrank* (1832) u. die Pariser Opern *Die Regimentstochter* (1840) u. *Don Pasquale* (1843) haben durch ihre ansprechende Melodik u. spritzige Dramatik bis heute nichts an Bühnenwirksamkeit verloren. Aber auch seine Opern *Lucia di Lammermoor* (1835), *Die Favoritin* (1840) u. *Anna Boleyn* (1830) werden gespielt; jüngst auch wieder *Roberto Devereux* (1837).

Dostal, *Nico*, Komponist, *27.11.1895 Korneuburg bei Wien, ✝27.10.1981 Salzburg; war Theaterkapellmeister in Innsbruck, Salzburg u. Wien. Er begann als Komponist mit Kirchenmusik; nach dem Erfolg seiner ersten Operette *Clivia* (1933) jedoch verschrieb er sich ganz dieser Gattung. Die erfolgreichsten Stücke waren: *Monika* (1937) u. *Die ungarische Hochzeit* (1939). Nach dem Zweiten Weltkrieg entstanden die Operetten *Dr. Eisenbart* (1952), *Der 3. Wunsch* (1954) u. das Musical *So macht man Karriere*.

Drießler, *Johannes*, Komponist, *26.1.1921 Friedrichsthal (Saar); wurde 1946 mit dem Aufbau einer Kirchenmusikabteilung an der Detmolder Musikakademie beauftragt u. ist hier als Theorielehrer tätig. Sein zentrales Schaffensgebiet ist die Kirchenmusik. Er schrieb u. a. die Oratorien *Dein Reich komme* (1950), *De profundis* (1953) u. *Darum seid getrost* (1954), Weihnachtskantate, Markuspassion (1955), *Al-*

tenberger Messe (1955), Motetten, auch Kammermusik, Orgel- u. Klavierwerke u. 2 Opern.

Dukas, *Paul*, Komponist, 1.10.1865-17.5.1935 Paris; war Musikkritiker u. Lehrer an der Ecole normale de musique in Paris u. seit 1928 Professor am Conservatoire. D. ist ein hervorragender Vertreter des frz. Impressionismus; von seinen Kompositionen wurden am bekanntesten das Orchester-Scherzo *Der Zauberlehrling* (1897, nach Goethe), doch verdienen auch seine Oper *Ariane et Barbebleue* (1907, nach Maeterlinck), das Ballett *La Péri* (1912) u. die Klavierwerke Beachtung.

Dvořák, *Antonin*, Komponist, *8.9.1841 Mühlhausen an der Moldau, ✝1.5.1904 Prag; schlug sich zunächst in Prag als Bratscher durch, bis er 1872 eine Organistenstelle erhielt. Ein Staatsstipendium, von Brahms in Vorschlag gebracht, ermöglichte ihm, sich ganz der Komposition zu widmen. 1892 übertrag man ihm die Leitung des New Yorker Konservatoriums. Hier entstand sein berühmtestes Werk, die V. (nach neuer Zählung IX.) Symphonie e-Moll op. 95 *Aus der Neuen Welt* (1893). 1902 wurde er Herrenhausmitglied u. Direktor des Prager Konservatoriums. Mit ↗Smetana gilt D. als der Begründer einer national-tschechischen Musik. Zeigen die Frühwerke noch seine Abhängigkeit von der Wiener Klassik, Schubert u. Brahms, so findet er etwa seit 1873 zu einem persönlichen Stil, der sich durch überquellende Melodik u. Freude an orchestraler Klangentfaltung auszeichnet, gefärbt durch Elemente tschechischer Volksmusik (Verwendung der Dumka). Von seinem umfangreichen Werk mögen genannt werden: 9 Symphonien, 5 symphonische Dichtungen, *Slawische Tänze* (1878), 9 Opern, darunter *Die Jakobiner* (1887) u. *Rusalka* (1900), Violinkonzert a-Moll (1880), Klavierkonzert g-Moll (1876), Cellokonzert h-Moll (1894), 12 Streichquartette u. andere Kammermusik, auch Oratorien (*Stabat mater* [1877]), Lieder.

Egk, *Werner*, Komponist, *17.5.1901 Auchsesheim (Bayern), ✝10.7.1983 Inning (Ammersee); studierte bei Orff in München, wo er seit 1929 seinen ständigen Wohnsitz hatte, war Mitarbeiter am Rundfunk, Kapellmeister an der Staatsoper Berlin, Leiter der Fachschaft Komponisten u. 1950-53 Direktor der Musikhochschule (West-)Berlin. E., dessen Musik trotz moderner Klänge tonal gebunden bleibt u. auch bayerische Volksmusik verarbeitet, schrieb vornehmlich Bühnen- u. Vokalwerke: die Opern *Die Zaubergeige* (1935), *Peer Gynt* (1938), *Columbus* (1942), *Circe* (1948), *Abstrakte Oper Nr. 1* (mit Boris Blacher, 1953), *Irische Legende* (1955), *Der Revisor* (1957), *Die Verlobung von San Domingo* (1963) u. *17 Tage und 4 Minuten* (1966); die Ballette *Abraxas* (1947), *Die chinesische Nachtigall* (1953), *Joan von Zarissa* (Neufassung 1958) u. *Danza* (1960); ferner Orchesterwerke und Konzerte.

Einem, *Gottfried v.*, Komponist, *24.1.1918 Bern; studierte 1941-42 bei Blacher in Berlin. E.s Hauptinteresse gilt dem Theater. Er schrieb die Opern *Dantons Tod* (1947), *Der Prozeß* (1953), *Der Zerrissene* (1964), *Der Besuch der alten Dame* (1971), *Kabale und Liebe* (1976), *Jesu Hochzeit* (1980), *Der Tulifant* (1990), verschiedene Ballette sowie Orchesterwerke.

Eisler, *Hanns*, Komponist, *6.7.1898 Leipzig; ✝6.9.1962 Ost-Berlin; studierte in Wien bei Schönberg u. Webern, begann mit Zwölftonkompositionen, schloß sich dann der Gruppe „proletarischer“ Komponisten an u. komponierte zahlreiche politische Songs. 1937 emigrierte er nach den USA, wo er eine *Deutsche Symphonie*, Kantaten u. 1942-48 Filmkompositionen für Hollywood schrieb. Seit 1948 lebte E. in (Ost-)Berlin u. stellte seine Arbeit in den Dienst der kommunistischen Musikbewegung. Unter seinen Massenliedern befindet sich auch die „Nationalhymne der DDR“. Eines seiner letzten Werke war die Oper *Johann Faustus*.

Ellington, *Duke* (Edward Kennedy), Jazzmusiker, *29.4.1899 Washington, ✝24.5.1974 New York; begann als Pianist in einigen Ragtime-Bands, gründete 1923 die erste eigene Band u. wurde durch seine großorchestralen Jazzstücke berühmt. Dazu gehören die *Black and Tan Fantasy*, *Mood Indigo*, *Solitude* u. *Liberian Suite* sowie verschiedene Jazzsuiten. E. schrieb auch eine Oper *Boola*; ferner Film- und Bühnenmusiken, darunter für Shakespeares *Timon of Athens* (1963), zu der Komödie *Sugar City* und für die Filme *Assault of a Queen* (1966) sowie *Anatomie eines Mordes* (1969).

Enescu (Enesco), *George*, Komponist u. Geiger, *19.8.1881 Liveni (Rumänien), ✝4.5.1955 Paris; studierte Violine am Wiener Konservatorium, seit 1894 Komposition bei Massenet u. Fauré in Paris, reiste dann als Geiger u. stiftete 1912 einen Preis für rumänische Komponisten. Zu seinen Schülern zählt Menuhin. E. schrieb eine Oper: *Ödipus* (1936), 3 Symphonien, Suiten u. Rhapsodien für Orchester sowie Kammermusik u. Klavierstücke.

Eysler, *Edmund*, Operettenkomponist, 12.3.1874–4.10.1949 Wien; Absolvent des Wiener Konservatoriums, gehört in die Tradition der liedhaften Wiener Operette. Von seinen etwa 45 Operetten werden heute noch gespielt: *Bruder Straubinger* (1903) und *Die gold'ne Meisterin* (1927).

Fall, *Leo*, Komponist, *2.2.1873 Olmütz, ✝16.9.1925 Wien; studierte am Wiener Konservatorium, war Theaterkapellmeister in Berlin,

Hamburg u. Köln, lebte seit 1906 in Wien nur noch der Komposition. F.s Operetten (etwa 20) gehören zu den besten seiner Zeit: *Der fidele Bauer* (1907), *Die Dollarprinzessin* (1907), *Brüderlein fein* (1909), *Die Rose von Stambul* (1916).

Falla, *Manuel de*, Komponist, *23.11.1876 Cádiz, ✝14.11.1946 Alta Gracia (Argentinien); studierte in Madrid, gewann 1905 mit seiner Oper *La vida breve* den Preis der Academia de Bellas Artes, war seit 1907 in Paris mit Debussy, Ravel u. Dukas befreundet u. emigrierte 1939 nach Argentinien. F. ist einer der größten spanischen Komponisten, seine Musik verbindet impressionistische mit nationalen u. folkloristischen Zügen: Ballette, wie *Liebeszauber* u. *Der Dreispitz*; ein Puppenspiel; Orchester- u. Kammermusik sowie Klavierstücke u. Lieder.

Farkas, *Ferenc*, Komponist, *15.12.1905 Nagykanizsa (Ungarn); studierte in Budapest u. Rom, war in Wien und Kopenhagen in der Filmbranche tätig u. später Lehrer für Komposition an der Budapester Musikhochschule. Außer Chören, Liedern u. Kammermusik schrieb er die Oper *Der Wunderschrank* (1942) u. das Musical *Piroschka*, das 1967 herausgekommen ist.

Fauré, *Gabriel*, Komponist, *12.5.1845 Pamiers (Ariège), ✝4.11.1924 Paris; war dort 1854-65 Schüler von ↗Saint-Saëns, wurde 1866 Organist in Rennes, 1870 in Paris, wo er 1877 Kapellmeister an der Madeleine, 1896 Kompositionsprofessor am Konservatorium, 1905-20 Direktor des Konservatoriums u. Mitglied der Akademie wurde. Er war seit 1903 schwer gehörleidend, später ganz taub. F. gehört zu den Nachfolgern ↗Francks. Zu seinen wichtigsten Werken zählen viele Lieder, die Opern *Prométhée* (1900) u. *Pénélope* (1913), die Bühnenmusik zu *Masques et Bergamasques* (1919, auch als Orchestersuite), ein Requiem (1887), Kammermusik (Violinsonate A-Dur), Orchesterwerke u. Kirchenmusik.

Flotow, *Friedrich* Freiherr v., Komponist, *26.4.1812 Rittergut Teutendorf (Mecklenburg), ✝24.1.1883 Darmstadt; studierte in Paris, schrieb dort seit 1834 Opern u. hatte mit *Der Schiffbruch der Medusa* (1839) seinen ersten Erfolg, ging 1846 nach Deutschland zurück (1855 bis 1863 Schwerin), weilte anschließend bald in Wien, Paris oder Italien u. lebte seit 1880 in Darmstadt. Seine wichtigsten Bühnenwerke: *Alessandro Stradella* (1844), *Martha* (1847), *Rübezahl* (1854), *Witwe Grapin* (1859), *Sein Schatten* (L'ombre, 1870).

Fortner, *Wolfgang*, Komponist, *12.10.1907 Leipzig; ✝5.9.1987 Heidelberg; studierte am Konservatorium Leipzig Komposition, wirkte seit 1931 als Lehrer am Kirchenmusikalischen Institut Heidelberg, seit 1954 als Professor für Komposition an der Musikakademie Detmold u. von 1957-73 an der Musikhochschule Freiburg i. Br. Er gehört zu den bedeutendsten zeitgenössischen Komponisten in Deutschland. Seine Werke, in denen er seit 1948 auch die Zwölftontechnik anwandte, sind erstaunlich vielseitig hinsichtlich Gattung, Form u. Besetzung: Orchesterwerke, Opern (*Die Bluthochzeit* [1957]; *In seinem Garten liebt Don Perlimplin Belisa* [1962]; *Bettleroper* [1966], *Elizabeth Tudor* [1972]), Kantaten, Lieder, Kammermusik. F.s letztes größeres Werk, die Beckett-Vertonung *That time*, wurde 1977 in Baden-Baden uraufgeführt.

Françaix, *Jean*, Komponist, *23.5.1912 Le Mans; studierte erst am dortigen Konservatorium, dann in Paris Komposition u. Klavier. Für seinen Stil sind spielerische Anmut, tänzerische Leichtigkeit, Präzision u. sparsame Verwendung der Mittel charakteristisch. Sein Schaffen ist sehr vielseitig u. umfaßt Kammermusik, Orchesterwerke, Vokalmusik, Opern, Ballette u. Filmmusiken.

Franck, *César*, Komponist, *10.12.1822 Lüttich, ✝9.11.1890 Paris; studierte erst in Lüttich, seit 1835 am Konservatorium in Paris, wo er in den Fächern Klavier, Orgel u. Kontrapunkt erste Preise gewann, lebte 1841-43 in Lüttich, seitdem als Kirchenmusiker in Paris, wo er 1872 Orgelprofessor am Konservatorium wurde. F., der dt. Herkunft ist, nimmt in der neueren frz. Musik eine hervorragende Stellung ein. Er hat durch die Pflege der reinen Instrumentalmusik, bes. durch sein Orgelschaffen, das Ideal der absoluten Musik wiedererweckt. In seiner Kunst verbindet sich die polyphone Kontrapunkttechnik (Einfluß Bachs) mit romantischem Harmoniereichtum. Zu seinen bedeutendsten Werken gehören das Oratorium *Les Béatiudes* (Die Seligpreisungen [1869-79]), die *Symphonischen Variationen* für Klavier u. Orchester (1885), die Symphonie d-Moll (1889) u. die Violinsonate (1886). Ferner schrieb er 3 Opern, 4 weitere Oratorien, symphonische Dichtungen, Kammermusik, Messen, Offertorien, Motetten, Orgel- u. Klaviermusik.

Fricsay, *Ferenc*, Dirigent, *9.8.1914 Budapest, ✝20.2.1963 Basel; war Opern- u. Konzertdirigent 1934-44 in Szeged, 1945 in Budapest, 1947 in Wien, war 1948-52 General- musikdirektor der Städtischen Oper Berlin u. Leiter des RIAS-Symphonieorchesters, ging 1956 nach München und war seit 1959 in Berlin, auch als Gastdirigent im In- u. Ausland tätig.

Furtwängler, *Wilhelm*, Dirigent, *25.1.1886 Berlin, ✝30.11.1954 Baden-Baden; studierte in München, war erst Korrepetitor, dann Kapellmeister in Zürich, Straßburg u. 1911-15 in Lübeck, danach Operndirektor in Mannheim u. Dirigent des Tonkünstlerorchesters in Wien. 1920 bis 1922 leitete er als Nachfolger von R. Strauss die Berliner Opernhauskonzerte u. daneben die Frankfurter Museumskonzerte, wurde danach Dirigent des Berliner Philharmonischen Orchesters u. der Leipziger Gewandhauskonzerte, unternahm 1925 u. 1926 erste Gastkonzerte in Amerika, leitete 1931 die Bayreuther Festspiele u. wurde 1933 Direktor der Berliner Staatsoper. 1934 u. bes. während des Krieges zog er sich aus dem Konzertleben zurück u. trat erst 1947 wieder hervor. F. hat vornehmlich als Interpret von Beethoven, Schubert, Brahms, Wagner u. Bruckner Weltruf erlangt u. wurde mit vielen Auszeichnungen geehrt. Er hat sich außerdem als Komponist betätigt (2 Symphonien, Tedeum, Klavierkonzert, 2 Violinsonaten) u. verschiedene Schriften verfaßt.

Fux, *Johann Joseph*, Komponist, *1660 Hirtenfeld (Steiermark), ✝14.2.1741 Wien; war dort 1696-1702 Organist, wurde 1698 Kaiserlicher Hofkomponist, 1705 zweiter Kapellmeister am Stephansdom, 1713 Vizehofkapellmeister u. 1715 erster Hofkapellmeister. F. hat viele kirchliche Werke geschrieben (Messen, Requiems, Vespern, Psalmen usw.) sowie 11 Oratorien, 18 Opern u. zahlreiche Instrumentalwerke. Er ist bes. durch seine Kontrapunktlehre *Gradus ad Parnassum* (1725) berühmt geworden, die Mozart, Haydn u. viele andere studierten u. die noch heute verwendet wird.

Gershwin, *George*, Komponist, *26.9.1898 Brooklyn (New York), ✝11.7.1937 Hollywood; kam früh mit Unterhaltungsmusik in Berührung u. komponierte Songs u. Tanzschlager, die z. T. außerordentlich populär wurden. Durch den Einfluß von P. Whiteman begann er symphonischen Jazz zu schreiben: seine weltbekannte *Rhapsody in Blue* (1924), das Klavierkonzert in f (1925), *Ein Amerikaner in Paris* (1928), eine 2. Rhapsodie (1931) u. die *Cuban-Ouvertüre* (1932). Sein Hauptwerk ist die Musical-Oper *Porgy and Bess* (1935), die kurz nach dem Kriege einen weltweiten Erfolg erzielte.

Gilbert, *Anthony*, Komponist, *1934 London; studierte dort am Morley College; 1967 offizielle Anerkennung durch den Preis Berkshire Musik Centre Tanglewood. Bis 1970 war er Präsident der Londoner Gesellschaft zur Förderung Neuer Musik. G. schrieb u. a. Orchesterwerke, Messen, Kammermusik u. den musiktheatralischen Einakter *Das Popgeheuer* (1971).

Gilbert, *Jean* (eigentlich Max Winterfeld), Operettenkomponist; *11.2.1879 Hamburg, ✝20.12.1942 Buenos Aires; war Theaterkapellmeister, mußte 1933 Deutschland verlassen und ging über Spanien und Paris nach Buenos Aires. Als Vertreter der Berliner Operette schrieb er: *Die keusche Susanne* (1910), *Puppchen* (1912), *Das Autoliebchen* (1912), *Die Kinokönigin* (1913), *Das Weib im Purpur* (1923) und *Katja die Tänzerin* (1923).

Ginastera, *Alberto*, Komponist, *11.4.1916 Buenos Aires, ✝25.6.1983 Genf; studierte an der dortigen Musikhochschule. Kam durch sein Ballett *Panambi* (1937) ins Gespräch. 1948 gründete er in La Plata eine Schule für Musik und Bühnenkunst, 1958 die erste Musikfakultät an der Universität von Buenos Aires. Seit 1962 war er Direktor des Instituts Torcuato Di Tella (Zentrum für zeitgenössische Kunst). G. ist Traditionalist, obwohl er sich der seriellen und elektronischen Kompositionsmethoden bediente. Sein Werk umfaßt fast alle Sparten der Musik. Mit seiner Oper *Bomarzo* (1967), 1970 in Kiel für Europa erstaufgeführt, ist G. auch bei uns bekannt geworden.

Giordano, *Umberto*, Komponist, *17.8.1867 Foggia, ✝12.11.1948 Mailand; Schüler des Konservatoriums von Neapel. Aus seinem vom Verismus herkommenden Opernschaffen wurden neben *André Chénier* (1896) besonders bekannt: *Fedora* (1898) und *Madame Sans-Gêne* (1915).

Glinka, *Michail*, Komponist, *20.5. (1.6.) 1804 Nowo-Spaskoje (Gouvernement Smolensk), ✝15.2.1857 Berlin; studierte in St. Petersburg, lebte 1830 bis 1833 aus Gesundheitsgründen in Italien, 1845-47 in Spanien (2 spanische Ouvertüren), danach einige Zeit in Warschau, Paris u. wieder in St. Petersburg. 1856 reiste er (zum wiederholten Male) nach Berlin, um J. S. Bach u. Kirchenmusik zu studieren – wo ihn dann der Tod ereilte. G. ist der Schöpfer einer nationalen russ. Komponistenschule u. hat mit seinem Hauptwerk *Das Leben für den Zaren* (1836) die erste wirklich russ. Oper geschaffen. Er schrieb noch eine zweite Oper *Ruslan und Ljudmila* (1842), Kammermusik, Klavierstükke, Kantaten u. Chöre, Kirchengesänge u. 85 Klavierlieder.

Globokar, *Vinko*, jugoslawischer Komponist, *7.7.1934 Anderny; studierte in Paris, war Kompositionsschüler bei Berio und Leibowitz und wurde Lehrer der Hochschule für Musik in Köln. Schrieb vor allem Werke für Orchester, vokale Stücke und die 1984 in Graz uraufgeführte Oper *Die Emigranten*.

Gluck, *Christoph Willibald* Ritter v., Komponist, *2.7.1714 Erasbach bei Berching (Oberpfalz), ✝15.11.1787 Wien; studierte in Prag, kam 1736 als Schüler Sammartinis nach Mailand, wo er 1741 seine erste Oper schrieb; erhielt 1745/46 eine Berufung nach London u. reiste die folgenden Jahre als Kapellmeister mit der Operntruppe Mingotti. Seit 1750 lebte er in Wien; hier begann er 1762 mit *Orpheus u. Eurydike* seine Opernreform, die sich gegen die it. u. frz. Opernkonvention wandte, damit auch gegen seine eigene komische Oper im alten Stil *Der betrogene Kadi* (1761). Seine Ziele – Vorherrschaft des Wortes über die Musik, Wahrheit des Ausdrucks sowie dramatische Einheitlichkeit – wurden verwirklicht durch schlichte, liedhafte Melodik, Dramatisierung der stereotypen it. Arie durch Annäherung an das Arioso u. Erneuerung der Chorszene. Weitere Reformopern G.s: für Wien: *Alkeste* (1767), *Paris u. Helena* (1769); für Paris, wohin er 1772 bis 1779 berufen wurde: *Iphigenie in Aulis* (1774), *Armida* (1777), *Iphigenie auf Tauris* (1779). Mit der letztgenannten Oper konnte sich G. gegen die Anhänger der it. Oper, an ihrer Spitze ↗Piccini, endgültig durchsetzen. G. schrieb über 100 Opern, von denen jedoch nur noch 47 greifbar sind.

Goetz, *Hermann Gustav*, Komponist, *7.12.1840 Königsberg, †3.12.1876 Hottingen bei Zürich; studierte in Berlin, wurde Organist in Winterthur u. lebte seit 1867 in Zürich. Er schrieb Orchesterwerke, Klavier- u. Kammermusik u. die Oper *Der Widerspenstigen Zähmung* (1874).

Goetze, *Walter Wilhelm*, Operettenkomponist, 17.4.1883 – 24.3.1961 Berlin; von seinen etwa 25, teilweise sehr erfolgreichen Singspielen, musikalischen Possen und Operetten sind zu nennen: *Ihre Hoheit, die Tänzerin* (1919) und *Der goldene Pierrot* (1934).

Gotovac, *Jakov*, Komponist, *11.10.1895 Split (Jugoslawien), †1982; studierte in Wien, wurde Chor- u. Operndirigent. Schrieb neben Chor- u. Orchesterwerken Singspiele u. Opern (*Ero der Schelm* [1935] u. das Opernoratorium *Petar Svacic* [1969]).

Gounod, *Charles*, Komponist, 17.6.1818–18.10.1893 Paris; studierte am Konversatorium, gewann 1839 den Rom-Preis u. lebte bis 1842 in Rom, danach wieder in Paris, wo er sich der Kirchenmusik widmete. 1851 wandte er sich unter dem Einfluß von Schumann u. Berlioz der weltlichen Musik zu u. komponierte seine ersten Opern, die aber nur geringe Anerkennung fanden. Erst mit *Faust et Marguerite* (dt.: Margarethe [1859]) konnte er einen bleibenden Erfolg erringen. Weitere 4 Opern fielen gegenüber diesem Meisterwerk ab, dessen Höhe erst mit *Roméo et Juliette* (1867) wieder erreicht wurde. 1870-75 lebte G. in London. In seinen letzten Jahren widmete er sich wieder mehr der Kirchenmusik: Orchestermessen, Oratorien, Stabat Mater, Tedeum. Ferner: 2 Symphonien, Kammermusik, Lieder. Weltbekannt ist seine Melodie *Ave Maria* zu J. S. Bachs C-Dur-Präludium aus dem 1. Teil des „Wohltemperierten Claviers".

Granados, *Enrique*, Komponist, *27.7.1867 Lérida (Katalonien), †24.3.1916 (bei einem Schiffsuntergang ertrunken); studierte in Barcelona, Madrid u. Paris, trat als Pianist, Dirigent u. Komponist hervor u. wurde 1901 Direktor der Musikakademie Barcelona. Von seinen Klavierwerken sind die *Danzas españolas* (1892-1900) u. die *Goyescas* (1911), von seinen Opern *Maria del Carmen* (1898) u. *Goyescas* (1916, nach dem Klavierzyklus) die bedeutendsten. Ferner: symphonische Dichtung- en, Kammermusik u. Lieder.

Grétry, *André Ernest Modeste*, Komponist, *11.2.1741 Lüttich, †24.9.1813 Montmorency bei Paris; studierte in Lüttich, gewann mit einer Messe 1759 ein Stipendium u. ging nach Rom. Seit 1767 lebte er in Paris u. schuf hier mit wachsendem Erfolg seine großen Opern. G. hat bes. zur Entwicklung der frz. Opéra comique beigetragen u. diese um neue Stoffkreise erweitert: Romantik (*Zémire et Azar* [1771]), Schreckensoper (*Richard Coeur-de-Lion* [1784]) u. Freiheitsoper (*Guillaume Tell* [1791]). Weitere Hauptwerke: *LeTableau parlant* (1769), *Les deux Avares* (1770), *La Caravane du Caire* (1783), *Panurge* (1785), *Raoul Barbe Bleue* (1789). G. hat außerdem Kirchen- u. Kammermusik geschrieben u. 1789 seine Memoiren herausgegeben. Eine Gesamtausgabe (49 Bände, Leipzig u. Brüssel 1883-1937) blieb unvollendet.

Grothe, *Franz*, Komponist u. Dirigent, *17.9.1908 Berlin, †12.9.1982 Köln; studierte Violine, Klavier und Musiktheorie an der Berliner Musikhochschule. Er arbeitete als Pianist und Arrangeur, später in Hollywood als Korrepetitor. 1940-45 leitete er das Deutsche Rundfunk-, Tanz- und -Unterhaltungsorchester in Berlin. Populär wurde Gr. vor allem durch seine Musik zu Filmen, Chansons, Schlagern und zuletzt durch die bekannten Musicals *Moral* (1974) und *Das Wirtshaus im Spessart* (1977).

Haas, *Joseph*, Komponist, *19.3.1879 Maihingen (Bayern), †30.3.1960 München; war zuerst Volksschullehrer, studierte dann bei Reger in München u. am Leipziger Konservatorium, wurde 1911 Kompositionslehrer am Konservatorium Stuttgart, 1921-50 an der Akademie der Tonkunst München. Sein umfangreiches, im Volkstümlichen wurzelndes Schaffen enthält: Opern (*Tobias Wunderlich* [1937]; *Die Hochzeit des Jobs* [1944]), Oratorien, Kantaten, Messen, Lieder, Chöre, Kammermusik, Klavier- u. Orgelwerke.

Hába, *Alois*, Komponist, *21.6.1893 Wisowitz (Mähren), ✝18.11.1973 Prag; studierte in Prag, Wien u. Berlin, war 1923-53 Kompositionsprofessor am Konservatorium Prag u. wurde dort 1945 Direktor der Smetana-Oper. H. war einer der Hauptverfechter des Vierteltonsystems, für das er in seinen Schriften eintrat (*Harmonische Grundlagen des Vierteltonsystems*, 1922) u. daß es in seinen Kompositionen angewandt hat (Opern, Kammermusik, Chöre).

Halévy, *Jacques François Fromental Elias*, *27.5.1799 Paris, ✝17.3.1862 Nizza. Studierte in Paris und Rom. Von seinen rund 40 Bühnenwerken wird gelegentlich die Oper *Die Jüdin* gespielt. Außerdem schrieb er Instrumentalmusik, weltliche u. geistliche Vokalwerke.

Hamel, *Peter Michael*, *15.7.1947 München; sein Kompositionslehrer war Günter Bialas. Neben Werken für Orchester, Soloinstrumente und Vokalensemble schrieb er die Opern *Menschentraum* (1978), 1981 in Kassel uraufgeführt, und *Kassandra* (UA: Frankfurt 1987).

Hamlisch, *Marvin*, amerikanischer Komponist, *2.6.1944 New York. Studierte in seiner Heimatstadt an der Juilliard School of Music und am Königlichen College, wirkte als Dirigent und Pianist, schrieb Songs, Filmmusiken und erreichte mit dem Musical *A Chorus Line* (1975) seinen bisher größten Erfolg.

Händel, *Georg Friedrich*, Komponist, *23.2.1685 Halle (Saale), ✝14.4.1759 London; Sohn eines Hofchirurgen, Schüler von Zachow, begann 1702 mit dem Jurastudium u. wurde gleichzeitig Organist an der Domkirche in Halle. 1703 ging er als Geiger an die Hamburger Oper, für die er 1705 *Almira*, seine erste Oper, komponierte. 1706 zog es ihn nach Italien (Florenz, Rom, Neapel, Venedig), wo er durch it. Meister (Corelli, A. u. D. Scarlatti) entscheidende Anregungen empfing u. seine ersten Oratorien u. it. Opern schrieb (*Agrippina* [1709, für Venedig]. 1711 wurde er Hofkapellmeister in Hannover u. siedelte 1714, als der Kurfürst von Hannover als Georg I. König von England wurde, nach London über, für das er schon 1711 seine erste engl. Oper *Rinaldo* u. 1713 das *Utrechter Tedeum* mit großem Erfolg komponiert hatte. 1717 folgte die berühmte *Wassermusik* u. etwas später das erste engl. Oratorium: *Esther*. 1719 wurde H. künstlerischer Leiter der neugegründeten königlichen Opernakademie (im Haymarket Theatre London), für die er nun zahlreiche Opern schrieb (*Radamisto* [1720]; *Ottone* [1723]; *Giulio Cesare* u. *Tamerlano* [1724]; *Rodelinda* [1725]) u. erstklassige it. Gesangskräfte engagierte. Trotz anfänglicher Erfolge führten Mißgunst, Konkurrenz („Beggar's Opera" von Gay u. Pepusch [1728]) u. Schwierigkeiten mit den Sängern zum Bankrott des Unternehmens. Auch die erneuten Versuche mit einer zweiten u. dritten Akademie (1729 u. 1734) schlugen fehl u. endeten mit H.s wirtschaftlichem u. körperlichem Zusammenbruch. Er wandte sich von nun an mehr dem Oratorium zu (*Alexanderfest* [1736]; *Saul u. Israel in Ägypten* [1739]) u. schuf auf diesem Gebiet nach 1740 seine reifsten Spätwerke: *Messias* (1742), *Samson* (1743), *Judas Maccabaeus* (1746), *Salomo* (1748), *Theodora* (1749). Über seinem letzten Oratorium *Jephta* (1751) begann H. zu erblinden. Weitere Werke: Solo- u. Triosonaten, Concerti grossi (op. 3 u. 6), *Feuerwerksmusik* (1749), Klavier- u. Orgelwerke. Gesamtausgabe, 93 Bände, 1858-1901.

Hanslick, *Eduard*, Musikforscher, *11.9.1825 Prag, ✝6.8.1904 Baden (bei Wien); studierte Jura in Prag u. Wien, wurde 1849 Dr. jur. u. ging in den Staatsdienst. Seit 1846 betätigte er sich auch als Musikkritiker, wurde 1856 Dozent für „Geschichte der Musik u. Ästhetik" an der Universität Wien, 1861 Professor, 1886 Hofrat. H. ist vor allem als Verfasser der Schrift *Vom Musikalisch-Schönen* (1854, 1922) bekannt. Er betont darin die Formästhetik („Der Inhalt der Musik sind tönend bewegte Formen") gegenüber einer verflachten Ausdrucksästhetik (Musik als Ausdruck von Gefühlen). Auf Grund seiner spezifischen Anschauungen war er ein Anhänger von Brahms u. Gegner Wagners.

Hartmann, *Karl Amadeus*, Komponist, 2.8.1905-5.12.1963 München; Schüler von Scherchen u. Webern, schuf 1945 die „Musica viva"-Konzerte in München, die den Aufführungen moderner Werke dienen. Seine Musik ist teils tonal, teils in freier Atonalität geschrieben: Oper *Des Simplicius Simplicissimus Jugend* (1934 u. 1949), Symphonien, Solokonzerte, Kammermusik.

Hasse, *Johann Adolf*, Komponist, getauft 25.3.1699 Bergedorf bei Hamburg, ✝16.12.1783 Venedig; begann als Opferntenor in Hamburg u. Braunschweig, ging 1722 als Schüler ↗Porporas u. ↗Scarlattis nach Neapel, wurde 1727 Kapellmeister in Venedig u. heiratete dort die berühmte Sängerin Faustina Bordoni, mit der er 1731 einer Berufung nach Dresden folgte. Dort war er dann 30 Jahre lang Opernkapellmeister, reiste jedoch zwischendurch nach Italien, London u. Paris. H. ist neben A. Scarlatti u. Händel der wichtigste Komponist in der neapolitanischen Operngeschichte u. der überragende u. gefeierte Meister der typisierten Opera seria des 18. Jh. Von seinen 56 Opern sind bekannt: *Artaserse* (1730), *Cleofide* (1731), *Didone abbandonata* (1742), *Arminio* (1745) u. *Solimano* (1753).

Außerdem: Intermezzi, Pasticcios, Oratorien, Kirchen- u. Instrumentalmusik.

Haubenstock-Ramati, *Roman*, Komponist, *27.2.1919 Krakau; studierte in seiner Geburtsstadt und in Lódz, wirkte in Krakau und in Tel Aviv, lebt seit 1958 in Wien als Lektor und widmet sich im übrigen der Komposition. H.-R. ist ein Vertreter der seriellen und elektronischen Technik. Er schrieb u. a. Kammermusik, Orchesterwerke, Konzerte, die Oper *Amerika* (1964) u. die Anti-Oper *La comédie* (1967).

Hauer, *Joseph Matthias*, Komponist, *19.3.1883 Wiener Neustadt, ✝22.9.1959 Wien; war zuerst Lehrer, widmete sich aber bald nur noch der Musik. Gilt als der erste Vertreter der Zwölftonmethode. Sein Werk umfaßt Kantaten, Lieder, Messen, Chöre, Kammermusik, Klavierstücke u. Opern (*Die schwarze Spinne* [1932], 1966 uraufgeführt).

Haydn, 1) *Franz Joseph*, Komponist, *31.3.1732 Rohrau (Niederösterreich), ✝31.5.1809 Wien; Sohn eines Wagners, als Sängerknabe am Stephansdom in Wien, nach dem Stimmbruch Gelegenheitskomponist u. Klavierbegleiter bei Porpora; er schrieb 1755 sein erstes Streichquartett, kam 1759 als Kapellmeister zum Grafen Morzin in Lukawetz, wo seine erste Symphonie entstand. Von 1761 bis 1790 war er im Dienste der Fürsten Esterházy in Eisenstadt, zunächst als 2., dann als 1. Kapellmeister, reiste von hier aus des öfteren nach Wien, schloß 1781 Freundschaft mit Mozart u. erlangte überall wachsende Berühmtheit. Nach dem Tode des Fürsten Nikolaus siedelte er nach Wien über. 1790-92 u. 1794/95 unternahm er zwei sehr erfolgreiche Reisen nach London, wo er seine Symphonien dirigierte und zu den Oratorien *Die Schöpfung* u. *Die Jahreszeiten* angeregt wurde, die er nach seiner Rückkehr 1798 u. 1801 komponierte. In die letzte Zeit seines Schaffens fallen auch die 6 großen Messen, darunter die *Schöpfungsmesse* (1801) u. die *Harmoniemesse* (1802). H.s geschichtliche Bedeutung liegt auf dem Gebiet des Quartetts u. der Symphonie, deren „Vater" er oft genannt wird. Er ist zwar nicht der Schöpfer dieser Gattungen, aber er führte sie zur ersten Vollendung. Von seinen Symphonien sind bes. bekannt: „Le matin", „Le midi", „Le soir" (1761), „Abschieds-Symphonie" (1772), „La chasse" (1781), „Oxford-Symphonie" (1788), „Symphonie mit dem Paukenschlag" (1791), „Militär-Symphonie" (1794), „Die Uhr" (1794), „Symphonie mit dem Paukenwirbel" (1795). Das bes. Verdienst H.s auf dem Gebiet des Streichquartetts ist die Entwicklung einer neuen Technik der thematischen Verarbeitung, die er 1781 nach 10jähriger Schaffenspause in den „Russischen Quartetten" bewußt anwandte. H. schrieb ferner: 24 Opern (u. a. *Der Apotheker* [1768]; *Die Fischerinnen* [1769]; *Untreue lohnt nicht* [1773]; *Die Welt auf dem Monde* [1777]), Solokonzerte, Divertimenti, Trios, Klavierwerke u. Lieder. Er komponierte 1797 auch das „Kaiserquartett", aus dem die Hymne *Gott erhalte Franz, den Kaiser* und das spätere Deutschlandlied stammen.

2)*Michael*, Komponist, *14.9.1737 Rohrau, ✝10.8.1806 Salzburg; Bruder von 1), seit 1745 Sängerknabe am Stephansdom in Wien, wurde 1757 bischöflicher Kapellmeister in Großwardein (Ungarn), 1763 erzbischöflicher Hofkapellmeister in Salzburg, wo er dann (als Nachfolger Mozarts) von 1781 bis zum Tode Hof- u. Domorganist war. Zu seinen Schülern gehören C. M. v. Weber u. Diabelli. Das Schwergewicht seines Schaffens liegt auf kirchlichen Kompositionen: Messen, Tedeums, Gradualien, Offertorien, Kantaten u. Oratorien. Außerdem hat er wohl als erster 4stimmige Männerchöre geschrieben. Ferner: 46 Symphonien, eine Oper, Solokonzerte, Serenaden, Divertimenti, Kammermusik.

Hellmesberger, *Joseph*, Komponist, 9.4.1855-26.4.1907 Wien; stammt aus einer bekannten Musikerfamilie, war Violinprofessor u. Hofkapellmeister in Wien u. schrieb Operetten (*Das Veilchenmädel* [1904]; *Der Triumph des Weibes* [1906]), Ballette, Tanzmusik u. Lieder.

Henze, *Hans Werner*, Komponist, *1.7.1926 Gütersloh; studierte in Braunschweig u. Heidelberg. Schüler von Fortner u. Leibowitz, 1948/49 musikal. Leiter des Deutschen Theaters in Konstanz, 1950-53 am Staatstheater Wiesbaden, lebt seit 1952 in Italien (Ischia, Neapel, Rom). H. ragt als ein leicht schaffender u. stilistisch wie gattungsgemäß vielseitiger Musiker hervor. Bühnenwerke, wie die Opern *Boulevard Solitude* (1951), *König Hirsch* (1955), *Der Prinz von Homburg* (1959), *Elegie für junge Liebende* (1961), *Ein Landarzt* (1964), *Der junge Lord* (1965), *Bassariden* (1966), *Wir erreichen den Fluß* (1977), *Die Englische Katze* (1983); 12 Ballette. Ferner symphonische Werke, Solokonzerte, Chorwerke, Kammermusik u. Lieder, wie Nachtstücke u. Arien f. Sopran u. Orchester (1957).

Herman, *Jerry*, Komponist, *10.7.1932 New York; studierte an der Universität von Miami Musik; trat zuerst mit Songs für Broadway-Revuen hervor. 1961 wurde sein erstes Musical (*Milk and Honey*) aufgeführt, 1964 folgte sein bisher erfolgreichstes Musical *Hello Dolly*.

Hervé (eigentlich Florimond Ronger), Komponist, *30.6.1825 Houdain bei Arras, ✝4.11.1892 Paris; war Organist, dann Kapellmeister, zuletzt in Paris. Neben Offenbach gehört H. zu den Schöpfern der parodistischen

Pariser Operette, von denen sich *Mamzelle Nitouche* (1883) neben den größeren Werken Offenbachs behaupten konnte.

Heuberger, *Richard*, Komponist, *18.6.1850 Graz, ✝28.10.1914 Wien; war erst Ingenieur, wandte sich dann der Musik zu, wurde 1878 Dirigent der Wiener Singakademie, 1902-09 Lehrer am Konservatorium u. Chormeister des Männergesangvereins; betätigte sich auch als Kritiker. Er schrieb: Operetten (*Der Opernball* [1898]), 4 Opern, Ballette, Orchesterwerke, Chöre u. Lieder.

Heymann, *Birger*, Komponist und Gitarrist, *1943 in Berlin. Studierte in seiner Heimatstadt, komponierte für das „Reichskabarett" und „Bügelbrett" (ab 1969). Seit 1970 ist er Hauskomponist des GRIPS Theaters in Berlin, dessen Leiter, Volker Ludwig (Eckart Hachfeld), ihm Buch und Gesangstexte für die Vertonung der Musikalischen Revue *Linie 1* lieferte. H. schrieb außerdem die Musik zum Musical *EinsZweiDrei* (1989), rund 200 Filmmusiken, 60 Hörspielmusiken u. Kinderlieder.

Hiller, *Johann Adam*, Komponist, *25.12.1728 Wendisch-Ossig bei Görlitz, ✝16.6.1804 Leipzig; wurde 1746 Alumnus u. später Präfekt des Dresdner Kreuzchors, studierte an der Universität Leipzig, übernahm 1763 die Leitung der „Liebhaberkonzerte" (später „Gewandhauskonzerte"), gründete 1771 eine Chorgesangschule u. war 1789-1801 Leipziger Thomaskantor. H.s Hauptbedeutung liegt auf dem Gebiet des Singspiels. *Die verwandelten Weiber* (1766), *Lottchen am Hofe* (1767), *Die Jagd* (1770), *Der Erntekranz* (1771). Außerdem war er ein fruchtbarer Liederkomponist (Lieder für Kinder) u. ein eifriger Gesangspädagoge.

Hindemith, *Paul*, Komponist, *16.11.1895 Hanau a. M., ✝28.12.1963 Frankfurt; Konservatoriumsschüler in Frankfurt a. M., 1915 Konzertmeister am Frankfurter Opernhaus, trat als Bratschist im Amar-Quartett sowie als Solist und Dirigent hervor, wurde bes. durch die Donaueschinger Musiktage für zeitgenössische Tonkunst (1921-26) bekannt u. 1927 als Kompositionslehrer an die Musikhochschule Berlin berufen. 1934 emigrierte er zunächst nach Ankara u. in die Schweiz, dann nach den USA, wo er 1940-53 an der Musikschule der Universität Yale in New Haven (Connecticut) lehrte. 1951-57 nahm er einen Lehrauftrag an der Universität Zürich an u. ließ sich in der Schweiz nieder. H. ist vom bewußt provokativen Revolutionär der Jugendjahre zum Verfechter der Tradition und einer handwerklichen Grundhaltung geworden. Sein Schaffen hält am Prinzip der Tonalität fest, die er in einer eigenen Kompositionslehre vertritt (*Unterweisung im Tonsatz*, 2 Bände [1937 u. 1939]). Zu seinen bedeutendsten Werken gehören die Opern *Mathis der Maler* (1934/35), *Die Harmonie der Welt* (1957; beide auch als Symphonien) und *Cardillac* (1952 neugefaßt); die Ballette *Nobilissima Visione* (1938) u. *Die vier Temperamente* (1940), der Liederzyklus *Das Marienleben* (op. 27); zahlreiche Orchester- u. Chorwerke, Kammer- u. Klaviermusik. Zu seinen letzten Werken zählen die Pittsburgh-Symphony und die Oper *Das lange Weihnachtsmahl* (1961).

Hoffmann, *Ernst Theodor Amadeus* (eig.: E. Th. Wilhelm H.), Dichter u. Komponist, *24.1.1776 Königsberg; ✝25.6.1822 Berlin; studierte Jura u. bei Reichardt in Berlin Musik, war als Assessor in Posen, als Rat in Plock u. Warschau, wurde 1808 Musikdirektor am Bamberger Theater, betätigte sich als Musikkritiker u. wurde 1816 Kammergerichtsrat in Berlin. Als Dichter hat H. mit seinen phantastischen Erzählungen zahlreiche Komponisten angeregt (z. B. Schumann, Offenbach, Busoni, Hindemith), als Musikkritiker bildet er den Ausgangspunkt der Musikbetrachtung, als Komponist gehört er zu den Romantikern in Deutschland. Sein Hauptwerk ist die Zauberoper *Undine* (1813/14). Weitere Bühnenwerke: *Liebe u. Eifersucht* (1807/08), *Der Trank der Unsterblichkeit* (1808), *Aurora* (1811/12). Eine Symphonie, Klaviersonaten, Kammermusik, Messen, Kanzonetten u. Chöre.

Honegger, *Arthur*, Komponist, *10.3.1892 Le Havre, ✝27.11.1955 Paris; studierte am Konservatorium Zürich u. bei d'Indy in Paris, gehörte dort zur „Gruppe der Sechs", trat als Dirigent u. Klavierbegleiter seiner Werke hervor, wirkte während des 2. Weltkrieges als Musikkritiker, erkrankte 1947 auf einer Amerikatournee u. erholte sich nie wieder ganz. H. verarbeitet in seinen Werken die verschiedensten Einflüsse u. Anregungen, von der Gregorianik bis zum Jazz u. zur Zwölftontechnik. Bekannt wurden bes. die Oratorien *Le Roi David* (1921) u. *Jeanne d'Arc au bûcher* (1938), die Oper *Antigone* (1927), das biblische Drama *Judith* (1925) u. das Orchesterstück *Pacific 231* (1923). Er schrieb Operetten, Ballette, Bühnen-, Hörspiel- u. Filmmusiken, Chor- u. Orchesterwerke (5 Symphonien) u. Kammermusik.

Horenstein, *Jascha*, Dirigent, *24.4.1899 Kiew, ✝2.4.1973 London; studierte in Königsberg u. Wien, war 1925-28 Dirigent der Berliner Philharmoniker u. 1928-30 Kapellmeister in Düsseldorf, unternahm anschließend Konzertreisen nach Rußland, Australien, Skandinavien u. Palästina. Seit 1940 lebte er als Lehrer u. Dirigent in New York.

Hummel, *Johann Nepomuk*, Komponist, *14.11.1778 Preßburg, ✝17.10.1837 Weimar;

1786-88 Schüler Mozarts in Wien, 1788-93 als Wunderkind auf Konzertreisen, danach Studien bei Albrechtsberger u. Salieri, war 1804-11 stellvertretender Kapellmeister beim Fürsten Esterházy (als Nachfolger J. Haydns), 1816 Hofkapellmeister in Stuttgart, 1819 in Weimar. H. schrieb vor allem Klaviermusik, die mit ihrem reichen Passagenwerk bei den Zeitgenossen sehr beliebt war: 7 Klavierkonzerte, Sonaten, Rondos, Bagatellen, Kammermusik mit Klavier. Ferner: Opern, Ballette, Messen. Klavierschule: *Ausführliche Anweisung zum Pianofortespiel* (1828).

Humperdinck, *Engelbert*, Komponist, *1.9.1854 Siegburg (Rheinland), ♰27.9.1921 Neustrelitz; studierte in Köln u. München, war 1880-82 Assistent Wagners in Bayreuth, 1885-87 Kompositionslehrer in Barcelona, wurde 1890 Lehrer am Konservatorium Frankfurt, 1900-20 an der Berliner Akademie der Künste. Sein Meisterwerk ist die Märchenoper *Hänsel u. Gretel* (1893), mit der er in einer Zeit des it. Verismo u. des Wagner-Epigonentums eine neue Operngattung schuf. Weitere Märchenopern H.s: *Die sieben Geißlein* (1895), *Die Königskinder* (1897) u. *Dornröschen* (1902). Ferner Schauspielmusiken, Orchester- u. Klaviermusik, Chöre u. Lieder.

Ibert, *Jacques*, Komponist, 15.8.1890-6.2.1962 Paris; dort am Konservatorium Schüler von Fauré, 1919 Rom-Preis-Träger; war 1937-55 Direktor der Frz. Akademie in Rom, danach bis 1957 Direktor der Pariser Oper. Er schrieb: Opern (*Persée et Andromède* [1929]), Ballette, Bühnenmusiken, Chor- u. Orchesterwerke, Klavierstücke u. Lieder.

Janáček, *Leoš*, Komponist, *3.7.1854 Hukvaldy (Mähren), ♰12.8.1928 Mährisch-Ostrau; studierte in Prag u. am Leipziger u. Wiener Konservatorium, gründete 1881 eine Orgelschule in Brünn, war 1881-88 Dirigent der Philharmonischen Gesellschaft Brünn u. wurde dort 1919 Kompositionsprofessor am neuen Konservatorium. In seinem umfangreichen Werk hat J. eine persönlich geprägte Tonsprache voll tschechischer Eigenart geschaffen. Von seinen Opern sind *Jenufa* (1904), *Katja Kabanova* (1921) u. *Das schlaue Füchslein* (1924) die bekanntesten. Neuerdings werden auch wieder *Die Ausflüge des Herrn Broucek* (1920) u. *Aus einem Totenhaus* (1930) gespielt. Ferner: Chorwerke, eine slawische Festmesse (1928), symphonische Dichtungen u. Kammermusik.

Jacques-Dalcroze, *Emile*, Komponist u. Musikpädagoge, *6.7.1865 Wien, ♰1.7.1950 Genf; studierte dort sowie bei Bruckner in Wien u. bei Delibes in Paris, wurde 1892 Theorielehrer am Genfer Konservatorium. Er entwickelte eine Methode der „rhythmisch-musikalischen Erziehung", die seit 1905 weite Verbreitung fand. 1910 wurde für ihn eine Schule in Hellerau gegründet; 1914 ging er nach Genf zurück, wo er ein neues „Institut J.-D." eröffnete. Weitere Schulen u. Seminare nach seiner Methode wurden in Berlin (1931), Stockholm, Barcelona, London u. Paris errichtet. Schriften: *Methode J.-D.* (3 Bände, 1906/07), *Rhythmus, Musik u. Erziehung* (1922). Kompositionen: Opern, Chor- u. Orchesterwerke, Kammermusik u. Lieder.

Jarno, *Georg*, Operettenkomponist, *3.6.1868 Budapest, ♰25.5.1920 Breslau; war Kapellmeister u. lebte dann in Wien, wo auch seine erfolgreichste Operette *Die Försterchristel* 1907 uraufgeführt wurde.

Jelinek, *Hanns*, Komponist, 5.12.1901-3.2.1969 Wien; Schüler von A. Berg u. Schönberg, lebte in Wien u. war seit 1958 Lehrer an der Akademie für Musik u. darstellende Kunst. Er schrieb vor allem Zwölftonkompositionen, in die er auch Elemente des Jazz einbezog. Werke: Symphonien, Kammermusik, Lieder u. Gesänge, eine Operette, Filmmusiken.

Jensen, *Adolf*, Komponist, *12.1.1837 Königsberg, ♰23.12.1879 Baden-Baden; lernte als Autodidakt u. später bei Liszt, war 1866-68 Klavierlehrer in Berlin, danach in Dresden u. Graz, zuletzt in Baden-Baden. J. ist ein wichtiger Nachfolger Schumanns auf dem Gebiet des Liedes; Zyklen: *Dolorosa* (op. 30) u. *Gaudeamus* (op. 40). Ferner schrieb er zahlreiche, oft salonhafte Klavierstücke, Chöre u. eine Oper.

Jessel, *Leon*, Operettenkomponist, *22.1.1871 Stettin, ♰4.1.1942 Berlin; Theaterkapellmeister, wurde vor allem bekannt durch das Charakterstück *Die Parade der Zinnsoldaten* und die Operette *Schwarzwaldmädel* (1917).

Jolivet, *André*, Komponist, *8.8.1905 Paris, ♰19.12.1974 ebd.; studierte in seiner Vaterstadt, trat 1936 der Gruppe der „Jeune France" bei u. wurde 1945 musikalischer Leiter der Comédie Française Paris. Werke: Ballette, Bühnen- u. Filmmusiken, symphonische Werke, Konzerte, Vokal- u. Kammermusik, eine Oper u. ein Oratorium.

Jommelli, *Niccolò*, Komponist, *10.9.1714 Aversa bei Neapel, ♰25.8.1774 Neapel; studierte dort u. in Bologna, war 1741-49 Konservatoriumsdirektor in Venedig, 1749-53 Kapellmeister an der Peterskirche Rom, dann bis 1760 Hofkapellmeister in Stuttgart, danach wieder in Neapel, ohne jedoch Anklang bei seinen Landsleuten zu finden. J. gehört als bedeutender Opernkomponist zu den Vorbereitern der Gluckschen Opernreform. Er schrieb 82 Opern, von denen aber nur 53 erhalten sind; darunter: *Artaserse* (1749), *Ifigenia in Aulide* (1751), *Pelope* (1755), *Didone abbandonata*

(1763) u. *Fetonte* (1768); auch Buffo-Opern. Ferner Kirchenmusik: Requiem, Magnificat, Miserere, Oratorien u. Messen.

Jones, *Sidney*, Komponist, 17.6.1861-29.1.1946 London; war Militärkapellmeister, dann Dirigent einer reisenden Operettentruppe u. ab 1905 Leiter des Empire Theatre in London. Mit Sullivan ist J. der Vertreter der englischen Operette; *Die Geisha* (1896) konnte sich außerdem neben kontinentalen Werken behaupten.

Kagel, *Mauricio*, Komponist, *24.12.1931 Buenos Aires; studierte an der dortigen Universität Literatur u. Philosophie; seit 1950 kompositorisch tätig u. elektronisch-akustische Experimente, seit 1955 musikalischer Berater der Universität u. Dirigent am Teatro Colón in Buenos Aires. Seit 1957 in Deutschland; nach seiner Tätigkeit im Kölner Studio für elektronische Musik u. Phonetik ab 1968 Leiter der Skandinav. Kurse für Neue Musik (in Göteborg) u. des Instituts für Neue Musik an der Rhein. Musikschule in Köln. Etwa seit 1958 setzt sich K. vorwiegend mit den Wechselbeziehungen zwischen Musik und Aktion auseinander. Er hat Ausdrucksformen eines Musiktheaters gefunden, das er „Instrumentales Theater" nennt und das als Gegenstück zur traditionellen Opernform verstanden werden kann. Jüngstes Beispiel dieser modernen musiktheatralischen Richtung ist seine Szenische Komposition *Staatstheater* (1967); sie wurde 1970 in Hamburg uraufgeführt. Ähnliche oder gleiche Zielsetzungen verfolgen u. a.: „Anagrama" für 4 Soli, Sprechchor u. Kammerensemble (1958), „Sur Scène", Kammermusikalisches Theaterstück in einem Akt (1959/60), „Antithese", Spiel für einen Darsteller mit elektronischen u. öffentlichen Klängen (1962), „Die Frauen", ein szenisches Damenstück für Stimmen u. Instrumente (1962/64), „Die Himmelsmechanik", Komposition mit Bühnenbildern (1965), „Camera Obscura", Chromatisches Spiel für Lichtquellen mit Darstellern (1965), u. „Tremens", Szenische Montage eines Tests für zwei Darsteller, elektrische Instrumente, Tonband u. Projektionen (1966), sowie Variaktionen für Sänger und Schauspieler. Zu seinen letzten Werken mit theatralischem Charakter zählen: *Probe* (1971), *Mare nostrum* (1975), *Die Erschöpfung der Welt* (1978) und *Aus Deutschland* (1980).

Kálmán, *Emerich*, Komponist, *24.10.1882 Siófok (Ungarn), ✝30.10.1953 Paris; studierte in Budapest, lebte dann in Wien (bis 1938) u. in Paris, ging 1940 nach den USA, kehrte 1949 nach Europa zurück. Seine bekanntesten, der ungarischen Folklore verpflichteten Operetten sind: *Die Csárdásfürstin* (1915), *Die Faschingsfee* (1917), *Gräfin Mariza* (1924) u. *Die Zirkusprinzessin* (1926).

Kander, *John*, Komponist, *18.3.1927 Kansas City (Missouri); studierte am Oberlin College u. an der Columbia-Universität Musik. Er schrieb u. a. Tanzarrangements für Monnots Musical *Irma la Douce*, ferner die Musik zu den Musicals *Cabaret* (1966), *The Happy Time* (1968), *Sorbas* (1968), *Chicago* (1975) und *The Rink* (1984).

Karajan, *Herbert v.*, Dirigent und Regisseur, *5.4.1908 Salzburg, ✝16.7.1989 Anif bei Salzburg; studierte am Salzburger Mozarteum und an der Wiener Musikakademie. Seine Fächer: Klavier u. Dirigieren. Zunächst schlug er die Pianistenlaufbahn ein, war aber alsbald vorrangig als Dirigent tätig. Seine Engagements: Theaterkapellmeister in Ulm (1927-34), Generalmusikdirektor in Aachen (1934-41), Leiter der Staatskapelle Berlin (ab 1941), Direktor der Gesellschaft der Musikfreunde Wien (ab 1949), als Nachfolger von Furtwängler Chefdirigent des Berliner Philharmonischen Orchesters (ab 1955 auf Lebenszeit), Leiter der Wiener Staatsoper u. Salzburger Festspiele (ab 1956). Seit 1967 führte K. in Salzburg auch Oster- und Pfingstfestspiele durch, gründete 1968 zur Förderung des Dirigenten-Nachwuchses die Herbert-von-Karajan-Stiftung, wurde 1969 Berater des Orchestre de Paris. K. dirigierte sämtliche renommierten Orchester der Welt, wirkte auch als Opernregisseur und verfügte über enorme technische und organisatorische Fähigkeiten.

Kattnig, *Rudolf*, Komponist, *9.4.1895 Oberdorf (Kärnten), ✝2.9.1955 Treffen (Kärnten); war ab 1939 Dirigent der Wiener Symphoniker und des Opernhaus-Orchesters. Er komponierte neben Orchester- und Kammermusik die Operetten *Prinz von Thule* (1935), *Kaiserin Katharina* (1936) und *Balkanliebe* (1937).

Keilberth, *Joseph*, Dirigent, *19.4.1908 Karlsruhe, ✝20.7.1968 München; wurde 1935 in seiner Heimatstadt Generalmusikdirektor des Staatstheaters, 1940 Leiter des Philharmonischen Orchesters Prag, 1945 Oberleiter der Dresdner Staatsoper, 1951 Leiter der Hamburger Philharmonie, 1959 Dirigent der Staatsoper München. K. war ein vielseitiger Dirigent, der auch mit zahlreichen zeitgenössischen Interpretationen hervorgetreten ist.

Kelemen, *Milko*, Komponist, *24.3.1924 Prodravska Slatina; studierte in Agram, Paris u. Freiburg, gründete 1962 die Zagreber Biennale für Neue Musik u. ist seit 1970 Leiter einer Kompositionsklasse am Konservatorium in Düsseldorf. Er schrieb vor allem Orchesterwerke u. Bühnenstücke (*Der Belagerungszustand*, 1970 in Hamburg uraufgeführt).

Kelterborn, *Rudolf*, Schweizer Komponist u. Dirigent, *3.9.1931 Basel; studierte bei Fortner u. Willy Burckhard, vervollständigte seine Ausbildung bei Blacher und Bialas. Tätig war er bis jetzt als Dozent für Musiktheorie an der Musikakademie Basel und Detmold. 1963 ging er als Professor an die Musikhochschule Zürich. Von 1975-80 war er Leiter des Ressorts Musik beim Rundfunk in Basel. K. schrieb u. a. Orchesterwerke, Klavierwerke, Kammermusik, das szenische Oratorium *Die Flut* (1965) sowie die Opern *Die Errettung Thebens* (1963), *Kaiser Jovian* (1967), *Ein Engel kommt nach Babylon* (1977), *Ophelia* (1984) und *Der Kirschgarten* (1984).

Kern, *Jerome David*, Komponist, *27.1.1885 New York, †11.11.1945 ebd.; dort am College of Music u. durch seine Mutter Klavierunterricht. Von seinen vielen Musicals wurde das 1927 entstandene *Show Boat* in Deutschland bekannt.

Kienzl, *Wilhelm*, Komponist, *17.1.1857 Weizenkirchen (Oberösterreich), †3.10.1941 Wien; studierte u. a. in Graz u. Wien, war Kapellmeister in mehreren Städten Deutschlands u. Österreichs, u. a. in Bayreuth. Von seinen Werken hatte die Oper *Der Evangelimann* (1895) den nachhaltigsten Erfolg.

Klebe, *Giselher*, Komponist, *28.6.1925 Mannheim; studierte in Berlin, 1946-51 bei Blacher, war am Berliner Rundfunk tätig u. ist seit 1957 Kompositionslehrer an der Musikakademie Detmold (als Nachfolger Fortners). Seiner Musik liegt die Zwölftontechnik zugrunde. Er schrieb die Opern *Die Räuber* (1957), *Die tödlichen Wünsche* (1959), *Die Ermordung Caesars* (1959), *Alkmene* (1961), *Figaro läßt sich scheiden* (1963), *Jakobowsky und der Oberst* (1965), *Das Märchen von der schönen Lilie* (1969), *Ein wahrer Held* (1975), *Das Mädchen aus Domremy* (1976), *Der jüngste Tag* (1980), *Das Rendezvous* (1977) u. *Fastnachtsbeichte* (1983). Ferner: Orchesterwerke (u. a. *Die Zwitschermaschine* [1950]), Kammermusik, Ballette und die Instrumentalmesse *Miserere Nobis* (1964), *La tomba di Igor Strawinsky*, op. 81, für Oboe, 14 Streicher u. Klavier (1979) u. ein Orgelkonzert, op. 85.

Kleiber, *Erich*, Dirigent, *5.8.1890 Wien, †27.1.1956 Zürich; studierte am Prager Konservatorium, war 1912-19 Kapellmeister in Darmstadt, danach in Barmen, Düsseldorf u. Mannheim, 1923 bis 1935 Generalmusikdirektor der Berliner Staatsoper; ging anschließend ins Ausland (Havanna, New York, Buenos Aires), übernahm nach seiner Rückkehr 1954 wieder die Leitung der Berliner Staatsoper. K. war ein universeller Opern- u. Konzertdirigent, der sich auch als Komponist betätigte.

Klemperer, *Otto*, Dirigent, *14.5.1885 Breslau, †6.7.1973 Zürich; studierte in Frankfurt u. bei Pfitzner in Berlin, wurde 1907 Kapellmeister in Prag, 1910 in Hamburg, danach in Straßburg, Köln u. Wiesbaden, war 1927-30 Leiter der Berliner Kroll-Oper, dann der Staatsoper, emigrierte 1933 nach den USA (Los Angeles), leitete 1947-50 die Budapester Oper u. lebte zuletzt in Zürich. K. war einer der größten Dirigenten, bes. hervorragend als Mahler-Interpret. Er komponierte eine Messe, einen Psalm u. Lieder.

Knappertsbusch, *Hans*, Dirigent, *12.3.1888 Elberfeld, †25.10.1965 München; war in seiner Heimatstadt von 1913-18 Operndirektor, dann Kapellmeister in Leipzig, 1920 Generalmusikdirektor in Dessau, 1922 in München, 1936-45 an der Wiener Staatsoper, danach Gastdirigent an der Bayerischen Staatsoper u. bei den Bayreuther Festspielen. K. war vor allem ein ausgezeichneter Wagner- u. Bruckner-Interpret.

Kodály, *Zoltán*, Komponist, *16.12.1882 Kecskemét, †6.3.1967 Budapest; studierte an der dortigen Hochschule, sammelte wie sein Freund ↗Bartók ungarische Volkslieder (über 3500), wurde 1907 Lehrer an der Budapester Hochschule u. betätigte sich auch als Kritiker. K. ist neben Bartók der bedeutendste ungarische Komponist. Auch sein Schaffen empfing starke Impulse aus der nationalen Volksmusik. Am bekanntesten von seinen Werken sind: der *Psalmus hungaricus* op. 13 (für Tenor, Chor u. Orchester), die *Háry-János-Suite* (nach dem Liederspiel, 1926) u. die *Tänze aus Galánta* (1933). Ferner: Opern, Chor- u. Orchesterwerke, Kammer- u. Klaviermusik, Lieder.

Kollo, *Walter* (eigentlich Kollodziepski), Operettenkomponist, *28.3.1878 Neidenburg (Ostpreußen), †30.9.1940 Berlin; war Kapellmeister in Königsberg, Stettin u. Berlin u. gehörte der Berliner Operettenschule an: *Drei alte Schachteln* (1917) u. *Die Frau ohne Kuß* (1924).

Korngold, *Erich Wolfgang*, österreichischer Komponist, *29.5.1897 Brünn, †29.1.1957 Hollywood; war Schüler von Zemlinsky, Fuchs und Grädener in Wien. Schrieb Sinfonien, Kammermusik, Klavierwerke u. ein Ballett. Seine 1916 in München uraufgeführte Oper *Die tote Stadt* stand in jüngster Zeit wieder auf deutschen Spielplänen.

Kounadis, *Arghyris*, Komponist, *14.2.1924 Konstantinopel; studierte Jura u. dann Musik in Athen, später bei Fortner. Seit 1963 ist K. Dozent an der Hochschule für Musik in Freiburg. Er arbeitet in erster Linie mit der Zwölftonmethode. Er schrieb u. a. Orchesterwerke, Kammermusik („Wer Ohren hat zu hören, der höre" für fünf Bläser, 1970) u. Blues für Flöte

u. Klavier (1971) sowie die beiden theatralischen Werke *Die verhexten Notenständer* (1969, 1971 in Freiburg uraufgeführt) u. *Die Baßgeige* (Freiburg 1979).

Krauss, *Clemens*, Dirigent, *31.3.1893 Wien, ✝16.5.1954 Mexiko (Stadt); war Opernkapellmeister in Riga, Stettin u. Graz, wurde 1922 Dirigent der Staatsoper Wien, 1923 auch der Tonkünstler-Konzerte, leitete zugleich die Frankfurter Oper, bis er 1929 Direktor der Wiener Staatsoper wurde; ging 1934 an die Staatsoper Berlin, wirkte danach als Intendant in München u. bei den Salzburger Festspielen, seit 1945 wieder in Wien. K. war ein hervorragender Operndirigent, der sich bes. für die Werke seines Freundes R. Strauss sehr einsetzte.

Křenek, *Ernst*, Komponist, *23.8.1900 Wien, ✝22.12.1991 Palm Springs (Calif.); studierte in Wien und Berlin, wurde 1916 Schüler von Franz Schreker. Unter dem Einfluß von Busoni und Schnabel wandte sich K. dem atonalen Stil zu. Von 1925-27 war er am Staatstheater Kassel als Kapellmeister und künstlerischer Berater tätig. Nach einem Aufenthalt in Wien ging er 1937 als Kompositionslehrer an das amerikanische Vassar College, Hamline-Universität. Ab 1948 wohnte er in Kalifornien. Sein umfangreiches Schaffen umfaßt rund 170 größere Werke, darunter die Opern *Jonny spielt auf* (1927), *Das Leben des Orest* (1930), *Karl V.* (1938), *Pallas Athene weint* (1955), *Der goldene Bock* (1964), *Sardakai* (1970) und 1930 geschriebene, 1990 in Wien uraufgeführte *Kehraus um St. Stephan*. Ferner die Funkoper *Zauberspiegel*, Ballette, Bühnenmusiken, Orchester- und Chorwerke, Liederzyklen, Kammermusik und elektronische Musik.

Kreuder, *Peter*, Komponist, *18.8.1905 Aachen, ✝28.6.1981 Salzburg; studierte in München; schrieb vor allem Schlager u. Filmmusiken sowie das Musical *Madame Scandaleuse* (1958).

Kreutzer, *Conradin*, Komponist, *22.11.1780 Meßkirch (Baden), ✝14.12.1849 Riga; studierte in Wien bei Albrechtsberger, wurde 1812 Kapellmeister in Stuttgart, 1817-22 in Donaueschingen, 1840-46 in Köln, war davor u. danach Theaterkapellmeister in Wien. Er schrieb hauptsächlich Opern (*Konradin von Schwaben* [1812], *Melusine* [1833]), Singspiele, Lieder u. Männerchöre. Sein Hauptwerk ist die Oper *Das Nachtlager von Granada* (1834).

Krieger, 1) *Adam*, Komponist, *7.1.1634 Driesen (Neumark), ✝30.6.1666 Dresden; Schüler von Scheidt in Halle, war 1655-57 Organist in Leipzig, seit 1658 Hoforganist in Dresden. K. ist der bedeutendste Meister des dt. Barockliedes. Seine „Arien" genannten Kompositionen sind instrumentalbegleitete Sololieder mit Ritornellen, deren Text er meist selbst verfaßte. Ihrer Thematik nach sind sie studentische Liebes- u. Trink- sowie Erbauungslieder. Die „Arien" erschienen in Sammlungen aus den Jahren 1657, 1667 u. 1676.
2) *Johann Philipp*, Komponist, *26.2.1649 Nürnberg, ✝7.2.1725 Weißenfels; zunächst als Schüler u. Organist in Kopenhagen, wurde 1670 Kammerorganist in Bayreuth, vervollkommnete seine Studien in Italien u. wurde danach Hofkapellmeister in Bayreuth, Halle (1677) u. Weißenfels (1680). Er komponierte zahlreiche Opern (die aber nur auszugsweise erhalten sind), Kantaten, geistliche Arien, Triosonaten u. eine *Lustige Feldmusik* (Bläserouvertüren).

Kuhlau, *Friedrich*, Komponist, *11.9.1786 Ülzen, ✝12.3.1832 Lyngbye bei Kopenhagen; studierte in Hamburg, emigrierte 1810 nach Kopenhagen u. wurde dort 1818 Hofkomponist. Er schrieb Opern u. Schauspielmusiken, Flöten- u. Klavierwerke. Seine Sonatinen werden im Klavierunterricht noch heute gespielt.

Kuhn, *Paul*, Komponist und Dirigent, *12.3.1928; er studierte in Wiesbaden, wurde 1953 Pianist des Tanz- und Unterhaltungsorchesters beim Westdeutschen Rundfunk Köln und 1968 Leiter der Big Band des Senders Freies Berlin. Er schrieb Schlager, Tanz- und Unterhaltungsmusik sowie u. a. die Musicals *Fanny Hill* (1972) und *Schinderhannes* (1979).

Künneke, *Eduard*, Komponist, *27.1.1885 Emmerich am Rhein, ✝27.10.1953 Berlin; Schüler von M. Bruch, zunächst Kapellmeister, dann als freier Komponist in Berlin. Er schrieb Operetten: *Der Vetter aus Dingsda* (1921), *Lady Hamilton* (1926), *Liselott* (1932), *Glückliche Reise* (1932), *Lockende Flamme* (1933), *Die große Sünderin* (1935); ferner einige Opern, Lieder u. Orchestermusik.

Lalo, *Edouard*, Komponist, *27.1.1823 Lille, ✝22.4.1892 Paris; spanischer Herkunft, studierte in Lille u. am Konservatorium in Paris, wo er in der Folgezeit als freier Komponist wirkte. Von seinen 3 Opern war *Le roi d'Ys* (1888) am erfolgreichsten. Sein bekanntestes Werk ist das zweite seiner 4 Violinkonzerte, die *Symphonie espagnole* (1873). Er schrieb ein Ballett, ein Klavier- u. ein Cellokonzert, symphonische Werke, Kammermusik und Lieder.

Lanner, *Joseph*, Komponist, *12.4.1801 Wien, ✝14.4.1843 Oberdöbling bei Wien; begann zusammen mit J. Strauß d. Ä. als Geiger eines Quartetts, das er nach u. nach zum Orchester ausbaute. Als sich das Orchester später teilte, bildete Strauß aus dem anderen Teil ein Konkurrenzorchester. L.s Verdienst ist es, den Walzer in eine zyklische Form (mit Einleitung u.

Coda) gebracht zu haben. Von seinen 208 Werken sind am bekanntesten die Ländler u. Walzer: *Hofballtänze* op. 161, *Die Schönbrunner* op. 200, *Die Werber* op. 103 u. *Die Romantiker* op. 167.

Lecocq, *Alexandre Charles*, Komponist, *3.6.1832 Paris, ✝24.10.1918 ebd.; Operettenkomponist.

Lehár, *Franz*, Komponist, *30.4.1870 Komorn, ✝24.10.1948 Bad Ischl; studierte am Prager Konservatorium, war zunächst Orchestermusiker in Barmen, dann Militärkapellmeister (1898 in Budapest, 1899-1902 in Wien). Seit seiner *Lustigen Witwe* (1905) wurde er zum populärsten zeitgenössischen Operettenkomponisten, der die Gattung neu belebte u. fremdländisch-exotisches Kolorit trefflich wiederzugeben verstand. Zu seinen bekanntesten Operetten gehören: *Der Graf von Luxemburg* (1909), *Zigeunerliebe* (1910), *Paganini* (1925), *Der Zarewitsch* (1927), *Das Land des Lächelns* (1929), *Friederike* (1928) u. *Giuditta* (1934).

Lehner, *Franz Xaver*, Komponist, *29.11.1904, studierte in München, war Dirigent, Organist u. seit 1958 Lehrer an der Münchner Akademie. Er schrieb Orchesterwerke, Kammermusik u. Opern, darunter *Die schlaue Susanne* (1952).

Leigh, *Mitch*, Komponist, *30.1.1928 New York; er studierte an der Yale University seiner Heimatstadt. Sein Lehrer war u. a. Paul Hindemith. 1963 schrieb er die Musik zu einer am Broadway herausgekommenen Shaw-Komödie, 1965 das auch in Deutschland erfolgreiche Musical *Der Mann von La Mancha*.

Leoncavallo, *Ruggiero*, Komponist, *8.3.1858 Neapel, ✝9.8.1919 Montecatini (Toscana); studierte am Konservatorium Neapel, schlug sich dann mühsam als Privatlehrer u. Klavierspieler durch u. schrieb ein paar erfolglose Opern. Mit seinem Hauptwerk *I Pagliacci* (Der Bajazzo) konnte er 1892 einen Welterfolg erringen. „Der Bajazzo" gehört mit Mascagnis „Cavalleria rusticana" zu den ersten Opern der neuen Stilrichtung des Verismo. Von den weiteren Opern L.s konnten sich nur noch *La Bohème* (1897) u. *Zazà* (1900) zeitweise durchsetzen.

Leschetizky, *Theodor*, Klavierpädagoge u. Komponist, *22.6.1830 Lancut bei Lemberg, ✝14.11.1915 Dresden; Schüler von Czerny in Wien, war 1852-78 Klavierprofessor am Konservatorium Petersburg, lebte danach als gesuchter Privatlehrer in Wien. Von seiner Klaviermethode ist manches noch heute gültig. Er komponierte eine Reihe Klavierstücke u. eine Oper.

Liebermann, *Rolf*, Komponist u. Theaterleiter, *14.9.1910 Zürich. Schüler von W. Vogel u. Scherchen, wirkte 1950-57 am Sender Beromünster, danach am Norddeutschen Rundfunk Hamburg, wurde 1959 Intendant der Hamburgischen Staatsoper, schloß 1971 einen Vertrag mit der Pariser Oper, deren künstlerische Leitung er ab 1973 übernahm (bis 1980). L. ist ein Anhänger der Zwölftontechnik. Neben Instrumental- u. Vokalwerken schrieb er u. a. die Opern *Leonore 40/45* (1952), *Penelope* (1954), *Schule der Frauen* (1955) und *Der Wald* (1987).

Ligeti, *György*, österreichischer Komponist ungarischer Abstammung, *28.5.1923 Dicsöszentmarton (Siebenbürgen); studierte Komposition bei S. Veress u. F. Farkas in Budapest an der Fr.-Liszt-Akademie, an der er selbst 1950-56 Musiktheorie unterrichtete. 1956 ließ er sich im Westen nieder, war bis 1959 freier Mitarbeiter am Elektronischen Studio des Westdeutschen Rundfunks in Köln, lebte danach bis 1969 vor allem in Wien, bis 1973 in Berlin (West) und seitdem in Hamburg, wo er als Professor für Komposition an der Musikhochschule wirkt. Er schrieb Instrumental-, Vokal- und Bühnenwerke. Darunter *Lux aeterna* (1966), *Nouvelles aventures* (1965), das Monodrama *Rondeau* (1977) und vor allem die 1978 in Stockholm uraufgeführte Oper *Le Grand Macabre*.

Lincke, *Paul*, Komponist, *7.11.1866 Berlin, ✝3.9.1946 Clausthal-Zellerfeld, war zuerst Orchestermusiker, dann in Berlin Theaterkapellmeister, später auch Besitzer eines eigenen Verlags. Seinen ersten Erfolg als Operettenkomponist erzielte er 1897 mit *Venus auf Erden*. Seine bekannteste Operette ist *Frau Luna* (1899). Mit diesen u. seinen weiteren Operetten (*Im Reiche des Indra*, *Lysistrata*, *Nakiris Hochzeit*, *Grigri*, *Casanova*) wurde L. zum Hauptvertreter der Berlin-Operette.

Lortzing, *Albert*, Komponist, 23.10.1801-21.1.1851 Berlin; war zunächst Sänger u. Schauspieler, 1826-33 am Hoftheater Detmold, dann am Stadttheater Leipzig, wurde dort 1844/45 Kapellmeister, führte dann ein unstetes Leben, 1846-48 als Kapellmeister in Wien, zuletzt in Berlin. L. ist ein Hauptvertreter der dt. komischen Oper, in der er Elemente des Singspiels u. der Opéra comique verschmolz. Die erfolgreichsten Werke des Komponisten, der gleichzeitig sein eigener Textdichter war, sind: *Die beiden Schützen* u. *Zar u. Zimmermann* (1837), *Der Wildschütz* (1842) u. *Der Waffenschmied* (1846). Seine Oper *Undine* (1845) ist ein Vorstoß in das Reich der romantischen Oper.

Loesser, *Frank*, amerikanischer Komponist, *29.6.1910 New York, ✝28.7.1969 New York. Wurde von seinem Vater unterrichtet. Mit Texten und Songs wurde er bekannt. Erst nach

Ende des 2. Weltkrieges kam der Durchbruch. Er schrieb die Musik zu den Musicals *Where's Charley* (1948), *Guys and Dolls* (1950), *The Most Happy Fella* (1956) und *How to Succeed in Business without Really Trying* (1961).

Loewe, *Carl*, Komponist, *30.11.1796 Löbejün bei Halle, ✝20.4.1869 Kiel; Schüler von Türk in Halle, auch von Reichardt u. Zelter beeinflußt; studierte Theologie u. wurde 1820 Kantor u. Organist in Stettin, 1821 Musikdirektor u. Musiklehrer am dortigen Gymnasium. L.s Bedeutung liegt weniger in seinen Oratorien (*Die Siebenschläfer* [1833]), Kantaten, Opern u. Kammermusikwerken als vielmehr in seinen Balladenkompositionen, die durch sichere Charakterisierungskunst den Höhepunkt dieser Gattung darstellen. Hauptbeispiele: *Edward u. Erlkönig* (op. 1, 1818), *Herr Oluf*, *Der Zauberlehrling*, *Heinrich der Vogler*, *Fridericus Rex*, *Die Glocken zu Speyer*, *Prinz Eugen*, *Archibald Douglas*, *Der Nöck*, *Tom der Reimer*.

Loewe, *Frederick*, amerikanischer Komponist, *10.6.1904 Wien, ✝14.2.1988 Palm Springs (Calif.) Studierte bei Busoni und d'Albert und arbeitete mit Reznicek zusammen. Wanderte 1924 nach den USA aus und ließ sich in New York nieder. Schrieb die Musik zu den Musicals *Salute to Spring* (1937), *Great Lady* (1938), *Life of the Party* (1942), *Day before Spring* (1945), *Brigadoon* (1947), *Paint Your Wagon* (1951), *Camelot* (1960) und zusammen mit Alan Jay Lerner *My Fair Lady* (1956), ferner die Filmmusik zu *Gigi*.

Lothar, *Mark*, Komponist, *23.5.1902 Berlin, ✝6.4.1985 München; studierte in Berlin, war bis 1955 musikalischer Berater an Schauspielhäusern von Berlin u. München. Seine erfolgreichste Oper ist bis heute *Schneider Wibbel* (1938) geblieben. 1968 wurde von ihm *Der widerspenstige Heilige* uraufgeführt.

Lully, *Jean-Baptiste*, Komponist, *28.11.1632 Florenz, ✝22.3.1687 Paris; it. Herkunft, Sohn eines Müllers, kam früh nach Paris u. arbeitete sich vom Garçon de la chambre der Prinzessin de Montpensier bald zu größtem Ansehen empor. Er entwickelte auffallende Fähigkeiten im Violinspiel, lieferte Kompositionen für den Pariser Hof u. wurde 1653 Instrumentalkomponist des jugendlichen Ludwig XIV. Zunächst spielte er im Orchester des Königs u. schrieb Ballette, in denen der König u. er selbst als Tänzer auftraten, erhielt dann die Erlaubnis zur Bildung eines eigenen Orchesters, das durch seine Disziplin u. Präzision berühmt wurde, u. avancierte 1661 zum Surintendant de la musique u. 1662 zum Maître de la musique de la famille royale. In Zusammenarbeit mit Molière entstanden seine Comédie-ballets u. Pastorales, mit denen er einen eigenen frz. Buffostil schuf. 1672 erhielt L. das bedeutsame Privileg, eine Académie royale de musique zu gründen, in der zum erstenmal eine frz. Nationaloper entstand. Mit seinen für die Académie geschriebenen Musiktragödien (*Tragédies lyriques*) *Alceste* (1674), *Thésée* (1675), *Atys* (1676), *Psyche* (1676), *Persée* (1682) u. *Armide* (1686) wurde L. zum Schöpfer eines nationalen frz. Opernstiles. Auch seine Orchesterouvertüren u. -suiten hatten einen weitreichenden Einfluß, der sich bis auf Bach u. Händel erstreckt. Neben den Opern u. Balletten treten seine kirchenmusikalischen Werke (*TeDeum*, *Miserere*) in den Hintergrund. L. war ein heftiger u. eigensinniger Künstler, ein diktatorischer Orchesterleiter u. der erste große Theaterdirektor.

MacDermot, *Galt*, Komponist *18.12.1928 Montreal; bekannt durch sein „rock musical" *Hair* (1967).

Mackeben, *Theo*, Komponist, *5.1.1897 Preußisch Stargard, ✝10.1.1953 Berlin; studierte in Koblenz u. Warschau, war zunächst Pianist, dann Kapellmeister u. Komponist u. wurde durch zahlreiche Bühnen- u. Filmmusiken bekannt. Er modernisierte Millöckers *Die Dubarry* (1931) u. schrieb an eigenen Operetten: *Lady Fanny* (1934), *Anita u. der Teufel* (1938), *Der goldene Käfig* (1943) u. *Die Versuchung der Antonia* (1950). Musiken zu den Filmen: *Tanz auf dem Vulkan* (1938), *Heimat* (1938), *Bel ami* (1939).

Mahler, *Gustav*, Komponist, *7.7.1860 Kalischt (Mähren), ✝18.5.1911 Wien; studierte dort am Konservatorium u. an der Universität, Schüler Bruckners; war als Opernkapellmeister in Ölmütz, Prag, Leipzig, Budapest (1888), Hamburg (1891-97), leitete seit 1897 die Wiener Hofoper, bis er 1907 als Gastdirigent des Metropolitan Opera House u. Leiter der Philharmonic Society nach New York ging. M.s frühe Kompositionen: das Chorwerk *Das klagende Lied* (1880), *Lieder eines fahrenden Gesellen* (1883-85) u. Lieder aus „Des Knaben Wunderhorn" (1888), gehen vom älteren Volkslied aus, während seine späteren Lieder: *Kindertotenlieder* (1902) u. weitere Rückertlieder, stark expressive Züge tragen. In seinen 10 Symphonien (I D-Dur [1891], II c-Moll [1894], III d-Moll [1896], IV G-Dur [1901], V cis-Moll [1902], VI a-Moll [1904], VII e-Moll [1905], VIII Es-Dur „Symphonie der Tausend" [1907], IX D-Dur [1909], X unvollendet) führt M. das Erbe seines Lehrers Bruckner fort. Als sein bedeutendstes Werk wird heute *Das Lied von der Erde* (für Alt, Tenor u. Orchester, 1908) angesehen.

Maillart, *Louis*, gen. *Aimé*, Komponist, *24.3.1817 Montpellier, ✝26.5.1871 Moulinssur-Allier; erfolgreich mit seinen Opéras comiques (u. a. *Das Glöckchen des Eremiten*, 1867).

Malipiero, 1) *Gian Francesco*, Komponist, *18.3.1882 Venedig; ✝1.8.1973 Treviso; studierte in Bologna, unterrichtete 1921-24 am Konservatorium Parma, 1932-53 am Konservatorium Venedig. M.s kompositorisches Schaffen, das von der Spätromantik bis zur Atonalität reicht, ist bes. durch die it. Barockmusik beeinflußt, um deren Wiederbelebung er sich bemüht hat (Herausgabe der gesamten Werke Monteverdis u. seit 1947 der Vivaldis). Sein Schaffen umfaßt Orchesterwerke (10 Symphonien), Solokonzerte, Kammermusik, Opern (*Nachtflug*, nach Saint-Exupéry [1940]; *Die Wandlungen Bonaventuras* [1966]; *Tartuffe* [1967]), Ballette, Oratorien, Kantaten.
2) *Riccardo*, Komponist, Neffe von 1), *24.7.1914 Mailand; studierte in Mailand u. Turin, Schüler seines Onkels, schreibt seit 1945 Zwölftonkompositionen. Werke: Symphonien, Solokonzerte, Kammermusik, Opern, Chorwerke, Gesänge.

Markevitsch, *Igor*, Dirigent, *27.7.1912 Kiew, ✝7.3.1983 Antibes (Südfrankreich); Schüler von Cortot u. ab 1926 von N. Boulanger in Paris, 1929 von Diaghilew entdeckt; schrieb ein Klavierkonzert, eine Kantate, Ballette u. Oratorien. Später widmete sich M. mehr u. mehr dem Dirigieren und zählte bald zu den hervorragenden Interpreten zeitgenössischer Werke. Er war seit 1944 Dirigent des Maggio Musicale Florenz u. seit 1958 der Concerts Lamoureux Paris, daneben zahlreiche Gastreisen.

Marschner, *Heinrich*, Komponist, *16.8.1795 Zittau, ✝14.12.1861 Hannover; studierte in Leipzig, kam durch einen Gönner 1816 als Musiklehrer nach Preßburg, wo er bald Kapellmeister wurde u. mit seinen ersten Opern Erfolg hatte: *Heinrich IV u. D'Aubigné* wurde 1820 von C. M. v. Weber in Dresden aufgeführt. 1824-26 war M. Musikdirektor der Dresdner Oper, ging dann 1827 zum Stadttheater Leipzig. Ab 1831 wirkte er 28 Jahre als Hofkapellmeister in Hannover. M. steht als Opernkomponist zwischen Weber u. Wagner, der in seinen Frühwerken von ihm beeinflußt ist. Hauptwerke sind die Opern: *Der Vampyr* (1828), *Der Templer u. die Jüdin* (1829) u. *Hans Heiling* (1833). Er schrieb Schauspielmusiken, Kammermusik, Lieder u. Männerchöre.

Martin, *Frank*, Komponist, *15.9.1890 Genf, ✝21.11.1974 Naarden (Holland); war 1928-38 Lehrer am Institut Jaques-Dalcroze in Genf, 1943 bis 1946 Präsident des Schweizerischen Tonkünstlervereins, 1950-55 Kompositionslehrer an der Musikhochschule Köln, lebte seit 1946 in den Niederlanden. M., der zu den führenden Schweizer Komponisten gehört, verbindet in seiner Musik vielfach die Zwölftontechnik mit der traditionellen Harmonik. Er schrieb: Orchesterwerke (*Petite Symphonie concertante* für Cembalo, Harfe, Klavier u. 2 Streichorchester [1945]), Solokonzerte, Kammermusik, Bühnen- u. Ballettmusiken, drei Opern (*Der Zaubertrank*, 1940; *Der Sturm*, 1956; *Der Herr von Pourceaugnac*, 1962) u. Oratorien (*In terra Pax*, 1944; *Golgutha*, 1945-48). Zu seinen jüngsten Arbeiten zählen u. a. Études symphoniques (1963), das Chorwerk mit Orchester *Pilate* (1964), Konzert für Violoncello u. Orchester (1966) u. Streichquartett (1967).

Martinu, *Bohuslav*, Komponist, *8.12.1890 Polička (Böhmen), ✝28.8.1959 Liestal (Schweiz); studierte zunächst Violine am Prager Konservatorium, dann Komposition bei Roussel in Paris, lebte dort bis 1940, dann vorwiegend in den USA, zuletzt in Pratteln bei Basel. M.s Musik zeigt neben den Einflüssen des frz. Impressionismus u. Strawinskys bes. die Verbundenheit mit der traditionellen Tonsprache seiner tschechischen Landsleute Dvořák u. Smetana. Sein umfangreiches Schaffen umfaßt: Orchesterwerke (6 Symphonien; Konzert für Streichquartett u. Orchester [1931]; Doppelkonzert [1938]), Solokonzerte, Kammermusik, zahlreiche Opern (u. a. *Komödie auf der Brücke* [1937]; *Die Heirat* [1956]; *Zweimal Alexander* [1964]), Ballette, Chöre u. Lieder.

Masanetz, *Guido*, Komponist u. Dirigent, *17.5.1914 Friedek (Nordmähren); er studierte in Mährisch-Schönberg und in Pilsen, war als Theaterkapellmeister u. Chordirigent tätig und siedelte 1954 nach Berlin über. Von seinen Bühnenwerken ist speziell das Musical *In Frisco ist der Teufel los* (1956) bekannt geworden.

Mascagni, *Pietro*, Komponist, *7.12.1863 Livorno, ✝2.8.1945 Rom; studierte am Mailänder Konservatorium, reiste seit 1884 als Dirigent einer Operettengesellschaft u. schrieb 1890 als Kapellmeister in Cerignola (Apulien) sein Hauptwerk: die Oper *Cavalleria rusticana*, die zusammen mit Leoncavallos „Bajazzo" die neue Stilrichtung des Verismo begründete. M. war 1895-1902 Direktor des Liceo musicale in Pesaro, dann der Scuola Nazionale di Musica in Rom. Er schrieb noch einige Opern, die aber nicht den Erfolg der *Cavalleria rusticana* erreichen konnten, sowie eine Messe, eine Kantate u. Kammermusik.

Massenet, *Jules*, Komponist, *12.5.1842 Montaud bei St.-Etienne (Loire), ✝13.8.1912 Paris; studierte bei A. Thomas am Pariser Konservatorium, wo er dann 1878 bis 1896 als Kompositionsprofessor tätig war. 1884 schrieb M. sein Hauptwerk: die Oper *Manon*. Weitere Opern:

Hérodiade (1881), *Cid* (1885), *Werther* (1892), *Thaïs* (1894), *Le jongleur de Notre-Dame* (1902), *Don Quichotte* (1910). M., der von seinen Landsleuten Meyerbeer u. Gounod beeinflußt ist, vertritt den Typ der lyrischen frz. Oper. Er schrieb auch Oratorien, Kantaten, Schauspielmusiken u. Orchesterwerke.

Matthus, *Siegfried*, Komponist, *13.4.1934 Mallenuppen (Ostpreußen). Schüler von Wagner-Régeny u. Hanns Eisler in Berlin. Er schrieb Sinfonien, Konzerte, Kammermusik, Kantaten, Ballette u. Hörspielmusik. *Der letzte Schuß*, *Judith*, *Graf Mirabeau* u. *Cornet* sind seine bisherigen Opern.

Mendelssohn Bartholdy, *Felix*, Komponist, *3.2.1809 Hamburg, ✝4.11.1847 Leipzig; Sohn eines Bankiers, Enkel des Philosophen Moses M., wuchs in Berlin auf, zeigte früh auffallende musikalische Begabung, hatte bei Zelter Kompositions- u. bei L. Berger Klavierunterricht, trat schon mit 9 Jahren öffentlich als Pianist auf, komponierte seit 1820 regelmäßig, spielte 1821 in Weimar vor Goethe, schuf mit 17 Jahren sein erstes Meisterwerk: die Ouvertüre zu Shakespeares „Sommernachtstraum" (1826), u. vollbrachte 1829 eine Tat von großer musikgeschichtlicher Bedeutung, als er mit der Berliner Singakademie zum ersten Male nach Bachs Tode die „Matthäuspassion" wiederaufführte. In den folgenden Jahren unternahm er Reisen nach England u. Schottland (wo er zur *Hebriden-Ouvertüre* op. 26 u. zur *Schottischen Symphonie* op. 56 angeregt wurde) sowie nach Italien (*Italienische Symphonie* op. 90) u. Paris. 1833 wurde M. Städtischer Musikdirektor in Düsseldorf; 1835 übernahm er die Leitung der Gewandhaus-Konzerte in Leipzig u. machte Leipzig damit zu einem wichtigen europäischen Musikzentrum. 1843 veranlaßte er die Gründung des Leipziger Konservatoriums, 1841-45 war er vielfach in Berlin tätig, danach bis zum Tode wieder in Leipzig. – M.s Musik ist für sein Jh. von überragendem Einfluß gewesen, der erst durch das aufkommende Wagnertum abgeschwächt wurde. Seine wertvollen Kompositionen spiegeln noch einmal Geist und Bildung der Romantik. Sein vielseitiges Werk umfaßt: 5 Symphonien, 3 Schauspiel- u. 5 Konzertouvertüren (*Meeresstille u. glückliche Fahrt* op. 27, *Die schöne Melusine* op. 32), ein Violinkonzert, 2 Klavierkonzerte, Werke für Klavier (8 Hefte „Lieder ohne Worte") u. für Klavier mit Orchester, Kammermusik (Oktett, Quintette, Quartette, Sonaten), Orgelwerke; 2 Oratorien (*Paulus* op. 36 u. *Elias* op. 70), Kirchenmusik, eine Oper u. Lieder. Eine 19-Band-Gesamtausgabe erschien 1874-79.

Menotti, *Gian Carlo*, Komponist, *7.7.1911 Cadegliano bei Mailand; studierte am Mailänder Konservatorium u. am Curtis Institute of Music in Philadelphia, an dem er dann 1933-55 als Lehrer tätig war. M.s Schaffen ist hauptsächlich der Oper gewidmet: *Amelia geht zum Ball* (1936), *Die alte Jungfer u. der Dieb* (1939), *Das Medium* (1946), *Das Telephon* (1947), *Der Konsul* (1950), *Die Heilige von der Bleeker Street* (1954), *Maria Golovin* (1958), *Das Labyrinth* (1963), *Der letzte Wilde* (1963), *Martins Lüge* (1964), *Hilfe, Hilfe, die Globolinks* (1968) u. *Amahl und die nächtlichen Besucher* (1968). M. ist der Gründer des Festival dei Due Mondi in Spoleto.

Mercadante, *Saverio*, italienischer Komponist, *17.9.1795 Altamura, ✝17.12.1870 Neapel. Studierte in Neapel u. a. bei Furno und Zingarelli. Er schrieb über 50 Opern, weltliche u. geistliche Werke, Orchester- und Instrumentalstücke.

Messiaen, *Olivier*, Komponist, *10.12.1908 Avignon, ✝28.4.1992 Paris; Schüler von Dukas am Pariser Konservatorium, wurde 1931 Organist an Sainte-Trinité, 1936 Lehrer an der École Normale de Musique u. der Schola Cantorum, gehörte 1936 zu den Gründern der Gruppe der „Jeune France" u. ist seit 1942 am Pariser Konservatorium tätig. M., der zu den führenden modernen Komponisten Frankreichs gehört, verarbeitet in seinen Werken die verschiedensten Anregungen: Gregorianik, griech. u. indische Rhythmik, Impressionismus, russ. Musik, Vierteltontechnik u. Vogelgesang. Sein originelles Schaffen umfaßt: Orchesterwerke (*Turangalila-Symphonie* [1948]), Chorwerke, Kammermusik, Orgelkompositionen u. Lieder. Sein Klavierstück *Mode de valeurs et d'intensité* wurde 1951 als erste serielle Komposition bekannt. Danach schrieb er u. a. *Réveil des oiseaux* (1952), *Oiseaux exotiques* (1955), *Catalogue d'oiseaux* (1958) u. das *Orgelbuch* (1964). 1983 kam in Paris die Oper *Der Heilige Franz von Assisi* heraus.

Meyerbeer, *Jakob* (Giacomo, eig.: Jakob Liebmann Meyer Beer), Komponist, *5.9.1791 Tasdorf bei Berlin, ✝2.5.1864 Paris; Schüler von Clementi, Zelter u. 1810-12 von Abbé Vogler (zusammen mit C. M. v. Weber), schrieb zunächst einige singspielartige dt. Opern, ging dann auf Salieris Rat 1816 nach Venedig u. schrieb eine Reihe it. Opern unter dem Einfluß von Rossini, der dort gerade zu Weltruhm gelangte. Nach einer Schaffenspause von 1824-30 ließ er sich 1831 in Paris nieder, paßte sich dem frz. Stil an und errang mit den nun folgenden Opern Welterfolge: *Robert le Diable* (1831), *Les Huguenots* (1836). 1842 ging M. als Generalmusikdirektor nach Berlin, wo seine weiteren großen Opern entstanden: *Ein Feldlager in Schlesien* (1844), *L'Africaine* (1842 u. 1860),

Prophète (1849), *Le Pardon de Ploërmel* (1859). M., der in seinem Schaffen dt., it. u. frz. Stilelemente verarbeitet, vertritt den Typ der lyrisch-romantischen Oper mit prunkvollem geschichtlichem Hintergrund. Er schrieb auch einige Orchester- u. Chorwerke.

Milhaud, *Darius*, Komponist, *4.9.1892 Aix-en-Provence, †22.6.1974 Genf; studierte am Pariser Konservatorium bei Dukas u. d'Indy, schloß sich 1918 der „Gruppe der Sechs" an, ging 1940 nach den USA, lehrte dort am Mills College (California) u. seit 1947 auch am Pariser Konservatorium. M.s kompositorisches Schaffen, das bes. von der Polytonalität bestimmt ist, umfaßt: zahlreiche Opern (*Les Malheurs d'Orphée* [1926]; *Der arme Matrose* [1927]; *Christoph Columbus* [1930, neu 1956]; *David* [1954]; *Figaro 20 Jahre danach* [1966]), Schauspiel- u. Filmmusiken, Ballette (*La Création du Monde*), Orchesterwerke (12 Symphonien, 6 Kammersymphonien), Solokonzerte, Kammermusik, Chor- u. Orgelwerke.

Millöcker, *Karl*, Komponist, *29.4.1842 Wien, †31.12.1899 Baden bei Wien; studierte am Wiener Konservatorium, kam 1864 als Theaterkapellmeister nach Graz u. wurde 1866 Kapellmeister in Wien (1869-83 am Theater an der Wien). M. ist neben J. Strauß der Hauptmeister der klassischen Wiener Operette. Sein bekanntestes Werk ist *Der Bettelstudent* (1882). Weitere Operetten sind: Gräfin Dubarry (1879), *Gasparone* (1884) und *Der arme Jonathan* (1890).

Mitropoulos, *Dimitri*, Dirigent, *18.2.1896 Athen, †2.11.1960 Mailand; studierte in Athen, Brüssel u. bei Busoni in Berlin; war zunächst Korrepetitor an der Berliner Staatsoper, wirkte dann als Dirigent u. Konservatoriumslehrer in Athen, ging 1937 als Leiter des Philharmonischen Orchesters Minneapolis nach den USA u. war 1949-59 Dirigent des New York Philharmonic Symphony Orchestra u. des Metropolitan Opera House. Er komponierte eine Oper, Orchester- u. Kammermusik.

Moniuszko, *Stanislaw*, Komponist, *5.5.1819 Ubiel (Gouvernement Minsk), †4.6.1872 Warschau; studierte dort u. in Berlin, war zunächst Organist in Wilna, wurde 1858 Opernkapellmeister in Warschau u. später Professor am dortigen Konservatorium. M. schrieb 24 Opern, von denen sein Hauptwerk *Halka* (1848) die erste polnische Nationaloper ist. Weitere Opern: *Der neue Don Quixote* (1849), *Die Zigeuner* (1852), *Paria* (1869). Ferner schrieb er: Ballette, eine Ouvertüre *Das Märchen* (1848), Chorwerke, Messen, ein Requiem u. nahezu 300 Lieder.

Monnot, *Marguerite*, Komponistin, *26.6.1903 Decize, †12.10.1961 Paris; studierte Klavier und wurde Konzertpianistin. Ihre ersten großen Erfolge hatte sie mit Chansons (u. a. *Milord*), die Edith Piaf bekannt machte. Außer ihrem ersten Bühnenwerk *Irma la Douce* schrieb M. mit Marcel Achard noch die Operette *La P'tite Lili*.

Monteverdi, *Claudio*, Komponist, getauft 15.5.1567 Cremona, †29.11.1643 Venedig; war in Cremona Schüler des Kapellmeisters Ingegneri, veröffentlichte mit 15 Jahren seine ersten Kompositionen (3stimmige Motetten), kurz danach seine ersten Madrigale u. Canzonetten u. 1587 das I. Buch seiner 5stimmigen Madrigale. 1590-1612 stand M. im Dienste des Herzogs Vincenzo Gonzaga von Mantua, zunächst als Sänger u. Violinist, seit 1601 als Kapellmeister. Für Mantua schrieb er Madrigale (III.-V.Buch), 1607 *Scherzi musicali*, im gleichen Jahr seine erste Oper: *Orfeo*, 1 Jahr später eine weitere Oper: *Arianna* (von der nur noch das berühmte Lamento erhalten ist), sowie die Mascherate *Il Ballo dell'Ingrate*. Nach dem Tode des Herzogs erhielt er 1613 den ehrenvollen Posten eines 1. Kapellmeisters in S. Marco in Venedig, den er bis zum Tode innehatte. Obwohl mit dieser Stellung geistliche Werke in den Vordergrund traten, schrieb M. zahlreiche weitere Bühnenwerke: *Il combattimento di Tancredi e Clorinda* (1624), die Opern *Il Ritorno d'Ulisse in Patria* (1641) u. *L'Incoronatione di Poppea* (1642), sowie weitere Opern, deren Musik verlorengegangen ist; ferner das VI. bis IX. Buch Madrigale.

M., von seinen Zeitgenossen als „Oracolo della musica" verehrt, ist einer der größten Opernkomponisten der Musikgeschichte. Er war sich selbst der Neuheit seiner Tonsprache bewußt, indem er sie als „Seconda prattica" (bei der die Rede die Herrin der Musik ist) gegen die alte Kunst, die „Prima prattica", abgrenzt (bei der die Musik über das Wort herrscht). Von weitreichender Bedeutung sind in seinem Werk: die Verselbständigung des Orchesterapparates (Ausarbeitung einer Partitur), die erstmalige Verwendung von Tremolo u. Pizzicato, die Wiederkehr von symphonischen Ritornellen u. „Leitmotiven", Ansätze zu typischen Arienformen u. die Schaffung des „stile concitato" (des erregten Stils). Seine Madrigale zeichnen sich durch starke Affektbetonung, dramatischen Ausdruck u. harmonisch-chromatische Kühnheiten aus. Seine kirchenmusikalischen Werke (Messen, Vespern) haben bes. H. Schütz beeinflußt. Eine Gesamtausgabe erschien in 16 Bänden 1926-42.

Mors, *Rudolf*, Komponist u. Kapellmeister, *16.7.1920 München; nach Anstellungen in Ingolstadt u. Ulm seit 1963 Kapellmeister in Bielefeld. Er schrieb u. a. Chor- u. Orchesterwerke, die Musicals *Freiheit in Krähwinkel* u. *Der Weiber Streik* sowie die Oper *Vineta* (1968).

Mozart, 1) *Leopold,* Komponist, getauft 14.11.1719 Augsburg, ✝28.5.1787 Salzburg; Vater von 2); begann 1737 mit dem Philosophie- u. Jurastudium, mußte dann aber seinen Unterhalt als Kammerdiener bestreiten, von dem er nach u. nach zum fürsterzbischöflichen Hofkapellgeiger (1743) in Salzburg, zum Hofkomponisten (1757) u. zum Vizekapellmeister (1763) aufstieg. M. war sowohl ein beliebter Komponist als auch ein hervorragender Musikpädagoge, der bes. als Lehrer seines Sohnes Beachtung verdient. Sein *Versuch einer gründlichen Violinschule* (1756, ^{4}1800) stellt eine der wichtigsten Quellen für die ältere Methode des Violinspiels dar. Als Komponist schrieb er zahlreiche Symphonien, Divertimenti, eine *Musikalische Schlittenfahrt* (1755), eine (bislang Haydn zugeschriebene) *Kindersymphonie* (um 1760), Solokonzerte, Kammermusik, Messen, Oratorien, Schulkomödien, Kantaten und Lieder.

2) *Wolfgang Amadeus,* Komponist, *27.1.1756 Salzburg, ✝5.12.1791 Wien; Sohn von 1); als Kind ein Wunder an musikalischer Frühbegabung, so daß der Vater schon 1762 mit ihm u. seiner Schwester „Nannerl" eine erste Konzertreise nach München u. Wien unternahm. 1763-66 folgte eine ausgedehnte Kunstreise über München, Frankfurt, Brüssel nach Paris u. London. Auf einer dritten Reise, die die Familie 1767-69 nach Wien u. Ölmütz führte, entstand M.s erste Oper: *La finta semplice* u. das Singspiel *Bastien u. Bastienne.* 1769, nachdem M. Konzertmeister in Salzburg geworden war, unternahm sein Vater mit ihm eine erste Reise nach Italien, wo er in Bologna Unterricht bei Padre Martini erhielt u. für Mailand die Oper *Mitridate* komponierte. Auf einer zweiten u. dritten Italienreise, 1771 u. 1772, entstanden für Mailand die Opern *Ascanio in Alba* u. *Lucio Silla.* Als weitere Opern schrieb M. 1775 für München die Opera buffa *La finta giardiniera* u. kurz darauf für Salzburg die Festoper *Il Rè pastore.* Eine zweite Reise nach Paris, die ihn 1777/78 über Mannheim führte u. auf der die „Pariser" Symphonie KV 197 entstand, war vom Tode der Mutter überschattet. Nach der Rückkehr nach Salzburg schuf M. die „Krönungsmesse" KV 317, das Singspiel *Zaide* u. die Opera seria *Idomeneo.* Seit 1781 lebte M., nachdem er sich aus dem Dienste des Salzburger Erzbischofs gelöst hatte, als freier Künstler in Wien, heiratete dort 1782 Konstanze Weber, gewann die Freundschaft J. Haydns u. lernte im Hause des Barons van Swieten die Kunst Bachs u. Händels kennen. In die Wiener Zeit fallen M.s reifste Werke: die Singspiele *Die Entführung aus dem Serail* (1782) u. *Die Zauberflöte* (1791), die Opern *Le Nozze di Figaro* (1786), *Don Giovanni* (1787) u. *Cosi fan tutte* (1790), die 3 großen Symphonien in Es-Dur, g-Moll u. C-Dur (KV 543, 550, 551 „Jupiter" [1788]) u. das unvollendete Requiem (1791). Im letzten Lebensjahr entsteht auch die Krönungsoper *La clemenza di Tito.* Obwohl M. 1787 eine feste Anstellung als kaiserlicher Kammerkomponist erhalten hatte, lebte er weiterhin in finanziell schwierigen Verhältnissen. – M. lernte auf seinen Reisen das gesamte musikalische Schaffen seiner Zeit und ihre Stile kennen. Gerade aber die Übernahme dieser Techniken durch seinen äußerst beweglichen Geist und ihre Einschmelzung in seinen Stil sind Zeichen einer einzigartigen Schöpferkraft. In allen musikalischen Gattungen hat M. unsterbliche Werke hinterlassen. *Die Zauberflöte* wurde wegweisend für die Entwicklung der deutschen Oper, *Don Giovanni* stellt einen Höhepunkt dramatischer Opernkunst dar. Seine Instrumentalmusik führt vom „Galanten Stil" zur Auseinandersetzung mit der Polyphonie Bachs und Händels in seinen letzten Werken. M. war kein kühner Erneuerer musikalischer Formen. Ebensowenig war er der ewig heitere „Götterliebling". Durchsichtige Formen und vollständige Klarheit des Ausdrucks bergen das Bewußtsein ständiger Gefährdung der Existenz und des Lebens. Sein Schaffen enthält: 40 Symphonien darunter, außer den bereits genannten: die „Haffner" KV 385, „Linzer" KV 425 u. „Prager" KV 504), 31 Divertimenti, Serenaden usw., 25 Klavierkonzerte („Krönungskonzert" KV 537), 15 weitere Solokonzerte mit Orchester, 5 Konzerte für 2-3 Soloinstrumente, 9 Quintette, 26 Streichquartette, 8 Klaviertrios, 42 Violinsonaten, Opern (siehe oben), Messen, Gesangswerke mit Orchester u. Lieder. Die erste Gesamtausgabe (1867-1905) umfaßt 67 Bände.

Münch, *Charles,* Dirigent, *26.9.1891 Straßburg, ✝6.11.1968 Richmond (Va.); nach Konzertmeistertätigkeit in Straßburg u. am Leipziger Gewandhausorchester übernahm er 1935 das Pariser Philharmonische Orchester, 1938 das Conservatoire-Orchester; seinen internationalen Ruf erwarb er als Leiter des Bostoner Symphonieorchesters (seit 1949).

Mussorgskij, *Modest,* Komponist, *9.(21.)3.1839 Karewo (Gouvernement Pskow), ✝16.(28.)3.1881 St. Petersburg; war 1856-58 Offizier im Garde-Infanterie-Regiment, gehörte seit 1856 zu dem „Mächtigen Häuflein": der Musikergruppe Borodin, Balakirew, Cui u. Rimskij-Korssakow; war aus wirtschaftlichen Gründen von 1863-79 als Beamter im Verkehrsministerium tätig, verfiel in den letzten Jahren der Trunksucht. – M. ist einer der genialsten russ. Komponisten, der ohne eig. musikalisches Fachstudium neue revolutionierende Ausdrucksmöglichkeiten fand. Mit seinem Hauptwerk: *Boris Godunow* (1868-71, 1874 uraufgeführt) schrieb er die erste naturalistische Oper. In die gleiche Entstehungszeit fallen die ersten Lieder (*Die Kinderstube* [1868-72]), die Oper *Die Heirat* (1868) u. das Orchesterwerk *Eine Nacht auf dem Kahlen Berge* (1867). In den späteren Jahren entstanden die Opern *Chowanschtschina* u. *Der Jahrmarkt von Sorotschinzy* (beide 1872 begonnen u. unvollendet), die Liederzyklen *Ohne Sonne* (1874) u. *Lieder u. Tänze des Todes* (1874-77) sowie das Klavierwerk *Bilder einer Ausstellung* (1874; besonders bekannt in der Orchesterfassung von Ravel). Gesamtausgabe, 8 Bände, 1928-34.

Nabokov, *Nicolai*, Komponist, *17.4.1903 Lubscha (Rußland), ✝6.4.1978 New York; studierte in Stuttgart, Berlin (Busoni) u. Paris, unterrichtete seit 1936 an verschiedenen Musikschulen in den USA u. war seit 1952 Generalsekretär des Kongresses für kulturelle Freiheit. Er schrieb eine Oper *The Holy Devil* (1958), die Ballette *Ode* (1928 für Diaghilew), *Les Valses de Beethoven* (1933), *Union Pazific* (1934), ein Oratorium *Job* (1933), eine Symphonie (1930) u. Orchester-, Kammer- u. Klaviermusik.

Natschinski, *Gerd*, Komponist, *23.8.1928 Chemnitz; studierte in seiner Geburtsstadt, danach in Dresden und zuletzt bei H. Eisler an der Akademie der Künste in Berlin. 1949 leitete er in Leipzig ein Unterhaltungsorchester, von 1952 bis 1954 das Große Tanz- und Unterhaltungsorchester des Berliner Rundfunks. 1978 wurde er Intendant des Ost-Berliner Metropoltheaters. Er schrieb Schlager, Chansons, Operetten und die Musicals *Die Frau des Jahres* (1963), *Mein Freund Bunbury* (1964) und *Casanova* (1976).

Nedbal, *Oskar*, Komponist, *26.3.1874 Tábor (Böhmen), ✝24.12.1930 Agram; war Kapellmeister in Prag, Wien und Preßburg, schrieb Kammer- und Orchestermusik sowie Ballette, ist aber heute nur noch durch seine Operette *Polenblut* (1913) bekannt.

Nick, *Edmund*, Komponist, *22.9.1891 Reichenberg (Böhmen), ✝11.4.1974 Geretsried (Oberbayern); studierte Jura u. Musik, wirkte 1919-33 in Breslau als Pianist u. Kritiker u. war in Berlin u. München an mehreren Kabaretts u. Operettentheatern als musikalischer Leiter tätig. 1949 wurde er Professor an der Münchener Musikhochschule, 1952 übernahm er die Musikabteilung des Kölner Rundfunks. Er schrieb einige spritzige Operetten u. musikalische Lustspiele, wie *Das kleine Hofkonzert* (1935), sowie Musik für Film u. Funk u. Chansons.

Nicolai, *Otto*, Komponist, *9.6.1810 Königsberg, ✝11.5.1849 Berlin; studierte in Berlin (Zelter) u. Rom, war dort ab 1833 Organist an der preußischen Gesandtschaftskapelle u. verlegte sich seit 1837 auf das Komponieren it. Opern. 1841 wurde er Hofkapellmeister in Wien, rief dort die Philharmonischen Konzerte ins Leben u. übernahm 1847 die Leitung des Berliner Domchors u. der Königlichen Oper. Von seinem Schaffen (Opern, Kirchen- u. Instrumentalmusik) hat allein seine einzige deutsche Oper *Die lustigen Weiber von Windsor* (1849), in der sich deutsche Romantik u. it. Buffogeist auf das glücklichste vereinen, N.s Namen lebendig erhalten.

Nielsen, *Carl*, Komponist, *9.6.1865 Norre Lyndelse (Insel Fünen), ✝3.10.1931 Kopenhagen; begann als Militärmusiker, war 1886-1905 Violinist im Hoforchester, wo er 1908 zum Hofkapellmeister aufstieg. Seit 1915 lehrte er am Kopenhagener Konservatorium. Sein Werk, das 6 Symphonien, ein Violinkonzert (1911), 4 Streichquartette, Klaviermusik, 2 Opern, Chorwerke u. Lieder umfaßt, zeigt ihn als bedeutendsten Vertreter skandinavischer Musik nach Grieg.

Nono, *Luigi*, Komponist, *29.1.1924 Venedig; Schüler von Scherchen u. Maderna, Schwiegersohn Schönbergs, lebt freischaffend in Venedig. N., der zu den führenden Repräsentanten der Neuen Musik gehört u. sich in Deutschland durch die Konzerte der Darmstädter Ferienkurse u. der Donaueschinger Musiktage bekannt machte, weiß in seinen Werken konzentrierteste Verarbeitung einer souverän behandelten seriellen Technik mit leidenschaftlicher Aussagekraft zu vereinen: Ballett *Der rote Mantel* (1954, nach F. García Lorca), Chorwerke *Epitaph auf F. García Lorca* (1953), *La victoire de Guernica* (1954), *Il canto sospeso* (1956), *Sul ponte di Hiroshima* (für Soli und Chor, 1962), *Due espressioni* für Orchester (1953), *Canti* für 13 u. *Incontri* für 24 Instrumente (beide 1955), *Varianti* für Violine u. Orchester (1957), Musik zu *Ermittlung* von Peter Weiss (1965) u. die Oper *Intolleranza* (1961). 1975 kam in Mailand die Oper *Al gran sole carico d'amore* heraus, 1984 in Venedig die Musik-Tragödie *Prometeo*.

Oboussier, *Robert*, Komponist, *9.7.1900 Antwerpen, ✝9.6.1957 Zürich; Schüler von Jarnach, war 1928-38 in Paris u. Berlin als Musikkritiker u. lebte seit 1938 in Zürich. O. schrieb eine Oper *Amphitryon* (1951), Chorwerke, eine Symphonie (1936), Trauermusik für Orchester (1943), ein Klavier- u. ein Violinkonzert (1933 bzw. 1953), Klaviermusik u. Lieder.

Offenbach, *Jacques*, Komponist, *20.6.1819 Köln, ✝5.10.1880 Paris; kam 4jährig nach Paris, besuchte 1833/34 das Konservatorium, war zuerst Cellist, dann Kapellmeister u. 1855-64 Leiter eines eigenen Theaters sowie 1872-76 des Théâtre de la Gaité. Mit seinen parodistisch-witzigen u. eingängigen Bühnenwerken ist er einer der Schöpfer der Operette: *Orpheus in der Unterwelt* (1858), *Die schöne Helena* (1864), *Pariser Leben* (1866), *Blaubart* (1866), *Die Prinzessin von Trapezunt* (1869), *Fantasio* (1872). Die unvollendet hinterlassene Oper *Hoffmanns Erzählungen* (1881 uraufgeführt) handelt von der phantastischen Figur des Dichter-Musikers E. T. A. Hoffmann.

Olias, *Lotar*, Komponist, *23.12.1913 Königsberg, ✝20.10.1990; studierte am Klindworth-Scharwenka-Konservatorium Berlin. Er schrieb Unterhaltungs- u. Filmmusik, Schlager, Chansons u. Musicals, darunter *Prairie-Saloon*, *Heimweg nach St. Pauli*, *Charleys neue Tante* (1966) u. *Millionen für Penny* (1967).

Orff, *Carl*, Komponist, *10.7.1895 München, ✝29.3.1982 ebd.; studierte an der Münchener Akademie der Tonkunst, 1921/22 bei Kaminski u. wurde 1924 Mitbegründer u. musikalischer Leiter der Günther-Gymnastikschule. Hier erarbeitete er sich die Grundlagen für seine neue, auf der Wechselbeziehung von Bewegung, Sprache u. Musik beruhende Musikerziehung, die er in seinem *Schulwerk* (1930/35 u. 1950/54) niederlegte. Als Bühnenkomponist strebte er eine neue Form des Musiktheaters an mit den Mitteln einer elementar wirkenden Rhythmik u. Melodik, die in ein neues (nach O. in ihr ursprüngliches) Verhältnis zu Sprachklang, Bewegung u. szenischem Raum gesetzt werden. Lateinische u. mittelalterliche Dichtung (*Carmina burana* [1937], *Catulli carmina* [1943], mit dem *Trionfo di Afrodite* [1953] zu einem szenischen Triptychon zusammengefaßt), antike Tragödie (*Antigonae* [1949], *Oedipus der Tyrann* [1959]), Märchen (*Die Kluge* [1943], *Der Mond* [1939]) u. „bairisches Welttheater" (*Die Bernauerin* [1947], *Astutuli* [1953], *Comoedia de Christi Resurrectione* [1957], *Ludus de nato Infante mirificus* [1960]) sind die zentralen Themen seines Schaffens; 1968 wurde seine Oper *Prometheus* uraufgeführt, 1973 das Mysterium *De temporum fine Comoedia*; daneben sind noch seine freien Monteverdi-Bearbeitungen zu nennen. O. war seit 1950 Leiter einer Kompositionsklasse an der Musikhochschule München.

Paderewski, *Ignacy*, Pianist u. Komponist, *6.(18.)11.1860 Kurylowka (Gouvernement Podolsk), ✝29.6.1941 New York; war 1878-83 Klavierlehrer am Warschauer Konservatorium, wurde 1884-87 bei Leschetizky in Wien zu einem der ersten Pianisten seiner Zeit ausgebildet, leitete 1909-13 das Konservatorium in Warschau, ging dann nach den USA, war 1919/20 polnischer Ministerpräsident; lebte seit 1922 wieder in Amerika. Er schrieb 2 Opern, eine Symphonie u. Klavierwerke.

Paisiello, *Giovanni* (Paesiello), Komponist, *9.5.1740 Tarent, ✝5.6.1816 Neapel; studierte dort 1754-59, komponierte zunächst Kirchenmusik, errang dann seit 1763 wachsende Erfolge mit seinen Buffo-Opern. 1776-84 war er Hofkapellmeister der Kaiserin Katharina II. in St. Petersburg, dann bei König Ferdinand IV. von Neapel, 1802/03 in Diensten Napoleons, dann wieder in Neapel. P. ist einer der bedeutendsten Meister der Buffo-Oper, der bes. Mozart beeinflußt hat. Von seinen etwa 100 Opern sind die wichtigsten: *Il mondo al rovescio* (1764), *Il Barbiere di Siviglia* (1782), *La molinara* (1788) u. *Nina pazza per amore* (1789).

Paumgartner, *Bernhard*, Dirigent und Komponist, *14.11.1887 Wien, ✝27.7.1971 Salzburg; lebte in Salzburg, studierte in Wien (Schüler von B. Walter), war 1917-38 u. 1945-59 Direktor des Salzburger Mozarteums; Mitbegründer der Salzburger Festspiele, 1960-71 deren Direktor. Kompositionen: Opern, Ballette, Schauspielmusiken, Lieder und Chöre. Außerdem schrieb er Bücher über *Mozart* (1927, 1957), *Schubert* (1943, 1947) u. *Bach* (1950).

Penderecki, *Krzysztof*, Komponist, *23.11.1933 Debica (Polen); studierte in Krakau, war Kompositionslehrer an der Essener Folkwangschule u. widmet sich heute vorwiegend dem Komponieren. P. gilt als einer der konsequentesten Vertreter der musikalischen Avantgarde. Er schrieb u. a. Orchester- u. Chorwerke, Kammermusik, eine *Lukaspassion* (1966), die Opern *Die Teufel von Loudun* (1969) u. *König Ubu* u. eine zweiteilige Utrenja (*Grablegung Christi* [1970]; *Auferstehung Christi* [1971]) sowie die *Sacra rappresentazione Paradise Lost* (*Das verlorene Paradies* [1978]). In Salzburg kam 1986 das 3. Bühnenwerk P.s heraus: *Die schwarze Maske*.

Pepöck, *August*, Komponist, *10.5.1887 Gmunden (Österreich), ✝5.9.1967 ebd,; Schüler der Wiener Akademie, Theaterkapellmeister in Deutschland und Österreich und Komponist von Filmmusiken und Operetten, darunter *Hofball in Schönbrunn* (1937).

Pepusch, *John Christopher*, Komponist, *1667 Berlin, ✝20.7.1752 London; dt. Herkunft, ging 1698 nach Holland u. 1700 nach London, wurde dort 1710 Mitbegründer der Academy of Ancient Music, 1712 Organist u. Komponist beim Herzog von Chandos u. 1713 Doktor der Musik in Oxford. Als Direktor des Lincoln's

Inn Fields Theatre in London schrieb er 1728 zusammen mit dem Textdichter J. Gay sein erfolgreichstes Werk: *The Beggar's Opera*, eine Parodie auf die zeitgenössische italienische Oper, die damals das Musikleben beherrschte. Weitere Werke: Maskenspiele, Kantaten, Anthems, Tänze, Kammermusik.

Peragallo, *Mario*, Komponist, *25.3.1910 Rom; Schüler von Casella, wurde 1950 Musikdirektor der Accademia Filarmonica Romana und 1956 Präsident der Internationalen Gesellschaft für Neue Musik in Italien. P., der seit 1947 in seinen Werken die Zwölftontechnik anwendet, schrieb einige Opern, Orchesterwerke, Solokonzerte, Chor- u. Kammermusik.

Pergolesi, *Giovanni Battista*, Komponist, *4.1.1710 Jesi (Provinz Ancona), ✝16.3.1736 Pozzuoli bei Neapel; studierte in Neapel, komponierte seine ersten Oratorien u. Opern, die aber wenig Beachtung fanden; wurde 1732 Kapellmeister des Prinzen Stigliano in Neapel, schrieb Messen u. die Buffo-Oper *Lo Frate 'nnamorato* (1732) sowie die ernste Opel *Il Prigioniero superbo* (1733), in die er als Zwischenakte das heitere Intermezzo *La serva padrona* einfügte. Dieses Buffo-Intermezzo, das außerordentlichen Erfolg hatte u. 1752 den Pariser Buffonistenstreit auslöste, wurde P.s berühmtestes Werk. Dagegen konnten sich die folgenden Opern (*Adriano in Siria* [1734]; *L'Olimpiade* [1735]; *Flaminio* [1735]) kaum durchsetzen. Als letztes, unvollendetes Werk hinterließ P. ein Meisterwerk der Kirchenmusik; sein *Stabat Mater*. Weitere Kompositionen: Kammermusik (30 Triosonaten), Kantaten, Messen u. Oratorien.

Peri, *Jacopo*, Komponist, *20.8.1561 Rom, ✝12.8.1633 Florenz; wirkte seit 1591 am Hofe der Medici und komponierte 1595 (im Wettbewerb mit Caccini) die älteste Oper: *Dafne* (1598 aufgeführt; nicht erhalten). Es folgten die Oper *Euridice* (1600) u. die Rezitative zu der Oper *Arianna* (1608; die Arien vertonte Monteverdi). P. schrieb Kantaten und einige weitere, niemals zur Aufführung gelangte Opern.

Petrassi, *Goffredo*, Komponist, *16.7.1904 Zagarolo bei Palestrina; studierte am Konservatorium Rom, an dem er seit 1939 als Lehrer wirkte. Er entwickelte in seinen Werken einen persönlichen Stil, der auch die Zwölftontechnik miteinbezieht. Er schrieb Orchester- u. Klavierkonzerte, Opern, Ballette, Chorwerke, Kammermusik u. Lieder.

Pfitzner, *Hans*, Komponist, *5.5.1869 Moskau, ✝22.5.1949 Salzburg; studierte in Frankfurt a. M., war Theaterkapellmeister in Mainz, 1897-1907 Kompositionslehrer am Berliner Konservatorium, 1908-18 Konservatoriumsdirektor in Straßburg, wirkte danach an der Berliner Akademie der Künste u. an der Münchner Akademie der Tonkunst, lebte zuletzt in Wien u. Salzburg. – P. setzte mit seiner teils grüblerisch-schwermütigen, teils rauschhaft-überschwenglichen Tonsprache das Erbe der Romantik fort. Sein Hauptwerk ist die Oper *Palestrina* (1917). Weitere Opern: *Der arme Heinrich* (1895), *Die Rose vom Liebesgarten* (1901), *Das Christ-Elflein* (1906) u. *Das Herz* (1931). Er schrieb Chorwerke, Lieder, Orchesterwerke, Solokonzerte u. Kammermusik.

Piccini, *Niccolò*, Komponist, *16.1.1728 Bari, ✝7.5.1800 Passy bei Paris; P. studierte in Neapel, hatte 1760 in Rom großen Erfolg mit seiner bedeutendsten Opera buffa: *La buona figliuola*, wurde 1776 nach Paris berufen, wo er mit den Opern *Roland* (1778) u. *Athys* (1780) zunächst erfolgreich war, sich aber als Rivale Glucks mit seiner *Iphigénie en Tauride* (1781) nicht behaupten konnte; nach 1789 lebte er unter schwierigen Umständen in Neapel, zuletzt wieder in Paris. P. ist einer der wichtigsten it. Opernkomponisten des 18. Jh. Von bes. Bedeutung ist er auf dem Gebiet der Buffo-Oper, da er die Gattung durch neue zarte u. innige Töne bereicherte. Er schrieb ferner einige hervorragende Oratorien.

Pijper, *Willem*, Komponist, *8.9.1894 Zeist bei Utrecht, ✝19.3.1947 Leidschendam; wurde 1922 Dirigent des Utrechter Bläsersextetts, 1925 Kompositionsprofessor am Konservatorium Amsterdam, wirkte auch als Redakteur u. war ab 1930 Direktor des Rotterdamer Konservatoriums. P. war als bedeutender Komponist zugleich Lehrer vieler moderner niederländischer Komponisten. Er schrieb Orchesterwerke (3 Symphonien), Solokonzerte, Bühnenmusiken, Opern, Kammermusik, Orchestergesänge, Chöre u. viele Lieder.

Pizzetti, *Ildebrando*, Komponist, *20.9.1880 Parma, ✝13.2.1968 Rom; studierte dort, wirkte als Konservatoriumsdirektor in Florenz, seit 1924 in Mailand u. war seit 1936 Kompositionsprofessor an der Accademia Nazionale in Rom. Er schrieb Opern: *Dèbbora e Jaéle* (1922), *Fra Gherardo* (1928), *Lo Straniero* (1930), *L'oro* (1947), *Assassinio nella cattedrale* (1958), *Der silberne Schuh* (1961), *Klytämnestra* (1964); Bühnenmusiken, Orchesterwerke, Solokonzerte, Kammermusik, Chorwerke u. Lieder.

Ponchielli, *Amilcare*, italienischer Komponist, *31.8.1834 Paderno Fasolaro, ✝16.1.1886 Mailand; studierte in Mailand und wurde dort Lehrer für Komposition. Er unterrichtete u. a. Puccini und Mascagni. Neben Werken für den Konzertsaal, mehreren Balletten behauptete sich von seinen 11 Opern allein *La Gioconda*, die 1876 in Mailand uraufgeführt wurde.

Porpora, *Nicola*, Komponist, 17.8.1686-3.3.1768 Neapel; schrieb 1708 seine erste Oper (*Agrippina*), war 1715-22 Kapellmeister u. Gesangslehrer in Neapel, danach in Venedig, lebte 1733-36 in London, wo er mit seinen Opern *Arianna in Nasso* (1733), *Ifigenia in Aulide* (1735) u. *Mitridate* (1736) zum Konkurrenten Händels wurde; kehrte anschließend nach Italien zurück. 1747-51 wirkte er in Dresden, dann in Wien, wo er der Lehrer J. Haydns war, zuletzt wieder in Neapel. Neben 53 Opern schrieb er Oratorien, Messen u. Kantaten sowie Kammermusik.

Porter, *Cole*, Komponist, *9.6.1893 Peru (Indiana), ✝15.10.1964 Santa Monica (Kalifornien); studierte an der Yale University, der Harvard School of Music und der Schola Cantorum in Paris. Weite Verbreitung fanden seine Schlager *Begin the Beguine*, *Night and Day* und *Don't Fence Me in* sowie seine Musicals; besonders *Kiss me, Kate* (1948, nach Shakespeares „The Taming of the Shrew") und *Seidenstrümpfe* (1955).

Poulenc, *Francis*, französ. Komponist, *7.1.1899 Paris, ✝30.1.1963 Paris. War Schüler des spanischen Pianisten R. Viñes, kam in Berührung mit „Nouveaux jeunes" (Erik Satie) und schloß sich später der „Groupe des Six" an. P. war in allen Gattungen zu Hause. Er schrieb die Opern *Les Mamelles de Tirésias*, *La voix humaine* und die zur Zeit besonders beachtete *Les dialogues des Carmélites*. Außerdem: Lieder, Konzertstücke, Klavier- und Bläsermusik, Ballette, Kammermusik, Bühnen- und Filmmusik sowie geistliche Werke.

Pousseur, *Henri*, Komponist, *23.6.1929 Malmédy; studierte in Brüssel u. Lüttich, vertritt die Richtung der seriellen u. elektronischen Musik. Er schrieb u. a. Kammermusik, Orchesterwerke, Ballett- u. Bühnenmusiken sowie die Oper *Votre Faust* (1960).

Prokofjew, *Sergej*, Komponist, *11.(23.)4.1891 Sontzowka (Gouvernement Jekaterinoslaw), ✝5.3.1953 Moskau; studierte 1904-14 am Konservatorium St. Petersburg (Schüler von Rimskij-Korssakow), trat seit 1908 als Pianist u. Komponist hervor u. schrieb 1916/17 seine berühmt gewordene *Symphonie classique* op. 25. 1918 verließ er Rußland, lebte in Japan u. abwechselnd in Amerika u. Europa. 1933 kehrte er nach Rußland zurück, paßte seine Musik weitgehend den Forderungen des Zentralkomitees der KPdSU an, mußte jedoch trotzdem verschiedentlich Rügen hinnehmen. – P., dessen vielseitiges Schaffen alle Gattungen umfaßt, gehört zu den bedeutendsten russ. Komponisten. Werke: 7 Symphonien, 4 Klavierkonzerte (eines für die linke Hand), weitere Solokonzerte, zahlreiche Werke für Klavier allein, Kammermusik, Suiten, Ouvertüren, Chorwerke, Lieder; bes. bekannt wurden seine Ballette: *Romeo u. Julia* (1940) u. *Aschenbrödel* (1945) sowie das musikalische Märchen *Peter u. der Wolf*; Opern: *Die Liebe zu den drei Orangen* (1925), *Der Spieler* (1926), *Der feurige Engel* (1928) u. *Krieg u. Frieden* (1941-55).

Puccini, *Giacomo*, Komponist, *22.12.1858 Lucca, ✝29.11.1924 Brüssel; studierte in Lucca u. am Konservatorium Mailand, trat 1884 mit seinem ersten Opernwerk hervor (*Le Villi*) u. erlangte seit seiner Oper *Manon Lescaut* (1893) u. seinem Hauptwerk *La Bohème* (1896) ständig wachsenden Weltruhm. Als weitere Opern folgten: *Tosca* (1900), *Madame Butterfly* (1904), *Das Mädchen aus dem goldenen Westen* (1910), *Gianni Schicchi* (heiterer Einakter, 1918), *Der Mantel*, *Schwester Angelica* (1918) u. als letztes, unvollendetes Werk: *Turandot* (1926, vervollständigt von Alfano). P.s Opernschaffen gehört der veristischen Stilrichtung an, die er durch neuartige Harmonien u. exotische Klangwirkungen bereichert.

Purcell, *Henry*, Komponist, *1659 wahrscheinlich in London, ✝21.11.1695 London; war Chorknabe an der Chapel Royal, wurde 1679 Organist der Westminster Abbey, 1682 Organist an der Chapel Royal u. 1683 königlicher Instrumentenverwalter. P. ist der größte engl. Komponist der Barockzeit, wenn nicht Englands größter Komponist überhaupt. Er verbindet it. Einflüsse mit einer eigenen Ausdrucksfähigkeit u. einem individuellen Harmonie- u. Formempfinden. Von seinen zahlreichen Bühnenwerken ist seine einzige Volloper *Dido and Aeneas* (1689) am bedeutendsten. Ferner schrieb er weltliche u. kirchliche Chorwerke (Welcome Songs, Oden, Anthems) sowie Instrumentalmusik (Triosonaten, Fantasien u. Ouvertüren für Streichinstrumente, Cembalostücke).

Rameau, *Jean-Philippe*, Komponist u. Musiktheoretiker, *25.9.1683 Dijon, ✝12.9.1764 Paris; war Organist in Avignon, Clermont-Ferrand, Paris, Dijon u. Lyon, siedelte 1723 endgültig nach Paris über u. eröffnete dort eine Kompositionsschule. 1745 wurde er von Ludwig XV. zum Hofkomponisten ernannt. Als Opernkomponist führte R. die Tradition der Lullyschen „Tragédie lyrique" (*Castor et Pollux* [1737]) u. der Ballettoper zu höchster Blüte; in seiner Clavecinkunst knüpfte er an Couperins Charakter-Tanzsuite an. Durch seine musiktheoretischen Schriften (*Traité de l'harmonie* [1722]) wirkte R. bahnbrechend für die Entwicklung der modernen Funktionsharmonik.

Ravel, *Maurice*, Komponist, *7.3.1875 Ciboure (Basses-Pyrénées), ✝28.12.1937 Paris; Schüler von Fauré, widmete sich ausschließlich der Komposition u. trat nur als Pianist u. Dirigent seiner Werke an die Öffentlichkeit. Ein Nervenleiden zwang ihn, schon 1933 die Feder aus der Hand zu legen. R.s Tonsprache ist geprägt von kühler Durchsichtigkeit, eleganter Formsicherheit, geistvoller Ironie u. subtilem Klangempfinden. Entscheidende Anregungen für seine erste, impressionistische Schaffensperiode nahm er von Debussy; die Werke der Zeit nach 1915 zeichnen sich durch schärfere Umrissene, vom französ. Barock u. Jazz inspirierte Rhythmik u. lineare Melodik aus u. wirkten ihrerseits befruchtend auf die Neue Musik. Hauptwerke sind: Ballette *Daphnis et Cloé* (1912), *Ma mère l'oye* (1912); die Oper *L'heure espagnole* (1907); für Orchester *Rhapsodie espagnole* (1907), *La Valse* (1922), *Boléro* (1928), Klavierkonzert G-Dur u. Konzert D-Dur für die linke Hand (beide 1931); an Kammermusik Streichquartett (1903), *Tzigane* (1904), Sonate für Violine u. Cello (1922), Violinsonate (1927), *Introduktion u. Allegro* für Harfe, Streichquartett, Flöte, Klarinette (1906), Klaviertrio (1914); Klavierwerke (auch für Orchester instrumentiert): *Pavane pour une infante défunte* (1899), *Jeux d'eau* (1901), *Gaspard de la nuit* (1908), *Valses nobles et sentimentales* (1911), *Le Tombeau de Couperin* (1917), Lieder, darunter *Don Quichotte à Dulcinée* (1923).

Raymond, *Fred* (eigentlich Friedrich Vesely), Komponist, *20.4.1900 Wien, ✝10.1.1954 Überlingen; schrieb Filmmusiken, Schlager (*In einer kleinen Konditorei*) und Operetten, darunter *Ich hab' mein Herz in Heidelberg verloren* (1927), *Ball der Nationen* (1935), *Maske in Blau* (1937) u. *Saison in Salzburg* (1938).

Reichardt, *Johann Friedrich*, Komponist, *25.11.1752 Königsberg, ✝27.6.1814 Giebichenstein bei Halle; hatte 1775-94 in Berlin das Amt des Hofkapellmeisters inne, das er dann wegen seiner Parteinahme für die Französische Revolution verlor. 1794 wurde er Salineninspektor in Halle u. machte sein nahe gelegenes Gut Giebichenstein zu einem geselligen Treffpunkt für Dichter u. Musiker (u. a. Brentano, Eichendorff, Loewe, auch Goethe). 1808 machte ihn Jérôme Bonaparte zwangsweise zum Hofkapellmeister in Kassel. R. schrieb Singspiele (meist nach Goethe), Klaviermusik u. mehr als 1000 Lieder u. wurde vor allem durch seine Goethe- u. Schillervertonungen ein Vorläufer Schuberts.

Reimann, *Aribert*, Komponist, *4.3.1936 Berlin; studierte an der dortigen Musikhochschule und wurde 1975 Dozent an der Musikhochschule Hamburg. Er schrieb u. a. Lieder, Kantaten, Suiten, Konzerte, Ballette (*Stoffreste*, *Die Vogelscheuchen*) sowie die Opern *Ein Traumspiel* (1965), *Melusine* (1971), *Die Gespenstersonate* (1984), *Lear* (1978), *Troades* (1986) u. *Das Schloß* (1992).

Respighi, *Ottorino*, Komponist, *9.7.1879 Bologna, ✝18.4.1936 Rom; wurde 1913 Kompositionsprofessor am Conservatorio di S. Cecilia in Rom (1924-26 Direktor) u. reiste auch als Dirigent seiner Werke. Hauptvertreter des it. Impressionismus, erlangte er neben Opern u. Kammermusik vor allem durch seine symphonischen Dichtungen *Fontane di Roma* (1917), *Pini di Roma* (1924), *Feste romane* (1929) u. das Ballett *Der Zauberladen* (1919, nach Rossini) Welterfolg.

Reutter, *Hermann*, Komponist, 17.6.1900-1.1.1985 Stuttgart; lehrte 1932-36 an der Musikhochschule seiner Heimatstadt, wurde Direktor des Hochschen Konservatoriums Frankfurt u. war ab 1952 zuerst als Professor und bald darauf als Leiter der Stuttgarter Musikhochschule tätig (bis 1966). R. suchte in seinem Bühnen- u. Chorschaffen nach formal neuen u. volkstümlichen Lösungen. Bekannt wurden die Opern *Doktor Johannes Faust* (1936, neu 1955), *Don Juan u. Faust* (1950), *Die Witwe von Ephesus* (1954, neu 1966), *Der Tod des Empedokles* (1966), *Hamlet* (1980), das Ballett *Die Kirmes von Delft* (1937), das Oratorium *Der große Kalender* (1933), Kantaten, Orchester- u. Kammermusik, Lieder.

Reznicek, *Emil Nikolaus v.*, Komponist, *4.5.1860 Wien, ✝2.8.1945 Berlin; war Kapellmeister in Prag, Weimar u. Mannheim (1896-99), rief 1902 die vielbesuchten Berliner Orchester-Kammerkonzerte ins Leben, wirkte auch als Dirigent an der Berliner Komischen Oper u. unterrichtete 1920-26 an der dortigen Musikhochschule. R. war schwerpunktmäßig Musikdramatiker von sprühender melodischer u. orchestraler Erfindungsgabe. Aus seinen 12 Opern brachte ihm den nachhaltigsten Erfolg die Ouvertüre zu *Donna Diana* (1894, neu 1933).

Richtmüller, *Helmut*, *16.5.1912 Köln, ✝28.2.1966 St. Moritz; studierte in Köln u. wurde durch seine Oper *Die Mitschuldigen* (1957) bekannt.

Rihm, *Wolfgang*, Komponist, *13.3.1952 Karlsruhe; studierte von 1968-72 an der dortigen Musikhochschule Komposition, Klavier sowie Musiktheorie und war 1972-73 Schüler von Karlheinz Stockhausen in Köln. In Freiburg studierte er von 1973-76 Musikwissenschaft bei H. H. Eggebrecht und Komposition bei Fortner u. Kl. Huber. Daneben unterrichtete R. bis 1978 Musiktheorie an der Musikhochschule Karlsruhe u. war wiederholt Dozent bei den Darmstädter Ferienkursen für Neue Musik. R. schrieb Orchesterwerke,

Kammermusik, Vokalwerke sowie die Opern *Faust und Yorick* (1977), *Jakob Lenz* (1979), *Oedipus* (1987), *Die Hamletmaschine* (1987) u. *Die Eroberung von Mexiko* (1992).

Rimskij-Korssakow, *Nikolaj*, Komponist, *6.(18.)3.1844 Tichwin (Rußland), ♱8.(21.)6.1908 Ljubensk bei St. Petersburg; war Marineoffizier, schloß sich 1861 dem Kreis um Balakirew u. seinen national-russ. Zielen an u. schrieb während einer Weltumsegelung (1862/65) die erste russ. Symphonie, 1867 die erste russ. symphonische Dichtung *Sadko*. 1873-84 war er Musikinspektor der russ. Kriegsmarine, war auch als Dirigent tätig u. lehrte seit 1871 am Petersburger Konservatorium, wo zu seinen Schülern Strawinsky u. Prokofjew zählten. Seine Werke, darunter die Opern *Schneeflöckchen* (1882), *Der Wojewode* (1904) u. *Die Sage von der unsichtbaren Stadt Kitesch* (1907); für Orchester *Capriccio espagnol* (1887), *Scheherazade* (1888), zeichnen sich durch effektvollen Klangreiz u. blendende Instrumentation aus. R.-K. schrieb u. a. Instrumental- u. Vokalwerke, für die Bühne die Opern *Das Mädchen von Pskow* (1873), *Mozart u. Salieri* (1898), *Die Zarenbraut* (1899), *Das Märchen vom Zaren Saltan* (1900) u. *Der Goldene Hahn* (1909).

Rodgers, *Richard*, Komponist, *28.6.1902 New York, ♱30.12.1979 ebd.; studierte in seiner Heimatstadt. Er schrieb über 30 Musicals, darunter *On Your Toes* (1936), *The Boys from Syracuse* (1938), *Pal Joey* (1940); mit *Oklahoma* (1943) und *South Pacific* (1949) war er besonders erfolgreich. Jüngst wurden auch *The King and I* (1951) sowie *The Sound of Music* (1959) in Europa gespielt.

Rome, *Harold*, Komponist, *27.5.1908 Hartford (Connecticut); er studierte zuerst Jura und Architektur, bildete sich daneben in Klavier und Komposition aus, ging 1934 nach New York und hatte mit seiner kabarettistischen Show *Pins and Needles* (1937) am Broadway seinen ersten größeren Erfolg. Ein Repertoire-Werk der Theater wurde das Musical *Fanny* (1954). Sein bisher letztes Musical, *Gone with the Wind*, hatte in London 1972 seine Uraufführung.

Rosbaud, *Hans*, Dirigent, *22.7.1895 Graz; ♱29.12.1962 Zumikon b. Zürich; wurde 1921 Musikhochschuldirektor u. Konzertdirigent in Mainz, 1928 Kapellmeister am Frankfurter Rundfunk, 1937 Generalmusikdirektor in Münster, 1941 in Straßburg, 1945 in München u. hatte seit 1948 die musikalische Leitung des Südwestfunks Baden-Baden inne. Gleichzeitig war er seit 1950 in Zürich tätig u. machte sich auf den Donaueschinger Musiktagen um die zeitgenössische Musik verdient.

Rosenmüller, *Johann*, Komponist, *1619 Ölsnitz (Vogtland), ♱10.9.1684 Wolfenbüttel; wurde 1651 Organist in Leipzig, mußte aber 1655 wegen Verdachts der Päderastie fliehen. Er lebte dann in Venedig, ab 1673 als Kapellmeister am Hof von Braunschweig-Wolfenbüttel. Bedeutender Meister des Mittelbarock, dessen Tanzsuiten (*Studentenmusik* u. 2-5stimmige *Sonate da camera*) u. Kirchenkantaten (Psalmen) den Einfluß venezianischen Opern- u. Konzertstils verraten.

Rossini, *Gioaccchino*, Komponist, *29.2.1792 Pesaro, ♱13.11.1868 Passy bei Paris; erste Opernerfolge brachten ihm *Tancred* u. *Die Italienerin in Algier* (beide 1813); durch seinen *Barbier von Sevilla*, der mit enthusiastischem Beifall 1816 in Rom aufgenommen wurde u. heute noch durch seine zündende Melodik, sprühende Rhythmik u. komödiantischen Schwung entzückt, stieg er zum gefeierten it. Opernkomponisten auf. Nach überwältigenden Triumphen in Wien (1822) u. London (1823) ließ er sich in Paris nieder, leitete 2 Jahre das Théâtre Italien, wurde erster Hofkomponist u. Generalintendant von Frankreich. 1829 schrieb er sein letztes Bühnenwerk *Wilhelm Tell*, R.s bedeutsamer Beitrag zur neuen Gattung der frz. „Großen Oper". Zu seinen wieder gespielten Opern gehören: *Die seidene Leiter* (1812), *Die Liebesprobe* (1812), *Tancredi* (1813), *Der Türke in Italien* (1814), *Otello* (1816), *Cenerentola* (1817), *Moses in Italien* (1818), *Semiramis* (1823), *Die Reise nach Reims* (1823), *Der Graf von Ory* (1828) u. *Wilhelm Tell* (1829). Später befaßte sich R. nur noch mit der Komposition von Kirchenmusik (*Stabat mater* [1832/42], *Petite Messe solennelle* [1863]), Kammermusik, Klavier- u. Gesangswerken. 1836 zog er nach Bologna, ging aber 1848 aus politischen Gründen über Florenz nach Paris (1855) zurück.

Rousseau, *Jean-Jacques*, Schriftsteller u. Komponist, *28.6.1712 Genf, ♱2.7.1778 Ermenonville bei Paris; der bedeutende Philosoph u. Kulturkritiker setzte sich auch in mehreren Schriften mit musikhistorischen u. musikästhetischen Problemen auseinander (*Entwurf einer Zahlennotenschrift* [1743], *Dictionnaire de musique* [1767]). In dem anläßlich der Pariser Aufführung von Pergolesis „La serva padrona" 1752 ausgelösten Streit nahm er leidenschaftlich Stellung für die Buffonisten u. gab durch sein Singspiel *Le devin du village* (1752) entscheidenden Anstoß zur Entwicklung der Opéra comique, wie auch sein *Pygmalion* (1770 mit der Musik von Coignet aufgeführt) Ausgangspunkt für das Melodrama wurde.

Roussel, *Albert*, Komponist, *5.4.1869 Tourcoing (Nordfrankreich), ♱23.8.1937 Royan;

studierte bei d'Indy u. lehrte 1902-13 Kontrapunkt an dessen Schola cantorum in Paris. Der Erfolg seines Ballettes *Le festin de l'araignée* (1912) erlaubte ihm, von da an ganz seinem Schaffen zu leben. In seinen Werken spiegelt sich die Loslösung von einem vielfach exotisch gefärbten Impressionismus zu der eigenwillig-herben, modernen Tonsprache seiner späten Schöpfungen. Er schrieb 4 Symphonien, ein Klavierkonzert (1927), *Suite in F* (1926), *Sinfonietta* für Streicher (1934), das Chorwerk *Evocations* (1922), Opern, Ballette, Kammermusik (Streichquartett 1932) und vorzügliche Lieder.

Rubinstein, *Anton*, Komponist u. Pianist, *16.(28.)11.1829 Wychwatinez (Podolien), ✝8.(20.)11.1894 Peterhof bei St. Petersburg; war ein gefeierter Klaviervirtuose, wurde 1855 russ. Hofpianist, 1859 Leiter der St. Petersburger Musikgesellschaft u. gründete 1862 das Kaiserliche Konservatorium von St. Petersburg, dessen Direktion er 1862-67 u. 1887-90 innehatte. Als Komponist schrieb R. Opern, Oratorien, Symphonien, Kammermusik u. Lieder romantischen Stils.

De Sabata, *Vittorio*, Dirigent, *10.4.1892 Triest, ✝11.12.1967 Santa Margherita; setzte sich als Dirigent der Oper Monte Carlo, der Mailänder Scala (1927-57) u. auf Gastreisen bes. für die Bühnenwerke Verdis u. Puccinis ein; dirigierte auch in Salzburg, Bayreuth u. Edinburgh.

Sachs, *Hans*, Dichter u. Meistersinger, 5.11.1494-19.1.1576 Nürnberg; besuchte die Lateinschule seiner Vaterstadt u. ließ sich nach 5 Jahren Wanderschaft 1517 als Schuhmachermeister in Nürnberg nieder. Er ist der originellste u. durch Wagners Oper auch der volkstümlichste Vertreter der Meistersingerkunst. Von ungeheurer Fruchtbarkeit, hinterließ er 208 Schauspiele, etwa 1700 Schwänke u. über 4000 Meisterlieder, deren Melodien im „Singebuch" seines Schülers A. Puschmann (1558) überliefert sind.

Saint-Saëns, *Camille*, Komponist, *9.10.1835 Paris, ✝16.12.1921 Algier; Schüler von Halévy, wirkte 1853-77 als Organist an verschiedenen Pariser Kirchen; seit 1877 lebte er freischaffend u. trat nur als Pianist, Organist u. Dirigent seiner Werke wie auch als gewandter Musikschriftsteller an die Öffentlichkeit. Scharfer Gegner des Impressionismus, vertrat er in seinem Schaffen einen neoklassizistischen Stil: 5 Symphonien, symphonische Dichtungen *Le rouet d'Omphale* (1869), *Phaëton* (1873), *La danse macabre* (1875), Konzerte, *Introduction et Rondo capriccioso* (1870), *Le carnaval des animaux* (1886), Chorwerke, Orgel- u. Klaviermusik; von seinen Opern wurde am bekanntesten *Samson u. Dalila* (1877).

Salieri, *Antonio*, Komponist, *18.8.1750 Gegnano bei Venedig, ✝7.5.1825 Wien; wurde 1774 Hofkomponist u. Kapellmeister der it. Oper in Wien, studierte als bereits erfolgreicher Opernkomponist erneut bei Gluck, dank dessen Förderung seine Opern auch in Paris Fuß fassen konnten (*Les Danaïdes* [1784]). 1788-90 war er kaiserlicher Hofkapellmeister, hatte bis 1823 die Hofsängerkapelle unter sich u. fiel dann in geistige Umnachtung. Auch als Lehrer angesehen, zählten Beethoven, Schubert u. Liszt zu seinen Schülern. Wegen seiner Intrigen gegen Mozart hielt sich lange das ungerechtfertigte Gerücht, er habe ihn vergiftet.

Satie, *Erik*, Komponist, *17.5.1866 Honfleur, ✝1.7.1925 Paris; studierte einige Zeit am Pariser Konservatorium, spielte dann als Pianist in den Cafés des Montmartre u. lebte seit 1898 in Arcueil bei Paris. Durch sein „kubistisches" Ballett *Parade* (1917, mit Cocteau, Massin, Picasso) u. das Kammeroratorium *Socrate* (1918), beide im bewußten Affront zum Impressionismus geschrieben, wurde er richtungweisend für die moderne französische Musik. Unter seiner geistigen Leitung fand sich die „Gruppe der Sechs" zusammen. Satie schrieb u. a. die Oper *Paul et Virginie*, Ballette, Klavierstücke und Lieder.

Sawallisch, *Wolfgang*, Dirigent, *26.8.1923 München; studierte bei W. Ruoff (Klavier) u. H. Sachsse (Musiktheorie), ab 1946 bei J. Haas an der Staatlichen Musikhochschule München und zuletzt bei H. Rosbaud u. I. Markevitch. S. begann seine Dirigentenlaufbahn 1947 in Augsburg, ging 1953 als Generalmusikdirektor nach Aachen und 1958 in gleicher Funktion an das Hessische Staatstheater Wiesbaden. 1960-70 war er Chefdirigent der Wiener Symphoniker und fast gleichzeitig Generalmusikdirektor des Philharmonischen Staatsorchesters Hamburg, von 1971-93 Musikchef bzw. Direktor der Bayerischen Staatsoper München. Seit September 1993 ist er Chef des Philadelphia Orchestra. Im übrigen dirigierte er bei den Salzburger und Bayreuther Festspielen.

Scarlatti, 1) *Alessandro*, Komponist, *2.5.1660 Palermo, ✝24.10.1725 Neapel; war 1679-83 Kapellmeister der Königin Christine von Schweden in Rom, wurde 1684 Hofkapellmeister in Neapel, 1703 an S. Maria Maggiore in Rom; ab 1706 war er erneut in den Diensten des Vizekönigs von Neapel. Mit S. beginnt die Epoche der „neapolitanischen Oper"; in seinen über 100 Opern u. 600 Kantaten werden die Da-capo-Arie u. die Dreiteiligkeit der it. Ouvertüre zur Regel.

2) *Domenico*, *26.10.1685 Neapel, ✝23.7.1757 Madrid, Sohn und Schüler von 1); wurde 1701 Organist der königlichen Kapelle in Neapel,

wirkte als Kapellmeister u. Opernkomponist in Rom, seit 1720 in Lissabon u. wurde 1729 an den Hof des spanischen Infanten nach Sevilla (1733 Madrid) berufen. S.s Bedeutung liegt in seinen über 500 meist einsätzigen „Sonaten“, deren neuartige Thematik u. virtuoser Stil der Klaviermusik neue Wege weisen.

Scherchen, *Hermann*, Dirigent, *21.6.1891 Berlin, ✝12.6.1966 Florenz; begann 1911 seine Dirigententätigkeit, die ihn nach Riga, Berlin, Leipzig, Frankfurt a. M., Winterthur (1922-47), Königsberg (1928-33), seit seiner Emigration aus Deutschland (1933) nach Wien u. der Schweiz führte. S. setzte sich mit unermüdlichem Eifer in Konzerten u. Zeitschriften für die Neue Musik ein (Donaueschingen u. Internationale Gesellschaft für Neue Musik), gründete 1954 in Gravesano (Schweiz) ein elektronisches Studio, gab die *Gravesaner Blätter* heraus und schrieb ein *Lehrbuch des Dirigierens* (1929).

Scheu, *Just*, Librettist u. Komponist, *22.2.1903 Mainz, ✝8.8.1956 Bad Mergentheim; schrieb musikal. Lustspiele, u. a. *Die schöne Lügnerin* u. *Pariser Geschichten*.

Schillings, *Max (v.)*, Komponist, *9.4.1868 Düren (Rheinland), ✝23.7.1933 Berlin; studierte in Bonn und München und wirkte als Dirigent, Lehrer und Intendant in München, Stuttgart und Berlin. Neben spätromantischen Orchester- und Vokalwerken komponierte er die Opern *Ingwelde* (1894), *Der Pfeifertag* (1899) und das veristische Bühnenstück *Mona Lisa* (1915).

Schmidt, *Franz*, Komponist, *22.12.1874 Preßburg, ✝11.2.1939 Perchtoldsdorf bei Wien; war als Cellist Mitglied des Wiener Hofopernorchesters u. Lehrer am Konservatorium, wurde 1925 Leiter der Wiener Musikakademie und 1927 Rektor der Musikhochschule. S. schrieb in konventionellem Stil Opern, darunter *Notre Dame* (1914, beliebt das Vorspiel zum 3. Akt), das Oratorium *Das Buch mit sieben Siegeln* (1937), Orchester-, Kammer- u. Orgelmusik.

Schmidt, *Harvey*, Komponist, *1929 Dallas (Texas); frühe Zusammenarbeit mit dem Texter Tom Jones aus Littlefield (Texas). Für das Theater der Universität von Texas schrieben sie die Revue *Hippsy-Boo*, ihr Musical *The Fantasticks* (1960) stand zehn Jahre auf dem Spielplan am Broadway. 1963 komponierte Schmidt *40 Grad im Schatten* und 1966 *Das musikalische Himmelbett*.

Schmidt-Isserstedt, *Hans*, Dirigent, *5.5.1900 Berlin, ✝28.5.1973 Holm bei Hamburg; war Kapellmeister in Wuppertal, Rostock, Darmstadt, 1935-42 an der Hamburger Oper, 1942-45 Direktor des Deutschen Opernhauses in Berlin. 1945-71 war er Chefdirigent des Symphonieorchesters beim Norddeutschen Rundfunk Hamburg, 1955-64 künstlerischer Leiter des Philharmonischen Orchesters Stockholm.

Schoeck, *Othmar*, Komponist, *1.9.1886 Brunnen am Vierwaldstätter See, ✝8.3.1957 Zürich; wirkte 1907-44 als Dirigent in St. Gallen. An zentraler Stelle im Schaffen dieses Schweizer Komponisten steht das Lied. In vielen Zyklen vertonte er Lyrik von Keller, Eichendorff, Mörike, Claudius u. a.: *Elegie* (1923), *Lebendig begraben* (1926), *Gaselen* (1923), *Wandsbeker Liederbuch* (1936). In jüngster Zeit wieder mehr gespielt werden die Opern: *Venus* (1922), *Penthesilea* (1927), *Vom Fischer un syner Fru* (1930), *Massimilla Doni* (1937); weniger dagegen *Das Schloß Dürande* (1943). Außerdem schrieb Sch. viele Instrumental- u. Vokalwerke.

Schönberg, *Arnold*, Komponist, *13.9.1874 Wien, ✝13.7.1951 Los Angeles; war als Komponist, Dirigent u. Lehrer in Wien u. Berlin (1925-33 an der Preuß. Akademie der Künste) tätig, emigrierte 1933 nach Los Angeles, wo er 1936-44 als Professor an der kalifornischen Universität wirkte. S. knüpft in seinen Frühwerken – Streichquartett *Verklärte Nacht* op. 4 (1899), *Pelleas u. Melisande* für Orchester op. 5 (1903), *Gurrelieder* (1900/11) – an Wagners Tristan-Chromatik an, die er verfeinert u. schließlich durch die Auflösung aller tonalen Bindungen in einer freien „Atonalität“ zu überwinden sucht: *I. Kammersymphonie* E-Dur für 15 Instrumente op. 9 (1906), 3 Klavierstücke op. 11 (1908), *George-Lieder* op. 15 (1908/09), *5 Orchesterstücke* op. 16, die Bühnenwerke *Erwartung* op. 17 (1909) u. *Die glückliche Hand* op. 18 (1908/13, auf eigenen Text), *Pierrot lunaire* op. 21 für 5 Instrumente u. Sprechstimme (1912), 4 Orchesterlieder op. 22 (1913/16), *Die Jakobsleiter* (1917/22). Mit den *5 Klavierstücken* op. 23 u. der Serenade für 7 Instrumente u. Bariton op. 24 (beide 1920/23) beginnt S.s dritte Schaffensperiode, in der er der musikalischen Anarchie sein neues Ordnungsprinzip der Zwölftonmusik entgegensetzt; trotz heftigster Polemik hat sie ungeheuer befruchtend auf die Neue Musik bis in die jüngste Zeit gewirkt: Variationen für Orchester op. 31 (1926/28), die Opern *Von Heute auf Morgen* (1928) u. *Moses u. Aron* (1930/32, unvollendet), Begleitmusik zu einer Lichtspielszene für Orchester op. 34 (1930), Violinkonzert (1934/36), Klavierkonzert (1942), *II. Kammersymphonie* op. 38 (1906/39), Kantate *Ein Überlebender aus Warschau* (1947), *Ode an Napoleon* op. 41 (1942), *3 Moderne Psalmen* op. 50 (1949/50, auf eigene Texte), 5 Streichquartette u. ein Streichtrio op. 45 (1946). Er trat auch in Schriften für sein System ein.

Schostakowitsch, *Dimitrij,* Komponist, *12.(25.)9.1906 St. Petersburg, ✝9.8.1975 Moskau; wurde Pianist, erregte aber schon mit seiner I. Symphonie (1926) die Aufmerksamkeit u. galt bald als einer der repräsentativsten Komponisten der Sowjetunion. Obwohl ideologisch gebunden u. formal der europäisch-russ. Tradition (Mahler, Tschaikowsky, Rimskij-Korssakow) verhaftet, zeigt sich S. bes. in seinem symphonischen u. kammermusikalischen Schaffen als Tonschöpfer von elementarer melodischer Erfindungskraft. Von seinen 15 Symphonien haben die V. (1937), die VII. (1942, Leningrader) u. IX. Symphonie (1945), die Konzerte für Violine (1933) u. für Klavier u. Trompete (1933), das Klavierquintett op. 57 (1940) u. seine Opern *Die Nase* (1930), *Katerina Ismailowa* (1934, neu 1962) in aller Welt Beachtung gefunden. S. lehrte 1937-49 an den Konservatorien Leningrads u. Moskaus.

Schreker, *Franz,* Komponist, *23.3.1878 Monaco, ✝21.3.1934 Berlin; studierte in Wien, war 1920-32 Direktor der Musikhochschule Berlin u. ab 1932 Lehrer für Komposition an der Preußischen Akademie der Künste in Berlin. Besonders erfolgreich war S. als Opernkomponist. In den letzten Jahrzehnten sind *Der ferne Klang* (1912), *Die Gezeichneten* (1918) u. *Der Schatzgräber* (1920) zu Ehren gekommen.

Schröder, *Friedrich,* Komponist, *6.8.1910 Naefels (Schweiz), ✝25.9.1972 Berlin; schrieb Schlager, Filmmusiken u. Operetten, darunter *Hochzeitsnacht im Paradies* (1942) u. *Nächte in Schanghai* (1947).

Schuller, *Gunther,* Komponist, *22.11.1925 New York; studierte dort, war Mitglied der New Yorker Philharmoniker, ist seit 1964 Lehrer für Komposition in New Haven. Er schrieb u. a. *Seven studies on themes of Paul Klee* (1962), *Five Bagatelles* (1969) u. die Oper *Die Heimsuchung* (1966).

Schultze, *Norbert,* Komponist, *26.1.1911 Braunschweig, ✝25.1.1986. Studierte in Köln und München, schrieb u. a. die Oper *Schwarzer Peter* (1936), Pantomimen, das Musical *Käpt'n Bay-Bay* (1950), Filmmusiken u. Schlager, darunter *Lili Marleen.*

Schütz, *Heinrich* (lat. Sagittarius), Komponist, *14.10.1585 Köstritz bei Gera, ✝6.11.1672 Dresden; studierte zunächst Jura, 1609-13 Musik bei G. Gabrieli in Venedig, wurde Hoforganist in Kassel u. 1617 Hofkapellmeister in Dresden. Die Not des 30jährigen Krieges zwang ihn, als „Kapellmeister von Haus aus" auch Verpflichtungen an anderen Höfen (Wolfenbüttel, Halle, Kopenhagen u. a.) zu übernehmen. Nach dem Friedensschluß setzte er sich mit opferbereiter Tatkraft für den Wiederaufbau der darniederliegenden höfischen u. städtischen Musikpflege im prot. Mitteldeutschland ein. S. galt schon bei seinen Zeitgenossen als „Vater der neueren deutschen Musik". Verwurzelt in der dt. polyphonen Kantoreitradition, empfing er entscheidende Anregungen aus der klangfarbigen venezianischen Madrigalkunst, mehr noch von dem neuen monodischen u. konzertanten Stil Monteverdis (zweite Italienreise 1628) u. formte sie zu einer eigenen Tonsprache von starker, lutherisch geprägter Aussage- u. Gestaltungskraft. Nicht der Choral, sondern die persönliche Sinnauslegung des Bibelwortes mit den Mitteln einer melodisch-rhetorischen Nachzeichnung u. expressiver Harmonik ist das schöpferische Element seiner großartigen geistlichen Chorwerke u. Sologesänge, die im Mittelpunkt seines Schaffens stehen: *Psalmen Davids* (1619), Auferstehungshistorie (1623), Beckersche Psalmen (1628), *Symphoniae sacrae* I-III (1629-50), *Musikalische Exequien* (1636), *24 kleine geistliche Konzerte* (1636), *Geistliche Chor-Music* (1648), *Weihnachtshistorie* (1664), *3 Passionen* (1665-66), *Deutsches Magnificat* (1671); seine *Dafne* (1627, die erste dt. Oper) u. weitere Theaterwerke sind verschollen.

Searle, *Humphrey,* Komponist, *26.8.1915 Oxford, ✝12.5.1982 London; war 1946-48 Programmleiter der Musikabteilung der BBC, lebte als freischaffender Künstler; bekannt auch als Lisztforscher. Schüler von Webern, gilt S. als führender Repräsentant der engl. Zwölfton-Schule. Er schrieb u. a. *Poem* für 22 Streicher (1950), *Night Music* (1944), *The Riverrun* (1951, nach J. Joyce), die Opern *Das Tagebuch eines Irren* (1959), *Das Photo des Colonels* (1964), *Hamlet* (1967), das Ballett *Noctambules* (1956).

Sessions, *Roger,* Komponist, *28.12.1896 Brooklyn, ✝16.3.1985 Princeton; studierte bei Bloch, dessen Nachfolger am Cleveland Institute of Music er 1925 wurde. Nach Aufenthalten in Florenz, Berlin u. New York, wo er mit Copland Konzerte für Neue Musik veranstaltete, lehrte er an den Universitäten New York u. Princeton, wurde 1944 Professor an der kalifornischen Universität Berkeley, 1952 in Princeton. Bekannt wurden u. a. 4 Symphonien, ein Violin- u. ein Klavierkonzert (1940, 1956), die Opern Trial of Lucullus u. Montezuma (beide 1947) sowie Kammermusik.

Siegel, *Ralph Maria,* Komponist, *8.6.1911 München, ✝2.8.1972 ebd.; Sohn des Komponisten u. Dirigenten Rudolf Siegel; studierte in Köln u. Italien. Er schrieb u. a. Schlager, Chansons, Filmmusiken, Operetten u. Musicals (*Oh, Calcutta!* u. *Charleys Tante*).

Sinding, *Christian,* Komponist, *11.1.1856 Kongsberg, ✝8.12.1941 Oslo; nach Studienjahren in Deutschland lebte er seit 1909 als freier Komponist meist in Berlin. Von seinen Werken, die nordische u. Wagnersche Einflüsse verraten (Opern, Orchestermusik, Lieder), hat sich einzig das Klavierstück *Frühlingsrauschen* op. 32 gehalten.

Smetana, *Friedrich*, Komponist, *2.3.1824 Leitomischl, ✝12.5.1884 Prag; war Pianist u. konnte durch Liszts Unterstützung 1848 in Prag eine eigene Musikschule eröffnen, übernahm 1856-61 die Direktion der Philharmonischen Konzerte in Göteborg u. ließ sich 1861 endgültig in Prag nieder, wo er eine für das tschechische Musikleben einflußreiche Tätigkeit als Komponist, Musikkritiker u. Dirigent des Nationaltheaters (1866-74) entfaltete. Durch seine allmähliche Ertaubung konnte er sich seit 1874 nur noch der Komposition widmen; 1882 verfiel er geistiger Umnachtung. S. verband die symphonische Form Liszts mit den Elementen der tschechischen Volksmusik u. wurde so zum Begründer einer nationaltschechischen Kunstmusik. Von seinen Opern, u. a. *Dalibor* (1868), *Der Kuß* (1876), *Das Geheimnis* (1878), *Libussa* (1881), fand vor allem die Spieloper *Die verkaufte Braut* (1866) auch über die Grenzen seines Landes hinaus großen Anklang, ebenso die symphonischen Dichtungen *Die Moldau* u. *Aus Böhmens Hain u. Flur* (II u. IV des Zyklus *Mein Vaterland* [1874-79]) u. das II. Streichquartett *Aus meinem Leben* (1876).

Solti, *Sir Georg*, Dirigent, *21.10.1912 Budapest; studierte bei Bartok, Dohnányi u. Kodály an der Liszt-Akademie seiner Geburtsstadt, später in der Schweiz bei F. von Weingartner. Von 1930-39 war S. Kapellmeister an der Budapester Oper, trat in der Schweiz als Pianist hervor u. wurde 1945 nach München, 1952 als Generalmusikdirektor nach Frankfurt a. M. berufen. 1961 übernahm er die Leitung der Covent Garden Opera London, 1969 die der Chicagoer Symphoniker. 1971-79 war er in Paris tätig, zunächst als Chefdirigent des Orchestre de Paris und bald als musikalischer Leiter der Pariser Opéra. Seit 1979 ist er Chefdirigent und künstlerischer Direktor des London Philharmonic Orchestra. S. gehört zu den bedeutenden Dirigenten unserer Zeit.

Spohr, *Louis*, Komponist u. Violinist, *5.4.1784 Braunschweig, ✝22.10.1859 Kassel; er reichte zu seiner Zeit als gefeierter Violinvirtuose an die Berühmtheit Paganinis, war als Kapellmeister in Gotha, Wien u. Frankfurt a. M. tätig und wurde 1827 Hofkapellmeister in Kassel. Von seinen über 200, einst vielgespielten Werken – 9 Symphonien, 15 Violinkonzerte, Kammermusik, Opern, Oratorien u. Lieder –, die stilistisch zwischen der Wiener Klassik u. der romantischen Richtung Mendelssohns stehen u. sich durch eine elegisch-weiche Melodik u. Chromatik auszeichnen, hat sich bis heute nur das VIII. Violinkonzert a-Moll *in einer Gesangsszene* (1816) gehalten.

Spoliansky, *Mischa*, Komponist, *28.12.1898 Bialystok (Nordostpolen); er studierte am Sternschen Konservatorium, wirkte als Pianist und schrieb Lieder, Tanz- und Unterhaltungsmusik sowie Bühnenmusik. 1933 wanderte er nach England aus und komponierte vor allem Musik für Filme. Einen besonderen Erfolg hatte sein Musical *Katharina Knie*, das 1957 in München uraufgeführt wurde.

Spontini, *Gasparo*, Komponist, 14.11.1774-24.1.1851 Majolati (Kirchenstaat); er begann als Opernkomponist der Neapolitanischen Schule, wandelte aber seinen Stil unter dem Einfluß der Werke Glucks, die er während seiner Pariser Kapellmeistertätigkeit (1805 Hofkomponist der Kaiserin Josephine u. 1814 Ludwigs XVIII., 1810 Direktor der It. Oper) kennenlernte. Mit seinen Prunkopern, am bekanntesten *Die Vestalin* (1803), bereitete er der frz. „Grand Opéra" den Weg. 1819 rief ihn der preußische König als „General-Musikdirektor" nach Berlin. Trotz glänzender Wirksamkeit als Dirigent u. Komponist machte er sich dort durch sein herrisches Wesen derart verhaßt, daß ihn 1841 ein Theaterskandal zum Rücktritt zwang.

Stokowski, *Leopold*, Dirigent, *18.4.1882 Krakau, ✝13.9.1977 Nether Wallrop (Hampshire); ging 1905 nach den USA u. erwarb sich als Dirigent namhafter am. Orchester (1912-34 Philadelphia Orchestra, 1945 Hollywood Bowl Symphony Orchestra, seit 1955 Houston Symphony Orchestra) einen glänzenden Ruf. Wirkte auch in Europa als Gastdirigent.

Stolz, *Robert*, Operettenkomponist, *25.8.1880 Graz, ✝27.6.1975 Berlin; Schüler von Humperdinck, war Theaterkapellmeister in Wien, mußte 1938 emigrieren, lebte in New York und Hollywood und seit 1950 wieder in Wien. Neben etwa 100 Filmmusiken schrieb er etwa 60 Singspiele und Operetten, die die Wiener Tradition fortsetzen, darunter *Zwei Herzen im Dreivierteltakt* (1933) und *Frühling im Prater* (1949). Seine jüngste Operette *Hochzeit am Bodensee* wurde 1969 in Bregenz zum erstenmal gespielt.

Straus, *Oscar*, Komponist, *6.3.1870 Wien, ✝11.1.1954 Bad Ischl; wirkte als Theaterkapellmeister, seit 1900 an Wolzogens „Überbrettl" in Berlin, lebte seit 1927 in Wien, Paris, 1940-48 in den USA. Vor allem erfolgreich als Operettenkomponist (*Ein Walzertraum* [1907]), schrieb er auch Opern, ein Ballett u. Filmmusiken (*Der Reigen*, nach Schnitzler).

Strauß, *Johann*, Vater v. 2) u. 3), Komponist, 14.3.1804 – 25.9.1849 Wien; begann als Hilfsdirigent in Lanners Tanzkapelle, gründete 1825 ein eig. Orchester, mit dem er seit 1833 auf Konzertreisen bis nach England u. Frankreich ging. Seine zunehmende Beliebtheit trug ihm 1835 die Stellung eines Hofballdirektors ein. Mit ihm u. Lanner trat der Wiener Walzer als Gesellschaftstanz seinen Siegeszug an. Unter seinen 251 Kompositionen stehen 152 Walzer neben Quadrillen, Polkas, Galopps u. Märschen (*Radetzky-Marsch*).
2) *Johann*, Sohn v. 1), 25.10.1825-3.6.1899 Wien; wurde gegen den väterlichen Willen Musiker u. gründete 1844 in Rivalität zur Kapelle seines Vaters eine eigene, die er beide nach dessen Tod unter seiner Leitung vereinigte. Auf seinen Konzertreisen von St. Petersburg bis Amerika wurde er als „Walzerkönig" umjubelt. Ihm verdankt der Wiener Konzertwalzer jene Grazie u. Verve, jene Brillanz der Instrumentation, die ihn zum Inbegriff Wiener Charmes werden ließen: *An der schönen, blauen Donau* u. *Künstlerleben* (1867), *Geschichten aus dem Wienerwald* (1868), *Wiener Blut* (1871), *Frühlingsstimmen* (1892), *Kaiserwalzer* (1888). Auch in seinen 15 Operetten, deren Komposition er sich, durch Offenbachs Erfolge angeregt, seit 1871 widmete, steht der Walzer im Mittelpunkt: *Die Fledermaus* (1874), *Eine Nacht in Venedig* (1883), *Der Zigeunerbaron* (1885) u. a.
3) *Josef*, Komponist, 22.8.1827-21.7.1870 Wien; Sohn von Johann S. (Vater), war zuerst Ingenieur, widmete sich dann ganz der Musik, vertrat auch gelegentlich seinen Bruder Johann (Sohn) in der Leitung von dessen Kapelle und hinterließ 283 Tanzkompositionen, darunter den Walzer *Dorfschwalben aus Österreich*. Die Operette *Frühlingsluft* ist von Bearbeitern erst später zusammengestellt worden.

Strauss, *Richard*, *11.6.1864 München, ✝8.9.1949 Garmisch-Partenkirchen; gefördert durch H. v. Bülow, erhielt er 1885 die Hofmusikdirektorstelle in Meiningen, ging 1886 als 3. Kapellmeister (1896 1. Kapellmeister) nach München, 1898 als Hofkapellmeister nach Berlin (1908 Generalmusikdirektor), wo er 1917-20 auch an der Preußischen Akademie der Künste eine Kompositionsklasse übernahm. 1919-24 war er an der Wiener Staatsoper, später nur noch als freier Komponist u. Gastdirigent tätig. S. ist einer der letzten großen Repräsentanten der tonalen Musik. Nach klassizistischen Jugendwerken öffnete er sich den Einflüssen Liszts u. Wagners u. schuf in raffinierter Steigerung der orchestralen, tonmalerischen u. klangsymbolischen Kunstmittel seine symphonischen Dichtungen *Don Juan* (1889), *Macbeth* (1890), *Tod u. Verklärung* (1890), *Till Eulenspiegels lustige Streiche* (1895), *Don Quixote* (1898) u. a. Mit *Salome* (1905, nach O. Wilde) gelang ihm dann der entscheidende Wurf auf dem Gebiete der Oper, die ebenso wie *Elektra* (1909) noch ganz im Banne Wagners steht, während er seit dem *Rosenkavalier* (1911) – dem sich *Ariadne auf Naxos* (1912), *Die Frau ohne Schatten* (1919), *Die ägyptische Helena* (1928), *Arabella* (1933), *Die schweigsame Frau* (1935), *Daphne* (1938), *Die Liebe der Danae* (1940), *Capriccio* (1942) anreihten (die meisten in Zusammenarbeit mit H. v. Hofmannsthal oder S. Zweig) – in Reaktion zur beginnenden Neuen Musik einen kammermusikalisch durchsichtigen, „mozartischen" Musizierstil entfaltete, der auch seine späten Instrumentalwerke auszeichnet (Oboenkonzert, *Metamorphosen*, beide 1946). In seinem Liedschaffen geht S. von H. Wolf aus (4 letzte Lieder 1949).

Strawinsky, *Igor*, Komponist, *5.(17.)6.1882 Oranienbaum bei St. Petersburg, ✝6.4.1971 New York; während seines Studiums der Rechtswissenschaft nahm S. 1903 Kompositionsunterricht bei Rimskij-Korssakow u. trat 1907 in Beziehung zu Diaghilew, in dessen Auftrag die Ballette *Der Feuervogel* (1908), *Petrouschka* (1911) u. *Sacre du printemps* (1913) entstanden. Ihre sensationellen Pariser Uraufführungen machten S.s Namen in der musikalischen Welt mit einem Schlage bekannt. Während seines Schweizer Aufenthalts (1914-20) schuf er sein revolutionierendes Bühnenwerk *Die Geschichte vom Soldaten* (1918) u. begann seit 1915 auch als Pianist u. Dirigent hervorzutreten. 1920 kehrte er nach Paris zurück, wo er fruchtbare Beziehungen zu Cocteau, Gide, Picasso u. Matisse anknüpfte. 1939 hielt er an der am. Harvard-Universität Vorlesungen über seine *Musikalische Poetik* u. ließ sich nach dem Ausbruch des 2. Weltkrieges in den USA (zuletzt in Beverly Hills) nieder, die er bereits 1915/16 u. 1925 besucht hatte. – Zeigen S.s Frühwerke noch seine Herkunft aus der national-russ. Schule, auch Einflüsse des frz. Impressionismus, so wirkten sie doch, voran *Sacre du printemps*, durch ihre elementare, polyrhythmisch gesteigerte Motorik u. Dynamik, durch neuartige instrumentale u. polytonale Klangeffekte entscheidend auf die Entwicklung der Neuen Musik, deren führender Repräsentant er wurde. Mit dem Ballett *Pulcinella* (1920) trat S. in seine zweite, „neoklassizistische" Schaffensperiode, in der er sich schöpferisch mit der musikalischen Tradition, von der Gregorianik über Barock, Klassik bis zur Romantik, auseinandersetzte u. in Abwehr zur Spätromantik ein objektivierendes, ordnungsbezogenes Kunstideal anstrebte. In seiner letzten Stilwende, angekündigt in der Messe (1948) und beginnend mit der *Cantata* (1952) u. dem *Canticum sacrum* (1956), greift S. auch zu seriellen Techniken. Zu seinen wichtigsten Werken außer den oben genannten zählen die Opern *Die Nachtigall* (1914), *Mavra* u. *Renard* (beide 1922), *Les Noces* (1923), *Oedipus Rex* (1927), *Persephone* (1934), *The Rake's Progress* (1951), *Die Sintflut* (1962); die Ballette *Apollon Musagète* (1928), *Der Kuß der Fee* (1928), *Jeu des cartes* (1937), *Orpheus* (1948), *Agon* (1957); die Chorwerke *Psalmensymphonie* (1930, neu 1948), Threni (1958), *Asermon, a narrative and a prayer* (1962); die Orchesterwerke *Feu d'artifice* (1908), *Symphonies d'instruments à vent. In memoriam C. Debussy* (1921, neu 1947), Concerto für Klavier u. Bläser (1924), Capriccio für Klavier u. Orchester (1929, neu 1949), Concerto in D für Violine und Orchester (1931), Concerto in Es (Dumbarton Oaks, 1938), Symphonie in C (1940), *Danses concertantes* (1942), *Symphony in three movements* (1946), Ebony-Concerto für Big Band (1946), Concerto in D (Basler Concerto, 1947), *Movements* für Klavier und Orchester 1960, *Variation in Memory of Aldous Huxley* (1965), *Requiem Conticles* (1966) u. *The Song of the Nightingale* (1967); ferner Chöre, Sologesänge, darunter *Trois poésies de la lyrique japonaise* (1913), *Berceuse du chat* (1916) u. *In Memoriam Dylan Thomas* (1954).

Strobel, *Heinrich*, Musikwissenschaftler, *31.5.1898 Regensburg, ✝18.8.1970 Baden-Baden; studierte in München, war ab 1921 für mehrere deutsche Zeitungen als Musikkritiker tätig. 1933 gab er die Zeitschrift für Neue Musik „Melos" heraus; die Jahre 1935-45 verbrachte er im Exil in Paris. 1945 wurde S. Leiter der Musikabteilung des Südwestfunks, rief die Donaueschinger Musiktage mit ins Leben und wirkte als Präsident der Internationalen Gesellschaft für Neue Musik. Für Rolf Liebermann schrieb er die Textbücher zu den Opern *Leonore 40/45*, *Penelope* u. *Schule der Frauen*. Schon 1941 hatte Strobel eine Debussy-Biographie geschrieben, die große Anerkennung fand.

Sullivan, *Arthur*, Komponist, 13.5.1842-22.11.1900 London; Schüler des Leipziger Konservatoriums u. der Londoner Royal Academy of Music, an der er Kompositionslehrer und Vorstandsmitglied wurde. Weithin bekannt wurde seine burleske Operette *Der Mikado* (1885), in der sich neben den Werken von S. Jones die englische Operette am eindrucksvollsten verkörperte.

Suppé, *Franz v.* (eig. Cavaliere Suppe Demelli), Komponist, *18.4.1819 Spalato, ✝21.5.1895 Wien; wirkte als Kapellmeister an verschiedenen Wiener Theatern. Seine an Offenbach geschulten, spritzigen Bühnenwerke eröffnen die Zeit der klassischen Wiener Operette: *Die schöne Galathee* (1865), *Leichte Kavallerie* (1866) und *Banditenstreiche* (1867). Mit *Boccaccio* (1879) gelingt ihm ein erfolgreicher Beitrag zur komischen Oper. Sehr populär wurde die Ouvertüre zu dem Volksstück *Dichter und Bauer*.

Sutermeister, *Heinrich*, Komponist, *12.8.1910 Feuerthalen bei Schaffhausen; Schüler von Orff, lebt seit 1935 freischaffend am Genfer See; seit 1963 Lehrer für Komposition an der Musikhochschule Hannover. S. ist mit seinen Opern *Die schwarze Spinne* (1936, nach Gotthelf), *Romeo u. Julia* (1940), *Die Zauberinsel* (1942), *Raskolnikoff* (1948), *Titus Feuerfuchs* (1958) u. *Madame Bovary* (1967) ein namhafter Vertreter zeitgenössischer Schweizer Musik. In jüngster Zeit haben München und Essen S.s Oper *Le Roi Bérenger* herausgebracht.

Szokolay, *Sandor*, Komponist, *30.3.1931 Kunágato (Ungarn); studierte in Budapest, seit 1956 im Westen bekannt, u. a. durch sein Requiem, vor allem aber durch seine Opern *Die Bluthochzeit* (1964) u. *Hamlet* (1968).

Szymanowski, *Karol*, Komponist, *6.10.1882 Tymoszówka (Ukraine), ✝29.3.1937 Lausanne; nach längeren Auslandsaufenthalten lebte er seit 1920 in Warschau; 1926-29 war er Direktor des dortigen Konservatoriums. In seinem Schaffen vereinen sich spätromantisch-impressionistische u. folkloristische Elemente; in den Spätwerken steigerte er die chromatische Differenziertheit bis zur Atonalität. Er schrieb 3 Symphonien, 2 Violinkonzerte, *Symphonie concertante* für Klavier u. Orchester (1932), 2 Opern u. ein Ballett, Kammer- u. Klaviermusik, Lieder.

Telemann, *Georg Philipp*, Komponist, *14.3.1681 Magdeburg, ✝25.6.1767 Hamburg; bereits in Leipzig als Student der Rechte machte er sich als Kantaten- u. Opernkomponist wie auch durch die Konzerte mit dem von ihm gegründeten Collegium musicum u. als Musikdirektor der Neuen Kirche einen Namen. 1704 übernahm er die Hofkapellmeisterstelle in Sorau, 1708 in Eisenach u. wechselte 1712 als Städtischer Musikdirektor nach Frankfurt a. M. über. 1721 trat er in Hamburg seine Lebensstellung als Kantor u. Kirchenmusikdirektor der fünf Hauptkirchen an. Die vielfältigen Anforderungen seiner Stellungen u. die aufgrund seiner wachsenden Berühmtheit reichlich einlaufenden auswärtigen Aufträge gaben ihm Gelegenheit, alle Gattungen der Instrumentalmusik, wie die Kantaten-, Oratorien- u. Opernkomposition (allein gegen 1000 Orchestersuiten u. über 23 Kantatenjahrgänge), zu pflegen. Sie spiegeln stilistisch den Umbruch vom Barock zum „galanten Stil".

Thomas, *Ambroise*, Komponist, *5.8.1811 Metz, ✝12.2.1896 Paris; er ließ sich 1836 in Paris als Opernkomponist nieder, doch stellte sich der Erfolg erst 1849 mit *Le Caid* u. im folgenden Jahr mit dem *Sommernachtstraum* ein; *Mignon* (1866) u. *Hamlet* (1868) festigten seinen Ruf u. brachten ihm 1871 den Direktorposten am Conservatoire ein. Die gefällige Melodik seiner Oper *Mignon*, die allerdings den Goetheschen Vorwurf nur an der Oberfläche streift, hat auch in Deutschland großen Anklang gefunden.

Thomson, *Virgil*, Komponist, *25.11.1896 Kansas City; ✝1989 New York; studierte bei N. Boulanger, lebte bis 1940 als freier Komponist in Paris u. war dann in New York bis 1954 als Musikkritiker bei der „Herald Tribune" tätig. T. gehörte zu den namhaften Komponisten Amerikas u. wurde bekannt durch die Opern *Vier Heilige* (1934) u. *Unser aller Mutter* (1947, beide nach Gertrude Stein), durch Filmmusiken, auch 2 Symphonien u. Kammermusik.

Tippett, *Michael*, Komponist, *2.1.1905 London; sein Ruf als bedeutender engl. Komponist der Gegenwart wurde durch das Oratorium *Ein Kind unserer Zeit* (1944) u. die Opern *The Midsummer Marriage* (1955) u. *King Priam* (1961, beide nach eigenen Texten) begründet. Charakteristisch für seinen Stil ist eine rhythmisch stark differenzierte Polyphonie. Er schrieb auch Orchesterwerke: 2 Symphonien, Concerto für doppeltes Streichorchester (1943), Suite in D (1948), *Fantasia concertante* über ein Thema von Corelli (1942) u. von Händel (1953) u. 3 Streichquartette. 1977 wurde T.s Oper *Wenn das Eis bricht* uraufgeführt.

Toch, *Ernst*, Komponist, *7.12.1887 Wien, ✝1.10.1964 Los Angeles; ursprünglich Mediziner, bildete sich zum Pianisten aus, war 1913-29 Kompositionslehrer an der Mannheimer Musikhochschule. 1933 emigrierte er nach den USA, wo er in der Folge an verschiedenen Universitäten lehrte. Verwurzelt in der spätromantischen Tradition, wußte er in seinen Werken auch Anregungen aus der Moderne zu einer eigenen Tonsprache umzuformen: 6 Symphonien, Orchestersuiten, Kammer- u. Klaviermusik, 2 Opern, Film- u. Hörspielmusiken.

Toscanini, *Arturo*, Dirigent, *25.3.1867 Parma, ✝16.1.1957 New York; war Cellist u. erregte schon mit den ersten Opernaufführungen Aufsehen. Er wurde 1898 an die Mailänder Scala, 1908 an das Metropolitan Opera House New York engagiert, übernahm 1921–29 die Leitung der Mailänder Scala u. dirigierte seit 1928 das New Yorker Symphonie-Orchester, 1937–54 das NBC-Rundfunkorchester; wirkte auch als Gast in Bayreuth u. Salzburg. T. zählte zu den großen Dirigenten unserer Zeit. Seine Interpretation, vorab die vorbildlichen Verdi- u. Wagneraufführungen, war von einem leidenschaftlichen Willen zur Werktreue getragen.

Tschaikowsky, *Peter Iljitsch*, Komponist, *25.4.(7.5.)1840 Wotkinsk, ✝25.10.(6.11.)1893 St. Petersburg; er schlug zunächst die Beamtenlaufbahn ein, nahm Unterricht bei A. Rubinstein, dessen Bruder Nikolai ihn dann 1865 als Theorielehrer an das neugegründete Moskauer Konservatorium zog. Seit 1878 ermöglichte ihm die von einer Verehrerin seiner Kunst, Frau v. Meck, ausgesetzte Jahresrente, sich frei seinem Schaffen u. der Aufführung seiner Werke in Rußland u. im Ausland zu widmen. T., der sich weitgehend den westlichen Traditionen anschloß – im bewußten Gegensatz zu den Bestrebungen der Gruppe um Balakirew –, ist der erste russ. Komponist, der der Musik seines Landes Weltgeltung erwarb. Seine Musik zeugt von einem übersteigerten romantischen Subjektivismus, der von lyrischer Empfindsamkeit u. Schwermut bis zu leidenschaftlicher Wildheit reicht, gelegentlich aber auch das Salonhaft-Artistische streift. Am bekanntesten wurden: IV. Symphonie f-Moll (1878), V. Symphonie e-Moll (1888), VI. Symphonie h-Moll (1893, *Pathétique*), die Ouvertüren *Romeo u. Julia* (1869) u. „1812" (1880), *Capriccio italien* (1880), Streicherserenade C-Dur (1880), das I. der 3 Klavierkonzerte b-Moll (1875), Violinkonzert D-Dur (1878), *Variationen über ein Rokoko-Thema* für Cello u. Orchester (1876), 3 Streichquartette, Klaviertrio a-Moll (1882), von seinen Opern *Eugen Onegin* (1879) u. *Pique Dame* (1890), die Ballette *Schwanensee* (1876), *Dornröschen* (1892) u. *Der Nußknakker* (1892).

Turina, *Joaquin*, Komponist, *9.12.1882 Sevilla, ✝14.1.1949 Madrid; studierte in Paris, wo er sich mit de Falla befreundete. Wirkte seit 1914 in Madrid als Pianist u. Musikkritiker, zeitweilig auch als Dirigent des Russ. Balletts. Frz. Impressionismus u. andalusische Folklore sind die bestimmenden Stilelemente seiner Musik. Er schrieb Opern u. Bühnenmusiken, symphonische Dichtungen, Kammer-, Klavier- u. Gitarrenmusik.

Vaughan Williams, *Ralph*, Komponist, *12.10.1872 Down Ampney, ✝26.8.1958 London; lehrte an der Universität Oxford, ab 1919 am Royal College of Music in London. Mit V. W. beginnt die Herausbildung eines modernen national-engl. Musikstils, der an das engl. Volkslied u. die Musik der Tudorzeit anknüpft. Er schrieb u. a. 9 Symphonien, *Fantasia* über ein Thema von T. Tallis (1910), Chorwerke, darunter *Toward the Unknown Region* (1907), Opern, Kammermusik u. Filmmusiken.

Verdi, *Giuseppe*, Komponist, *10.10.1813 Le Roncole bei Busseto, ✝27.1.1901 Mailand; war der Sohn eines Dorfschankwirts u. studierte, vom Mailänder Konservatorium abgewiesen, mit der Unterstützung eines Gönners privat bei Paisiello-Schüler Lavigna. Nach 3 Jahren Kapellmeistertätigkeit in Busseto brachte er 1839 in Mailand seine erste Oper *Oberto* heraus, doch gelang ihm der entscheidende Wurf erst mit *Nabucco* (1842), der ebenso wie die folgenden Opern *I Lombardi* (1843), *Ernani* (1844), *Macbeth* (1847, neu 1865), *Die Schlacht von Legnano* (1849) V.s glühende Anteilnahme an den Einheitsbestrebungen Italiens bekundet u. seinen nationalen Ruhm begründete. Seit 1849 lebte er zurückgezogen auf seinem Landgut Sant'Agata bei Busseto. Mit den Werken seiner mittleren Schaffensperiode *Rigoletto* (1851), *Troubadour* u. *La Traviata* (beide 1853) erreichte V. jenen ihm, bei aller Traditionsverbundenheit, unverwechselbar eigenen, in seiner mitreißenden Rhythmik u. sinnlich-blühenden, affektuosen Melodik u. der meisterlichen Ensemblegestaltung ganz auf dramatiche Wirksamkeit abgestellten Stil, der ihn zum populärsten u. weltweit berühmten it. Opernkomponisten machte. In seinen späteren Opern *Simone Boccanegra* (1857), *Ein Maskenball* (1859), *Macht des Schicksals* (1861) u. *Don Carlos* (1867) vertieft u. bereichert V. seine orchestrale Charakterisierungskunst, welche Rezi- tativ, Arie u. Ensemble gleichermaßen zu durchdringen beginnt u. sie zur durchdramatisierten Szene verschmilzt, ohne jedoch der menschlichen Stimme den traditionellen Vorrang zu bestreiten oder die Form im Sinne seines Antipoden Wagner zur „unendlichen Melodie" zu zerdehnen. Vollendetste Verwirklichung findet dieser Altersstil nach *Aida* (1871, Festoper zur Eröffnung des Suezkanals) u. dem *Requiem* (1874) in den Meisterwerken *Othello* (1887) u. *Falstaff* (1893), die zugleich die Gipfelpunkte einer 300jährigen Geschichte der italienischen Oper darstellen.

Vetterling, *Arno*, Komponist, *26.3.1903 Naumburg, ✝30.1.1963 Hildesheim. Wirkte vor allem in Chemnitz und schrieb Operetten, von denen *Liebe in der Lerchengasse* (1936) besonders bekannt wurde.

Villa-Lobos, *Heitor*, Komponist, 5.3.1887-17.11.1959 Rio de Janeiro; wurde 1930, nach längerem Studienaufenthalt in Paris, Direktor der brasilianischen Musikakademie; 1942 gründete er das Conservatorio Nacional de Canto Orfeônico. V.-L. ist der führende Komponist Brasiliens. Ungemein produktiv u. vielseitig – er schrieb Opern, Ballette, 12 Symphonien, symphonische Dichtungen, Konzerte, Chôros, Kammermusik, insgesamt weit über 1000 Kompositionen –, wußte er Anregungen aus der Volksmusik seines Landes, deren Studium er sich eingehend widmete, aus Barock, Romantik u. Impressionismus für seinen Stil fruchtbar zu machen.

Viotti, *Giovanni Battista*, Violonist u. Komponist, *12.5.1755 Fontanetto da Po, ✝3.3.1824 London; wurde als Violinvirtuose von seinen Zeitgenossen stürmisch gefeiert, ließ sich aber seit Mitte der achtziger Jahre – man sagt, aus Ärger über die Launenhaftigkeit des Publikums – nur noch selten u. ungern hören. Er lebte in Paris, London u. Hamburg, 1819-22 leitete er die Große Oper in Paris. Von den 29 Violinkonzerten, die er neben Streichquartetten u. Sonaten hinterließ, wird Nr. 22 a-Moll noch heute gern gespielt.

Vivaldi, *Antonio*, Komponist, *vor 1678 Venedig; beigesetzt 28.7.1741 Wien; war Priester; wegen seiner Rothaarigkeit „il prete rosso" genannt, u. wirkte, abgesehen von seinen Konzertreisen u. einigen Jahren Kapellmeistertätigkeit in Mantua (vermutlich 1720-23), 1703-40 als Violinlehrer, Dirigent u. Komponist an einem Mädchenkonservatorium in Venedig. Von seiner Zeit hochgeschätzt – Bach schrieb von 9 seiner Konzerte Transkriptionen –, geriet er nach seinem Tode in Vergessenheit u. erlebte erst wieder um 1930 eine Renaissance. Seine Bedeutung beruht vor allem in der Entwicklung der Solokonzertform, die für den Hochbarock u. darüber hinaus bis zur Klassik bestimmend wurde. Er hinterließ 446 Konzerte, darunter *Die 4 Jahreszeiten*, Ouvertüren, Sonaten, Opern u. Kirchenmusik.

Wagner, *Richard*, Komponist, *22.5.1813 Leipzig, ✝13.2.1883 Venedig; vermutlich der Sohn des Schauspielers Ludwig Geyer, schlug, durch die Musik Webers u. Beethovens wie durch die literarische Romantik entscheidend beeinflußt, die Laufbahn eines Theaterkapellmeisters ein, machte seine ersten Opernversuche (*Die Feen* [1833], *Das Liebesverbot* [1836]) u. war in Würzburg, Magdeburg, Königsberg, 1837 in Riga tätig. Dort 1839 stellenlos geworden, entfloh er mit seiner ersten Frau, der Schauspielerin Minna Planer, heimlich den drängenden Gläubigern auf dem Seewege nach Paris. Als die Hoffnung, an der dortigen Großen Oper seinen *Rienzi* anzubringen, fehlschlug, geriet W. in bitterste Not, aus der ihn erst der Erfolg dieser Oper in Dresden befreite. 1843 folgten hier der in Paris entstandene *Fliegende Holländer* u. 1845 *Tannhäuser*. Seine erfolgreiche Wirksamkeit als Dresdner Hofkapellmeister fand ein jähes Ende, als W. wegen

Beteiligung am Maiaufstand 1849 fliehen mußte. Über Weimar, wo im folgenden Jahr Liszt den *Lohengrin* herausbrachte, wandte er sich nach Zürich. Hier entstanden der größte Teil seiner Nibelungentetralogie, *Tristan u. Isolde*, die *Wesendonk-Lieder* u. eine Reihe von Schriften, in denen W. seine Kunstauffassung entwickelte. 1861 erhielt er endlich seine Begnadigung, 1864 berief ihn der junge König Ludwig II. von Bayern nach München. Die umfassenden Organisationspläne W.s fanden zwar keine Verwirklichung, nicht zuletzt durch seine eigene Schuld, da er mit seinem um finanzielle Staatsinteressen allzu unbekümmerten Vorgehen die Opposition der Hofkreise hervorrief. Doch blieb ihm der König zeitlebens ein treu helfender Freund; *Tristan* (1865), *Die Meistersinger von Nürnberg* (1868), *Rheingold* (1869) u. *Die Walküre* (1870) erlebten im Münchener Hoftheater glänzende Aufführungen. 1865 zog sich W. nach Tribschen bei Luzern zurück mit *Cosima* (*25.12.1837 Bellassio, ✝1.4.1930 Bayreuth), Bülows Gattin und Tochter Liszts, die er 1870 heiratete. In diese Zeit fällt auch die bedeutsame Begegnung mit Nietzsche 1876. Endlich konnten W.s langgehegte Pläne eines „Deutschen Nationaltheaters" in die Tat umgesetzt werden; das Festspielhaus in Bayreuth wurde mit der ersten Gesamtaufführung des *Ring des Nibelungen* eröffnet. Mit *Parsifal* (1882) schließt W.s Schaffen; ein halbes Jahr nach seiner Uraufführung erlag W. einem Herzschlag in Venedig.

W. ist eine der eindrucksvollsten, aber auch umstrittensten Künstlerpersönlichkeiten des 19. Jh. Als Dichter noch ganz der Romantik verhaftet, wies der Musiker W. im Bereich der Harmonik u. der Orchesterbehandlung neue Bahnen u. schuf in der Überwindung der alten Nummernoper eine neue Kunstform, das „Musikdrama", eine Symbiose von Dichtung, Musik u. szenischer Darstellung, in der sich die Forderung der Romantik nach dem „Gesamtkunstwerk" erfüllen sollte. Die musikalisch-dramatische Einheit wie auch die psychologische Ausdeutung des in der „unendlichen Melodie" hinfließenden Geschehens erreicht W. durch ein kunstvolles System der Leitmotivik. Höhepunkte dieser Entwicklung, die mit dem *Fliegenden Holländer* einsetzt, sind der *Tristan* u. der *Nibelungenring*. Dem mächtigen Einfluß, den W. auf die nachfolgende Komponistengeneration ausübte, haben sich erst die Vertreter der Neuen Musik entzogen. Doch hat sein Werk noch heute Weltgeltung.

Die Bayreuther Festspiele, um deren Gründung u. Erhaltung Cosima W. sich sehr verdient machte, wurden ab 1908 von ihrem Sohn *Siegfried* (*1869, ✝1930) geleitet, der selbst auch mit volkstümlichen Opern hervortrat. Seine Frau *Winifred* (*23.6.1897, ✝1980) verwaltete bis 1945 das künstlerische Erbe. 1951 übernahmen die Söhne *Wieland* (*1917, ✝1966) u. *Wolfgang* (*1919) die Festspiele mit vieldiskutierten, modernen Inszenierungen. Seit 1966 ist Wolfgang W. alleiniger Leiter.

Walter, *Bruno* (eig. Schlesinger), Dirigent, *15.9.1876 Berlin, ✝17.2.1962 Beverly Hills (Kalifornien); war Opernkapellmeister in Hamburg u. Breslau, 1901-13 unter Mahler in Wien, wurde 1913 Generalmusikdirektor in München, 1925 der Städtischen Oper in Berlin u. übernahm 1929 das Leipziger Gewandhausorchester. 1933 verließ er Deutschland, leitete bis 1938 die Wiener Staatsoper u. emigrierte dann über Frankreich nach den USA, wo er als Gastdirigent wirkte. W. war eine der überragenden Dirigentenpersönlichkeiten unserer Zeit; seine Mahlerinterpretation hatte authentische Geltung.

Webber, *Andrew Lloyd*, englischer Komponist, *23.3.1948 Westminster; wurde zuerst vom Vater unterrichtet und studierte später an den Music-Colleges von Oxford. Früh komponierte er Film- u. Bühnenmusik. Der erste internationale Erfolg stellte sich mit dem Musical *Jesus Christ Superstar* (1971) ein. Es folgten die ebenfalls erfolgreichen Musicals *Evita* (1978), *Cats* (1981), *Starlight Express* (1984) und *The Phantom of the Opera* (1986). In der Saison 1991/92 hat Webber den bisherigen Spitzenreiter Mozart hinter sich gelassen.

Weber, *Carl Maria v.*, Komponist, *18.11.1786 Eutin, ✝5.6.1826 London; war der Sohn eines Wandertheaterdirektors u. Vetter von Mozarts Frau Constanze. W. genoß den Unterricht Michael Haydns u. Voglers, der ihm seine erste Kapellmeisterstelle am Breslauer Theater verschaffte. 1806 begab er sich in die Dienste des württembergischen Hofes als Musikintendant, Sekretär u. Musiklehrer, bis ihn 1810 der Leichtsinn seines Vaters um Amt u. Ansehen brachte u. beide des Landes verwiesen wurden. In erneutem Studium bei Vogler in Darmstadt bildete sich W. zum Klaviervirtuosen aus, unternahm Konzertreisen durch Deutschland, errang seine ersten Kompositionserfolge mit Klavierwerken u. dem Singspiel *Abu Hassan* (1811) u. wurde 1813 Operndirektor in Prag. In leidenschaftlicher Anteilnahme an den Freiheitskriegen entstanden seine einst berühmten Männerchöre aus Körners „Leier u. Schwert". 1816 übertrug man ihm die Einrichtung u. Leitung der deutschen Oper in Dresden. Hier schuf er seine 3 großen Opern, die jedoch nicht in Dresden ihre Aufführung erlebten: *Der Freischütz* ging mit beispiellosem Erfolg 1821 in Berlin am Jahrestag der Schlacht bei Waterloo in Szene, *Euryanthe* 1823 in Wien, *Oberon* in London, während dessen ersten Aufführungen W. unerwartet rasch seinem Lungenleiden erlag. W.s Ruhm u. Bedeutung gründen auf seinen Opern, mit denen er die Vorherrschaft der it. Oper in Deutschland brach, vorab dem *Freischütz* als der volkstümlichsten dt. romantischen Oper. Der neue empfindungshafte Gesamtton, faszinierende Klangfarbenmischungen, die Schlagkraft der Melodik u. – wie in *Euryanthe* u. *Oberon* – das bewußte Einsetzen von Erinnerungsmotiven in der durchkomponierten dramatischen Szene übten bestimmenden Einfluß auf Wagners Musikdrama aus. Seinen aus der Mannheimer Tradition herauswachsenden Instrumentalkompositionen eignet bei aller romantischen Stimmungsgegensätzlichkeit ein starker Sinn für effektvolle Brillanz. Am bekanntesten sind noch heute das *Konzertstück* f-Moll (1821), *Concertino* für Klarinette (1811), *Jubel-Ouvertüre* (1819, Ouvertüre zu *Turandot*) u. *Aufforderung zum Tanz* (1819).

Webern, *Anton v.*, Komponist, *3.12.1883 Wien, ✝15.9.1945 Mittersill bei Salzburg; war neben ↗Berg der bedeutendste Schüler ↗Schönbergs, promovierte 1906 in Musikwissenschaft u. wirkte, nach einigen Jahren Theaterkapellmeistertätigkeit, seit 1918 in Wien als Komponist, Lehrer u. Dirigent (Arbeiter-Symphoniekonzerte, Arbeiter-Singverein), 1927-33 auch am Österreichischen Rundfunk. – Schon in seinen frühen Werken (ab op. 3: *Fünf Lieder* von 1908) streift W. mehr u. mehr die tonalen Bindungen ab, greift in den *Drei Volkstexten* für Gesang, Violine, Klarinette u. Baßklarinette op. 17 (1924) erstmals das Zwölftonsystem seines Lehrers auf, dessen Gesetzmäßigkeit er in der Folge bis in kleinste Tongruppen durchführt. Diese „punktuelle" Technik hat gerade bei der jüngsten Komponistengeneration viele Nachfolger gefunden. Hauptwerke: *Passacaglia* op. 1 (1908), *6 Stücke* op. 6 (1910) u. *5 Stücke* op. 10 (1913) für Orchester, Symphonie op. 21 (1928), *Konzert für 9 Instrumente* op. 24 (1934), Variationen für Klavier op. 27 (1936), Variationen für Orchester op. 30 (1940), Chorwerk *Das Augenlicht* op. 26 (1935), 2 Kantaten op. 29 u. 31 (1939-43), Kammermusik (*Sechs Bagatellen* für Streichquartett op. 9 [1913]), Chöre u. Lieder.

Weill, *Kurt*, Komponist, *2.3.1900 Dessau, ✝3.4.1950 New York; Schüler Busonis, lebte bis 1933 in Berlin, ging dann nach Paris, 1935 nach New York. W. erregte in den zwanziger Jahren heftigste Polemik mit seinen zeitkritischen, satirischen Opern (nach Texten von Georg Kaiser u. Bert Brecht), in denen er unter Verwendung von Jazz, Bänkelsang u. Couplet einen charakteristischen Songstil entwickelte. Bekannt wurden *Der Protagonist* (1926), *Mahagonny* (1927), *Der Jasager* (1930), *Die Bürgschaft* (1932); sensationellen Erfolg brachte ihm seine *Dreigroschenoper* (1928, nach J. Gays „The Beggar's Opera" von 1728). Für die New Yorker Broadway-Theater entstanden u. a. *Knickerbocker Holyday* (1938), *The Lady in the Dark* (1952), die Volksoper *Down in the Valley* (1948).

Weinberger, *Jaromir*, Komponist, *8.1.1896 Prag, ✝9.8.1967 St. Petersburg (Florida); Schüler Regers, lebte in Prag, war seit 1939 in St. Petersburg in Florida ansässig u. wurde als Komponist durch den internationalen Erfolg seiner volkstümlichen Oper *Schwanda der Dudelsackpfeifer* (1927) bekannt.

Willson, *Meredith*, Komponist, *18.5.1902 Mason City, ✝15.6.1984 Santa Monica (Calif.); den ersten Klavierunterricht gab ihm seine Mutter, seine eigentlichen Studien betrieb er in New York im „Musik-Institut", später auf der Juillard School of Music. Mit 33 Jahren schrieb er seine erste Sinfonie („San Francisco"), seinen ersten erfolgreichen Song („You and I") im Jahre 1941. 1957 stellte er sich mit der Musical-Show *The Music Man* einer breiteren Öffentlichkeit. Außerdem schrieb er die Musicals *The Unsinkable Molly Brown* (1960) u. *Here's Love* (1963).

Woldin, *Judd*, Komponist, *30.5.1925 Somerville (New Jersey); er studierte u. a. am Black Mountain College (North Carolina), seine Lehrer waren H. Jalowetz u. E. Křenek. W. betätigte sich vor allem als Jazzpianist, schrieb Ballettmusik und das Musical *Raisin*, das 1979 in St. Gallen (Schweiz) für Europa erstaufgeführt wurde.

Wolf, *Hugo*, Komponist, *13.3.1860 Windisch-Grätz, ✝22.2.1903 Wien; studierte 1875-77 am Wiener Konservatorium, versuchte sich dann, von Wagner ermutigt, als freier Komponist durchzusetzen u. unternahm seit 1888 mit seinen Liedern Konzertreisen in Süddeutschland. Als Musikkritiker am Wiener Salonblatt (1884-87) ergriff er leidenschaftlich Partei für Wagner u. Bruckner gegen Brahms. 1897 wurde er von einer unheilbaren Gehirnerkrankung befallen u. verfiel 1900 völliger geistiger Umnachtung. Während einer verhältnismäßig kurzen Schaffenszeit, die immer wieder von Perioden quälender Dürre unterbrochen war, schuf W. sein bedeutendes Lebenswerk. Neben wenigen, aber wertvollen Instrumentalwerken – Streichquartett d-Moll (1884), symphonische Dichtung *Penthesilea* (1885), *Italienische Serenade* (1892) – nimmt darin das Klavierlied die zentrale Stelle ein. Indem die

Singstimme ganz auf die nuancierte Nachzeichnung des Wortes abgestimmt ist, fällt der Klavierbegleitung die Aufgabe zu, durch eine malende u. charakterisierende Motivik die Einheit des Liedes, als eines „Gesamtkunstwerkes" im Kleinen, zu wahren. Mit Vorliebe wendet er sich einzelnen Dichtern zu, deren Gedichte er in Zyklen zusammenfaßt. So schrieb er einen Mörike- (1888), einen Eichendorff- (1889) u. Goethe-Band (1890), vertonte Keller, Heine, Michelangelo, Shakespeare, das *Spanische* (1891) u. das *Italienische Liederbuch* (2 Teile, 1892 u. 1896) nach Übersetzungen Heyses u. Geibels. Sein *Corregidor* (1896) ist eine der feinsinnigsten heiteren Opern; die Oper *Manuel Venegas* blieb unvollendet.

Wolf-Ferrari, *Ermanno*, Komponist, *12.1.1876 Venedig, ✝21.1.1948 Venedig; war erst Maler, studierte dann an der Münchner Musikakademie, war 1902-07 Direktor des Konservatoriums Venedig und ließ sich dann in der Nähe von München nieder. Neben Orchester-, Kammer- und Vokalmusik schrieb er vor allem heitere Opern, die an die Tradition der Opera buffa anknüpfen: *Die neugierigen Frauen* (1903), *Die vier Grobiane* (1906), *Susannens Geheimnis* (1909), *Die schalkhafte Witwe* (1931), *Campiello* (1939) u. *Das dumme Mädchen* (1939).

Youmans, *Vincent*, Komponist, *27.9.1898 New York, ✝5.4.1946 Denver; er nahm Klavierunterricht, arbeitete aber zuerst in einem kaufmännischen Beruf und begann 1917 zu komponieren. Seinen Songs folgten u. a. die Musicals *No, no, Nanette!* (1925) und *Hit the Deck* (1927).

Yun, *Isang*, Komponist, *17.9.1917 Tong Young (Südkorea); studierte in Korea u. Japan, war Lehrer an der Musikhochschule von Seoul, lebt seit 1957 in Europa, 1963-67 in Berlin u. ist heute Kompositionslehrer an der Musikhochschule in Hannover. In seinen Kompositionen (Orchesterstücke u. Bühnenwerke) verbindet er die Technik der seriellen Musik mit der chinesisch-koreanischen Musiktradition. Im Westen uraufgeführt wurden u. a. sein Einakter *Der Traum des Liu Tung* (1965) u. *Geisterliebe* (1971).

Zeller, *Carl*, Komponist, *19.6.1842 St. Peter in der Au (Österreich), ✝17.8.1898 Baden bei Wien; war Jurist u. wurde 1873 Kunstreferent, später Hofrat im österr. Unterrichtsministerium. Seine musikalische Ausbildung erhielt er als Sängerknabe in der Wiener Hofkapelle u. bei dem Musikpädagogen S. Sechter. Z. begann als Komponist mit einer Oper *Joconde* (1876); Welterfolg brachten ihm indessen die Operetten *Der Vogelhändler* (1891) u. *Der Obersteiger* (1894).

Zemlinsky, *Alexander v.*, österr. Komponist polnischer Abstammung, *4.10.1872 Wien, ✝16.3.1942 New York. Studierte in Wien und war dort und in Mannheim sowie in Prag Operndirigent. 1927 ging er an die Kroll-Oper Berlin. Er schrieb Opern, u. a. *Kleider machen Leute*, *Eine florentinische Tragödie* und *Der Kreidekreis*, ferner Sinfonien, Klavier- und Kammermusik.

Ziehrer, *Carl Michael*, Komponist, 2.5.1843-14.11.1922 Wien; war Militärmusiker, reiste seit 1893 mit eigenem Orchester, wurde kgl. rumän. Hofkapellmeister u. war 1908-18 der letzte Hofballmusikdirektor des kaiserlichen Wien. Z. hinterließ ungefähr 600 Tänze u. Märsche, 22 Operetten, darunter *Die Landstreicher* (1899).

Zilcher, *Hermann*, Komponist, *18.4.1881 Frankfurt a.M., ✝1.1.1948 Würzburg; bildete sich zum Pianisten aus, wurde 1905 Professor an der Akademie der Tonkunst in München und wirkte 1920-44 als Direktor des Staatskonservatoriums in Würzburg. Als Komponist steht Z. in der Brahmsnachfolge. Bekannt wurden u. a. das Chorwerk *Die Liebesmesse* (1913), die Oper *Doktor Eisenbart* (1922), 4 Symphonien, Suiten, Kammer- u. Hausmusik (erstmals auch für Akkordeon) u. Lieder.

Zimmermann, *Bernd Alois*, Komponist, *20.3.1918 Bliesheim b. Köln, ✝10.8.1970 Großkönigsdorf b. Köln; studierte an den Musikhochschulen von Berlin u. Köln, war 1950-52 Lektor für alte u. neue Musiktheorie am Institut der Universität Köln. 1958 wurde er Lehrer für Komposition an der Kölner Musikhochschule. Er schrieb Orchesterwerke, Instrumentalkonzerte, Kammermusik, Hörspielmusiken u. Bühnenwerke, darunter seine Oper *Die Soldaten* (1965).

Zimmermann, *Udo*, Komponist, *6.10.1943 Dresden; er war 1954-62 Mitglied des Kreuzchores, erfuhr erste kompositorische Ausbildung bei Iwan Schönebaum und Rudolf Mauersberger und studierte Dirigieren und Komposition bei Johannes Paul Thilmann. 1970 wurde er Dramaturg für zeitgenössisches Musiktheater an der Staatsoper Dresden, wo er 1974 das Studio „Neue Musik" gründete. 1976 erhielt er an der Musikhochschule Dresden einen Lehrauftrag, 1978 wurde er dort Professor für Komposition. Er schrieb u. a. Instrumental- und Vokalwerke sowie die Opern *Weiße Rose* (1967), *Die zweite Entscheidung* (1970), *Levins Mühle* (1973), *Der Schuhu und die fliegende Prinzessin* (1976) und *Die wundersame Schustersfrau* (1982).

Glossar

Abbandono, Con, Nachlassend.
Absolute Musik, die, reine Musik, ohne Beziehung auf einen außermusikalischen Vorgang.
a cappella, unbegleiteter Chorgesang.
accelerando, beschleunigend, schneller werdend.
Adagio, das, langsamer Satz; als Vortragsbezeichnung: langsam, jedoch nicht so langsam wie largo.
Aerophone, Luft- oder Blasinstrumente.
affettuoso, *con affetto*, mit Empfindung, mit Ausdruck.
affrettando, *affrettato*, beschleunigend, schneller.
agitato, erregt, bewegt.
Agogik, die, Lehre von der zeitlichen Tonfolge; in der Praxis das bewußte, durch das Gefühl bestimmte Abweichen vom Grundtempo, um Zwischenwerte des Ausdrucks zu erreichen. Gegensatz: der metronomisch genaue Ablauf einer Interpretation.
Air, das, *Aria*, Lied o. Melodie, auch ein weniger tanzhaftes als melodisches Stück in d. Suite.
Akkordeon, das, Ziehharmonika, bei der die Melodietöne durch Tasten, die Akkordtöne (Bässe) durch Knöpfe zum Klingen gebracht werden.
Aleatorik, die, von alea (lat.) der Würfel, Sammelbegriff der Neuen Musik für verschiedene Methoden des gelenkten Zufalls; das vom Komponisten vorgegebene Notenmaterial (Rahmen) steht dem Interpreten zur bedingt freien Verfügung.
al fine, bis zum Ende; z. B. *Da capo al fine* = noch einmal bis zum Ende.
alla, gleich wie, in der Art; z. B. *alla marcia* = marschmäßig; *alla polacca* = in Art einer Polonaise; *alla tedesca* = nach dt. Art (Walzer- oder Ländlertempo); *alla turca* = Stück nach türkischer Art; *alla zingara* oder *zingarese* = nach Zigeunerart.
alla breve, besagt, daß ein in Viertelnoten gesetztes Stück in Halben zu dirigieren ist.
allargando, breiter werdend.
allegramente, munter.
Allegretto, das, ein kleiner Allegro-Satz; als Vortragsbezeichnung: nur etwas lebhaft.
Allegro, das, schneller Satz; als Vortragsbezeichnung: schnell, jedoch nicht so schnell wie presto. – *a. assai* = sehr schnell; *a. molto* = recht schnell, aber nicht so schnell wie a. assai; *a. moderato* = gemäßigtes Tempo; *a. non troppo* oder *non tanto* = nicht so sehr schnell; *a. giusto* = in maßvollem Tempo; *a. con brio* = feurig; *a. risoluto* = entschlossen; *a. furioso* = wild.
Allemande, die, Schreittanz im 4/4-Takt; seit dem 17. Jh. Kopftanz der Suite.
Alphorn, das, Holzblasinstrument mit engem Schalltrichter und bis zu 4 m lang, das heute noch als Signalinstrument von den Hirten in den Alpen verwendet wird.
Alt, der, mittlere Frauenstimme, Tonumf. g–a^2.
alternatim, wechselweise, z. B. Abwechseln von Chor und Solisten.
amabile, lieblich, liebenswürdig.
amoroso, zärtlich, schmachtend.
ancora, noch einmal.
Andante, das, Satz in ruhigem Tempo; als Vortragsbezeichnung: gehend, mäßig bewegt.
Andantino, das, kl. Andante-Satz; als Vortragsbezeichnung: etwas rascher als andante.
Anglaise, die, „englischer“ Tanz im 2/4- oder 3/8-Takt; etwa 1750–1900 Gesellschaftstanz, auch Suitensatz.
animato, *con anima*, lebhaft, beseelt.
Äolsharfe, die, harfenähnliches Instrument, dessen Saiten durch den Wind bewegt werden; auch Wind- oder Geisterharfe genannt.
appassionato, leidenschaftlich.
Arco, Bogen; *coll'arco* = mit dem Bogen zu spielen, im Gegensatz zu pizzicato.
arioso, arienhaft, sanglich; daher auch arienhaftes Instrumental- oder Gesangstück.
arpeggio, *harpeggio*, schnelles harfenartiges Nacheinanderspielen der Töne eines Akkordes, meist von unten nach oben.
Arpeggione, der, Gitarrenart, die mit dem Bogen gespielt wird.
assai, sehr viel.
a tempo, im ursprünglichen Zeitmaß.
atonal, Begriff der Musik, bei der es innerhalb der 12 Töne keinen tonalen Mittelpunkt gibt, jeder der 12Töne gleichberechtigt ist und auf die herkömmliche melodische und harmonische Funktion verzichtet wird. Kurz nach 1900 durch Arnold Schönberg („Klavierstücke“) erstmals konsequent praktiziert.
attacca, Vorschrift, nach einem Satzschluß oder einer Fermate sofort weiterzuspielen, auch *attacca subito*.
Aubade, die, Morgenständchen; Gegensatz ist die Serenade.
Auftakt, der, im allgemeinen der in seinen Noten unbetonte Beginn eines Musikstückes.
Aulos, der, schalmeiähnliches altgriechisches Holzblasinstrument.

Bachtrompete, die, ↗Clarino.
Badinerie, die, leichtfüßiger Suitensatz des 18. Jahrhunderts.
Bagatelle, die, kurzes Instrumentalstück, oft in Liedform.
Baiao, der, südam. Gesellschaftstanz. ↗Rumba.
Balalaika, die, russisches Zupfinstrument mit 3 Saiten, langem Hals und meist von dreieckiger Form.
Ballad-Opera, die, altenglischer Operntyp volkstümlichen Charakters.
Bandoneon, das, kleine Ziehharmonika mit Einzeltönen auch auf der Baßseite. Bei Zug oder Druck entstehen verschiedene Töne (bis 164).
Bandura, die, *Pandora*, mandolinenähnliches Zupfinstrument, das bes. in Rußland und der Ukraine verbreitet ist; auch Mandola genannt.
Banjo, der, Gitarre mit 5–9 Saiten, langem Griffbrett und einer Trommelhaut anstelle der Rückwand; findet bes. als Jazzinstrument Verwendung.
Barbiton, das, altgriechisches Zupfinstrument, kleiner als die Lyra.
Barcarole, die, *Barkarole*, Schifferlied im 6/8-Takt; entsprechend Bezeichnung eines Klavierstückes.
Bariton, der, mittlere Männerstimme, Tonumfang A–g^1.
Baryton, der, Streichinstrument der Viola-d'amore-Familie in Baritonlage mit 6–7 Darm- und 9–24 Stahl-Resonanz-Saiten, bes. im 18. Jh. (J. Haydn) beliebt.
Baß, der, tiefe Männerstimme, Tonumfang Ff^1
Bassetthorn, das, Blasinstrument mit einfachem Holzblatt.
Basso continuo, der, akkordisch gesetzter, durchgehender Baß des Cembaloparts (Generalbaßzeitalter).
Basso ostinato, der, eine im Baß sich laufend wiederholende, kurze musikalische Formel.
Becken, tellerförmige flache Bronzeplatten, die entweder gegeneinander geschlagen, aneinander vorbeigerissen oder mit Schlegeln gerührt werden.
Beguine, die, südam. Gesellschaftstanz. ↗Rumba.
Berceuse, die, Wiegenlied, auch lyrische Instrumentalform.
Bitonalität, die, Kompositionsprinzip, das zwei Tonarten gleichzeitig verwendet.
Blockflöte, die, Holzblasinstrument ohne Klappen mit 7 Grifflöchern und einem Überblasloch; wird in verschiedenen Stimmlagen gebaut und eignet sich zum chorischen Musizieren.
Blues, der, alte nordamerikanische Liedform, melancholischer Negergesang.
Böhmflöte, die, eine 1832 von Theobald Böhm entwickelte Querflöte mit zylindrischer Bohrung und Klappenmechanik.
Bolero, der, spanischer Tanz im 3/4-Takt, auch mit Kastagnettenbegleitung.
Bombardon, das, ↗Tuba.
Boogie-Woogie, der, ursprünglich die Technik der Klavierbegleitung beim Blues. Verselbständigte sich um 1920 zu einem – auch getanzten – Musikstück mit rhythmisch prägnanten Baßfiguren (meist aus gebrochenen Akkorden), über denen die Oberstimme improvisieren kann.
Boston, der, *Valse Boston*, am. Tanz, dem langs. Walzer ähnlich, mit Jazzelementen.
Bourrée, die, ursprünglich frz. Volkstanz, seit dem 17. Jh. auch Suitentanz im 4/4- oder 2/2-Takt mit Auftakt.
Bratsche, die, eigentlich *Viola da braccio* (Armgeige), Alt-Instrument der Violinenfamilie mit der Stimmung c g d' a'.
brio, con, lebhaft, mit Feuer.
Burlesca, die, ein spaßhaftes Musikstück.

Caccia, altitalienisches Jagdlied.
Cakewalk, der, am. Volkstanz im 2/4-Takt.
calando, schwächer und langsamer werdend.
calmato, beruhigt.
Canarie, die, schneller Tanz mit punktiertem Rhythmus im 3/8-, 6/8- oder 3/4-Takt.
Cancan, der, ursprünglich eine Art Quadrille; entstanden um 1850 in Frankreich. Vor allem als Bühnentanz bekannt.
cantabile, gesanglich, ausdrucksvoll.
Cantus firmus, der, fester oder feststehender Gesang, der sich in einem mehrstimmigen Satz von den untergeordneten Stimmen abhebt.
Capriccio, das, im 16. Jh. ein fugiertes Instrumentalstück, im 18. Jh. ein mehrsätziges Werk für Cembalo oder Klavier, seit dem 19. Jh. ein freies, launiges oder scherzoähnliches Instrumentalwerk.
Carillon, das, Glockenspiel, aber auch Stücke dafür.
Carioca, die, südam. Gesellsch.tanz. ↗Rumba.
Cavatine, die, ein der Arie ähnlicher Gesang sowie ein arioses, intimes und elegisches Instrumentalstück für kleine Besetzung.
Celesta, die, ein 1886 erfundenes Klavier mit Stahlstäben an Stelle der Saiten.
Cello, das, ↗Violoncello.
Cembalo, das, eigentlich Clavicembalo, auch Klavizimbel, Clavecin oder Kielflügel genannt; ein Tasteninstrument, das mit verschiedenen Registerzügen ausgestattet ist und dessen Saiten angerissen werden. Der Klang ist hell, klar und glänzend und durch die Art des Anschlages kaum zu beeinflussen. Aus dem Hackbrett entwickelt, wurde es im Barock – vor allem als Generalbaßinstrument – verwendet.

Chaconne, die, ursprünglich ein alter spanischer Tanz im Dreiertakt; im Barock dann ein Variationswerk mit einem Baßthema.
Charakterstück, das, kurzes Instrumentalstück von charakteristischem, meist lyrischem Ausdruck, aber nicht der Programmusik zugehörig.
Charleston, der, ein nach dem 1. Weltkrieg aufgekommener schneller Foxtrott.
Chordophone, Saiteninstrumente.
Chrotta, die, Rahmenharfe, die sich in keltischen Gebieten bis ins 19. Jh. gehalten hat.
Ciacona, die, ↗Chaconne.
Clairon, das, Signalhorn.
Clarino, der, hohe, gerade, ventillose Trompete; auch als „Bachtrompete" bekannt.
Clavecin, das, ↗Cembalo.
Clavichord, das, Tasteninstrument, dessen Saiten durch einen Metallstift in Schwingung versetzt werden. Der Ton kann durch den Anschlag weitgehend beeinflußt werden und ist zart, intim und nuancenreich; Hauptblüte war im 15. bis 18. Jh.
Cluster, der (engl.), Büschel, Traube; seit 1930 in der Musik gebräuchlich, eine Gruppe von Tönen, die auf Tasteninstrumenten meist mit der flachen Hand gleichzeitig niedergedrückt wird; der Effekt liegt zwischen Klang und Geräusch.
Coda, die, Schwanz, Ende, Anhang eines Musikstückes.
Colascione, der, mandolinenähnliches Instrument südit. Herkunft, auch Generalbaßinstrument.
Combo, die, kleines Jazzensemble, meist aus drei bis acht Musikern bestehend.
come sopra, wie vorher.
comodo, bequem.
concitato, erregt.
Conga, die, südam. Gesellschaftstanz. ↗Rumba.
Corda, Saite; Bezeichnungen für die Verschiebung der Tastatur durch Betätigung des linken Pedals: *una c.* = mit voller Verschiebung; *due c.*= mit halber Verschiebung.
Couplet, das, kleines Lied der leichten Unterhaltung (Kabarett, Operette, Musical).
Courante, die, *Corrente*, schneller Tanz im Dreiertakt; im 17. Jh. in die Suite aufgenommen, meist als Nachtanz zur Allemande.
crescendo, lauter werdend, wachsend.
Csárdás, der, ungarischer Tanz mit langsamer Einleitung und geradtaktigem schnellem Hauptteil; in der Kunstmusik des 19. Jh. gern verwendet.
Cymbal, das, ↗Zimbal.

da capo, Bezeichnung für Wiederholung von Anfang an.
deciso, entschlossen, bestimmt.
decrescendo, leiser werdend, abnehmend.
deficiendo, leiser und langsamer werdend.
Diatonik, die, Folge der sieben Stammtöne in Ganz- und Halbtönen; Gegensatz: Chromatik (Halbtöne).
diluendo, erlöschend.
diminuendo, leiser werdend, abnehmend.
Diskant, der, höchste Stimmlage; bei Tasteninstrumenten etwa das letzte Drittel der rechten Seite.
Divertimento, das, lose Tanzfolge des 18. Jh.; Tanzeinlage in Opern; Potpourri.
dolce, süß, zart, sanft.
dolendo, *dolente*, schmerzlich.
Dominante, die, V. Stufe einer Tonart (Oberdominante).
Double, das, Variationsteil eines Suitensatzes.
Drehleier, die, Radleier, Streichinstrument, bei dem ein drehbares Holzrad die Saiten in Schwingung versetzt; Bauern- und Bettler- instrument.
Drehorgel, die, Leierkasten, kleine tragbare Orgel; als Bettlerinstrument Nachfolger der Drehleier.
Dudelsack, der, Sackpfeife, engl. Bagpipe, frz. Musette. Blasinstrument, bei dem die Luft aus einem Luftsack in 1–2 Melodiepfeifen mit Grifflöchern und 1–3 Bordunpfeifen gerät. Wird heute vor allem in Schottland und Süditalien gespielt.
Duett, das, Komposition f. zwei Singstimmen.
Dumka, die, slawisches Lied, auch instrumental in der Kunstmusik.

Ecossaise, die, zunächst ein schottischer Tanz; seit dem 18. Jh. auch auf dem Kontinent als geradtaktiges Instrumentalstück.
egualmente, ausgeglichen.
Elektronische Musik, die, Musik, die nicht durch herkömmliche Instrumente oder die menschliche Stimme erzeugt wird, sondern mit Hilfe von Elektronenröhren, die in Schwingungen gebracht werden.
energico, energisch, mit Nachdruck.
Englischhorn, das, Oboe in Altlage, also eine Quint tiefer als die Oboe; auch Oboe da caccia genannt.
English Waltz, der, ↗Walzer.
Enharmonik, die, in der Theorie zwei verschiedene Töne, praktisch ein und derselbe Ton (des-cis, as-gis).
Entrée, Einleitungsstück (Ouvertüre) zu Bühnen- und Instrumentalkompositionen.
eroico, heldisch.
espirando, verhauchend.
espressivo, *con espressione*, ausdrucksvoll.
Etüde, die, Übungsstück, aber auch virtuoses Konzertstück.

Fagott, das, Holzblasinstrument mit Doppelrohrblatt, S-förmigem Anblasrohr und U-förmigem Schallrohr, an dem sich bis zu 20 Klappen befinden. Steht in Baßlage; das eine Oktave tiefer klingende Kontrafagott ist das tiefste Instrument des Orchesters.

Falsett, Kopfstimme, mit den „falschen" Stimmbändern erzeugter Ton.

Fandango, der, spanischer Tanz im Kastagnetten-Rhythmus mit Gitarrenbegleitung.

Fanfare, die, Trompetensignal in den Naturtönen (gebrochene Dreiklangstöne); auch irrtümliche Bezeichnung für die ventillose Trompete.

Fantasie, die, *Fantasia*, *Phantasie*. Instrumentalform des 16. Jh.; auch Fantasiestück in freier Form seit 1800 sowie Potpourri über Volkslied- oder Opernmelodien.

Fermate, die, über der Note ein kleiner Punkt mit einem Bogen darüber; besagt, daß der betreffende Ton über seinen angegebenen Wert hinaus klingen soll.

feroce, wild, heftig.

Fidel, die, Streichinstrument des Mittelalters, Vorläufer der Violinen- und Violenfamilien. Kam wahrscheinlich im späten Mittelalter aus dem Orient über Spanien nach Europa, wurde im 15./16. Jh. von Violine und Viola verdrängt und erlebte in der Jugendbewegung eine Renaissance.

fiero, stolz.

Finale, das, Schlußsatz einer Symphonie oder Sonate, Schlußensemble einer Oper.

Fine, Ende; *Da capo al fine* = noch einmal bis zum Ende.

Flageolett, das, Schnabelflöte oder hohe Blockflöte; auch die hohen Obertöne eines Streichinstruments, die durch leichtes Berühren und vorsichtiges Anstreichen entstehen.

Flöte, die, Holzblasinstrument, bei dem die im Inneren des Rohres eingeschlossene Luftsäule durch Luft, die gegen eine scharfe Kante geblasen wird, in Schwingung gerät. Die Kante wird vom Spieler direkt (Lang-F., Okarina), indirekt durch ein Mundstück (Block-F.) oder durch ein seitlich in das Rohr gebohrtes Loch (Quer-F.) angeblasen. Unter F. versteht man heute die Quer-F.

Flügel, der, Bezeichnung der Tasteninstrumente in Flügelform, deren Saiten in der Richtung der Tasten – also nicht quer dazu – verlaufen; heute gebräuchlich nur noch für das Klavier in Flügelform.

Forlana, die, Furlana, n.-it. Tanz im 6/8-Takt.

forte, stark, laut (Abk. *f*); *fortissimo* (*ff*) = sehr stark; *mezzoforte* (*mf*) = halbstark; *fortepiano* (*fp*) = stark und sogleich wieder leise.

Fortepiano, das, ↗Klavier.

Foxtrott, der, Tanz in schnellem 4/4-Takt. Im langsamen Tempo als ↗Slowfox.

Française, die, ↗Kontratanz; auch Suitensatz.

Fugato, das, fugenmäßig gearbeitetes Stück, aber nicht so streng wie die Fuge selbst.

Fuge, die, ein mindestens zweistimmiges Musikstück, in dem das durch die erste Stimme vorgestellte Thema von den folgenden Stimmen aufgenommen und in veränderter Form gegengesetzt wird (Technik der Kontrapunktik).

Furiant, der, böhmischer Tanz im 3/4-Takt, rasch und stark akzentuiert.

furioso, wild, rasend.

Gagliarde, die, *Gaillarde*, schneller Nachtanz im Dreiertakt zur Pavane; in der Suite nach 1650 durch Allemande und Tripla abgelöst.

Galopp, der, schneller, hüpfend getanzter Paar-Rundtanz im 19. Jh.

Gambe, die, *Viola da gamba*, Kniegeige. Streichinstrument mit birnenförmigem Schallkasten, C-förmigen Schallöchern und meist 6 Saiten. Heute ist durchweg nur noch der Kontrabaß als Abkömmling im Gebrauch.

Gamelan, das, *Gamelang*, aus Messing oder Bronze hergestellte Gefäße von unterschiedlicher Größe und Tonhöhe, die mit Hämmerchen angeschlagen werden. G.-Orchester gibt es in Indonesien.

Gavotte, die, höfischer Tanz des 17. Jh., mäßig schnell und im 2/2-Takt; auch Suitensatz.

Geige, die, ↗Violine.

Gigue, die, schneller Tanz engl. Herkunft im 6/4- oder 6/8-Takt mit punktiertem Rhythmus; seit 1650 Schlußsatz der Suite. G. war die mittelalterliche Bezeichnung der ↗Fidel.

giocoso, scherzhaft, heiter.

Gitarre, die, Guitarre, Zupfinstrument mit flachem, an den Seiten eingebuchtetem Schallkörper, rundem Schalloch, Bünden und meist 6 Saiten, maurischen Ursprungs und seit dem 13. Jh. bekannt, ist die G. heute in der spanischen und it. Volksmusik beliebt. Auf der *Hawaii-G.* ist auch gebundenes Melodiespiel möglich.

giusto, richtig; z. B. *Allegro giusto* = normales Allegro.

Glasharmonika, die, Musikinstrument, bei dem der Ton durch Fingerdruck auf abgestimmte, angefeuchtete, rotierende Glasschalen erzeugt wird; in der Klassik und Romantik beliebt.

Glissando, das, schrittloses Ineinanderklingen einer Tonfolge durch sehr schnelles Herauf- oder Heruntergleiten des Fingers über eine Saite oder Tastatur.

Glocke, die, in der Musik verwendet als Glockenspiele, die aus einer Reihe abgestimmter G.n bestehen z. B. auf Türmen (mit bestimmten Melodien und mechanisch bedient) oder im Orchester.

Gong, der, große, tief klingende Metallscheibe; auch *Tamtam* genannt.
gracioso, lieblich, anmutig, zierlich.
Grafische Notation, die, wird jene Art der Niederschrift von neuzeitlichen Kompositionen genannt, für die anstelle der traditionellen Symbolzeichen (Notenköpfe) Punkte, Striche und Schraffierung benutzt werden.
grave, ernst, schwer, wuchtig, feierlich.
Gusla, die, südslawisches Streichinstrument mit nur einer Roßhaarsaite.

Habanera, die, spanisch-kubanischer Tanz im Zweiertakt und in langsamem Tempo.
Hackbrett, das, eine mit zwei Hämmerchen geschlagene Zither, Vorläufer des Cembalos; wird heute noch als Zimbal in Zigeunerkapellen verwendet.
Hammerklavier, das, Vorläufer des heutigen Klaviers, von dem es sich durch die lederbesetzten Hämmerchen (heute Filz) unterscheidet. Der Klang ist leiser und transparenter.
Harfe, die, Saiteninstrument, dessen Saiten an einem resonanzverstärkenden Rahmen befestigt sind und mit den Fingern angerissen werden. Die heutige Doppelpedal-H. besitzt 7 Pedale, mit denen jede Saite zweimal um einen Halbton höher gestimmt werden kann. Die H. ist schon um 3100 v. Chr. nachgewiesen.
Harmonika, die, Name aller Instrumente m.t Metallzungen, die durch direktes Anblasen o. die Zufuhr von Luft aus dem Balg in Schwingung versetzt werden: Mund-, Zieh-H., Akkordeon; fr. Bezeichnung der Glasharmonika.
Harmonium, das, orgelartiges Tasteninstrument mit durchschlagenden Metallzungen, Registern und Blasebälgen, die durch Fußpedale bedient werden, oder elektrisch betriebenem Gebläse; bes. im 19. Jh. als Orgelersatz beliebt.
harpeggio ↗arpeggio.
Hawaii-Gitarre, die, Gitarre.
Heckelphon, das, Bariton-Oboe mit kugelförmigem Schallstück.
Helikon, das, Kontrabaß-Tuba d. Militärkap.
Homophonie, die, Ein- bzw. Gleichklang: eine Stimme bildet die Melodie, die anderen Stimmen erfüllen die Aufgabe der Harmonie oder Begleitung.
Horn, das, Blasinstrument mit konischem Rohr, engem Kesselmundstück, weitem Schallbecher und weichem Klang. Das heutige Horn besitzt 3 Ventile, so daß die chromatische Tonleiter lückenlos gespielt werden kann.
Hornpipe, die, alter engl. Schalmeientanz.
Humoreske, die, humorvolles Charakterstück; bes. in der Romantik beliebt.
Hupfauff, der, alter dt. Name für den Springtanz im Dreiertakt.
Hydraulos, der, antike Wasserorgel.

Idiophone, die, Selbstklinger unter den Musikinstrumenten.
Idylle, die, lyrisches Charakterstück, ähnlich der Pastorale.
Imitation, die, Nachahmung eines Themas, einer Notengruppe.
impetuoso, stürmisch.
Impromptu, das, romantisches Klavierstück kleineren Umfangs und lockerer, fast improvisatorischer Fügung.
incalzando, jagend, antreibend.
Interludium, das, Zwischenspiel, Überleitungsmusik.
Intermezzo, das, Zwischenspiel, Zwischenaktmusik; der heitere Operneinakter, der zwischen zwei Akten der großen Oper gespielt wurde; auch Charakterstück der Romantik, bes. für Klavier.
Intervall, das, Zwischenraum, der Abstand von einer Note zur anderen.
Instrada, die, marschartiges Bläserstück, aber auch Eröffnungsstück der Suite um 1600.
Introduktion, die, Ouvertüre, Einleitungsstück (meist langsam) des ersten Satzes einer Symphonie oder Sonate.
Invention, die, kontrapunktische Stücke, die nicht streng fugenmäßig gearbeitet sind.

Jagdhorn, das, Waldhorn, ein ventilloses Horn, auf dem nur die Naturtöne gespielt werden können.
Jaleo, der, spanischer Tanz im 3/8-Takt, meist mit Kastagnettenbegleitung.
Jigg, die, ↗Gigue.
Jitterbug, der, aus dem Foxtrott entstandener Tanz in rhythmisch scharf akzentuierendem 4/4-Takt.
Jodler, der, Singart der Alpenländer, bei der zwischen Brust- und Fistelstimme abgewechselt wird, meist im 3/4-Takt und auf Dreiklangtönen.

Kadenz, die, Name für den improvisatorischen Alleingang des Solisten in einem Konzert meist unmittelbar vor Schluß des Satzes; auch der musikalische Vorgang am Ende eines Werkes zur Verdeutlichung von zuvor behandelten Gedanken und der benutzten Haupttonart.
Kanon, der, Kettengesang, Imitation einer Melodie durch wenigstens eine zweite Stimme.
Kassation, die, mehrsätziges Abendständchen, ähnlich der Serenade und dem Divertimento; bes. im 18. Jh. beliebt.
Kastagnetten, die, 2 kleine, durch Schnur verbundene Holzplättchen; dienen in Spanien und Italien zur rhythmischen Begleitung des Tanzes. Im Symphonieorchester wird ein Stab mit schalenförmigen Klappern benutzt.
Kavatine, die, ↗Cavatine.

Kesselpauke, die, ↗Pauke.
Kielflügel, der, dt. Bezeichnung für Cembalo, dessen Saiten durch Federkiele angerissen werden.
Kithara, die, wichtigstes Saiteninstrument der griechischen Antike, bestehend aus einem rechteckigen Resonanzkasten mit 2 querverbundenen Stäben als Rahmen für die 4 (–18) Saiten, die mit dem Plektron angeschlagen wurden.
Klarinette, die, Holzblasinstrument mit aufschlagendem Rohrblatt, schnabelförmigem Mundstück und mindestens 18 Halbtonklappen; wird seit Haydn im Symphonieorchester verwendet.
Klavichord, das, ↗Clavichord.
Klavier, das, zunächst Sammelbezeichnung für alle Tasteninstrumente (clavis = Taste), seit dem Ausgang der Wiener Klassik nur noch Name für das Pianoforte oder Hammer-K. Das heutige Instrument besitzt einen Gußeisenrahmen, an dem die Saiten (3 für jeden Ton) an Stimmwirbeln befestigt sind. Die Saiten werden durch eine komplizierte Repetitionsmechanik mittels Filzhämmerchen in Schwingung versetzt; beim Loslassen der Taste wird der Ton sofort gedämpft, falls nicht das rechte Haltepedal getreten ist. Das K. hat einen Umfang von 8 Oktaven, der Klang ist voll und zwischen ganz leise und sehr laut modulationsfähig.
Kniegeige, die, ↗Gambe.
Koloratur, die, Verzierung der Gesangsmelodie durch Tonfiguren (z. B. in Arien von Rossini [„Barbier von Sevilla"], Mozart [„Zauberflöte"] und Strauss [„Ariadne auf Naxos"]).
Kontrabaß, der, *Violine*, tiefstes und größtes Streichinstrument des Orchesters, aus der Violenfamilie stammend und mit 4 oder 5 Saiten versehen. Der Schlagbaß des Tanzorchesters ist kleiner und hat meist nur 3 Saiten.
Kontrafagott, das, Holzblasinstrument, eine Oktave tiefer als das Fagott.
Kontrapunkt, der, Prinzip der eigenständigen Führung mehrerer Stimmen.
Kontratanz, der, *Kontertanz*, *Contredanse*. Bezeichnung der Tänze, in denen 2 Partien einzeln oder in Gruppen gegeneinander tanzen. Kam als *Anglaise* nach Frankreich und von hier als *Française* nach Deutschland, wo der K. auch als Quadrille gepflegt wurde.
Kornett, das, Blechblasinstrument in hoher Lage und mit Ventilen, aus dem Posthorn entstanden.
Krakowiak, der, poln. Tanz im 2/4-Takt, häufig mit Synkopen.
Krummhorn, das, altes oboenartiges Blasinstrument, das mittels einer Windkapsel angeblasen wird.
Kujawiak, der, langsamer polnischer Tanz, der Mazurka verwandt.

lamentoso, klagend.
Ländler, der, aus Oberösterreich stammende Vorform des Walzers im langsamen 3/4-Takt; auch in der Kunstmusik (Mozart, Schubert).
languendo, schmachtend, klagend.
largando, *allargando*, breiter werdend.
Larghetto, das, ein kleiner Largo-Satz; als Vortragsbezeichnung: wie largo, aber nicht ganz so langsam und schwer.
Largo, das, ein langsamer, breiter Satz; als Vortragsbezeichnung: langsam, breit, schwer.
Laute, die, Saiteninstrument mit halbbirnenförmigem, zargenlosem Resonanzkörper, teilweise – bei alten Instrumenten – geknicktem Hals, Bünden und 6 Saiten, die vom Spieler gezupft werden. Die L., die schon im alten Ägypten bekannt war, wurde von den Arabern nach Europa gebracht und erlebte ihre Blütezeit im Barock.
legato, pausenlos aneinander gebunden. Gegensatz ↗staccato.
leggiero, leicht, perlend.
Leierkasten, der, ↗Drehorgel.
Leitmotiv, das, immer wiederkehrender musikalischer Gedanke zur Symbolisierung von Personen und Vorgängen.
lentando, nachlassend, langsamer werdend.
lento, langsam, schleppend.
Lira, die, ↗Lyra.
Loure, die, Sackpfeife, aber auch ein mäßig schneller frz. Tanz des 18. Jh., oft Suitensatz.
lugubre, klagend, düster.
Lure, die, germanisches Blasinstrument aus Bronze mit einem bis zu 3 m langen, engen und gebogenen Rohr.
lusingando, schmeichelnd,.
Lyra, die, kleine altgriech. ↗Kithara; mittelalterl. Drehleier; Vorform der Violine in der Renaissancezeit (Lira da braccio, Lira da gamba).

Madrigal, das, ursprünglich instrumental begleitetes, meist zweistimmiges Volkslied; im 16./17. Jahrhundert in der Regel fünfstimmiges Kunstlied ohne Begleitung.
maestoso, majestätisch.
Malagueña, die, spanische Improvisationsart zum Tanz.
Mambo, der, südam. Gesellschaftstanz. ↗Rumba.
Mandoline, die, Saiteninstrument mit halbkugelförmigem Resonanzkörper und 10 Saiten, von denen je zwei gleich gestimmt sind. Diese werden im Tremolo zum Schwingen gebracht. Größere Form ist die Mandola.
ma non troppo, aber nicht zu sehr, z. B. *allegro ma non troppo* = schnell, aber nicht zu sehr.

marcato, betont, verstärkt.
Marcia, die, ↗Marsch.
Marsch, der, geradtaktiges Musikstück in meist zweiteiliger Liedform in straffem Rhythmus, zur Begleitung sich im Gleichschritt bewegender Gruppen, daher auch Einzugsmusik, z. B. in der Oper.
martellato, gehämmert.
Maultrommel, die, eine stählerne Zunge, die zwischen die Zähne geklemmt und durch Zupfen in Schwingung versetzt wird. Die veränderte Größe der Mundhöhle regelt die Tonhöhe.
Mazurka, die, polnischer Nationaltanz in mäßig schnellem Dreiertakt.
Membranophone, Fell-, Hautklinger, vor allem Pauken und Trommeln.
meno, weniger; *meno mosso* = weniger bewegt.
Menuett, das, frz., nicht zu schneller Tanz im 3/4-Takt, dreiteilig mit einem Trio als Mittelsatz. Das M. wurde von der Mannheimer Schule u. J. Haydn als 3. Satz in die Symphonie eingeführt und von Beethoven zum Scherzo verwandelt. *Tempo di minuetto* bezeichnet ein ziemlich langsames Zeitmaß.
mezzo, halb, mittel, z. B. *mezzo forte* (Abk. *mf*) = halblaut, *mezza voce* = m. halber Stimme.
moderato, mäßig, gemäßigt.
molto, viel, sehr.
Moment musical, das, lyrisches Charakterstück in einfacher Liedform, meist für Klavier.
Monochord, das, Saiteninstrument mit einer Saite, die durch einen verschiebbaren Steg beliebig teilbar ist; diente zur Demonstration der Schwingungsverhältnisse zwischen den Intervallen.
morendo, ersterbend, zugleich langsamer und leiser werdend.
Moresca, die, maurischer Tanz des 15.–17. Jh., ähnlich der Courante, jedoch komisch-derb.
mosso, bewegt; *molto mosso* = sehr bewegt.
Motette, die, mehrstimmiger Gesang mit und ohne Begleitung, in dem das Wort im Mittelpunkt steht (Sprech- oder Wortgesang).
moto, con, mit Bewegung, bewegt.
Mundharmonika, die, Blasinstrument mit durchschlagenden Metallzungen in meist diatonischer Stufenfolge. Beim Hineinblasen erklingt der Tonikadreiklang, beim Ansaugen der Luft der Septakkord.
Musette, die, frz. Bezeichnung für den Dudelsack; danach bes. im 18. Jh. Titel von Musikstücken, die dessen Klang nachahmen; heute auch Bezeichnung für die Besetzung eines Unterhaltungsmusikensembles, in dem ein Akkordeon mitspielt (Musette-Kapelle).
Musique concrète, die, Musik aus konkretem Material: Klang, Ton, Geräusch, Schall, alle nur denkbaren akustischen Vorgänge, die auf Band aufgenommen und weiterverarbeitet werden, z. B. Verfremdung durch Übertragen in eine höhere oder tiefere Frequenz. Um 1950 erstmals praktiziert.

Nocturne, die, ↗Notturno.
Notturno, das, *Nocturne*. Charakterstück träumerisch-melancholischer (nächtlicher) Stimmung, vor allem in der romantischen Klaviermusik.

Oboe, die, Holzblasinstrument mit Doppelrohrblatt, konischem Rohr auf 9–14 Klappen. Der Klang ist ähnlich der Schalmei, aus der die O. entwickelt wurde. Das Englischhorn (*O. da caccia*) ist eine O. in Altlage. Die *O. d'amore* besitzt birnenförmigen Schallbecher.
Okarina, die, kleine Topfschnabelflöte aus Ton oder Porzellan.
ondeggiando, wogend (auf Streichinstrumenten).
Ondes Martenot, die, Instrument mit Tastatur, Spielband, Klangabstrahlern sowie Saiten und Gongs, die elektrisch erregt werden. Erfinder ist Maurice Martenot.
Onestep, der, Gesellschaftstanz im 6/8-Takt.
Opera buffa, komische, heitere Oper.
Opera semiseria, halbernste Oper.
Opera seria, ernste Oper.
Ophikleide, die, Blechblasinstrument in Baßlage und mit Klappen; vor allem im 19. Jh. im Gebrauch.
Orchestrion, das, mechanisch- oder elektrisch-automatische Vorrichtung zur Wiedergabe von Musik, die auf einer gelochten Papierrolle oder einer Stiftwalze aufgezeichnet ist; meist versehen mit Pfeifen oder Metallzungen.
Orgel, die, Blasinstrument mit einem oder mehreren Manualen, Pedalen, Pfeifen und Registern. Wird eine Taste gedrückt, so strömt die Luft aus einem Balg über eine komplizierte Vorrichtung in eine bestimmte Pfeife, die dann einen Ton von bestimmter Höhe und Klangcharakter erzeugt. Der Klangcharakter wird durch die bestimmt. Werden mehrere Register gezogen, so erklingen mehrere Pfeifen gleichzeitig. Die Pfeifenreihen sind nach Registern in verschiedenen Werken zusammengestellt: Hauptwerk, Brustwerk, Rückpositiv, Pedaltürme. Ein Positiv ist eine Klein-O., meist ohne Pedal und nur mit Flötenstimmen; ein Portativ ist eine kleine, tragbare O.; ein Regal ist eine Klein-O. nur mit Zungenstimmen. Die älteste Form der O., die Wasser-O., ist schon um 170 v. Chr. nachgewiesen.
Ouvertüre, die, Eröffnung, Vorspiel, Einleitungsstück zur Oper und Operette; auch zu Instrumentalwerken.

Pandora, die, siebensaitige Generalbaßlaute engl. Herkunft, war vom 16. bis 18. Jh. in Gebrauch.
Panflöte, die, antike Hirtenflöte, besteht aus mehreren lose zusammengebündelten Längsflöten von verschiedener Tonhöhe.
Parameter, der, mathematischer Begriff, bedeutet soviel wie Werte, die bekannt sind, von denen man ausgehen kann. In der Theorie der Neuen Musik steht Parameter für die (verschiedenen) Eigenarten des Tones: Höhe, Stärke, Dauer und Farbe.
Paraphrase, die, freie und virtuose Instrumentalbearbeitung bekannter Melodien.
parlando, eine rhythmisch und melodisch der natürlichen Rede nahekommende, zungenfertige Gesangsmanier, vor allem in der komischen Oper.
Passacaglia, die, ursprünglich ein Volkstanz mit Kastagnettenbegleitung; dann in der Kunstmusik eine Variationsreihe über ein Ba, 3-thema, bes. als Orgelstück.
Passamezzo, der, it. Tanz, geradtaktig und als Schreittanz mit dem Saltarello, einem Springtanz, verbunden.
Passepied, der, geschwinder bretonischer Tanz mit 3/4-Takt, auch im höfischen Ballett und der Suite.
passionato, leidenschaftlich.
Pastorale, die, szenisches Schäferstück; in der Kirchenmusik ein Weihnachtsstück; später auch Bezeichnung eines Instrumentalwerkes (z. B. Symphonie) ländlich-idyllischen Charakters.
patetico, *pathétique*, leidenschaftlich, pathetisch.
Pauke, die, Schlaginstrument, bestehend aus einem Kupfer- oder Messingkessel u. einer Bespannung aus Fell, die mittels P.n-Schlegeln in Schwingung versetzt wird. Die Tonhöhe wird durch Änderung der Fellspannung reguliert.
Pavane, die, *Paduane, Padovana*, it. geradtaktiger Schreittanz, im 17. Jh. häufig auch 1. Suitensatz.
perdendosi, sich verlierend, ganz leise werdend.
Perpetuum mobile, das, Stück, dessen Bewegung scheinbar unaufhörlich ist.
pesante, schwer, wuchtig.
Phantasie, die, ↗Fantasie.
piacere, a, nach Belieben.
piacevole, gefällig, lieblich.
piagendo, klagend.
Pianino, das, kleines Klavier.
Piano, das, Abk. von *Pianoforte* = Klavier.
piano, leise (Abk. *p*); *pianissimo* (*pp*) = sehr leise; *mezzopiano* (*mp*) = halbleise.
Piccolo, *Pikkolo*, *Pikkoloflöte*. Kleine Querflöte, eine Oktave höher als die Konzertflöte.
Piston, das, Ventil- ↗Kornett.
pizzicato, Vorschrift, die Saite eines Streichinstrumentes mit dem Finger anzureißen, statt zu streichen.
poco, ein wenig, z. B. *poco forte* = etwas laut; *poco a poco* = allmählich.
Polka, die, um 1835 aufgekommener böhmischer Nationaltanz in schnellem Zweiertakt.
Polonaise, die, polnischer Tanz in gravitätischem Dreiertakt; wird als Eröffnungstanz benützt, indem alle Paare im Zug durch den Raum schreiten und verschiedene Touren tanzen.
Polytonalität, die, ein Kompositionsprinzip, bei dem mehrere Tonarten Verwendung finden und eine Grundtonart letztlich nicht bestimmt werden kann.
pomposo, pompös, feierlich, prächtig.
Portativ, das, kleine, tragbare Orgel.
portato, Absetzen der Töne; zwischen legato und staccato.
Posaune, die, Blasinstrument mit Kesselmundstück, entweder mit einem ausziehbaren Röhrenteil (Zug-P.) oder mit Ventilen (Ventil-P.). Wird heute in Alt-, Tenor- und Baßlage gebaut.
Positiv, das, kleine ↗Orgel, nur mit Flötenstimmen.
Posthorn, das, kleines, ventilloses ↗Horn; früher von den Postillionen geblasen.
Postludium, das, Nachspiel.
Potpourri, das, ein aus verschiedenen Melodien zusammengestelltes Musikstück.
Präludium, das, Vorspiel; als *Prélude* in der Romantik ein kurzes, meist dreiteiliges Charakterstück.
precipitando, plötzlich stark beschleunigend.
Prélude, ↗Präludium.
Presto, rasch, schnell; *prestissimo* = so schnell wie möglich (äußerste Schnelligkeitsbezeichnung).
Programmusik, die, eine instrumentale Komposition, durch die Ideen, Gedanken oder Vorgänge dargestellt werden sollen (z. B. bei Beethoven, Wagner, Liszt).
Psalterium, das, mittelalterlicher Vorläufer der Zither, auch das Buch der Psalmen, der Psalter.

Quadrille, die, im 18. Jh. in Paris entstandener Tanz mit wechselnder Taktart, der von 2 oder 4 Paaren im Geviert getanzt wird.
Quartett, Komposition für vier Vokal- oder Instrumentalstimmen.
Querflöte, die, ↗Flöte.
Querpfeife, die, klappenlose Pikkoloflöte der Spielleute.
quieto, ruhig.
Quodlibet, das, scherzhafte Komposition, bei der mehrere Melodien oder Melodieteile nacheinander oder gleichzeitig im mehrstimmigen Satz erklingen.

raddolcente, sänftigend.
rallentando, langsamer werdend.
Rebec, das, birnenförmiges Streichinstrument des Mittelalters, heute noch in Nordafrika im Gebrauch.
Regal, das, kleine ↗Orgel, nur mit Zungenstimmen.
Reprise, die, bezeichnet speziell den dritten Teil des 1. Satzes einer klassisch gebauten Sonate und ist die Wiederholung ihres ersten Teiles, in dem das thematische Material vorgestellt worden ist.
Rezitativ, das, Sprechgesang, wesentlicher Bestandteil der italienischen und deutschen Oper des 17./18. Jahrhunderts; dient vor allem dazu, die Handlung voranzutreiben (in der Oper die Stellen zwischen Arien u. a.).
Rhapsodie, die, freie Instrumentalkomposition der Romantik, oft über Volksmelodien.
Rheinländer, der, Rundtanz im 2/4-Takt; abwechselnd 2 Takte Polka- und 2 Takte Gleichschritt.
Ricercar, das, instrumentales, kontrapunktisch gearbeitetes Musikstück des 16.–18. Jh.; Vorform und Abart der Fuge.
Rigaudon, der, lebhafter geradtaktiger Tanz aus der Provence; im 18. Jh. auch Suitensatz.
rinforzando, wieder stärker werdend (Abk. *rf* oder *rfz*).
risoluto, entschlossen, energisch.
ritardando, langsamer werdend, zögernd.
ritenuto, zurückhaltend, langsamer.
Romanze, die, zunächst ein lyrisches Lied; dann balladenhaftes Lied in der Oper; in der Instrumentalmusik seit Ende des 18. Jh. ein besinnlich-liedhafter Satz.
Rondo, das, *Rondeau*, Rundgesang, bei dem zwischen wechselnde Strophen ein immer gleichlautender Refrain eingeschoben wird; danach eine Instrumentalform mit dem Aufbau ABACABA; im 18./19. Jh. häufig als Schlußsatz von Sonaten, Symphonien und Konzerten benützt.
rubato, freie Behandlung des Zeitmaßes; eig. bedeutet *tempo r.* das rhythmisch freizügige Spielen der Melodie über einem rhythmisch streng durchgehaltenen Baß.
Rumba, die, kubanischer Tanz mit scharf synkopisiertem Rhythmus im 4/4-Takt; um 1930 bekannt geworden. Von R. und Tango stammen zahlreiche Tänze ab, darunter Carioca, Conga, Beguine, Samba, Mambo und Baiao.

Sackpfeife, die, ↗Dudelsack.
Saltarello, der, rascher, hüpfender it. und spanischer Tanz im Dreiertakt, als Springtanz des Passamezzos.
saltato, mit springendem Bogen.
Samba, die, südam. Gesellsch.tanz. ↗Rumba.
Sarabande, die, spanischer Tanz in getragenem gravitätischen Dreiertakt; im 17. Jh. als 3. Satz in die Suite aufgenommen.
Sardana, die, katalanischer Reigentanz.
Saxophon, das, von Adolf Sax 1841 konstruiertes Blechblasinstrument mit Klarinettenmundstück, Klappenmechanik und weitem Schalltrichter. Wird in 8 Größen gebaut; Sopraninstrumente sind gerade, alle anderen S-förmig gebogen. Beliebt im Jazz, aber auch in der Kunstmusik.
Schalmei, die, altes Doppelrohrblattinstrument mit Windkapsel, Hirteninstrument; Vorläufer der Oboe.
Schellenbaum, der, mit Schellen behängter und mit Roßschweifen geschmückter Stab der Militärkapellen, ursprünglich in der Türkei verwendet.
scherzando, *scherzoso*, scherzend.
Scherzo, das, lebhafter, dreiteiliger Satz, der seit Beethoven in der Sonatenform an die Stelle des Menuetts tritt; schneller als dieses und oft mit dramatischem Ausdruck.
Schlagzeug, das, Sammelbegriff für alle Schlaginstrumente mit bestimmbarer (Pauken) und unbestimmter Tonhöhe (Trommeln, Bekken, Triangel, Kastagnetten). Im weiteren Sinn auch Hammerklavier, Glockenspiel, Celesta, Xylophon, Vibraphon. Der Ton wird mittels Hämmern, Schlegeln usw. erzeugt.
Schnabelflöte, die, alte Form der Blockflöte.
Schuhplattler, der, männlich-derber Werbetanz in Oberbayern mit stampfenden, klopfenden und schlagenden Bewegungen, die von Juchzern begleitet werden.
Schwirrholz, das, Lärm- und Kultgerät der Naturvölker, bestehend aus einem Holzbrettchen, das an einer Schnur rasch im Kreise geschwungen wird.
Scordatura, die, Umstimmen einer Saite der Saiteninstrumente zur Erzielung ungewohnter Griffe u. Klangfarben; besonders im 17. Jh., aber auch bei Bach und Paganini verwendet.
Seguidilla, die, schneller andalusischer Volkstanz im Dreiertakt mit Kastagnetten- und Gitarrenbegleitung.
semplice, einfach, schlicht.
sentimento, con, mit Empfindung, mit Gefühl.
senza, ohne.
Serenade, die, Abendständchen, meist mit Gitarre; auch ein mehrsätziges Instrumentalwerk kleinerer Besetzung.
Serpent, der, altes, schlangenförmig gewundenes Blasinstrument mit Kesselmundstück; nicht mehr im Gebrauch.
sforzato, verstärkt, hervorgehoben (Abk. *sf* oder *sfz*), gilt nur für den bezeichneten Ton oder Akkord; *sempre sfz* gilt für einen längeren Abschnitt.

Shimmy, der, aus dem Foxtrott entwickelter Gesellschaftstanz im 4/4-Takt.
Siciliano, der, sizilianischer Tanz in getragenem Zeitmaß und punktiertem 12/8- oder 6/8-Takt. In der Kunstmusik bes. im 18. Jh.
sino, bis zu.
Sinuston, der, kleinstes, „unteilbares“ akustisches Element, absoluter Ton, ohne Obertöne, Begriff aus der elektronischen Musik.
Sistrum, der, altes kultisches Rasselinstrument.
slargando, breiter werdend, sich ausweitend.
Slowfox, der, langsamer Foxtrott.
smanioso, rasend.
smorfioso, launisch, geziert.
smorzando, schmelzend, ersterbend.
soave, süß, sanft.
Sopran, der, hohe Frauenstimme, Tonumfang e^1–c^2 (Koloratursopran bis e^3).
sordino, con, mit Dämpfer.
sordo, dumpf, gedämpft.
sostenuto, gedehntes, ruhiges Andante-Tempo.
spiccato, deutlich abgesetzt, mit gestoßenen Noten, mit Springbogen.
Spinett, das, Cembalo, bei dem die Klaviatur an der Breitseite eines rechteckigen Resonanzkastens angebracht ist; auch kleine Tafelklaviere werden oft S. genannt.
spirituoso, *con spirito*, feurig, belebt.
staccato, Abreißen, scharfes Trennen der Töne. Gegensatz: ↗legato.
Ständchen, das, huldigende Musik im Freien, z. B. Serenade, Aubade, Notturno.
stentato, zögernd, schleppend.
strepitoso, lärmend, geräuschvoll.
Stretta, die, Arientyp, in gesteigertem Tempo und dramatisch erregter Aussage angelegt, meist am Ende eines Aktes.
stretto, drängend; daher auch *Stretta*: der gedrängte Höhepunkt – meist Abschluß – eines Musikstücks.
stringendo, sich steigernd, drängend.
Stutzflügel, der, kleiner Flügel.
Subdominante, die, IV. Stufe einer Tonart (Unterdominante).
subito, sofort, plötzlich.
suffocato, gedämpft.
Suite, die, Folge mehrerer tanzartiger Instrumentalsätze.

Tamburin, das, einfellige Handtrommel mit Schellen, in Italien, Spanien und von den Zigeunern zur Tanzbegleitung; auch provenzalische lange, enge Einhandtrommel.
Tamtam, das, ↗Gong.
Tango, der, ein um 1910 aus Argentinien nach Europa gekommener Paartanz im langsamen 2/4-Takt.
tanto, viel, sehr.
Tarantella, die, südit. Paartanz im 3/8- oder 6/8-Takt und sehr schnellem Tempo; in der Kunstmusik ein virtuoses Solostück.
tardo, langsam.
teneramente, zart, zärtlich.
tenuto, gehalten, ausdrucksvoll.
Theorbe, die, Baßinstrument der Lautenfamilie mit kleinem Schallkörper und einem 2. Wirbelkasten, an dem die neben dem Griffbrett laufenden Bordunsaiten angebracht sind; im Barock als Generalbaßinstrument verwandt.
Tibia, die, römisches Blasinstrument, der Schalmei und dem Aulos ähnlich.
Timpano, das, ↗Pauke.
Toccata, die, freies, fantasierendes Stück für Tasteninstrumente mit Wechsel von rauschendem Passagenwerk und wuchtigen Akkorden; bei Bach auch fugiert und mehrsätzig.
Tombeau, das, Gedächtnismusik.
Tonika, die, Grundton einer Tonleiter und Dreiklang der I. Stufe einer Tonart.
tosto, geeilt; *più tosto* = schneller.
tranquillo, ruhig.
Trautonium, das, von Friedrich Trautwein 1924 konstruiertes Musikinstrument, bei dem die Töne elektrisch erzeugt, modifiziert und ausgestrahlt werden; gespielt mittels Bandmanual, auf dem der Ton ähnlich wie auf einer Saite gegriffen wird.
Tremolo, das, Bebenlassen des Tones durch sehr schnelle Repetition oder kleine Differenzierungen der Tonhöhe.
Triangel, der, dreieckig gebogener Stahlstab, der, an einem Faden aufgehängt, mit einem geraden Stahlstab angeschlagen wird; ergibt ein klirrendes Geräusch ohne bestimmbare Tonhöhe.
Trio, das, Mittelteil von Tänzen und Märschen, meist mit dem Hauptteil kontrastierend; auch Kammermusikwerk für 3 Spieler.
Trio, das, Name für dreistimmiges Instrumentalstück; auch Mittelteil eines Kompositionssatzes.
Tromba, die, ↗Trompete.
Trombone, die, ↗Posaune.
Trommel, die, zylindrisches Schlaginstrument aus Holz oder Metall, beiderseits mit Fell bespannt, das mit einem oder mehreren Schlegeln geschlagen wird. Die *große T.* wird seitlich, die *kleine T.* (Militär- oder Wirbel-T.) von oben angeschlagen. Daneben gibt es zahlreiche weitere Formen.
Trompete, die, hohes Blasinstrument mit hellem, strahlendem Klang, Kesselmundstück, länglich gewundenem, eng mensuriertem Blechrohr und mäßig weitem Schalltrichter. Die heutige T. besitzt Klappen, Ventile und Vorsatzstücke zum chromatischen Spielen.

troppo, zu viel, zu sehr; *ma non troppo* = aber nicht zu sehr.
Trumscheit, das, einsaitiges, hohes Baßstreichinstrument des Mittelalters; ergibt einen schnarrenden, trompetenartigen Ton und wurde bes. in Nonnenklöstern gespielt.
Tuba, die, Blasinstrument mit 4 Ventilen, Kesselmundstück, oval oder länglich gewundenem Blechrohr und weitem Schalltrichter; auch die gerade Trompete der Römer.
tutti, alle. Gegensatz: *solo*.
Twostep, der, Gesellschaftstanz im 2/4-Takt; kam um 1906 von den USA nach Europa.

Variation, die, Veränderung eines Themas.
veloce, geschwind, behende.
Vibraphon, das, Schlaginstrument mit einer Reihe abgestimmter Metallplatten, unter denen sich Resonanzröhrchen mit elektrisch betriebener Vibrato-Vorrichtung befinden.
Vibrato, das, lockeres, natürliches Beben der Stimme; analog bei Instrumenten, bes. Streichern.
vigoroso, kraftvoll.
Viola, die, Gattung der Streichinstrumente mit 6 Saiten, Bünden und einem birnenförmigen Resonanzkasten; eingeteilt nach Größe und Stimmlage in *V. da gamba* (↗Gambe) und *V. da braccio*. Aus letzterer entwickelte sich die heutige V. oder Bratsche. Die↗*V. d'amore* ist eine im 17. Jh. entstandene Abart der Violenfamilie mit 7 Griff- und 7 Resonanzsaiten.
Violine, die, Streichinstrument in Sopranlage mit flacher Zarge, hohem Steg, gewölbtem Corpus, F-förmigen Schalllöchern und 4 Saiten in der Stimmung G d' a' e''. Im 16. Jh. aus der Violenform entwickelt.
Violoncello, das, *Cello*, Baßform der Bratsche aus der Violenfamilie mit hoher Zarge und einem Stachel zum Aufstützen. Verdrängte im 18. Jh. wegen seines volleren Klanges die Gambe.
Violone, der, ↗ontrabaß.
Virginal, das, ↗Cembalo.
vivace, lebhaft; *vivacissimo* = äußerst lebhaft.
Voce, Stimme, *mezza voce* = mit halber Stimme; *sotto voce* = mit leiser Stimme; *messa di voce* = An- und Abschwellen des Gesangstones.
Vokalmusik, Gesangsmusik.

Waldhorn, das, ↗Jagdhorn.
Walzer, der, Rundtanz im 3/4-Takt und schnellem Tempo; entstanden um 1800 in Wien aus Ländler u. Dt. Tanz, erlebte im 19. Jh. seine Hochblüte. Aus dem frühen langsamen W. entwickelte sich daneben der English Waltz.

Xylophon, das, Schlaginstrument aus einer Reihe abgestimmter Holzstäbe, die auf Holzseilen liegen und mit Klöppeln angeschlagen werden.

Ziehharmonika, die, Volksmusikinstrument, bestehend aus einem Windbalg und Tasten und Knöpfen, die auf beiden Seiten angebracht sind. Bei Zug oder Druck strömt Luft auf jeweils verschiedene durchschlagende Zungen.
Zimbal, das, Cymbal, auch die Zimbel, Hackbrett der Zigeunerkapellen, auch Glockenspiel des Mittelalters und Becken der Antike.
Zink, der, mittelalterliches und barockes Blasinstrument aus Holz mit Lederüberzug und mit Grifflöchern.
Zither, die, Saiteninstrument mit flachem Resonanzkasten, über den 5 Melodie- und bis zu 37 Akkordsaiten gespannt sind. Die Z. wird mit einem Metallring angerissen. Die Streich-Z. hat Violinbesaitung und wird mit einem Bogen gestrichen.
Zwiefache, der, *Zwiefaltige*, bayerischer Volkstanz im 3/4-Takt mit eingeschobenen 4/4-Takten.
Zwölftonmusik, die, eine nach mathematischem Prinzip (ausgehend von einer Grundreihe von 12 gleichberechtigten Tönen) konstruierte Musik; kommt einer Neuordnung des Tonmaterials gleich.

Kleines Musiklexikon

Register